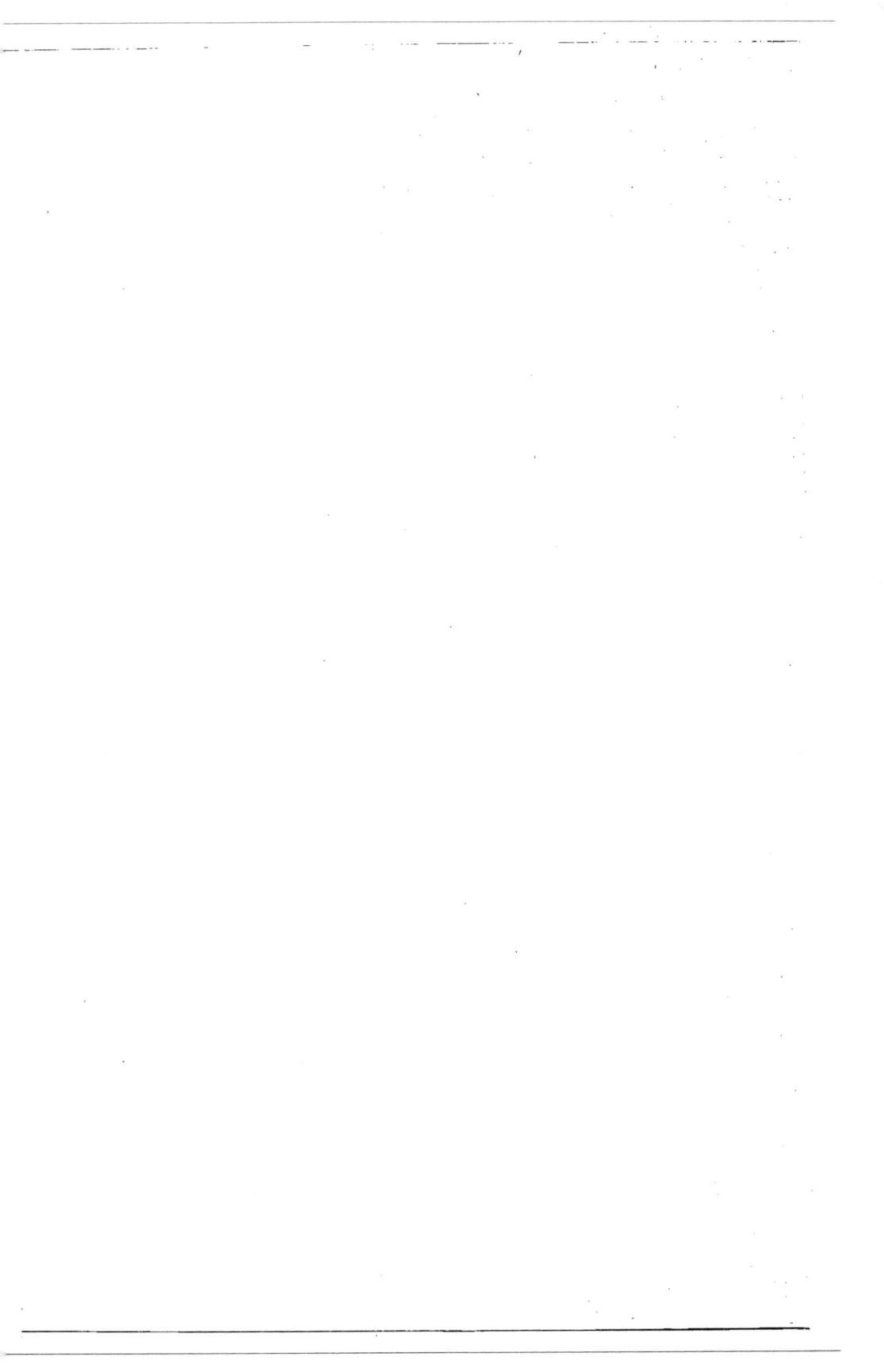

ÉCOLE POLYTECHNIQUE.

LIVRE
DU CENTENAIRE

1794-1894.

TOME II.

SERVICES MILITAIRES.

PARIS,

GAUTHIER-VILLARS ET FILS.

IMPRIMEURS-LIBRAIRES DE L'ÉCOLE POLYTECHNIQUE,

Quai des Grands-Augustins, 55.

—

1894

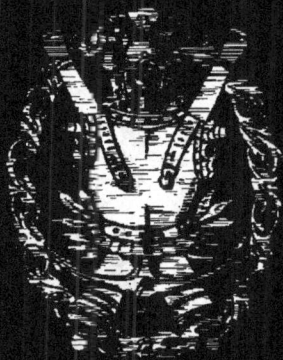

LIVRE

DU CENTENAIRE

1794-1894.

3818

GÉNIE MILITAIRE.

I.

Au moment où la Révolution française allait transformer d'une manière si complète l'esprit et la forme de la Société, aucun des corps de l'Armée n'était plus fortement organisé que celui des Ingénieurs militaires. Fort considéré à l'intérieur, il jouissait dans toute l'Europe d'une très grande réputation, qu'il devait au souvenir de Vauban, son illustre fondateur, et au soin avec lequel il conservait les traditions de ce célèbre Ingénieur, dont les disciples étaient recherchés par tous pays. Non seulement les principaux États militaires, l'Autriche, la Prusse, la Russie, s'efforçaient de les attirer chez eux par des prévenances de toutes sortes, mais on a retrouvé la trace de leurs travaux en Turquie et jusque dans l'extrême Orient. Les citadelles de Saïgon, d'Hanoï et d'Hué ont été construites par eux et les cartons du Ministère contiennent de fort intéressants Mémoires sur le port de Sinope et les forteresses de la mer Noire. Les principes adoptés en France pour l'art de fortifier les places, tels que

les avait établis Vauban, étaient peu connus à l'étranger. Ils se per-
pétuaient par tradition dans des familles d'Ingénieurs, dont quelques-
uns ont acquis beaucoup de réputation : tels les Caligny, les de Caux,
les Bizot, les Noizet, dont nous retrouverons les descendants parmi
les élèves de l'École. Ce mode familial de recrutement contribuait
à entretenir parmi les Ingénieurs une communauté de sentiments,
une solidarité, un esprit de corps en un mot, que fortifia la création de l'École de Mézières, où l'on recevait une instruction très
forte pour l'époque et aussi très bien dirigée. C'est un souvenir qu'il
est bon de rappeler ici, car l'École de Mézières a servi de modèle à
l'École Polytechnique. Les principaux fondateurs de celle-ci, les
Monge, les Bossut, les Carnot, les Prieur, les Letourneur, les Hachette, avaient figuré à Mézières comme professeurs ou comme
élèves. Ils conservèrent une grande partie des méthodes de travail
dont ils s'étaient bien trouvés, et surtout cet heureux mélange des
études théoriques avec les applications pratiques; des Mathématiques
pures avec la Physique, les arts du dessin, les exercices de levers et
de constructions.

Lorsque les anciennes Institutions de la France eurent à supporter
les violentes attaques qui devaient les renverser, l'Armée, divisée par
la lutte entre l'esprit conservateur et les idées nouvelles, se trouva
désorganisée à un point qui faillit compromettre l'indépendance de
la nation. On sait assez, pour qu'il soit inutile de le rappeler, l'im-
mensité des efforts qu'il fallut faire pour conjurer le danger. Le corps
des Ingénieurs militaires échappa presque seul à ce trouble destruc-
teur et conserva la très grande majorité des officiers qui le composaient. Au 25 mars 1792, d'après les relevés très soigneusement faits
par le colonel Augoyat, il se composait de 258 officiers et le 18 juillet 1793 il en comptait encore 210, malgré les vides de toute nature
qui ne manquent jamais de se produire lorsqu'une période d'extrême
activité succède à une longue paix. Il convient d'ajouter aussi qu'un
certain nombre d'Ingénieurs passèrent dans d'autres armes, espérant
y trouver un avancement plus rapide, ce qui contribua à la diminution de l'effectif.

Cette heureuse conservation de cadres qu'il aurait été presque impossible de remplacer, on la dut à un profond sentiment des devoirs
envers la Patrie, à cet esprit de solidarité que nous avons signalé, et

qui domina toutes les préventions que l'esprit de caste aurait pu faire
naître. Les idées nouvelles, l'esprit de réforme s'étaient répandus
d'ailleurs parmi les membres du corps appartenant à la noblesse,
tout comme parmi les roturiers. Cinq Ingénieurs firent partie de la
Constituante : Carnot l'aîné et son frère Carnot de Feulins, Crublier
d'Opterre, Prieur du Vernois, dit de la Côte-d'Or, et Letourneur de
la Manche, neveu des de Caux. Quatre furent membres de la Convention : Carnot, Prieur, Letourneur et Dubois de Crancé. Tous
étaient gentilshommes ou se rattachaient à la noblesse, comme faisant partie de vieilles familles militaires. Sans distinction de classe,
presque tous les Ingénieurs militaires se dévouèrent avec un zèle égal
à la défense de la Patrie menacée. Les chefs les plus éminents du
corps, d'Arçon, Lafitte de Clavé, de Villelongue, Vallier de La
Peyrouse, Meusnier de Place, d'Oyré, furent les collaborateurs de
Carnot, soit au Conseil, soit dans les armées. Et lorsqu'un décret
de la Convention exclut, comme suspects, les anciens nobles des
rangs de l'Armée, ce qui en éloigna momentanément Davout et
Desaix, Carnot accueillit ses anciens camarades, utilisa dans ses
bureaux leurs connaissances militaires et les couvrit de sa popularité. Sans se trouver en évidence, ces Ingénieurs ont pris une part
considérable à l'organisation des armées de la République, et le savoir
professionnel de ceux qui exercèrent des commandements aux
armées eut une grande influence sur la prise de Mayence et des
places fortes des Pays-Bas, pendant les premières campagnes.

Un nombre de deux cents et quelques officiers était très insuffisant
pour les besoins du service courant, les sièges à entreprendre, enfin
pour les travaux si variés, si nombreux, qu'exige la guerre. Il fallut
donc chercher de tous côtés des sujets possédant quelques connaissances théoriques, sachant faire des levers ou familiarisés avec l'art
de bâtir. L'année 1793 vit des promotions extraordinaires et nombreuses à l'École de Mézières. Mais, avant qu'elles y fussent formées,
un représentant en mission, Heintz fit fermer cette école, comme in-
fectée d'esprit aristocratique. Au corps des Ingénieurs militaires, on
adjoignit des Ingénieurs géographes, quelques architectes, des arpen-
teurs, des adjoints du Génie. Plusieurs de ces recrues fournirent une
brillante carrière; un plus grand nombre durent être successivement
éliminés. Un médecin niçois, Rusca, fut reçu aussi. Il est mort géné-

ral de division, à la défense de Soissons, en 1814. Des décrets rétablirent bientôt à Metz l'école supprimée à Mézières, incorporèrent
aux Ingénieurs les compagnies de mineurs et celles de pionniers,
transformées en douze bataillons de sapeurs. Ces mesures, dont l'exécution fut souvent entravée par les exigences journalières des services
de guerre, établirent le principe de la fusion entre les divers éléments
qui composent le corps actuel du Génie. De la même époque date
la substitution du nom d'officiers du Génie à celui d'Ingénieurs
militaires, auquel pourtant beaucoup d'anciens s'attachèrent avec
ténacité pendant plus de trente ans.

Depuis lors aussi les officiers ont été appelés à servir alternativement
dans les troupes et dans l'état-major de l'arme, chargé de la construction et de l'entretien des fortifications et des bâtiments militaires,
dont une partie incombait précédemment aux villes de garnison.

Les officiers entrés ainsi directement dans le corps du Génie, sans
avoir passé par les écoles de Mézières ou de Metz, ainsi que ceux
promus aux armées pour faits de guerre, n'avaient souvent que des
connaissances théoriques insuffisantes. On prescrivit à plusieurs
reprises de leur faire subir des examens, à la suite desquels un certain nombre reçurent d'autres destinations; les officiers des troupes
n'ayant point passé par les écoles ne furent pas admis dans l'état-
major de l'arme. Toutefois les ordres ministériels et les décrets de
la Convention n'étaient exécutés que d'une manière intermittente et
peu régulière. Tantôt on ne s'y conformait pas, tantôt, au contraire,
on soumettait aux examens des officiers ayant déjà fait leurs preuves.
De ce nombre fut le savant Malus, qui, bien qu'ayant été élève et
même professeur adjoint à l'École Polytechnique ainsi qu'à celle de
Metz, dut subir à l'armée de Sambre-et-Meuse, le 20 floréal an V,
un examen de capacité dont on conserve le procès-verbal, signé des
noms illustres de Léry, Beaufort et Kirgener.

Cette insuffisance numérique des officiers de l'ancien corps du
Génie, le défaut d'instruction de ceux recrutés de toutes parts, firent
accueillir avec une grande satisfaction la création de l'École Polytechnique. La première promotion, celle de 1794, qui a fourni aux
carrières les plus diverses un si grand nombre d'hommes célèbres, a
donné trente-six officiers au Génie. Le premier nom qui se présente
est celui d'une illustration scientifique. Malus, connu par ses décou-

vertes brillantes en Optique, a trouvé, dans sa trop courte vie, le moyen de remplir une double carrière de savant et de militaire. On a parlé ailleurs du savant, disons ici que l'officier du Génie n'a dédaigné aucune des parties les moins attrayantes du service des places et s'est montré vigoureux soldat à l'armée d'Égypte, où il a participé à de nombreux faits de guerre. Parmi ses camarades de promotion, Bernard, Lafaille, Rohault de Fleury, Warenghien parvinrent au grade de général; ce dernier dans l'infanterie. Hullin de Boischevalier, à qui l'on attribuait un grand avenir, fut tué jeune encore au siège de Girone. On avait alors un tel besoin d'officiers que la promotion fut scindée en plusieurs parties. Ceux dont l'instruction semblait plus complète suivirent des cours abrégés dits *révolutionnaires*, afin d'être plus promptement envoyés aux armées. Ils achevèrent de s'y former au métier des armes et au service spécial du Génie sous la direction des anciens élèves de l'École de Mézières, les Marescot, les Caffarelli, les Dejean, les Chasseloup, les Poitevin de Maureilhan, les Léry, les Sanson, les Touzard, les Martin de Campredon et Montfort, dont les trois fils furent, comme leur père, des officiers du Génie distingués. Brillante pléiade, qui a fourni les chefs du corps pendant toutes les guerres de l'Empire et dont plusieurs servirent encore pendant la Restauration. Seuls les élèves de cette première promotion furent envoyés directement aux armées. Dès l'année suivante, les élèves sortants durent passer par l'École d'application, à Metz, où plus tard furent envoyés aussi les élèves d'Artillerie.

L'étendue des connaissances dont firent preuve les premiers officiers du Génie sortis de l'École donna une haute idée de cette institution nouvelle. On songea à faire profiter de l'instruction qui s'y donnait une partie des officiers nommés directement. Un décret du 22 vendémiaire an IV décida que 43 d'entre eux en suivraient les cours. Il ne fut exécuté qu'en partie et obtint peu de succès. Plusieurs des officiers ainsi désignés, Dode entre autres, un futur maréchal de France, ne quittèrent pas les armées, les autres ne montrèrent aucun zèle. C'était une singulière illusion de croire que des hommes, jeunes encore, mais ayant déjà mené une vie active, fait la guerre, pourraient se résigner à retourner sur les bancs et se plier aux règles étroites d'une école. L'un d'eux, Kirgener de la Planta, qui périt général de division à la bataille de Bautzen, coupé en deux par le même boulet qui tua le général Duroc, avait déjà conquis le grade de chef de bataillon. Plusieurs ont obtenu un grand renom : c'étaient Haxo, Bertrand, qui fut aide de camp de l'empereur et le suivit à Sainte-Hélène, Deponthon aussi son officier d'ordonnance et plus tard lieutenant général. Quelques autres moins célèbres, mais ayant aussi laissé un nom : les généraux Label et de Lapisse, les colonels Izoard, Emy, Prost (Ambroise), les deux Tournadre, Jars maire de Lyon et pair de France, Horace Say, frère du célèbre économiste Jean-Baptiste Say et professeur de fortification à l'École de Metz, tué au siège de Saint-Jean d'Acre. Il serait agréable de compter ces hommes éminents au nombre des élèves de notre École; mais ils ne lui ont rien dû et se sont formés eux-mêmes. Le peu d'assiduité dont ils firent preuve obligea promptement à les licencier et Haxo, qui s'est toujours distingué par une passion très vive pour l'étude, a tout dû à son travail personnel, au dire de ceux qui l'ont particulièrement connu.

L'expédition d'Égypte est la première grande campagne où les officiers sortis de l'École Polytechnique aient eu à jouer un rôle important et, à ce titre, nous devons nous y arrêter quelque peu. Aujourd'hui que ce pays est parcouru avec facilité, exploré et connu par de nombreuses relations de voyages, on ne se rend pas compte du retentissement immense qu'eut cette nouvelle entreprise du général en chef de l'armée d'Italie. Les mœurs des Orientaux, le pays lui-même, tout était nouveau alors. On avait l'esprit frappé à la vue de ces grands monuments, de cette civilisation oubliée depuis des siècles, et dont les marques apparaissaient soudain au milieu du désert et de la barbarie musulmane.

Les élèves de l'École, Malus à leur tête, se joignirent aux savants que le général Bonaparte avait emmenés, et ils fondèrent avec eux cet Institut d'Égypte, création éphémère, mais qui a été le point de départ de toutes les études dont cette curieuse contrée a été l'objet depuis. Pendant toute la durée de l'occupation, les officiers du Génie eurent un service très actif et très pénible. Il leur fallut pourvoir à tout ce qui concernait l'installation de l'Armée; ils eurent leur part de gloire dans tous les actes de guerre, parmi lesquels on peut citer les sièges de Jaffa et de Saint-Jean d'Acre, la défense du fort d'El Arich et la sanglante reprise du Caire, après la bataille d'Héliopolis.

A ceux qui croient que les perfectionnements apportés aux armes depuis quelques années rendront à l'avenir les guerres plus meurtrières qu'elles n'étaient autrefois, on peut rappeler que, sur 17 officiers du Génie qui firent le siège de Saint-Jean d'Acre, 8 furent tués, 6 blessés, 2 atteints de la peste, et un seul se trouva indemne, le lieutenant Liédot, tué en 1812 à Witebsk. On connaît trop les péripéties de ce siège célèbre pour qu'il soit nécessaire de les rappeler. Il échoua parce que le parc de siège, envoyé par mer, fut pris par Sir Sydney Smith, que Napoléon accusa alors d'avoir brisé sa carrière. Les attaques, malgré cette perte, furent conduites avec une vigueur et une ténacité remarquables, mais on ne parvint pas à ouvrir une brèche suffisante.

El Arich est une porte qui ferme la route d'Égypte en Syrie. La garnison française, attaquée par une armée turque que dirigeaient des officiers anglais, perdit la tête, se révolta contre ses chefs, ouvrit les portes du fort et fut massacrée presque entière. Un jeune officier du Génie, sorti tout récemment de l'École, Bouchard, envoyé au pacha par son commandant pour essayer un accommodement qui garantît la vie des soldats, a fait un récit émouvant, et resté manuscrit, de ce désastre. Rien n'égale le sang-froid dont il fit preuve au milieu des plus grands périls, assailli par une foule furieuse dont il ne pouvait se faire entendre. Le même Bouchard se signala plus tard, à l'armée de Portugal, par un acte de rare audace. A l'attaque du pont d'Amarante, malgré l'éclat de la lune, il parvint à se glisser le long du parapet et à rouler des barils de poudre jusqu'à une barricade que gardait l'ennemi. Les rapports où ces faits sont racontés avec une parfaite simplicité, comme des choses fort ordinaires, montrent l'incroyable énergie de toute cette génération, dont nous devrions imiter respectueusement les exemples. Bouchard, qui s'est ainsi conduit en homme supérieur, n'a pas paru s'élever au-dessus de ses contemporains, et il est mort en 1822, âgé de cinquante ans, n'étant que chef de bataillon.

Les opérations de la reprise du Caire durèrent un mois entier. Les relations que possède le Dépôt des fortifications montrent combien elles furent pénibles et sanglantes; ce fut une lutte acharnée, une guerre de rues et de maisons, où le Génie eut à jouer le principal rôle. Plusieurs officiers y furent tués, d'autres blessés. On a publié,

il y a peu de temps, le carnet de notes tenu par Malus; mais le journal du général Michaux, alors chef de bataillon, est bien plus complet
et plus détaillé.

En résumé, 40 officiers du Génie partirent avec l'armée d'É-
gypte, 16 autres vinrent les rejoindre. Dans ce nombre, 8 sortaient
de l'École; 21 rentrèrent en France à diverses époques; 13 lors de
l'évacuation finale; 21 y avaient trouvé la mort. Parmi les œuvres
que les survivants rapportèrent en France, il faut noter les nombreux
plans ou levers de terrain, dus en grande partie à Legentil, qui se
signala comme un topographe distingué. Ces dessins sont presque
tous inédits, et en tous cas indépendants de ceux qui figurent dans
le grand ouvrage sur l'*Expédition d'Égypte*.

Les levers de terrain, les reconnaissances surtout, furent l'une des
grandes occupations des officiers du Génie pendant les guerres du
Consulat et de l'Empire. A cette époque où le corps de l'état-major
n'était pas constitué, ils possédaient presque seuls, avec les Ingénieurs
géographes, les connaissances permettant d'examiner une position
militaire et d'en rendre compte au moyen d'une Carte ou d'un croquis.
Les préparatifs de la traversée des Alpes pour la campagne de 1800
furent faits par eux sous la direction du général Marescot, dont les
rapports existent encore. Ils sont minutieusement détaillés pour la
traversée du Valais, jusqu'à l'hospice du Saint-Bernard; moins com-
plets au delà. Deux endroits sont signalés, où l'ennemi pourrait disputer le passage. L'un d'eux est le fort de Bard, dont on donne une
assez bonne description. Il n'a, dit-on, ni abris casematés, ni bons
flanquements, les maçonneries sont découvertes, et il doit toute sa
valeur à la position qu'il occupe. Marescot joint à son rapport l'énumération complète des sentiers de montagne par lesquels on peut
tourner la position. Le 30 floréal, lorsque l'Armée arrive à Bard, il
faut modifier un peu cette impression. Les Autrichiens ont percé des
créneaux, établi des blindages, ce qui facilite leur résistance. Ouvrir
la muraille est nécessaire, et pour cela il faut des pièces de 12 ou au
moins de 8, tandis que les premières troupes arrivées n'ont que du 4,
dont la puissance n'est pas suffisante. C'est la cause d'un retard qui
a failli compromettre le succès de la campagne.

Les historiens ont peu parlé des travaux faits par les officiers du
Génie pendant les guerres de l'Empire, à l'exception de quelques

sièges célèbres. Frappés surtout des grands coups de foudre, des batailles, des victoires, ils ont cru que l'empereur ne recherchait que cela seul et ils se sont peu préoccupés des précautions minutieuses que Napoléon prenait toujours pour assurer le succès. Loin de rechercher uniquement les batailles, il envoyait des ordres tels que celui que l'on trouve dans une lettre du Ministre de la Guerre au maréchal Jourdan, chef d'état-major du roi Joseph : « On ne doit même, dit encore l'empereur, donner une bataille que lorsque l'on n'a plus de nouvelles chances à espérer, puisque de sa nature le sort d'une bataille est toujours douteux... ». C'est pour s'assurer le plus de chances possible qu'il faisait exécuter par les officiers du Génie des reconnaissances aussi multipliées qu'étendues, qu'il les employait à préparer des passages de rivière si nombreux, à organiser de distance en distance des places du moment, pour assurer sa marche, abriter ses communications. Aussi on les trouve partout.

Ce sont eux qui, en 1800, étudient les moyens de franchir le Rhin au-dessus de Bâle, dans la région des villes forestières. En 1805, après Ulm, Bernard est chargé d'explorer la vallée du Danube et il pousse jusque sous les murs de Vienne. Valazé et Cazin font des reconnaissances pour la campagne de Prusse. On a d'eux un beau plan explicatif de la bataille d'Iéna. Jules Paulin (¹) prépare à la même époque

---

(¹) Trois frères de ce nom, neveux d'un général du Génie, le géographe Sanson, sont parvenus à un grade élevé dans cette arme, où sont entrés leurs neveux et petits-neveux. Cette rareté mérite une mention particulière. Tous trois sont nés à Sorèze (Tarn). L'aîné, Jules Paulin, a vu le jour en 1782; entré à l'École en 1798, il y fut détaché en 1803 comme chef d'études Il a fait, avec distinction, toutes les campagnes de l'Empire, a reçu diverses missions aux armées et en Turquie, a été longtemps aide de camp du général Bertrand et est mort général de brigade, au château de Saint-Léger près de Dijon, en 187(, âgé de plus de 94 ans. Le gouvernement de la Restauration lui avait conféré le titre de baron.

Le second, Gustave Paulin, né en 1785, mort à Paris en 1867, fut chargé en 1830 d'organiser le corps des pompiers de Paris, lorsqu'on le sépara du Génie auquel il avait été joint d'abord. Il a rendu de très grands services dans ces fonctions difficiles, a imaginé un appareil qui permet d'aller combattre le feu dans les locaux fermés et a été retraité par limite d'âge, en 1845, colonel des pompiers.

Le troisième frère, Charles-Antoine Paulin, né en 1793, est mort à la fin de l'année 1891, presque centenaire. Entré à l'École en 1811, il fut renvoyé au bout d'un an, pour avoir pris part à un tumulte et classé comme simple soldat dans un régiment d'Artillerie. Il fit la campagne de 1813 en Saxe, assista au combat de Weissenfels, aux batailles de Lutzen, de Bautzen et s'y distingua au point d'être

le passage de la Wrka et a laissé un récit de la bataille de Golymine.
En 1809, toute une pléiade d'officiers du Génie s'occupe de la défense
de Vienne, du passage du Danube et de l'occupation de l'île Lobau,
dont le plan a été levé par les lieutenants Brusco et Barbier. Les
ponts jetés sur le Raab, à la même époque, le sont sous la direction
de Prévost de Vernois. On ne finirait pas de citer tous les passages
de rivière exécutés par les soins des officiers du Génie, les ponts qu'ils
ont jetés sur les rivières et les fleuves d'Allemagne et de Russie. Le
plus célèbre est l'un des deux ponts sur lesquels l'Armée en retraite
franchit en 1812 la Bérésina. Il en est de même en Espagne, où les
travaux sont plus considérables encore, à cause du peu de renseignements dont on dispose. A tout coup il faut ouvrir des routes pour
faire circuler le matériel. Lorsque Masséna doit évacuer le Portugal,
c'est Valazé qui a sa confiance, c'est lui qu'il charge d'explorer le
Mondego et la route de Coïmbre. Ces études difficiles valaient,
comme récompense, aux officiers qui en avaient été chargés, l'honneur
de marcher en tête des colonnes d'attaque, sur les positions qu'ils
avaient reconnues. C'est ainsi que le capitaine Lamy (qui devint
plus tard maréchal de camp et conseiller d'État) reconnut la place
d'Ulm et entra le premier dans la tête de pont, qui fut enlevée de
vive force en 1805.

Quoique les guerres aient eu, pendant presque toute la durée de
l'Empire, un caractère offensif, on n'en prit pas moins des précautions
défensives, insuffisantes il est vrai, on s'en est trop aperçu en 1814.
D'importants travaux de fortification furent faits dans la haute Italie,
à Corfou et sur les côtes de France. La haute mer nous était presque
entièrement fermée, surtout après Trafalgar, la Marine était réduite

---

nommé officier au mois de juillet. Envoyé alors comme élève du Génie à l'École de
Metz, il fut détaché au service actif pendant le siège de 1814 et mérita la décoration. La paix interrompit une carrière brillante, qui devançait de beaucoup celle
de ses camarades d'école. Malgré un long séjour en Espagne, en Morée, une blessure très grave reçue au siège d'Anvers, il ne dépassa pas le grade de colonel. Son
caractère sévère, rugueux même, ne l'avait pas fait aimer. Le 1er régiment du Génie
qu'il commandait à Metz, lors de la révolution de février 1848, se révolta contre
lui et ce désordre, qu'on lui reprocha de n'avoir pas su prévenir, lui a valu une
disgrâce peu méritée.

Les trois Paulin ont été des officiers de mérite, mais ne peuvent être regardés
comme des hommes tout à fait supérieurs.

au cabotage le long des côtes et pour la protéger on construisit une ligne de batteries, des fortins armés de canons, qui entrèrent souvent en lutte avec les navires de guerre anglais. Déjà, pendant les guerres de la République, une tour de garde armée d'une médiocre artillerie, celle de Mortella en Corse, avait repoussé un vaisseau de ligne. Cet acte de guerre, ignoré en France jusqu'à la publication du grand ouvrage de Charles Dupin, avait eu un grand retentissement en Angleterre. Attribuant le succès de la résistance à la forme de la tour, on en construisit toute une série, établies sur le même type, pour assurer la garde des côtes de la Grande-Bretagne. Par une bizarre interversion des voyelles, les Anglais ont désigné ces ouvrages sous le nom générique de *tours Martello*. Chez nous, les batteries de cette époque furent à barbette, souvent circulaires, et pourvues d'un corps de garde défensif.

Sur nos frontières de terre on fit peu de chose, mais on essaya d'introduire dans la fortification des types nouveaux : au mont Cenis des casernes closes et voûtées; à Belle-Isle une enceinte n'ayant qu'une contrescarpe revêtue, avec escarpe à terre coulante, des bastions en forme de cavaliers portant de l'artillerie au-dessus de logements casematés, ouverts ou retranchés du côté de la place. Les travaux faits en Italie, à Alexandrie, à Palma Nova et ailleurs eurent plus d'importance. Ceux de la Rocca d'Anfo méritent une mention spéciale, à cause de la singularité du site, un rocher abrupt, au bord du lac d'Idro, sur la route du Tyrol. Haxo, chargé des études, les établit sur un lever par courbes horizontales, le premier qui ait été fait à cette intention, et avec une grande exactitude. Son projet fut examiné par l'empereur lui-même, avec qui il ne craignit pas de soutenir une discussion assez vive. Napoléon dicta alors une lettre importante sur les places fortes et sur la défense de la haute Italie; il posa les bases de nouveaux projets, dont il confia l'étude à son contradicteur. Toutefois ceux qui furent exécutés alors sont dus à Liédot ([1]), qui apporta quelques modifications au travail d'Haxo. En quittant l'Italie en 1859, les Autrichiens ont fait sauter en partie la Rocca d'Anfo, qui a été rétablie depuis par les Italiens.

([1]) Le général Liédot, officier de grands talents, entré dans le Génie comme adjoint, a été tué à Witebsk en 1812. Son fils, général d'Artillerie, a péri pendant la guerre de 1870.

L'attaque et la défense des places sont la spécialité des officiers du Génie, qui eurent de fréquentes occasions de déployer leurs talents pendant les guerres de l'Empire. Parmi les sièges les plus importants, on doit citer ceux de Gaëte, de Dantzig, de Colberg et surtout ceux si nombreux faits en Espagne. Si beaucoup de places fortes succombèrent sans gloire après le désastre d'Iéna, celles de Dantzig et de Colberg firent honneur à l'Armée prussienne. Dantzig résista deux mois à des attaques très bien conduites. Outre les relations imprimées, nous avons pu consulter le rapport manuscrit du général Chasseloup, qui commandait le Génie du siège, avec Bertrand et Kirgener sous ses ordres. Il est d'une simplicité bien sèche, mais le colonel Blanc, qui servait comme capitaine devant Dantzig, y a joint des notes précieuses et une autre relation de Saint-Aubin achève de faire bien connaître les événements. Une légende veut que le maréchal Lefebvre, commandant en chef, n'entendant rien à ces opérations délicates, ait fulminé contre les lenteurs du Génie et que Napoléon ait dû calmer ses transports en affirmant sa confiance dans les talents de Chasseloup. La vérité est toute différente. Napoléon, qui avait besoin de ses troupes pour d'autres opérations, pressait celles du siège et il y envoya Bertrand, son aide de camp et général du Génie lui-même, pour lui rendre compte de ce qui s'y faisait. Celui-ci et Lefebvre, qui voyaient les choses de près, n'ont pas cessé d'affirmer la nécessité d'une marche circonspecte. La place était entourée d'un large fossé plein d'eau, qu'on dût traverser au moyen d'une digue. Les talus, en terre il est vrai, étaient protégés par de fortes palissades, que le canon ne parvenait pas à renverser et qu'il fallut couper à la hache. C'est ce qu'essayèrent longtemps en vain les sapeurs et les officiers du Génie à leur tête. Migneron, Paporet, un jeune homme de grand avenir, aide de camp du général Bertrand y furent tués. Beaucoup d'autres s'y distinguèrent : Blanc, Vauvilliers; Beaulieu et Collet qui furent tous deux grièvement blessés; Rogniat qui, armant ses travailleurs, repoussa une sortie; Paulin, Breune que l'on rencontre partout où il y a un danger à braver. Enfin les palissades furent renversées et le maréchal Kalkreuth fut contraint de capituler au moment où il allait être emporté d'assaut.

Le siège de Colberg s'est prolongé du 16 mai au 2 juillet 1807, date de l'armistice qui a mis fin à cette guerre. La défense fut très

active et a fait un grand nombre de sorties. Tous les ouvrages extérieurs pris, perdus et repris, ont dû être enlevés de vive force. Dans
une de ces affaires, le lieutenant du Génie Breune, tué plus tard à
Saragosse, aidé d'un seul voltigeur, attela un cheval de paysan à un
caisson que l'on venait de prendre dans une redoute et vint l'amener
sur le lieu du combat à une batterie qui manquait de munitions, ce
qui décida la retraite d'une sortie. La durée de la résistance a été due
au défaut d'une artillerie suffisante comme nombre et calibre et à la
possession que les assiégés eurent toujours de la mer, où une frégate
suédoise évoluait sans cesse, prenant les tranchées à revers. Vauvilliers fut blessé à ce siège (¹).

La résistance énergique opposée à l'invasion par le peuple espagnol,
le manque de routes, le grand nombre des centres de résistance et des

---

(¹) Le colonel Vauvilliers était un officier tout à fait hors ligne, l'un de ceux dont
on doit le plus regretter que la carrière ait été bornée par suite de la réduction
des cadres, survenue après les guerres de l'Empire. Il n'a pu obtenir l'avancement
auquel l'appelaient son mérite et ses services. Fils d'un secrétaire du président
de Lamoignon, neveu d'un membre de l'Académie des Inscriptions, il naquit en 1781
et entra à l'École Polytechnique en 1801. Peu après être sorti des écoles, il fit les
campagnes de 1807 à 1809 en Allemagne, celles de 1810 à 1812 en Espagne et en
Portugal, de 1813 en Saxe et de 1815 devant Paris. Pendant ces huit années, il a
assisté, disent ses états de services, à 76 combats, sièges, assauts ou passages de
rivières exécutés de vive force. Dans le nombre sont les sièges de Dantzig, de Colberg, la bataille de Fuentès de Onoro, les déblocus de Burgos, de Badajoz, de
Ciudad Rodrigo. Il fut blessé trois fois : au siège de Stralsund, à celui d'Almeida,
à la bataille des Arapiles et fit rétablir, en présence de l'ennemi, les ponts de
Duenas et de Valladolid. A Alba de Tormes, on était embarrassé pour traverser la
rivière. Vauvilliers se présente, déclare qu'il connait les lieux; mais les Anglais
occupent l'autre rive. Le général en chef lui donne son escorte : « Allez, lui dit-il,
et montrez-nous où il faut passer ». Vauvilliers traverse la Tormes à la nage,
chasse les avant-postes anglais et revient ensuite pour faire rétablir le pont. De
tels services sont exceptionnels, et celui qui a eu la satisfaction de les rendre s'est
montré aussi habile ingénieur que bon militaire. Il l'a prouvé du moins aux travaux
de Soissons, de Belfort, où il a été directeur de 1831 à 1835, à Grenoble dont il a
dirigé les travaux de 1836 à 1841, date de sa retraite.

Doué d'une intelligence vive et prompte, possédant des connaissances étendues,
il ne paraît pas avoir été toujours très réservé dans l'expression des critiques qu'il
croyait avoir à formuler, ce qui contribua peut-être à borner sa carrière ; mais, de
son œuvre entière, il reste l'impression que le colonel Vauvilliers était un homme
d'une grande valeur, qui n'aimait pas à suivre les sentiers battus. Ses vues dépassaient souvent celles de son époque et la conscience qu'il avait de sa supériorité le
portait parfois à la montrer sans ménagements pour ceux qu'elle pouvait blesser.

postes fortifiés ont donné un caractère spécial à la guerre d'Espagne.
Le service du Génie y a eu un rôle très actif. Il lui a fallu ouvrir partout des chemins, assurer le passage des torrents ou des rivières,
assiéger ou défendre des forteresses et toujours il a su répondre à ce
que l'on attendait de lui. Les chefs des armées lui ont rendu justice
et le meilleur juge, Napoléon lui-même, écrivait à Berthier le 9 juillet 1811 :

> Mon Cousin, il est nécessaire de faire dessiner et graver les plans des
> sièges de Saragosse, de Lérida, de Méquinenza, de Tortose, de Tarragone,
> de Girone, de Ciudad Rodrigo, d'Almeida et de Badajoz, tant pour l'in-
> struction des officiers du Génie que pour l'honneur des militaires qui se
> sont distingués dans ces sièges.

Cette prescription n'a été que tardivement exécutée par le général
Rogniat, qui a publié sous le nom et avec le concours du colonel Bel-
mas, son aide de camp, un récit détaillé des sièges et de la guerre de
la péninsule. Ce grand travail a le caractère d'une œuvre définitive,
à cause de l'impartialité des auteurs, du nombre et de la nature des
documents qu'ils ont utilisés. Il ne nous reste donc presque rien à
dire sur la guerre où la part du Génie a été le plus considérable. Si
les chefs de l'arme ont tous, sauf Valazé, appartenu à l'ancien corps
ou aux officiers entrés avant la création de l'École Polytechnique, les
anciens élèves de celle-ci méritent une mention très honorable pour
le zèle, le talent et l'abnégation dont ils ont fait preuve. Beaucoup y
sont morts, beaucoup s'y sont signalés par des actes d'une incroyable
vigueur et cette génération tout entière nous apparaît comme supérieure à l'humanité. Les écrits de Rogniat sont souvent laconiques à
cet égard. Valazé, dans ses rapports, fait une meilleure part aux officiers qui ont servi sous lui. A Ciudad Rodrigo, Treussart, abandonné
par ses soldats, charge seul une mine, y met le feu et est renversé par
l'explosion. Cathala se montre digne de lui être comparé. A Badajoz,
Valazé signale Vainsot, et Soult se loue de Lamare, qui est devenu,
comme Treussart, général du Génie. Au siège d'Astorga, Borel Vi-
vier se fait remarquer par son sang-froid et sa ténacité dans des combats sanglants. Lorsqu'il faut évacuer Almeida, c'est au chef du
Génie, le capitaine Morlet, que le général Brénier confie le commandement de l'arrière-garde et le soin de faire sauter les remparts.

Morlet réussit dans cette mission difficile et rejoint l'Armée après trois jours de combats pour percer les lignes anglaises. Le même Morlet a été tué au siège d'Anvers, n'étant que chef de bataillon, ce qui fait voir, contre l'opinion reçue, que l'avancement n'était pas toujours rapide alors, même pour des officiers d'un grand mérite.

Deux faits remarquables ressortent de ces sièges : l'impossibilité où l'Artillerie était alors d'ouvrir des maçonneries, même découvertes, à la distance de 600^m, et l'emploi fréquent que l'on faisait des mines, tant pour la défense que pour l'attaque.

Quand vinrent les revers, on redoubla d'énergie. Ciudad Rodrigo, Badajoz furent enlevées d'assaut par l'ennemi après des luttes terribles. Une méchante place, Saint-Sébastien, résista soixante-treize jours. Un jeune officier du Génie, Belge de naissance et à peine sorti des écoles, a laissé un récit très émouvant de cet acte de guerre, où il avait été témoin et acteur. C'est le général Goblet, qui, devenu plus tard Ministre, Ambassadeur, a joué un rôle important dans la conquête de l'indépendance et dans l'organisation administrative de la Belgique. Tous les officiers du Génie présents à Saint-Sébastien ayant été mis hors de combat, il lui est échu de raconter les hauts faits de la garnison, les assauts repoussés, jusqu'au jour où la brèche ayant été assaillie trois fois de suite sans succès, les défenseurs harassés ont dû plier devant une quatrième attaque et se retirer dans la citadelle. Les habitants croyant voir des alliés dans l'armée anglaise furent cruellement déçus et subirent pendant plusieurs jours un pillage et des forfaits que Lord Wellington ne put ni prévenir, ni réprimer. La ville fut incendiée et presque entièrement détruite.

De nombreuses garnisons ont été laissées en Allemagne, composées, en grande partie, de malingres et d'éclopés soumis à des fatigues trop fortes pour eux. Les armées ennemies se contentèrent le plus souvent de les bloquer et l'on a publié les récits de la résistance opposée par nos grands généraux dans les villes où ils commandaient. Des pertes incroyables, dépassant souvent les deux tiers de la garnison, prouvent combien furent grandes la constance et la résignation des troupes. Mais dans plus d'une de ces forteresses on eut aussi à lutter d'une manière très active contre les assaillants et la part du Génie fut grande. A Dantzig, d'Artois, Vanéechout, Jacquin de Cassières, jeunes alors, se signalèrent sous les ordres de Rapp et la direc-

tion de Martin de Campredon. A Wittemberg, Treussart obtient les
éloges de Lapoype. A Glogau, où la garnison fut diminuée des quatre
cinquièmes par le feu, les maladies et la désertion des annexés, on
doit signaler de brillants combats, dans l'un desquels l'héritier d'un
nom célèbre, le capitaine Massillon, fut grièvement blessé. Nulle part
peut-être les pertes ne furent plus grandes qu'à Custrin, où après six
mois, sur 4500 hommes qui y étaient au début, il n'en restait que 760
pouvant porter les armes. La défense d'Huningue en 1815 est célèbre,
mais il ne faut pas oublier celle de 1814, où l'on retrouve le commandant Pinot, l'un des héros de Saint-Sébastien l'année précédente.

Les souffrances, les malheurs du pays furent immenses alors, mais
le dévouement de ses soldats fut à la hauteur de toutes les épreuves
et il ne faillit jamais.

II.

A une période d'activité fébrile et de guerres incessantes, qui
avaient épuisé la Nation française, succéda une autre et longue période de paix et d'efforts réparateurs. Le service du Génie dut changer la nature de ses efforts et la transition se trouva aussi difficile
pour ses membres qu'elle était douloureuse pour la majeure partie
de l'Armée. Alors s'éloignèrent du corps un certain nombre d'hommes
énergiques, qui ne trouvaient plus l'emploi de toutes leurs facultés.
Un repos complet était une maladie mortelle pour beaucoup, qui auraient encore vaillamment supporté les fatigues de la guerre. Il y eut
donc en peu d'années des pertes nombreuses, mais elles portèrent en
plus grande partie sur la génération issue de l'École de Mézières. Les
officiers sortis de l'École Polytechnique acceptèrent presque tous, au
contraire, la situation nouvelle que leur faisaient les événements : un
avancement lent et restreint; un travail absorbant et fastidieux; la
mise en état des places fortes négligées depuis de longues années et
d'un casernement très défectueux, abandonné à l'incurie des villes.

Sous l'ancien régime, le logement des troupes constituait le plus
souvent une charge municipale et l'Armée n'atteignait pas les effectifs

élevés qu'elle a eus depuis. La Révolution transféra partout le soin du casernement à l'État et l'on remit au Génie de nombreux bâtiments provenant de la confiscation des biens du clergé. Il fallut les utiliser tant bien que mal. Ils n'étaient que très rarement propres à une destination pour laquelle on ne les avait pas construits et les officiers du Génie avaient à peine commencé à les mettre en état, lorsque les besoins de la guerre, en personnel, firent prendre une mesure désastreuse. Tous les bâtiments militaires furent remis aux villes, à la charge de les réparer et de les entretenir. Celles-ci s'acquittèrent fort mal de ce soin, souvent même pas du tout, de sorte qu'en 1818 il fallut revenir sur la décision prise. On ne laissa aux villes que la nue propriété; l'État reprit le domaine utile, avec l'obligation de pourvoir à tous les besoins de la troupe. Vu l'état déplorable des locaux, il y avait à y faire des dépenses très fortes et les ressources pécuniaires étaient limitées. Les officiers du Génie eurent donc cette occupation ingrate de faire beaucoup avec peu d'argent, de supporter sur le mauvais état des locaux d'habitation des reproches qui n'auraient pas dû les atteindre. Ils ne s'en émurent pas, travaillèrent avec ténacité à défendre les intérêts de l'État sous toutes leurs formes : à construire et à réparer avec économie, à améliorer peu à peu le logement de la troupe, les écuries; à pourvoir les casernes et tous les locaux d'un mobilier simple, mais commode; à organiser enfin des accessoires qui faisaient absolument défaut et dont l'étendue, toujours croissante, a fini par dépasser de beaucoup l'espace affecté au logement des hommes.

La génération actuelle, étonnée de voir les soldats moins bien logés que les classes aisées auxquelles beaucoup appartiennent, ne se rend pas compte des progrès réalisés, depuis le commencement du siècle, tant par la population que pour la troupe. Au début de la Restauration, le casernement était encore aussi rudimentaire qu'au siècle dernier. Dans les bâtiments récemment acquis, on se logeait comme on pouvait; dans les casernes *à la Vauban*, on faisait souvent encore la cuisine dans des chambres destinées à douze hommes. Quatre lits en bois, à deux places, occupaient les coins et, comme un tiers des soldats était supposé de service, chaque lit était destiné à trois hommes qui devaient y coucher deux à deux (¹). Il n'y avait ni cuvettes, ni lavoirs,

---

(¹) C'est à l'occasion d'une caserne construite à Chambéry, en 1804, que Napo-

ni ustensiles de propreté. Joignez à cela la saleté provenant du charbon, des débris de cuisine, et l'on sera surpris que les maladies de peau, la contagion n'aient pas fait plus de ravages. Les écuries étaient tout aussi défectueuses. Les chevaux y étaient pressés le long d'une mangeoire commune à raison de o^m,8o pour chacun, de manière qu'ils avaient grand'peine à se coucher pour dormir, et il y avait si peu d'espace en arrière d'eux que les hommes qui allaient les panser recevaient fréquemment des coups de pied.

On ne peut imaginer ce que les officiers ont eu à développer d'efforts, de ténacité, pour obtenir les améliorations qu'ils ont toujours réclamées, et surtout l'augmentation de l'espace attribué à chaque soldat, à chaque cheval. Ils obtinrent des cuisines spéciales, le couchage individuel qui fut vite apprécié; mais ils eurent des luttes incessantes à soutenir pour empêcher les prélèvements sur les chambres destinées à la troupe. La force de l'habitude est si grande, la résistance aux nouveautés est une chose si naturelle, que la suppression des gamelles pour quatre, où chaque soldat plongeait sa cuillère à tour de rôle, a soulevé des orages : elle était repoussée par plus de la moitié des intéressés. Qui le croirait aujourd'hui, qui voudrait revenir à un usage si malpropre!

Il serait trop long de détailler les modifications apportées peu à peu à l'installation des hommes et des chevaux de troupe. Elles furent le résultat d'études entreprises d'après une méthode rationnelle, et ce qui prouve combien elles ont été sagement conduites, c'est qu'on n'a jamais eu à revenir sur ce qui avait été adopté. L'Armée a dû de très grandes améliorations à cette sage et laborieuse intervention des officiers du Génie.

La fortification, elle aussi, fut l'objet de profondes recherches. Pendant les guerres si actives, si pénibles de la République et de l'Empire, les officiers du Génie avaient acquis une très grande valeur

léon, sur le rapport du Comité des fortifications, prescrivit de faire la cuisine dans des locaux spéciaux, hors des chambres destinées au logement des soldats. La mesure ne put être exécutée que lentement, en proportion des fonds disponibles. Le couchage individuel des hommes ne fut adopté que plus tard, progressivement aussi, et d'une manière définitive lors de la constitution de la compagnie dite *des lits militaires,* qui prit la charge du couchage des soldats et des sous-officiers. Le matériel du couchage a longtemps été une des préoccupations les plus pénibles des officiers du Génie.

comme hommes de guerre, une très grande entente de l'occupation du
terrain. En revanche, ils manquaient d'expérience comme constructeurs et ils éprouvaient beaucoup de difficulté à exprimer leurs idées
à l'aide du dessin. Il y avait dans leur instruction pratique, et théorique surtout, une lacune dont les chefs du corps étaient frappés,
qu'il paraissait difficile de combler. On n'apprend à bien construire
qu'en construisant, à bien concevoir des projets de fortification
qu'après en avoir exécuté. Or la sévère économie à laquelle le Gouvernement se croyait tenu, pour rétablir les finances de l'État, limita
longtemps à un simple entretien, à la réfection des maçonneries et
des terrassements dégradés, les travaux exécutés dans la plupart des
places fortes. Très peu recevaient des améliorations sérieuses, voyaient
faire des ouvrages neufs et l'on enviait les officiers qui avaient l'heureuse fortune d'y être employés. Vauvilliers eut cette chance sans en
profiter pour son avancement. Bellonnet (¹) acquit ainsi de la réputation à Belfort, Petitot à Verdun. Toul, Grenoble, Briançon donnèrent aussi quelque occupation, mais la Restauration et les premières
années du Gouvernement de Juillet furent une période aride pour les
officiers du Génie, dont l'avancement était bien ralenti par la réduction des cadres. On passait sans se plaindre plus de vingt ans et parfois jusqu'à vingt-six dans le grade de capitaine. Quelques-uns, mais

---

(¹) Le général de Bellonnet (Adolphe-Pierre-Marie) appartenait à une famille du
Génie. Son père était Ingénieur en chef, comme on disait alors, à Béthune (Pas-
de-Calais) où lui-même est né le 29 juin 1789. Entré à l'École Polytechnique en 1803,
à celle de Metz en 1807, lieutenant du Génie en 1809, il assiste la même année aux
batailles de Ratisbonne, de Wagram, de Znaïm et reçoit la décoration de la
Légion d'honneur. Nous n'avons pu savoir ce qui avait motivé une distinction aussi
exceptionnelle, vu sa jeunesse. Il continue à bien servir sous l'Empire, à Fleurus,
à Waterloo, à la défense de Paris et ensuite dans diverses places. Les travaux de
Belfort, où il fut chef du Génie de 1826 à 1836, lui valurent la réputation d'un
Ingénieur de grand mérite, et de fait, ils ont été très bien exécutés. La complication de certains ouvrages était conforme aux idées de l'époque, où l'on se préoccupait surtout de la défense de détail et pied à pied. Il fut directeur du Génie à
La Rochelle, puis à Alger et commandant supérieur de l'arme pendant un an. Ce
commandement n'a pas eu le même éclat que celui des généraux Charon et Chabaud La Tour, parce que l'on était très indécis alors sur le sort de la colonie. Rentré
en France, il prit part à la polémique soulevée au sujet des fortifications de Paris,
fut un membre distingué du Comité, sauf pendant une année troublée, car il fut
mis à la retraite d'office au mois de mai 1848, mais on le rappela à l'activité au
mois d'août 1849. Le général de Bellonnet est mort le 27 septembre 1851.

en petit nombre, quittèrent l'Armée. Parmi eux on doit citer de Ruolz, devenu célèbre par ses découvertes sur la dorure et l'argenture. Gallice passa en Égypte, où il devint l'un des principaux collaborateurs du grand pacha Méhémet Ali.

La mort faisait des vides dans les rangs supérieurs, et des hommes qui jouissaient de la plus haute autorité dans l'arme, pendant les guerres, quatre survécurent seuls : Valazé, Dode de la Brunerie, Haxo et Rogniat. C'est à eux qu'échut la charge de former une génération nouvelle et de compléter les connaissances de l'ancienne. Valazé suivait presque toujours les opinions d'Haxo. Dode, plus rallié que ses collègues au Gouvernement de la Restauration, s'effaça devant eux et n'obtint une prééminence indiscutée que lorsqu'ils eurent disparu. Haxo et Rogniat, rivaux de gloire, rivaux d'influence aussi, attiraient tous les regards. Celui-ci, plus ancien de grade, présidait le Comité des fortifications et exerçait une grande autorité dans le Conseil de défense (¹), dont Haxo ne faisait pas partie. Mais, plus travailleur, plus ardent, sans cesse préoccupé d'accroître la masse de ses connaissances, de répandre l'instruction autour de lui, Haxo a laissé à tous ceux qui l'ont connu l'impression d'un homme tout à fait supérieur. Évitant toute discussion directe, ne se départant jamais dans leurs controverses de la plus exquise courtoisie, les deux rivaux répandaient surtout leurs idées par des écrits publiés sous le nom de leurs aides de camp.

De même que pour redresser un arbre on le courbe en sens contraire, Haxo obligea les officiers du Génie à se préoccuper surtout du dessin de la fortification. Il leur faisait faire des projets qui n'avaient nulle chance d'être exécutés, les examinait, les réformait et les faisait recommencer sur des bases modifiées. Souvent il adressait à ceux qui lui inspiraient plus de confiance ses propres études, à condition d'en faire la critique motivée, un projet d'attaque, et cela était regardé comme une grande faveur. Il lui arrivait même d'emmener ses collègues du Comité à la galerie des plans en relief, pour discuter avec eux, sur ces modèles, la valeur des fortifications, la manière de les améliorer.

C'est à l'enseignement surtout qu'il attachait une grande importance, comme à un moyen de préparer l'avenir. Un de ses aides de

_____

(¹) C'était une haute Commission réunie par le maréchal Gouvion Saint-Cyr, pendant son ministère et dont les travaux sont des plus remarquables.

camp, Noizet, devenu plus tard général de division, imbu de ses idées et auteur d'un grand Mémoire sur le dessin de la fortification, où les considérations militaires cédaient le pas à des problèmes de Géométrie descriptive, fut nommé, sur sa recommandation, professeur à l'École de Metz. L'éclat avec lequel le général Noizet a professé long-temps a donné à son cours un très grand retentissement. Non seulement les élèves, mais des officiers déjà âgés le suivaient en prenant des notes pour se pénétrer des doctrines du maître. Pendant de longues années, le général Noizet a exercé par lui-même, par ses successeurs ou par ses élèves une influence prépondérante sur le corps du Génie. Il est très regrettable qu'un homme d'un esprit aussi élevé n'ait pas été plus mêlé à la vie active, qu'il n'ait point pris part à la guerre d'Afrique : il aurait corrigé, sans nul doute, ce qu'il y avait de trop absolu dans ses doctrines, où la préoccupation constante des syllogismes, des théorèmes de Géométrie, du dessin, ne laisse guère de place aux con-sidérations purement militaires. La valeur d'un *front de fortifi-cation* ne dépendait plus de l'intelligence des défenseurs, de leur courage et de leurs armes, mais du journal d'attaque réglé d'après des conventions auxquelles chacun était censé se conformer. Après cette critique, il faut reconnaître que l'art de disposer et d'agencer entre elles toutes les parties d'une fortification n'a jamais été poussé plus loin que par le général Noizet et par son école. Tous ces détails, si merveilleusement réglés, n'ont eu qu'un tort, celui d'apparaître au moment où les progrès de l'Artillerie allaient changer toutes les re-lations entre l'attaque et la défense, transporter la lutte sur un espace beaucoup plus vaste, où l'on serait astreint à satisfaire à des condi-tions toutes nouvelles.

Les disciples des généraux Rogniat et Haxo, ce que l'on pourrait appeler leur maison militaire, ont eu une destinée très différente. La plupart de ceux du général Rogniat ont subi une fortune adverse et ont disparu de bonne heure. Ceux du général Haxo, plus favorisés par le sort, sont parvenus à de hautes positions, que justifiait leur mérite. On pourrait toutefois adresser aux hommes de cette école le reproche d'avoir voulu trop faire prévaloir leurs opinions. Ils semblent n'avoir pas eu dans l'esprit, pour les idées des autres, cette case hos-pitalière qu'il faudrait toujours leur réserver.

Les doctrines patronnées par les chefs de l'arme du Génie n'étaient

cependant pas adoptées sans contestation. Il se trouvait des esprits
assez indépendants pour les discuter et les combattre : les uns avec
des formes respectueuses, qui n'excluaient pas la fermeté, un autre
avec une ardeur qui ne ménageait rien. Des hommes éminents, le
colonel Cournault, le capitaine Duvivier ont laissé sur la défense
des États, le rôle et l'importance des fortifications, des ouvrages pleins
d'intérêt, où tout n'est pas à adopter sans doute, mais qui devancent
souvent l'état des esprits à leur époque.

Choumara mérite que l'on parle de lui plus longuement, à cause
de sa capacité supérieure, de l'originalité de ses travaux, des difficultés qu'il s'est attirées par un orgueil immense et l'âpreté de son
caractère. Il s'est posé en réformateur de l'art de fortifier, en continuateur de Vauban, dont on aurait méconnu les intentions, oublié
les préceptes, après la mort de ce grand homme. En réalité, Choumara n'était le disciple ni le continuateur de personne. Il était lui,
avec des qualités et des défauts absolument personnels. Il a toujours
travaillé en dehors des voies pratiquées par les autres, sans nul égard
pour les opinions reçues, s'appuyant même sur des raisons qu'il
donnait comme irréfutables et qui n'étaient des raisons que pour lui
seul. Ainsi, dans son dernier ouvrage, écrit avec une verve endiablée,
il soutenait l'unité de l'Italie, Rome capitale, par ce motif que « Dieu
n'a pas fait la botte trouée ». Avec cela, des vues profondes, mises
en relief d'une façon saisissante. On lui doit les fourneaux qui portent
son nom et qui, mis en service dans l'Armée, ont réalisé des économies
considérables. Le premier en France il a émis ce principe que la chaleur utilisée est proportionnelle à l'étendue de la surface de chauffe.
Vérité si simple que chacun se reproche de ne point l'avoir trouvée,
et présentée par lui de telle sorte qu'il ne l'a pas fait admettre sans
peine. Dans la fortification, Choumara distingue deux parties, qu'il
veut tout à fait indépendantes l'une de l'autre : l'obstacle et la ligne de
feu ou de combat. L'obstacle, organe passif, inerte par essence, demeure tel que la nature ou l'homme l'ont créé. La ligne de combat
doit varier à chaque instant, selon les nécessités et les péripéties de la
lutte. Le parapet l'abrite et par suite il veut soumettre ce parapet à
des remaniements incessants. La remarque si juste de l'indépendance
relative de l'obstacle et de la ligne de combat appartient en propre à
Choumara. Personne ne l'avait faite avant lui, et peu d'Ingénieurs

ont su en tirer parti, parce que, l'expérience l'a prouvé, on ne peut remanier de grands terrassements sous le feu de l'ennemi. La nécessité d'utiliser le déblai des fossés ramène d'ailleurs auprès d'eux les grands parapets. Vaincre ces difficultés est le privilège des habiles et l'on ne peut disconvenir que Choumara n'a pas toujours montré un sens pratique en rapport avec la fécondité de ses idées. Intraitable lorsqu'il avait soulevé une discussion, il condamnait la tiédeur de ses amis avec la même violence que les critiques de ses adversaires, traitant en ennemi quiconque se permettait la moindre objection. Il s'aigrit très vite d'ailleurs, prit en haine le Comité du Génie, les membres qui le composaient et jusqu'au bâtiment, auquel, pendant des années, il venait montrer le poing chaque semaine. Repoussant amis, parents, se croyant poursuivi, persécuté même par toutes ses connaissances, il vécut seul, sensible pourtant aux marques du respect que l'on avait pour ses talents, mais toujours méfiant et si renfermé qu'il fut trouvé un jour mort dans son lit, ayant refusé tous les soins que son grand âge aurait rendus nécessaires. Sa mémoire s'est conservée parmi les Ingénieurs; ses travaux, les doctrines qu'il a soutenues sont et resteront fécondes. Il est douloureux de constater qu'un homme de ce mérite ait vu, beaucoup par sa faute il est vrai, sa carrière aussi limitée. Il est resté dix ans lieutenant, vingt ans capitaine et n'est devenu, au choix, officier supérieur qu'après trente-six ans de services.

La guerre réforme toujours ce que les idées théoriques ont de trop abstrait, de trop absolu. Sauf la guerre d'Afrique dont nous parlerons à part, le Génie militaire n'a pas été mêlé, pendant la période qui nous occupe maintenant, à des opérations de grande importance. Pendant la guerre d'Espagne, en 1823, il eut à coopérer à l'attaque de diverses places, Pampelune, Cadix, Algésiras, etc.; mais aucun de ces sièges ne saurait être comparé à ceux de l'époque impériale. L'expédition de Grèce n'offre que le siège du château de Morée, qui exigea neuf jours de tranchée, et celui de Modon. Tous deux furent dirigés par le colonel Audoy, et de la pénurie de matériel provint la principale difficulté. Le siège de la citadelle d'Anvers, en 1832, fut plus long, plus sanglant. On le présenta comme la plus parfaite application des principes qui se pût concevoir. C'est une opinion qu'il est impossible d'accepter.

Les assiégés montrèrent une très grande valeur; les assiégeants beaucoup de courage et de sang-froid. Mais comment assimiler à un acte de guerre normal un siège où la partie la plus importante et la plus vulnérable de la forteresse est neutralisée; où la garnison sait d'avance que son sort est décidé, qu'elle ne sera ni délivrée, ni secourue, qu'elle ne combat que pour satisfaire l'amour-propre de son souverain; qu'il lui est interdit de frapper sur l'assaillant les coups qui lui seraient les plus sensibles. Elle pourrait détruire ou rançonner la ville d'Anvers, qui est à sa merci, et elle doit s'abstenir. C'est le renversement de tous les usages, de tous les droits de la guerre.

Les procédés singuliers du Mexique à l'égard de la France amenèrent en 1838 une intervention armée, dans laquelle la Marine eut la plus grande part. Un débarquement fut nécessaire pour s'emparer de Saint-Jean d'Ulloa, forteresse bien défendue, qui fut enlevée à la suite d'une attaque où les troupes du Génie se distinguèrent ainsi que leurs chefs. Le récit en a été fait par le général Mengin (¹), alors chef de bataillon, qui y fut blessé en tête des colonnes d'attaque. Le Dépôt des fortifications possède une autre relation de la prise de Saint-Jean d'Ulloa et de la Vera-Cruz, écrite par le capitaine du Génie Chauchard, depuis général de division, qui servait alors sous

---

(¹) Pendant la rédaction de ce travail, l'Armée française a perdu le général Mengin, le doyen de ses généraux.

Mengin (François-Joseph-Marie-Gabriel), fils de Joseph-Nicolas Mengin et de Marie Lecreulx, était né à Nancy le 12 mars 1796. Entré à l'École Polytechnique en 1813, à celle de Metz en 1815, il fut douze ans l'aide de camp du général Haxo, de 1826 à 1838, après avoir servi avec distinction dans les places. Il fut légèrement blessé au siège d'Anvers, à l'assaut de la lunette Saint-Laurent. Sa conduite comme chef du Service du Génie, à l'expédition du Mexique, l'attaque et la prise de vive force du fort de Saint-Jean d'Ulloa, deux coups de feu reçus à la prise de la Vera-Cruz, lui valurent les félicitations de l'amiral Baudin, qui dirigeait l'expédition, et de l'amiral de Rosamel, Ministre de la Marine. A son retour, il fut successivement directeur des fortifications à Lyon et à Metz, puis, du 25 mars 1851 au 29 juin 1863, directeur du Service du Génie au Ministère de la Guerre. Son mérite personnel, l'aménité et la bienveillance de ses relations, l'impartialité de sa conduite, lui ont valu l'estime de ses supérieurs, l'affection de ses subordonnés et il a conservé, dans sa verte vieillesse, le respect de tous. Jusqu'à son dernier jour, ses facultés, sa mémoire sont demeurées intactes, et il n'a cessé de porter le plus vif intérêt au corps dont il avait été l'un des membres les plus distingués et le chef.

le commandant Mengin. L'amiral Baudin y a ajouté des notes marginales qui en augmentent la valeur.

Quelque intérêt que présentent ces opérations militaires, elles sont loin d'égaler en importance la grande œuvre des fortifications de Paris, la plus considérable en ce genre qui ait jamais été entreprise. Les événements de 1814 et de 1815 avaient prouvé la nécessité de mettre la capitale à l'abri d'attaques brusquées, afin de rendre aux armées actives l'indépendance dont elles ont besoin. D'accord sur le but à atteindre, on hésitait quant aux mesures à prendre. L'énormité de la dépense effrayait, car plus économe alors des deniers du trésor et craignant de surcharger l'avenir, on ne maniait pas les millions avec la même aisance qu'aujourd'hui. On peut dire que jamais une opération de cette importance n'a été mûrie, discutée avec autant de soin, n'a été l'objet de plus sérieuses études préalables. Entravées longtemps par la considération des dépenses, elles se continuèrent jusqu'en 1840 et toutes les sommités de l'Armée y prirent part. Dans le corps du Génie, les généraux Rogniat, Haxo, Valazé en firent le sujet de nombreux écrits signés par eux ou par leurs aides de camp. Choumara, Duvivier s'en mêlèrent et bien d'autres après eux : les uns se contentant d'une enceinte continue, les autres préférant des forts avancés, afin de reporter au loin le théâtre de la lutte et d'augmenter le sentiment de sécurité, si important chez une population impressionnable. Tout ce qui concernait l'armement, l'approvisionnement des vivres fut examiné aussi. Les Ministres de la Guerre, et parmi eux le général Bernard, se prononcèrent d'abord pour une ligne de forts, se contentant comme enceinte du mur d'octroi, crénelé pour les besoins de la guerre.

Presque seul Prévost de Vernois soutint toujours avec une extrême vivacité que l'on ne pouvait faire les choses à demi, qu'il fallait absolument l'enceinte et les forts, malgré l'augmentation de dépense qui en résulterait. Cette opinion finit par triompher et les solutions incomplètes furent rejetées par les Chambres. On reprit les combinaisons, les calculs et M. de Chabaud La Tour énonça le premier le chiffre de 140 millions, qui fut adopté par le Ministère et par les Commissions techniques, mais qui trouva les Chambres incrédules. Il restait à les convaincre, chose difficile, car il s'y dressait une opposition formidable. Deux officiers du Génie qui étaient alors députés,

MM. de Chabaud La Tour et Allard (¹), supportèrent le poids principal de la discussion, et ils le firent avec un éclat qui assura le triomphe de leur cause.

Ce succès législatif obtenu, il fallait procéder à l'exécution. C'est le général Dode de la Brunerie, alors président du Comité des fortifications et le plus ancien lieutenant général de l'arme, qui reçut la direction supérieure des travaux. Il l'exerça avec une autorité due plus encore à ses talents qu'à son grade et fut très bien secondé par les généraux Vaillant, Noizet, Moreau, placés sous ses ordres. A côté d'eux un nombreux personnel actif, dévoué, montra une grande capacité de constructeurs. Enceinte, forts, bâtiments militaires, tout fut exécuté pour la somme prévue et les calculs de terrassements furent établis avec une telle précision que l'on équilibra exactement les déblais et les remblais. Il était à craindre que le cube considérable des maçonneries amenât une surélévation excessive du prix des matériaux. On procéda donc à une reconnaissance minutieuse des carrières alors existantes dans le rayon de Paris, on en fit ouvrir de nouvelles et l'on découvrit les gisements de meulière, jusqu'à cette époque presque sans emploi. Les officiers du Génie résolurent d'en composer le parement entier de leurs maçonneries, et c'est depuis leurs travaux que la meulière est devenue d'un usage courant dans les constructions de la capitale. Les grands ouvrages exécutés pendant une période de six années autour de Paris ont formé une école d'habiles constructeurs, parmi lesquels se sont distingués, outre les généraux mentionnés plus haut, les Niel, les Vanéechout (²), les Saint-Laurent, les Creuly, les Lebaron, les Cassières, les Bodson de

---

(¹) Quoique le général Allard ait servi dans l'arme du Génie, comme officier en sous-ordre, comme chef du Génie et comme directeur, c'est surtout par sa rare aptitude à manier les affaires qu'il s'est fait remarquer. Député, membre de nombreuses Commissions, conseiller d'État et président de section au conseil d'État, il a montré partout un esprit délié, une connaissance approfondie de la législation et une supériorité toujours acceptée par son entourage.

(²) Le colonel Vanéechout a été regardé par tous ceux qui l'ont connu comme l'un de nos plus habiles Ingénieurs. Doué d'un jugement très sûr et très droit, il a laissé d'excellents Mémoires partout où il a passé. Il est fâcheux qu'une modestie exagérée, une extrême répugnance à se mettre en avant, l'aient empêché de donner toute sa mesure et de rendre tous les services que le corps était en droit d'attendre de sa haute capacité.

Noirfontaine, émules et rivaux de ceux qui luttaient en Algérie contre des difficultés d'un autre ordre. Les fortifications de Paris, qui valurent au général Dode une grande réputation et furent l'occasion pour lui d'obtenir la dignité de Maréchal de France, forment le plus majestueux ensemble qui existe au monde. Elles ont subi l'épreuve de la guerre et, parmi les éléments si divers qui interviennent dans des opérations de cet ordre, ce ne sont pas elles qui ont succombé en 1870 ; l'ennemi ne les a même pas sérieusement attaquées. Nous n'avons pas à examiner ici les causes de nos revers, soit à Paris, soit en province, à rechercher si les armées doivent se réfugier dans les places fortes, s'y appuyer pour y trouver des ressources ou les laisser tout à fait en dehors de leur action : cela est étranger à notre sujet. Bornons-nous à constater que l'enceinte et les forts de Paris ont rempli leur rôle, tenu l'ennemi à distance et garanti la ville pendant quatre mois, tandis que sans eux il y serait entré d'emblée. Voilà le grand service que nos prédécesseurs ont rendu au pays.

Au moment où l'on se préparait à entreprendre les travaux de Paris, on se décidait à créer dans le sud-est de la France un centre spécial de résistance. Lyon fut choisi, tant à cause de sa situation qu'en raison des ressources considérables que l'on voulait se réserver et mettre à l'abri des attaques de l'ennemi. Les travaux défensifs de Lyon, moins importants que ceux de Paris, mais très considérables cependant, furent conçus et dirigés par l'un des premiers officiers sortis de l'École qui soit arrivé aux grades supérieurs. Rendu à peu près indépendant du Comité des fortifications et, dans une certaine mesure, du ministère lui-même, à cause de la confiance absolue qu'il inspirait, le général Rohault de Fleury a fait de la défense de Lyon son œuvre personnelle, et à un tel point, que nous renvoyons à la notice qui lui est consacrée ce que nous aurions à en dire.

Cette manière de procéder, tant pour Lyon que pour Paris, était une dérogation à la règle qui voulait alors que tous les projets fussent soumis à l'examen du Comité des fortifications, l'exécution à la haute surveillance de ses membres, qui les visitaient chaque année, comme inspecteurs généraux. Le Comité, composé de tous les lieutenants généraux provenant de l'arme et des maréchaux de camp que le ministre leur adjoignait, formait une Commission technique, influente par le grade et les lumières de ses membres, et cette influence a presque toujours été très heureuse. Mais un corps délibérant, quelque éclairé qu'il soit, est un mauvais instrument d'action. On a donc eu raison de demander à des chefs responsables la direction ferme, prompte et unique qui était alors nécessaire. Au contraire, dans le courant des affaires, le Comité a rendu de grands services, en maintenant l'unité de doctrine. Il a été un modérateur utile, en empêchant de commettre des fautes, des bouleversements dangereux, comme cela est arrivé en 1849, sous un ministre plus impatient qu'éclairé, qui voulait trop souvent changer ce qui existait pour la seule raison de ne pas agir comme ses prédécesseurs. L'action des membres du Comité s'est fait utilement sentir aussi dans la Commission de défense, réunie pour reviser les travaux de celle de 1818. Leur connaissance aussi nette qu'étendue des besoins du pays fit une profonde impression sur leurs collègues, et tous ceux qui auront la faculté de consulter les travaux de ces deux Commissions auront du respect, de la vénération même, pour le talent et le patriotisme dont ils y trouveront les preuves.

On a souvent reproché au Comité de décourager l'initiative individuelle. Un seul homme, Choumara, a été fondé à se plaindre de n'avoir pas été apprécié à sa valeur, et c'était bien par sa faute. Les travaux de beaucoup d'autres ont au contraire été encouragés et facilités autant que possible. Tel a été le cas de Becquerel père, le fondateur de toute une dynastie de savants, qui a quitté le corps du Génie, jeune encore, avec le grade de chef de bataillon honoraire; Émy, Fabré ont pu faire leurs belles études de charpenterie ; Treussart ses recherches sur les chaux et les mortiers, dont le seul tort a été de se trouver si vite dépassées par celles du célèbre Vicat. Burel a inventé le niveau qui porte son nom. Rolland a le premier eu l'idée des barrages à aiguille, qui, perfectionnés par d'autres, ont fait une si grande fortune. Ardant est l'auteur de bonnes études sur la stabilité des voûtes et des murs de revêtement. Poncelet, le plus célèbre de tous, a obtenu sans peine la faveur d'occuper toujours des fonctions spéciales, qui lui ont permis de se livrer aux recherches scientifiques, par lesquelles il s'est illustré.

Après avoir cité ces hommes remarquables à divers titres, il serait mal d'oublier les études moins en évidence, mais laborieuses, que l'on a faites dans les écoles régimentaires. Elles ont été souvent mises à profit par l'Industrie, sans qu'on en ait cité les auteurs. On y a beaucoup fait pour les travaux de mines, les forages, la mise du feu par l'électricité, les cordeaux porte-feu, dont le colonel Bauchetet s'est fort occupé. Enfin, dans ces dernières années, on y étudie aussi diverses applications de l'électricité, notamment pour l'éclairage temporaire ou permanent; la conduite des ballons, au sujet desquels le dernier mot n'est pas dit; les communications aériennes à grandes distances.

Ces travaux du temps de paix ne sont pas les seuls à signaler. Par suite de règlements toujours en vigueur, quoique anciens, le Dépôt des fortifications, placé sous l'action directe du Comité, s'est enrichi d'une quantité considérable de cartes, de dessins et de manuscrits d'une valeur très diverse. Ils ont été, pour la plupart, recueillis à la mort des officiers du Génie. Le labeur si pénible, mais si utile, du triage de cette masse de documents a été fait par le colonel Augoyat, qui s'y est voué après son admission à la retraite. La passion du travail désintéressé, celle d'être utile à la jeunesse, de former des générations d'officiers qui pussent à leur tour rendre des services au pays, l'avaient porté à embrasser la carrière de l'enseignement, à l'École d'État-Major d'abord, à l'École d'application de Metz ensuite. Il y a gagné le respect et l'affection de ceux qui l'ont connu et a donné jusqu'à un âge très avancé l'exemple d'une vie modeste, laborieuse, toujours consacrée au bien. Il a conservé pour le corps dont il avait fait partie, pour tous ceux qui lui appartenaient, cet esprit de confraternité et d'affection qu'il avait puisé à l'École, à cette École dont il était l'un des représentants les plus fidèles et les plus distingués. Rien ne surpasse l'exactitude et la sincérité de ses recherches et de ses travaux, qui peuvent être consultés à l'égal des sources originales elles-mêmes, ce qu'on ne peut dire presque de personne.

III.

Pendant que les travaux de Paris donnaient à de nombreux officiers du Génie l'occasion de devenir d'habiles constructeurs, il se formait en Algérie un autre groupe, à qui les dures épreuves de la guerre enseignaient l'art de se tirer d'affaire dans les conditions les plus difficiles. Non seulement la guerre d'Afrique a été, pour le corps du Génie comme pour toute l'Armée, une excellente école, mais, depuis le débarquement, en 1830, jusqu'à ce que la soumission du pays ait été complète, rien ne s'est fait sans son concours et plusieurs de ses membres ont pris une part tout à fait décisive à la conquête. Les noms de Duvivier, de Lamoricière, de Cavaignac, de Bouscarin (¹) sont devenus célèbres, mais combien d'autres ont rendu des services moins brillants, presque aussi utiles et dont le souvenir mérite d'être conservé.

(¹) Le général Bouscarin (Henri-Pierre) est né le 9 novembre 1804 à la Guadeloupe; entré en 1823 à l'École Polytechnique, il a fait partie du corps du Génie jusqu'en 1836 et assista en 1830, au siège d'Alger, comme lieutenant. Il fut alors nommé capitaine par le maréchal de Bourmont, mais cette promotion ne fut pas confirmée. Il servit à Lyon et dans diverses places de France, jusqu'en 1835. Revenu en Algérie, il obtint du maréchal Clausel d'être détaché aux spahis d'Alger et y fut placé définitivement le 13 novembre 1836. Dès lors, il s'adonna complètement à la vie arabe et aux corps indigènes. On le trouve présent à presque tous les combats de cavalerie, toujours cité à l'ordre de l'Armée, toujours actif, quoiqu'il se ressentit d'une blessure au genou, reçue au col des Mouzaïa en 1836. Colonel du 3ᵉ régiment de spahis en 1845, il a fait sien ce régiment, qui lui doit la plus grande partie de la réputation qu'il a acquise. Brave jusqu'à la témérité, plein d'élan, ayant toutes les qualités de l'homme de guerre, il y joignait un certain dédain de la comptabilité, dépensait sans compter une fortune qui disparut soudain dans les désastres qui frappèrent son île natale. Il s'imposa alors les plus dures privations pour payer ses créanciers, leur abandonnant sa solde presque entière. En décembre 1851, il fut nommé général de brigade et commanda la subdivision de Mascara. Un an plus tard, il tombait mortellement frappé à l'assaut de Laghouat. Ses soldats le relevèrent et, pleins d'enthousiasme, l'emportaient aux cris de : Vive le général Bouscarin! « Non, mes amis », leur dit-il, « ne criez que vive la France! » Son seul regret en mourant était de n'avoir pu désintéresser toutes les personnes auxquelles il devait. L'empereur donna 25000ᶠʳ sur sa cassette particulière et chargea le général Pélissier d'opérer la liquidation.

Un officier du Génie, Valazé, fut l'un des plus ardents promoteurs de l'expédition. Il eut le commandement du Génie et débarqua l'un des premiers à la pointe de Sidi Ferruch, le 14 juin 1830. Dans la journée, tout le Génie fut rendu sur la plage, quoique sans outils, et le lieutenant-colonel Dupau procéda de suite à la reconnaissance des lieux. Il détermina l'emplacement d'un camp de dépôt, qui devait servir d'appui aux opérations suivantes. Des outils furent envoyés à terre, et le lendemain les sapeurs se mirent au travail sur le tracé marqué par les commandants Chambaud et Vaillant. On se rend difficilement compte de tout ce qu'il est nécessaire d'approvisionner à la guerre et de la gêne qui résulte de détails insignifiants en apparence. Pour exécuter un ouvrage défensif, il faut en profiler les parapets avec des tringles ou des lattes, il faut aussi des palissades, des chevaux de frise pour compléter l'obstacle. Tout cela manquait, comme bien d'autres choses. On profila avec les débris des caisses de vivres, et, pour remplacer le palissadement, on se contenta d'accumuler des épines, des branches de jujubier sauvage. On reconnut aussi les abords du camp, cherchant en quels endroits il serait possible de creuser des puits. L'eau fut trouvée à 5ᵐ ou 6ᵐ de profondeur. Quelques silos furent utilisés pour l'installation de fours. Continué jour et nuit, le travail avançait rapidement, et bientôt les munitions, les vivres, le matériel débarqué par la flotte se trouvèrent à l'abri d'insulte. L'Armée, en possession d'une base solide, put sans crainte se porter en avant.

L'expédition avait un but, Alger, dont il fallait se rendre maître. Il n'existait aucune route pour s'y rendre. On en fit une de 6ᵐ de largeur, praticable aux voitures et à l'Artillerie. Elle dut être reconnue, tracée, exécutée les armes à la main, ce qui ralentissait le travail. Le 29 juin cependant, on en avait achevé 16ᵏᵐ; elle était protégée par les camps de Sidi Ferruch et de Staouéli, par neuf redoutes, un blockhaus et deux maisons crénelées. Pendant que le Génie exécutait ce travail considérable, il s'était battu avec les autres corps de l'Armée, les 19, 24 et 29 juin. Au bout de quinze jours seulement, on était parvenu devant Alger, dont le fort de l'Empereur interdisait l'accès. C'était un siège à faire, et si de hautes maçonneries découvertes facilitaient l'ouverture d'une brèche, l'âpreté du terrain, le manque de gabions, la pénurie de fascines rendaient les travaux d'approche, la construction des batteries pénibles et dangereux. Du 29 juin au

4 juillet, on fit 2000^m de tranchées dans les plus mauvaises conditions, on prépara l'accès aux batteries qu'arma l'Artillerie et l'on repoussa plusieurs sorties à l'arme blanche. Le 4 juillet, après une journée de canonnade, les projectiles atteignirent une poudrière, le fort sauta et l'on se hâta d'en prendre possession, de s'y retrancher. Pendant la nuit, sous la direction du commandant Lemercier, on occupa la hauteur des Tagarins et l'on poussa des tranchées jusque sur les glacis de la Casbah pour menacer ce réduit d'Alger, si l'on essayait de s'y défendre. Mais la destruction si prompte et si complète d'un fort que l'on croyait inexpugnable avait terrifié le dey, ses officiers et la population tout entière. On se rendit. Ces six journées avaient coûté un capitaine et un lieutenant grièvement blessés. Des quatre officiers supérieurs, Chambaud était tué, Vaillant gravement blessé. Lemercier (1), toujours actif, toujours énergique, allait supporter

---

(1) Le nom du colonel Lemercier est indissolublement lié à la conquête d'Alger et aux premières opérations de la guerre qui nous a rendus maîtres du pays tout entier, car il ne l'a point quitté depuis le jour du débarquement jusqu'à celui de sa mort. Il avait adopté l'Algérie et s'était donné à elle tout entier. Né à Caudebec-lès-Elbeuf en 1787, il servait la France depuis le 1er octobre 1808, date de sa sortie de l'École Polytechnique; avait fait avec distinction les campagnes d'Espagne et de Portugal en 1810, 1811, 1812. Blessé d'une balle à l'épaule au siège de Tortose, d'une balle à la poitrine à la bataille des Arapiles, il était attaché à la grande Armée en 1813 et contusionné au bras droit à la bataille de Dresde. Prisonnier de guerre dans cette ville, à la suite de la capitulation violée, il avait, par son mérite, attiré l'attention du général Rogniat, qui le prit pour aide de camp. A la retraite de Médéa, en 1831, il fut atteint de nouveau d'une balle à la poitrine et eut un cheval tué sous lui. Outre une part très active aux combats livrés de 1830 à 1836, tels que la prise de Bougie, l'expédition de Mascara en 1835, pendant laquelle il fallut jeter des ponts sur le Sig et l'Habra; celle de Médéa en 1836, avec construction d'une route pour l'Artillerie au col des Mouzaïa, le colonel Lemercier, chef du service du Génie, se signala par ses talents d'organisateur, à une époque où tout était rendu difficile par l'incertitude où l'on était sur l'avenir de la colonie. Il dirigeait tout avec une grande sûreté de décision, allait partout, voyait tout et donnait une judicieuse impulsion aux jeunes officiers sous ses ordres. A se prodiguer ainsi, il perdit sa santé qu'il ne ménageait guère. Il courut de grands dangers au premier siège de Constantine, en dirigeant l'attaque du côté du pont sur le Rummel. Les préparatifs de la seconde expédition de Constantine en 1836, le travail excessif auquel il se livra au retour, afin de procurer des secours aux malades, dont le nombre dépassait toutes les prévisions, achevèrent de l'épuiser. Il essaya de revenir de Bône à Alger, mais mourut en mer, à bord du *Montebello*. L'Armée entière témoigna, par ses regrets, l'estime qu'elle avait pour l'homme, non moins que pour le militaire.

avec Lenoir le poids d'une installation européenne dans une ville arabe.

Nous avons raconté avec quelque détail les incidents de la prise d'Alger, parce qu'ils résument et caractérisent le rôle du Génie dans les guerres d'Afrique : établir une base d'opérations et y préparer des magasins, ouvrir des routes sous le feu de l'ennemi pour la marche en avant; occuper les positions prises et y créer des installations durables. Si l'ennemi est dans une ville, un ksar ou un poste retranché, c'est un siège à faire, avec des moyens toujours insuffisants, à la pénurie desquels doivent suppléer l'industrie des chefs et le dévouement des soldats. Une fois qu'un établissement est décidé, c'est le Génie qui doit pourvoir à tout : élever des baraques d'abord, puis des logements définitifs, des casernes, des hôpitaux, des magasins; c'est lui qui construit les murs d'enceinte, les ports, qui fait les conduites d'eau, les citernes, les plantations, les jardins maraîchers; lui encore à qui l'on demande de créer des barrages sur les cours d'eau, de féconder les plaines par des irrigations. Les postes et les centres de colonisation, il faut les relier entre eux. C'est encore le Génie qui doit tracer les routes, les construire, organiser un réseau télégraphique; lui aussi qui fait les levers de terrains, qui prépare le lotissement des terres à livrer aux colons, car les administrations civiles ne peuvent intervenir que lorsque le pays est pacifié : elles n'ont de raison d'être que si elles peuvent se passer du concours longtemps obligatoire et indispensable des troupes. En un mot, depuis le débarquement sur la côte jusqu'à l'achèvement complet de la conquête, rien en Algérie ne s'est fait sans que les officiers du Génie y aient pris une part considérable et souvent prépondérante. Et ces travaux, il a fallu les faire lorsque les conditions de la vie étaient encore fort difficiles et même mauvaises. On devait étudier des projets, les dessiner sous la tente ou dans de méchantes baraques, où l'on pouvait à peine se retourner; mal couché, mal nourri, souvent tremblant de la fièvre. Lentement la situation s'améliorait dans les villes, elle continuait à être désastreuse au dehors. Lorsqu'un travail devait s'exécuter au loin, que ce fût un pont, une route, un poste télégraphique ou une maison de commandement pour un chef indigène, on y envoyait quelque jeune officier, dont l'ardeur et l'entrain devaient suffire à tout. Il emmenait quelques sapeurs, une ou deux compagnies d'infanterie pour fournir les travailleurs, une forge roulante et des prolonges chargées d'outils. A lui de se débrouiller pour ouvrir des carrières de pierre à bâtir et de pierre à chaux; trouver de l'argile à briques, du bois pour cuire chaux et briques. Les Arabes du voisinage étaient chargés de fournir l'eau et l'on se mettait à la besogne, tantôt grillé par le soleil, tantôt les pieds dans la boue. Les communications avec la France étaient rares et l'on demeurait souvent un mois sans nouvelles de sa famille. Mais, quand arrivait un courrier, quel bonheur de recevoir des lettres et des journaux! C'était à tout prendre une vie de misères, mais l'on s'y attachait. On avait conscience d'accomplir une œuvre utile, de faire pénétrer la civilisation dans un pays livré depuis des siècles à la barbarie, où, suivant le proverbe arabe, aujourd'hui était plus malheureux qu'hier. Chaque mètre de route que l'on ouvrait, chaque pierre posée dans une construction était une victoire obtenue sur cet état funeste, un progrès dans la soumission du pays, et les bonnes relations que l'on entretenait avec les indigènes contribuaient à faire disparaître des préjugés. On le savait et l'on était tout heureux d'avoir été utile.

Les officiers plus anciens avaient une responsabilité plus grande. Non seulement ils devaient aider de leurs conseils des camarades moins expérimentés, mais il leur fallait prévoir les demandes d'installation qui pouvaient surgir à l'improviste, organiser des ateliers de réparation pour un matériel que les intempéries et l'ardeur du soleil détérioraient très vite. Lors de la création d'un nouveau poste, et s'il ne s'agissait pas d'occuper une ville arabe, leur influence était grande. On les chargeait d'examiner la salubrité du site, la fertilité du sol, la facilité des communications à établir. Plusieurs chefs du Génie ont acquis de la réputation par l'habileté qu'ils ont déployée pour triompher de tant de difficultés. Tels ont été Brincard à Bône, Bouteilloux à Cherchel, Tripier à Orléansville, Le Brettevillois à Ténez, Prudon à Sidi bel Abbès. Mais dès qu'il était question de faire parler la poudre, un instinct belliqueux faisait quitter toutes ces occupations. Les officiers du Génie se montraient prêts à tout. C'est l'un d'eux, Bigot, qui tenta le premier d'entrer à Bône, où il fut assassiné. En campagne, on réunissait les compagnies du Génie en un bataillon d'élite, qui combattait comme troupe d'infanterie, tout en demeurant chargé, comme troupe spéciale, de marcher à l'avant-garde pour frayer la route à l'Artillerie et aux convois. Troupe spéciale aussi, le Génie figure plus d'une fois aux sièges de villes et aux défenses des postes attaqués par les partisans de l'émir Abd-el-Kader. Le général Bouteilloux (¹) eut, comme capitaine, à défendre Cherchel et s'y distingua par la vigueur avec laquelle il repoussa l'ennemi.

Les deux sièges de Constantine méritent par leur importance une mention particulière. Le premier, entrepris dans une saison trop avancée, échoua à cause des intempéries et d'une connaissance imparfaite des lieux. Des renseignements qui paraissaient mériter toute confiance faisaient espérer que l'on ouvrirait les portes à l'Armée lorsqu'elle se présenterait. En effet, cela faillit arriver, mais le parti qui nous était favorable manqua de force et de confiance. On essaya une attaque brusquée, qui n'eut d'autre résultat que de prouver la hardiesse téméraire de ceux qui tentèrent l'entreprise : le colonel Duvivier du côté du Coudiat Ati, le colonel Lemercier à la porte d'El Cantara. Un officier du Génie, le capitaine Grand y fut tué ; un autre qui ne sortait pas de l'École et qui se signala par son courage calme et sa hardiesse, le capitaine Ruy, fut dangereusement blessé.

(¹) Le général Bouteilloux (Martial), né à Limoges le 18 août 1804, est entré à l'École Polytechnique le 1er octobre 1823, a servi en Algérie du 1er avril 1836 au mois de juillet 1849, époque à laquelle il fut appelé au commandement du 2e régiment du Génie, qu'il exerça avec une grande distinction. Bon ingénieur, mais plus militaire qu'ingénieur, il s'est signalé pendant les guerres d'Afrique et a mérité quatre fois d'être mis à l'ordre de l'Armée : dans les combats sous Blida en 1836, dans ceux de l'Oued el Alleg et contre les Haractas, et en 1840 à la défense de Cherchel. Le 10 janvier 1841, il était encore dans cette place lorsque le chef de bataillon Gautherin, qui y commandait, fit une sortie malheureuse où il périt. Son corps fut abandonné sur place par les soldats en désordre. Bouteilloux, demeuré à Cherchel, prit le commandement, rassura la troupe et se porta avec elle sur le lieu du combat, où il recueillit les corps du malheureux Gautherin et de dix soldats. Pendant la nuit, il fit construire un blockhaus où il repoussa toutes les attaques des Arabes. Un jugement sûr et prompt, le talent qu'il déploya comme directeur du Génie à Constantine, donnaient à penser que le général Bouteilloux prendrait une grande influence dans le Comité du Génie : cet espoir fut déçu. Soit fatigue d'esprit, soit santé altérée, il ne réalisa pas, dans les grades élevés, les grandes espérances qu'on avait fondées sur lui. Il donnait souvent des avis pleins de bon sens, mais ne s'efforçait jamais de les faire prévaloir, montrant dans les délibérations un scepticisme regrettable. Passé dans le cadre de réserve en 1868, il n'a pas cherché à reprendre du service pendant la guerre qui éclata dix-huit mois plus tard, et est mort le 13 mai 1877 à Levallois-Perret, près de Paris.

Très contrarié aussi par les intempéries, le second siège fut conduit avec de plus grandes précautions et dirigé par des chefs d'une haute expérience. On exécuta les tranchées, les batteries avec une audace qui n'excluait pas la prudence, et les travaux d'approche furent poussés assez près des murs pour assurer la marche des colonnes d'assaut. Cela ne se fit pas sans pertes; il y en eut de plus douloureuses encore lors de l'assaut lui-même, et l'on sait combien la lutte fut sanglante. Six officiers du Génie y trouvèrent la mort et parmi eux le commandant Vieux, le capitaine Hackett furent particulièrement regrettés à cause du rare mérite que leurs camarades leur reconnaissaient. Le colonel de La Moricière ainsi que plusieurs autres reçurent des blessures graves et il serait trop long de citer tous ceux qui se distinguèrent. En 1837, comme en 1836, la nécessité de tout amener avec soi, la pénurie des transports, engageaient à presser les opérations, à tout sacrifier à l'obligation suprême de faire vite. On sut y résister dans une juste mesure et l'on eut lieu de reconnaître la justesse du précepte donné par Vauban : « La précipitation dans les sièges n'avance jamais les affaires, les retarde souvent et ensanglante toujours la scène. » On était réduit par la médiocrité des approvisionnements de tout genre à cette extrême limite, que si l'assaut avait dû être retardé d'un seul jour, la retraite s'imposait à l'Armée.

Zaatcha, une méchante bourgade, au milieu d'un bois de palmiers, mais entourée d'un fossé plein d'eau, dont les déblais formaient un haut rempart, a montré aussi, en 1849, combien Vauban avait raison. On se butta contre cet obstacle, et à plusieurs reprises il fallut reculer avec perte. C'étaient la situation politique du pays, la crainte d'une épidémie cholérique imminente, qui engageaient à enlever de vive force ce centre de résistance. Après du temps perdu, il fallut revenir au procédé des approches méthodiques, barrer le fossé par des digues pour aborder l'obstacle et attaquer l'ennemi corps à corps. L'erreur avait coûté la vie à bien du monde, entre autres au colonel Petit. Le colonel Le Brettevillois, qui le remplaça, sut assurer le succès par de prudentes dispositions.

Quelques années plus tard, au mois de décembre 1852, un autre poste fortifié, ce qu'on appelle un *ksar* en Algérie, Laghouat, arrêta quelques jours l'élan des troupes. Les mesures étaient bien prises, on ouvrit une brèche aux murailles et l'assaut eut un résultat décisif. La protection d'un cours d'eau était chose exceptionnelle dans ce pays, et, quelle que soit la solidité d un mur en relief sur le sol, l'artillerie de calibre le renverse en bien peu de temps.

L'expédition de la grande Kabylie, dirigée par le maréchal Randon, est la dernière où le Génie ait eu un rôle sérieux. Ses principales occupations furent d'ouvrir les routes qui relient à la côte et à la plaine de la Metidja le poste du Fort Napoléon, aujourd'hui Fort National, et la construction de ce poste lui-même, élevé sous la haute direction du général de Chabaud La Tour et par les soins du commandant, depuis général Guillemaut, l'un des plus habiles constructeurs du corps.

Les officiers du Génie se sont aussi montrés utiles dans toutes les colonies où ils ont été appelés à servir, les Antilles, la Nouvelle-Calédonie, Tahiti, mais il en est une qui leur est particulièrement redevable de sa prospérité. Le Sénégal a végété jusqu'à l'administration du général Faidherbe, à qui l'on doit faire remonter tout ce qui a été fait depuis son départ, car son successeur et son élève, le colonel du génie Pinet-Laprade, et ceux qui, dans ces dernières années, ont entrepris de faire pénétrer notre influence dans l'intérieur de l'Afrique, n'ont fait que suivre ses préceptes, imiter les exemples qu'il leur avait donnés. Il faut voir en lui, en ceux qui l'ont secondé, de véritables fondateurs d'empire, dans un continent où la domination française s'étend déjà à plus de 2 000^{km} de la côte. Pinet-Laprade a été le créateur du port de Dakar; lui, Vincens et bien d'autres ont payé de leur vie les services rendus là à la France.

Pendant que se passaient les faits que nous venons de rappeler, le corps du Génie a eu à diriger deux sièges d'une importance exceptionnelle et qui, pour des raisons différentes, occupent une place à part dans l'histoire des guerres, Rome et Sébastopol. Rome, la ville éternelle, l'ancienne capitale du monde civilisé, donne un éclat particulier à tous les événements qui la concernent. Le Gouvernement français avait jugé nécessaire d'y rétablir l'autorité du Pape, chassé par une insurrection. L'échec d'une tentative imprudemment brusquée engagea l'honneur de nos armes dans une entreprise dont les difficultés étaient grandes. On tenait par-dessus tout, en effet, à ménager la ville et les monuments si nombreux qui s'y trouvent. Le rôle des officiers du Génie fut prépondérant, et ils se montrèrent dignes de ce que l'on attendait d'eux. Donnons un regret aux morts, à Galbaud-Dufort, à Jouslard en particulier, qu'attendait une brillante carrière; rappelons aussi que bien d'autres se signalèrent, les Niel, les Frossard, les Doutrelaine, dont nous aurons à reparler; mais c'est au chef, le général Vaillant, que revient surtout l'honneur du succès. La direction qu'il a donnée aux opérations du siège n'a pas obtenu une approbation unanime. On lui a reproché le choix du point d'attaque. La superstition du front bastionné l'aurait engagé, suivant les critiques, à rechercher le seul endroit de l'enceinte où il s'en trouvait, et qui était la partie la plus forte, tandis que, sur la rive gauche du Tibre, on aurait rencontré une simple muraille mal protégée. Le général Vaillant n'a pas jugé à propos de répondre et ses amis ont fait valoir la crainte d'avoir à subir une guerre de rues et de maisons, qui aurait eu pour conséquence la ruine de monuments célèbres. Ils auraient pu ajouter que, si l'on avait attribué une vertu particulière à la fortification bastionnée, on aurait évité au contraire d'en affronter les dangers. En réalité, on a été guidé par des raisons sérieuses, les unes militaires, les autres politiques.

Pour atteindre les parties les plus faibles de l'enceinte, il eût fallu traverser le Tibre, en aval de Rome, allonger beaucoup la ligne d'opération et l'exposer aux entreprises de l'ennemi. Parvenu sur la rive gauche du fleuve, on se serait trouvé en contact avec l'armée napolitaine, désireuse de concourir au rétablissement de l'autorité papale, et que l'on avait ordre de laisser tout à fait à l'écart. C'étaient des motifs graves de s'en tenir à la direction qui conduisait le plus promptement devant Rome. On oublie d'ailleurs que le choix d'un point d'attaque ne dépend pas uniquement de la moindre force de résistance que possède la masse inerte de l'enceinte à laquelle on s'attaque. Il est aussi une force vivante que l'on doit détruire et dont la ruine entraîne seule la perte de la place. Une lutte à main armée est nécessaire et toutes les opérations d'un siège ont pour objet de faire que cette lutte ait lieu dans des conditions favorables à l'attaque : au dehors de l'enceinte; au sommet du rempart au moment de l'assaut; dans l'intérieur de la ville, sur des barricades ou avec l'appui d'un réduit. Quand une garnison a du cœur, elle n'attend pas qu'on la resserre et l'art de Vauban était de l'enve-

lopper dans un réseau de tranchées qui rendissent toute action extérieure infructueuse. Les défenseurs de Rome se sentaient trop faibles
pour agir au dehors; ils espéraient obtenir des succès dans une
guerre de rues, que la position dominante des bastions attaqués a
rendue irréalisable. Dès lors la lutte, ce qu'on peut appeler *la bataille du siège*, devait se passer sur le rempart, au moment de
l'assaut, et les précautions furent bien prises pour que le résultat ne
demeurât point douteux.

La guerre contre la Russie, de 1854 à 1856, se résume presque
tout entière en une seule opération, le siège de Sébastopol, car devant son importance s'effacent tous les autres incidents. Le siège de
Sébastopol est le plus grand dont les Annales militaires fassent mention. C'est une bataille qui a duré près d'une année, entre deux
grandes armées dont l'une, celle des alliés, a dû prendre pied sur une
plage lointaine, inhospitalière, s'y installer et y apporter avec un labeur immense tout ce qui lui était nécessaire pour vivre et combattre,
tandis que l'autre, possédant les immenses ressources d'un puissant
arsenal, ne pouvait réparer ses pertes qu'en faisant venir hommes,
vivres et matériel à travers cinquante lieues d'un pays sans routes,
sans ressources, où l'on ne trouvait même pas de bonne eau à boire.
Les armées combattantes se sont illustrées dans cette lutte homé-
rique, mais l'armée française y a eu un rôle prépondérant, et dans
cette armée le corps du Génie.

La ville assiégée, que partageait en deux parties un ravin profond,
couvrait une vaste superficie et l'artillerie de gros calibre étendait son
action assez au loin pour obliger l'armée assiégeante à allonger beaucoup la ligne de l'investissement, quoiqu'il demeurât incomplet. La
transmission de pouvoir amenée par la mort du maréchal de Saint-
Arnaud et la difficulté d'arriver à l'unité de vues entre les chefs des
armées alliées empêchèrent de tenter une attaque de vive force, qui,
sous l'influence de la victoire de l'Alma, aurait certainement réussi, si
elle avait eu lieu le jour ou le lendemain de l'arrivée devant Sébastopol.
On crut d'une plus sage prudence de consacrer les premiers efforts à
la prise de possession du terrain, au débarquement des vivres et du
matériel. Les Russes profitèrent habilement de ce répit. La ville
n'était point fermée sur la plus grande partie du pourtour; il ne s'y
trouvait que quelques réduits maçonnés et voûtés, désignés sur les

plans par les noms de *tour de Malakoff, réduit du bastion du mât, du bastion central, etc.* On les enveloppa de hauts parapets, précédés de fossés larges et profonds, que l'on réunit de manière à avoir une enceinte continue, et l'on arma le tout avec la puissante artillerie que fournissaient l'arsenal et la flotte. Ces travaux s'exécutaient plus rapidement que les préparatifs de l'attaque. Le jour de l'ouverture du feu, nos batteries, loin d'obtenir la supériorité, furent réduites au silence. Celles des Anglais, à notre droite, furent un peu moins maltraitées; elles obtinrent même un succès partiel. Dans l'ouvrage appelé depuis le *grand redan* se trouvait une tour presque pareille à celle de Malakoff et qui paraissait plus grande. Une explosion s'y produisit et cette tour disparut tout entière, rasée à tel point que les auteurs des récits du siège, n'ayant pas assisté à ces premières opérations, ne l'ont point connue et n'en ont point parlé.

Après cette tentative malheureuse, il devint évident que l'on aurait à subir toutes les lenteurs d'un siège en règle, lenteurs accrues par la masse énorme des approvisionnements à débarquer et par l'étendue des tranchées à ouvrir. Pour tous les détails de ces travaux, on ne peut que renvoyer aux grands et consciencieux ouvrages publiés par le général Niel pour la France, dont les plans ont été dessinés par le général Petit, alors son aide de camp, et par le général Totleben pour la Russie. Toutes les péripéties de ce grand siège sont racontées là avec détail et chaque relation complète l'autre. Ce que l'on peut y ajouter, c'est que l'indécision des premières mesures, qui a eu pour conséquence la longue durée du siège, a fait par cela même le succès final de la guerre. Si les armées alliées s'étaient emparées de Sébastopol au mois de septembre 1854, comme cela leur était possible, c'eût été un très brillant résultat : la flotte russe était anéantie, le grand arsenal de la mer Noire détruit; mais l'Armée subsistait, toutes les ressources de la Russie demeuraient intactes. Comment les atteindre? Pouvait-on, dépourvu comme on l'était de moyens de transport, recommencer les funestes entreprises de Charles XII et de Napoléon? On était descendu en Crimée, il n'était plus possible de la quitter sans avoir repoussé au loin son adversaire ou l'avoir contraint à signer la paix. Au contraire, la lutte se concentrant autour de Sébastopol, nous n'avions à franchir que le faible parcours des ports de débarquement aux camps, et l'on sait ce que cela nous a coûté de peines ! La mer, dont nous étions seuls maîtres, nous permettait tous les arrivages, toutes les évacuations de blessés, de malades ; l'Armée russe, au contraire, ne recevait de secours que par un long trajet sur des routes défoncées, où les soldats souffraient des misères indicibles, et en épuisant toutes les ressources des provinces méridionales en charrois et en bêtes de somme. Avec de la persévérance, le succès des alliés était assuré. La constance de l'Armée française fut admirable et l'on peut dire que le corps du Génie lui servit de modèle, ne discontinuant jamais les travaux d'approche, qui finirent par entourer Sébastopol dans un réseau de plus de 80ᵏᵐ de tranchées, sans compter un développement de mines de 1150ᵐ de galeries, puits ou rameaux, qui n'aboutit pas, les Russes lui ayant opposé un système de contremines plus considérable encore.

Tant de travaux exécutés avec une indomptable persévérance au milieu des dangers, de la canonnade, de la mitraille, de sorties fréquentes, font le plus grand honneur aux chefs qui les ont dirigés et aux troupes qui les ont accomplis. Trente et un officiers, parmi lesquels le général Bizot leur chef, furent mortellement atteints dans les tranchées; sept autres succombèrent aux fatigues et aux maladies. Dans ce nombre vingt-neuf sortaient de l'École. On regretta beaucoup Dumas, Saint-Laurent, Sarlat. Préserville, le jeune de La Boissière, tué en sauvant la vie à un camarade, bien d'autres dont le souvenir reste vivant chez leurs compagnons, car il est impossible de les nommer tous. Il serait injuste d'oublier le dévouement des officiers sortis de la troupe. Les Rittier, les Renoux, les Thouzellier se sont fait remarquer parmi les plus braves, à côté des Fournier, des Chareton, des Boissonnet, des Parmentier, des Regad, des Salanson, des Bressonnet, des Segretain, de tous ceux qui ont acquis alors des titres à la reconnaissance du pays. Mais, avant tous, cette reconnaissance doit s'adresser aux généraux qui ont eu le commandement de l'arme et la direction des attaques, Bizot, Niel, Dalesme et Frossard. Quant aux officiers simplement blessés, il y en a eu tant que l'espace ne permet pas d'en parler. On ne peut que renvoyer au récit du siège déjà mentionné.

Outre les travaux d'attaque, son occupation principale, le Génie avait eu à s'occuper de l'installation des camps. Il avait eu des routes à tracer et à ouvrir, un entretien rendu difficile par la lourdeur des charrois; des baraques, des magasins, des écuries à construire : travaux immenses qui augmentaient ses charges. Après la prise de la ville, on s'installa dans les bâtiments les moins endommagés, et l'on augmenta les baraquements dans une large proportion, afin de passer un second hiver sur cette terre de Crimée où gisaient tant de cadavres. Une quantité considérable de poudre avait été trouvée dans les magasins russes : on l'employa à la destruction des forts, de l'enceinte, des défenses maritimes. Tout était achevé lors de la signature de la paix et ainsi se termina une des plus grandes entreprises militaires du siècle.

La guerre d'Italie, en 1859, brusquement dénouée par un traité de paix, au moment où l'on allait entreprendre le siège des forteresses du Mincio et de l'Adige, donna aux officiers du Génie peu d'occasions d'agir. Il y eut bien quelques passages de rivières ou de canaux, la réparation de ponts détruits par l'Armée autrichienne en retraite; mais ces travaux rentrent dans le service ordinaire de l'arme et ils ne présentèrent aucune difficulté exceptionnelle. Il convient de rappeler, au contraire, la part si importante qu'eut le général Niel au succès de la bataille de Solférino. Son corps eut à lutter du côté de Médole contre des forces très supérieures, dans un terrain coupé par de nombreux obstacles. Une ferme, dite la *Casa Nova*, fut prise, perdue et reprise. Le bataillon de chasseurs à pied qui l'assaillait avait perdu son chef. Le colonel du Génie Jourjon se mit à sa tête, enleva définitivement la ferme et chargea le lieutenant du Génie Blanchard de la retrancher. Mais, dans cette affaire où il avait pris deux canons à l'ennemi, il fut blessé mortellement. Blanchard, attaqué à son tour avec la dernière fureur, résista victorieusement à tous les assauts de l'ennemi, qui couvrit les champs voisins de ses cadavres. Le corps du Génie peut s'enorgueillir du courage et des talents dont firent preuve alors ces deux officiers.

Pendant cette guerre, et même avant qu'elle fût entreprise, des événements extraordinaires avaient pour théâtre l'extrême Orient, où, sous les ordres des amiraux Rigault de Genouilly, Page, Charner, Bonnard, presque tous sortis de l'École, les Français renouvelèrent les exploits des Cortez et des Pizarre; mais, cette fois, contre des ennemis armés comme nous de fusils et de canons. Chose singulière, des faits aussi récents, si glorieux pour les hommes qui les ont accomplis, qui ont triomphé au prix de pertes énormes, on n'en a jamais fait l'histoire complète : ils sont presque inconnus en France. Quel que soit notre désir de voir combler une lacune aussi regrettable, nous n'avons à en parler ici que pour la part qu'y ont prise le corps du Génie et des camarades qui nous sont chers, dont nous sommes heureux de conserver la mémoire.

La mauvaise foi traditionnelle des mandarins chinois, le massacre des missionnaires, les exactions dont les commerçants français étaient victimes, avaient obligé la France et l'Angleterre à faire contre la Chine des démonstrations armées. Les mêmes motifs conduisirent la France, secondée par des troupes espagnoles des Philippines, à agir contre l'empire d'Annam. Les opérations se trouvèrent ainsi disséminées dans des contrées très distantes les unes des autres. Il est difficile de dire jusqu'à quel point cela fut justifié par des considérations extra-militaires, mais il en résulta de fort graves inconvénients, dont on n'a pu triompher que par la grande capacité des chefs et la valeur des soldats. En décembre 1857, mille Français et trois mille cinq cents Anglais attaquèrent la ville de Canton, qui compte plus d'un million d'habitants et l'enlevèrent d'assaut. Les Français arrivèrent bons premiers et le capitaine du Génie Labbe marchait en tête de leurs colonnes. Le vice-roi et 574 canons tombèrent en notre pouvoir. Ce n'était pas tout de battre un ennemi surpris et mal organisé, il fallait contenir une population turbulente, au milieu de laquelle les troupes européennes étaient comme noyées. On y parvint grâce à un mélange de douceur et de fermeté; on organisa des réduits, sortes de citadelles dominant la ville, qui fournit d'importantes ressources en matériel, et même en hommes, pour les opérations ultérieures. Le capitaine Labbe eut à diriger ces travaux d'installation et le gros des troupes fut embarqué pour aller aux bouches du Pei-ho, où leur présence fit conclure un traité que les Chinois n'observèrent pas après leur départ.

La flotte, avec une petite troupe de débarquement, se porta à la fin de l'été en Annam, sur la côte de Tourane, dont elle enleva les forts à la suite d'une vive canonnade. Les mandarins firent le vide devant nous. La mousson du nord-est allait rendre la mer intenable; Labbe venait de succomber aux fatigues qui éprouvaient le corps expéditionnaire. L'amiral de Genouilly résolut donc, après avoir assuré la sécurité d'un

poste, d'aller chercher dans la basse Cochinchine une contrée plus
clémente. La mousson du nord-est y amène la belle saison. Après
avoir réduit les forts qui en défendaient l'embouchure, la flotte
entra dans la rivière de Saïgon et se présenta devant la ville le 17 février 1859. .

Saïgon, peuplé d'environ 80000 âmes, était protégé par une citadelle ayant la forme d'un grand carré bastionné, avec des fossés secs
et une escarpe revêtue de 7^m de hauteur. Une large berme séparait le
sommet du mur d'un parapet garni d'une palissade en bambous, au
travers de laquelle on avait ménagé des créneaux. Cette disposition
s'est retrouvée plus tard presque partout dans les forts de la Cochinchine et du Tonkin. Une muraille appuyée à des magasins formait un
retranchement dans l'intérieur de la citadelle dont toutes les portes,
sauf une, étaient bouchées avec de la terre et des pierres. La ville, évacuée presque en entier, brûlait par places. Un corps de 6000 à 8000
hommes campait près de la citadelle, dont la garnison pouvait être
évaluée à 1200 hommes. Après une canonnade dirigée contre les
remparts, une reconnaissance, qui devait être poussée à fond, fut
envoyée le 18 février sous les ordres du chef de bataillon d'infanterie
de marine Martin des Pallières ([1]) et du capitaine du Génie Gallimard ([2]). Elle comptait moins de 700 hommes, était munie de sacs de
poudre et de deux échelles seulement. Accueillie par un feu violent,
la troupe se jeta dans le fossé pour y échapper. L'une des échelles fut
dressée contre le mur. Le sergent des Pallières, frère du commandant,
donna un croc-en-jambe au marin qui l'avait apportée et s'y élança le
premier; son camarade le suivit et chacun d'eux tua un ennemi, pour
dégager le sommet de l'échelle. Au pied de la seconde, une discussion
semblable menaçait de s'élever entre les deux officiers.

Gallimard monte cependant, donne une impulsion d'ensemble, et
les Annamites fuient derrière le retranchement. Une poutre sert de
bélier pour en enfoncer la porte et bientôt la citadelle est en notre
pouvoir. Pendant ce temps, les troupes du camp annamite s'avançaient
pour cerner notre petit corps : le commandant des Pallières dirige
contre elles le tir des canons de montagne du capitaine Lacour (de la

---

([1]) Depuis général de division à l'armée de la Loire.
([2]) Depuis général de division.

promotion de 1841 à l'École). L'ennemi fuit, abandonnant la position, ainsi que 118 canons de bronze, 63000^{kg} de poudre, 5000 fusils à pierre de la fabrique de Saint-Étienne et des approvisionnements considérables. La ville de Saïgon, le camp, tout était à nous.

L'amiral était descendu à terre, en voyant l'attaque se prononcer. Ses premiers mots aux deux officiers furent : « Quelle imprudence ! vous vous êtes conduits comme des sous-lieutenants. — De bons sous-lieutenants, » reprit Gallimard. L'amiral sourit et leur serra la main.

Pour annuler les résultats de ce brillant succès, les mandarins obligèrent la population à évacuer la ville, dont la majeure partie fut incendiée. Comme on ne pouvait tout garder, le Génie eut à détruire la citadelle, à organiser le fort du sud, où une garnison de 200 hommes fut laissée, avec l'appui de quelques navires, et au mois de mars le gros de la flotte retourna à Tourane, où le poste que l'on y avait laissé était étroitement bloqué. Le commandant Deroulède, officier d'un rare mérite et d'un grand caractère, qui était venu prendre la direction du Génie, fit la reconnaissance des positions ennemies. Elles furent enlevées le 8 mai 1859 ; mais les Annamites, cherchant toujours à nous amuser par des négociations dilatoires, s'établirent plus loin dans des lignes très bien retranchées. On les enleva le 6 septembre, à la suite d'une affaire très chaude, où le lieutenant Boreau-Lajanadie fut tué d'un coup de lance. La route de Hué n'était cependant pas ouverte et, le 18 novembre, on enleva, après un violent combat, le camp annamite. C'est ce jour que fut tué d'un coup de canon, sur la dunette de la *Némésis,* le commandant Deroulède, au moment où il proposait à l'amiral Page les dispositions de l'attaque. Ce fut une perte considérable pour l'Armée et pour le corps du Génie où il était destiné à occuper les plus hautes positions. De nouveau l'approche de la mauvaise saison obligea à quitter Tourane pour Saïgon dont on dégagea les abords. Le Génie eut à déblayer la ville ruinée, qu'encombrait déjà une végétation luxuriante. Les capitaines Pleuvier et Malet s'y employèrent, mais l'occupation eut bientôt à subir un nouveau temps d'arrêt. Toutes les forces disponibles furent dirigées vers le nord de la Chine, où l'on entamait une guerre très sérieuse. Tourane fut abandonné et Saïgon bloqué encore une fois par les Annamites. Un de nos établissements, la pagode des Clochetons, fut même violemment attaqué pendant la nuit du 3 au 4 juillet 1860 et défendu avec succès par le capitaine du Génie Malet.

En 1861, la conclusion d'une paix plus sérieuse avec la Chine permit de ramener vers l'Annam une partie du corps expéditionnaire. Le Génie était alors sous les ordres du commandant Allizé de Matignicourt que secondaient les capitaines Gallimard, Bovet, Pleuvier, Malet. Un camp fortifié d'une manière formidable était établi à Kihoa, à peu de distance de Saïgon. Les Annamites y avaient de hauts parapets, palissadés en bambous, bien armés, précédés de larges fossés et de lignes de trous de loups. D'après les listes d'appel qu'on y trouva, 37000 hommes le défendaient. Les troupes françaises en comptaient environ 8000, dont la moitié seulement étaient disponibles pour l'attaque. On crut pouvoir tourner les ouvrages afin de les aborder par la gorge et le 24 février on se mit en marche. Mais cette gorge se trouva aussi bien fortifiée que le front de tête. Un fort avancé fut enlevé d'abord, malgré une sortie vigoureuse, appuyée par des éléphants. Le Génie exécuta sous le feu une coupure à travers l'ouvrage, une route pour l'artillerie, et, le soir, le camp de Kihoa se trouvait débordé. On l'attaqua le lendemain avec trois colonnes, en tête desquelles marchaient les officiers du Génie avec leurs sapeurs et quelques marins. L'enceinte fut vite enlevée, mais un réduit palissadé, dont la hauteur dépassait celle des échelles, arrêta l'élan des troupes. On fit là des pertes sérieuses avant d'avoir pu arracher les bambous avec des crochets, se hisser au sommet des talus, pour aborder l'ennemi corps à corps. Enfin, après une lutte très vive, où les officiers du Génie méritèrent les éloges de l'amiral Charner, le réduit fut emporté d'assaut. L'armée annamite était détruite ou dispersée.

Quoiqu'il ne se trouvât plus d'ennemis à proximité de Saïgon, nous n'occupions encore qu'une bande étroite de terrain entre le Donnaï et le Mékong. Profitant de la fin de la mousson du nord-est, qui est la saison sèche en Cochinchine, l'amiral résolut de s'emparer de Mytho, sur le grand fleuve du Mékong, en suivant l'arroyo de la poste, pendant qu'on s'efforçait de trouver un passage pour la flotte dans l'une des embouchures du Mékong. L'arroyo était obstrué par de nombreux barrages, que protégeaient six forts bien défendus. Il fallut, pour triompher de ces obstacles, le concours de la Marine et des troupes de terre, agissant de concert. L'opération très pénible, très meurtrière, dura du 26 mars au 12 avril. Comme l'attaque de Kihoa, elle a été fort bien racontée par l'un des combattants, l'amiral Pallu de Labarrière. Au retour, le commandant Allizé, épuisé de fatigue, succomba à un accès pernicieux.

La saison pluvieuse était revenue avec la mousson du sud-ouest ; toute la plaine était transformée en marécages. C'est dans ces conditions désastreuses que le Service du Génie eut à créer des établissements militaires à Saïgon et dans les postes déjà occupés, à en organiser de nouveaux pour maintenir le pays dans l'obéissance. A la fin de l'année, on fit, au milieu des eaux qui couvraient encore la plaine des Joncs, une expédition sur Bienhoa, où se distingua le capitaine Bovet. La basse Cochinchine fut conquise, pacifiée ; elle devint promptement prospère. Si ce résultat a été obtenu sous le commandement de marins sortis de l'École, on l'a dû, pour une bonne part aussi, au Service du Génie qui ne s'était pas ménagé. Quand, le 13 janvier 1862, le capitaine Malet ramenait sa compagnie en France, elle était réduite de 100 hommes à 34 ; huit avaient été rapatriés précédemment. Le reste avait succombé au feu, au fer ou aux maladies. Sur dix officiers du Génie, deux avaient été tués à l'ennemi, trois étaient morts de maladie, un avait été évacué gravement malade. Là ne se borna pas l'utile intervention de nos camarades du Génie et les noms de Teissier, de Varaigne sont à joindre à ceux des premiers fondateurs de cette florissante colonie.

La guerre de Chine, elle aussi, a fait honneur au corps du Génie, mais il eut à y remplir un rôle moins important. C'est au général Montauban que revient, presque entière, la gloire du succès obtenu.

Peu après l'époque où l'Armée française accomplissait ces exploits, une autre guerre surgissait à l'autre extrémité du monde. Des commerçants établis au Mexique se plaignaient des vexations dont ils étaient l'objet, et le gouvernement ne put obtenir le redressement de ces griefs. Excité par des réfugiés mexicains, il se laissa entraîner à une intervention qui eut des suites déplorables. Nous n'avons pas à retracer ici l'histoire de la guerre du Mexique ; il est à désirer qu'on l'écrive, car, si au point de vue politique elle mérite le blâme que lui a infligé l'opinion, l'Armée, aux prises avec d'énormes difficultés, s'y est vaillamment conduite. Le Génie, en particulier, y a eu une trop

belle part pour qu'on la laisse dans l'oubli. Un seul officier le représentait d'abord, le commandant de Coatpont; mais, après l'échec de
la tentative trop aventureuse dirigée contre Puebla, le corps expéditionnaire reçut d'importants renforts en officiers et troupes de l'arme.
Il fut heureux que, dès le début, l'effectif numérique ait été important, car la nature des opérations conduisit à exécuter des travaux
vraiment gigantesques, qui rappellent et dépassent même ceux accomplis pendant la guerre d'Espagne. Le pays que l'on allait parcourir
était presque inconnu. Les officiers du Génie le sillonnèrent de
reconnaissances qui se comptent par centaines et procurèrent le
moyen de dresser une Carte assez exacte des régions visitées. Presque
partout les routes étaient mauvaises : le Génie dut les réparer, réparer
aussi les ponts détruits ou brûlés. Des bandes nombreuses cherchaient
à arrêter les convois, à enlever les courriers et les petits détachements. On créa des postes, on organisa des ranchos, des fermes ou
de grosses maisons qui pussent servir de refuges temporaires. Lorsqu'une ville ne pouvait être occupée en entier, on y ménageait un
réduit, qu'une petite troupe suffisait à garder, afin de préparer la
réoccupation totale, quand arriverait un corps plus nombreux. Et
ces travaux s'étendirent sur un territoire immense, de l'Atlantique
au Pacifique. Ils furent accomplis les armes à la main, interrompus
par de fréquents combats, sous la direction des généraux Vialla et
Doutrelaine, que secondèrent, comme chefs d'état-major de l'arme
les colonels Corbin et Bressonnet, et des officiers plus jeunes, dont
beaucoup sont encore au service aujourd'hui.

Dans cette campagne, deux actes de guerre sont à signaler : les
sièges de Puebla et d'Oajaca. Puebla, ou pour lui donner son vrai
nom, la Puebla de los Angeles, avait été attaqué sans succès en 1862.
Il s'y trouvait une forte garnison, très bien commandée, plus nombreuse que l'armée assiégeante. La ville était entourée d'ouvrages de
fortification passagère à grands reliefs, bien armés et appuyés à des
édifices qui pouvaient mériter le nom de forts. Mais c'est à l'intérieur
surtout que la défense avait été préparée. Les rues coupées par des
barricades, les îlots de maisons crénelés, des retranchements disposés
de manière à se soutenir les uns les autres, devaient arrêter longtemps l'ardeur des assiégeants. Le siège, habilement dirigé par le
colonel Vialla, dura près de deux mois. On ouvrit la tranchée pen-

dant la nuit du 23 au 24 mars 1863 contre le fort du Pénitencier, qui succomba au bout de sept jours. Alors commença une guerre de rues et de maisons dont la durée fut de quarante-trois jours. Enfin l'attaque du réduit de Totimechuacan exigea encore cinq jours, au bout desquels ce qui restait de la garnison, dénuée de ressources, détruisit les armes, brûla les munitions et cessa de combattre sans vouloir signer de capitulation. Cette conduite lui fit le plus grand honneur et lui valut l'estime des vainqueurs, qui surent apprécier son courage. La guerre de rues et de maisons, soutenue avec une rare intelligence par les deux armées, peut servir de modèle pour la marche à suivre dans des circonstances semblables. Malgré l'énergie de la lütte, les pertes des assiégeants ne furent pas considérables, ce qui fait l'éloge des habiles dispositions qu'ils ont prises.

Le siège d'Oajaca, dirigé par le colonel Doutrelaine, avec le lieutenant-colonel Bressonnet pour chef d'état-major, n'a pas eu une aussi grande importance. Les difficultés à vaincre provenaient surtout de l'éloignement de ce centre de résistance, des mauvaises routes, qui mettaient obstacle à l'arrivée du matériel, et du faible effectif des troupes qui ne permettait pas d'investir la place assiégée. Les travaux d'attaque, commencés le 24 janvier 1865, étaient assez avancés le 9 février pour qu'on pût donner l'assaut avec une partie des troupes; le reste devait tourner la ville, afin que la garnison ne pût s'échapper; mais celle-ci n'attendit pas le choc et se rendit.

La guerre du Mexique a ajouté une belle page à l'histoire de nos guerres, à celle des services que le corps du Génie a rendus à l'Armée française. La direction donnée aux troupes a presque toujours été irréprochable; l'évacuation du pays elle-même a pu se faire avec ordre et sans que l'Armée en retraite eût été entamée par les troupes mexicaines régulières, ni par les bandes qui obéissaient souvent mal aux chefs ennemis. Seules les visées politiques du gouvernement et du dernier général en chef méritent un blâme sévère.

Rappelons enfin que là, comme jadis en Égypte, l'expédition militaire a été suivie par une Commission scientifique où, sous l'impulsion du général Doutrelaine (¹), le corps du Génie a pris une part

---

(¹) Né à Landrecies le 9 juillet 1820, entré à l'École Polytechnique en 1839, sorti de l'École de Metz en 1842, le général Doutrelaine a occupé toutes les positions où peut se trouver un officier du Génie et, en paix comme à la guerre, avec une égale

importante. Il est regrettable que les documents réunis, les collections elles-mêmes aient été abandonnés à Paris et n'aient pas été l'objet d'un examen sérieux.

IV.

Bien que la guerre et tout ce qui s'y rapporte doive être la principale occupation des officiers du Génie, quelques-uns d'entre eux ne

---

supériorité. Toujours il s'est distingué par l'élévation et la droiture de son caractère, joignant à un grand charme de relations une dextérité remarquable pour traiter les affaires les plus compliquées. Le général Rullière l'appela, jeune encore, près de lui, pendant son court ministère. Le maréchal Vaillant, frappé de sa conduite au siège de Rome, le prit pour aide de camp, et lui conserva pendant sept ans cette position. La variété de ses connaissances l'a fait attacher à de nombreuses Commissions, dont il était toujours un membre actif, souvent le rapporteur, car il écrivait avec facilité et possédait un véritable talent d'homme de lettres. Un très beau discours prononcé par le maréchal Vaillant à la distribution des prix du grand concours en 1858, est dû à son aide de camp, à qui il en a toujours fait honneur.

Ces qualités toutes civiles n'ont fait aucun tort à celles de l'homme de guerre. Lors du siège de Rome, le capitaine Doutrelaine est monté à l'assaut du bastion 6, le 22 juin, et à celui du bastion 8, le 30. Lors de la campagne d'Italie en 1859, il a assisté aux batailles de Magenta et de Solférino, a poussé la reconnaissance de la vallée de l'Oglio jusqu'au mont Tonale et fait exécuter les lignes du Breno. La période la plus active de sa vie a été de 1863 à 1867, les campagnes qu'il a faites au Mexique, comme chef d'état-major, puis commandant supérieur du Génie. En cette qualité, il a dirigé les opérations du siège d'Oajaca, les immenses travaux exécutés par le Service du Génie sur toute l'étendue du territoire; il a pris enfin une part très considérable aux travaux de la Commission scientifique.

En 1870, il fut enveloppé dans le désastre de Sedan, mais aussitôt après la guerre il occupa des fonctions importantes comme conseil des plénipotentiaires français, puis comme chef de la Commission chargée de tracer la nouvelle frontière. Il devint ensuite membre, puis président du Comité des fortifications, et il occupait ces hautes fonctions lorsqu'il a succombé, le 1er mai 1881, après une courte maladie.

Le seul côté faible de cet homme si bien doué était une santé délicate, qui ne lui permettait souvent pas l'effort d'un travail prolongé. Craignant de ne pouvoir point servir avec le zèle qu'il apportait à tout, il a plusieurs fois résigné ses fonctions, demandant à être mis en disponibilité. Ses amis lui reprochaient cet excès de scrupule, et sa fin prématurée, alors qu'on attendait encore beaucoup de ses grands talents, leur a montré de quel côté était l'illusion.

laissaient pas de consacrer une partie de leur temps à des études d'une autre nature. Nous ne parlerons pas ici des grands travaux scientifiques purs et de science appliquée du général Poncelet. Ils seront exposés ailleurs, car chez lui le savant prime de beaucoup le militaire. Mais bien d'autres travaux méritent d'être rappelés.

Les officiers du Génie avaient souvent désiré la réunion sous un format modéré des principaux renseignements relatifs à la construction, aux travaux de campagne, qu'un officier isolé, privé des ressources d'une bibliothèque, ne se procure que difficilement. Un aide de camp du général Deponthon, le capitaine Laisné, se chargea de rédiger cet aide-mémoire, prototype de ceux que l'on a faits depuis pour le Génie civil. Établi sur le plan des *portefeuilles* que se faisaient les anciens Ingénieurs militaires, remanié et complété à diverses reprises par plusieurs collaborateurs, l'ouvrage a rendu et rend encore de notables services.

Lorsque dans les premières années de l'occupation de l'Algérie on chargea une Commission d'explorer le pays, pour en reconnaître la topographie, découvrir les antiquités, les richesses minérales qui s'y trouvent, le colonel Carrette, alors capitaine, prit une part importante aux études de cette Commission et présenta à l'Académie des Inscriptions plusieurs mémoires sur des sujets variés. Beaucoup d'autres officiers du Génie ont utilisé leurs connaissances techniques pour recueillir les restes qu'ont laissés la domination romaine et celle de Carthage. Le général Creuly s'est fait remarquer par l'étendue et la solidité de ses études; il a participé aussi à la confection de la Carte des Gaules. Le général Hanoteau, doué d'une aptitude singulière pour s'assimiler les langues les plus rebelles aux oreilles européennes, a le premier fait connaître le langage des Touareg et la grammaire de l'idiome parlé par les Kabyles du Jurjura. Il est resté un des maîtres de cette branche de la linguistique. Le général Faidherbe a profité de son long séjour au Sénégal pour étudier les langues nègres, sur lesquelles il a publié d'importants mémoires. Les commandements qu'il a exercés dans la province de Constantine ont été pour lui l'occasion de publier des travaux sur la domination carthaginoise, les civilisations préhistoriques, les peuples disparus qui ont couvert de dolmens une partie de la province, enfin sur les caractères anthropologiques qui les rapprochaient ou les différenciaient des habitants actuels. L'Académie des Inscriptions a récompensé ces recherches en admettant leur auteur parmi ses membres.

Chargé, en 1860, d'observer en Afrique une éclipse totale de Soleil, le colonel Laussedat a imaginé un appareil nouveau, un photohélio-graphe horizontal, qui est employé depuis lors dans divers observatoires d'Europe et d'Amérique et a été utilisé pour l'observation des passages de Vénus en 1874 et en 1882. Il a aussi étendu la méthode de reconnaissances de Beautemps-Beaupré, l'a appliquée à la chambre claire. Lors du siège de Paris, la Commission qu'il présidait a fait de nouvelles applications de cette méthode au lever des positions ennemies, employant, selon les circonstances, la chambre claire et la Photographie, enfin les appareils du colonel Mangin. Les progrès que ce dernier officier a fait faire à l'optique pratique veulent une mention spéciale. Les appareils qu'il a inventés et construits n'ont pas rendu moins de services aux géodésiens et aux astronomes qu'aux officiers du Génie. Ils ont notamment rendu possible la réunion de la triangulation européenne avec l'Algérie, celle projetée avec la Corse.

Lorsque l'Empereur forma le projet d'écrire une histoire de César, il donna au colonel de Loqueyssie, officier aussi instruit qu'intelligent et doué d'un jugement très sûr, la mission d'explorer les régions de la Gaule belgique où avaient combattu les légions romaines. Le double passage de César dans l'île de Bretagne, le pont jeté sur le Rhin, le site de la ville des Éburons, celui de la ville des Aduatuques, ont été l'objet d'excellents mémoires. Chargé plus tard de suivre la marche de César en Italie, à la poursuite de l'armée de Pompée, Loqueyssie exécuta des fouilles qui lui firent retrouver le port de Brindusium, aujourd'hui comblé par des alluvions. Il serait fort intéressant de publier les mémoires et les dessins faits à la suite de ces missions et qui, nous avons lieu de le croire, n'ont pas été détruits lors de l'incendie des Tuileries.

Des officiers du Génie ont été autorisés, à différentes époques, à prendre du service à l'étranger. C'est ainsi que le colonel Gallice est devenu l'un des plus utiles collaborateurs de Méhémet Ali en Égypte. Le colonel Mondain, détaché en Serbie au moment d'une guerre imminente avec la Turquie, a obtenu, par son habile intervention, que la citadelle de Belgrade fût évacuée par les Turcs. Là ne se sont pas bornés les services rendus par des officiers français dans d'autres pays, mais nous n'avons point la prétention de les rappeler tous.

Rien ne les détournait toutefois de l'attention qu'ils devaient apporter à l'organisation défensive des frontières, ni à celle de nos forces militaires. Pendant la durée de l'empire, deux grandes villes, Lille et Toulon, reçurent une extension importante. Il convient de les signaler, car ce sont les dernières enceintes tracées et établies en France d'après les méthodes classiques.

L'installation du camp de Châlons mérite, elle aussi, une mention pour l'habileté avec laquelle elle a été conçue et dirigée. Pendant quatorze ans, le capitaine Weynand s'y est consacré, il y a conquis tous ses grades jusqu'à celui de colonel, aux applaudissements de tous ses camarades, qui y ont vu la juste récompense de grands services rendus. Le camp de Châlons peut servir de modèle pour sa bonne disposition et l'économie avec laquelle tout a été exécuté.

A la suite de la guerre d'Italie, en 1859, les relations de la France et de l'Angleterre subirent un refroidissement. On reconnut alors combien étaient insuffisantes et la protection des ports de mer et les batteries qui étaient censées les défendre. La plupart dataient du premier empire et depuis cette époque les conditions auxquelles on devait satisfaire avaient bien changé. Il fallait autrefois protéger le cabotage et l'on avait, pour cela, hérissé les côtes de petites batteries, suffisantes pour éloigner des navires à voiles faiblement armés. C'était une fâcheuse dispersion des forces; mais elle était imposée par le but à atteindre. Désormais, les transports à l'intérieur étant assurés par les chemins de fer, on pouvait négliger le cabotage. En revanche, les ports étaient plus menacés. On déclassa donc le plus grand nombre des anciennes batteries pour augmenter la puissance de celles qui protégeaient les grands ports, quelques rades importantes et les îles que l'on ne pouvait abandonner aux entreprises de l'ennemi. L'œuvre était d'ailleurs commencée sur quelques points : à la digue de Cherbourg, au fort Boyard, à l'île d'Aix par exemple. Ces travaux furent continués et l'on en exécuta d'autres fort importants, dans le même ordre d'idées, à Toulon, à la rade d'Hyères, à celles de Rochefort, de Cherbourg, aux goulets de Brest et de Lorient, ainsi qu'aux embouchures de la Seine, de la Loire et de la Gironde. Ce qui se fit alors était suffisant contre une marine qui ne faisait qu'essayer la vapeur et le cuirassement et ne disposait encore que de

canons à âme lisse. Depuis lors, les grands progrès de l'Artillerie, les
bâtiments cuirassés à grande vitesse, les torpilleurs ont contraint de
chercher à faire des ouvrages défensifs plus puissants et par suite
d'en diminuer le nombre pour ne pas se trouver faible partout.
Quelles que soient les dispositions adoptées, un principe général se
dégage et les domine : la force protectrice doit être reportée très en
avant des objets à protéger, ports, arsenaux ou rades, et à une
distance d'autant plus grande que la portée des projectiles s'accroît.
Sans cela, tout ce qui s'y trouve serait détruit pendant la lutte, quel
qu'en fût d'ailleurs le résultat, favorable ou malheureux.

Pendant toute la durée du second empire, des préoccupations du
même ordre pesèrent sur l'étude de la fortification. L'intérêt que
Napoléon III portait à l'histoire et aux progrès de l'Artillerie engagea beaucoup d'officiers à s'en occuper et il mit à leur disposition
tous les moyens d'études. D'assez sérieux résultats étaient acquis
avant la guerre franco-allemande et toute amélioration apportée au
canon devait avoir une influence correspondante sur le tracé et le
choix de tous les dispositifs de la fortification. Les maçonneries découvertes ou même mal couvertes risquaient d'être démolies de loin.
On ne pouvait plus laisser les terre-pleins dépourvus d'abris. La bataille d'un siège devait ainsi avoir pour théâtre un plus vaste terrain.
N'étant plus limitée aux abords immédiats de l'enceinte, les détails
du tracé de celle-ci perdaient beaucoup de leur valeur, tandis que les
conditions relatives aux vues éloignées en prenaient une qu'elles n'a-
vaient jamais eue.

Si l'on était fixé sur deux points, le report en avant d'une partie
au moins des ouvrages défensifs et la construction d'abris à l'épreuve
de la bombe et du canon, on ne l'était pas du tout sur les autres conditions à remplir. Les uns, désespérant d'obtenir un résultat satisfaisant, déclarèrent qu'il suffirait de bombarder une forteresse pour
l'obliger à se rendre et que, par suite, la fortification était inutile.
C'est une opinion que l'on entend soutenir de temps à autre, et qui
n'empêche pas ses adeptes de réclamer, pour les places de leur commandement, la protection de remparts qui leur semblent alors indispensables. On répondait que si la garnison, pourvue d'abris, ne se
laissait pas intimider, il faudrait toujours en venir à une lutte corps
à corps, et, dans l'impossibilité de parcourir de grands espaces à dé-

couvert, se résigner, comme à Sébastopol, à exécuter de pénibles travaux d'approche. Elle n'était donc pas inutile la fortification d'où naissaient de telles difficultés.

La guerre de 1870 a montré dans quelle mesure des deux parts on avait raison, car si des places de petite ou de moyenne dimension ont été réduites par une simple canonnade, ce procédé s'est montré tout à fait inefficace à Paris, protégé par des forts. Le service du Génie élaborait des projets pour améliorer la défense des principales villes frontières, car on ne pouvait s'occuper de tout à la fois. Parmi les chefs de service, celui qui se trouva le premier prêt et dont les études parurent les plus satisfaisantes fut le lieutenant-colonel de Rivières, chef du Génie à Metz. Il posa en principe que la défense devait être reportée des remparts de la place à la ligne d'horizon. Idée juste, mais dont il faudrait peut-être modifier l'expression, en ce sens que les vues doivent s'exercer au dehors et non en dedans de la ligne de défense. Il n'est pas bon de se laisser dominer par la pensée d'occuper les positions que pourrait prendre l'ennemi, en songeant moins à celles qui donnent action contre lui. Quoi qu'il en soit, au moment de la guerre de 1870, quatre grands forts étaient assez avancés à Metz pour recevoir un armement presque complet. On sait que, pour des raisons tout à fait étrangères au corps du Génie, ces ouvrages n'entrèrent pas en action. Les Allemands se contentèrent de bloquer Metz et l'Armée qui s'était réfugiée auprès de la ville, prévoyant sans doute que le chef de cette armée ne chercherait pas à contrarier leurs manœuvres par une défense active.

Si les officiers du Génie perdirent là une occasion de déployer leurs talents et leur patriotisme, ils trouvèrent ailleurs des circonstances plus favorables. Denfert s'est immortalisé par la défense de Belfort, où il a été vaillamment secondé par Quinivet, par Thiers et par Degombert, qui y a perdu la vie. La conduite de Maritz et de Ducrot à Strasbourg, celle de Boulangé et de Bussière à Verdun, ne doivent pas être laissées dans l'oubli (¹). Mais c'est surtout aux

(¹) Fait prisonnier à Sedan, le capitaine Bussière résolut de se soustraire à la captivité. Il s'attacha à une voiture du train, dans le convoi dont il faisait partie et, tout en causant avec le conducteur, versa du sable dans les boîtes de roue. La voiture restant en arrière, il offrit de guider le soldat allemand et finit par le conduire aux avant-postes de la garnison de Verdun avec tout son chargement.

armées organisées par le Gouvernement de la Défense nationale que leur zèle a pu se montrer. Les désastres de Metz et de Sedan avaient fait disparaître le cadre presque entier des officiers d'État-Major. Les officiers du Génie se trouvèrent prêts à les suppléer. Quelques-uns occupèrent des commandements de troupes importants. A l'armée de la Loire, la division commandée par le général Rousseau livra de nombreux combats, et dans les efforts tentés pour délivrer Paris, c'est elle qui approcha le plus de la capitale.

Les officiers du Génie se prêtèrent à tous les emplois aux armées de la Loire et de l'Est. L'Armée du Nord fut créée, organisée et commandée par eux. C'est au général Farre, nommé, pour la circonstance, Commissaire adjoint de la Défense nationale, qu'elle a dû l'existence. C'est le général Faidherbe qui l'a conduite au combat et quelquefois à la victoire. Succès ou revers, les batailles d'Amiens, de Pont-Noyelles, de Bapaume, de Saint-Quentin, peuvent figurer avec honneur dans nos fastes militaires et la marche en avant, qui aboutit à la prise de Ham, obligea les Allemands à renoncer à leurs entreprises contre le Havre. Un épisode de cette guerre doit être mentionné ici. Le commandant Richard, chargé de retarder la marche des colonnes prussiennes en défendant des barricades, à l'entrée de Saint-Quentin, se trouva précédé dans la ville par les soldats ennemis. Se faisant jour à coups de pistolet, il put se jeter dans une maison hospitalière, bientôt envahie elle-même, s'y cacha et après de nouvelles épreuves réussit à rejoindre l'Armée française. Partout les officiers du Génie se prodiguèrent, montrant dans ces douloureuses circonstances autant de zèle que d'abnégation. On les trouva toujours parmi les plus ardents à soutenir l'honneur et les intérêts du pays. Allard, fils du général de ce nom, sauta d'un train en marche qui le conduisait en Allemagne pour rejoindre l'Armée du Nord. Farjon se signala à la défense de Soissons; Maritz et Bongarçon à celle de Strasbourg, où Ducrot fut tué. La Ruelle fut blessé mortellement au combat de Lumeau, Bernard à la bataille du Mans; Guyot, Perseval et Beau à Paris, où l'on exécuta d'énormes travaux en présence de l'ennemi. Travaux inutiles, hélas! mais l'ardeur de nos camarades eut fort à souffrir de la direction donnée à la défense et il ne tint pas à plusieurs d'entre eux que cette direction fût tout autre. Quand une insurrection criminelle mit la France à deux doigts de sa perte, on les vit prodiguer leurs efforts et leur sang pour la combattre et ils attaquèrent avec vigueur ces mêmes remparts qu'ils venaient de défendre. Cette fois encore le Génie eut à subir des pertes cruelles, et dans le nombre un officier de grands talents, le général Péchot, qui avait depuis longtemps quitté le corps pour se consacrer à l'administration algérienne et aux corps indigènes. Après lui périrent des jeunes, Haxo, Lafosse, Durand de Villers, moissonnés avant l'âge. Cela portait à vingt le nombre des officiers du Génie tués pendant cette guerre.

Lorsque la paix dut être conclue aux plus dures conditions, le général Doutrelaine fut adjoint aux plénipotentiaires réunis à Bruxelles d'abord, à Francfort ensuite. Le colonel Laussedat le rejoignit dans cette dernière ville et tous deux, unissant leurs efforts, parvinrent à soustraire quelques lambeaux de territoire à nos avides vainqueurs.

Quand on se résolut à régler les responsabilités de la guerre et des désastres qu'elle avait accumulés, c'est le général du Génie Séré de Rivières qu'on chargea d'instruire le fameux procès de Trianon et son rapport restera comme l'un des plus importants documents de notre histoire militaire.

L'ennemi s'était enfin éloigné, nous arrachant deux provinces et une rançon énorme. La frontière était ouverte, et parmi les mesures réparatrices dont la prompte exécution s'imposait, l'une des plus urgentes était de fermer cette plaie. Il fallait aussi s'occuper de Paris. Les progrès réalisés dans l'armement, les nouveaux perfectionnements à l'étude, prouvaient que les forts élevés en 1840 étaient désormais trop rapprochés de l'enceinte. Depuis cette époque d'ailleurs, la population avait doublé, elle s'accroissait chaque jour; la fortification avait donc à satisfaire à des besoins tout autres; elle allait se trouver dans des conditions nouvelles, et si des modifications de tracé, de principes même étaient à prévoir avant la guerre, elles s'imposaient bien plus fortement depuis. Le général de Rivières, par l'ascendant qu'il conquit sur le Conseil de défense, obtint le périlleux honneur de diriger la réorganisation des forteresses, tant à Paris que sur les frontières du nord, de l'est et du sud-est. L'augmentation de l'Armée, l'accumulation du matériel, des vivres et des fourrages, des équipements dont on voulait s'approvisionner pour être toujours prêt à soutenir une guerre, obligeaient à con-

struire de nombreuses casernes, des magasins, des hôpitaux, des bâtiments militaires de tout genre. Besogne immense, car il ne suffisait
pas de faire beaucoup et bien, il fallait surtout faire vite.

Si nous n'avons pas voulu insister sur les tristes incidents de la
guerre civile, un autre sentiment, dont on comprendra la convenance,
nous interdit de donner aucune explication sur les travaux défensifs
exécutés depuis vingt ans, d'indiquer, même d'une manière sommaire,
les motifs qui ont déterminé le choix des dispositions d'ensemble
ou de détail adoptées. L'art défensif a des règles immuables,
mais dont l'application doit être profondément modifiée selon les
ressources dont on dispose et selon les moyens d'attaque en usage.
Depuis que les armes éprouvent des transformations incessantes par
suite des progrès de la métallurgie et de la chimie, les obstacles qu'on
leur oppose doivent changer aussi, et ce qui est excellent aujourd'hui
peut se trouver insuffisant demain. L'art défensif, la fortification,
est donc dans une période de transition comme l'armement lui-même,
que l'on a dû changer plusieurs fois déjà depuis la dernière guerre,
sans que l'on puisse prévoir ce que réserve l'avenir. Disons seulement
que le corps du Génie s'est toujours trouvé à la hauteur de sa difficile
mission, rendue plus lourde encore par les vides qu'y avaient faits
les combats ([1]). Les officiers se sont mis vaillamment à l'œuvre. Les
études sur le terrain, les levers, ont été poursuivis sans nul égard

---

([1]) On ne peut parler des efforts faits après la guerre de 1870 pour reconstituer
les frontières et l'Armée de la France, sans faire ressortir la grande part qu'y a
prise le général Chareton, tant comme militaire que comme député, et député
influent.

Veye dit Chareton (Jean-Joseph), fils de Joseph Chareton et de Marie Fayolle,
est né à Montélimar (Drôme) le 8 juillet 1813. Il est entré à l'École Polytechnique
le 1er octobre 1832. Après quelques années passées à l'intérieur, il fut envoyé en
Algérie et y servit, d'abord en sous-ordre, puis comme chef du Génie, du
1er juillet 1844 au 7 février 1855, date de son départ pour l'armée de Crimée. Il fut
blessé et cité deux fois au siège de Sébastopol, pour l'affaire de nuit du 23 au
24 mai 1855 et à l'assaut du 6 septembre. Là, comme partout où il s'est trouvé, il
s'est fait remarquer par une bravoure calme, un jugement très sûr et une grande
expérience de tous les travaux que peut avoir à faire exécuter un officier du Génie.
Rentré en France après la guerre, il occupa les emplois de chef du Génie à Lyon,
et de directeur à Grenoble et à Toulon, ce qui fut pour lui l'occasion d'études très
sérieuses sur la défense des Alpes et de la Savoie.

Appelé en 1870 à commander le Génie du 5e corps d'armée, il fit des efforts infruc-

pour l'hiver et les intempéries. Les travaux ont marché avec une rapidité sans précédents, et cela souvent dans les sites les plus ingrats, dans des localités dépourvues de ressources, où l'on a été obligé de créer des logements provisoires, des routes d'accès, quelquefois même des communications aériennes pour amener les matériaux de construction. Dans les forts de la Savoie, ces câbles porteurs ont atteint des longueurs de 1 500^m, pour franchir une différence de niveau de plus de 600^m. A Briançon, il a fallu organiser un plan incliné ayant environ 1 200^m de base pour 600^m de hauteur. Cela laisse bien loin ce que les Prussiens s'enorgueillissaient d'avoir établi à Coblentz et rien de pareil sans doute n'a été fait ailleurs. Les efforts des Ingénieurs militaires ne se ralentissent pas : chaque nouveau progrès industriel les trouve prêts à l'utilisation. Les abris cuirassés pour les canons, les tourelles, les coupoles tournantes et oscillantes, les affûts à éclipse, les ponts mobiles démontables, l'électricité sont l'objet de leur constantes études et d'importants résultats ont été acquis par eux. Il est permis d'espérer que tant d'efforts ne seront pas perdus et que soit pour la défense, soit pour l'attaque des places, le Génie actuel sera à la hauteur de ce qu'ont fait ses anciens.

Ce n'est pas en Europe seulement que nos jeunes camarades ont eu à déployer leur zèle. Une nation comme la France ne peut se confiner sur un territoire restreint, elle étend forcément son action

---

tueux pour décider son général à marcher au canon de Frœschwiller. L'insuccès qu'il éprouva en cette circonstance lui a laissé un souvenir si pénible qu'il n'en pouvait parler sans amertume.

A sa rentrée de captivité, il fut promu général, et ses compatriotes le députèrent à la Chambre, où il acquit de suite une influence prépondérante pour toutes les questions relatives à l'Armée. Il était en même temps membre du Comité des fortifications et Inspecteur général du Génie. On le nomma président de la Commission de défense des côtes, de celle chargée de reviser le chiffre des garnisons, et un moment même il eut la présidence du Comité du Génie. A cette vie militaire si active, il joignait d'importants travaux à la Chambre. Rapporteur de la loi sur l'organisation de l'Armée, il en conçut et fit adopter les principales dispositions. Lors de l'organisation de la République, il devint sénateur inamovible. Mais sa santé était profondément atteinte. Sans illusions sur sa fin prochaine, il la voyait venir avec calme, travaillant utilement et toujours, ce qu'il considérait comme un devoir. Aussi sa mort, arrivée le 15 juin 1878, a-t-elle été un deuil pour l'Armée et pour la France entière, qui avait beaucoup à attendre encore de ses talents et de son expérience.

sur toute l'étendue du globe et les entreprises coloniales ont eu de
tout temps sa faveur. La belle colonie de la Cochinchine ouvrait au
commerce des relations avec l'Annam et le Tonkin. Ce dernier pays
surtout avait par ses richesses, la densité de sa population, attiré de
bonne heure l'attention de tous ceux qui ont parcouru l'extrême
Orient. La France y a eu de très sérieux intérêts depuis une vingtaine
d'années et le Génie a rempli un rôle très utile dans toutes ces entreprises, qui se partagent naturellement en quatre périodes successives.

La première, toute pacifique, comprend les années 1875 et 1876.
A la suite des explorations de Francis Garnier sur le fleuve Rouge,
considéré comme une grande voie de pénétration en Chine, des traités nous concédèrent à Hanoï et à Haïphong des espaces restreints,
qualifiés de concessions françaises. On devait y établir la demeure
d'un résident avec ses bureaux, celles de quelques commerçants
et une caserne pour une compagnie d'infanterie. Les capitaines du
Génie Dupommier et Espitallier, chargés d'élever ces constructions,
jugèrent de suite que l'espace concédé était tout à fait insuffisant. Ils obtinrent à l'amiable de très larges extensions et se mirent
à l'œuvre, recrutant et instruisant parmi les indigènes des ouvriers
spéciaux, qui leur restèrent fidèles et qu'on fut heureux de retrouver
plus tard. C'est à leurs explorations qu'on doit la découverte des
bassins houillers de Trop-Ké et de Dong-Trieu, dont on a tant parlé
depuis, celle des carrières de marbre; enfin ils signalèrent la mauvaise qualité des bois de construction du pays, à l'exception de
bambous, et la nécessité d'employer des charpentes en fer et des
menuiseries venues de France. Les constructions terminées ces deux
officiers retournèrent en Europe.

De 1882 à 1884 dure ce que l'on pourrait appeler une époque agitée. Elle est inaugurée par l'expédition du malheureux Henry Rivière,
qui résolut de s'emparer par surprise et un coup de force de la citadelle d'Hanoï. Cet ouvrage de fortification a été construit à la fin du
siècle dernier, comme tous ceux de l'Indo-Chine, par les soins du
colonel Olivier, officier du Génie d'un grand mérite, appelé par le
célèbre évêque d'Adran, Mgr Pigneau de Béhaine, qui réussit à placer
sur le trône d'Annam l'empereur Gia-Long et à faire conclure des
traités avantageux à la France. La citadelle d'Hanoï était un ouvrage

respectable; on n'avait rien de ce qui était nécessaire pour en faire le siège. Dupommier, de retour au Tonkin, accrocha à la porte un pétard chargé de 9ᵏᵍ de coton-poudre et la brisa. Les défenseurs ne résistèrent pas et quelques jours après il pétarda de même la citadelle de Nam-Dinh.

A la suite de ces opérations, une partie du pays se souleva contre nous et Rivière périt dans une sortie mal conduite. Sa mort causa une panique dans la concession d'Hanoï, où Dupommier contribua par sa fermeté à relever les courages. Il l'entoura d'une clôture que l'on n'avait pas encore eu la précaution d'élever et la mit hors d'insulte. Des renforts furent envoyés de France, comprenant des officiers et quelque peu de troupe du Génie. Pour en compenser l'insuffisance on organisa des compagnies auxiliaires composées de fantassins, de marins et d'ouvriers indigènes recrutés sur les ateliers du Génie. Ces troupes et leurs officiers surtout prirent une part glorieuse et très active aux combats qui nous rendirent maîtres de Sontay, de Bac-Ninh, d'Hong-Hoa. Elles eurent pour mission d'assurer la marche des colonnes en réparant les routes et les digues à travers les rizières et les marécages qui sillonnent le delta du fleuve Rouge. Les digues surtout étaient fréquemment coupées; il fallait traverser les arroyos sur des ponts en bambous, en établir de plus importants sur des affluents larges et rapides. Après la prise de chaque poste, il fallait encore assurer le logement des troupes par des moyens provisoires, pour lesquels tout faisait défaut. L'incertitude du gouvernement de la métropole, nullement fixé sur ce qu'on ferait du Tonkin, ne permettait jamais de prendre des mesures décisives et mettait le service du Génie dans le plus étrange embarras. L'effectif des troupes fut successivement porté de deux compagnies d'infanterie à une division de 17500 hommes de toutes armes et cette période troublée se termina à la convention de Tien-Tsin, signée le 11 mai 1884 avec le gouvernement chinois, alors suzerain du Tonkin et de l'Annam.

Cette convention, on le sait, ne fut point observée. Moitié par suite d'un malentendu, moitié à cause de la perfidie des mandarins chinois, le détachement en marche pour occuper Lang-Son subit un désastre à Bac-Lé, et la lutte jusqu'alors déguisée entre la France et la Chine devint une guerre ouverte pendant les années 1884 et 1885. Le commandant Dupommier, qui travaillait à la route de Kep, se porta avec les hommes sous ses ordres et le détachement d'aérostiers au secours de la troupe battue à Bac-Lé. Sa marche, par une chaleur torride, fut des plus fatigantes. Plusieurs soldats périrent frappés d'insolation, mais il contribua à assurer le retour des malades et des blessés. Cette nouvelle période, plus encore que la précédente, fut particulièrement pénible pour le service du Génie, ballotté sans cesse entre des ordres contradictoires; la direction du service étant confiée tantôt au ministère, tantôt aux chefs locaux, à la Guerre, à la Marine, à des chefs civils entre lesquels il n'y avait ni entente, ni communauté de vues. L'installation des troupes, des hôpitaux, en souffrit grandement, mais le dévouement, l'abnégation des officiers du Génie fut toujours à la hauteur des difficultés qu'ils avaient à vaincre. On eut souvent à regretter l'insuffisance numérique de ces hommes du métier, ayant l'expérience de la fortification et de l'art de bâtir. A Formose, en particulier, où l'amiral Courbet réclama longtemps un officier du Génie, *un vrai*, avant d'obtenir l'envoi du capitaine Joffre, qu'il emmena avec lui aux îles Pescadores.

La guerre continuait au Tonkin contre les nombreuses armées des vice-rois du Yun-Nan et des deux Kouang. Là encore les officiers du Génie et leurs soldats participèrent aux combats, comme à toutes les mesures propres à assurer la marche des troupes dans ces pays d'un parcours si difficile. Ils essayèrent de créer une route conduisant à Lang-Son par la montagne, firent prévaloir le tracé par le col de Deo-Quan sur celui de Deo-Van, tout en continuant de réparer la route mandarine, plus commode à raison des travaux déjà faits, mais dépourvue de qualités militaires. Lorsque, après la prise de Lang-Son, on courut au secours de Thuyen-Quan assiégé par l'armée chinoise du Yun-Nan, le capitaine Josse pétarda un blockhaus occupé par l'ennemi, ce qui amena l'évacuation des lignes qui nous séparaient encore de la place assiégée.

La paix avec la Chine, conclue le 4 avril 1885, fit succéder à la guerre une période de pacification, au cours de laquelle le service du Génie, soutenu par le général de Courcy, se rendit encore utile en améliorant les routes et en élevant de nombreuses constructions. Mais cette paix conclue ne mit pas fin aux intrigues de nos adversaires. Elles eurent l'Annam pour théâtre et le capitaine du Génie Besson, chargé de construire une route entre Tourane et Hué, fut massacré dans une surprise de nuit, avec le détachement qu'il commandait. Un soulèvement, bientôt réprimé par le sang-froid et l'habileté du général de Courcy, éclata à Hué même. L'empereur Ham-Nghi se réfugia à Badinh, et de là dans des contrées sauvages; le gouvernement insurrectionnel demeura à Badinh, dont il fallut faire le siège. Le capitaine Joffre en dirigea les opérations et ce fut le dernier acte de guerre auquel prit part le Génie dans l'Annam et le Tonkin, jusqu'en 1888, époque à laquelle il fut déchargé du service de la colonie. Il y avait eu successivement pour chefs les commandants Dupommier, Sorel, le colonel Teyssandier et le général Mensier. Ses pertes dans les combats et par suite de maladies s'élevaient à 8 officiers, 11 adjoints et à près de 40 pour 100 de la troupe envoyée d'Europe.

A-t-on été heureusement inspiré en privant le service colonial du concours d'officiers dévoués, ayant fait une étude très complète d'une partie importante de l'art de la guerre et de l'administration militaire? Nous avons de fortes raisons d'en douter, et nous en doutons d'autant plus que, au moment même où nous écrivons ces lignes, c'est à des officiers du Génie qu'on s'adresse pour réparer les erreurs commises dans l'étude et l'exécution du chemin de fer qui doit relier le Sénégal au Niger. C'est à eux aussi que l'on demande le moyen de franchir les obstacles qui entravent la marche de la petite colonne qui combat si vaillamment au Dahomey et celui de traverser les contrées encore mal connues qui séparent les rivières dites du sud de la région du haut Niger.

V.

Nous avons essayé de retracer fidèlement les services rendus à la France par les Élèves de l'École Polytechnique sortis dans l'arme du Génie. Mais, malgré nos efforts, nous ne nous flattons pas d'avoir réussi à rendre justice à tous; bien des faits ont pu échapper à nos recherches. Beaucoup ont travaillé, peiné obscurément ou ont perdu

la vie aux armées avant d'avoir pu donner la mesure entière de leur
valeur. Cet exemple d'un labeur obstiné, d'un dévouement sans
bornes à la patrie, leur avait été légué par l'ancien corps des Ingénieurs militaires, sortis de l'École de Mézières, qui ont été leurs
premiers chefs et les ont guidés dans la carrière qu'ils devaient
parcourir à leur tour.

L'École de Mézières, on ne saurait trop le rappeler, a été le modèle
dont se sont inspirés les fondateurs de l'École Polytechnique. Ils y
avaient été formés eux-mêmes; ils y ont puisé l'idée féconde du mélange d'une forte instruction scientifique et d'applications appropriées aux divers services que l'École devait alimenter. Et cette
préoccupation est restée si présente chez tous ceux qui ont passé par
l'École que Poisson, dans la préface de son *Traité de Mécanique
rationnelle,* a soin de dire que tous les exemples destinés à élucider
les lois du mouvement, telles qu'il les exposait, étaient empruntés à
nos services civils ou militaires.

Sortis, pour la plupart, des rangs moyens de l'École, les officiers
du Génie en représentent très particulièrement l'esprit. S'ils ne
comptent pas une aussi forte proportion d'hommes célèbres que
d'autres corps, celui des Mines par exemple, ils peuvent s'enorgueillir
cependant d'un certain nombre de grands hommes de guerre, qui ont
été en outre des administrateurs remarquables et souvent aussi des
esprits très indépendants. Tous ont fait preuve d'une intégrité absolue. Les Valazé, les Rohault de Fleury, les Vaillant, les Niel ont
été des maîtres dans l'art de conduire les sièges. Les Duvivier, les
La Moricière, les Niel, les Faidherbe ont été des chefs d'armée d'un
mérite supérieur. Duvivier et La Moricière ont organisé en Algérie
les premiers corps indigènes : ils sont les créateurs de l'administration arabe. Faidherbe a tiré le Sénégal du chaos où il dormait depuis
des siècles et tracé la route que ses successeurs ont glorieusement
suivie. C'est à Farre, et à lui seul, que nous devons la Tunisie, ce complément obligé de notre grande colonie africaine. Chef du pouvoir
exécutif à l'une des époques les plus troublées de notre histoire, le
général Cavaignac a su, par sa droiture et sa loyauté, conquérir l'estime et le respect de ses adversaires eux-mêmes. Aidé par La Moricière, il a sauvé la France et l'on peut dire la civilisation moderne
dans une lutte où elle a failli périr.

A côté de ces hommes qui sont tous quoique diversement célèbres, combien d'autres ont poursuivi sans bruit une carrière plus modeste, toujours utile, appliquant les principes de travail, de désintéressement, d'application aux devoirs qui, sans être enseignés dans des cours, forment cependant ce qu'on a justement appelé l'*Esprit de l'École*.

Chargés de la garde d'une partie importante du domaine de l'État, ils l'ont toujours défendu avec une inflexible ténacité.

Ayant pour mission de veiller au logement des troupes, à l'installation des services militaires, ils y ont apporté de très importantes améliorations, tout en ménageant, avec un soin dont on ne leur a pas toujours su assez de gré, l'argent du public.

Préoccupés sans cesse d'étudier toutes les parties de l'art de la guerre, comme le prouvent de nombreux mémoires conservés dans les archives du Ministère et d'importantes publications, l'attaque et la défense des places ont dû naturellement attirer surtout leur attention. Si leurs prédécesseurs ont créé l'art de prendre les forteresses en sacrifiant le plus petit nombre possible de vies humaines, ils ont prouvé à Constantine, à Rome, à Sébastopol, au Mexique, en Orient qu'ils étaient les dignes continuateurs des doctrines de leurs maîtres, qu'ils savaient épargner le sang des autres, sans ménager le leur.

On leur a souvent reproché de n'avoir pas su faire dans l'art défensif des progrès égaux à ceux de l'attaque. C'est bien à tort, car la valeur de la fortification n'est autre que le rapport existant entre les moyens de l'attaque et les ressources de la défense. Or, depuis les temps quasi fabuleux de la guerre de Troie, les moyens de destruction n'ont cessé de s'accroître dans une proportion très supérieure à celle des obstacles qu'on peut leur opposer. Pendant des siècles, on n'a eu à sa disposition que la terre et la maçonnerie, car le bois a trop peu de durée pour servir d'obstacle permanent. C'est depuis quelques années seulement que la fabrication à bon marché et en grandes masses du fer et de l'acier introduit un élément nouveau, dont on étudie l'emploi. Les découvertes les plus récentes de la Science moderne nous apprennent aussi qu'il sera possible d'emmagasiner et de transformer la force pour obtenir des effets saisissants sur un point déterminé, et de cela encore le Génie s'occupe avec persévérance.

Si depuis cent ans nos prédécesseurs et nos contemporains n'ont pu disposer de ressources nouvelles, la guerre de siège va donc se développer sur un espace beaucoup plus étendu qu'autrefois; nos successeurs disposeront d'engins et de moyens nouveaux dont rien auparavant ne pouvait donner l'idée. Nous avons la ferme confiance qu'eux aussi, ils sauront s'en servir, en tirer des avantages inattendus pour la défense du territoire et la grandeur de la France, notre chère patrie.

Général COSSERON DE VILLENOISY.

TOPOGRAPHIE [1].

A l'époque de la fondation de l'École, la Topographie commençait seulement à substituer des règles positives à la fantaisie qui jusquelà avait régné dans les représentations du relief du sol. Cet art, dont l'invention peut être revendiquée *exclusivement* par les ingénieurs de notre armée, avait été au siècle dernier l'objet de progrès réalisés par nos ingénieurs géographes, qui opéraient plus spécialement aux petites échelles, et par nos ingénieurs militaires, chargés des levers aux grandes échelles. Ces deux corps étaient d'origine commune, mais ils obéissaient dès lors aux nécessités spéciales à leurs services respectifs, et c'est pour cela que les seconds ont eu, plus que les premiers, l'occasion d'introduire dans leurs opérations l'emploi des méthodes précises.

Les progrès de la Topographie ayant eu lieu d'une façon à peu près continue, il est nécessaire de montrer d'abord quelle était la situation au moment où les élèves de l'École ont pu commencer à y jouer leur rôle.

L'École de Mézières avait vu l'invention par Monge de la Géo-

---

[1] Ce chapitre aurait dû prendre place dans le corps de la notice consacrée au Génie militaire; mais l'auteur, ne se croyant pas assez compétent pour traiter cette question spéciale, s'est adressé à un ami, qui a bien voulu rédiger ce qui concerne les travaux topographiques du Génie militaire.   (C. DE V.)

métrie descriptive à deux plans. Parallèlement, deux de ses professeurs, Dubuat et Meusnier, créaient la Géométrie à un plan avec cotes, pour représenter les objets dont les dimensions verticales sont très petites par rapport aux deux autres. Puis, reprenant une idée émise successivement par deux hydrographes, Cruquius et Buache, ils admettaient que le terrain peut être figuré par des courbes de niveau, et créaient la théorie du défilement. Mais il fallait réaliser cette représentation du terrain.

En 1801, pour la première fois, le chef de bataillon Haxo fit une tentative dans un lever de quinze hectares au $\frac{1}{300}$, pour un projet de fortification à la Rocca d'Anfo; mais, malgré l'intérêt de cet essai, on ne peut le regarder que comme un effort isolé. C'est un officier d'un rare mérite, sorti des rangs, le commandant Clerc, qui, après de nouvelles expériences, posa les règles à suivre en pareille matière, règles qui ont servi de point de départ à tous les développements ultérieurs.

L'École Polytechnique peut revendiquer Clerc. Il y professa la Topographie en 1807. En outre, il créa *à ses frais* la brigade topographique et fonda réellement l'enseignement topographique à l'École de Metz (1828-1838).

Nous n'insisterons pas sur l'éclat dont cet enseignement a brillé depuis soixante-quinze ans à Metz, puis à Fontainebleau; nous nous en rapportons au témoignage de nos camarades de l'Artillerie et du Génie.

Tous savent quelle a été la valeur des professeurs qui s'y sont succédé, quels progrès y ont été accomplis; tous savent aussi que l'honneur de ces progrès revient pour la plus grande partie au colonel Goulier (1845-1875).

Clerc avait créé la méthode en Topographie par une subdivision des opérations, à laquelle aujourd'hui nous sommes tellement accoutumés qu'elle nous semble naïve; il avait eu de plus l'intuition de certains perfectionnements.

Goulier, doué d'un sens pratique aussi remarquable au moins que celui de Clerc, y apporta le concours d'une analyse qui lui fit coordonner les résultats de l'expérience, expliquer les intuitions de Clerc et étendre leurs applications. Son grand mérite a consisté en ce que jamais il ne s'est écarté des faits de la pratique; c'est toujours sur eux qu'il s'est appuyé, luttant contre les exagérations des inventeurs qui

abusent du raisonnement mathématique. Selon lui, pour avoir négligé
quelqu'une de ces exigences qu'il faut faire entrer en ligne de compte,
parce qu'on ne les heurte pas impunément, ils finissent par arriver
logiquement aux conclusions *les plus absurdes*. Or ces difficultés
avec lesquelles il faut compter en Topographie sont de l'ordre intellectuel comme de l'ordre matériel, car on a affaire aux causes qui
viennent distraire l'attention de l'opérateur, tout aussi bien qu'à
l'imperfection des instruments.

Goulier a su, mieux que personne, tenir compte de ces causes
d'inexactitude dans ce qu'il appelait l'art de faire des figures exactes
avec des moyens imparfaits, alors que la Géométrie rationnelle a pu
être définie l'art de faire des raisonnements justes sur des figures
fausses.

Pour cela, comme professeur, il s'attachait à communiquer à ses
élèves cet esprit de méthode qui, dans chaque cas, permet à l'opérateur de se rendre compte du degré de précision qu'il doit rechercher,
ou de trouver la meilleure utilisation des ressources dont il dispose.

Non content d'avoir amélioré les méthodes de ses devanciers, il a
renouvelé totalement l'outillage, en utilisant parfois les inventions
de praticiens émérites, tels que Porro, Bourdaloue et autres.

Ayant étudié à fond l'opérateur, il connaît ses faiblesses. Contre
elles il introduit dans les instruments des dispositions qui lui évitent
les fautes. Pour les opérations de précision, il imagine ce qu'il appelle
plaisamment des *chicanes,* c'est-à-dire des dispositions rendant l'emploi de ces instruments impossible au delà des limites où il considère
cet emploi comme sûr, et *qu'il ne veut pas laisser dépasser.*

Il serait trop long d'énumérer les inventions de Goulier; aussi bien
tous ceux de nos camarades que cela intéresse les connaissent-ils
plus ou moins. On en trouvera le résumé dans son grand Mémoire
sur la Topométrie (¹) et dans les travaux de la commission du nivellement général de la France, dont il fut un des membres les plus actifs (1880-1890).

C'est par l'action de cette commission que certains des instruments
de nivellement de Goulier ont été universellement adoptés, même en
Allemagne.

(¹) Inséré dans le n° 28 du *Mémorial de l'Officier du Génie.* Gauthier-Villars, 1892.

En dehors des professeurs de l'École, beaucoup de nos officiers du Génie se sont fait remarquer comme topographes, les uns comme inventeurs d'instruments ou de procédés, les autres comme opérateurs. Nous citerons Burel avec son niveau à réflexion; Leblanc qui a amélioré le niveau de Burel, imaginé des instruments de reconnaissance, et perfectionné les procédés de levers rapides; Karth qui, à une époque où ces opérations étaient dangereuses, a exécuté des levers considérables en Algérie, pour le service du Gouvernement général, le plus souvent en vue d'études de routes; bien d'autres dont les noms sont malheureusement oubliés, qui ont fait en Algérie les études de travaux techniques, desséchements, irrigations, etc., avant l'installation des services civils. Enfin nous citerons une invention destinée à la Topographie, le périgraphe instantané du colonel Mangin, qui donne la solution la plus complète et la plus rapide des levers par les perspectives.

Ce n'est qu'un détail dans l'œuvre de ce savant opticien, auquel on doit les perfectionnements considérables qui ont rendu pratiques les appareils de la Télégraphie optique, et surtout les puissants projecteurs de lumière électrique utilisés par l'Artillerie dans nos forteresses, par la Marine, par les Services civils, et qui enfin ont rendu possible l'exécution des opérations géodésiques à très grande portée exécutées par le colonel Perrier en 1879 ([1]).

Le service du Génie a possédé pendant longtemps un personnel de topographes chargé des levers à grande échelle nécessaires pour la défense des forteresses.

Créée par le capitaine Clerc, la brigade topographique reçut son existence officielle d'un décret impérial du 21 mars 1813, et jusqu'en 1860 elle exécuta, à l'échelle du $\frac{1}{2000}$ ou du $\frac{1}{5000}$, les plans des environs de nos places fortes. Après la première impulsion due à son créateur, elle n'apporta pendant une trentaine d'années aucun perfectionnement notable à ses méthodes.

A partir de 1860, l'augmentation de la portée des armes étendit le rayon d'action des places, et naturellement éloigna les limites des levers; il fallut diminuer l'échelle et modifier les méthodes, en même temps que l'on faisait intervenir davantage le coup d'œil des topo-

---

([1]) *Mémorial du Dépôt de la Guerre*, t. XIII, p. xi et xii.

graphés. C'est alors qu'un élève de Goulier, le capitaine Wagner (1861-1875) y est appelé, en sous-ordre d'abord, pour en prendre bientôt le commandement. Grâce à lui, la brigade élargit ses opérations et modifie ses méthodes en les appropriant aux nouvelles nécessités. Le capitaine Wagner se fit en outre remarquer par son très grand talent personnel d'opérateur. Son nom a été popularisé par la collaboration qu'il apporta au capitaine Peaucellier (¹) pour la création de divers instruments très perfectionnés. En 1868, au moment où il devient chef du service, il reçoit comme adjoint le capitaine de la Noé. Ce dernier avait suppléé Goulier à Metz en 1861, quoique simple lieutenant; il était ensuite resté son adjoint jusqu'en 1866, et par conséquent il apportait, outre ses aptitudes, une préparation exceptionnelle pour les fonctions de commandant de la brigade, qui lui furent confiées plus tard (1874-1888), dans les conditions que nous allons faire connaître.

On sait en face de quel immense labeur se trouva en 1873 le corps du Génie. Il en résulta naturellement pour la brigade une tâche considérable, qui n'est pas encore achevée. Elle avait commencé à entrer dans une nouvelle voie pendant la période précédente; de 1874 à 1880, grâce aux nouveaux instruments dont Goulier venait de la doter, grâce à l'activité et à l'esprit d'invention de son chef, des progrès nouveaux furent réalisés : les levers devinrent plus précis, mieux étudiés et leur exécution moins onéreuse, sans que la rapidité en fût diminuée.

En 1880, la brigade topographique avait acquis sa plus grande extension.

Son personnel permanent comportait 1 chef de bataillon, 1 capitaine adjoint, 4 capitaines, commandant sur le terrain les quatre sections entre lesquelles étaient répartis 28 adjoints du Génie.

Chaque année pendant six mois 72 lieutenants d'infanterie venaient exécuter des travaux dont le canevas était préparé par les adjoints du personnel permanent.

En outre, le commandant de la Noé réorganisait l'atelier du dessin, créait celui de la photographie, inventait un procédé nouveau de

(¹) Actuellement général de division.

zincographie, ce qui permettait de livrer les produits aux services militaires intéressés, en quantités toujours croissantes.

Depuis cette époque, les nécessités budgétaires et l'avancement du travail ont fait réduire progressivement les ressources mises à la disposition de la brigade.

En 1885, lors de la dissolution du Dépôt des fortifications, elle fut rattachée au Service géographique, dont elle devint la deuxième section, dite des levés de précision.

Cette organisation n'a guère modifié que la désignation de la brigade. Son recrutement est toujours le même, et son personnel conserve pieusement les traditions d'exactitude et de progrès, legs précieux des maîtres qui ont eu tant d'influence sur son développement, et grâce auxquels elle a produit des travaux capables de supporter, sans infériorité, la comparaison avec les plus beaux du même genre parmi ceux exécutés à l'étranger.

E. Crouzet,
Chef de bataillon du Génie.

NOTICES BIOGRAPHIQUES.

LE GÉNÉRAL BERNARD.

Le baron BERNARD (Simon), né à Dôle le 28 avril 1779 (¹). Mort au Palais-Royal, à Paris, le 5 novembre 1839.

La génération qui est en train de disparaître, et qui achevait ses études vers 1848, a tellement subi la véhémence des journaux de l'opposition à cette époque, qu'il lui est resté une impression défavorable aux ministres et aux serviteurs de la monarchie. Pour elle, le général Bernard n'a été qu'une médiocrité, un courtisan servile de la royauté déchue. Des témoignages irréfutables viendront prouver au contraire qu'il a servi avec un éclat exceptionnel. Tout d'abord, nous pouvons citer un passage d'une lettre du général Watrin, adressée, le 1ᵉʳ pluviôse an X, au général Marescot, premier inspecteur du Génie, et que conservent les Archives de la Guerre.

Vous connaissez mieux que moi, mon cher général, le capitaine du Génie Bernard. Vous avez assez souvent été témoin de ses rares connais-

_____

(¹) La date de la naissance du général Bernard a été inexactement rapportée dans divers documents, notamment dans l'éloge prononcé à la Chambre des pairs par le comte Molé. Une note de la main du général porte le 28 avril et c'est conforme à l'acte de naissance qui est ainsi conçu :

Simon, fils de Joseph Bernard résidant à Dôle, et d'Anne David son épouse, est né et a été baptizé le vingt-huit avril mil sept cent soixante-dix-neuf. Ses parein et mareine (sic) sont Simon Bouteilloy, vitrier à Dôle, et Marguerite Rondot, épouse de Claude Jannerey, marchand à Mailly, soussignés.

Le général Bernard a été nommé baron de l'Empire le 24 octobre 1813.

sances, de son étonnante bravoure et de sa grande activité. Trois chevaux ont été tués sous lui dans les dernières affaires d'Italie....

Le général Marescot était sans doute du même avis, car il fit rédiger un projet de décret à soumettre aux consuls, nommant le capitaine Bernard chef de bataillon ; mais ceux-ci le trouvèrent trop jeune, et il ne fut promu que quatre ans plus tard, après s'être signalé de nouveau.

L'éloge du reste était mérité. Issu d'une famille très modeste, le jeune Bernard avait montré, dès son enfance, une très grande vivacité d'intelligence, un goût passionné pour l'étude. Un prêtre de Dôle, l'abbé Jantet, le prit en amitié et se chargea de l'instruire. Il le fit avec un tel succès qu'à l'âge de quinze ans son élève put subir les examens de l'École Polytechnique, alors en formation. Il y entra le 21 décembre 1794, en sortit le 21 décembre 1796, pour passer sous-lieutenant élève à l'École d'application du Génie.

A peine sorti des écoles, le lieutenant Bernard fut envoyé à l'armée du Rhin, où il prit part au blocus et au bombardement de Philipsbourg, puis à la défense de Manheim ; il y reçut une balle qui lui traversa le bras gauche. Cette blessure fut assez vite guérie pour lui permettre, l'année suivante, de franchir les Alpes avec l'armée de réserve. Ivrée, qui arrêtait la marche des troupes, fut enlevée d'assaut, et il y pénétra le premier par la porte de Bard, qu'il fit briser par les sapeurs. A la reprise des hostilités, qui suit la rupture de l'armistice conclu après Marengo, il se fait remarquer à l'attaque du Ponte Romano, à Montebello, au passage du Mincio, au moulin de Volta et il reçoit une blessure légère au genou. Enfin il est chargé de diriger le siège de Porto Ferrajo, à l'île d'Elbe, sous les ordres de Murat. Sa conduite pendant ces deux campagnes lui valut l'estime des généraux Marescot et Watrin, et une lettre de félicitations du Ministre.

Les années 1803 et 1804 se passent, pour lui, au camp de Boulogne ; il suit la grande armée en Allemagne. Le maréchal Lannes, frappé de la lucidité avec laquelle il avait fait diverses reconnaissances, demanda à se l'attacher, à cause, dit-il, « des grands services qu'il lui rend ». Mais Berthier lui répond que l'Empereur a l'intention de le garder près de lui. Napoléon, en effet, avait demandé au général Marescot de lui désigner un officier du Génie capable de reconnaître la vallée du Danube au-dessous d'Ulm et d'examiner les dispositions défensives des Autrichiens. Marescot avait choisi le capitaine Bernard, qui poussa jusque sous les murs de Vienne. Il vint rendre compte à Ulm de ce qu'il avait vu, et conclut que la marche de l'armée française sur Vienne était possible. Cette course audacieuse lui valut le grade de chef de bataillon, et une place dans la mémoire de l'Empereur, car Napoléon, dit à ce sujet le comte Molé, n'avait d'opinion arrêtée sur un homme que lorsqu'il avait été en contact avec lui.

Au mois d'avril 1806, le commandant Bernard fut envoyé à Palma Nova, puis en Dalmatie. Il eut à mettre les côtes de Raguse en état de défense et à faire exécuter une partie des routes dont Marmont couvrit le pays pendant l'exercice de son commandement, tout en participant aux luttes incessantes que l'on eut à soutenir alors contre les Monténégrins. Une vie aussi active, un séjour prolongé dans des endroits marécageux, altérèrent sa santé et, à la fin de 1808, il dut rentrer en France malade et chargé par intérim, cependant, de la direction de Sarre-libre (Sarrelouis), car, à cette époque de grandes guerres, il fallait utiliser tout le monde. Pendant son séjour en Allemagne, le commandant Bernard avait conçu des projets de mariage avec la fille du baron de Lerchenfeld; son séjour en Dalmatie l'avait empêché d'y donner suite. Il crut pouvoir profiter de son retour en France pour les reprendre et on ne lui accorda qu'un congé de vingt jours pour en accomplir les formalités. Tout alors devait se faire vite.

A peine marié, Bernard fut envoyé à Anvers, où il séjourna près de quatre ans, comme chef du Génie et comme directeur. Le poste était important : Napoléon avait de grandes vues sur Anvers et y faisait exécuter des travaux considérables. M. Molé s'y trouvait en qualité de directeur des Ponts et Chaussées; il noua alors avec le chef du Génie des relations qui devinrent intimes et eurent pour effet, vingt-cinq ans plus tard, de les réunir dans un même ministère. Au mois de janvier 1813, l'Empereur appela auprès de lui le colonel Bernard, le nommant le même jour à ce grade, aux fonctions d'aide de camp et de chef de son service topographique. Ce fut pour lui une période d'activité exceptionnelle. Il assista aux batailles de Lutzen et de Wurschen, mais se cassa la jambe en faisant une chute de cheval dans un ravin, près de Zittau. On le transporta sur un brancard à Torgau, ville qui ne tarda pas à être investie et bloquée. Le colonel Bernard, malgré sa blessure, prit la direction du Service du Génie, se faisant porter partout où l'on devait travailler, et indiquant sur place ce qu'il y avait à faire. Torgau fut, on le sait, obligée de se rendre et le colonel Bernard eut la mission d'apporter en France le texte de la capitulation. Le malheur le poursuivait ; près de Strasbourg, sa chaise de poste verse et sa jambe malade est de nouveau cassée. Il repart néanmoins après un pansement rapide, rejoint l'Empereur à Châlons, et demande à reprendre près de lui ses fonctions d'aide de camp.

En témoignage de sa satisfaction, Napoléon le nomma général de brigade. Mais cette nomination, faite *in extremis*, ne fut pas reconnue par le gouvernement provisoire, qui venait de déclarer nuls les derniers actes de l'Empereur. Bernard fut, en conséquence, classé comme colonel et sous-directeur du Génie à Rochefort, par une décision ministérielle contre laquelle il réclama. Il y avait doute sur la date de sa promotion qui, signifiée au major général, n'avait pas été transmise au Ministre. La réclamation, vivement appuyée par le général Marescot, fut admise par Louis XVIII et, pour tout arranger, il nomma le colonel Bernard maréchal de camp, dénomination substituée à celle de général de brigade, et chevalier de Saint-Louis.

Telle était pourtant la fascination exercée par le grand homme qui avait conduit nos soldats dans toutes les capitales de l'Europe, qu'au 20 mars 1815, le général Bernard reprit sans hésiter auprès de lui ses fonctions d'aide de camp et de chef du cabinet topographique. Il fut aussi nommé membre d'une Commission chargée de reviser les grades donnés par le Roi, mais qui ne paraît pas avoir fonctionné. Le général Bernard suivit Napoléon dans la campagne qui se termina à Waterloo et jusqu'à son embarquement à Rochefort. Il fit même des démarches, restées infructueuses, pour l'accompagner à Sainte-Hélène. Résolu alors à reprendre du service, il demanda à être compris dans la réorganisation du corps du Génie, « pour y servir comme on le jugera convenable ». Sa lettre, en date du 26 juin 1815, fut transmise au Ministre de la Guerre avec un avis favorable, par le général Dejean, alors premier inspecteur du Génie.

De telles variations de conduite, se succédant à de si courts intervalles, surprennent ceux qui n'ont point vécu dans les temps troublés. On en voit des exemples chez les hommes de l'esprit le plus
indépendant. Et ce n'est pas faiblesse de caractère : c'est que,
étrangers aux intrigues des partis, regardant le service du pays
comme un devoir supérieur à la fidélité due aux gouvernants, même
à leurs préférences et à leurs affections personnelles, ces hommes
se croient obligés de se consacrer à lui, quel que soit le chef qui
préside à ses destinées (¹). Le général Bernard avait prouvé sa
valeur et son dévouement à la France par dix-huit ans de travaux,
accomplis sans interruption. Mais ceux qui ne le connaissaient pas
pouvaient concevoir des craintes, à une époque où tant de complots
menaçaient l'existence d'un pouvoir encore mal assis. Le général
Bernard songea à s'expatrier, à chercher hors de France l'occasion
d'employer ses connaissances si étendues et son activité. Le général
de Lafayette, qui avait conservé de grandes relations aux États-Unis,

---

(¹) La facilité avec laquelle fonctionnaires civils et officiers quittèrent alors le
service du gouvernement tombé pour se rallier à celui qui lui succédait a été condamnée par beaucoup d'écrivains et sévèrement jugée, il faut le reconnaître, par
l'opinion publique elle-même. Ce que l'on ne sait pas, ce qui pourrait modifier cette
appréciation, c'est que ces changements ont été encouragés par l'empereur Napoléon lui-même. Voici ce qu'au moment de son abdication il écrivait à un officier
faisant partie, comme le général Bernard, de son cabinet topographique.

 Monsieur le baron Atthalin,

Depuis que vous faites partie de ma maison, j'ai été très satisfait de vos bons services. Vous conti-
nuerez à justifier la bonne opinion que j'ai conçue de vous en servant le nouveau souverain de la France
avec la même fidélité et le même dévouement que vous m'avez montrés. Cette lettre n'étant à autre fin,
je prie Dieu qu'il vous ait en sa sainte garde.

 A Fontainebleau, ce 13 avril 1814.

                                                        NAPOLÉON.

Le colonel Atthalin, à qui était adressée cette lettre, que sa famille nous a com-
muniquée, et qu'elle conserve précieusement, était entré à l'École Polytechnique
en 1802 et en était sorti dans l'arme du Génie. Après y avoir rendu des services
distingués, dans la troupe, à l'état-major particulier ou comme aide de camp du
général Kirgener, il avait été attaché au cabinet topographique de l'empereur, qui
lui conféra rapidement le grade de colonel et le titre de baron. A la Restauration,
il quitta le corps du Génie pour devenir aide de camp du duc d'Orléans. Il fut,
plus tard, premier aide de camp du roi Louis-Philippe, lieutenant-général et pair
de France. Retiré après la révolution de 1848 à Colmar, son pays natal, il y est
mort le 3 septembre 1856.

lui servit d'intermédiaire. Ce fut avec une autorisation spéciale du Roi, sous la réserve de continuer d'appartenir au corps du Génie français, de figurer sur les contrôles, et de conserver la faculté de reprendre du service dans ce Corps, lorsqu'il quitterait celui des États-Unis, que le général Bernard passa en Amérique. C'est dans ces termes honorables que l'autorisation royale lui fut accordée le 2 septembre 1816.

Alors commença pour lui une carrière nouvelle, qui devait laisser des traces durables, au point de vue civil comme au point de vue militaire. Fort de sa grande expérience et d'un vaste savoir, le général Bernard exerça une influence prépondérante aux États-Unis, dans l'organisation des écoles militaires, dans le service du Génie, dans la surveillance et la comptabilité des travaux. Les règles qu'il a introduites s'observent encore presque toutes aujourd'hui. Il dirigea en personne ou fit exécuter sous ses ordres de nombreux ouvrages de fortification et de défense des côtes, en particulier dans la baie et à l'embouchure de la Delaware. Ses travaux civils furent beaucoup plus importants. En 1816, la grande république américaine commençait seulement à franchir les monts Alleghanys. L'État de l'Ohio était fondé, la Louisiane acquise, mais c'étaient, en quelque sorte, des territoires isolés, séparés par de vastes forêts; la grande vallée du Mississipi était encore mal connue, et il s'agissait de réunir en un seul corps ces membres épars. Ce fut là l'œuvre capitale du général Bernard, qui reconnut et fit tracer plusieurs routes entre la côte et le grand fleuve. On lui doit le canal de navigation qui joint le Potomac à l'Ohio, un autre grand canal, d'occident en orient, à travers les Florides. Rien ne reliait encore Washington et les contrées du nord à la Nouvelle-Orléans. Le général Bernard, aidé du major Poussin, son aide de camp, franchit quatre fois ce grand espace, à pied ou à cheval, à travers le pays indien, dans des directions différentes, pour découvrir les routes les plus profitables à ouvrir. La reconnaissance géodésique de cette grande ligne a duré quinze mois. Maintenant que, grâce à lui et à ses successeurs, la contrée est couverte de chemins de fer, on se représente difficilement tout ce que l'œuvre primitive exigeait de pénible travail et même de souffrances. En somme, c'est en grande partie au général Bernard que les habitants des États-Unis doivent le réseau des voies de com-

munication qui ont mis leur pays en valeur et ils lui en ont témoigné
leur reconnaissance.

Une existence aussi active devait éprouver à la longue le tempérament le plus robuste. L'exilé volontaire avait d'ailleurs toujours un
regard tourné vers la France, et la révolution de Juillet lui parut
une occasion d'y rentrer. Il y revint, fut remis en activité dans le
corps du Génie et obtint en même temps un congé pour aller, en
personne, faire agréer aux États-Unis sa démission du grade de brigadier général dont il y était pourvu. Le général Jackson, alors
Président, accepta cette démission dans les termes les plus élogieux.

Définitivement fixé dans sa patrie, le général Bernard entra au
Comité des fortifications, où l'aménité de son caractère lui fit de
nombreux amis. Bientôt promu lieutenant-général, il fut aide de
camp du Roi en 1832. Lorsque M. Molé devint président du conseil des ministres, il réclama le concours du général Bernard, son
ami, qui fut ministre de la Guerre du 6 septembre 1836 au 31 mars
1839. Peut-être ressentait-il déjà la fatigue résultant d'une vie exces-
sivement occupée. En effet, son ministère, bien que marqué par des
mesures utiles, n'a pas eu l'importance de celui du maréchal Soult.
On peut rappeler, comme une preuve de l'intégrité du général Bernard, que son fils, ayant insuffisamment travaillé à l'École Polytechnique, fut, pendant que lui-même était ministre, refusé aux examens
de fin d'année. Réadmis plus tard, il est sorti officier d'Artillerie.

Lorsqu'une coalition, devenue célèbre dans les annales parlementaires, amena la chute du ministère Molé, le général Bernard se
retira avec lui et fit alors une démarche assez bizarre. Il réunit ses
directeurs généraux dans son cabinet, et leur demanda quelle position il devrait rechercher, selon eux. Une pièce, conservée dans les
archives, constate cette singulière consultation. Tous furent d'avis
que le ministre sortant devait reprendre ses anciennes fonctions
d'aide de camp du roi et de membre du Comité des fortifications.
Mais déjà les jours du général Bernard étaient comptés; ses forces
déclinaient rapidement et, à l'automne de la même année, il s'éteignit, laissant la réputation d'un homme de bien, beaucoup d'amis et
pas un seul ennemi.

LE GÉNÉRAL ROHAULT DE FLEURY.

ROHAULT DE FLEURY (Hubert-Félix), fils de Hubert-Jean-Baptiste Rohault de Fleury et de Marie-Magdeleine Meunier, né à Paris le 2 avril 1779, décédé au château de Fargot, près de Montoire, le 16 septembre 1866.

Entré à l'École Polytechnique avec la promotion de 1796, ayant fait choix de l'arme du Génie, le jeune Rohault de Fleury fut, dès sa sortie des écoles, employé comme lieutenant puis capitaine de sapeurs à l'armée dite *de Portugal,* qui se réunissait, à la fin de l'année 1800, dans le département de la Gironde. Il montra tout de suite une aptitude particulière pour le service des troupes et un bouillant courage, dépassant même les limites de l'audace. Pendant les années 1803 à 1805, il est à l'état-major du Génie, à l'armée des côtes de l'Océan. En 1806 et 1807, il fait la campagne de Prusse, assiste aux sièges de Colberg, de Stralsund. L'année 1808 le ramène en Espagne et il entre en Catalogne avec la division Duhesme. Sa conduite au premier siège de Girone, qui fut levé, lui valut le grade de chef de bataillon. L'année suivante, on attaqua de nouveau cette place; mais la courageuse défense des assiégés, la mésintelligence entre Gouvion Saint-Cyr, qui commandait l'armée de Catalogne, et Verdier chargé des opérations du siège, entravaient tout. Ces retards faisaient bondir le chef de bataillon de Fleury, toujours prêt à frapper des coups de vigueur, toujours avide de se signaler par des prouesses. Une brèche avait été ouverte au fort de Montjuich; était-elle praticable? On le niait. Lui se prononçait pour l'affirmative. Il alla la reconnaître et offrit de guider les colonnes d'assaut. Une balle l'atteignit pendant la traversée du fossé, sans ralentir son ardeur; mais, au pied de la brèche, un second coup de feu l'abattit sans connaissance. Les sapeurs l'emportèrent à grand'peine, et les colonnes d'attaque, privées de direction, flottèrent d'abord, puis furent repoussées avec des pertes énormes.

La gravité des blessures qu'il avait reçues les rendit longues à guérir et l'obligea à rester pendant plusieurs années loin des armées actives. On le mit à la disposition du prince architrésorier, alors en mission à Amsterdam. Une lettre de ce haut administrateur, con-

servée aux Archives de la Guerre, remercie le ministre de lui avoir
donné un officier d'un aussi grand mérite. Il ne put cependant demeurer longtemps en Hollande. Le climat était trop rigoureux pour
un officier blessé, revenant d'Espagne. Rohault de Fleury fut attaché
en 1811 au corps d'occupation de l'Italie méridionale, à Civita-Vecchia. Il y fut atteint de fièvres paludéennes, dut rentrer en France et
fut employé au Dépôt des fortifications, à Paris.

Le mariage qu'il avait contracté avec la fille de M. de Sèze, le
courageux défenseur du Roi, l'avait rallié à la Maison de Bourbon,
ce qui lui valut, en 1814, d'être nommé major dans la garde royale.
Promu colonel en 1816, il obtint le commandement du 2ᵉ régiment du Génie, qu'il exerça avec une rare distinction, comme l'attestent les rapports d'un juge fort éclairé, le premier général de
Montfort. Le colonel Rohault de Fleury ne quitta cette position en-
viée que pour devenir, en 1822, sous-gouverneur de l'École Polytechnique. Sa fermeté toute militaire, son caractère entier, le rendaient peu propre à occuper une place qui exigeait un esprit
conciliant, beaucoup de tact et de mesure. Il eut avec les professeurs,
surtout avec M. Binet, inspecteur des études, des discussions fort
vives, où le bon droit ne paraît pas avoir été de son côté. Il quitta
l'École, mais fut élevé peu de temps après au grade de maréchal de
camp et nommé membre du Comité des fortifications.

Les officiers généraux qui composaient alors le Comité étaient
presque tous enrôlés sous les bannières rivales des généraux Rogniat
et Haxo. Ayant des vues arrêtées et très personnelles, les soutenant
avec verve et un talent reconnu, le général Rohault de Fleury eut,
auprès de ses collègues, une position à part, assez souvent difficile.
On l'en tira en lui confiant la direction supérieure des travaux de
défense entrepris autour de Lyon, avec une autorité très étendue et
une indépendance complète du Comité. Le ministre lui-même ne
modifiait que bien rarement ce qu'il avait décidé.

Dès son arrivée à Lyon, le général Rohault de Fleury se mit au
travail avec l'ardeur qu'il portait à tout. Il fit rédiger les projets
d'après ses vues et présida pendant dix années à leur exécution. Il
eut donc la satisfaction, très rare dans le corps du Génie, de créer une
œuvre complète et de la terminer. L'enceinte, les forts qui précèdent
la Croix-Rousse, ceux qui couvrent les hauteurs de Sainte-Foy, de

Fourvières, de Vaise, la ligne de ceux qui protégeaient, il y a peu de temps encore, la rive gauche du Rhône, sont dus à lui et à lui seul. Sur un point unique, il eut à subir de l'opposition : le fort de la Duchère paraissait jeté trop au loin ; il était en l'air, trop peu soutenu, disait-on, à cause de la distance où il se trouvait de l'enceinte en arrière. Le général de Fleury tint bon, et il obtint gain de cause. Il devançait les idées courantes de son temps et trente ans plus tard elles avaient déjà bien changé. Les progrès de l'Artillerie ont obligé à reporter partout fort au loin la ligne de défense. La ville de Lyon, de plus en plus prospère, s'est agrandie sur la rive gauche du Rhône, seul côté où elle pouvait s'étendre. Elle a débordé de ce côté la ligne des forts, qu'il a fallu détruire pour faire place aux habitations. Mais les changements qu'on a dû apporter à l'œuvre du général Rohault de Fleury n'empêchent pas qu'elle ait été très remarquable, surtout pour l'époque où elle a été conçue.

Son séjour à Lyon fut marqué par deux événements d'une grande importance. Il prit une part très active à la répression de l'émeute de 1834, combattit avec sa bravoure ordinaire à la tête des troupes, et son aide de camp, le capitaine Viquesnel, officier de grand mérite, fut tué à ses côtés. Le grade de lieutenant général récompensa cette conduite. Peu d'années après, lorsqu'à la suite de l'échec éprouvé devant Constantine, on résolut de briser définitivement la résistance des indigènes dans cette province, c'est au général Rohault de Fleury qu'on confia le commandement du Génie et le soin de diriger les opérations du siège. Il contribua à faire adopter un point d'attaque plus judicieux que celui sur lequel on avait dirigé la tentative de l'année précédente. La traversée des deux petites rivières, le Bou Merzoug et le Rummel, était difficile à cause du peu de moyens dont on disposait ; il y présida en personne, et son aide de camp, le capitaine Rabier, fut tué d'un coup de canon à côté de lui. Les précautions qu'il prit pour assurer la marche des colonnes d'assaut et leur rassemblement aussi près que possible des murailles assurèrent le succès de la lutte finale. Au rapport qu'il adressa à cette époque au Ministre de la Guerre sont jointes quelques pages où il a résumé d'une manière magistrale les dispositions à prendre pour l'assaut d'une brèche, « l'action décisive d'un siège, et pour le succès de laquelle toutes les autres opérations sont exécutées ».

E. P. — II.   6

Cette phrase mérite d'être méditée par ceux qui, comptant sur les mauvaises dispositions de la défense, espèrent réussir par des attaques brusquées, dont le résultat est toujours incertain. Le général de Fleury a donné les plus sages prescriptions sur la conduite des travaux d'approche, la manière de profiter des couverts aux abords de la place, sur l'emploi des mines pour la défense des brèches, sur la guerre des rues et des maisons. Tous marqués au coin d'une haute raison, fruits de ses études et de son expérience personnelle, ils doivent être regardés comme une partie nécessaire du code de l'homme de guerre. Nos contemporains et nos successeurs les étudieront avec profit.

Après avoir réglé les mesures à prendre pour l'occupation et la conservation de la brillante conquête qu'on venait de faire, le général Rohault de Fleury revint à Lyon, et y reprit la direction des travaux, qu'il ne quitta qu'en 1841, pour siéger de nouveau au Comité des fortifications.

L'âge du repos l'atteignit enfin. Il passa dans le cadre de réserve en 1847 et, l'année suivante, après la révolution de Février, fut mis d'office à la retraite. Ce ne fut pas sans résistance qu'il se soumit à cette mesure brutale, appliquée avec une brutalité plus grande encore. L'ordre qui le concernait était adressé au citoyen Rohault. Il refusa de le recevoir, revendiquant le droit de porter son nom au complet. Une dépêche, dont l'original existe aux archives du Ministère de la Guerre, prescrivit au procureur de la République près le tribunal de la Seine de vérifier « la véritable dénomination patronymique (sic) sur l'acte original inscrit aux registres de l'état civil ». Vérification faite, on dut restituer au général Rohault de Fleury le nom auquel il avait droit. Il obtint en 1853 d'être relevé de la retraite et replacé dans le cadre de réserve, mais ne reparut pas dans les rangs de l'armée. Il mourut à l'âge de quatre-vingt-sept ans, dans une propriété qu'il possédait à Fargot, près de Montoire, ne laissant pas de fils, mais des neveux qui ont dignement continué son nom.

LE GÉNÉRAL PRÉVOST DE VERNOIS.

Prévost de Vernois (Simon-Pierre-Nicolas), né à Avallon (Yonne) le 20 mars 1778, fils d'Étienne-Pierre-Bénigne Prévost de Vernois et de Marguerite Bouesnel, marié à Louise-Élise-Edma Tellier, mort à Hyères (Var) le 23 décembre 1859. — Devise de famille : *Ni regrets du passé, ni peur de l'avenir.*

Le général Prévost de Vernois possédait à un degré éminent les qualités de l'homme de guerre de haute volée : sang-froid dans le danger, sûreté de coup d'œil, rapidité et fermeté de décision, fertilité de ressources dans l'esprit, enfin un heureux mélange d'audace dans la conception et de sagesse dans l'exécution. Il les fécondait d'ailleurs par une instruction supérieure à celle de la plupart de ses contemporains. Comme il arrive aux hommes fortement convaincus, il soutenait ses opinions avec ténacité, contre ses chefs aussi bien que contre ses égaux, et il faut voir dans ce manque de souplesse la cause de luttes dont il eut à souffrir, qui retardèrent une carrière très brillante à l'époque des grandes guerres.

Il appartenait à une famille militaire, qui dès son enfance l'avait destiné à l'armée. Son grand-père avait été tué à la retraite de Prague, son oncle à la bataille de Minden. Son père, qui avait fait la guerre de Sept Ans comme officier d'infanterie, avait une grande admiration pour les ingénieurs et désirait que son fils entrât dans leur corps. Au moment de s'y faire admettre, un décret de la Convention interdit l'accès de l'armée aux ex-nobles. Peu après, il trouva une ressource dans l'École Polytechnique et passa brillamment les examens en 1796, sous le nom de Prévost-Vernois.

Malgré cela, ses débuts furent difficiles; la maladie lui fit perdre une année; la conscription, dont les élèves de l'École n'étaient pas exempts, interrompit pendant six mois ses études. Ce temps ne fut pas tout à fait perdu; il le passa à La Fère, comme soldat d'artillerie. Revenu assez tôt pour passer les examens de sortie, il fut classé le premier dans l'arme tant désirée en 1799, et alla compléter ses études théoriques à l'École de Metz. Attaché ensuite à la place de Venloo, il alla en 1803 au camp d'Ambleteuse, pour faire le service d'officier du Génie au troisième corps d'armée, sous les ordres du maréchal

Davoust. De ce moment sa carrière fut fixée et pendant dix années il ne quitta point cet illustre chef.

Par un concours de circonstances rare à cette époque, un officier aussi actif que le capitaine Prévost de Vernois servait donc depuis six ans sans avoir vu la guerre; mais, en revanche et par une transition brusque, il fut jusqu'à la fin de sa carrière active employé comme officier d'avant-garde. Dès le passage du Rhin, en 1805, le maréchal Davoust l'attache à la brigade chargée d'éclairer la campagne et d'assurer la marche du corps d'armée. Un pont jeté sur le Neckar, à Ilzhofen, avec des ressources de fortune qu'il réunit dans le voisinage, lui procure une première occasion de se distinguer. Bientôt après, il enlève le pont d'Alt-Æting sur l'Inn, refait celui de Burghausen sur la Salza, puis ceux sur la Traun et l'Enns, que les Autrichiens avaient détruits dans leur retraite. Quelque obstacle qu'on rencontre, il trouve moyen de le surmonter et concourt ainsi à faciliter la marche rapide du troisième corps, pendant la campagne que couronne la bataille d'Austerlitz.

Lors de la campagne de Prusse, on le retrouve encore éclairant la marche sur la Saale, avec quatre compagnies de voltigeurs de la division Friant, et son rôle est très actif à la bataille d'Auerstaedt, où il est blessé et conquiert le grade de chef de bataillon. Contraint quelque temps au repos, il n'attend pas sa guérison pour prendre part aux batailles de Golymin, de Pultusk, et il est chargé d'organiser une place du moment à Modlin, avec un pont de pilotis sur la Narew. Après la paix de Tilsitt, il eut à établir une tête de pont à Praga, en avant de Varsovie.

La campagne de 1809 donna au commandant Prévost de Vernois l'occasion d'accomplir un fait d'armes éclatant à la reprise de Ratisbonne, qui fut enlevée d'assaut en plein jour, quoique cette ville eût une forte garnison, appuyée par toute l'armée du prince Charles. Elle était protégée par une forte muraille, haute de 11^m à 13^m, flanquée par des tours armées de canons et précédée d'un fossé de 20^m de largeur, avec une contrescarpe revêtue; mais le mur était coupé en deux parties par une large berme, et la partie supérieure était vue de la campagne. Le maréchal Lannes y fit pratiquer une brèche, à deux mètres au-dessus de la berme, pour faciliter la chute des décombres, et à l'aide d'échelles, de ridelles de charrettes, on essaya de franchir le fossé. Les soldats qui réussirent se trouvèrent sur la berme en butte aux coups des défenseurs placés dans les tours latérales et dans les maisons de la ville, ayant pour unique passage un trou dans la maçonnerie, à une hauteur de deux mètres au-dessus de la rue intérieure. Le commandant Prévost de Vernois et le capitaine Thuillier (¹) étaient en reconnaissance dans la campagne. Ils accourent au bruit de l'attaque, et Lannes, acceptant leurs services, les envoie à la brèche. Prévost de Vernois, saisissant d'un coup d'œil l'impossibilité de franchir le mur, parcourt la berme, trouve à l'angle d'une tour une poterne qu'il fait ouvrir et par laquelle il se précipite avec une soixantaine d'hommes. Ce petit groupe, bientôt grossi, sème la terreur dans les rues, arrive à la porte de Straubing, l'ouvre et abaisse le pont-levis. Une nouvelle colonne peut s'introduire alors, la garnison poursuivie de rue en rue est faite prisonnière, on pousse jusqu'au pont du Danube, qui est enlevé lui-même ainsi que les faubourgs de la rive gauche. Cet audacieux coup de main fit le plus grand honneur au jeune chef de bataillon, qui se fit remarquer encore à l'attaque de Presbourg, et par la construction d'un pont sur le Danube sous les murs de Raab, que les Autrichiens occupaient encore, enfin à la prise de cette ville, par le général Lassalle. La veille de la bataille de Wagram, c'est sur son insistance que le général Compans fit enlever le village de Raschdorf, mesure qui contribua à assurer le déploiement de l'armée.

Nommé colonel pendant la campagne de Russie, il partagea tous les périls, toutes les fatigues de l'armée. A côté de tant de souvenirs pénibles, il en est un qu'il aimait à raconter, à cause de sa singularité. Toujours attentif à signaler ce qui lui paraissait intéresser l'armée, il avait remarqué la position de Borisof et fait un mémoire sur la nécessité de l'occuper. On n'y prit point garde pendant la marche en avant. Mais au retour, lorsque l'armée de Tchitchagof se fut emparée de ce point important, on informa l'empereur qu'un colonel du Génie connaissait parfaitement les lieux. Appelé, le colonel Prévost de Vernois trouva Napoléon dans une chaumière, seul avec le roi Murat et le prince Eugène. Il exposa l'impossibilité de forcer le passage à Borisof ou dans le voisinage; que la seule ressource était de tromper l'en-

---

(¹) Devenu plus tard maréchal de camp.

nemi par une fausse attaque et de surprendre le passage plus haut.
Pendant qu'il développait ses raisons, la physionomie de l'Empereur
s'assombrissait, il paraissait en proie à une vive agitation. S'arrêtant
tout à coup : « Voilà, s'écria-t-il, ce que c'est que d'entasser sottises sur
sottises ! » Puis ensuite : « Avoir perdu un mois à Moscou ! » Adressait-
il ce reproche à lui-même, ou voulait-il y associer les deux auditeurs
qui se tenaient debout et muets, dans un coin de la chambre? Le
général Prévost de Vernois penchait pour cette seconde hypothèse.

L'appel fait à ses connaissances locales eut pour lui de fâcheuses
conséquences. Il ne retrouva ni ses domestiques, ni ses équipages;
son cheval mourut de faim et il dut continuer la route à pied, au prix
des plus vives souffrances. Après cette triste retraite, il fut chargé,
quoique malade, de mettre en état de défense Modlin, mauvaise
place, qui succomba à l'épuisement des ressources qu'on y avait
réunies. La garnison devait être reconduite en France, mais les clauses
de la capitulation ne furent pas observées, et on retint la troupe prisonnière. Le colonel Prévost de Vernois ne revit sa Patrie qu'à la
paix. Il occupait les fonctions de chef du Génie à Strasbourg, lors du
débarquement de l'île d'Elbe. Un corps d'armée se rassembla en
Alsace sous les ordres du général Rapp. Le général Poitevin de
Maureilhan devait y commander le Génie et Prévost de Vernois être
son chef d'état-major. La rapidité des événements leur interdit tout
rôle actif.

La paix fit des loisirs forcés à tous les officiers qui n'avaient pas
assez de ressources en eux-mêmes pour traiter avec autorité les questions militaires. Nommé directeur du Génie à Saint-Omer, le colonel
Prévost de Vernois ne se borna pas à s'occuper des places qui lui
étaient confiées. Il étudia à fond la défense générale du pays, l'utilité
des places fortes et la fortification théorique, qu'il chercha toujours
à subordonner aux considérations militaires. Frappé de l'importance
de la capitale, de son rôle prépondérant dans les opérations de la
dernière campagne, il fut le premier à reprendre à son sujet les projets de Vauban, dont il se déclarait l'admirateur passionné. Dès 1818
il fit paraître un important Mémoire sur la nécessité de fortifier Paris,
d'adopter le double système d'une enceinte continue, à bastions détachés avec tours-réduits, et d'une ligne de forts extérieurs. Le maréchal Gouvion Saint-Cyr était du même avis, aux détails d'exécution

près. D'autre part, les difficultés financières contre lesquelles le gouvernement se débattait laissaient peu de chances de succès à un
projet aussi considérable. On parlait de le réduire. L'auteur le soutenait avec toute la vivacité de son caractère. Aux adversaires d'un
camp retranché, il rappelait que Napoléon avait recommandé l'occupation du Mont-Valérien et des hauteurs qui entourent Paris. « Et
certes, ajoutait-il, il n'était pas homme à se laisser enfermer dans des
murs et à paralyser cent ou cent cinquante mille hommes. » Et il ajou-
tait aussitôt : « Pour hasarder la grande guerre au dehors, il faut être
rassuré sur le sort de la place. » Ces quelques lignes contiennent
toute la théorie des grands centres fortifiés et de l'usage qu'on en
doit faire.

A une époque où les hautes personnalités rivales des généraux
Rogniat et Haxo cherchaient à dominer les esprits dans le corps du
Génie, il était utile que quelques indépendants soutinssent les droits
de la liberté d'appréciation, dussent-ils en souffrir. Prévost de Vernois
fut du nombre, et malgré son mérite il ne parvint au grade de général
qu'en 1831. Appelé à faire partie du Comité des fortifications, il y
soutint avec énergie ses opinions sur la défense des frontières, combattant souvent celles de ses collègues. Plus d'une fois ses vues ont
devancé l'avenir. Il se déclara contraire à la création de places à
Langres et à Chaumont, fit repousser les projets pour Vouziers, mais
ne réussit pas à faire accepter Stenay comme l'une des bases de la
défense de l'est. C'est contre son avis que l'on a construit le Portalet
dans les Pyrénées ; cet ouvrage selon lui ne fermait rien. A Toulon, il
pensait que les hauteurs du Faron étaient la clef de la défense et aurait voulu qu'on y rattachât l'enceinte. L'agrandissement de Cherbourg lui est dû. Mais c'est au projet de fortifier Paris qu'il revenait
sans cesse, et ses idées ont triomphé quant au tracé général et à
l'adoption d'une enceinte précédée d'une ligne de forts. On ne les a
pas suivies en ce qui concerne le tracé des fronts, et l'on a bien fait,
car l'augmentation de la portée des armes diminuait, dès cette
époque, la valeur des détails de la fortification. Au contraire, les
grands principes pour lesquels il avait combattu ont gardé toute leur
valeur et il doit être regardé comme l'un des principaux auteurs de
cette grande œuvre.

Nommé lieutenant-général en 1840, il avait quelques droits à obtenir la direction des travaux de Paris. Elle fut donnée, on le sait, au général Dode de la Brunerie, qui depuis la mort des généraux Rogniat, Haxo et Valazé occupait le premier rang dans l'arme du Génie et qui s'acquitta de cette grande tâche avec une rare distinction.

Déçu sous ce rapport, le général Prévost de Vernois ne cessa jamais de s'occuper de questions militaires et de tout ce qui concernait l'art de l'ingénieur. Il a fait sur la poussée des terres des mémoires où il combat les théories de Coulomb. D'après lui, le prisme détaché doit tomber, non par glissement, mais en tournant autour de l'arête inférieure. A la veille même de sa mort, il écrivait encore sur la fortification, et, tout en déplorant que sa vue affaiblie, ses mains tremblantes refusassent de le servir, il exprimait l'espoir que des officiers plus jeunes, plus valides, poursuivraient ses idées et pourraient profiter des fruits de son expérience.

C'était le vœu d'un homme dont toute la vie, toutes les forces ont été consacrées au service de la France, qui n'a jamais eu qu'une seule préoccupation : aimer la Patrie et lui être utile.

LE GÉNÉRAL VALAZÉ.

DUFRICHE DE VALAZÉ (Éléonor-Bernard-Anne-Christophe-Zoa) fils de Charles-Eléonor Dufriche de Valazé, ancien officier d'Infanterie, et de Anne-Charlotte-Jacqueline-Bernardine de Broé; né à Essay, arrondissement d'Alençon, le 12 février 1780, mort à Nice, le 7 mai 1838.

C'est le premier officier du Génie, sorti de l'École Polytechnique, qui soit parvenu au grade de général.

Dès son enfance, son père le destinait à être ingénieur militaire, et il avait consigné son désir dans une note sur l'éducation de son fils, écrite dès l'année 1783, comme s'il prévoyait déjà que sa vie serait courte. Engagé, comme on le sait, dans les luttes politiques, Valazé père suivit la ligne de conduite des Girondins et périt avec eux le 31 octobre 1793. Alors commença pour son fils, encore enfant, une période de malheurs et d'angoisses qu'il supporta avec autant de courage que de dignité. Les biens de sa famille ayant été confisqués, il fut recueilli, ainsi que sa mère, par un oncle, M. Dufriche Desgenettes-Desmadeleine, peu fortuné lui-même, et se trouva obligé, pour

vivre, de colporter des bustes en plâtre que faisait un architecte de
sa connaissance, devenu sculpteur par occasion. Le 9 thermidor mit
fin à cette détresse. Il vint à Paris, obtint une bourse au Prytanée
français, fut admis à l'École Polytechnique le 9 ventôse an VII
(27 février 1798) et en sortit le 22 décembre 1800 pour entrer,
comme sous-lieutenant du Génie, à l'École de Metz. A la fin de ses
études, en 1802, il fut envoyé à Cherbourg, où il ne resta guère, puis
à l'armée de Hanovre, et il y obtint, en 1803, le grade de capitaine.

La guerre ne tarde pas à mettre en évidence son brillant courage
et sa capacité supérieure. Il fait la campagne de 1805 avec la division
Kellermann, se distingue à la bataille d'Austerlitz, où il est blessé.
On le signale à l'Empereur qui remarque son nom et le nomme chef
de bataillon. Les années suivantes, il les passe à la grande armée,
fait les campagnes de Prusse et de Pologne comme chef d'état-major
du Génie d'abord, puis commandant du Génie au premier corps
d'armée. Il assiste à toutes les batailles jusqu'à celle de Friedland,
à la suite de laquelle il reçoit la croix de la Légion d'honneur avec
une dotation.

La distinction avec laquelle Valazé portait un nom que la Révolution avait rendu célèbre engagea le roi de Westphalie, Jérôme Bonaparte, à se l'attacher comme aide de camp. Cette demande, faite
en 1808 et transmise au Ministère de la Guerre, y fut l'objet d'une
note aigre-douce du chef du personnel, qui était alors le chef de bataillon De Caux. Malgré les grands travaux auxquels le corps du
Génie ne suffisait qu'avec peine, observa-t-il, il pourrait se priver
aisément des services de M. Valazé, officier distingué sans doute,
mais qui n'avait pu acquérir encore l'expérience du métier, qui devait son avancement à son nom, et avait été promu officier supérieur
avant trois cents de ses camarades plus anciens que lui. Rien n'était
plus injuste que ces assertions et le commandant Valazé ne devait pas
tarder à donner la preuve que, non seulement il avait « l'expérience
du métier », mais qu'il y était passé maître. La demande du roi de
Westphalie n'eut d'ailleurs point de suite. Valazé le remercia en
termes très reconnaissants, mais déclara ne vouloir servir que dans
l'armée française.

On l'envoya à l'armée d'Aragon, qui avait dû lever le siège de
Saragosse et allait le recommencer. Valazé remplit à ce siège célèbre

les fonctions de chef d'état-major du Génie. Les hauts emplois sont
la pierre de touche qui sert à reconnaître le vrai mérite. Les hommes
médiocres y succombent, tandis que les hommes supérieurs s'y dé-
voilent. La croix d'officier de la Légion d'honneur lui fut donnée
alors, et on le désigna pour commander le Génie dans le corps d'armée de réserve, que le duc d'Abrantès organisait à Hanau. A partir
de cette époque, Valazé ne servit plus en sous-ordre dans l'arme du
Génie, et il n'avait que 29 ans. Après avoir fait la campagne de 1809,
en Allemagne, il retourne dans la péninsule, est attaché à l'armée de
Portugal et figure, avec elle, à toutes les actions de guerre pendant
les années 1810, 1811 et 1812. Il l'accompagne dans sa marche en
avant et dans sa retraite, il est aux batailles de Busaco et de Fuentès-
de-Onoro, fait exécuter des routes, assure des passages de rivières,
fait mettre en état de défense un grand nombre de places et de postes,
depuis les rives de la Guadiana jusqu'au royaume de Léon. Les
sièges, aussi, lui fournissent une occasion de montrer ses talents. Il
dirige celui d'Astorga avec très peu de moyens, et réussit cependant.
C'est lui qui mène les colonnes d'assaut et couronne la brèche; mais,
dans cette opération périlleuse, ses habits sont criblés de balles et il
est atteint lui-même de deux coups de feu qui le jettent à terre. Le
capitaine Borel-Vivier, son second, maintient alors les troupes avec
une ténacité remarquable, et fait compléter l'occupation de la brèche.

Le grade de colonel fut la récompense de cette brillante affaire qui
tint Valazé éloigné quelque temps de l'armée. Son extrême activité
ne tarda pas à l'y ramener cependant. L'armée de Portugal avait
entrepris le siège de Ciudad Rodrigo et l'on espérait que la place ne
tarderait pas à se rendre. Par suite de cette fausse appréciation, les
mesures ne furent pas prises avec tout le soin nécessaire. La garnison
se défendit avec vigueur et le siège se prolongeait sans aboutir. Le
maréchal Masséna, impatienté, prescrivit au général Eblé, de l'Artillerie, et au colonel Valazé, d'en diriger la conduite. Sous leur habile
impulsion, les affaires ne tardèrent pas à prendre une autre figure.
Valazé fit un projet d'attaque qui fut vivement combattu, mais que
Masséna prescrivit d'adopter. Il étendit les cheminements pour envelopper le point d'attaque et fit établir des fourneaux de mine pour
renverser la contrescarpe et combler le fossé. Pendant qu'il surveillait cette opération, une grenade l'atteignit à la tête et le renversa

sans connaissance. La mine joua avec succès et la brèche put être couronnée, ce qui obligea la garnison a se rendre. Après avoir ainsi grandement contribué à la prise de cette place importante, Valazé eut la satisfaction de se trouver, l'année suivante, au déblocus, lorsque les armées de Portugal et d'Andalousie réunies obligèrent lord Wellington à en abandonner l'attaque.

Pendant ces campagnes si pénibles, sa santé avait beaucoup souffert, ses blessures n'étaient pas guéries, et il lui fallut rentrer en France pour se rétablir. Il n'y fit pas un très long séjour, car l'année 1813 le retrouve en Allemagne, commandant le Génie au corps du maréchal Ney, puis à celui du maréchal Macdonald : participant ainsi aux victoires qui marquèrent le début de cette campagne, à Lutzen, à Bautzen, subissant la défaite de Leipzig, assistant enfin à la bataille de Hanau, ce dernier triomphe de nos soldats en Allemagne. Valazé eut un service très actif pendant la retraite. Il fit brûler les ponts de Muhlberg et de Hundsruck sous le feu de l'ennemi, couper celui de Weissenfels et d'autres encore. L'Empereur le nomma alors général de brigade. Ney, qui appréciait beaucoup ses aptitudes militaires, le pressait de quitter l'arme du Génie pour prendre un commandement de troupes. Il n'y consentit pas, préférant rester dans une arme où il avait toujours servi, et qu'il connaissait bien. C'est encore avec le maréchal Macdonald qu'il fit, en 1814, toute la campagne de France. Il se signala au combat d'Arcis-sur-Aube et réussit à faire couper le pont à la sape, malgré la présence de l'ennemi.

Lorsque Napoléon revint de l'île d'Elbe, en 1815, Valazé fut désigné, par le maréchal Macdonald, pour faire partie du corps d'armée qui s'organisait sous les ordres du duc de Berry et accompagna les princes jusqu'à Beauvais. Rentré à Paris, il prit place dans l'armée du Nord, fit la campagne de Belgique et suivit les troupes dans leur retraite sur la Loire, mais il les quitta avant le licenciement définitif, un ordre du maréchal Macdonald l'ayant désigné pour faire partie du Comité des fortifications. Le gouvernement de la Restauration se hâta d'utiliser ses talents et lui conféra, en 1819, le titre de baron.

Pour un homme aussi actif et d'un mérite aussi distingué, la paix ne pouvait être un temps de repos, mais d'études et de travaux. Réduite à son ancien territoire, mal protégée par des forteresses longtemps négligées, la France avait besoin de réorganiser ses frontières. Valazé fut l'un des officiers qui s'attachèrent avec le plus de zèle à cette besogne, rendue ingrate et pénible par l'exiguïté des ressources. Très frappé de ce que les préoccupations de la guerre avaient détourné trop souvent les officiers du Génie des études théoriques, il chercha à répandre l'instruction parmi eux et prit une part considérable aux discussions relatives à l'organisation des armées, à la critique des opérations de guerre. Il fut l'un des fondateurs du *Spectateur militaire,* qui a publié de lui beaucoup d'articles dont la lecture est encore utile aujourd'hui. Il reprit et fit connaître les travaux des anciens ingénieurs, la plupart inédits ou peu connus. On doit à Valazé d'avoir fait paraître le *Traité de la défense des places* de Vauban, tel que l'avait écrit ce célèbre Ingénieur, et il y joignit des notes qui en augmentent l'intérêt. Il appuya de son autorité la publication que fit le colonel Augoyat du *Traité de l'attaque des places* et d'une partie des *Oisivetés* de Vauban.

Dans les nombreux écrits du général Valazé, tout ce qui se rapporte à l'attaque et à la défense des forteresses est excellent et digne de servir de modèle. Ce qu'il a dit des journaux de siège, l'importance qu'il attache au détail des formes de la fortification est plus contestable. On peut trouver qu'il s'exagère cette importance, tout au moins que ses prescriptions, à cet égard, ont vieilli. L'augmentation de la portée des armes a élargi le théâtre de la lutte. La puissance énorme de destruction acquise par l'artillerie rend beaucoup de ces détails tout à fait secondaires et, dès le temps où écrivait Valazé, cette puissance était déjà redoutable. Mais, il faut bien le reconnaître, tout le monde alors, à bien peu d'exceptions près, partageait sa manière de voir.

Cette légère réserve ne diminue donc en rien la haute opinion qu'on doit avoir du mérite du général Valazé; mérite si reconnu que lorsqu'on prépara, en 1830, contre Alger, une expédition jugée très hasardeuse, c'est lui qu'on choisit pour commander le Génie et diriger le siège. Cet honneur lui revenait de droit, car il était un ardent partisan de cette guerre et avait soutenu de toute son influence le capitaine de vaisseau de Taradel, qui avait reconnu et relevé la côte des États barbaresques, choisi le point de débarquement. Il est inutile de rappeler ici les péripéties de cette expédition fameuse, du dé-

barquement à Sidi-Ferruch, de la marche vers Alger, de l'attaque
du fort de l'Empereur : elles sont relatées dans de nombreux ouvrages.
La grande expérience de la guerre que possédait le général Valazé
fut alors très utile. Il fit couvrir, par des lignes défensives, la presqu'île de Sidi-Ferruch, créa une route d'accès, que les troupes ouvrirent les armes à la main jusqu'aux abords d'Alger, et en prépara le
siège d'après les principes qu'il avait pratiqués autrefois pendant la
guerre d'Espagne. Ses dispositions furent si bien prises que le succès
les couronna toujours.

Pourquoi faut-il ajouter que les passions politiques n'apprécièrent
pas les services de ceux à qui la France était redevable d'une si brillante
conquête? On alla jusqu'à reprocher au général Valazé, un ancien
soldat de la grande Armée, d'avoir mis son épée au service des Bourbons! Parmi ceux qui le critiquèrent avec le plus d'amertume, il eut
le chagrin de trouver un de ses anciens compagnons d'armes, un
homme d'une capacité supérieure mais d'un caractère acariâtre, le
commandant Choumara, qui s'était trouvé sous ses ordres au siège
de Ciudad Rodrigo, et pour lequel Valazé avait une haute estime.
Entre eux, les choses allèrent si loin que Choumara provoqua son
ancien chef et donna sa démission pour l'obliger à se battre avec lui.
Le général Valazé montra, en cette circonstance, une noblesse de
caractère égale à sa bravoure. Il accepta la provocation, donna un
coup d'épée à Choumara et employa tout son crédit pour le faire
réintégrer dans l'arme qu'ils illustraient l'un et l'autre.

Le gouvernement né de la révolution de Juillet ne s'associa pas à
ces rancunes. Il eut même recours à l'habileté de ce galant homme,
à la considération dont il jouissait, à l'étranger comme en France, et
le chargea d'aller à La Haye faire reconnaître, par le gouvernement
hollandais, celui que venait de se donner la France. Dès la fin de
l'année 1830, Valazé fut promu lieutenant-général, et il justifia
cette nomination par le zèle soutenu avec lequel il s'occupa de tout
ce qui se rapportait à l'armée et au corps du Génie. On discutait
beaucoup alors l'opportunité de fortifier Paris. Nous avons rapporté
ailleurs les péripéties de ce mémorable débat. Ajoutons seulement
que le général Valazé y prit une part importante, soit par ses écrits,
soit à la Chambre, où il avait été envoyé par deux collèges électo-
raux, en 1834. Ainsi que le général Haxo, il soutenait la nécessité

d'une enceinte, et sa haute notoriété contribua à faire rejeter, par la
Chambre, le projet du gouvernement qui ne comportait que des forts
détachés, soutenus par le mur d'octroi, que l'on se réservait de cré-
neler en cas de siège.

Mais le général Valazé ne devait pas voir la solution donnée enfin
aux études auxquelles il portait un vif intérêt. Sa santé, usée par les
fatigues d'une vie si utilement occupée, l'avait obligé à chercher un
climat plus doux. C'est à Nice qu'il passa l'hiver de 1837-38. C'est
là aussi que la mort vint le trouver, et son corps fut ramené sur la
terre française, à Saint-Laurent-du-Var, où il repose depuis lors.
Valazé a laissé de profonds souvenirs dans l'arme qu'il avait toujours
préférée à toute autre, et qu'il avait honorée par son caractère, tout
autant que par ses talents.

LE MARÉCHAL VAILLANT.

VAILLANT (Jean-Baptiste-Philibert), fils de Hubert-Michel-François Vaillant, secrétaire du
département de la Côte-d'Or, et de Bernarde Conquoin. Né le 6 décembre 1790 à Dijon,
marié le 23 mars 1843 à Pervenche-Éléonore-Benjamine Frottier de la Coste, veuve du général Haxo. Décédé à Paris, le 4 juin 1872.

Le maréchal Vaillant a presque toujours été un homme heureux,
et le bonheur qui l'a constamment accompagné pendant toute sa
carrière ne lui a fait défaut que pendant les derniers moments de sa
vie, alors qu'il eut à supporter sa part des maux qui ont accablé la
France pendant l'année terrible. Il devait ces faveurs de la fortune à
l'heureux équilibre de ses facultés, à une prudence, à une sûreté de
coup d'œil qui lui faisaient éviter les complications dangereuses, à
une finesse qui lui permettait de s'en dégager, si elles l'atteignaient
malgré lui. Très laborieux du reste, possédant des connaissances
littéraires et scientifiques aussi variées qu'étendues, il ne négligeait
rien, pas plus les petites choses que les grandes, et dès sa jeunesse il
sut se faire apprécier par ses chefs, leur rendre des services qu'ils
eussent vainement cherchés ailleurs. En revanche, il obtint d'eux un
appui dont il sut habilement profiter.

Entré à l'École Polytechnique le 1er octobre 1807, sous-lieutenant
élève du Génie le 1er octobre 1809, il est classé au bout de dix-huit
mois le premier de sa promotion, ce qui lui vaut d'être promu d'em-

blé lieutenant en premier dans une compagnie de sapeurs, détachée à Dantzig. Pendant les années qui suivent, il fait un peu de tout, est employé à l'état-major du Génie, au parc de la grande armée, à la tête du pont de Marienwerder et arrive rapidement au grade de capitaine. Le général Haxo le remarque, se l'attache, à l'essai d'abord, puis comme aide de camp, et dès 1812 commence une collaboration qui ne devait cesser qu'à la mort de cet illustre chef. Le capitaine Vaillant assiste aux combats de Dahlenkirch, Eckau, Banske et Ruhenthal en Courlande, à la bataille de Dresde et à celle de Kulm où il est fait prisonnier par un parti de Cosaques, après une lutte corps à corps.

Dès sa rentrée en France, il reprend son service auprès du général Haxo, aux côtés duquel il se trouve aux batailles de Ligny et de Waterloo.

La paix change la nature de ses occupations sans en diminuer l'importance. Nous avons dit l'influence prépondérante du général Haxo sur le corps du Génie. Il suivait avec une active sollicitude les travaux projetés ou en cours d'exécution sur toute l'étendue du territoire. La majorité des officiers ne lui semblaient pas avoir une expérience assez grande dans l'art difficile de concevoir et de rédiger des projets, d'agencer entre eux les différents ouvrages de fortification, de manière à en favoriser la défense de détail et pied à pied, telle qu'il l'avait vue pratiquée dans les sièges d'Espagne. Il voulait voir les projets par lui-même, les remaniait souvent ou même les refaisait à nouveau. Il était la pensée et la tête; il lui fallait des aides capables de traduire ses idées, de les exprimer par le dessin. C'est au capitaine Vaillant que presque toujours il confiait ce soin et de Sedan à Grenoble, de Belfort à Saint-Omer, il n'est presque pas de forteresses pour lesquelles des projets d'amélioration ou de travaux neufs n'aient été dessinés par lui, sous l'inspiration de son chef. Il apportait un soin méticuleux à l'agencement des détails les plus compliqués et y trouvait un tel plaisir que, parvenu à son tour à la tête du corps du Génie, tout en faisant travailler les officiers sous ses ordres, il ne dédaignait pas de dessiner lui-même les parties les plus difficiles, comme les bastions d'angle des enceintes de Lille et de Toulon.

Le chef appréciait la valeur de son aide de camp et les grands services qu'il lui rendait. Il le prônait partout et sollicitait avec ténacité pour lui un avancement rapide. Le général Vaillant en garda le souvenir et témoigna sa reconnaissance en épousant la veuve du général Haxo, peu d'années après la mort de cet homme illustre. Il n'y avait eu qu'une courte interruption dans sa carrière d'aide de camp; elle avait été motivée par l'expédition d'Alger, à laquelle il prit part, mais pendant peu de temps, un biscaïen lui ayant fracassé la jambe au siège du fort de l'Empereur.

L'année suivante, il était promu lieutenant-colonel et était assez bien rétabli pour prendre les fonctions de directeur du parc du Génie à l'armée du Nord, qui eut à faire le siège de la citadelle d'Anvers. Après le succès du siège, l'armée devint corps d'occupation et le colonel Vaillant chef d'état-major de son arme. Promu colonel, il eut successivement le commandement du 2ᵉ régiment du Génie, la direction du service du Génie à Alger et enfin, comme maréchal de camp, le commandement de l'École Polytechnique, en 1839.

Cette dernière position, il ne l'occupa guère que pendant un an. Lorsqu'on se décida à fortifier Paris, œuvre considérable, longuement discutée, et dont nous avons exposé ailleurs les péripéties, le souvenir de l'active collaboration du général Vaillant aux travaux du général Haxo le désignait comme devant être l'un des chefs de cette grande entreprise. Il fut nommé directeur des travaux de la rive droite et s'y adonna avec toute l'activité possible. Les grands services qu'il rendit en cette circonstance furent récompensés par le grade de lieutenant-général, qu'il reçut en 1845, et par la direction supérieure des travaux, qui lui échut lorsque le général Dode fut nommé maréchal. Il la conserva jusqu'au 1ᵉʳ janvier 1848, à la veille de la révolution de Février, qui emporta la branche cadette des Bourbons.

On sait qu'à cette époque troublée beaucoup de généraux furent mis d'office à la retraite, et dans le nombre ceux qui précédaient le général Vaillant dans le corps du Génie. Il se trouva ainsi porté à la présidence du Comité des fortifications et fit partie d'une commission de défense, chargée d'examiner la situation des frontières de terre et de mer. On redoutait la guerre contre une partie des puissances européennes et l'on craignait que l'état de nos forteresses ne permît pas de la soutenir avec succès. Les connaissances techniques du général Vaillant, la part qu'il avait prise à leur réorganisation depuis 1815, lui donnèrent une influence marquée dans cette com-

mission et lui permirent de rassurer les gouvernants, moins bien instruits de la véritable situation.

Les événements allaient d'ailleurs justifier l'optimisme qu'il pro-
fessait à l'égard de l'armée et le placer lui-même au premier rang.
Un corps fut envoyé en Italie, en 1849, pour soutenir la papauté
menacée. Il éprouva un échec devant Rome et dut être renforcé. Le
siège de l'ancienne capitale du monde était à prévoir et, par suite,
un rôle important devait incomber au Génie. Le général Vaillant
fut placé à sa tête, avec un ordre de service ainsi conçu :

ORDRE DU 11 MAI 1849.

Général, je vous préviens que, par arrêté en date de ce jour, le Président
de la République vous a nommé au commandement en chef du corps expéditionnaire de la Méditerranée, en remplacement de M. le général de
division Oudinot. Vous êtes autorisé à produire cet ordre de service
lorsque vous le jugerez convenable.

Le Ministre de la Guerre,

RULLIÈRE.

L'original de cet ordre, entièrement de la main du général Rullière,
est resté entre les mains du maréchal Vaillant, qui en a laissé prendre
copie par le bureau du Génie, au Ministère.

Toujours sage et mesuré, il ne fit pas usage de la faculté qui lui
était ainsi donnée et se contenta d'exercer une influence prépondérante et discrète sur les opérations militaires. Le récit détaillé publié
sous sa direction relate avec exactitude tout ce qui s'est passé à ce
siège fameux, dont la conduite fait honneur au corps du Génie.

Après la prise de Rome, le général Oudinot revint en France et le
général Vaillant, commandant du corps d'occupation, fut chargé de
diriger les négociations pour le retour du Saint-Père, que le général
Niel alla voir de sa part à Gaëte, afin de lui remettre les clefs de la
Ville Éternelle. Celui-ci apportait à cette mission toute l'ardeur de
son caractère. Vaillant était beaucoup plus sceptique. A un dîner où
l'on causait avec une grande liberté, et entre amis, des difficultés
de la situation, le général Niel racontait son voyage avec une expansion toute méridionale. « J'ai vu le Saint-Père... j'ai pressé son
retour... je lui ai dit... » — « Eh, interrompit le général Vaillant,

en imitant l'accent gascon, lui avez-vous dit que vous étiez de Muret? »

Il n'était pas dans ses goûts de poursuivre la solution de difficultés qu'il jugeait inextricables et il demanda son rappel. Le gouvernement ne lui en sut pas mauvais gré, car il fut nommé successivement maréchal de France, sénateur, grand maréchal du palais de l'Empereur et enfin Ministre de la Guerre en 1854, lorsque le maréchal de Saint-Arnaud prit le commandement de l'armée d'Orient. Il eut en cette qualité à préparer l'envoi successif des renforts et des approvisionnements formidables que nécessita la guerre de Crimée. Plus tard, il eut à diriger les préparatifs de la guerre d'Italie, mais persuadé qu'on s'en tiendrait à des menaces, il y apporta une certaine mollesse, qui irrita l'Empereur et motiva son renvoi du Ministère. Ce coup fut très sensible au maréchal Vaillant, qui a toujours attaché un prix extrême aux grâces que répartit le pouvoir et même aux moindres distinctions honorifiques. Ses sollicitations pressantes déterminèrent l'Empereur à pallier la disgrâce et il fut nommé major général de l'armée.

Le maréchal ne tarda pas à regagner la faveur du souverain, en lui rendant un service signalé, dès le début des opérations. Le projet était d'imiter la marche suivie par le général Bonaparte en 1796, c'est-à-dire de se porter sur Plaisance par le défilé de la Stradella, afin de surprendre en ce lieu le passage du Pô. Le maréchal Vaillant y fit une opposition formelle et représenta avec une grande force d'arguments que la manœuvre était éventée; bonne d'ailleurs pour une armée de 30000 hommes, elle n'était pas possible avec 100000; le défilé de la Stradella qu'il fallait traverser était beaucoup trop étroit pour livrer passage à une armée aussi forte. On trouverait les troupes autrichiennes postées derrière un fleuve très large, dont on n'aurait aucune chance de surprendre le passage, comme en 1796.

On sait que ces raisons persuadèrent l'empereur, tandis que le combat de Montebello fit croire au feld-maréchal Giulay que le gros de l'armée française se massait sur la route de Plaisance. Le passage du Tessin put être surpris à Turbigo, effectué à Magenta, et une victoire complète fut le résultat de l'opération recommandée par le maréchal Vaillant.

Après la paix de Villafranca, comme après le siège de Rome, le maréchal Vaillant eut le commandement des troupes laissées en Italie, et lorsque le corps d'occupation fut dissous, il reprit les fonctions de grand maréchal du Palais. Quelques mois après, la faveur impériale lui confiait le titre de ministre de la maison de l'Empereur et des Beaux-Arts, enfin celui de membre du Conseil privé. Malgré une simplicité de vie qui n'était pas exempte d'affectation, il lui était agréable de loger aux Tuileries, d'obtenir des marques répétées de la confiance de l'Empereur, de l'Impératrice surtout, qui lui permettait une familiarité dont il usait avec autant de grâce que de discrétion. Il y avait une contradiction singulière entre les satisfactions d'amour-propre que lui faisait éprouver la vie des cours, où il brillait par son esprit, les égards respectueux qu'on lui témoignait et sa passion très vive pour la campagne, la vie rustique, dans toute la force de l'expression. L'Empereur lui avait donné la jouissance d'un jardin dans le bois de Vincennes; il y passait ses meilleurs moments, greffant des rosiers, cultivant de ses mains des fleurs et des légumes, soignant des abeilles, à propos desquelles il citait volontiers les vers de Virgile. Il écartait avec soin les fâcheux, les solliciteurs, à qui il témoignait en tous lieux une rudesse qui le faisait redouter autant qu'il savait être séduisant pour ceux à qui il voulait plaire. Meilleur au fond qu'il ne voulait le paraître, il était rare qu'il résistât à un trait d'esprit.

Il travaillait un jour dans son cabinet, avec un officier, lorsqu'une dame en deuil, d'aspect très digne, insista tellement pour être reçue, qu'il fallut lui ouvrir la porte. Veuve d'un militaire, sans fortune, elle sollicitait un bureau de tabac, afin de pouvoir élever ses enfants. Mécontent d'être dérangé, le maréchal la reçut fort mal. Elle insistait cependant, sans se déconcerter et s'exprimant avec autant de mesure que de dignité. « Je ne viens pas, dit-elle, vous demander un emploi que vous me dites ne pas avoir dans votre poche. Vous êtes ministre; je viens vous prier d'examiner les titres que me donnent les services de mon mari, et de les faire valoir, s'ils vous paraissent fondés. » Nouveau refus et assez dur. Impressionné cependant, il dit à la dame, en la reconduisant : « Vous avez dû me prendre pour un sanglier! — Civilisé, monsieur le maréchal », fit-elle avec une révérence dans l'embrasure de la porte.

— Eh bien, dit celui-ci en se tournant vers l'officier, qui travaillait avec lui, elle m'a traité de cochon? C'est égal, elle aura son bureau de tabac, et j'aurai soin qu'il soit bon. »

Le maréchal Vaillant était un fin connaisseur en littérature, un juge éclairé des œuvres d'autrui, et il aimait à écrire lui-même. Chaque jour il prenait des notes sur ce qu'il avait vu ou fait, et sa famille doit posséder ces Mémoires, qui mériteraient sans doute d'être publiés, au moins par extraits, l'auteur ayant été mêlé toute sa vie à des événements importants et variés. Seul, le chapitre qui se rapporte au siège d'Anvers a été donné par lui au Dépôt des fortifications. Le style est un peu diffus, mais témoigne d'une recherche attentive dans le choix des expressions.

Lorsque éclata la guerre de 1870, le maréchal Vaillant donna sa démission de tous les emplois qu'il avait auprès de l'Empereur. La révolution ne lui sut aucun gré de s'être ainsi tenu à l'écart. Il reçut l'ordre de quitter Paris, puis la France. Réfugié en Espagne, il revint à Biarritz au mois de juin 1871. Une lettre, dans laquelle il réclame l'autorisation de rentrer à Paris, témoigne de l'état de faiblesse auquel l'âge l'avait réduit, et il mourut moins d'un an après. Dans ses dernières volontés, il donna une preuve de son attachement au corps du Génie et il fit présent de tous ses livres à la bibliothèque de l'École d'application, pour compenser, au moins en partie, les pertes qu'elle avait faites à Metz.

LE GÉNÉRAL CHARON.

CHARON (Viala) (¹), fils de Gabriel Charon, employé des postes, et de Marie-Marguerite Boucher, né à Paris, le 29 juillet 1794. Marié en 1850 à Madame Thérèse-Catherine-Elfrède Schneider, veuve de M. de Latour-Randon; veuf le 22 mars 1862; décédé à Paris le 26 novembre 1880. Nommé baron par décret du 3 février 1864.

Bien peu d'officiers généraux ont eu une carrière aussi longue et aussi utilement employée aux travaux les plus divers. Entré jeune à l'École Polytechnique, il sortit de l'École de Metz pendant les Cent-Jours, fut aussitôt dirigé sur l'armée et fit toute la campagne qui se termina

---

(¹) Dans beaucoup d'actes, le général Charon est appelé Edme ou Edme Viala. Son acte de naissance ne porte d'autre prénom que Viala.

à Waterloo. En 1823, il partit pour l'armée d'Espagne et y resta cinq ans. A son retour en France, il fut employé dans les places du Nord jusqu'à la campagne de Belgique, en 1831. Les sièges de Pampelune et d'Anvers, auxquels il avait assisté, ne lui parurent pas des actes de guerre assez importants pour satisfaire son activité et il sollicita avec insistance d'être envoyé en Algérie. Dans les premiers mois de l'année 1835, il fut nommé chef du Génie à Bougie. Tout alors était rendu difficile en Afrique par les hésitations du gouvernement, qui ne pouvait se décider ni à abandonner le pays, ni à faire ce que réclamait une occupation durable. Plus que toute autre ville, Bougie souffrait de l'incertitude de la situation. Sans la possession d'ouvrages extérieurs l'enceinte n'était pas tenable ; les Kabyles la bloquaient de très près et l'on n'y était pas en sûreté. Les bâtiments occupés par la troupe étaient tout à fait délabrés. Le capitaine Charon, déployant l'activité qui l'a fait remarquer dans toute sa carrière, se multiplia pour faire face à toutes les difficultés. Il fut cité à l'ordre de l'armée pour sa conduite dans les combats des 9 et 12 novembre, travailla à réparer l'enceinte et les forts, s'attacha à apporter au casernement de la garnison toutes les améliorations possibles.

La capacité dont il donnait des preuves lui valut le grade de chef de bataillon et le fit appeler l'année suivante au poste plus important de chef du Génie à Alger. Cette ville devint pour lui une seconde patrie, car il l'habita presque sans interruption pendant quinze ans ; successivement directeur des fortifications, commandant du Génie de l'armée d'Afrique, enfin gouverneur de la colonie. Pendant cette longue période, il tint alternativement à la main l'épée, la plume et le tire-ligne, eut à parer à des difficultés de tout genre et dirigea avec un tact parfait, une grande sûreté de main, un service très lourd, un personnel très zélé sans doute, mais souvent trop peu nombreux pour le travail à faire. Le général Charon ne se contentait pas de conduire les affaires du fond de son cabinet. Il voulait se rendre compte de tout par lui-même, allait partout, voyait tout, prévenait par là les difficultés qui auraient pu surgir, donnant selon les circonstances des conseils utiles ou des ordres précis. Il ne s'est pas fondé un poste, ni créé des établissements de quelque importance, sans qu'il eût visité les lieux, indiqué les bases des projets à étudier. Il donna ainsi une force et une unité d'action considérables au corps du Génie, à une époque où ce corps était seul chargé, en Algérie, de tous les travaux civils, comme des travaux militaires.

Avec cela, il aimait la guerre et n'entendait pas qu'on la fît sans que le Génie y prît part. Un bataillon d'élite fut formé avec les compagnies détachées en Afrique, et il le conduisit plus d'une fois au combat. On le trouve à la défense de Blida en 1839 et en 1840, et le 18 mai de cette année il obtient une citation nouvelle. Il est ensuite aux expéditions de Cherchell, de Médéa, de Miliana; en 1841 à la prise de Mascara et à celle de Tagdempt; en 1843 à la grande campagne du Chélif, au cours de laquelle il préside à la création d'Orléansville et de Ténès. La colonne qui se dirigeait sur cette dernière localité, en traversant le territoire de tribus qu'elle soumettait sur son passage, eut la surprise de trouver au bord de la mer un poteau avec l'inscription : *Douane française*. Le courrier de la côte venait d'arriver et avait mis à terre des employés qui avaient ainsi constaté leur présence. Le colonel Charon ne voulut pas en avoir le démenti, et fit commencer le jour même le tracé de l'enceinte et du poste, que les soldats baptisèrent Plancheville. Voilà avec quel zèle on travaillait alors. Sans doute le Génie était représenté par un personnel d'élite, mais une grande part de reconnaissance n'en est pas moins due au chef qui savait donner une habile impulsion, employer chacun suivant ses aptitudes et son caractère, obtenir de tous une plus grande quantité de travail utile. Le général Charon possédait à un très haut degré ces qualités d'un bon organisateur. Il a été pour beaucoup dans la considération dont a joui le corps du Génie en Afrique, et la période de son commandement a eu une importance considérable, à cause des grands et nombreux travaux que ce corps a exécutés sous ses ordres, pour l'installation de l'armée et l'organisation de la colonie.

En 1844, le maréchal Bugeaud, marchant contre la Kabylie, emmena avec lui le colonel Charon, qui prit part au combat du 17 mai, contre les Flissas. Le maréchal, un bon juge de la valeur militaire, disait alors qu'à son avis, aucun colonel du Génie n'avait autant de titres à être promu général, et cette proposition était vivement appuyée par l'inspecteur, le général Morvan. Comme il y avait du retard, le maréchal Bugeaud écrivit directement au ministre :

« Je me demande, Monsieur le maréchal, si parmi les avancements donnés à l'armée d'Afrique, il y en a un mieux mérité que celui que je demande pour le colonel Charon, et ma conscience me répond : — Non. »

Un tel éloge était plus précieux qu'un grade, qui fut accordé peu après.

La révolution de Février 1848 eut son contre-coup au delà des mers et amena un bouleversement subit dans la haute administration algérienne. Le général Charon fut rappelé en France et nommé directeur des affaires de l'Algérie à Paris. Mais, avant la fin de l'année, il retournait dans la colonie avec le grade de général de division et le titre de gouverneur. Il occupa pendant deux ans cette haute position, puis rentra définitivement en France, où il fut pendant douze ans président du Comité des fortifications. Ses grands talents d'administrateur, l'autorité qui s'attachait à son nom et à ses services, rendirent cette présidence fructueuse. La limite d'âge l'avait condamné au repos depuis plusieurs années lorsque éclata la guerre de 1870, à laquelle il ne lui fut pas donné de prendre une part active; mais lorsqu'on crut devoir soumettre à un conseil d'enquête les conditions dans lesquelles les places fortes s'étaient rendues à l'ennemi, on eut encore recours à son expérience et il fit rendre des décisions pleines de fermeté. C'est le dernier service que lui ait dû l'armée, où ses neveux, son fils ont glorieusement suivi ses traces.

LE GÉNÉRAL DUVIVIER.

DUVIVIER (Franciade-Fleurus), fils de François-Marie Duvivier, premier commis des subsistances militaires à Rouen, et de Julie-Ursule Lefebvre; né à Rouen le 7 juillet 1794 (¹); mort de blessures reçues lors de l'insurrection de Juin, le 7 juillet 1848.

Les qualités nécessaires à un général pour exercer le commandement en chef sont si nombreuses, si variées, qu'on ne doit pas s'étonner de les trouver rarement réunies chez le même homme. Parmi les généraux à qui nous devons la conquête de l'Algérie, le maréchal Bugeaud, Changarnier et aussi le maréchal Clauzel, se sont

---

(¹) L'acte de naissance conservé aux Archives de la Guerre fait connaître qu'il est né rue Guillaume-Tell, dans la maison portant le n° 35.

montrés supérieurs aux autres dans l'art d'engager des troupes et de diriger un combat. Concevoir une campagne entière, la conduire de manière à en obtenir les plus grands résultats au prix d'une moindre perte est d'un ordre plus élevé peut-être, tout au moins est-ce une chose très différente. Si nous avions une appréciation à émettre à ce sujet, c'est le maréchal Bugeaud et le général Duvivier que nous placerions en tête de leurs rivaux, tant pour les dons naturels dont ils étaient pourvus qu'à cause des études laborieuses par lesquelles ils avaient « préparé leurs facultés pour le commandement en chef ». Cette expression appartient au maréchal Bugeaud lui-même.

Entre eux cependant il faut noter une grave différence. Le premier, mis à l'épreuve, a eu le bonheur de la subir avec succès et a pu se donner avec un légitime orgueil le titre de professeur de guerre. Le général Duvivier, moins favorisé par la fortune, a consumé sa vie dans des positions qui, bien qu'enviables à tous égards, étaient cependant fort au-dessous de ce qu'il estimait dû aux grands talents dont il se croyait et dont il était réellement doué. C'est à cette disparate qu'il faut attribuer l'amertume de ses relations et des aspérités de caractère dont chefs et subordonnés se sont souvent plaints, tout en proclamant et sa grande valeur et ses rares qualités.

De très bonne heure, Duvivier a été mêlé à des affaires d'importance; il était encore à l'École Polytechnique, et major de promotion, lorsque, en 1814, les alliés parurent devant Paris. Avec ses camarades il prit part à la défense de la capitale, commanda une batterie de canons, servie par eux, et placée sur les hauteurs de Charonne. De prime abord, il prenait sur son entourage une autorité que justifiait son caractère, à défaut de connaissances déjà acquises. A la fin de cette même année, il entrait dans le corps du Génie, suivait les cours de l'École de Metz, pour en sortir au bout de deux ans, et servait au régiment comme lieutenant en second. Dès 1818, son colonel signalait en lui « un officier d'un très grand mérite et de la plus haute expérience ». Ce colonel était Rohault de Fleury, qui n'a jamais varié dans ses appréciations sur son jeune subordonné et qui a toujours parlé en sa faveur lors des luttes auxquelles il l'a trouvé mêlé.

Non content en effet de faire et de bien faire son service de militaire ou d'ingénieur, au régiment, à l'École régimentaire, dans les places de Corse, des Alpes, à Toulon, aux îles d'Hyères, Duvivier travaillait beaucoup. Il étudiait l'italien, les langues orientales et surtout ce qui se rapportait aux sciences militaires. Entré dans l'armée après l'époque des grandes guerres, il interrogeait ceux qui y avaient pris part, consultait les écrits des grands capitaines, discutait les récits de leurs campagnes. Ayant meublé sa tête d'une masse énorme de matériaux, il s'était formé des opinions personnelles et ne craignait pas de les produire avec une franchise qui n'admettait aucuns ménagements. Ses *Considérations sur la défense des États,* publiées en 1826, étaient écrites et connues d'un certain nombre de personnes dès 1822. Les attaques très vives qui s'y trouvaient contre l'abus et l'usage même de la fortification firent scandale, parce qu'elles provenaient d'un officier du Génie. En 1830, il fit imprimer un ouvrage en deux volumes, intitulé *Observations sur la guerre de la succession d'Espagne,* mais qui doit avoir été entièrement terminé avant 1827, date du départ de Duvivier pour la Martinique. Ces deux ouvrages sont les plus importants qu'il ait publiés, mais il est à croire que plusieurs autres sont restés inédits.

Le second est fort supérieur au premier, quoiqu'il présente le développement des mêmes idées, que les mêmes remarques y apparaissent parfois en des termes presque identiques. L'auteur est bien plus maître de son sujet et de sa plume. Le style est clair et limpide, élégant quoique naturel. La précision du langage n'est jamais sacrifiée à la recherche de l'effet. On se sent en présence d'un homme supérieur, qui a beaucoup étudié, beaucoup réfléchi, doué d'un esprit critique très sûr et très développé. La nette compréhension des grandes opérations militaires de Frédéric et de Napoléon se remarque partout, et la critique des manœuvres de Berwick dans les Alpes, les éloges justement donnés à Stahrenberg, à Villars, méritent surtout d'être signalés. Est-ce à dire cependant qu'il faille tout louer? Non. A côté d'aperçus de génie, il faut faire la part des illusions; il est des mouvements de troupes recommandés et qui n'auraient pas été exécutables. Lorsqu'il a écrit ces ouvrages, le général Duvivier n'avait pas encore vu la guerre, et ceux-là seuls qui l'ont faite, même dans des positions secondaires, peuvent, s'ils ont l'esprit d'observation, comprendre et apprécier l'importance extrême de détails que la théorie néglige : la fatigue des troupes, variable suivant les temps, les saisons, l'heure du jour et qui affecte le moral comme le corps lui-

même; la difficulté des transports, celle du renouvellement des vivres
et des munitions; bien d'autres choses encore, qui, à un moment
donné, peuvent rendre une opération impossible ou empêcher de
craindre les entreprises de l'ennemi. De tout cela, on ne connaît la
valeur qu'à l'user.

La carrière du général Duvivier est d'ailleurs, à cet égard, l'un des
meilleurs sujets d'étude qu'on puisse se proposer. Il avait le coup
d'œil trop net, l'esprit trop pratique, pour hésiter jamais à modifier
sa conduite lorsque les circonstances l'y obligeaient. Lui, l'adversaire
si absolu des places fortes dans ses écrits, il a presque toujours manœuvré en s'appuyant sur elles et il a obtenu des succès grâce à elles,
ce qui prouve qu'elles peuvent être utiles à qui sait s'en servir. Les
autres ouvrages sortis de sa plume sont, pour la plupart, relatifs à la
conquête et à la colonisation de l'Algérie; ils n'ont qu'un intérêt
rétrospectif. Ceux que nous venons d'indiquer méritent d'être lus et
médités. Ils ont eu une influence notable sur la répartition que l'on a
faite, il y a quelques années, du territoire de la France en corps
d'armée, ou plutôt en régions militaires. Il avait signalé, le premier,
l'importance, pour la défense du pays, de la région du Morvan, de
l'espace compris entre la Loire et l'Allier, de Nevers jusqu'à Digoin
et Moulins. Le général Ducrot, très influent alors, insista pour que
tout le territoire compris de Bourges à Dijon et Moulins fût réuni
dans un même commandement militaire, le sien.

Mais n'anticipons pas. Avant d'arriver à la partie la plus utilement
employée de la vie du général Duvivier, nous le voyons, au mois de
février 1827, désigné, sur sa demande, comme chef du service du
Génie à la Martinique, quoiqu'il ne fût encore que capitaine en second.
Le climat pouvait être fatal à sa santé, que les rapports de ses chefs
représentent comme fort ébranlée à cette époque. Une note du bureau
du Génie, douloureuse à lire, quoique rédigée avec une extrême délicatesse, nous apprend que le supplément de solde touché par les officiers employés aux colonies lui était nécessaire. Le capitaine Duvivier était le seul soutien de sa mère, restée veuve et sans fortune :
il reçut au départ une avance sur son traitement et fut traité comme
s'il avait déjà le rang de capitaine en premier, qui ne lui échut qu'à
la fin de l'année 1830. Pendant l'été de 1829, il rentrait en France
malade et était envoyé à Verdun pour se refaire. Le directeur du

Génie, tout en louant sa manière de servir, lui trouvait des opinions subversives en fait de fortification ; mais le général Rohault de Fleury, son inspecteur général, le traita d'une manière plus favorable et continua de le protéger.

A cette époque, l'expédition d'Alger se prépare. Duvivier fait de pressantes démarches pour y être compris : il parle l'italien, dit-il, et, pour rendre de plus grands services, il a entrepris l'étude de l'arabe vulgaire. Ces sollicitations sont couronnées de succès : le capitaine Duvivier fait partie de l'état-major du Génie et il touche enfin cette terre d'Afrique, où il obtiendra tous ses grades, où pendant onze ans il sera mêlé à toutes les actions de guerre, où il aura une part éclatante à tout ce qui sera fait pour la colonisation et la conquête du pays, qu'il ne quittera enfin que général et à la suite d'une mésentente avec le général Bugeaud.

Dès le début de la campagne, ses talents, son activité le font remarquer, sa connaissance de l'arabe le rend particulièrement utile. Il est partout, apte à tout faire. On le voit à l'expédition du maréchal de Bourmont sur Blida, à celle tentée quelques mois après par le général Clauzel sur cette ville et sur Médéa. On cherche à organiser ces troupes indigènes, devenues célèbres plus tard sous le nom de zouaves, et Duvivier reçoit le commandement du deuxième bataillon. En 1831, il accompagne le général Berthezène dans sa course sur Médéa. Au retour, les Kabyles pressent la colonne ; c'est Duvivier qui la dégage à ce col des Mouzaïa, qui devait devenir fameux par tant de combats. La même année, on tente une entreprise malheureuse à Bône, et c'est encore lui qu'on envoie pour réparer les fautes commises ; n'ayant pas de forces suffisantes, il ne peut que dégager une trentaine de prisonniers.

Sous le gouvernement du duc de Rovigo, son étoile pâlit un moment. Les corps indigènes sont en défaveur : on réduit les zouaves à un seul bataillon, dont il refuse de garder le commandement. En 1833 tout change, on discute l'occupation de Bougie. Duvivier la fait décider ; il est chargé de l'entreprise et on lui compose une garnison qui par son importance aurait dû avoir un colonel au moins pour chef. Cette situation exceptionnelle est due à la haute estime qu'ont conçue pour lui les généraux Trézel et Voirol, dont il justifie la bonne opinion. Par ses soins, l'enceinte de Bougie est réparée, mise hors d'insulte; des casernes, des bâtiments militaires sont organisés pour la troupe. Il cherche à nouer des relations avec les tribus du voisinage, mais il est trop clairvoyant pour se laisser duper par elles. Ici se place un incident incroyable. Un agent d'affaires véreux, un fonctionnaire civil remuant et présomptueux, séduisent le général d'Erlon, alors gouverneur, et se font donner par lui l'autorisation de traiter avec les ennemis, à l'insu du commandant militaire, à l'encontre même de ses projets. Duvivier, justement irrité, prévoyant les conséquences funestes de cette conduite imprudente, refuse de demeurer à un poste où son autorité est compromise et demande un congé pour rentrer en France. Les maux annoncés par lui ne tardent pas à survenir, des détachements sont traîtreusement massacrés par le chef kabyle à l'inimitié de qui le comte d'Erlon avait cru pouvoir sacrifier un homme de la valeur de Duvivier.

Loin de faire tort au lieutenant-colonel Duvivier, ces événements avaient augmenté la confiance du ministre de la Guerre. Peu de mois après, le comte d'Erlon, déconsidéré par ses hésitations et la faiblesse de son commandement, était rappelé en France. Duvivier retournait en Afrique, et son ordre de service lui prescrivait de « combiner son retour avec celui du comte d'Erlon, de manière à ne pas le rencontrer ». La réparation était donc complète. Toutefois, le maréchal Clauzel, de nouveau gouverneur, ne crut pas devoir le renvoyer à Bougie; il lui confia le commandement des spahis réguliers et auxiliaires à Bône, et peu après celui du cercle de Guelma.

Ce n'était pas sans hésitation qu'on l'avait placé dans ce poste qui allait acquérir une haute importance, comme base des opérations à entreprendre contre Constantine. Le caractère ardent, autoritaire de Duvivier s'accommodait assez mal avec celui très sage et mesuré du général d'Uzer, qui commandait à Bône. Tout s'apaisa cependant grâce à l'habileté supérieure déployée à Guelma pour rallier les tribus environnantes, craintives de la domination française, mais fort désireuses de se soustraire à celle très cruelle du bey de Constantine. En 1836 le maréchal Clauzel réclamait pour Duvivier le grade de colonel en ces termes élogieux :

« L'esprit de courage opiniâtre qu'il sut inspirer à la garnison et les brillants faits d'armes par lesquels il s'est signalé ont montré ce qu'il vaudrait, même dans des grades supérieurs à celui qu'il occupe. »

On opposa à cette demande si pressante une fin de non-recevoir. Le lieutenant-colonel Duvivier, n'ayant pas été présent au moment de la dernière inspection, n'avait pu être l'objet d'une proposition régulière. Quelques mois après, l'expédition de Constantine, contrariée par un temps affreux qui embourbait les convois, détruisait les forces physiques et le moral des troupes, aboutissait à un échec. Duvivier, chargé des attaques contre le Coudiat Ati, blessé deux fois à la tête de ses troupes, restait calme pendant la si pénible retraite et méritait d'être cité à l'ordre de l'armée, ce qui levait tout obstacle à son avancement.

Rentré à Guelma, il eut la difficile mission d'en refaire le siège d'une occupation sérieuse et permanente, d'inspirer aux tribus une confiance bien ébranlée par les revers que l'on venait de subir, de préparer enfin la réunion de moyens de transports suffisants pour assurer le succès d'une expédition nouvelle. Il y réussit si bien qu'on crut ne pouvoir confier qu'à lui seul le soin d'assurer les communications de la colonne chargée du siège. C'était un rôle très utile, mais moins brillant que celui de l'attaque, et Duvivier se montra ulcéré d'y être réduit, d'autant plus qu'il venait d'affirmer sa valeur comme chef militaire dans les trois affaires des 24 mai, 25 juin et 16 juillet 1837 autour de Guelma.

Quittant la province de Constantine pour celle d'Alger, il prend le commandement du 24e de ligne. Nommé maréchal de camp en 1839, il occupe définitivement Blida et les camps qui le protègent. Il rayonne tout autour et a, en 1840, une belle affaire au Bois Sacré. Il est à l'attaque de Cherchell, que dirige le maréchal Valée, aux combats si disputés de l'Affroun et du col des Mouzaïa, qui précèdent l'occupation définitive de Médéa. On sait qu'à la même époque les deux villes de Médéa et de Miliana, prises par les Français, furent abandonnées à elles-mêmes et bloquées par les Arabes. Un chef brave et plein d'honneur, le colonel d'Illens, laissé à Miliana, y resta enfermé et vit périr sa garnison. Duvivier, à la tête de 2 400 hommes, parvint à se créer des ressources à Médéa, repoussa une violente attaque, dirigée par El Berkani, l'un des lieutenants d'Abd-el-Kader, et se tira avec gloire comme avec succès d'une situation très difficile.

On était loin cependant d'être rassuré sur son compte, car on n'en recevait aucune nouvelle. Jaloux de conserver une entière liberté d'action, de n'être pas entravé par des ordres venus de loin, il n'envoyait aucun courrier, refusait même de comprendre les signaux télégraphiques. Peut-être aussi voulait-il jouir des privilèges d'un commandant de place forte investi, pourvoir lui-même aux nominations des emplois devenus vacants, droits dont il s'empressa de faire usage, mais, il faut le reconnaître, avec justice et discrétion. Le mécontentement du maréchal Valée n'en était pas moins très fondé. Il signalait avec amertume « l'esprit de système bien connu » de son subordonné. Lors du ravitaillement de Médéa, quelque heureux qu'il fût d'y trouver tout en bon ordre, il saisit l'occasion de donner au général Duvivier une brigade active et le remplaça à Médéa par le lieutenant-colonel Cavaignac.

Très fatigué par une série de campagnes pénibles, Duvivier avait besoin de repos ; il vint passer un court congé en France. A son retour en Algérie, tout était changé : gouverneur et système de guerre. Le général Bugeaud, après avoir pourvu au commandement des provinces de Constantine et d'Oran, ravitaillé pour longtemps les places de Miliana et de Médéa, se préparait à faire une campagne active avec deux divisions : l'une commandée par le duc de Nemours, ayant Changarnier sous ses ordres, l'autre par le général Baraguay d'Hilliers, plus ancien de grade et d'âge que Duvivier, qui reçut le commandement militaire et l'administration supérieure de la province d'Alger. Oubliant que les hommes font eux-mêmes l'importance des positions qu'ils occupent, Duvivier se montra très mécontent de ce partage, qui l'éloignait des opérations principales. Il eut avec le général Bugeaud une prise très vive, à la suite de laquelle il demanda à être mis en disponibilité, ce dont il s'est sans doute repenti plus tard, quoique jamais il ne l'ait laissé voir.

Ainsi s'est terminée la carrière du général Duvivier en Algérie, où il était un combattant de la première heure, où il avait rendu de très grands et très nombreux services, dont cette notice succincte n'a pu donner qu'une légère idée. Quoiqu'il n'eût pas su se faire aimer de tous, il fut regretté de tous et l'on s'accorda à penser que le nouveau gouverneur avait montré à son égard une raideur excessive. Pour l'expliquer, il faut se rappeler la situation du général Bugeaud, dont le mérite personnel n'était pas encore hors de contestation. Il avait été opposé à l'extension et même à la conservation de la colonie ; le traité onéreux de la Tafna, origine de la grandeur d'Abd-el-Kader, pesait sur sa réputation, plus que ne la relevait le glorieux combat de la Sickak. Au moment d'entreprendre une campagne qu'il voulait rendre décisive, il ne lui convenait de subir aucune opposition, ouverte ou tacite, dans les rangs de l'armée. Duvivier en levait le drapeau, il devait être brisé, et d'autant plus que ses talents en faisaient un adversaire redoutable. C'était fâcheux, mais nécessaire. Deux ans plus tard, les choses, de part et d'autre, se fussent passées autrement.

Près de sept ans s'écoulèrent pour le général Duvivier, non dans l'oisiveté, mais dans un repos très opposé à sa nature. On ne peut regarder comme une occupation suffisante, pour un homme tel que lui, divers travaux littéraires, des notices sur l'Algérie, un opuscule destiné à faire ressortir l'utilité des fortifications de Paris. Il traitait quelquefois les questions coloniales et en 1845, lors de discussions avec les Hovas, on songea à le charger d'une expédition à Madagascar, projet qui s'évanouit comme un rêve. La révolution de 1848 fut pour lui l'occasion d'un retour à l'activité. Ses amis d'Afrique, portés au pouvoir, le nommèrent général de division et lui confièrent le commandement des gardes nationales, puis celui de la place de Paris. Nommé député, il croyait le mandat que lui confiaient les électeurs incompatible avec un commandement militaire, et il demandait sa mise en disponibilité, lorsque éclata l'insurrection de Juin. Pour lui dès lors, plus d'hésitation. Il se mit à la tête des défenseurs de l'ordre, combattit avec sa vigueur accoutumée et fut atteint de blessures si graves qu'il en mourut quelques jours après.

Ainsi finit un homme remarquablement doué, destiné à faire voir que le génie n'est pas toujours « une plus grande aptitude à la patience », comme l'a proclamé Buffon; et qui, bien qu'il ait parcouru une carrière très brillante, n'a cependant pas donné toute la mesure de ce qu'il valait. Il n'a point laissé d'enfant, aucun parent que très éloigné; personne à qui échût la tâche de conserver sa mémoire. C'est une raison de plus pour nous de ne pas laisser perdre le souvenir de l'un des membres les plus éminents de la grande famille polytechnique.

LE GÉNÉRAL BARON DE CHABAUD LA TOUR.

CHABAUD LA TOUR (François-Henri-Ernest), fils de Georges-Antoine-François de Chabaud
La Tour et de Julie Verdier de la Coste; né le 25 janvier 1804 à Nîmes (Gard), marié
le 10 octobre 1831 à Mademoiselle Hélène-Joséphine-Mathilde Périer; décédé à Paris, le
10 juin 1885.

Sorti en 1822 le septième de l'École Polytechnique, le général de
Chabaud La Tour embrassa par goût la carrière du Génie, à laquelle
il fut toujours très affectionné et que lui recommandait le souvenir
de son grand-père, colonel et directeur dans cette arme. Il s'est montré
toujours plein de bienveillance pour ses subordonnés, de déférence
sans bassesse pour ses chefs, et l'aménité de ses relations lui faisait
des amis de tous ceux avec qui il se trouvait en relation. Ces qualités
d'homme du monde, unies à une connaissance approfondie du métier
d'ingénieur, le firent rechercher de bonne heure pour des positions
spéciales. En 1829, le gouvernement russe exprima le désir que des
officiers français vinssent prendre part à la guerre qu'il faisait alors à
la Turquie. Le réseau des tranchées ouvertes devant Varna, que
nous avons eu occasion de visiter vingt-cinq ans plus tard, prouve
que cette aide n'eût pas été inutile. Le capitaine de Chabaud La Tour
fut désigné pour faire partie de la mission, et il était déjà parvenu
à Toula, lorsque le ministère Polignac, prenant la direction des
affaires, le rappela ainsi que tous les autres officiers.

Un an plus tard, il fut attaché sur sa demande à l'armée envoyée
contre Alger; prit part à l'attaque du fort de l'Empereur et à la première occupation de Blida. Rentré en France à la fin de 1830 avec la
plus grande partie du corps expéditionnaire, il fut employé à Paris
d'abord, puis au siège de la citadelle d'Anvers. Au commencement de
l'année 1830, il fut nommé officier d'ordonnance du duc d'Orléans,
fonction qu'il occupa jusqu'à la mort de ce prince, sans cesser toutefois son service comme officier du Génie.

De là naissent pour lui des occupations multiples. Tantôt il
accompagne le duc d'Orléans en Algérie, et prend part, avec lui, à de
nombreux combats, tantôt il suit à la Chambre, où l'envoie le département du Gard, les discussions relatives aux demandes de crédit

Ch. Courtry sc

pour la défense du territoire et la réfection du casernement; tantôt enfin il remplit les fonctions assujettissantes de chef du Génie. Ainsi, lorsqu'on veut venger, en 1835, dans la province d'Oran, la défaite de la Macta, le duc d'Orléans y vient, accompagné de son officier d'ordonnance, qui figure aux combats du Sig, de l'Habra, et à la première occupation de Mascara. En 1839 il est à l'expédition des Portes-de-Fer, en 1840 aux combats de l'Affroun, du col des Mouzaïa et à tous ceux de cette campagne du printemps, qui se termine par la prise de Médéa et le fameux combat du bois des Oliviers.

La grosse question des fortifications de Paris devait revenir cette même année devant les Chambres. Après beaucoup de controverses, elle avait mûri dans les esprits, et la famille royale attachait une grande importance à la résoudre. Fort de ses connaissances techniques et rallié à l'opinion du général Prévost de Vernois, le commandant de Chabaud La Tour rédigea pour le duc d'Orléans un avant-projet d'ensemble, comportant une enceinte continue et des forts détachés, qui servit de base aux discussions parlementaires. C'est lui aussi qui posa le premier le chiffre de 140 millions pour la dépense à faire : chiffre qui a été atteint, mais non dépassé, dans l'exécution des travaux. Enfin, comme député, il prononça, pour soutenir le projet, deux grands discours qui exercèrent beaucoup d'influence sur son adoption. Comme récompense de ses efforts, le Ministre lui confia une part importante de la construction, la chefferie de Belleville, qu'il conserva cinq ans, en cumul avec les fonctions d'aide de camp auprès du duc d'Orléans et du comte de Paris.

Promu colonel en 1846, M. de Chabaud La Tour prit le commandement du 3e régiment du Génie à Arras et l'exerça avec une rare distinction, jusqu'au moment où l'action prépondérante de la politique l'exposa à une sorte de défaveur, après la révolution de Février. Mis en disponibilité d'abord, il fut replacé ensuite comme directeur des fortifications à Amiens. C'est là qu'il se trouvait lors du coup d'État du 2 décembre 1851. Le nouveau gouvernement, mal rassuré sur les sentiments des Picards, jugea inopportune la présence à Amiens d'un familier de la maison d'Orléans et le colonel de Chabaud fut de nouveau mis en disponibilité. Mais bientôt, sur les représentations énergiques du général Niel, alors chef du service du Génie au ministère, il fut nommé directeur des fortifications à Grenoble, et un peu plus tard commandant supérieur du Génie en Algérie.

Diriger le service du Génie dans notre grande colonie africaine a toujours été une fonction d'une haute importance. Elle l'était surtout lorsque ce service était presque exclusivement chargé de tous les travaux. Le général de Chabaud l'exerça avec un grand talent et, là comme partout, il ne trouva parmi ses chefs que des amis, empressés à faire reconnaître ses mérites par le gouvernement. Les Archives de la Guerre conservent la trace des démarches pressantes du général Charon d'abord, du général Randon plus tard, pour faire valoir ses droits à l'avancement. Mais aussi il n'épargnait ni peines, ni travail, ni fatigues. Militaire, on le trouve en 1857 à cette rude campagne qui devait amener la soumission de la Grande Kabylie. Il arrête sur place les projets du fort Napoléon, devenu plus tard le fort National, élevé au milieu du pays conquis. Ingénieur et chef de service, il parcourt incessamment l'Algérie, décide le tracé et l'ouverture des routes, la construction des barrages sur les rivières, les travaux de construction civils et militaires, la création des villages et tout ce qui concerne la colonisation, qui reçut une impulsion si vive pendant le gouvernement du maréchal Randon. Les chemins de fer, dont on parlait vaguement depuis plusieurs années, lui semblaient arrivés en ordre d'urgence et il en favorisa l'étude de tout son pouvoir.

A la fin de l'année 1857, il revint en France, avec le grade de général de division, et entra au comité du Génie. Mais il ne cessa point pour cela de s'occuper des affaires algériennes, ayant été nommé membre du comité consultatif chargé de les traiter. En 1864, il fut appelé à la présidence du Comité des fortifications et la conserva jusqu'en 1869. Atteint alors par la limite d'âge, croyant sa carrière terminée, il adressa au Ministre de la Guerre une lettre où, rappelant avec modestie ses services, il témoignait le regret de n'avoir pu faire davantage pour la patrie qu'il chérissait : nous avons fait quelques emprunts à ce document.

Le repos si bien mérité par une longue carrière de services et de dévouement au pays, le général de Chabaud ne devait pas longtemps en jouir. Dix-huit mois ne s'étaient pas écoulés, lorsque la France menacée dut adresser un appel à tous ses enfants : il fut un des pre-

miers à y répondre et reprit d'abord la présidence du Comité des fortifications. Puis, coup sur coup, et à mesure que les événements se
déroulent, il devient membre du comité de défense, commandant supérieur du Génie à Paris, commandant en chef du Génie aux armées
que la capitale voit organiser. Sous sa haute direction, des travaux
considérables furent exécutés : l'enceinte et les forts mis en état de
défense, des redoutes en terre élevées et armées de tous côtés. Nous
n'avons pas à retracer ici l'histoire et les péripéties de ce siège
mémorable, à dire les causes qui ont stérilisé tant de bonnes volontés;
tant d'efforts demeurés impuissants à conjurer la catastrophe finale.
Bornons-nous à constater un seul fait : parmi tous les éléments de la
défense, ce n'est pas celui dont étaient chargés le général de Chabaud
La Tour et ses collaborateurs qui a succombé; la fortification est de-
meurée intacte jusqu'au dernier jour.

Après une paix chèrement achetée, il y avait pour les chefs de
l'armée deux devoirs à remplir : punir des défaillances, une trahison
peut-être; pourvoir à la défense d'une frontière amoindrie. Le général
de Chabaud prit sa part de tous deux. Il fut un des juges qui, à Trianon, condamnèrent le maréchal Bazaine. Comme membre, et membre
très autorisé en raison de ses connaissances spéciales, du comité de
défense, il participa aux études et aux décisions relatives à l'organisation de la nouvelle frontière.

La confiance de ses compatriotes l'avait appelé à faire partie de
l'Assemblée nationale; il en suivait avec assiduité les délibérations,
s'associait à ses travaux. Le maréchal de Mac-Mahon, Président de la
République, l'appela à diriger le Ministère de l'Intérieur le 20 juillet 1874, et pendant la durée de son ministère il eut même à exercer
momentanément la vice-présidence du Conseil et l'intérim du Ministère de la Guerre. Le cumul de ces fonctions était une lourde charge
pour son âge : il y suffisait cependant, mais les revirements de la politique l'amenèrent au bout de dix-huit mois à donner sa démission.
Pendant deux ans encore il continua à faire partie du Comité de
défense et, lors de la constitution du Sénat, l'estime dont il jouissait
auprès des hommes de tous les partis l'appela à y siéger à titre inamovible.

Son rôle, dans cette Assemblée, demeura néanmoins un peu effacé.
L'âge n'avait pas atteint sa noble et belle intelligence, il était tou-

jours homme d'excellent conseil; mais, désabusé des grandeurs et des luttes de la vie, il n'apportait plus dans les discussions qu'un calme exempt de passion et se contentait d'encourager par son approbation ceux qui avaient encore l'ardeur de la jeunesse. Le général de Chabaud La Tour s'est éteint sans souffrances, au soir de la vie, entouré de l'affection des siens et du respect de tous ceux qui l'avaient approché.

LE GÉNÉRAL CAVAIGNAC.

CAVAIGNAC (Louis-Eugène), fils de Jean-Baptiste Cavaignac, ex-Député, résident et commissionnaire des relations commerciales, et de Julie-Marie Olivier de Corancez; né à Paris le 15 octobre 1802, rue de l'Égalité, n° 7, division du Théâtre-Français. Marié à Louise Odier. Mort subitement à Ourne (Sarthe), le 28 octobre 1857.

La qualité maîtresse à signaler chez le général Cavaignac, c'est l'élévation du caractère, qui lui a fait supporter avec une incomparable dignité toutes les vicissitudes de son existence. Il y joignait un profond sentiment du devoir et un désintéressement qui lui ont toujours valu l'estime, le respect même de ceux qui ne partageaient pas ses convictions politiques.

Que l'on ne s'étonne pas de nous voir insister, dès le début de cette notice, sur les opinions politiques du général Cavaignac. Elles n'ont pas influé seulement sur la partie culminante de sa carrière; la vivacité et la franchise avec lesquelles il les exprimait dès sa jeunesse, l'influence qu'exerçait sur lui un frère tendrement aimé et très engagé dans les luttes, ne pouvaient qu'éveiller la défiance des gouvernements qu'il servait sans leur être attaché. Il était naturel qu'ils s'inquiétassent de ce qui pouvait survenir dans des moments de troubles, du degré d'obéissance sur lequel ils pouvaient compter de la part d'un officier que ses talents mêmes, l'influence qu'il exerçait sur ses collègues et ses inférieurs, rendaient à leurs yeux plus dangereux encore. La situation paraissait difficile. En réalité, elle ne le fut jamais. La droiture est supérieure à toutes les habiletés, elle supplée à tout, et nous verrons que celle du général Cavaignac suffit à le tirer avec honneur des circonstances les plus délicates.

Entré à l'École Polytechnique en 1820, il suivit le sort de ses camarades de promotion à l'École de Metz, au régiment et dans quelques

places où il servit en sous-ordre. Le premier d'entre eux il fut appelé à faire campagne. C'était à l'expédition de Morée en 1828; mais, quoiqu'il eût pris part au siège du Château de Morée, l'année passée à cette petite guerre ne semble pas lui avoir laissé une impression bien profonde. La révolution de Juillet le trouva lieutenant au régiment d'Arras. S'exaltant aux nouvelles qui arrivaient de la capitale, il communiqua autour de lui l'enthousiasme qui l'animait et, enlevant près de quatre cents hommes de son régiment, il marcha à leur tête sur Paris. Au point de vue légal, la démarche n'était pas régulière : elle fit froncer le sourcil à ceux-là même qui profitaient de l'insurrection populaire. Mais se préoccupe-t-on beaucoup de légalité en temps de trouble? A un moment où de nombreux vides se présentaient dans les cadres de l'armée, on songeait bien plus à en profiter. Beaucoup de grades furent donnés à titre de récompenses nationales. Nulle préoccupation de ce genre ne hantait l'esprit du jeune Cavaignac, qui demeura quelques mois en congé à Paris et ne fut promu capitaine qu'à son rang et avec le reste de sa promotion.

Il retourna alors à son régiment, transféré à Metz. Là sa conduite passée, ses opinions républicaines hautement déclarées, le rendirent suspect à son nouveau chef. C'était le colonel Cournault, un officier de grand mérite, aux idées très larges, mais très ferme aussi sur tout ce qui concernait la discipline. Il le déclarait « un sujet dangereux dans un régiment, par l'exaltation de ses opinions politiques ». Voulant agir loyalement, il le fit appeler et lui posa ces deux questions : « Si le régiment avait à lutter contre les carlistes, vous battriez-vous? — Oui. — Et contre les républicains? — Non. » La réponse était catégorique. Le gouvernement de Juillet, alors attaqué de tous côtés par des ennemis acharnés à sa perte, ne pouvait compter en toute occasion sur un officier qui pourtant lui avait prêté serment de fidélité. Le colonel Cournault, en rendant compte du fait au ministre, fit remarquer que des troupes du Génie étaient à ce moment réclamées par l'Algérie, que la compagnie du capitaine Cavaignac se trouvait la première à détacher, et qu'il semblait naturel de profiter de cette circonstance pour éloigner sans éclat un officier devenu inquiétant au corps, mais apte à rendre d'excellents services dans une autre position.

C'est ainsi qu'au commencement de l'année 1832, jeune encore, et sans l'avoir recherché, le capitaine Cavaignac se trouva transporté sur la terre d'Afrique, où il devait parcourir une si brillante et si utile carrière. Les causes qui avaient amené son départ de Metz le firent réfléchir sur la difficulté de concilier la politique avec les exigences de la vie militaire; il résolut de se consacrer tout entier à celle-ci. Il ne tarda guère à quitter le service du Génie pour les corps spéciaux à la colonie et conquit bientôt la réputation d'un officier connaissant à fond toutes les parties du métier, d'un caractère aussi solide qu'énergique. Son courage calme, sa présence d'esprit au milieu des dangers, le firent remarquer plus d'une fois, sans cependant le placer hors de pair, jusqu'à l'expédition du maréchal Clauzel sur Tlemcen, en janvier 1836.

Voilà comment se présentait la situation après la prise de cette ville. Un groupe de Turcs et de Coulouglis, ennemis jurés d'Abd-el-Kader, en occupaient la citadelle, appelée le Méchouar. Ils acceptaient franchement la domination française. Ceux des habitants qui étaient restés dans la ville, aux deux tiers ruinée, en butte à l'hostilité des tribus voisines, à l'ambition des Marocains, ces ennemis séculaires du royaume de Tlemcen, étaient au contraire fort indécis, car les préjugés religieux leur inspiraient une profonde antipathie contre les chrétiens. Le pays était fertile, mais on n'y semait, on n'y récoltait que le fusil à la main. Les troupeaux ne pouvaient paître que sous la protection d'une garde armée, ce qui ne les empêchait pas toujours d'être enlevés par les maraudeurs.

Après avoir tout pesé, le maréchal se décida à laisser à Tlemcen une garnison de volontaires, répartis en quatre compagnies, avec de petits détachements d'artillerie et du génie. Le tout formait environ 650 hommes, dont il confia le commandement au capitaine Cavaignac. Cela fait, il retourna à Oran, et le sillon qu'il avait tracé dans la campagne se referma derrière lui. La petite garnison demeura bloquée dans une ville fort étendue, renfermant une population clairsemée et d'une fidélité douteuse. Son faible effectif lui interdisait toute action au delà de la zone des jardins qui enveloppaient le mur d'enceinte, et cette muraille fort délabrée exigeait une surveillance active, de jour comme de nuit. Quant à la région hostile autour de Tlemcen, elle était close au point de ne laisser passer aucun convoi, pas même un courrier.

Et il en fut ainsi pendant dix-huit mois, au cours desquels la gar-

nison ne fut ravitaillée qu'une seule fois, par Abd-el-Kader lui-même,
avec qui l'on fit une sorte de traité, lui rendant en échange des prisonniers qu'il désirait ravoir. Pendant cette longue période, Cavaignac
sut gagner la confiance des Couloughis, se faire respecter des habitants
de la ville et en imposer aussi aux tribus du dehors. Il répara les murailles, en fit fermer les brèches, organisa dans les maisons délabrées
et vides d'habitants du logement pour ses soldats, quelques établissements militaires, et telle fut son habile et intelligente prévoyance
qu'il eut bien moins de malades qu'on n'en comptait dans les camps de
la plaine d'Alger. Il demandait beaucoup à ses compagnons et sut
leur faire accepter les plus dures privations, qu'il partageait tout le
premier. Les aventures du blocus de Tlemcen ont été longtemps légendaires en Algérie; c'étaient les récits du soir sous la tente. Les
anciens racontaient par quels artifices on remédiait à la disette; certaines denrées données en remplacement d'autres plus rares; du riz-
pain, du tabac-vin. Un jour même on aurait mis à l'ordre : « Demain,
pas de distribution de vivres; la musique jouera sur la place d'armes. »
Ce qui est plus certain, c'est que, malgré beaucoup de souffrances,
de misère, on restait gai et confiant comme le chef, et lorsqu'au mois
de juillet 1837 on annonça le retour à Oran, la remise de Tlemcen à
Abd-el-Kader, par suite du funeste traité de la Tafna, ce fut une
explosion de regrets.

La garnison de Tlemcen fut incorporée tout entière dans les
zouaves où son chef reçut le commandement d'un bataillon. Le général Bugeaud le notait alors en ces termes :

Officier instruit, ardent, zélé, susceptible d'un grand dévouement qui,
joint à sa capacité, le rend propre aux grandes choses et lui assure de l'a-
venir, si sa poitrine un peu faible n'y met obstacle. Il est un peu illusionné
de théories républicaines, mais il a tant d'honneur que je le crois incapable de trahir ses devoirs au profit de ses théories spéculatives.

Plein d'honneur, propre aux grandes choses, c'était l'opinion unanime de l'armée, depuis l'occupation de Tlemcen. Remarquons
d'ailleurs à cette occasion que le général Cavaignac a trouvé, en
Afrique, des sympathies plus marquées parmi des adversaires politiques déclarés que parmi les généraux moins éloignés de sa manière
de voir. Ainsi le général Fabvier lui trouve un caractère difficile,

tandis que Baraguay d'Hilliers fait son éloge sans réserves et le duc
de Fézensac se plaît à déclarer que « ses ordres sont bien rédigés
et indiquent un esprit aussi juste qu'éclairé ».

Ici se placent des faits que nous n'avons pu éclaircir complètement. A un état de santé altéré par les souffrances du blocus, le
commandant Cavaignac joignait de vives préoccupations au sujet de
son frère, compromis dans une émeute et réfugié en Angleterre. Il
avait aussi le désagrément d'avoir à témoigner en justice contre un
officier général accusé de malversations et dont le procès eut alors
un fâcheux retentissement. Attristé, peut-être chagrin autant que
malade, il demanda à être mis en non-activité pour infirmités temporaires et se retira à Perpignan, en janvier 1839. Nous avons trouvé
une lettre entièrement écrite de la main du général Bugeaud au
Ministre de la Guerre, et que nous reproduisons malgré sa longueur,
car elle fait un égal honneur à celui qui l'a écrite et à celui qui en est
l'objet.

Paris, le 9 février 1839.

Monsieur le Ministre,

Je me reproche de ne pas vous avoir parlé, avant de quitter Paris, du
commandant Cavaignac.

Il m'a écrit de Perpignan une longue lettre pour me parler de sa situation. Malheureusement, je n'ai point porté cette lettre ici et, ne l'ayant lue
que très superficiellement, je ne me souviens pas bien de ce qu'elle expose; je crois pourtant qu'il désire ne pas être mis pour toujours en dehors
de l'armée, et je vous assure, Monsieur le Ministre, que je le désire aussi.
Je pense que dans l'intérêt du pays il faut tâcher de conserver cet officier,
qui est plein d'âme, de talents et de dévouement.

J'ai cru comprendre qu'il avait eu à se plaindre de la manière dont il
avait été traité; je n'oserais pourtant l'affirmer, car il est si réservé qu'il
faut deviner s'il est mécontent.

Ne pourrait-on pas lui donner un congé de six mois que l'on renouvelle-
rait jusqu'à ce que sa santé un peu délabrée se soit rétablie? Je le répète,
je voudrais tout faire pour le conserver, car il est du petit nombre de ceux
qui commandent aux soldats la confiance et le dévouement. Il a fait preuve
de ces qualités à Tlemcen. Pour ne pas succomber, il a imposé à son
bataillon les privations les plus dures et pas un homme n'a murmuré.
Cependant ce bataillon n'était pas composé des meilleurs sujets de l'armée,
il s'en fallait de beaucoup.

Je vous recommande le commandant Cavaignac de toutes mes forces; il a dû vous faire connaître tous ses désirs; je vous prie instamment de le satisfaire, convaincu que je suis qu'ils n'ont rien que de très raisonnable. Si le commandant Cavaignac n'a rien dit, ayez la bonté de lui faire écrire pour qu'il s'explique.

Recevez, Monsieur le Ministre, l'assurance de mon respect.

Le Lieutenant-général,

BUGEAUD.

En marge de cette lettre on lit les notes suivantes :

Cabinet. Prendre des renseignements et répondre.

Et ensuite :

C'est sur la demande de M. le commandant Cavaignac et d'après le consentement de son oncle, M. le lieutenant-général de Cavaignac, que cet officier supérieur a été mis en non-activité pour infirmités temporaires.

Maintenant que ces temps sont loin de nous, on a peine à se rendre compte de l'attrait qu'avait pour les hommes d'action cette terre d'Afrique, où ils étaient les pionniers de la civilisation, luttant, combattant pour elle avec des peines incroyables. Après un an de séjour en France, Cavaignac apprend que la paix est rompue, qu'Abd-el-Kader a envahi la Metidja avec ses réguliers. Il demande à reprendre du service, et, sur une lettre très pressante du duc d'Orléans, le ministre lui confie un bataillon d'infanterie légère d'Afrique. Six mois plus tard, il est lieutenant-colonel de zouaves; une autre année s'écoule, et il est le colonel de ce fameux régiment. Mais aussi, que cet avancement rapide est justifié! Quelle part importante il a prise à la guerre, à cette poursuite incessante qui doit amener la ruine d'Abd-el-Kader! Il se signale à la prise de Cherchell; il commande à Médéa après Duvivier. On le cite pour maints combats; aux expéditions de Tagdempt et de Mascara. Il est blessé devant Cherchell, de nouveau à Miliana, et chaque fois il prend à peine le temps de se rétablir. C'est à lui que l'on confie l'établissement dans la vallée du Chélif du poste qui deviendra Orléansville; c'est lui qui a la mission de soumettre les tribus guerrières du Dahra et de l'Ouarencenis; mais celles-ci sont trop nombreuses pour que sa colonne y suffise. Le général Changarnier et le maréchal Bugeaud lui-même y reviennent à plusieurs fois. L'un de ces actes de guerre est resté célèbre dans les fastes de l'armée d'Afrique. C'est la suite des combats livrés en 1842 dans la vallée de l'Oued-Fodda, parcourue alors pour la première fois, contre les tribus de la montagne et les réguliers de Ben Allal. Le général Changarnier les dirigeait et Cavaignac, malade, porté en litière, commandait l'arrière-garde. Le succès fut complet, mais chèrement acheté : le tiers des combattants furent atteints par les balles ennemies.

Tous ces faits de guerre, les heureux résultats obtenus à Orléansville, avaient placé le colonel Cavaignac au premier rang des officiers d'Afrique. Son frère, qui avait bénéficié de l'amnistie, était venu le rejoindre, et le gouvernement, qui voyait en celui-ci un ennemi irréconciliable, demanda comment il s'y conduisait. Les réponses furent catégoriques : les deux frères s'aimaient beaucoup; le nouveau venu, abrité par la gloire du militaire, n'était connu que sous le nom de M. Godefroy et s'occupait de travaux littéraires. Cette intimité ne fut jamais troublée depuis lors par des investigations indiscrètes.

Une fois Orléansville dans une situation respectable, et le pays pacifié, au moins pour un temps, le colonel Cavaignac fut rappelé sur le théâtre de ses anciens exploits. Il fut nommé maréchal de camp et commandant de la subdivision de Tlemcen, que le voisinage de la frontière de Maroc rendait plus importante que toute autre. Il eut, pendant trois ans, à surveiller attentivement les démarches de l'émir, rentré avec éclat sur le territoire algérien. La poursuite se composa de courses fatigantes, l'ennemi se dérobant toujours, évitant les gros combats où sa défaite aurait été certaine. Plus utile que brillante, cette partie de la conquête se termina au mois de novembre 1847, par la soumission d'Abd-el-Kader.

Moins de trois mois après, le gouvernement monarchique était renversé en France : le duc d'Aumale et son frère quittaient Alger pour l'exil, et le général Cavaignac, promu général de division, était chargé de gouverner l'Algérie. Certes l'avènement de la République accomplissait le rêve de sa vie, mais il aimait trop l'ordre, la discipline, pour s'associer aux saturnales dont les villes algériennes furent parfois le théâtre. Il s'exprima à cet égard avec la plus sévère énergie, tant à Oran qu'à Alger.

Cependant la situation s'assombrissait en France. On sentait la nécessité d'avoir auprès du gouvernement un homme de guerre très

ferme, dont le passé pût inspirer une pleine confiance aux républicains. Seul le général Cavaignac remplissait ces conditions et dès
le mois de mai on l'appelait au Ministère de la Guerre. Un mois plus
tard éclatait la terrible insurrection de Juin, qui obligea à lui confier
des attributions plus étendues, comme chef du pouvoir exécutif. On
peut dire que dans ces cruelles circonstances il a sauvé la France
et la Société menacées. Le pays ne lui marchanda pas sa reconnaissance, dans les premiers moments du moins. Mais la mémoire
des hommes est courte à l'égard de ceux qui leur ont rendu de grands
services. La majorité de la nation rendait la République responsable
des excès commis en son nom. Cavaignac était resté fidèle à un régime qui avait cessé de plaire. Ce fut un tort grave aux yeux du
public, et lors des élections qui eurent lieu cinq mois après les affaires
de Juin, on lui préféra pour la présidence le prince Napoléon, qui
devait faire trois ans plus tard le coup d'État du 2 Décembre et ceindre
la couronne impériale.

Si le général Cavaignac fut sensible à cette marque d'ingratitude,
il ne le laissa jamais paraître et sa conduite aux assemblées politiques dont il était membre répondit à la dignité de son caractère :
combattant les mesures qu'il désapprouvait, sans jamais faire à son
successeur une opposition rancunière. Cela même faisait de lui un
adversaire d'autant plus dangereux qu'il était plus respecté et, lors du
coup d'État, il fut arrêté en même temps que quatre autres généraux
d'Afrique, ses compagnons de gloire, puis remis seul en liberté. Les
autres étaient conduits en exil.

Le parti triomphant se montrait disposé à séparer sa cause de la
leur. On lui témoignait beaucoup plus d'égards qu'à eux et il n'aurait
tenu qu'à lui de réserver l'avenir en se faisant mettre en congé ou
dans telle autre position qu'il aurait souhaitée. Il ne l'entendait pas
ainsi et écrivit sans balancer au Ministre de la Guerre une lettre
aussi digne qu'explicite.

Monsieur le Ministre,

Au moment où mes compagnons de captivité sont l'objet d'une rigueur
nouvelle, l'exception nouvelle aussi dont je suis l'objet donne matière
à une interprétation que je repousse.

Je ne recherche ni ne redoute la persécution. La vue du pays dans ces derniers jours me rendrait d'ailleurs l'exil bien supportable, mais je veux rester, au vu de tous, à l'égard du gouvernement actuel de la France, dans la seule situation compatible avec mon honneur et mon dévouement à la liberté.

En conséquence, Monsieur le Ministre, je vous prie de vouloir bien donner les ordres nécessaires pour que je sois, ainsi que je le demande, admis au cadre de retraite, position à laquelle donnent droit trente-trois années de services effectifs et dix-huit campagnes.

J'ai l'honneur de vous saluer,

Général CAVAIGNAC.

En conformité de cette demande, le général Cavaignac fut mis à la retraite, mais il continua de résider en France. Marié récemment, il jouit des douceurs de la vie de famille, demeurant étranger à la vie publique, qu'il avait abandonnée. Peut-être allait-il y reprendre une part active. Un siège lui avait été offert au Parlement; il l'avait accepté et de tous côtés on se demandait avec une curiosité anxieuse quel rôle y jouerait un homme aussi considérable, lorsque la mort le saisit d'une manière tout à fait inopinée, l'enlevant à l'affection de sa famille et de ses nombreux amis.

Le général Cavaignac a laissé la réputation d'un homme de grands talents et d'un caractère plus grand encore que ses talents.

LE MARÉCHAL NIEL.

NIEL (Adolphe), fils de Joseph Niel et de Christine Lamothe, né le 4 octobre 1802, à Muret (Haute-Garonne), marié le 24 avril 1843 à Charlotte-Clémence-Hélène Maillères; décédé à Paris, en l'hôtel du Ministère de la Guerre, le 13 août 1869.

Entré à l'École Polytechnique en 1821, classé deux ans après dans l'arme du Génie, le lieutenant Niel fut tout de suite regardé comme un officier de grand avenir, s'appliquant avec beaucoup de zèle à son service, au régiment d'abord, puis dans les places de Longwy, de Toulon, aux îles d'Hyères, à Bayonne, où il fut successivement employé. Une activité dévorante le portait à discuter les procédés de construction, à chercher sans cesse le moyen de les améliorer. L'invention d'une machine à broyer le mortier, l'idée de remplacer les pilots par du sable, dans les fondations en mauvais terrain, le firent

Héhoß Dujardin.   Imp. Eudes et Chassepot.

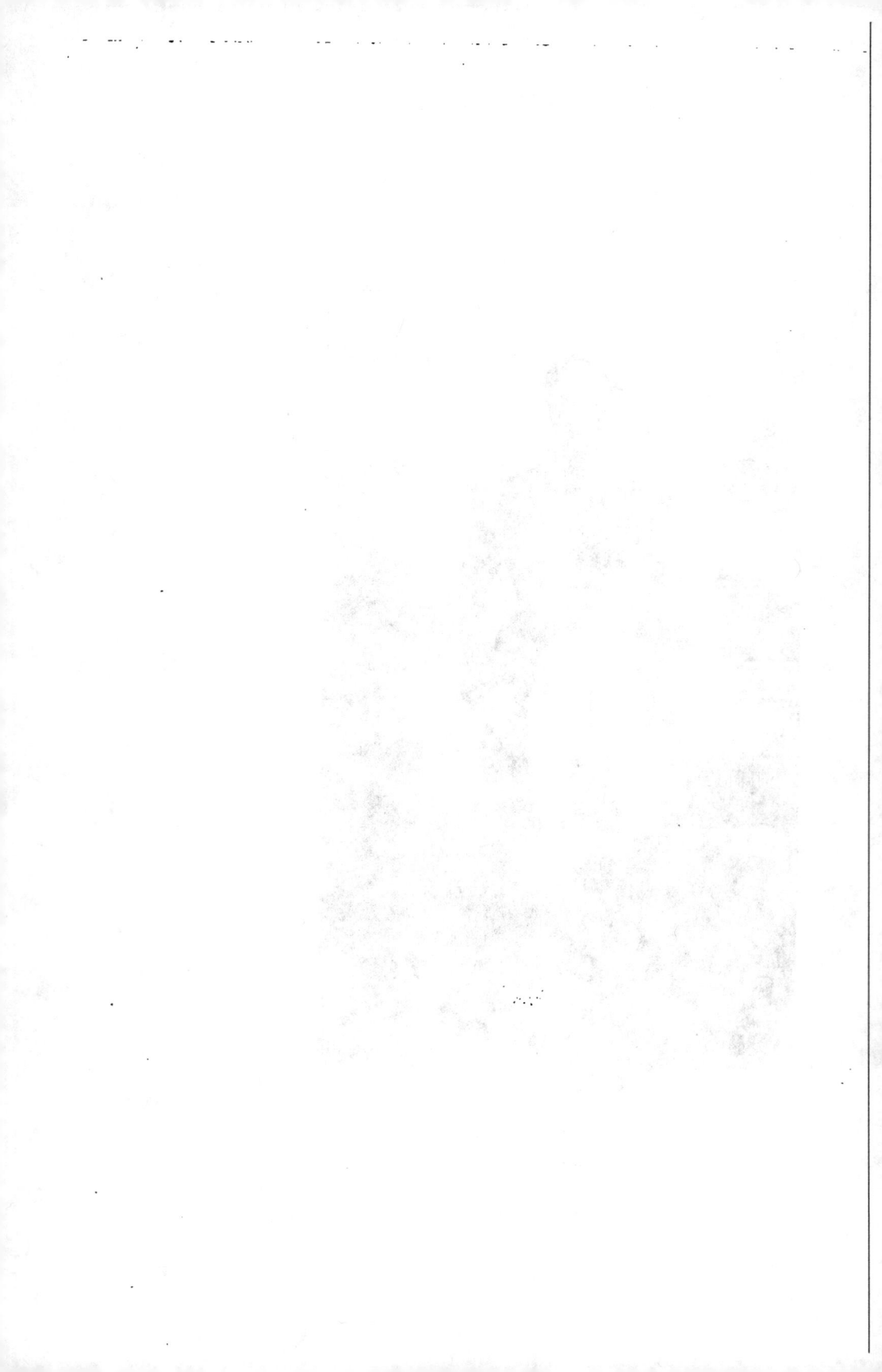

appeler au Dépôt des fortifications; mais il y resta peu. Un travail exclusivement de bureau n'était pas pour lui plaire. Aussi, lorsqu'un renfort d'officiers du Génie fut demandé en 1836 pour remplacer ceux devenus indisponibles à la suite de la première et malheureuse expédition de Constantine, il demanda à en faire partie.

Le capitaine Niel était l'un des officiers du Génie chargés de diriger les colonnes d'assaut; renversé par l'explosion de la mine qui fit tant de victimes au delà de la brèche, il ne perdit pourtant pas connaissance et put guider la petite colonne qui, se jetant vers la gauche, parvint à tourner les défenseurs qui nous résistaient de front. Promu chef de bataillon à la suite de cet exploit, il resta à Constantine comme chef du Génie, chargé d'organiser l'occupation.

A son retour en France, il est envoyé à Metz au régiment du Génie; puis lorsqu'on appelle à Paris les officiers les plus distingués de l'arme, pour exécuter la grande œuvre des fortifications de la capitale, on lui confie l'importante chefferie de Saint-Denis. Il y demeura près de six ans, sous les ordres immédiats du général Vaillant, directeur des travaux de la rive droite, y conquit les deux grades de lieutenant-colonel et de colonel, et prit ensuite le commandement du 2e régiment du Génie, à Montpellier.

Un changement de garnison appelait ce régiment dans le voisinage de Paris, lorsqu'on apprit qu'un corps expéditionnaire se formait, destiné à entrer en Italie, et peut-être à assiéger Rome; que le Génie y serait sous les ordres du général Vaillant. Le colonel Niel vint aussitôt le trouver et sollicita vivement la faveur de l'accompagner. Il fut en effet désigné comme chef d'état-major du général Vaillant. C'était un excellent choix; on ne pouvait en faire de meilleur. Les militaires d'un haut grade ont à remplir deux fonctions différentes l'une de l'autre : commander des troupes, traiter des affaires. Très apte à celle-ci, le général Vaillant l'était beaucoup moins à la première, et le colonel Niel le complétait d'une manière très heureuse, car il s'est montré dans toute sa carrière aussi habile à conduire des troupes qu'à traiter les affaires les plus ardues. Sa fermeté, sa résolution se firent sentir dans l'exécution des travaux du siège et lui valurent le grade de général. Après la prise de Rome, il fut chargé d'une mission auprès du Pape, alors réfugié à Gaëte, et lui présenta les clefs de la Ville éternelle.

Rentré en France à la fin de l'année 1849, il fut nommé chef du service du Génie au Ministère de la Guerre et, un an après, membre du Comité des fortifications, service auquel il joignit plus tard celui de conseiller d'État. Ayant à prendre la parole dans une séance que présidait l'Empereur vers la fin de l'année 1854, il le fit avec une élégance, une netteté d'appréciation qui frappèrent le souverain à tel point que, quelques jours après, il se l'attachait comme aide de camp.

Alors déjà, le général Niel avait eu à accomplir un autre fait de guerre. Il était depuis peu nommé général de division, lorsque éclata la guerre contre la Russie. Un corps de troupes fut destiné à opérer dans la Baltique et le commandement lui en fut offert. Craignant que des incidents imprévus ne survinssent, il souhaita que le commandement en chef fût attribué à un général plus ancien et l'ayant déjà exercé dans d'autres circonstances. C'est donc en mission auprès du général Baraguay d'Hilliers, promu maréchal de France après la réussite des opérations, que le général Niel dirigea le siège de Bomarsund, dans l'île d'Aland. Et comme à cela se borna la campagne entreprise dans le nord de l'Europe, c'est à celui-ci que revient tout le mérite du succès.

La carrière du général Niel, si elle avait dû être limitée aux événements que nous venons de retracer, était assez glorieuse pour satisfaire les plus exigeants; mais il lui était réservé de prendre une part plus considérable et plus brillante encore dans ceux qui allaient se dérouler.

Entreprise pour sauvegarder l'indépendance de la Turquie et rompre l'alliance des puissances coalisées en 1814, qui depuis lors n'avaient jamais cessé de menacer la France, la guerre avec la Russie prenait une tournure imprévue. Il n'aurait pas été possible d'attaquer le colosse dans les vastes solitudes de son territoire et d'emmener par mer les immenses moyens de transport qui eussent été nécessaires. On avait dû concentrer ses efforts sur un point unique: la forteresse de Sébastopol et l'imposant arsenal qui s'y trouvait. Tandis que la France et l'Angleterre y dirigeaient tous leurs moyens d'attaque, la Russie y accumulait toutes ses ressources défensives, malgré l'obstacle qu'y apportaient les vastes steppes salées de la Chersonèse.

Il eut été possible, au moment de notre arrivée, sous l'impression terrifiante de la victoire de l'Alma, d'enlever Sébastopol par une attaque brusquée. On ne l'avait pas fait, et les Russes, reprenant courage, accumulaient les obstacles devant nous, heureux de soutenir une lutte qui, par sa prolongation cependant, devait consommer leur ruine. Personne ne voyait alors que là était le succès de la guerre : personne, sauf peut-être le général Bosquet, plus réfléchi et plus clairvoyant qu'aucun autre. En France, on s'inquiétait de la longueur des opérations, et l'on alla jusqu'à se demander s'il ne fallait pas évacuer la Crimée, pour transporter ailleurs le théâtre de la lutte. En prévision de cette éventualité, on prescrivit même d'élever des lignes successives pour protéger la retraite et le rembarquement des troupes. Projet insensé, irréalisable. Une fois débarqué dans la presqu'île, on ne pouvait sortir du champ clos : il fallait y vaincre ou y périr. Au milieu de ces perplexités, l'Empereur jugea nécessaire d'envoyer une personne de confiance pour examiner la situation et lui rendre compte des chances de succès que présentait le siège. Il fit choix du général Niel, qui, arrivé en Crimée le 26 janvier 1855, lui adressait, dès le 14 février, un rapport complet, appuyé d'une carte détaillée.

Se conformant aux préceptes de la guerre de siège, le général faisait ressortir la nécessité d'investir Sébastopol, ce qui amènerait l'épuisement des ressources de la place et sa reddition. A défaut de cette mesure, il indiquait la convenance de prolonger les attaques vers la droite, côté par où l'on est entré dans la ville. L'impossibilité de réunir les moyens de transport indispensables a mis obstacle à toute opération à l'intérieur de la Crimée et à un investissement complet. Le siège de Sébastopol, le plus considérable qui ait jamais été entrepris, s'est donc continué dans des conditions très difficiles; il a été en réalité l'attaque pied à pied d'une armée retranchée dans des positions très fortes et pourvue d'un matériel formidable. Le général Niel a eu l'honneur d'en avoir la direction technique, après la mort du général Bizot, tué d'un coup de feu dans les tranchées. C'est sur ses instances pressantes, appuyées par le général Thiry, commandant l'artillerie, que le général Pélissier se décida à fixer au 8 septembre l'assaut qui devait nous rendre maîtres de la forteresse si vaillamment défendue.

Rentré en France peu après, le général Niel reprit ses fonctions de membre du Comité des fortifications et d'aide de camp de l'Empereur. Il entreprit aussi la publication du journal du siège de Sébastopol, ouvrage considérable et très bien fait.

Lors de la campagne d'Italie, en 1859, le général Niel eut le commandement du 4e corps d'armée, à la tête duquel il prit une part plus importante à la bataille de Magenta que ne l'ont dit les rapports officiels. Dans la matinée, il reçut l'ordre de se porter de Novare, où il était depuis plusieurs jours, sur Trécate. Sa tête de colonne venait d'y arriver, lorsqu'on lui enjoignit de pousser une division jusqu'au Tessin. Partant aussitôt avec la division Vinoy, qui était la plus avancée, il arriva vers quatre heures sur le champ de bataille, fut fortement engagé et contribua ainsi à assurer le succès de la journée. Il passa la nuit à Ponte-Vecchio di Magenta, où le reste de son corps le rejoignit le lendemain.

Ce succès, tout considérable qu'il fût, ne décidait pas le sort de la campagne. Il était réservé au général Niel de montrer d'une manière plus éclatante la supériorité qu'il avait conquise par le travail et l'étude dans l'art si difficile de conduire les troupes. A la bataille de Solférino, le corps d'armée sous ses ordres eut à soutenir depuis huit heures du matin jusqu'à cinq heures du soir l'effort de deux corps autrichiens, dont l'effectif était très supérieur. Il les repoussa avec des pertes énormes, conquit le champ de bataille, et l'ennemi repassa le Mincio. Ce fut certainement le plus beau jour de la vie de l'illustre général.

La part si importante qu'il avait prise à la victoire de l'armée française lui valut d'être élevé à la dignité de maréchal de France. Après la conclusion de la paix, le territoire français ayant été divisé en grands commandements, celui de Toulouse fut attribué au maréchal Niel, qui conserva cette haute fonction jusqu'au mois de janvier 1867.

Il fut alors appelé au Ministère de la Guerre et s'appliqua aussitôt à apporter à nos institutions militaires les réformes et les modifications rendues nécessaires par l'augmentation récente des forces d'une puissance rivale. On sait que ces efforts patriotiques furent malheureusement rendus inutiles par des préjugés populaires et par l'opposition systématique d'une partie de la Chambre. La création d'une garde nationale mobile, destinée à renforcer l'armée de ligne, fut bien décidée en principe, mais, quand il fallut passer à la réalisation du projet,

on ne put obtenir les fonds nécessaires. Des symptômes menaçants se
montrèrent cependant à l'occasion du Luxembourg, peu de mois
après que le maréchal eut pris possession du ministère. Le danger, on
le sait, fut conjuré alors, mais le ministère déploya la plus judicieuse
activité à pourvoir à tout, et en particulier à faire mettre en état
de défense les places de la frontière. Un mot de lui montre bien
quelle était la fermeté de son caractère. Le chef du Génie de Metz, lui
rendant compte des dispositions qu'il avait prises, ajouta : « Vous
pouvez être tranquille, j'ai tout envisagé au point de vue le plus
pessimiste. — Mon cher colonel, répondit le maréchal, quand le
danger est éloigné, il faut être pessimiste, mais quand il nous touche,
il faut toujours être optimiste. »

Il était dit cependant que les talents et les efforts du maréchal
Niel resteraient désormais stériles pour sa patrie. Sa santé était déjà
profondément altérée, lors de son arrivée au ministère; le travail
acheva de la ruiner; il traîna quelque temps, luttant contre le mal et
mourut à la peine le 13 août 1869.

C'était une perte irréparable pour la France.

LE GÉNÉRAL DE LA MORICIÈRE.

JUCHAULT DE LA MORICIÈRE (Christophe-Louis-Léon), fils de Christophe-Sylvestre-
Joachim Juchault de La Moricière et de Désirée-Louise-Sophie Robineau; né à Nantes
le 5 février 1806, marié le 21 avril 1847 à Marie-Amélie Gaillard d'Auberville. Décédé au
château de Prouzel, près d'Amiens, le 11 septembre 1865.

Le général de La Moricière est incontestablement le plus brillant
officier qui soit sorti de l'École Polytechnique. On voit des hommes
s'élever lentement et par degrés, sans donner de suite la mesure complète de leur valeur. Lui se place tout d'abord hors de pair. Sorti le
quatrième de l'École, classé le second dans la promotion du Génie, il
n'était encore que lieutenant lorsqu'on entreprit l'expédition d'Alger,
débarqua l'un des premiers sur cette terre où il devait s'illustrer et
dont, l'un des premiers aussi, il sut deviner l'avenir. Son activité,
son brillant courage le signalèrent dès lors à l'attention de ses chefs et
le général Valazé voulait le faire décorer pour sa conduite à l'attaque
du fort de l'Empereur. On le trouva trop jeune, objection qui devait
souvent lui être faite au ministère, et la proposition fut écartée.

Cela ne ralentit en rien son ardeur. On entre à Alger; il faut s'y installer et pour cela lever le plan de la ville. La Moricière s'en occupe. Le général de Bourmont pousse une reconnaissance sur Blida; La Moricière s'y trouve et y combat. Avec une intuition merveilleuse de l'avenir de la contrée, La Moricière pense qu'une action militaire, si indispensable qu'elle soit, n'est pas suffisante. Il faut se servir des indigènes, et pour cela connaître leur langue, leurs mœurs, toutes les conditions de leur existence sur cette terre autrefois romaine, mais dont, depuis des siècles, l'Europe civilisée était exclue, qu'elle ne connaissait que par les douleurs de l'esclavage. Il se livre avec passion à cette étude, et, lorsqu'on songe à former un corps mixte, de Français et d'indigènes, il demande à en faire partie, entre comme capitaine dans le deuxième bataillon de zouaves que commande Duvivier. Dès lors sa carrière est tracée. S'il est contraint d'abandonner pendant quelques mois les zouaves, l'année suivante, à la création d'un autre corps spécial à l'Algérie, c'est pour y revenir bientôt et ne les quitter que lorsqu'on lui donnera le grade de général. Là ne se bornèrent pas ses occupations. Administrateur autant que soldat, il fut le premier chef d'un bureau arabe; institution très décriée depuis et qui pourtant a rendu les plus grands services, sans laquelle rien n'eût été possible sur la terre d'Afrique. Mais cela ne le détourna pas de servir avec les zouaves. Dès 1830 il est avec eux lorsque le général Clauzel va reconnaître Médéa. L'année suivante, le général Berthezène y tente aussi une expédition, mais au retour les Kabyles pressent sa colonne; l'abord du col des Mouzaïa est difficile, l'arrière-garde est périlleuse. C'est le bataillon Duvivier qui la soutient; La Moricière s'y distingue et l'on signale sa *conduite audacieuse.*

Par suite de l'indécision du gouvernement et des Chambres, le territoire soumis aux Français se borne longtemps à la banlieue d'Alger. On se dispute la plaine de la Métidja. C'est toujours La Moricière qui dirige les relations avec les Arabes. Il sait leur parler, il ne craint pas d'aller seul conférer avec les bandes pillardes des Hadjoutes. Sa droiture leur inspire confiance, sa fermeté leur impose. Mais s'il faut frapper un coup de vigueur, il est là aussi. Le général Trézel écrit alors : « Vous voyez quels services rend le capitaine de La Moricière. Il n'y a aucune opération à laquelle il n'ait

Héhoſſ Dujardin

Imp Eudes et Chassepot

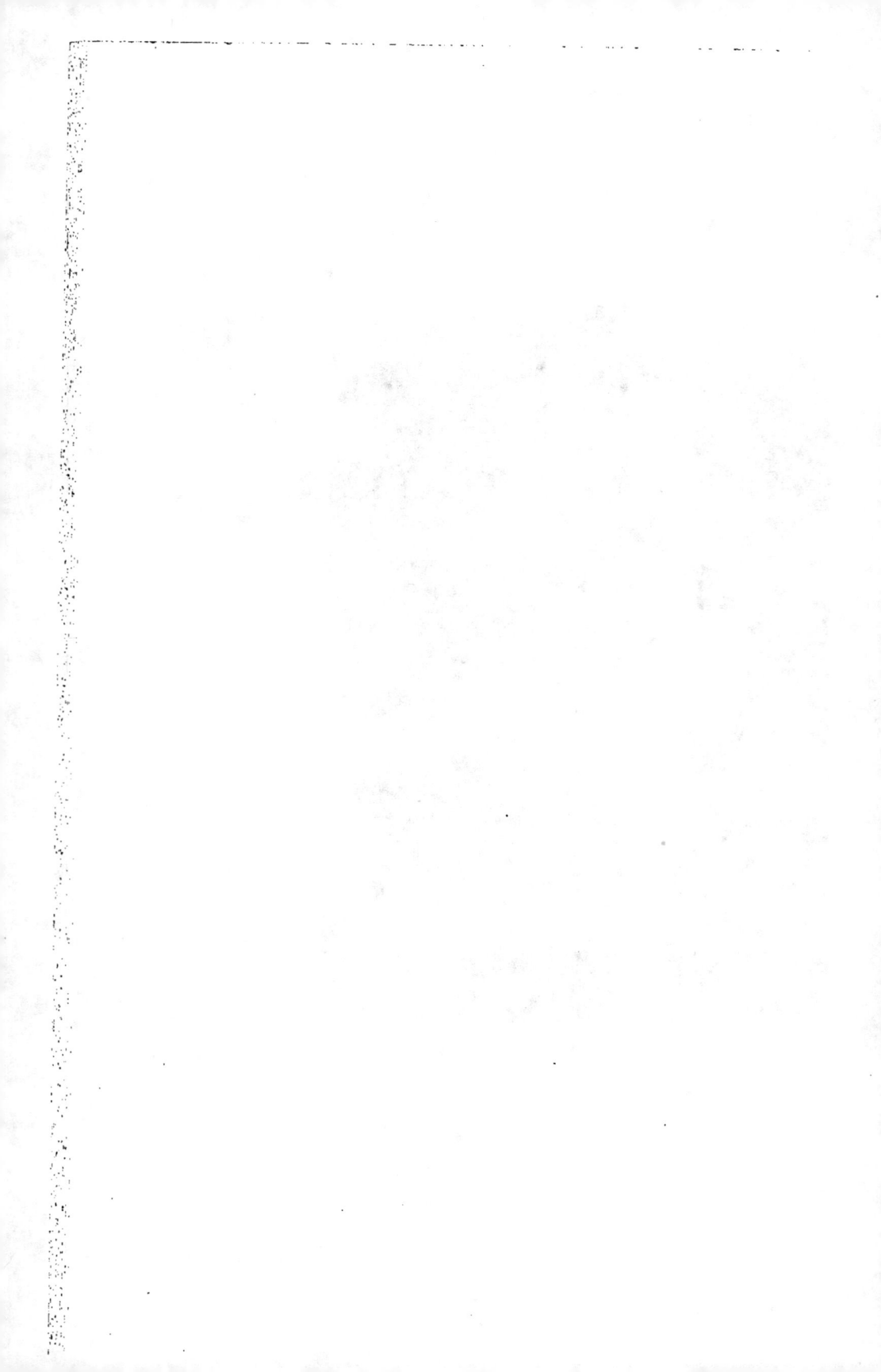

pris part et il dirige l'exécution de tout ce qui offre quelque difficulté. »

En 1833, il se signale encore à la prise de Bougie et l'on réclame
pour lui la décoration. Les bureaux du Ministère adressent à ce propos un singulier rapport au Ministre. Ils déplorent qu'un officier
si jeune ait déjà été l'objet de *cinq propositions* de ce genre; elles
paraissent prématurées, et pour être acceptables *auraient dû être
justifiées par une action d'éclat*. Mais le Ministre se connaît en
hommes. C'est le maréchal Soult, qui écrit en marge du rapport :
« Toute la conduite du capitaine de La Moricière est une action
d'éclat », et il accorde la décoration demandée.

Le jeune officier cependant ne trouve pas alors que des appro-
bateurs. Le chef de bataillon Kolb, à qui est échu le commandement
des zouaves au départ de Duvivier, lui trouve « une instruction militaire théorique et pratique faible ». Tel n'est pas toutefois l'avis du
général Voirol, qui le cite à l'ordre du jour pour les combats contre
les Hadjoutes, des 19 et 20 mai 1834. Il obtient pour lui le grade de
chef de bataillon, et dans les zouaves (¹). Le général Rapatel le cite
de nouveau, peu après, pour les opérations du 5 au 9 janvier 1835.
Car, ainsi que l'a dit le général Trézel, il n'est point d'affaire où il ne
figure, et toujours avec distinction.

Au cours de cette même année 1835, le gouvernement lui donna
une mission de confiance. Il l'envoya dans la province d'Oran, pour
essayer de négocier un traité avec Abd-el-Kader, qui cherchait à se
créer une souveraineté indépendante. Il y arriva trop tard pour traiter, fort à propos pour combattre. Une colonne française venait d'être
surprise et à moitié détruite près des marais de la Macta. Réfugiée à
Arzew, elle évacuait son infanterie par mer, la cavalerie y restait
bloquée. La Moricière et Cavaignac partent d'Oran avec 200 cavaliers de la tribu des Douairs et réussissent à la ramener intacte.

(¹) Rappelons ici ce qu'écrivait vingt-deux ans plus tard, un juge autorisé, le duc
d'Aumale, dans son bel écrit sur les zouaves :

Le commandement des zouaves, avec le grade de chef de bataillon, fut donné au capitaine de La Moricière, qui, entré dans le corps à sa formation, s'était déjà signalé plusieurs fois par sa valeur et ses qualités militaires et qui, chargé récemment d'organiser le premier bureau arabe, avait montré dans ces
fonctions difficiles une connaissance assez complète de la langue et des mœurs des indigènes, un esprit
très prompt, beaucoup d'audace et de prudence, beaucoup de finesse et de loyauté, avec une infatigable
ardeur.

Coup d'audace qui rétablit un peu le prestige fort compromis de nos armes.

La même année, le maréchal Clauzel l'emmène avec lui dans la campagne d'automne et d'hiver qui a pour résultat la prise de Mascara et de Tlemcen. A la suite d'un combat très vif livré le 18 octobre, il propose de le nommer lieutenant-colonel. Les bureaux de la Guerre, toujours peu bienveillants pour l'armée d'Afrique, résistent de nouveau. Mais le Ministre, le maréchal Maison, interpose son autorité et le nomme.

L'échec subi devant Constantine en 1836 avait fort surexcité l'esprit des Arabes. Ils nous attaquaient de toutes parts, même dans la Métidja, où nous commencions à nous établir. La Moricière a la mission de mettre un terme aux scènes de pillage qui se reproduisent sans cesse entre le Mazafran et la route de Bouffarik. Le général Bugeaud, chargé d'opérer dans la province d'Oran, demande à l'avoir avec lui. Mais le général de Danrémont, qui dispose tout pour réparer l'échec de l'année précédente, garde avec lui les zouaves et leur chef, mis encore une fois à l'ordre de l'armée, pour les combats des 22 et 23 septembre en avant de Mjez Amar, sur la route de Constantine.

Nous ne referons pas ici l'histoire du siège célèbre de cette ville, l'un des trois grands actes de guerre qui ont marqué la conquête de l'Algérie (¹) depuis la prise d'Alger. Le récit en a été trop souvent et trop bien écrit pour qu'on puisse le refaire. Comme l'année précédente, il fut entravé par les pluies, qui rendaient la vie très pénible et le transport des grosses pièces de siège presque impossible. Il y eut des phases de découragement; on parla même de la retraite. La Moricière fut l'un de ceux qui insistèrent avec le plus de vigueur pour continuer la lutte. L'assaut, qui fut le couronnement du siège, marque une date fameuse dans sa vie. Il en fut le héros. C'est lui qui s'élança en tête de la première colonne d'attaque; lui qui la dirigea au milieu des barricades et des obstacles de tout genre, jusqu'au moment où il fut renversé sanglant par l'explosion d'une mine. On ne croyait pas d'abord qu'il pût survivre à ses affreuses blessures. Il triompha du mal cependant, et cette fois nul ne fit opposition au grade de colonel, qui lui fut donné aux acclamations unanimes de l'armée.

(¹) Les deux autres sont la prise de la Smala et la bataille de l'Isly.

En cette qualité, il prit une part honorable aux combats livrés sous le gouvernement du maréchal Valée, à la prise définitive des villes de Médéa et de Miliana. Toutefois, son rôle à cette époque fut un peu effacé par celui prépondérant du général Changarnier, qui possédait plus que tout autre la confiance du gouverneur. Tous les deux obtinrent en même temps le grade de général et La Moricière fut appelé au commandement de la province d'Oran, tombé en quenouille depuis le traité de la Tafna et le départ du général Bugeaud.

Il venait à peine de prendre possession de ce poste, lorsque le maréchal Valée fut rappelé en France. Le général Bugeaud, nommé gouverneur, arrivait avec la résolution d'inaugurer un nouveau système de guerre. Il appela à Alger le général de La Moricière et fut heureux de le trouver en parfaite communauté d'idées avec lui. De retour à Oran, où Bugeaud devait le rejoindre et qui devait être la base des opérations futures, La Moricière fit préparer d'immenses approvisionnements de campagne et s'occupa d'alléger l'équipement du soldat, pour rendre les troupes plus mobiles. Il débuta par déblayer les abords des postes occupés, en frappant un coup vigoureux sur les Beni Amer et les Garaba, puis commanda l'une des deux divisions qui, sous les ordres du général Bugeaud, livrèrent de nombreux combats dans la province. Tagdempt, Saïda furent pris et détruits, Mascara pris de nouveau et définitivement conservé. La province d'Oran avait été victorieusement parcourue, mais tous les territoires ainsi traversés n'étaient pas soumis. Pendant que Bugeaud courait à d'autres combats, La Moricière reprenait les opérations en détail, donnait de l'air aux garnisons d'Oran, de Mostaganem, de Mascara, et contraignait les tribus récalcitrantes à se soumettre.

L'année suivante vit l'occupation définitive de Tlemcen, la destruction de Sebdou, de Frenda, le dernier des établissements créés par Abd-el-Kader dans la région des hauts plateaux ; enfin, sous les ordres du général Bugeaud, la grande expédition dans la vallée du Chélif, à la rencontre d'une colonne venue d'Alger, pour réunir enfin nos possessions, que séparaient des tribus hostiles. Comme l'année précédente, les grandes opérations furent complétées par des courses nombreuses, destinées à consolider les résultats acquis. La Moricière y déploya son infatigable ardeur, et lorsque les troupes sous ses ordres avaient besoin de se refaire, il les quittait pour se remettre en marche avec une autre colonne, malgré la chaleur, la fatigue, les intempéries. Si bien que du 1er décembre 1841 au 30 décembre 1842, il fut en campagne effective pendant trois cent dix jours. Cette activité extraordinaire qui le rendait présent partout, comme s'il avait eu le don d'ubiquité, frappait d'étonnement les indigènes; il était pour eux un personnage légendaire, surnommé Bou Rahoua, l'homme au bâton, à cause de la canne qu'il portait habituellement, même à cheval.

L'année 1845 fut pour lui presque aussi pénible; moins cependant et marquée par des combats de moindre importance. Il obtint alors le grade de lieutenant-général. Abd-el-Kader, expulsé de l'Algérie, fut contraint de se retirer au Maroc, qu'il souleva contre nous l'année suivante. La Moricière gardait la frontière; le maréchal Bugeaud accourut avec un renfort de troupes et la bataille de l'Isly consacra notre supériorité sur toutes les armées africaines.

D'aussi importants succès pouvaient faire croire à la pacification définitive du pays. Deux fois le maréchal Bugeaud, laissant l'intérim à son lieutenant, revint en France où l'appelaient des intérêts privés et les dissensions relatives à l'avenir de l'Algérie. Il avait des idées très arrêtées sur le système de colonisation à adopter. Le souvenir des colonies fondées par les légions romaines, les régiments cultivateurs organisés par le prince Eugène à la frontière de la Croatie hantaient son esprit. Il voulait une colonisation armée, faite par des militaires libérés. *Ense et aratro* était sa devise. Le général de La Moricière voyait là des illusions généreuses; il était d'avis que la colonisation civile et libre devait prévaloir à la longue, et ces divergences d'opinion ne laissaient pas de jeter un peu de froid entre ces hommes éminents. La politique tendait aussi à les séparer : tandis que Bugeaud était tout dévoué à la famille régnante, La Moricière ne repoussait pas les avances de l'opposition, les accueillant toutefois avec une grande réserve.

C'est pendant une des absences du maréchal, à la fin de 1845, qu'éclata comme un coup de foudre une grande insurrection. La destruction totale d'une colonne française à Sidi Brahim, la capitulation honteuse d'un convoi à Aïn Témouchent signalèrent la réapparition d'Abd-el-Kader et furent suivies de la défection de presque toutes les tribus soumises dans l'ouest de l'Algérie. La Moricière accourut d'Alger à Oran et écrivit au maréchal, pour presser son retour, une lettre où il lui disait : « Revenez vite, vous seul pouvez nous tirer d'affaire. » A de très hautes qualités, le maréchal Bugeaud joignait une générosité intermittente. Il crut pouvoir donner une grande publicité, qui fut accompagnée de commentaires peu bienveillants, à une lettre où il voyait un hommage rendu à sa supériorité, par l'homme même qu'on avait songé quelquefois à lui opposer comme un rival.

Cela n'était pas juste. Il était naturel que, dans une circonstance aussi grave, un simple intérimaire fit appel à celui qui avait la responsabilité directe du Gouvernement et de la Guerre. La Moricière d'ailleurs n'attendit pas le retour de son chef pour donner partout des ordres, prendre des mesures décisives et marcher lui-même à l'ennemi. Il battit complètement les Trara, coupables auteurs du guet-apens de Sidi Brahim et compromit courageusement sa popularité dans l'Armée en les soustrayant à la vengeance du soldat, animé de colère. L'énergie qu'il déploya pour réprimer l'insurrection, la loyauté de sa conduite, rétablirent la confiance entre les deux principaux chefs de l'armée d'Afrique. Bugeaud avait amené un renfort de troupes, et l'année 1846 fut employée tout entière en poursuites incessantes qui, avec peu de combats et peu de pertes d'hommes, conduisirent à la soumission définitive du Tell algérien. Abd-el-Kader fut rejeté dans le Maroc.

Bien accueilli d'abord, il ne tarda pas à subir les conséquences inéluctables de l'exil. Devenu à charge au Sultan, aux tribus qui se fatiguaient de l'entretenir, qui le repoussèrent ensuite, il tenta de revenir dans le sud de l'Algérie. Mais La Moricière veillait; tous les passages étaient gardés. Le froid, la pluie, les boues causaient d'indicibles souffrances à la population misérable qui avait lié son sort à celui de l'émir. Abd-el-Kader se soumit alors à la volonté de Dieu et c'est au plus actif, au plus fameux des chefs français qui l'avaient poursuivi, qu'il se résigna à remettre sa personne, sa famille, ses derniers adhérents. On remarqua alors que c'est à Sidi Brahim, au marabout rendu célèbre par la destruction du bataillon Froment-Coste, que se fit l'entrevue d'Abd-el-Kader et de son vainqueur. Dès lors, la pacification de l'Algérie était assurée.

Nommé député par le département de la Sarthe, le général de La Moricière rentra en France peu de temps après la soumission d'Abd-el-Kader, laissant au général Cavaignac le commandement intérimaire de la province d'Oran. Il se trouva donc à Paris lorsque éclata la révolution de Février 1848 et, quoique n'ayant pas de fonction officielle, il eut un rôle des plus honorables. Après l'abdication du Roi et le départ des troupes, il restait sur la place du Palais-Royal un poste abandonné, enveloppé par une multitude furieuse. La Moricière fit des efforts surhumains pour parvenir jusqu'à lui et faire cesser la lutte. Il eut son cheval tué et n'échappa à la mort que par une sorte de miracle.

A la suite de cela, le Gouvernement provisoire crut devoir l'éloigner de Paris, pour quelque temps du moins, et lui offrit de commander la division militaire de Marseille. Il refusa par une lettre très digne, dans laquelle, après avoir hautement approuvé le choix du général Cavaignac comme gouverneur de l'Algérie, il déclarait ne vouloir accepter que le commandement d'une division active, en cas de guerre déclarée. Jusque-là, il demandait à être mis en disponibilité.

Bien peu de temps s'écoula avant que l'on eût besoin de faire appel à ses talents militaires. Quatre mois jour pour jour après la révolution de Février, une insurrection terrible ensanglantait Paris, et le général Cavaignac, porté au pouvoir pour y résister, demandait à son ami de l'aider à conjurer le péril. C'est le général de La Moricière qui, de concert avec lui, prit la direction supérieure de cette bataille de quatre jours, pendant laquelle sept généraux payèrent de leur vie le triomphe de l'ordre. Il reçut alors le portefeuille de la Guerre, qu'il conserva tant que le général Cavaignac fut chef du pouvoir exécutif. L'entente entre ces hommes avait toujours été complète.

Membre de l'Assemblée constituante et de l'Assemblée législative, le général de La Moricière fit une opposition très ferme au Prince-Président, dont les projets ambitieux lui paraissaient trop clairs; il fut l'un des quatre généraux retraités d'office et exilés à la suite du coup d'État.

Ces mesures, qui brisaient sa vie militaire dans la maturité de l'âge et de toutes ses facultés, l'ulcérèrent profondément contre le nouveau régime auquel la France était soumise. Il s'espaça en mots piquants contre l'Empereur et fournit à Victor Hugo l'épithète de Napoléon le Petit, qui devint le titre d'un pamphlet célèbre. Il n'est donc pas surprenant que le souverain offensé ait toujours fait preuve à son

égard d'une animosité particulière, et qui a même survécu au général. Disons cependant qu'en 1857, à l'occasion de la mort en
France d'un fils du général de La Moricière, l'Empereur autorisa le
retour du père, sans avoir été sollicité d'aucune manière et par un
acte spontané de bienveillance.

Toute carrière militaire semblait fermée au vaillant général. Elle
l'était en France du moins, lorsque de nouveaux horizons vinrent
s'ouvrir à lui. A la suite de la brillante campagne de 1859 dans la
haute Italie, les États pontificaux étaient menacés par l'ambition de
la maison de Savoie. La ville de Rome seule était garantie au Pape
par la présence d'une garnison française. Deux partis rivaux s'agi-
tèrent autour du Saint-Père. L'un, dirigé par le cardinal Antonelli,
l'engageait à résister à tout changement aux traditions politiques de
la cour romaine. L'autre, dont le principal représentant était Monseigneur de Mérode, désirait reprendre l'œuvre interrompue par
l'assassinat de Rossi. Avant d'être prêtre, Monseigneur de Mérode
avait été militaire; il avait servi sous les ordres du général de La
Moricière, qu'il savait aussi habile administrateur que grand capitaine. Il le fit appeler à Rome, espérant que son ascendant triom-
pherait des ennemis du dedans comme de ceux du dehors et obtiendrait du Pape des réformes jugées nécessaires. Le plan fut au
moment de réussir et son succès aurait eu des résultats considérables
sur les destinées de l'Europe. Nous n'aurions vu probablement ni
l'unité de l'Italie, ni celle de l'Allemagne, mais une confédération
italienne sous la présidence honorifique du Pape.

La lettre suivante, extraite des mémoires de M. de Falloux, que
La Moricière adressait le 18 mars 1860 au général Bedeau, montre
qu'il partait calme et résolu, mais sans se faire d'illusion sur les difficultés de la tâche qu'il allait entreprendre.

Cher ami, je déplore de plus en plus de n'avoir pu vous rencontrer à
Nantes et je suis désolé de ne pouvoir aller vous embrasser. Je charge ma
femme ou un de nos amis communs, si ma femme ne peut aller à Nantes,
de vous dire le parti que j'ai pris. Je n'ai vraiment d'espoir qu'en Dieu,
car, d'après ce que je sais, la force d'un homme ne peut suffire à la besogne
que je vais entreprendre. Ce n'est point de l'audace, — qui pourtant, je
l'espère, ne me manquera pas au besoin, — c'est du dévouement, dont
j'espère la récompense là-haut, bien plus assurément qu'ici-bas.

Adieu, je pars dans un quart d'heure et je dis au revoir à des gens qui ne savent pas où je vais.

La Moricière rencontra à Rome tous les obstacles qu'il avait prévus et bien d'autres encore. L'empereur Napoléon le regardait comme un ennemi personnel et le voyait soutenu par tous les adhérents des partis monarchiques. Il le livra donc aux perfides entreprises du rusé Cavour, qui, après avoir préparé sous main l'expédition de Garibaldi contre le roi de Naples, fit envahir les États pontificaux par une armée piémontaise, sous le prétexte d'arrêter les progrès du condottiere. Le Pape avait reçu la promesse d'être soutenu par les troupes françaises, à qui il fut défendu au contraire de s'éloigner de Rome. La Moricière, qui comptait sur leur appui, alla à la rencontre des Piémontais avec la petite troupe dont il commençait l'organisation. Il fut défait à Castelfidardo dans une lutte inégale, se jeta dans Ancône pour essayer d'arrêter l'invasion; mais, abandonné à ses seules forces, il ne pouvait que succomber. Prisonnier des Piémontais, il fut renvoyé en France, avec le petit groupe d'hommes d'élite qui l'avaient suivi.

Au point de vue militaire, il est peut-être une critique à lui adresser : il avait un état-major, point de soldats. A peu de distance, le roi de Naples, attaqué par les mêmes ennemis, avait peu d'officiers, point de généraux, mais une armée qui, sans être aguerrie, ne manquait pas d'une certaine valeur. Pourquoi ne l'a-t-il pas jointe à l'armée papale? A sa tête, il eût sans nul doute détruit les compagnons de Garibaldi, sur les bords du Volturne, ce qui aurait enlevé tout prétexte à l'intervention de la maison de Savoie. Mais la politique a des dessous qui s'opposent souvent à ce que l'on fasse ce qui paraît le plus judicieux comme stratégie, et ce que nous indiquons n'était peut-être pas réalisable. Dans l'intérêt de la France toutefois, et peut-être aussi dans celui de l'Europe, on doit regretter que l'entreprise du général de La Moricière n'ait pas réussi, qu'il n'ait pas pu fonder dans l'Italie centrale un gouvernement libéral et indépendant.

Rentré dans sa patrie, il y mena une vie simple, complètement étrangère à toute préoccupation politique. La mort le surprit en pleine santé, ne lui laissant que quelques instants pour s'y préparer; mais La Moricière l'avait vue trop souvent de près pour la craindre et c'est avec confiance qu'il remit son sort entre les mains du père des Chrétiens.

Cette fin si calme, si étrangère à toute préoccupation mondaine, ne désarma pas la haine que lui avaient vouée les partisans du régime impérial. Non seulement nul ne put rappeler ses grandes actions, mais on publia dans un journal de province, l'*Écho de la Dordogne*, une lettre qu'aurait écrite le maréchal Bugeaud en 1845, et dans laquelle toutes les qualités d'un grand capitaine, la valeur militaire même, étaient refusées à La Moricière. Le journal qui contient ces allégations a été soigneusement joint au dossier du général dans les cartons du ministère. Nous doutons fort que, même dans un moment d'humeur, le maréchal Bugeaud se soit laissé aller à écrire de pareilles énormités. En tous cas, nous avons trouvé, dans le même dossier, une lettre autographe du même auteur, adressée au ministre, à la date du 24 juin 1843, qui témoigne de sentiments tout contraires :

J'espère que vous jugerez qu'il est tems (*sic*) de faire M. le général Delamoricière (*sic*) commandeur de la Légion d'honneur. Je n'ai pas besoin d'énumérer ici ses titres, vous les connaissez, vous savez qu'il est l'une des colonnes de l'armée d'Afrique. Depuis qu'il est lieutenant-général, son zèle et son activité loin de diminuer semblent au contraire augmenter, et c'est parce qu'en même tems il a grandi en expérience et en savoir que j'ai eu l'honneur de vous le proposer pour l'emploi d'intérim [de gouverneur de l'Algérie], quand il me sera permis d'aller en France, où des affaires pressantes m'appellent.

Voilà, ce nous semble, une appréciation très juste du caractère et des talents du général de La Moricière, venant de la source la plus autorisée et qui savait être impartiale.

S'il a quelquefois différé d'avis avec le maréchal Bugeaud, son chef, sur les questions de politique et de colonisation, jamais il ne s'est posé comme son rival, et l'on ne pourrait constater aucun désaccord entre eux sur les questions militaires.

Ce que l'on doit ajouter, c'est que l'histoire de la conquête de l'Algérie, des efforts tentés pendant dix-huit ans pour coloniser le pays et rallier à nous la population indigène, se confond de tous points avec celle du général de La Moricière.

LE GÉNÉRAL TRIPIER.

TRIPIER (Émile-Jules-Gustave), fils de Guislain-Joseph-Célestin-Benoît Tripier et de Marie-Claire-Émélie Grenier, né à Hesdin le 10 mai 1804, mort à Paris le 14 juillet 1875.

Craignant de nous laisser influencer par nos sentiments personnels, nous avons longtemps hésité à présenter le général Tripier, dont nous avons été longtemps l'aide de camp, comme l'un des officiers les plus éminents fournis au corps du Génie par l'École Polytechnique. Nul ne lui a été supérieur en droiture, en énergie, en dévouement à ses devoirs et à la patrie. Il n'a pas exercé cependant une influence en rapport avec ses rares qualités, parce qu'il lui manquait cette souplesse de conduite qui permet de se diriger au milieu des écueils que l'on rencontre dans les circonstances ordinaires de la vie. Capable d'accomplir de grandes choses, de faire ce que personne ne faisait, il était inhabile pour les choses simples et communes. Il ne faudrait pas ne voir en lui, toutefois, qu'un original doué de facultés exceptionnelles : au moment du danger, sa raison était ferme et son jugement perspicace.

C'est en Algérie que le général Tripier a fait la plus grande partie de sa carrière ; mais, employé auparavant à Toul, il y avait étudié avec profit l'influence des places fortes sur la conduite des guerres, la marche des armées ; celle des formes de la fortification sur la défense des places. Toutes ces choses, il les connaissait très bien. A Briançon, il s'était trouvé en présence de montagnes abruptes et compliquées. Il s'était demandé comment on pouvait les franchir, y tracer des routes dans des conditions stratégiques ; comment de l'horizon que la vue embrassait il y avait moyen de déduire la forme des parties qui restaient cachées. Des études assidues l'avaient amené à une sûreté de coup d'œil qui paraissait tenir de la divination. Son habileté à reconnaître la forme, les accidents des terrains encore inexplorés, a rendu son concours très précieux en Algérie, dans les colonnes où il s'est trouvé. Cette faculté aurait pu être plus profitable encore. Ainsi, lorque le 25 septembre 1854, les armées alliées, quittant la vallée du Belbek pour se porter sur la Tchernaïa, eurent à traverser des bois

taillis dépourvus de routes, le colonel Tripier devina qu'il en existait
une qu'on n'avait pas soupçonnée : il fit les plus grands efforts pour
obtenir qu'on changeât de direction, en se portant à droite. S'il
eût été écouté, au lieu de consacrer une pénible journée à faire six
ou sept kilomètres, sans arriver au but, l'armée française aurait
atteint de bonne heure l'arrière-garde de l'armée russe en retraite,
l'eût refoulée sur Sébastopol, où elle serait probablement entrée à
sa suite, car il n'existait alors de ce côté aucun obstacle capable de
l'arrêter. Cette seule démarche aurait changé toute la suite de la
guerre. Mais le maréchal de Saint-Arnaud venait ce jour même
d'être frappé de l'attaque de choléra qui devait l'emporter; le général
Canrobert n'avait pas encore pris sa succession et personne n'exerçait le commandement réel.

En Algérie déjà, le général Tripier avait donné bien des preuves
de son mérite. Il faisait partie de la garnison laissée à Miliana, en
juin 1840, sous les ordres du lieutenant-colonel d'Illens, qui, étroitement bloquée, fut presque détruite par les privations, la misère et
les maladies. Quand le général Changarnier vint la délivrer, il n'y
trouva qu'un faible groupe d'hommes épuisés, mourants, qu'il fallut
emmener sur des cacolets. Seul le capitaine Tripier avait conservé
assez d'énergie pour montrer la place et, quoique malade lui-même,
il demanda à y rester. « Il faut bien, dit-il, que quelqu'un fasse voir
aux nouveaux arrivants ce qu'on a fait ici, la manière d'y vivre et les
ressources de la ville. » Ces ressources, cette situation, on l'a entendu les exposer plus tard avec une simplicité naïve, qui dans la
bouche d'un autre eût été une amère ironie : « Il est très heureux
que les trois quarts de la garnison aient été emportés par la fièvre,
car sans cela nous serions tous morts de faim. » Au 31 décembre, il
ne restait que 70 survivants sur 1236 hommes qui avaient été laissés
sept mois auparavant à Miliana. Grâce aux soins intelligents du capitaine Tripier, le détachement du Génie n'avait perdu que la moitié
de son effectif.

Lorsqu'en 1843 le colonel Cavaignac fut chargé de fonder Orléansville sur les débris de ruines romaines, le commandant Tripier
eut, comme chef du Génie, à élever toutes les constructions civiles et
militaires, à faire des plantations, des routes, des prises d'eau. La
soumission des tribus de la plaine et de la montagne ne fut obtenue

qu'après de nombreux combats, dans l'un desquels il fut atteint d'une balle à la tête. Œuvres de paix, actes de guerre, presque rien, au reste, ne se fit dans les provinces d'Alger et d'Oran, de 1837 à 1854, où il n'ait figuré, et toujours avec distinction.

Lorsque éclata la guerre d'Orient, le colonel Tripier fut chargé de diriger le service du Génie, qui comporta bientôt des chefs d'un grade plus élevé. Jusqu'au moment où une jambe cassée par accident le contraignit à rentrer en France, il ne cessa pas néanmoins d'exercer une influence salutaire sur la conduite des opérations. Son caractère ferme et résolu le rendait ennemi des demi-mesures, des délibérations sans résultat. Il s'exprimait à cet égard sans ménagements, d'une manière originale et parfois bizarre. Aux débuts du siège de Sébastopol, une commission de généraux examinait la forteresse; on en discutait le fort et le faible, lorsqu'un boulet ennemi vient tomber au milieu du groupe. Chacun s'écarte naturellement. Tripier reste seul. « Eh bien! s'écrie-t-il, si nous faisions ici quelque chose d'utile, ce n'est pas un boulet qui doit nous déranger; si nous n'y faisions rien de bon, et c'est mon avis, ce n'était pas la peine d'y venir. »

A son retour, il fut nommé membre du Comité des fortifications, où il siégea longtemps. Il apportait dans cette assemblée des lumières supérieures pour tout ce qui concernait la fortification, la défense du territoire, le casernement des troupes. Sa manière de présenter les idées les meilleures n'était malheureusement pas toujours de nature à les faire accepter et les discussions stériles l'aigrissaient.

Lorsque la guerre de 1870 éclata, il était depuis plus d'un an dans le cadre de réserve, mais il se hâta de réclamer un service actif. Chargé de la mise en état de défense de l'enceinte et des forts de Paris, il eut ensuite le commandement du Génie de la deuxième armée, sous le général Ducrot. Là encore, il eut bien des luttes personnelles à soutenir. Frappé de la force de résistance d'un réseau de tranchées, il voulait qu'on s'en servît pour marcher à l'ennemi. Les troupes n'ayant pas assez de vigueur pour enlever de vive force les positions des Prussiens : « Vous avez, disait-il, la ressource de les faire tomber en vous avançant pied à pied. » Ces propositions ne furent acceptées ni par le gouvernement, ni par les chefs de l'armée, qui préférèrent tenter des coups de force, comme Champigny et Buzenval. Elles trouvèrent ailleurs des adeptes fervents et, parmi eux, Viollet-le-Duc, qui s'est toujours montré l'admirateur très chaud du général Tripier.

Maintenu, sans limite d'âge, dans le cadre d'activité, par suite des fonctions qu'il avait occupées à la défense de Paris, le général Tripier fut un des juges du maréchal Bazaine. Le grand procès de Trianon fut le dernier acte important de sa vie militaire. De nombreuses études sur la stratégie, la défense des États, la fortification, l'ordonnance et le logement des troupes, où l'on aurait trouvé bien des documents de valeur, ont été perdues par suite de sa mort subite, due à une apoplexie foudroyante. Les papiers qu'il laissait ont été abandonnés par ses héritiers, qui en méconnaissaient la valeur.

LE GÉNÉRAL FROSSARD.

Frossard (Charles-Auguste), fils de Charles Frossard et de Marie-Marguerite Bigot, né à Versailles le 26 avril 1807; marié le 20 mai 1839 à Marie-Anne-Pauline-Virginie Goyard; mort à Châteauvillain (Haute-Marne), le 31 août 1875.

Le général Frossard présente le douloureux spectacle d'une carrière longtemps poursuivie avec le plus brillant éclat et sur laquelle l'effondrement de 1870 est venu jeter plus tard un voile qui l'a assombrie. Entré jeune à l'École Polytechnique, il en sortit en 1827 pour accompagner ses camarades à l'École de Metz et au régiment du Génie. Là s'arrête toute ressemblance avec eux, car si, comme lieutenant, il a été employé quelques mois au fort de Pierre-Chatel, jamais il n'a fait de service dans les places. Toute sa vie s'est passée aux armées ou à Paris, dans des situations spéciales.

Déjà, comme lieutenant dans une compagnie, il avait assisté au siège d'Anvers. Avant d'être promu capitaine, il fut envoyé en Afrique, et s'y fit remarquer par un bouillant courage, que l'amour-propre exaltait, mais que le sang-froid réglait toujours. Commandant quelque temps une compagnie de zouaves, il est chargé de la garde du moulin de Bougie, en organise la défense et s'y maintient, malgré les attaques furieuses des Kabyles. Bientôt le Génie le réclame; il est aide de camp des généraux Lamy et Marion de Beaulieu, puis attaché au Dépôt des fortifications. En 1846 il sollicite et obtient les fonctions d'officier d'ordonnance du Roi. Après la révolution de Février, il retrouve sa place au Dépôt des fortifications et prend une part très active à la répression de l'insurrection de Juin. On signale l'habileté avec laquelle il a dirigé alors, à travers les maisons, l'attaque des barricades, au faubourg du Temple.

Vient l'expédition de Rome. Le général Vaillant, qui tient à s'entourer d'officiers énergiques, l'emmène avec lui. Il s'y distingue encore, est frappé d'une balle à la tête et obtient le grade de lieutenant colonel, en remplacement de Galbaud-Dufort, mort de ses blessures. Il reste quelque temps à Rome, comme chef du Génie, mais rentre bientôt en France, où il commande en second l'École Polytechnique et il retourne ensuite en Algérie, comme directeur des fortifications à Oran.

C'est dans cette position que le trouve la guerre de Crimée, à laquelle il demande à prendre part. Il y va en effet, et l'année qu'il passe devant Sébastopol est la plus glorieuse de sa vie. Par son énergie, son entrain, l'impulsion qu'il donne aux travaux, l'autorité qu'il sait prendre sur tout ce qui l'entoure, il excite l'admiration de l'armée. Deux fois il est atteint par les balles : au mois de mars à la jambe droite, et le jour de l'assaut d'une contusion au ventre. Mais rien ne l'arrête. Aussi, s'il est nommé général à quarante-neuf ans, ce qui est jeune pour un officier du Génie, cela ne paraît à tout le monde qu'un acte de justice. Mais déjà son ardeur impatiente, la hauteur avec laquelle il repousse toute contradiction, les coups de boutoir qu'il distribue trop souvent, lui attirent des inimitiés secrètes, dont il ressentira plus tard la virulence.

A partir de son retour de Crimée, le général Frossard prit sur le corps du Génie une autorité sans cesse croissante, surtout depuis que le général Niel, ayant reçu le commandement d'un corps d'armée, y fut devenu à peu près étranger. Les prompts succès de la campagne d'Italie, en 1859, ayant amené la paix au moment où allaient s'engager les sièges des places fortes de l'Adige et du Mincio, le général Frossard n'eut pas l'occasion de montrer de nouveau ses talents militaires.

Général de division, président du Comité après la retraite du général de Chabaud La Tour, aide de camp de l'Empereur, il était en possession de la faveur du souverain, qui lui donna une haute preuve de sa confiance en le nommant gouverneur du prince impérial. Il chercha alors, avec une grande fermeté, à modifier une éducation qui ne lui paraissait pas bien dirigée et eut, à cette occasion, à combattre les idées de l'impératrice, qui lui en garda rancune, dit-on. Ses loyaux efforts, son intégrité, auraient peut-être exercé une influence utile sur les destinées de la dynastie impériale, si ce jeune prince avait été appelé à régner.

Les instincts militaires du général Frossard, et, il faut bien l'avouer, la confiance qu'il avait en lui-même, le ramenaient toujours vers la vie des camps. Il aimait la guerre et se croyait apte à exercer un commandement d'armée. Il y avait là une part de vérité, mais aussi une part d'illusions. Quoique officier du Génie, le général Frossard n'était pas un constructeur expérimenté, mais il connaissait parfaitement la conduite des sièges. Il avait des vues d'ensemble justes et très élevées sur la défense des États, la conduite générale des grandes opérations de guerre. Il n'avait jamais commandé de troupes sur un champ de bataille, il lui manquait l'habitude de les conduire, le coup d'œil qui permet de les engager à propos, suivant les péripéties d'un combat, l'art de faire donner aux hommes tout ce qu'ils peuvent produire, sans excéder leurs forces, d'apprécier ce qu'on peut en attendre au juste à un moment donné. Ce sont des qualités spéciales auxquelles le savoir et le courage personnel ne peuvent pas toujours suppléer.

Il aimait la guerre, il l'appelait de ses vœux, quoiqu'il n'ait peut-être pas eu une part directe à la déclaration de juillet 1870. Elle lui réservait un cruel désappointement. Le premier des commandants de corps d'armée, il se trouva engagé contre l'ennemi et il subit un échec dont la responsabilité ne pèse pas sur lui seul. Bien qu'on ait affirmé le contraire, il paraît certain qu'au cours de la bataille de Spickeren il a réclamé l'intervention du maréchal Bazaine et des divisionnaires de son corps d'armée. Des collègues, qui étaient ses rivaux, ne le secoururent pas au moment du danger, tandis qu'en répondant à son appel, en marchant au canon, ils auraient pu changer la défaite en victoire. Cette conduite, que nous nous refusons à qualifier, a fait un mal irréparable à la France, comme au commandant du corps d'armée. Nous n'avons pas à retracer ici les lamentables événements de Metz. Ceux qui ont eu la douleur d'y assister n'y peuvent songer sans frémir. C'est le général Frossard qui nous occupe en ce moment. Il avait eu un cheval tué sous lui à la bataille du 18 août; mais, étonné de revers qui l'atteignaient pour la première fois de sa vie, il perdait sa confiance en lui-même. Ce doute, qui confondait sa superbe, le réduisait à une impuissance contre laquelle il n'essaya plus de réagir lorsque l'investissement fut complet. Pendant l'agonie de Metz on ne retrouva plus ce chef au regard assuré, confiant dans sa force et son étoile, en possession jusque-là d'inspirer une complète confiance aux autres.

Après la guerre, M. Thiers et le général de Cissey, son ministre, le rappelèrent au comité du Génie. Il n'y rencontra plus l'influence et la position prépondérante qu'il avait eues autrefois, quoiqu'il s'occupât activement, avec quelque hésitation d'abord, puis avec plus de ténacité ensuite, de la réorganisation de l'armée et de nos frontières réduites. Il vit avec chagrin qu'on ne le suivait plus. D'autres volontés plus nettes, plus résolues, faisaient échec à la sienne. C'était encore une déception, mais elle était peu de chose à côté de la douleur profonde que lui causaient les malheurs de la patrie, car il avait un grand cœur et aussi le regret d'avoir contribué à attirer la foudre. Le chagrin mina sa santé, et il y succomba avant d'avoir eu la consolation d'assister à un relèvement auquel sa générosité aurait applaudi, fût-il dû à d'autres efforts qu'aux siens.

LE GÉNÉRAL FARRE.

FARRE (Jean-Joseph-Frédéric-Albert), fils de Jean-Jacques Farre, inspecteur des forêts, et de Reine-Françoise Albert, né à Valence (Drôme), le 5 mai 1816, marié à Marie-Julie Boudin; mort à Paris le 24 mars 1887.

Les débuts de la carrière du général Farre ne se distinguèrent en rien de ceux des bons officiers de l'arme. Attaché presque à sa sortie des écoles aux fortifications de Paris, il se fit remarquer de suite comme un très habile constructeur, fut employé à la construction du fort de Nogent, et ensuite à Lyon, au fort de Loyasse. Cet ouvrage terminé, il passa en Algérie, où il fit un séjour de cinq années. Nommé chef de bataillon, il reçut en mars 1859 le commandement du Génie au corps d'occupation à Rome. C'était une mission délicate à remplir, tant en raison des dissidences qui existaient entre le Gouvernement impérial et la Papauté, qu'à cause des relations à entretenir avec les religieux dont les couvents étaient occupés par les troupes françaises. Le commandant Farre sut, par la droiture et la franchise de sa conduite, aplanir toutes les difficultés et mériter l'estime générale, dont il reçut une preuve singulière. Une lutte sourde, mais très ardente, existait entre le Cardinal Antonelli, secrétaire d'État, et Monseigneur de Mérode, proministre des armes, qui croyait à la nécessité de réformes considérables dans le régime des États pontificaux. A un moment, celui-ci craignit d'être arrêté par ordre de son adversaire, et c'est au commandant Farre qu'il demanda de conserver ses papiers, qu'il fit porter nuitamment chez lui.

La promotion au grade de lieutenant-colonel le ramena en France, où il fut chef du Génie au Havre, puis colonel directeur à Toulon. Rome étant menacée par les bandes garibaldiennes, à l'automne de 1867, une nouvelle occupation fut résolue et le colonel Farre y fut envoyé de nouveau, à cause de sa connaissance approfondie du pays. Au bout d'un an, il fut rappelé en France et nommé directeur du Génie à Arras, puis à Lille, où il entra en fonctions le 9 juillet 1870, au moment où la guerre allait être déclarée.

En préparant la composition des armées actives, le ministre décida que les officiers du Génie des régions frontières y seraient maintenus. Cette mesure, qui paraissait priver le colonel Farre de toute participation à la guerre, devait lui procurer, au contraire, un rôle important. Son activité, son énergie, un sang-froid imperturbable, le firent remarquer au milieu du désarroi qui accompagna la chute de l'empire. On lui donna le grade provisoire de général de brigade et on le nomma commissaire-adjoint de la défense dans la région du Nord. Lorsque le général Bourbaki vint la commander, il lui servit de chef d'état-major et, à raison de ces doubles fonctions, présida à l'organisation de tout ce qui se fit dans le pays : création de corps de troupes, fabrication d'armes, de poudre, de matériel ; tout enfin reposa sur lui.

Lorsque le général Bourbaki fut appelé à Tours pour prendre le commandement d'une des deux armées formées sur la Loire, il emmena tout ce qui se trouvait à Lille d'officiers d'état-major, ce qui donna à penser que le noyau de troupes en organisation dans le Nord allait se dissoudre. La situation était d'autant plus critique que le général Manteuffel se dirigeait vers Amiens et Rouen. Pour donner courage et confiance à tous, le général Farre se porta à sa rencontre, afin de défendre Amiens. La nécessité de garder en même temps les ponts de Corbie contraignit à répartir les troupes sur un espace bien grand pour leur faible effectif. Mais le général Manteuffel marchant en ordre de route et s'éclairant mal, il s'ensuivit une lutte fort décousue dont les résultats furent très divers. On tint bon devant Amiens. On enleva Gentelles et Cachy, où le chef de l'armée ennemie faillit être pris avec tout son état-major. Mais on fut battu à Boves et à Villers-Bretonneux, où la lutte fut très vive; il fallut alors se retirer derrière la Somme, après avoir épuisé toutes les munitions.

La retraite se fit sur Arras, sans être inquiétée. Les troupes s'étaient bien battues, mais elles étaient trop nouvelles, manquaient de consistance, ce qui les rendait incapables d'un effort prolongé. Elles se rétablirent vite, cependant, en voyant que leurs chefs ne se décourageaient pas. Le général Farre, sans perdre un seul jour, continua son œuvre d'organisation d'armée et de construction de matériel; et lorsque, trois semaines après, le général Faidherbe vint prendre le commandement, on put lui présenter trois divisions complètes, dix-huit batteries d'artillerie, un approvisionnement de munitions très important, et le travail d'organisation était monté de manière à ne pas s'arrêter.

Le général Farre remplit auprès de Faidherbe les fonctions de chef d'état-major et l'accompagna pendant la campagne d'hiver, à Pont-Noyelles, à Bapaume, à Saint-Quentin. Après l'armistice, il fut avec le 22ᵉ corps dans le Cotentin jusqu'au licenciement des troupes. On le trouvait partout où il y avait des services à rendre, une lutte à soutenir.

Lors de la réorganisation de l'Armée, on lui donna le commandement du Génie en Algérie. Il y déploya ses grands talents d'organisateur et fut un aide précieux des gouverneurs successifs, l'amiral de Gueydon et le général Chanzy. Il fallait réparer les ruines causées par l'insurrection kabyle, pourvoir à l'installation des émigrants de l'Alsace et de la Lorraine, faire beaucoup enfin avec des ressources réduites. Le général Farre sut pourvoir à tout : le rétablissement des postes de Fort-National, de Tizi-Ouzou, de Dra-el-Mizan, la création des villages de Bordj Ménaiel, des Issers, d'Haussonvillers, de Drâ-ben-Koddah, du camp du Maréchal, l'ouverture des routes straté-

giques dans les massifs montagneux de la Kabylie, la plantation de
400 000 pieds d'arbres à croissance rapide. Alger lui doit les allées
de palmiers qui ornent le boulevard du Génie. Dans cette contrée, où
l'on a eu trop souvent le désolant spectacle de la rivalité entre civils
et militaires, le général Farre a eu l'heureuse fortune d'être estimé
et aimé de tous et des témoignages chaleureux lui furent donnés,
par les uns comme par les autres, lors de son retour en France.

En 1877, on le voit chargé d'inspecter et de diriger la défense des
côtes. En 1878, il est Président du Comité des fortifications ; en
1879, Gouverneur de Lyon et commandant du 14e corps d'armée,
et, aux derniers jours de cette même année, Ministre de la Guerre,
position qu'il a conservée deux ans.

Cette période de la vie du général Farre a été féconde en travaux
utiles au pays, en recherches ayant pour but d'améliorer l'organisation de l'Armée, d'en rendre la mobilisation plus rapide. Il prescrivit
des recherches en vue d'améliorer l'armement, d'obtenir des poudres
plus puissantes, et elles ont abouti après son départ. La transformation du corps d'état-major, demandée depuis longtemps, a eu lieu
aussi sous son ministère, ainsi que la création du Corps de Contrôle
et l'indépendance du Corps médical. Quoique officier du Génie, le
général Farre n'était point partisan d'une augmentation indéfinie du
nombre des forteresses. Au lieu du cordon de forts établi le long des
frontières, il aurait préféré la construction de quelques places très
solides, qui pussent servir d'appui aux armées et abriter leurs approvisionnements. Nancy lui paraissait indiqué, et il avait fait étudier
des projets qui allaient recevoir leur exécution au moment où il
quitta le ministère.

La dernière année de sa présence fut marquée par deux affaires
graves et qu'il eut le bonheur de conduire avec un plein succès : la
répression de l'insurrection des Ouled Sidi Cheikh, dans le sud de la
province d'Oran et la soumission de la Tunisie. On n'a jamais sur-
passé la justesse et la précision des mesures qui furent prises dans
ces deux circonstances. L'insurrection des Ouled Sidi Cheikh fournit
l'occasion de pousser nos établissements dans le sud, à une très
grande distance de la mer, et de construire un chemin de fer bien
au delà des grands marais des Chotts. C'est l'amorce d'une pénétration à travers le Sahara, qui s'exécutera certainement dans l'avenir.

La conquête de la Tunisie fut un acte beaucoup plus important. Tant que ce pays était gouverné par des princes amis de la France, ne nous suscitant aucunes difficultés, nous n'avions nul intérêt à intervenir dans leurs affaires. Mais nous ne pouvions tolérer que cet État, limitrophe de l'Algérie, devînt un foyer d'intrigues contre nous, une menace d'agressions incessantes. Une puissance rivale avait, par des démarches sournoises, rendu la situation périlleuse et intolérable. Le ministère était divisé, hésitant, disposé à se contenter de demi-mesures.

Le général Farre s'opposa avec fermeté à toute entreprise que l'on tenterait en mauvaise saison, ou avec un nombre insuffisant de troupes. Au moment critique des opérations, c'est sur son ordre formel, et malgré l'opposition de ses collègues, qu'il fit exercer une pression sur le bey et signer le traité du Bardo, qui a consacré la suprématie de la France à Tunis. Les autres ministres l'empêchèrent de faire occuper cette capitale, et cet acte de faiblesse fut la cause première de l'insurrection qui sévit quelques mois plus tard. Ne voulant pas exposer les troupes à un échec, renouveler les fautes commises autrefois à Constantine, à Rome, au Mexique, par l'envoi de corps trop peu nombreux, le général Farre attendit sans se troubler que la saison des chaleurs fût passée, qu'il eût réuni des forces et des moyens de transport suffisants, afin d'obtenir une répression complète et qui ne pût être disputée par l'ennemi. La sagesse de ces mesures a pu être contestée au moment même, par l'esprit de parti; il n'est personne aujourd'hui qui ne leur rende justice et qui ne convienne que jamais opération n'a été mieux conduite dans nos possessions du nord de l'Afrique.

Les dissensions intestines devaient être fatales au ministère, qui dut se retirer devant l'opposition de la Chambre. Les premières atteintes d'une maladie cruelle avertissaient d'ailleurs le général Farre que l'heure de la retraite avait sonné pour lui. Ses dernières années ne furent pas perdues cependant. Jusqu'au dernier moment il continua de travailler, de lutter au Sénat, dont il faisait partie, contre les théories abstraites qui attribuaient la force des armées au nombre plutôt qu'à la valeur des soldats. Longtemps ses efforts retardèrent le vote de lois qui lui paraissaient mauvaises. Elles ont été adoptées après sa mort. Fasse le ciel qu'on n'ait pas à s'en repentir.

LE GÉNÉRAL FAIDHERBE.

FAIDHERBE (Louis-Léon-César), fils de Louis-César Faidherbe et de Sophie Monnier, né
à Lille le 3 juin 1818, marié à Angèle-Émilie-Marie-Sophie Faidherbe, sa nièce; mort à
Paris le 28 septembre 1889, à l'Hôtel de la Légion d'honneur.

Le général Faidherbe appartenait à une famille originaire du pays
liégeois, fixée depuis plusieurs générations à Lille, où elle exerçait
un commerce de bonneterie. Elle était probablement parente d'un
Faidherbe, comte de Modave, qui fut gouverneur de l'île Bourbon
sous l'ancienne monarchie. Le général était le plus jeune de cinq enfants, et, comme il montrait de la vivacité d'esprit, on le destina à
l'École Polytechnique, où il entra en 1838 avec le n° 57. Il en sortit
au bout de deux ans, suivit à Metz et au régiment le sort de sa promotion. Ses débuts dans le corps du Génie ne firent pas prévoir ce
qu'il devait être plus tard. Il ne montrait aucun intérêt pour les petits
détails du métier et se laissait entraîner par la fougue de la jeunesse.
Le premier chef qui l'ait jugé favorablement est le général Charon,
qui, en 1844, déclare que s'il a peu de goût pour le travail, c'est
qu'on ne l'a peut-être pas bien pris. Il est d'avis de le placer dans un
poste isolé, où il pourra faire preuve d'initiative. L'appréciation était
bonne et le général Charon n'eut pas à la regretter. Des embarras
d'argent firent désirer au jeune Faidherbe d'être employé aux colonies : il séjourna dix-huit mois à la Guadeloupe, et on l'y trouve un
sujet très distingué, mais adversaire trop déclaré de l'esclavage des
nègres. En Algérie, où il revient en 1850, il se tire avec succès de la
création du poste de Bousaada et montre une très grande énergie
lorsque la colonne du général Bosquet est surprise par la neige dans
le Hodna.

De nouveau cependant, Faidherbe songe à retourner aux colonies,
et une place devenant vacante au Sénégal, il l'obtient, non sans peine,
le 5 août 1852. C'est une date à noter dans son existence, car de ce
jour s'ouvre pour lui une nouvelle carrière. Chargé du double service
du Génie et des Ponts et Chaussées, il se met à parcourir le pays, en
étudie les ressources, se rend compte de l'avenir de la colonie, de la
nature des relations que l'on entretient avec les indigènes. Il n'y voit

nul esprit de suite, les gouverneurs arrivent sans désir d'y rester
et partent avant de bien connaître le pays. Faidherbe ne se gêne
nullement pour blâmer cette façon de faire. Un d'eux cependant, le
capitaine de vaisseau Protet, entend résister aux Maures qui fran-
chissent le Sénégal pour rançonner les nègres habitants de la rive
gauche. Il leur livre à Dialmath une bataille sanglante, où le capitaine
Faidherbe se distingue. Le gouverneur signale au ministre la brillante
conduite de l'officier du Génie, qu'il charge d'établir un poste à
Médine, sur le haut du fleuve; mais son temps de service colonial
expire, et il rentre en France.

Le ministre de la Marine était alors un Bordelais, M. Ducos, et les
négociants de sa ville natale, en exposant avec force les inconvénients
d'une relève si fréquente des gouverneurs, lui signalèrent en même
temps le mérite exceptionnel de l'officier du Génie qu'ils désiraient
voir à la tête de la colonie. Cet appel fut entendu et le capitaine
Faidherbe, promu chef de bataillon, fut nommé gouverneur du
Sénégal.

Jamais on ne vit une transformation plus rapide et plus complète
dans la conduite des affaires d'un état. Le Sénégal, fleuve très important à l'époque des pluies, est guéable en beaucoup d'endroits pendant la saison sèche. La rive gauche est habitée par des nègres soumis
à un grand nombre de chefs alors indépendants et qui faisaient la loi
au commerce français. Sur la rive droite, et sur une longueur de
800^{km}, entre la mer et les cataractes de Feloup, c'est le désert, le
pays de la soif. Là habitent les Maures Zénaga, presque tous sang-
mêlés, appartenant aux tribus des Trarza, des Brackna et des Douaich;
ils se livraient à des guerres intestines, pillaient chaque année les
nègres pendant les basses eaux, permettaient ou interdisaient selon
leurs caprices la navigation du fleuve. Cantonnés dans une île à l'embouchure du Sénégal, les Français y menaient une existence précaire,
payant partout des redevances sous le nom de coutumes et témoignant
à de petits tyrans locaux le même respect qu'aux potentats européens.
Les tentatives faites jusqu'alors pour améliorer une situation humiliante, secouer le joug des nègres et des Maures, étaient restées sans
résultats. Faidherbe en vint à bout. Employant tantôt la force pour
imposer le respect et pour protéger les tribus soumises, tantôt la
persuasion pour se faire des adhérents, il établit partout la suprématie

L. Faidherbe

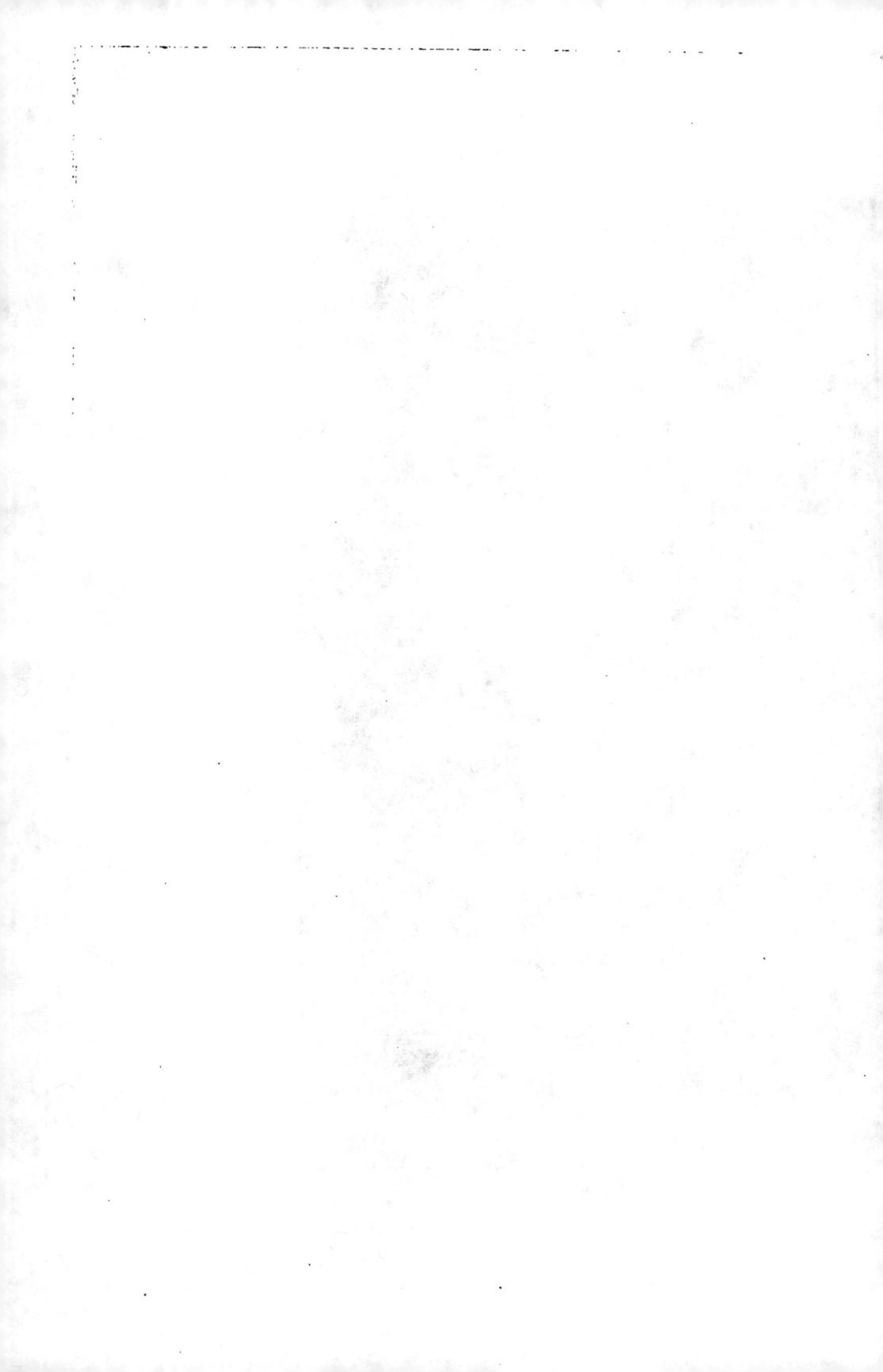

de la France et la fit aimer par la sagesse de son administration. Les
Maures furent domptés dans plusieurs campagnes; il leur interdit
la traversée du Sénégal, régla la succession au pouvoir des principales
familles et conclut avec elles des traités si judicieusement calculés,
qu'ils n'ont jamais été enfreints depuis lors. Le commerce de la
gomme, qui se fait avec les Maures, devint libre et tripla d'importance. Tout le reste suivit la même progression.

Sur la rive gauche du fleuve, la situation était très critique malgré
la victoire de Dialmath. Un Musulman fanatique, l'Hadj Omar, désireux de se créer un empire, répandait partout la terreur et procla-
mait l'intention de s'emparer de Saint-Louis, pour y prêcher le Coran
dans l'église française. Le poste de Médine, assiégé par lui, faisait
une résistance héroïque. Faidherbe, surmontant tous les obstacles
qu'opposaient le climat et les eaux du fleuve, encore basses, accourut
le délivrer. Il battit l'Hadj Omar, détruisit sa puissance et le repoussa
au loin. Ces victoires, malgré leur importance, n'avaient qu'un effet
temporaire. L'esprit mobile et inconsistant des peuples nègres ne leur
permet pas de croire à la pérennité des accords conclus avec eux. Il
faut un temps très long, une persévérance que rien n'altère et un soin
extrême de ne pas froisser leurs usages, pour les habituer à notre domination. Toutes ces qualités, Faidherbe les possédait à un haut degré. Il y joignait beaucoup de fermeté, une perception très nette des
besoins du pays et une précision dans ses ordres que l'on rencontre
bien rarement. Tous ceux qui ont servi sous lui les trouvaient si nets,
si clairs, si justes, qu'il ne venait à personne l'idée de les trans-
gresser.

Chaque année de son séjour dans la colonie fut marquée par des
expéditions nouvelles, des combats contre les tribus insoumises, suivis toujours de traités avantageux pour la France. Chacune le fut
aussi par des progrès de la colonie, par des institutions utiles, qui
préparaient des progrès futurs. Au point de vue matériel, des constructions à Saint-Louis, à Gorée, à Dakar, dans les escales du fleuve; une
puissante conduite d'eau, des routes, des ponts jetés sur les deux bras
du Sénégal à Saint-Louis; la navigation rendue plus facile, la création
d'un grand port à Dakar. Au point de vue moral, notre influence
étendue sur le haut du fleuve, sur les rivières du sud et la Gambie;
la factorerie anglaise de Bathurst sauvée trois fois par nos armes,

afin de conserver le prestige des blancs; des écoles fondées, les unes
littéraires pour propager la langue française, les autres professionnelles, pour former des ouvriers d'art, des mécaniciens, d'autres
enfin désignées sous le nom d'*écoles des otages*, où l'on élevait les enfants des chefs récemment soumis, afin de préparer l'accession au
pouvoir d'hommes imbus de nos idées.

Tant d'œuvres utiles étaient fortement appréciées dans la colonie
du Sénégal, où la personne du général Faidherbe est devenue légendaire, où son nom est invoqué par les malheureux qui réclament
justice, comme l'était naguère celui de Rollon en Normandie. Elles
ne pouvaient manquer d'éveiller la jalousie. A la fin de 1861, la mesure de ce qu'il pouvait supporter lui parut atteinte; il demanda son
rappel et à être employé en Algérie, pour ménager sa santé, à laquelle
un changement trop brusque eût pu être fatal. Depuis trois ans déjà
il était colonel : on lui donna à commander la subdivision de Sidi-
bel-Abbès.

Son successeur au Sénégal s'empressa d'inaugurer un régime de
réaction contre tout ce qu'il avait fait. Au bout de deux ans, le désordre était partout, la moitié au moins du pays s'insurgeait, le commerce tombait en désarroi. La colonie avait vu partir Faidherbe avec
un vif regret, elle réclama son retour avec instances : lui seul paraissait capable de rétablir les affaires. Le ministère de la Marine dut
céder et Faidherbe retourna au Sénégal avec le grade de général.
Son second séjour, pendant lequel il consolida les avantages précédemment acquis, fut de deux ans. Mais, en se retirant d'une manière
définitive, il cédait la place à un autre officier du Génie, son élève et
son ami, le colonel Pinet Laprade, qui fut le continuateur de son
œuvre. Momentanément interrompue en 1871, la tradition du général Faidherbe a été reprise, marquée par de nouveaux succès, qui,
nous l'espérons bien, seront suivis par d'autres encore; mais il n'est
que juste de tout rapporter à lui, à son initiative, de le regarder
comme le fondateur de la domination française dans l'Afrique occi-
dentale.

De 1866 à 1870, le général Faidherbe commanda à Bône et à
Constantine. Le pays était paisible alors et il put se livrer à d'importantes recherches archéologiques, qui, continuées plus tard, le
firent entrer à l'Académie des Inscriptions. C'est là que le trouva la

;uerre franco-allemande et l'on ne parut pas croire d'abord que ses
ervices pussent être utiles en France, car on le laissa dans ce poste,
levenu d'une importance secondaire. Sur ses réclamations pressantes,
n se décida enfin à le rappeler, pour commander une division qu'on
.evait organiser à Nevers, puis bientôt après, le 29 novembre 1870,
n lui destina la troisième division militaire et les troupes en orga-
isation dans le Nord. Le départ du général Bourbaki rendait cette
osition disponible.

Faidherbe se mit en route aussitôt et en arrivant à Lille, le 3 dé-
embre, il eut l'agréable surprise de trouver un corps d'armée com-
let, que le général Farre avait réussi à organiser, plus un certain
ombre de bataillons, et de batteries encore en voie de formation. Se
1ettant sans plus tarder à la tête des troupes, il entreprit cette cam-
agne d'hiver qui a mis le sceau à sa gloire. Nous n'avons pas à la dé-
rire en détail, mais la prise de Ham, les batailles de Pont-Noyelles et
e Bapaume furent des succès sérieux. L'armée du général de Man-
:uffel, en marche sur le Havre, fut forcée de rétrograder pour faire face
un adversaire dont elle ne soupçonnait pas l'existence. Malheureu-
:ment, des corps de formation nouvelle n'étaient pas capables de
:mplacer d'anciens soldats. On pouvait en obtenir un vif élan, mais
:t effort était de courte durée et les pertes éprouvées par les cadres
'étaient point réparables. Une tentative devait être faite toutefois
our secourir Paris. Elle fut entreprise sans espoir de succès et la ba-
iille de Saint-Quentin fut perdue. Défaite ce jour-là, l'armée du Nord
e fut pas détruite. Elle se réorganisa une fois encore sous l'appui des
rteresses et l'ennemi ne put tirer aucun profit de sa victoire. La
nclusion de la paix trouva Faidherbe encore armé et menaçant;
iais, s'il avait vaillamment soutenu la lutte, il avait perdu sa santé.
. la fin de cette pénible campagne, il ressentait déjà les premières
tteintes du mal qui devait l'emporter après vingt années de souf-
ances. Les indifférents qui le voyaient si ferme ne pouvaient le
roire sérieusement atteint, mais ses amis tremblaient pour sa vie.
.ppelé à Versailles par M. Thiers, pendant le second siège de Paris,
dut s'arrêter en route, terrassé par la fièvre, ce que les malveillants
ttribuèrent à de la mauvaise volonté.

Son influence était grande sur tous ceux qui avaient été témoins de
t conduite. Les Lillois étaient fiers de l'avoir pour compatriote et

l'appelaient volontiers le Héros du Nord. Les députés de Constantine réclamaient son retour dans leur province, assurant que sa présence suffirait à y rétablir l'ordre. Mais d'autres étaient jaloux de le voir si populaire. Le préfet de Lille demandait que, par mesure politique, on le nommât grand officier de la Légion d'honneur ([1]), mais qu'on l'écartât du pays avant les élections municipales. Ces avis furent adoptés au Ministère et on accabla le général Faidherbe de désagréments, pour l'obliger à se retirer. Ne voulant pas engager de discussions avec un gouvernement dont la situation était très difficile, il demanda sa mise en disponibilité, ce qu'on accepta tout de suite. Plus tard, il constatait le fait en inscrivant sur le rapport particulier que les officiers fournissent chaque année : « commandant la troisième division militaire, puis en disponibilité sur la demande que j'en ai faite, à cause des mauvais procédés du Ministère de la Guerre envers les généraux et officiers qui avaient servi sous mes ordres et envers moi-même ». Élu député par les départements du Nord et de la Somme, il donna sa démission et fit même, sous prétexte d'études archéologiques, un voyage en Égypte, pour se tenir éloigné de tout. Il ne réussit pas ainsi à désarmer les jalousies. Un officier d'un grade très inférieur au sien et d'un mérite plus inférieur encore se permit de lui écrire une lettre que nous avons vue, où il lui reprochait « d'avoir profité des malheurs de la patrie, sans avoir réussi à les réparer. » Beaucoup d'autres n'ont pas été plus heureux, mais le reproche adressé au général Faidherbe n'était point fondé. Loin d'avoir reçu pendant la guerre un avancement exceptionnel, que ses services auraient justifié, il vit passer avant lui une soixantaine de généraux moins anciens de grade. Une réclamation au Conseil d'État contre le rang attribué à dix-sept généraux dont la nomination avait été antidatée ne fut pas admise.

Le département du Nord donna au général Faidherbe un siège au Sénat, mais il demeura sur le pied gauche avec les Gouvernements qui se succédèrent pendant dix ans et écarté de toute position sérieuse, ce que l'affaiblissement de sa santé ne justifiait pas d'abord. En 1880 enfin, on lui confia la grande chancellerie de la Légion d'honneur, dont il s'occupa avec un soin extrême, et où il apporta d'importantes

---

([1]) Il était commandeur depuis plus de dix ans.

réformes. Une maladie de la moelle épinière, qui amenait une para-
lysie progressive des membres, détruisit ses forces, sans atteindre son
moral, ni sa volonté toujours ferme et nette. Peu de jours avant sa
mort, un spasme fit croire que tout était fini; il se réveilla encore, et,
jetant un coup d'œil autour de lui, il prononça ces mots : « Obéissez-
moi. » L'instinct du commandement, qu'il avait toujours exercé avec
sagesse et vigueur, demeurait intact chez lui, malgré la défaillance
du corps. Il voyait sans faiblesse approcher le terme de son existence
et dicta les ordres les plus détaillés pour régler ses affaires privées,
tout ce qui regardait ses obsèques, les honneurs qui devaient lui être
rendus.

LE COLONEL DENFERT ROCHEREAU.

DENFERT ROCHEREAU (Pierre-Marie-Philippe-Aristide), fils de René-Clovis Denfert
Rochereau, percepteur à Saint-Maixent, et de Constance David-Lanoue, né à Saint-Maixent
(Deux-Sèvres), le 11 janvier 1823, marié à Pauline-Louise-Henriette Surleau; mort à
Versailles le 11 mai 1878.

La vive amitié qui m'a uni au colonel Denfert, depuis le jour où
nous nous sommes connus, c'est-à-dire depuis son entrée à l'École,
ne m'aveugle pas au point de l'égaler aux hommes célèbres dont je
viens de parler. Ils ont eu sur lui l'avantage d'une carrière plus longue,
dont l'éclat ne s'est pas démenti, ont été, par suite, mêlés plus longtemps aux grandes affaires et il en est résulté pour eux l'avantage
d'avoir exercé une influence plus considérable sur les destinées de la
France, sur celles du corps du Génie en particulier. Mais mon digne
et excellent ami me paraît représenter, plus qu'aucune autre personne,
ce que l'on est convenu d'appeler l'esprit de l'École Polytechnique :
Ardeur au travail; dévouement absolu à la patrie; désintéressement
poussé jusqu'à l'abnégation; et aussi, je dois en convenir, une confiance excessive dans la vertu des Mathématiques et des formules
abstraites, qui le portait à accepter jusqu'à l'extrême les conséquences des raisonnements ou des déductions algébriques. Il en arrivait quelquefois ainsi à des exagérations, parce qu'il est des choses
que le calcul et le raisonnement ne peuvent démontrer : elles ne sont
point de leur ressort. Incapable d'ailleurs de transiger avec ce qu'il
considérait comme son devoir, l'accomplissant simplement et sans

phrases, sans se préoccuper des obstacles, des difficultés qu'il pouva
rencontrer sur sa route, ni des dangers auxquels il pouvait s'expose
En quittant l'École en 1844, il fut admis le premier de sa promotio
dans l'arme du Génie, et sortit aussi le premier de l'École de Metz
La révolution de Février 1848 le remplit de bonheur, parce qu'elle lu
paraissait favoriser les idées qu'il s'était faites sur l'avenir des socié
tés et les droits des peuples. Les insurrections d'Italie, des Hongroi
l'enflammaient et il en parlait sans cesse, mais sans négliger pou
cela le service de la compagnie détachée où, comme lieutenant, i
avait souvent à remplacer son capitaine en congé. Particularité qu
se rencontre rarement, les grandes idées dont sa tête était pleine n
l'empêchaient pas d'apporter une attention scrupuleuse aux plus minutieux détails, aux plus minimes incidents de son service journalier.
Des opinions aussi tranchées devaient lui rendre peu agréable l'envoi
de sa compagnie au siège de Rome. Il prit part à toutes les opérations,
fit le service des tranchées, non seulement d'une manière irréprochable, mais avec un zèle qui fut remarqué. La ville prise, il ne dissi-
mula pas ses sympathies pour les ennemis qu'il avait si bien combattus
et se fit, devant les conseils de guerre, le défenseur de plusieurs de
ceux qui y furent traduits. Cela parut excessif à un moment où les
passions étaient loin de se calmer, où l'on assassinait nos soldats le
soir, dans les rues écartées, et Denfert reçut une destination en France.

Quelques années après, lorsque la prolongation du siège de Sébastopol exigea la présence de beaucoup d'officiers du Génie et des plus
énergiques, Denfert fut envoyé en Crimée. Là encore, il se conduisit
avec une grande distinction, reçut dans les tranchées une contusion à
l'épaule et une blessure grave à la jambe. Mais, fidèle à ses principes,
il blâmait hautement les guerres, comme un retour à la barbarie,
une entrave à la marche progressive de l'humanité, marche dont le
but doit être le bonheur des peuples comme celui des individus. Sans
discuter ce que ces discours pouvaient renfermer de vérités, on doit
reconnaître qu'ils n'étaient guère à leur place, lorsque se débattait la
question de savoir si les armées alliées seraient jetées à la mer, ou si
elles refouleraient l'armée russe dans le désert salé qui occupe tout
le nord de la péninsule. Denfert rentra donc en France, blessé, con-
valescent, avec la réputation d'un très brave soldat, mais d'un caractère bizarre et original. Il occupa depuis diverses positions en France

et en Algérie; fut notamment adjoint au professeur de construction
à l'École de Metz, ce qui fut pour lui l'occasion de se livrer à des
études approfondies sur la poussée des voûtes, la résistance des matériaux et l'équilibre des constructions. Aux qualités qu'on lui reconnaissait déjà, on s'accorda à ajouter celle d'un savant ingénieur et on
lui confia la direction des travaux de Belfort, place jugée importante
à toutes les époques de notre histoire.

Au moment où éclata la guerre de 1870, il y était depuis quatre
ans. Il la connaissait donc bien, en savait le fort et le faible, son opinion était faite sur le rôle qu'elle pouvait remplir, le degré de résistance dont elle était susceptible. Mais quelque bonnes que soient les
fortifications d'une ville, la résistance dépend surtout d'un autre élément: la capacité et la force d'âme de celui qui dirige la défense. Ah!
qu'il a eu la main heureuse, celui qui a donné le commandement
supérieur de Belfort au chef du Génie Denfert, préférablement à des
officiers plus anciens ou de plus haut grade qui se trouvaient dans la
place! Et combien on doit louer les sentiments patriotiques qui leur
ont fait accepter les commandements et la supériorité de celui qui, la
veille encore, était leur subordonné! Le récit de la défense de Belfort,
écrit sous l'inspiration du colonel Denfert (il avait reçu le grade de
lieutenant-colonel avec sa désignation comme commandant supérieur,
et celui de colonel pendant la durée du siège) par les capitaines
Thiers et de la Laurencie, est dans toutes les bibliothèques militaires.
Nous ne referons pas, après eux, le récit de cet acte de guerre célèbre,
qui peut être comparé à la défense de Gênes par Masséna. Appliquant le principe moderne de la défense des places, celle des remparts par l'extérieur, il resta maître très longtemps des villages qui
entouraient Belfort; disputa avec autant d'acharnement que de
succès toutes les positions avancées. Lorsque l'armistice conclu à
Paris vint suspendre les hostilités partout, sauf à Belfort, la place
elle-même n'avait point encore été attaquée. Un assaut donné au
fort des Perches avait été repoussé et de nombreux prisonniers
étaient restés entre nos mains. Les malheurs de la France parvenaient cependant jusqu'à la garnison et il fallait un singulier mélange de douce persuasion et de fermeté pour engager les soldats à
continuer une lutte dont ils ne comprenaient pas bien la nécessité.
Ce fut peut-être la période la plus critique qu'ait eu à traverser le

colonel Denfert, qui jusqu'alors avait réussi à faire partager à tous l'enthousiasme dont il était animé.

La Providence lui devait de ne pas laisser son œuvre incomplète. Après cent cinq jours de lutte, le colonel Denfert ne quitta Belfort que sur l'ordre de son Gouvernement. Il devait partir, avec la garnison, en plusieurs colonnes, pour rejoindre le territoire non occupé par l'ennemi. Mais la paix n'était pas signée encore, et les hostilités pouvaient reprendre. Aussi les chefs de l'armée prussienne s'efforcèrent-ils de ralentir la marche de cette petite troupe. Denfert ne négligea aucune précaution. Ses mesures étaient prises pour faire payer cher à l'ennemi ces intentions perfides. Elles n'eurent pas lieu de se manifester. Longeant le Jura, la garnison de Belfort put se rendre sans obstacles à Grenoble, où elle fut dissoute.

La défense de Belfort couronna et termina la carrière militaire du colonel Denfert, dont elle sera l'éternel honneur. Nommé député par trois départements, il entra à l'Assemblée nationale, y siégea à côté des républicains, mais il ne trouva pas dans la politique les satisfactions qu'il avait espérées. Pour elle, cependant, il renonça à l'Armée et prit sa retraite.

Sa santé était déjà ébranlée ; souvent chez lui l'enthousiasme faisait place à des désillusions. Mais rien n'ébranlait sa confiance dans le relèvement et l'avenir de la France, à qui il avait donné son cœur et sa vie : sous ce rapport au moins son espoir ne sera pas trompé.

Deux mots suffisent à résumer la carrière du colonel Denfert. Dans les temps troublés, a-t-on dit, le difficile n'est pas de faire son devoir, mais de le connaître. Lui, n'a jamais eu l'ombre d'une hésitation. Il a toujours vu nettement ce qu'il regardait comme son devoir, et il a su l'accomplir avec autant de dignité que de distinction. C'est un mérite qui n'a jamais été commun et il lui vaudra toujours, comme il lui a valu déjà, la reconnaissance de sa patrie.

Général COSSERON DE VILLENOISY.

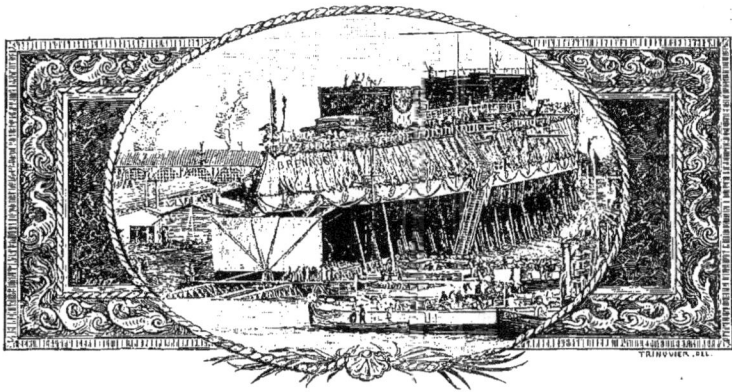

TRINQUIER DEL.

GÉNIE MARITIME.

I.

L'ORGANISATION DU CORPS.

La première organisation du corps des Ingénieurs-constructeurs de la Marine ne remonte qu'à 1765. Le mode de recrutement, qui subsista jusqu'à la Révolution, était le suivant : sur la proposition de l'intendant chargé de la haute direction de chacun des arsenaux maritimes, les candidats au grade d'élève étaient autorisés par le Ministre à suivre les travaux exécutés dans les ports. Après deux ans de ce stage, et à la suite d'un examen sur le dessin et l'arithmétique, ils étaient proposés pour les places d'élèves et faisaient, en cette qualité, un nouveau stage de deux ans dans les ports, puis les meilleurs d'entre eux étaient envoyés à Paris dans une école où ils recevaient un enseignement théorique. Ce n'est qu'après avoir satisfait aux examens de sortie de cette école qu'ils étaient nommés Sous-Ingénieurs au fur et à mesure des vacances. Le nombre des élèves était de dix à douze.

Lors de la suppression de l'Académie des Sciences, les scellés furent mis sur la salle de la Marine où se faisaient les travaux graphiques de l'École des Ingénieurs; l'enseignement fut désorganisé et le recrutement arrêté.

La loi du 30 vendémiaire an IV ordonna de recruter à l'avenir à l'École Polytechnique les élèves pour le service des constructions navales et, le 22 pluviôse suivant, un arrêté régla l'enseignement de l'École des Ingénieurs des vaisseaux, de manière qu'il se liât avec celui de l'École Polytechnique sans faire double emploi avec lui, transformant ainsi en École d'application l'ancienne École des Ingénieurs constructeurs de la Marine.

L'arrêté du 6 prairial an IV, prescrivant que les jeunes gens qui se destinent aux services publics doivent passer par l'École Polytechnique, supprima complètement l'ancien mode de recrutement et acheva de faire du corps des Ingénieurs des vaisseaux une des branches de la grande famille polytechnicienne.

Les anciens Ingénieurs constructeurs se montrèrent des maîtres aussi bienveillants que savants pour les premiers élèves de l'École qui entrèrent dans le Génie maritime. Contrariétés, dégoûts, humiliations, tel avait été le lot ordinaire de ces hommes de mérite et de dévouement; ils accueillirent avec joie des élèves qui, d'origine démocratique comme eux, entraient dans la carrière sous une meilleure étoile. Les anciens avaient dû se former seuls, leur savoir était le fruit de leurs travaux et de leurs veilles; les polytechniciens arrivaient à l'École des Ingénieurs des vaisseaux ayant déjà reçu un enseignement scientifique solide. La République leur ouvrait l'avenir et, sous un régime égalitaire, on pouvait espérer qu'ils acquerraient la situation qui leur était due. Cet espoir ne devait pas se réaliser.

La loi du 3 brumaire an IV, d'ailleurs, assurant au personnel ouvrier la place qu'il est juste et nécessaire de lui conserver, disposait que le quart des places de Sous-Ingénieurs constructeurs pourrait être donné aux maîtres charpentiers entretenus et aux maîtres et seconds maîtres mâteurs.

Les cadres fixés par une autre loi du 3 brumaire an IV étaient de 61 Ingénieurs, non compris 12 élèves.

4 Ingénieurs en chef constructeurs, directeurs, assimilés aux chefs de
    division ou aux capitaines de vaisseau, suivant l'ancienneté ;
25 Ingénieurs constructeurs ordinaires, assimilés aux capitaines de vais-
    seau ;
32 Sous-Ingénieurs, assimilés aux lieutenants de vaisseau.

Ces cadres comprenaient les Ingénieurs destinés au service des
ports militaires et ceux qui, détachés en dehors de ces ports, étaient
chargés de la recherche et du martelage des bois de la Marine dans
les forêts et des travaux de construction dans les ports secondaires.

La loi du 2 brumaire an IV avait confié dans chacun des ports la
haute direction à un administrateur unique sous le titre d'ordonnateur de la Marine. De cet ordonnateur relevaient l'administration,
la comptabilité, les directions des constructions navales, des mouvements et de l'artillerie. Le Ministre de la Marine et des Colonies,
dans son rapport au Directoire en date du 5 germinal an IV, proposa d'appeler les Ingénieurs constructeurs de la Marine à concourir
aux emplois supérieurs des ports ; par suite, dans l'application qui
fut faite de la loi du 2 brumaire, les postes d'ordonnateur dans les
quatre grands ports (Brest, Toulon, Rochefort et Lorient) furent
confiés à des Ingénieurs constructeurs. Les choix du Directoire furent particulièrement heureux et portèrent sur des hommes du plus
grand mérite.

Le Directoire, avec la netteté de vue qui caractérise la grande
époque révolutionnaire, avait considéré les ports comme de grandes
usines et confié aux Ingénieurs, de la façon la plus complète, la direction et l'administration des établissements nationaux de la Marine.
Mais en même temps, pour délimiter parfaitement leur rôle et prévenir la défiance qu'une innovation aussi considérable ne pouvait
manquer de provoquer, il avait tenu à ce que ce corps, autrefois
moitié civil, moitié militaire, fût purement civil.

Ce fut, en tant que corps, l'apogée du Génie maritime. D'ailleurs,
en dehors même de l'excellente organisation économique mise en
vigueur par le Directoire, les circonstances y prêtaient : les préjugés
nobiliaires, si puissants dans l'ancienne Marine et qui avaient contribué
pour beaucoup à l'oppression d'un corps exclusivement recruté parmi
des hommes de travail et d'étude, avaient cessé de constituer un ob-

stacle. L'émigration, la défection de l'escadre de Toulon en 1793 avaient fait disparaître, presque en totalité, le haut personnel du corps des officiers de vaisseau et de l'administration; les Ingénieurs se trouvaient être à peu près les seuls fonctionnaires présentant les garanties nécessaires pour être placés à la tête des arsenaux et du service des approvisionnements. Enfin le recrutement par l'École Polytechnique allait mettre le Génie maritime de pair avec les corps savants les plus élevés dans l'ordre civil et avec les armes spéciales de l'armée de terre.

Le règlement du 7 floréal an VIII complété par l'arrêté du 7 thermidor de la même année porta un coup funeste à l'organisation précédente. Il rendit militaires les Ingénieurs de la Marine, en se conformant, pour les grades, aux lois qui avaient déjà fixé l'assimilation. Ceci ne soulevait pas d'objection; mais, pour faire accepter plus rapidement une assimilation qu'il est toujours long de faire entrer dans les mœurs, on décida que les officiers du Génie maritime pourraient obtenir des grades dans le corps des officiers de vaisseau, après avoir rempli certaines conditions d'embarquement. Ce fut une faute : le Ministre voulait donner des titres et non des commandements; mais la forme l'emporta sur le fond. Forfait succomba sous les cris répétés des ports et la réaction, que suscita une mesure tendant à confondre des attributions différentes, dépassa le but; non seulement les Ingénieurs ne reçurent plus de grades dans la Marine militaire, mais l'idée de faire de l'arsenal une usine dirigée par eux fut, à son tour, abandonnée et condamnée. Elle devait être reprise plus tard pour les établissements d'Indret et de Guérigny et, pendant quelque temps, pour l'arsenal de Saïgon.

Si la confusion possible entre les fonctions de marin et celle d'Ingénieur était fâcheuse, il n'en était pas de même de l'assimilation : celle-ci (il s'agit, bien entendu, de l'assimilation complète et non d'une semi-assimilation, plus humiliante, plus déplorable pour le bien du service que la non-assimilation) était une conséquence obligatoire de la présence à bord des Ingénieurs de la Marine et du rôle qui leur était assigné. Or, l'arrêté du 7 thermidor réglait les conditions d'embarquement : il devait y avoir à bord de chaque division un officier du Génie maritime chargé, sous les ordres du commandant de la division, des travaux relatifs au radoub et à l'entretien des bâtiments;

un officier supérieur du Génie maritime était embarqué dans chaque escadre de quinze vaisseaux ; enfin un Ingénieur pouvait être embarqué sur tout vaisseau en voyage au long cours. Dans le cas où des travaux extraordinaires auraient nécessité l'établissement d'un atelier à terre, les ouvriers nécessaires devaient être mis, par le commandant de la division ou de l'escadre, sous les ordres de l'Ingénieur.

Le grand nombre d'Ingénieurs embarqués, la nécessité de pousser activement la reconstitution de la flotte, d'organiser les ports d'Anvers, de Gênes, de Venise et de Corfou exigèrent une augmentation du nombre des Ingénieurs ([1]). Un Inspecteur général fut placé à la tête du corps.

La formation des bataillons d'ouvriers militaires de la Marine entraîna une nouvelle modification. Au début, ces bataillons furent créés en vue d'un travail réel et productif dans les arsenaux. Mais bientôt l'Empereur, tournant ses efforts vers la guerre continentale, ne songea plus à pousser les travaux de la flotte ; il voulut avoir sous la main des compagnies très mobiles d'hommes de métier travaillant à la construction et à l'entretien des vaisseaux tant qu'ils restaient dans les arsenaux, mais appelés fréquemment à quitter les ports pour suivre les armées et combattre au besoin, tout en rendant les services professionnels attendus de leur expérience et de celle de leurs chefs. Sous la direction de leurs Ingénieurs, les ouvriers militaires furent les grands pontonniers des armées de l'Empire.

Les corps d'ouvriers militaires de la Marine furent licenciés le 31 mars 1816 par la seconde Restauration. Les souvenirs laissés par ces bataillons ont été si brillants, si glorieux, qu'il a été plusieurs fois question de les reconstituer, mais, sauf quelques organisations passagères, on peut dire que, depuis la Restauration, le personnel ouvrier, placé sous les ordres des officiers du Génie maritime, a toujours été purement civil.

La Restauration garda, à très peu près, les cadres du Génie maritime tels qu'ils étaient sous l'Empire, en y ajoutant cependant une seconde place d'Inspecteur général.

L'introduction de la vapeur dans la Marine élargit le rôle de l'Ingénieur dans les arsenaux et augmenta sa tâche ; en outre,

---

([1]) Arrêté du 7 thermidor an VIII modifié par celui du 24 messidor an IX.

direction des usines d'Indret et de Guérigny fut confiée au Génie maritime.

L'ordonnance du 2 mars 1838 établissait la nécessité de deux années de navigation comme Sous-Ingénieur pour passer Ingénieur. Cette excellente disposition devait être d'une application difficile avec un personnel trop peu nombreux pour les travaux des ports, des établissements et du service forestier de la Marine; elle fut abrogée dix ans plus tard, en 1848. Mais, si la condition de navigation cessa d'être exigée pour l'avancement, les embarquements n'en continuèrent pas moins à être très fréquents et les mesures prises par la République de 1848, puis par l'Empire, rendirent plus aisé l'envoi d'Ingénieurs à la mer, à un moment où leur présence était particulièrement indispensable, soit pour étudier les nouveaux types qu'ils avaient créés de toutes pièces, soit pour diriger les travaux de construction, d'entretien et de réparation en Crimée, en Chine, en Cochinchine et au Mexique.

Le décret du 11 avril 1854, le dernier décret d'ensemble qui porte réorganisation du Génie maritime, complété par les décrets du 8 septembre 1860 et du 5 octobre 1861, composa le corps de 122 officiers. Le dernier de ces décrets centralisait le service forestier en créant une direction spéciale. Cette direction fut, à une époque ultérieure, chargée de la surveillance des travaux confiés à l'industrie, travaux qui, à l'heure actuelle, sont devenus très importants par suite du désir de maintenir aux chantiers particuliers l'activité qu'ils ne trouvent plus dans les commandes de la Marine marchande.

Après la guerre de 1870 la plupart des corps de la Marine subirent une réduction de cadres, qui depuis a été maintenue en ce qui concerne les Ingénieurs.

Les cadres du Génie maritime comportent actuellement 117 officiers.

1 Inspecteur général;
5 Directeurs des constructions navales de 1re classe;
5   »   »   2e classe;
20 Ingénieurs de 1re classe;
20   »   2e classe;
26 Sous-Ingénieurs de 1re classe;
26   »   2e classe;
14   »   3e classe.

La Convention, par la loi du 3 brumaire an IV, ordonnait que les maîtres charpentiers entretenus, les maîtres ou seconds maîtres mâteurs pourraient obtenir le quart des places de Sous-Ingénieur de 2ᵉ classe (¹). Un décret du 16 juin 1865, complété en 1881, admet à concourir, pour les places vacantes de Sous-Ingénieur de 3ᵉ classe, les maîtres principaux ainsi que les maîtres entretenus ayant au moins un an de grade. Ces dispositions en faveur des collaborateurs du Génie maritime ne sont pas seulement bienveillantes, elles sont équitables et démocratiques, et l'on ne saurait trop désirer qu'elles reçoivent leur application intégrale.

A la fin du siècle dernier, les constructeurs formaient une corporation très savante, mais qui ne se souciait nullement de répandre ses doctrines et ses méthodes. Ayant au plus haut degré le sentiment des choses de la mer, les constructeurs étaient à peu près les seuls à se rendre compte que la prétendue fixité des types de navires n'était que passagère, et que l'architecture navale était intimement liée à toutes les découvertes de l'industrie humaine. Sans doute les types de la merveilleuse flotte à voiles du siècle dernier pouvaient, à bon droit, passer pour des chefs-d'œuvre et devaient se maintenir à peu près invariables tant qu'on n'avait pas le moyen de faire avancer le bâtiment contre une brise modérée. Mais ce serait faire injure aux Sané, aux Geoffroy, aux Forfait, de supposer qu'ils ont cru connaître le dernier mot de l'architecture navale ; ils ont non seulement prévu, mais dessiné et discuté des types qu'on a repris cinquante ans plus tard, lorsque des moyens de propulsion plus puissants que la voile ou l'aviron ont été trouvés.

A cette époque, l'Ingénieur de la Marine avait surtout à choisir judicieusement les bois, à en tirer le meilleur parti, à les assembler et à les lier pour reproduire des modèles existants; il était avant tout, en tant qu'homme technique, charpentier en bois. L'emploi de nouveaux modes de propulsion, des roues d'abord, puis de l'hélice, la nécessité d'outiller les établissements de la Marine, de les doter de forges, de fonderies et d'ateliers d'ajustage, de dessiner,

_____

(¹) C'était alors le grade de début dans la carrière.

de construire, de réparer et de conduire les machines, demanda de nouvelles connaissances. L'Ingénieur de la Marine devint un mécanicien; il put et il dut, en outre, au point de vue de l'architecture navale, se mouvoir sur un terrain beaucoup plus étendu qu'autrefois.

L'emploi de la cuirasse, le remplacement du bois par le fer, puis de celui-ci par l'acier, ont exigé que l'Ingénieur de la Marine fût non seulement constructeur et mécanicien, mais encore métallurgiste. La fabrication d'engins perfectionnés, tels que les torpilles, en a fait un mécanicien de précision; la part de plus en plus grande attribuée à l'électricité dans les ports et à bord des navires, un électricien.

Appelés à mettre en pratique chaque jour ces connaissances si diverses, auxquelles les ont préparés les fortes études théoriques de l'École Polytechnique, les Ingénieurs de la Marine ont largement contribué aux progrès accomplis pendant le cours de ce siècle dans les différentes branches de la Science et de l'Industrie.

II.

L'ŒUVRE DU CORPS.

Lorsque la Convention ordonna de recruter les Ingénieurs des vaisseaux à l'École Polytechnique par voie de concours, on était loin de prévoir les transformations qui, en moins d'un siècle, allaient renouveler l'art naval, et la part féconde que les polytechniciens prendraient à cette œuvre en se plaçant au premier rang des architectes maritimes. La construction des navires à voiles était arrivée à un haut degré de perfection; les progrès à réaliser semblaient devoir consister à améliorer non pas les formes des navires, mais leurs installations et une foule de détails qui laissaient à désirer.

La Révolution et l'Empire. Les ouvriers militaires de la Marine. — Aussi, durant la période de la République et de l'Empire, le matériel change peu. On construit vite, un peu partout; on crée et l'on organise des chantiers; on produit au milieu de difficultés sans nombre.

Comme construction maritime, la grande œuvre originale est la flottille de Boulogne. Là se trouvaient Tupinier et de jeunes Ingénieurs pleins d'ardeur et de talent qui venaient de sortir à la tête des premières promotions de l'École Polytechnique : Dupin, Moreau, Marestier, Hubert. Le premier Consul pouvait commander à de tels hommes d'accomplir, avec une rapidité voisine de l'impossible, des travaux dont la grandeur devait sembler chimérique avant qu'ils fussent terminés. Ce fut une grande et belle œuvre que la construction de cette flottille : achevée en un an, elle pouvait porter plus de cent mille hommes, avec quinze mille chevaux et l'artillerie correspondante; pour son coup d'essai, elle battit une escadre anglaise sous les yeux de l'armée de terre acclamant cette lutte de héros.

Austerlitz fait prendre un autre cours à la fortune et à la gloire de la France : Trafalgar a rendu Boulogne impossible, il faut recommencer la création d'une flotte de haut bord. Tel est l'ordre donné par Napoléon vainqueur de l'Autriche et de la Russie, à l'heure où il n'a plus à compter qu'avec l'Angleterre.

Il ne se borne pas aux ports de France : il veut que toutes les grandes positions maritimes de Belgique, de Hollande et d'Italie deviennent des centres de construction navale.

Du côté du Nord, Anvers sort de cette pensée : là tout est à créer; il faut faire de l'embouchure de l'Escaut le premier port militaire de la France. C'est aux Ingénieurs qu'incombe cette tâche. Ils établissent des ateliers, des chantiers, vingt-deux cales de construction, instruisent les ouvriers militaires, lancent en quelques années dans l'Escaut vingt vaisseaux de 74 canons, plusieurs frégates, un grand nombre de petits bâtiments. On voit à la fois sur les chantiers d'Anvers des vaisseaux à trois ponts, des vaisseaux de 80, de 74, les frégates; tous ces navires se construisent avec une rapidité incroyable. A Bruges, à Ostende, à Flessingue, Moreau et Boucher construisent et arment des flottilles; là, comme à Anvers, les ouvriers sont enrégimentés et les Ingénieurs, aux heures de repos, font l'instruction militaire de ces belles compagnies d'ouvriers qu'ils auront bientôt à mener au feu.

Du côté du Midi, les arsenaux de Gênes d'abord, puis de Naples, de Venise et de Livourne sont confiés aux constructeurs français. Sous la direction de Tupinier, de Dupin, de Marestier, de Boucher, les vaisseaux français s'élèvent comme par enchantement sur ces chantiers; des sémaphores relient Toulon au port de la Spezzia. Quand Napoléon rêve de rendre à l'arsenal de Venise son ancienne splendeur, c'est à Tupinier qu'il en confie la direction. Dans cet arsenal curieux, inaccessible jusqu'alors aux regards de l'étranger, la flotte de haut bord était rangée à terre, sous des abris. Ces vaisseaux, petits, de formes antiques, sont démolis et remplacés par d'autres plus grands et plus parfaits; mais pour les mettre à l'eau une difficulté paraissait insurmontable. Entre les bassins et la haute mer existait un barrage naturel amoncelé par les eaux descendues des Alpes chargées d'alluvions et repoussées par l'action de la mer et des vents. Tupinier construit des *chameaux*, grands supports flottants possédant une force émersive considérable, et n'exerçant qu'une pression très réduite sur le vaisseau qu'ils portent. Le 20 février 1812, il exécute au moyen de ces chameaux l'opération réputée impossible de faire franchir à un vaisseau de 74 canons les passes de Malamocco avec un tirant d'eau réduit à 13 pieds et demi. Cette manœuvre hardie et couronnée de succès est restée justement célèbre dans les annales du port de Venise, pour lequel semblait s'ouvrir, grâce à Tupinier, une nouvelle ère de prospérité.

En même temps, à l'autre extrémité de l'Adriatique, l'arsenal de Corfou grandissait sous la direction de Dupin.

Quand approche la neuvième année de l'Empire, les vastes projets de Napoléon sur la Marine atteignent leur premier terme; soixante-treize vaisseaux de haut bord, tous modernes, neufs, armés, équipés ou près de l'être, vont permettre de recommencer la lutte ajournée depuis Boulogne. Mais Napoléon est entré dans les neiges de la Russie avec la Grande-Armée : la victoire nous abandonne; la fortune contraire ne permettra pas de profiter de cette gigantesque poussée, la première et l'une des plus glorieuses œuvres des Polytechniciens du Génie maritime.

Et cette production surprenante, ces résultats qu'on n'a jamais atteints jusque-là dans le calme de la paix, c'est entre deux alertes que les Ingénieurs les obtiennent, toujours prêts à quitter les chantiers pour prendre l'épée, à courir aux extrémités du continent, y travailler et y combattre. Deux fois les Anglais attaquent Anvers, deux fois les ouvriers militaires les repoussent. La guerre avec l'Autriche éclate : l'armée française est sur les bords du Danube; ouvriers et Ingénieurs se rendent en poste à Vienne. Gilbert et Moreau modifient de grands bateaux du pays, y installent des canons et improvisent ainsi les canonnières avec lesquelles le général Baste foudroie les Autrichiens. A Lobau, ils construisent des bacs énormes qui vont transporter l'armée sur la rive ennemie. Moreau jette sur le fleuve le pont d'une seule pièce qui, dans la nuit du 4 au 5 juillet, sert au passage de l'armée. Le premier bataillon de l'Escaut revient avec le titre glorieux de bataillon du Danube. En Espagne, on le retrouve avec Gilbert et Moreau à l'assaut d'Almanza, où il se couvre de gloire.

A San-Lucar de Barameda, Masquelez, Vincent, Daviel créent avec les ouvriers de Rochefort la flottille qui doit assiéger Cadix. Les navires improvisés ne peuvent passer sous le feu des forts ennemis pour se rendre dans le canal où l'on doit les employer : sous la direction des trois Ingénieurs, ils sont halés à terre sur une presqu'île, traînés à bras d'homme sur des rouleaux et lancés dans le canal du Trocadéro. Dans l'espace de quinze jours, 30 canonnières et 35 péniches sont ainsi conduites dans le canal sous le feu de l'ennemi.

Arrive la campagne de Russie, le bataillon du Danube repart. Moreau a la cuisse droite emportée par un boulet de canon à la Moskowa; amputé, il continue à se battre. En 1813, les ouvriers militaires de la Marine, qui se sont illustrés au siège d'Olivença, à la bataille de la Gebora, à la prise de Badajoz, où Royou est décoré, sont rappelés en Allemagne. Ils sont à la bataille de Lutzen, à celles de Bautzen, de Wurtzen, de Dresde et de Leipzig. Gilbert, qui commande le parc de la Grande-Armée, est blessé au reploiement du pont de Meissen et à peine guéri est appelé à défendre le fort de Zinna.

A Torgau, Masquelez est l'âme de la défense, fortifiant la place et tenant la campagne avec ses ouvriers, que les Prussiens ont appris à redouter et qu'ils appellent les grenadiers noirs, à cause de leur sombre uniforme. Un jour, le bataillon d'ouvriers sort pour couper des palissades; un bataillon d'infanterie formé des débris de vingt régiments divers, doit les couvrir; il lâche pied et bat en retraite. Masquelez fait serrer les haches, charge les grenadiers saxons, les repousse et tombe blessé mortellement à la tête de ses troupes.

En Italie, quand Gênes est attaqué par les Anglais, Chanot revendique le commandement du poste qui défend le chantier de construction et tombe frappé d'une balle à la tête lors de la prise de la batterie Saint-Bernard.

Cependant la Science n'est pas oubliée. La grande silhouette de Dupin se détache sur ce fond troublé. Dupin poursuit à Corfou, à Toulon ses belles expériences sur la flexibilité, la force et l'élasticité des bois qu'il terminera à Dunkerque et qui serviront de point de départ à de nouveaux progrès de la construction navale. Hubert, marchant sur les traces de Coulomb dans les lieux mêmes où le savant physicien a étudié le frottement des machines simples, enrichit le port de Rochefort d'un grand nombre de machines aussi utiles qu'ingénieuses et fait sur la percussion une série d'épreuves extrêmement remarquées qui lui mériteront les suffrages de l'Académie. Dupin fonde le musée maritime et la bibliothèque de Toulon, Hubert le musée naval de Rochefort.

A cette époque agitée succède une période plus calme, mais aussi plus féconde au point de vue de l'art naval.

La nouvelle flotte à voiles. — Les noms de Dupin et de Tupinier sont intimement liés à tous les progrès de la Marine à voiles pendant ce siècle, à la transformation des types créés par Sané et à la préparation de la première Marine à vapeur. Si l'œuvre des deux grands Ingénieurs a été souvent confondue par les écrivains maritimes, c'est qu'ils ont combiné leurs efforts pour le bien du pays.

Dupin, avide de progrès et de nouveauté, géomètre habile, voyageur infatigable, abondait en solutions ingénieuses et nouvelles. Avant la période polytechnicienne, les constructeurs étaient à peu près renfermés dans la tradition locale; Brest, Lorient, Rochefort et Toulon avaient leurs secrets dont ils étaient jaloux et dédaignaient ceux du voisin. La mobilité des compagnies d'ouvriers, l'envoi d'Ingénieurs dans les ports de Hollande, d'Italie, d'Espagne forcèrent les jeunes Ingénieurs à rompre avec les anciens errements; mais c'est à Dupin que revient l'honneur d'avoir établi, entre les constructeurs de France et d'Angleterre, des relations qui ont été durables au grand profit des deux pays, et appelé l'attention sur les progrès de la Marine et de l'Industrie aux États-Unis.

Tupinier, placé pendant plus de vingt ans à la tête des ports et arsenaux, était à la fois un ingénieur, un administrateur, un organisateur de premier ordre. Dès les premières années de la Restauration, Tupinier, de concert avec Delamorinière et quelques anciens Ingénieurs, avait dressé les plans d'une nouvelle flotte à voiles, dont les formes étaient irréprochables et les détails très soignés, sans s'écarter comme tonnage des types anciens. Mais la transformation que projetaient dès lors Tupinier et Dupin était beaucoup plus considérable : ils comprenaient qu'en se bornant à construire des bâtiments semblables à ceux des Anglais nous resterions constamment inférieurs à ces derniers, et que, pour l'emporter, il fallait des frégates et des vaisseaux respectivement plus forts que ceux de nos rivaux.

L'opposition violente qu'ils rencontrent ne les rebute pas; ils préparent par leurs écrits et leurs discours un mouvement d'opinion en faveur des grandes dimensions.

On objecte le défaut de rigidité des navires fins et longs : Dupin répond en donnant les dimensions, les plans et les détails d'exécution de la charpente d'une frégate, *l'Amazone*, qui fut construite à Brest. Les échantillons étaient réduits, mais l'agencement rationnel de la charpente, fondé sur l'emploi de diagonales rigides, devait accroître la solidité. La déformation de *l'Amazone*, mesurée par l'arc après la mise à l'eau, ne fut pas la vingtième partie de celle que prenait une ancienne frégate de même force.

On allègue la pénurie de pièces de bois de dimensions suffisantes : Tupinier met au concours, parmi les Ingénieurs, la construction des navires de grande dimension en employant des échantillons réduits; Boucher et Leroux fournissent d'excellentes solutions et la *Surveillante* est mise en chantier à Lorient sur les plans de Boucher.

La preuve était faite. L'agrandissement des dimensions principales des vaisseaux et des frégates, et l'augmentation du nombre des pièces de canon, préconisés par Dupin et Tupinier, furent adoptés et la France posséda bientôt une flotte à voiles de tout point supérieure à l'ancienne, parfaitement appropriée à l'artillerie récemment adoptée et aux progrès de la tactique navale.

En même temps, la valeur militaire des navires et le confortable sont augmentés. Les entreponts étaient beaucoup trop bas, au détriment du service des pièces et de l'habitabilité. Il y avait bien, à Brest, Moreau (¹), le glorieux blessé de la Moskowa, qui construisait des vaisseaux ayant plus de hauteur de batterie que leurs similaires. Quand on s'en étonnait : « C'est, disait-il, la faute à ma jambe de bois ; j'ai donné tout le temps des coups de pied dans les lattes à la salle à tracer ; mais ne le dites pas, on pourrait me gronder ». Loin de le blâmer, Tupinier fait adopter l'augmentation des hauteurs de batterie ; le service de la batterie basse est assuré même par mer assez agitée. Pour l'artillerie des vaisseaux et des frégates, il fait prévaloir l'idée d'un calibre unique en modifiant seulement la longueur des bouches à feu suivant la hauteur progressive des batteries. Il serait trop long d'énumérer tous les perfectionnements que la Marine doit à la collaboration de Dupin et de Tupinier, mais il en est quelques-uns qu'on ne peut passer sous silence. A l'instigation de Dupin, on éclaire, au moyen de verres lenticulaires, les faux-ponts jusqu'alors plongés dans l'obscurité ; les câbles en chanvre sont remplacés par des câbles en fer ; aux tonneaux en bois, où se détériore l'eau destinée aux équipages, on substitue des caisses en fer ; des appareils distillatoires sont installés à bord des navires, qui n'ont plus à redouter, comme autrefois, d'être entièrement privés d'eau. Pour faciliter la navigation sur les côtes, Dupin introduit l'emploi de verres colorés qui varient l'aspect des phares. Il fait remplacer les vieilles machines à curer par des dragues à vapeur.

La flotte à vapeur. — A ce moment et malgré de nombreux mécomptes, on essayait, en Amérique et en Angleterre, d'appliquer

---

(¹) Moreau, qui fut pendant quatorze ans Directeur de l'École d'application du Génie maritime, a publié en 1827 un ouvrage rempli d'intérêt sur la théorie et la pratique de la construction des vaisseaux, sur les machines usitées dans les ports, le lancement, la mâture et l'armement.

vapeur à la navigation maritime. Marestier, à la suite d'une
mission dans ces deux pays, publie, sur les bateaux à vapeur, un
Mémoire resté célèbre et construit le premier bâtiment à vapeur que
la France ait possédé sur mer.

Le « Sphinx ». — Le problème ne semblait cependant pas complètement résolu : c'est seulement en 1830 que le *Sphinx*, aviso à
oues de 160 chevaux, entre en service réalisant largement les desi-
erata des marins, alliant à une vitesse d'environ 9 nœuds d'excel-
entes qualités à la mer. La conquête d'Alger arrive à point pour
mettre en lumière ce qu'on pouvait attendre de ce type nouveau et
un pas immense est franchi.

L'auteur du *Sphinx* était l'Ingénieur Hubert. Préparé par des
ravaux antérieurs sur l'outillage des ports, Hubert avait étudié et
iscuté tous les éléments des appareils du *Sphinx* avec beaucoup de
avoir et d'autorité. Mais les machines avaient dû être construites
n Angleterre, la France manquant alors de tout moyen d'exécution.
Le succès du *Sphinx* ouvrit une voie nouvelle : il imprima un dé-
cloppement rapide à l'industrie nationale, et, tandis que les ports
taient dotés d'ateliers spéciaux, de nombreux établissements se
ondaient ou s'outillaient pour satisfaire aux besoins de la navigation
vapeur, désormais consacrée par l'expérience.

Sous la direction des Ingénieurs de la Marine et, en particulier,
'Hubert, de Cros, de Fauveau et de Vincent, les cinq ports édi-
aient leurs ateliers, y installaient l'outillage nécessaire et formaient
: personnel ; l'outillage des ateliers fut constitué avec une rapidité
elle que, dès 1840, toutes les machines des avisos et des frégates
roues purent être d'origine française.

Tupinier, dont on retrouve l'intelligente intervention dans tous
s progrès accomplis à cette époque, comprit que la révolution qui
accomplissait dans l'art naval exigeait la création d'établissements
péciaux organisés industriellement. C'est à lui que la Marine doit
appropriation et le développement de ses grands établissements
: Guérigny et d'Indret.

Guérigny. — Les forges de La Chaussade appartenaient à la
arine depuis 1781 ; elles étaient dirigées par le service de l'artil-

lerie depuis 1809. En 1823, lorsque l'on se fut décidé à substituer les câbles-chaînes en fer aux anciens câbles en chanvre, on jugea que, pour garantir la qualité, l'uniformité et la production économique d'une fabrication de ce genre, il était bon de doter une même usine de moyens de production suffisants pour parer à toute éventualité en temps de paix et en temps de guerre. Un vaste atelier fut créé sur les plans d'Hubert et outillé de manière à pouvoir produire en une année jusqu'à 70000ᵐ de chaînes de tout calibre. Une grande presse hydraulique fut installée pour les épreuves. Guérigny alimenta les ports d'ancres et de câbles. Ces produits étant destinés presque en totalité aux constructions navales, le Génie maritime remplaça, en 1832, l'Artillerie dans la direction de l'usine.

Laimant et Zéni firent de l'usine de Guérigny une des premières forges de France. A Marcy, à Cosne, à Villemenant, à Demeurs, dans toutes les annexes, les machines-outils se multiplient, le corroyage, l'affinerie se transforment. Vancechout perfectionne la fabrication des ancres.

Les grandes Compagnies de navigation, reconnaissant la supériorité des produits qui sortaient des forges de la Marine, recoururent à La Chaussade pour la fabrication des ancres et des chaînes, tandis que la Marine militaire lui demandait des pièces de forge de plus en plus nombreuses.

Indret. — En même temps que Tupinier donnait à Guérigny une importance considérable, il fondait une grande usine destinée spécialement à la construction des machines marines. Il choisit Indret dont la fonderie, jadis utilisée pour la fabrication des canons, venait d'être abandonnée. Placée dans une situation centrale par rapport à trois des ports militaires, située sur un grand fleuve, l'île d'Indret présente les plus grandes facilités pour l'arrivage des approvisionnements et le transport des machines et des chaudières ; cet avantage, encore aujourd'hui très considérable, était de la plus haute importance à un moment où il n'existait pas de voie ferrée.

Tout était à faire. Tupinier fit étudier les installations des ateliers et du chantier de coques par Boucher ; mais, pour ce qui regardait les machines, il lui adjoignit un célèbre Ingénieur mécanicien, Gengembre, à qui fut confiée la haute direction des ateliers de machines jusqu'à sa mort, en 1838. Sous les ordres de Gengembre, les Ingénieurs de la Marine, Léonard d'abord, Zéni ensuite qui avait fait ses preuves en prenant une part brillante à la transformation de Guérigny, poussèrent activement les travaux de construction et d'outillage des ateliers de machines. A la mort de Gengembre, Zéni, puis Delamorinière prirent la direction du chantier et des ateliers. Les progrès de la navigation à vapeur, l'installation de machines sur des coques de plus en plus grandes rejetèrent au second plan le chantier qui ne convenait que pour de petits navires et qui, après avoir repris quelque importance au début de la construction en fer, fut abandonné vers 1849. Il avait rendu de réels services; c'est de ses cales que sortirent les premiers navires à vapeur mus par des machines d'origine française. En même temps les ateliers s'agrandissaient : Delamorinière et Dingler créaient une nouvelle fonderie, d'immenses ateliers de forge et d'ajustage munis d'un outillage perfectionné; ils passaient des appareils de 160 chevaux à ceux de 300 et de 450, préludant ainsi aux belles machines de Joffre, de Dupuy de Lôme et de Sabattier, aux appareils moteurs à balancier, à connexion directe, aux machines à double et à triple expansion. C'est à Indret que Moll allait mener à bien les fameuses expériences du *Pélican;* c'est à Indret enfin qu'on allait construire, sur les plans de Dupuy de Lôme, la machine du *Napoléon* qui développa une puissance de 3850 chevaux, extraordinaire à cette époque, et, quinze ans plus tard, celles du *Friedland* et du *Suffren,* sur les plans de Sabattier, machines qui ont assuré à Indret une célébrité justement conservée jusqu'à ce jour.

Travaux de Reech. — Il ne suffisait pas de créer les moyens d'exécution : la construction de bâtiments nouveaux, plus longs, de formes plus fines, l'emploi rationnel de la vapeur dans la machine exigeaient des théories nouvelles. C'est à Reech que revient l'honneur d'avoir établi ces théories et fixé les principes de la régulation des machines marines.

Reech ne fut pas seulement un Ingénieur distingué, mais un chercheur et un savant; son œuvre a eu une influence considérable sur les progrès des constructions navales et des machines, et cependant il a peu écrit. Héritiers de corporations dans lesquelles les corps de doctrines restaient manuscrits, peu nombreux, astreints à une tâche que les progrès modernes ont augmentée de jour en jour, et qui leur laisse peu de loisirs, soumis aux règlements militaires, les Ingénieurs de la Marine, dans le siècle qui vient de s'écouler, ont beaucoup produit et peu publié. Les travaux de Reech n'en ont cependant pas été moins fructueux. Directeur de l'École d'application du Génie maritime, pendant trente-cinq ans, il professa brillamment l'Hydrodynamique, la théorie des machines à vapeur, la théorie du navire, la résistance des matériaux, les cours de fonderie, de corderie, etc. Sous ses leçons savantes et pratiques se sont formées plusieurs générations d'Ingénieurs; son nom et ses enseignements se sont perpétués (¹) et il occupe une place à part dans l'histoire des constructions navales de ce siècle.

Transformation de la flotte. — Pendant que Dingler à Lorient, Dupuy de Lôme à Toulon, Gervaize à Brest, Sabattier à Rochefort, Moll, Montéty et Villain à Indret, Mangin à Cherbourg se vouaient avec ardeur aux progrès des machines sans perdre de vue ni les études d'ensemble, ni la construction des coques et se préparaient ainsi aux grands travaux qu'ils ont accomplis par la suite, d'autres Ingénieurs produisaient des coques de plus en plus allongées, de plus en plus fines et aussi de plus en plus légères, parmi lesquelles se placent, au premier rang, le *Prony* de Pretot, pour les bâtiments à roues, les types nouveaux de Boucher et de Leroux, la *Galathée* de Roger, le *Chasseur* de Guieysse, pour la flotte à voiles.

Une nouvelle révolution se préparait dans l'art naval. L'emploi de l'hélice avait été rejeté par l'Amirauté anglaise : la *Pomone*, construite en 1842, sur les plans de Boucher, fut le premier de tous les bâtiments de guerre pourvu de ce moteur. Boucher, comme autrefois Marestier pour les navires à roues, avait préparé la voie;

(¹) Les éminents Directeurs qui ont succédé à Reech à l'École d'application du Génie maritime : MM. de Fréminville, Sollier, Bienaymé, Madamet ont marché sur les traces de leur savant professeur; et l'Académie des Sciences a voulu reconnaître le mérite des œuvres accomplies par les directeurs et les professeurs de l'École du Génie maritime, en décernant à l'unanimité, à cette École, un prix extraordinaire en la personne de son Directeur, M. Madamet.

quelques années plus tard le *Napoléon*, construit sur les plans de Dupuy de Lôme, mettait la Marine française hors de pair.

Le « Napoléon ». — Dupuy de Lôme, qui avait, par une intuition de génie, deviné les besoins de la Marine militaire actuelle et montré les progrès à réaliser, s'était hardiment affranchi des traditions anciennes. Jusque-là les navires à voiles étaient considérés comme les seuls bâtiments de combat par les marins, qui appelaient les navires à roues des bâtiments *à faire peur*. L'hélice sur la *Pomone*, le *Charlemagne*, le *Caton*, l'*Ariel* restait l'auxiliaire de la voile. Dupuy de Lôme rompit avec ces errements, fit l'étude complète d'un navire à hélice à grande vitesse, et, malgré les difficultés que rencontra une innovation aussi hardie, parvint à faire adopter son projet.

Les succès du *Napoléon* constituent une des pages les plus glorieuses de l'histoire de notre Marine. Au début de la guerre de Crimée, quand les flottes de la France et de l'Angleterre se présentèrent devant les Dardanelles, le *Napoléon*, remorquant le vaisseau amiral, franchit le détroit en dépit des vents et des courants contraires. La flotte anglaise restée à l'entrée du détroit, impuissante contre les éléments, dut attendre pendant plus d'une semaine que les vents fussent devenus favorables.

Le retentissement fut immense; les navires à hélice se multiplièrent; les vieilles frégates à voiles, elles-mêmes, reçurent le nouveau propulseur. Là encore Dupuy de Lôme montra son ingéniosité et sa hardiesse de conception habituelles : il fit haler sur cales ces lourdes masses, les fit couper à la maîtresse section; l'arrière fut descendu sur la cale, et les frégates allongées par le milieu purent recevoir des machines et des chaudières.

La transformation était complète : des navires rapides allaient sillonner les mers, rapprochant les distances; des dépôts de charbon allaient se fonder. Le bâtiment *à faire peur* était désormais le bateau de l'avenir. En se reportant à vingt ans en arrière, à l'époque où il avait fallu commander en Angleterre la machine du *Sphinx*, en songeant aux progrès accomplis depuis, à tous ces ateliers de l'État, à toutes ces usines de l'industrie, à tous ces chantiers de construction qui s'étaient élevés, les Ingénieurs de la Marine pouvaient à bon droit être fiers de ce développement rapide, accompli sous leur impulsion, et du succès éclatant qui venait de couronner leurs laborieux efforts.

Ils allaient en remporter un autre non moins grand en créant un type nouveau appelé à devenir, pour quelque temps du moins, le maître de la mer : le navire cuirassé.

La « Gloire ». — En 1854, la guerre contre la Russie avait pris un développement imprévu, les forteresses russes défiaient les efforts de notre Marine, les vaisseaux à grand tirant d'eau ne pouvant s'approcher des côtes et prendre part à un bombardement. Des deux côtés du détroit on entreprit rapidement la construction de canonnières et de bombardes. Le gouvernement français, reprenant les idées dont, depuis dix ans déjà, Gervaize et Dupuy de Lôme s'étaient faits les promoteurs, se décida à construire de véritables batteries flottantes. Le 28 juillet 1854, on mit en chantier les batteries cuirassées la *Dévastation,* la *Lave,* la *Tonnante,* la *Foudroyante* et la *Congrève,* sur les plans de l'Ingénieur Guieysse ; ce ne fut que quelques mois plus tard et sur l'insistance du gouvernement français que l'Amirauté anglaise se décida à donner l'ordre de construire cinq batteries blindées analogues. Trois des batteries françaises, envoyées en Crimée, réduisirent en quelques heures la forteresse de Kinburn, en justifiant pleinement les espérances que l'on avait mises dans leur mode de protection.

Les batteries blindées n'avaient qu'une faible vitesse : pour les mener sur le théâtre des opérations, il avait fallu les remorquer ; mais elles furent le point de départ de la construction des cuirassés. MM. Marielle, Guesnet et de Ferranty établirent aussitôt des projets de cuirassés rapides, et montrèrent nettement la possibilité de remonter dans l'échelle des bâtiments et de construire des frégates et des vaisseaux établis dans les mêmes conditions d'invulnérabilité que les batteries flottantes. Sous la haute direction de Dupuy de Lôme qui, pendant douze ans, comme directeur du Matériel, allait donner une si vigoureuse impulsion à notre Marine, cette idée féconde ne devait pas rester à l'état de projet. Le 4 mars 1858, le port de Toulon recevait l'ordre de mettre en chantier une frégate cuirassée sur les plans du célèbre ingénieur, et bientôt la *Gloire,* le premier des navires cuirassés, s'élevait sur les cales du Mourillon, devançant de deux ans les navires similaires des Marines étrangères.

L'introduction d'un type nouveau dans la flotte de combat est toujours un fait important au point de vue de la tactique navale, mais jamais aucun type ne causa une révolution semblable à celle qui a suivi la construction de la *Gloire*.

La « Couronne ». — Quelques mois après la mise en chantier de la *Gloire,* on commençait à Lorient la construction de la frégate cuirassée en fer la *Couronne,* sur les plans d'Audenet. La *Couronne* n'est pas seulement une œuvre originale et puissante, elle marque, après le *Napoléon* et la *Gloire,* une nouvelle étape franchie pour arriver au cuirassé moderne. A Dupuy de Lôme revient l'honneur d'avoir tracé le plan de la première frégate cuirassée mise en chantier, à Audenet celui d'avoir, le premier, employé le fer dans la construction de nos grands navires. Grâce à Audenet, la France précéda l'Angleterre dans la voie des grandes constructions en fer, comme quinze ans plus tard elle devait la devancer, grâce à M. de Bussy, dans la voie des constructions en acier. La *Couronne* fut mise en chantier avant que l'on eût de l'autre côté de la Manche décidé la construction du *Warrior.*

La nouvelle frégate devait être construite à Lorient. Audenet établit, sur la rive gauche du Scorff, un superbe atelier des bâtiments en fer ; il apprit aux ouvriers la manière de mettre en œuvre les matériaux, édicta pour le rivetage des règles simples et pratiques autant que judicieuses, encore suivies aujourd'hui par la plupart des chantiers français. Le système de construction préconisé par Audenet était peu coûteux, il a donné les meilleurs résultats à tous les points de vue ; et, tandis que les navires similaires en bois ont depuis longtemps disparu, la *Couronne* sert encore aujourd'hui de vaisseau école des canonniers, justifiant, par sa durée, les vues de son auteur.

Cependant Dupuy de Lôme ne crut pas le moment venu de recourir exclusivement aux coques métalliques. Ce n'est point qu'il en méconnût l'avenir : dès 1845, il avait signalé les immenses avantages que présentait le fer pour la construction des navires, et les premiers navires qu'il avait dessinés et construits étaient en fer.

Mais lorsque, devenu directeur du Matériel, il créa les nouvelles flottes de combat, l'Ingénieur dut s'incliner devant les préoccupations de l'administrateur et utiliser les bois dont la Marine avait constitué des approvisionnements énormes; la question de durée cédait momentanément le pas à celle de l'économie.

Quelques années après, toutes les nations construisent des cuirassés, elles s'efforcent de regagner le temps perdu; mais, sous la direction de Dupuy de Lôme, le matériel de notre Marine conserve le rang qu'il a conquis. Si le grand Ingénieur ne parvient pas à faire adopter toutes les idées que lui suggère sa vaste intelligence, du moins, en construction navale, son autorité reste incontestée. Le Génie maritime lui prête un concours dévoué : MM. Gervaize, Audenet, Brun, de Coppier, Sabattier, Sollier, Mangin, Moll, Montéty s'efforcent dans les arsenaux de réaliser les programmes venus de Paris.

Chacun des nouveaux navires réalise un progrès. Frappé du parti que l'on peut tirer de la solidité et de la masse des bâtiments cuirassés, Dupuy de Lôme reprend, sur le *Magenta* et le *Solférino*, l'éperon abandonné depuis les galères du moyen âge; il développe cette idée sur le *Taureau* et il fait des cuirassés de véritables béliers, dotant, par cette transformation nouvelle, les flottes modernes d'une de leurs armes les plus redoutables. Il fait étudier le dépérissement des coques et des navires en bois par de Lapparent qui préconise et rend pratiques les procédés de conservation du bois par la carbonisation et à qui l'on doit l'application en grand de ces procédés à la Marine, aux Chemins de fer, à l'Industrie. Il fait étudier l'hélice par MM. Guesde et Jay dans des expériences restées célèbres et qui sont encore aujourd'hui le plus précieux document qu'on possède sur ce propulseur. Il crée un des meilleurs types de machines marines. Il pousse l'art du constructeur de vaisseaux au plus haut degré de perfection qu'il ait jamais atteint.

Malheureusement la flotte cuirassée ne devait pas servir pendant la guerre de 1870. L'Allemagne ne pouvait chercher à disputer à la France la suprématie sur mer et le rôle des Ingénieurs dut se transformer : les uns partirent avec des ouvriers des ports improvisés soldats du génie, les autres, maintenus dans les arsenaux, organisèrent la fabrication des armes, des canons, du matériel qui manquait à nos armées levées à la hâte, tandis qu'à Paris Dupuy de Lôme se consacrait à l'étude de la navigation aérienne, ce grave problème soulevé par l'isolement de la capitale.

Les premières années qui suivirent furent naturellement une période de calme pour la Marine; il fallait parer aux besoins de la défense du territoire. A l'inactivité des arsenaux correspondit une suite d'études des plus intéressantes pour la constitution du matériel futur.

Le « Redoutable ». — Au moment même où l'on terminait à Lorient la première frégate cuirassée en fer la *Couronne*, M. de Bussy proposait de construire en acier un petit bâtiment dont il avait fait les plans; douze ans après, sur le *Redoutable,* construit sur les plans de cet Ingénieur, on donnait satisfaction à cette demande. L'atelier des bâtiments en fer de Lorient fut, sur son initiative, doté d'un four à gaz Siemens, le premier qui ait été construit pour le travail des membrures métalliques. Les difficultés que présentait le travail d'un métal nouveau furent surmontées; il fut désormais établi que l'acier pouvait être utilisé en grand dans les constructions navales. Les coques devinrent à la fois plus légères et plus solides. Une fois encore, nous avions devancé l'Angleterre : les premières tentatives faites de l'autre côté de la Manche pour entrer dans la même voie avaient échoué; l'Amirauté anglaise dut envoyer, en 1873, ses Ingénieurs étudier nos procédés à Lorient. Aujourd'hui, la révolution qu'avait provoquée M. de Bussy s'est accomplie et l'acier s'est complètement substitué au bois et au fer dans la construction des coques de navires.

Le tirage forcé. — C'est également dans nos arsenaux qu'ont été entreprises et menées à bien, vers la même époque, les études relatives à l'emploi du tirage forcé sur les navires. M. Joëssel, en 1869, et M. de Maupeou, en 1875, avaient exécuté sur les chaudières de la Marine militaire de remarquables expériences dont les résultats, encore utiles à consulter aujourd'hui, ont servi de base à l'emploi du tirage artificiel sur les navires de tous les pays. Le poids des appareils a diminué, la vitesse s'est accrue et les résultats obtenus par l'application du tirage mécanique sur les navires du type *Hoche,* par MM. Huin et Garnier, montrent le chemin parcouru en peu d'années.

Derniers progrès. — Les progrès accomplis depuis une vingtaine d'années ont achevé de renouveler l'art naval. Dans cette dernière période, les Ingénieurs de la Marine ne sont pas restés au-dessous de leurs devanciers. MM. de Bussy, d'Ambly, Bienaymé ont continué, à la direction du Matériel et à l'inspection générale, l'œuvre des Dupin, des Tupinier et des Dupuy de Lôme. Pour ne citer que quelques-uns des progrès qui sont en propre l'œuvre du Génie maritime, nous rappellerons les premiers projets de croiseurs rapides dus à M. Bertin, la conception et la construction des avisos-torpilleurs, type nouveau de M. Marchal, reproduit aussitôt par toutes les Marines, les croiseurs cuirassés de MM. de Bussy et Thibaudier, la première solution réellement pratique de l'emploi des tourelles fermées à bord des navires, trouvée par M. Huin, les dispositions nouvelles de l'artillerie sur les grands bâtiments de combat imaginées par MM. Saglio, Huin et Thibaudier pour le *Lazare-Carnot*, le *Charles-Martel* et les croiseurs type *Charner*, les intéressantes études de M. Bertin sur la puissance offensive et défensive des navires de guerre.

Enfin c'est un Ingénieur de la Marine qui a le premier résolu d'une façon complète le problème de la navigation sous-marine. Mettant à profit une ancienne tentative de M. Brun et de l'amiral Bourgois, Zédé établit en 1888 les plans du *Gymnote* dont l'éclatant succès, dû aux travaux de M. Romazzotti, est le point de départ de la construction des grands navires sous-marins et inaugure une nouvelle transformation qui commence à s'accomplir dans l'art naval.

En même temps, la science de l'Ingénieur s'enrichissait, pour les machines à vapeur, des études de M. Risbec sur le rendement interne des machines, du travail de M. Bienaymé sur les machines et les chaudières, de l'étude de M. Madamet sur la Thermodynamique; pour la construction navale, des travaux de M. Hauser, de ceux de M. Madamet sur les compas et la résistance des matériaux; dans le domaine de la théorie, des recherches de MM. Risbec et Duhil de Bénazé sur le roulis résistant en eau calme, des études de M. Bertin sur les qualités nautiques, les vagues et le roulis, de celles de M. de Bussy traitant du roulis sur houle, l'un des problèmes les plus compliqués que l'Ingénieur ait eu à résoudre ; enfin de la *Théorie du Navire* de MM. Pollard et Dudebout, œuvre originale appelée à faire époque dans l'histoire des progrès de la Science et de la Marine.

Ici donc encore l'enseignement et l'éducation de l'École ont porté leur fruit. Les anciens polytechniciens se sont toujours proposé non pas d'être à la hauteur du progrès, mais de devancer les autres nations dans leur application pratique. Tel a été leur but, et c'est avec un légitime orgueil qu'ils peuvent se flatter d'avoir, en cherchant à l'atteindre, contribué pour une large part au développement industriel de la France. Chacune des grandes étapes qui marquent un des progrès de la marine dans ce siècle a été féconde. Après le *Sphinx*, ateliers et chantiers ont surgi du sol ; après le *Napoléon*, les commandes ont afflué dans nos chantiers, les nations les plus lointaines sont venues demander alors à la France des bâtiments, des machines et des chaudières. La *Gloire* a entraîné la création, dans nos usines, de la fabrication des plaques de blindage pour lesquelles notre industrie n'a jamais été dépassée. Du *Redoutable* date le développement inouï de la production de l'acier. Aujourd'hui enfin le *Gymnote* inaugure de nouveaux progrès : pour fournir les coques de nos flottes sous-marines, la fabrication de nouveaux bronzes, de l'aluminium lui-même s'installe et se perfectionne.

La méthode qui consiste à partir les premiers et à servir de modèle aux autres, au lieu de les copier, est pour nos camarades du Génie maritime un héritage des anciens Ingénieurs. Elle est difficile à suivre ; elle rend plus ardue la tâche quotidienne. Mais l'œuvre accomplie dans ce siècle, la gigantesque poussée à laquelle les progrès de la construction navale et des machines marines ont donné l'impulsion première, montrent combien cette manière d'agir est féconde au point de vue de l'industrie comme à celui de la défense nationale et quels services a rendu la laborieuse phalange qui a compté dans ses rangs Tupinier, Dupin, Hubert, Dupuy de Lôme, Audenet, Zédé et de Bussy.

L'Ingénieur à bord et aux colonies. — Embarqués sur les escadres ou envoyés dans les colonies, les Ingénieurs ont trouvé de nouvelles occasions de déployer leur activité. Dans nos possessions d'outre-mer, ils sont allés chercher les bois qui entrèrent longtemps dans la construction de nos navires; ils ont créé et dirigé les chantiers et les ateliers. A bord des vaisseaux, leur expérience a rendu d'utiles services; leur présence est devenue de plus en plus indispensable à mesure que les bâtiments de combat devenaient plus compliqués. En même temps la navigation a été pour eux une école fructueuse, elle a largement contribué aux progrès qu'ils ont réalisés par la suite; si, à certaines époques, le développement des constructions ou des motifs d'économie ont fait réduire le nombre des Ingénieurs embarqués, ce sacrifice a été aussi pénible pour le corps que préjudiciable à la Marine; mais du moins les ingénieurs ont pu prendre part aux expéditions lointaines et y ont joué un rôle important.

Quelques années après la fondation de l'École, Boucher répare à Alexandrie les débris de notre flotte échappés au désastre d'Aboukir et qui, sans son zèle et son activité, étaient perdus pour la France et l'armée d'Égypte. Tupinier sur l'*Indivisible* à Saint-Domingue, Dupin à Corfou remettent nos escadres en état avec une rapidité étonnante restée célèbre. Gilbert est blessé en combattant vaillamment sur le *Saint-Antoine* à Trafalgar.

Sous la Restauration, Larchevêque-Thibault et Royou vont à la Martinique et à la Guadeloupe créer le matériel indispensable aux ports des îles du Vent. Lebreton, au Sénégal, met en service le premier bâtiment à vapeur construit sur ses plans. Zéni, en mission dans les forêts vierges de la Guyane, prend, en pleine épidémie, les fonctions de commandant supérieur de la colonie de la Mana, qu'il remplit brillamment pendant près de deux ans.

En 1823, le souvenir des services rendus par les bataillons d'ouvriers militaires était encore vivant; lors de l'expédition d'Espagne, on adjoint Lebas à l'armée de Catalogne, on fait venir, à l'armée de Cadix, Auriol avec une compagnie d'ouvriers civils, on met sous ses ordres 500 Espagnols. Un chantier est improvisé à San-Lucar de Barameda. A l'endroit même où vingt-deux ans plus tôt les soldats-ouvriers de Daviel et de Vincent avaient créé de toutes pièces la flottille qui bloqua le port de Cadix, Auriol construit des bombardes, transforme les barques de la côte en canonnières, travaillant jour et nuit pour devancer les coups de vents de l'équinoxe d'automne : au jour dit la flottille arrive devant Cadix. La rapidité avec laquelle les avaries qu'elle a à subir sont réparées permet de l'utiliser deux jours après pour la descente dans l'île de Léon.

Lors de la conquête de l'Algérie, Pironneau, après avoir été chargé de l'installation et de l'armement de la flotte des transports à Marseille, est appelé, avec Lebas, à faire partie de l'expédition. Les services qu'ils rendirent à l'armée navale montrèrent l'intérêt qui s'attachait à l'établissement d'un chantier de réparation dans la nouvelle colonie. Cros fut envoyé à Alger: il improvisa un atelier pour la réparation des coques et des machines, travail remarquable à une époque où l'outillage pour les machines était si peu développé en France; il fit, avec les moyens les plus primitifs, le sauvetage de la machine et des chaudières du bateau à vapeur *l'Éclaireur*, coulé dans la darse d'Alger.

En 1831, Lebas va en Égypte procéder à l'abatage, au transport et à l'embarquement de l'obélisque sur le *Louqsor*, construit dans ce but spécial par Rolland. Après avoir rempli avec un plein succès cette mission difficile, il revient diriger les travaux d'érection de l'obélisque sur la place de la Concorde. La gloire de ce beau travail revient en entier à Lebas; il évoque cependant le souvenir de deux autres Ingénieurs de la Marine. Il n'eût peut-être jamais été entrepris sans l'esprit d'initiative de Tupinier, qui en montra la possibilité et insista vivement pour sa mise à exécution; en Égypte, Lefébure de Cerisy prêta à Lebas un précieux concours et mit à la disposition de la mission l'influence considérable que, pour le plus grand bien de la France, ses services lui avaient acquise sur l'esprit de Méhémet-Ali.

Quelques années plus tard, M. de Gasté, embarqué sur l'escadre des Antilles, monte le premier à l'assaut du fort de Saint-Jean d'Ulloa le 5 décembre 1838. Aux îles de la Société, MM. Marielle, de Coppier, Audenet fondent les chantiers de réparation de Papeete, et y créent le service des eaux et forêts. Des opérations telles que la réparation du *Gassendi*, la création d'une cale de halage, la mise à sec du brick *l'Ana* ont fait époque dans les mers du Sud; menées à bien avec les moyens primitifs dont disposait la colonie naissante, elles ont commencé la grande réputation de ces Ingénieurs. La suppression de l'Ingénieur détaché à Papeete a rendu nos flottes tributaires des établissements de Sydney et de San Francisco.

Lors de la guerre d'Orient, M. Legrand, qui accompagne l'amiral Bouet-Vuillaumez comme Ingénieur d'escadre, est appelé aux conférences de Varna, où l'on discute l'expédition de Crimée. Il faut, pour le débarquement projeté, créer un matériel spécial, construire à la hâte des chalands semblables à ceux qui ont servi en Algérie. M. Legrand en trace les plans sur le sol en présence des membres du conseil, autour de deux pièces d'artillerie munies de leurs hommes et de leurs caissons. Il part aussitôt pour Constantinople après avoir promis d'envoyer, à bref délai, le matériel nécessaire, sans s'inquiéter des maigres ressources qu'il doit trouver à l'arsenal turc : 25 jours après, notre escadre était munie de quarante de ces précieux éléments de débarquement d'une armée. Embarqué sur le *Napoléon,* M. Legrand revient en Crimée, il répare à Kamiesch la flottille des embarcations de l'escadre; à Stréleska, sous le feu de l'ennemi, le *Roland* dont l'hélice est désemparée. L'ouragan du 14 novembre 1854 éprouve durement notre flotte : presque tous les navires ont leur gouvernail démonté. M. Legrand, à l'arsenal de Constantinople, remet en état en quelques jours vingt-deux vaisseaux et frégates plus ou moins maltraités par la mer ou le feu des batteries dans la journée du 17 octobre. M. Brun, envoyé en Turquie un an avant la fin de la guerre, dirige à la fois les travaux de l'arsenal et la création des ateliers établis par les Messageries maritimes à Constantinople.

Pendant la guerre d'Italie, M. Vincent part avec l'escadre, construit des baraquements pour les troupes, transforme les trabacoli du Pô en bombardes qui devaient servir à l'attaque de Venise, pendant que M. Boden monte et lance des canonnières sur le lac de Garde.

Arrive l'expédition du Mexique, Romagnesi meurt à la tâche sous ce climat meurtrier qui a déjà enlevé Royou, Lambert et Prouhet. Il est remplacé en 1865 par M. Dislere, puis par M. Clément, qui parvient à améliorer, pour le rapatriement, les conditions d'hygiène de notre flotte, tâche parfois difficile à bord de navires de combat transformés en transports.

En 1859, lors de la première expédition de Chine, Villain est désigné comme Ingénieur d'escadre. M. Bienaymé, après avoir surveillé à la Seyne la construction des canonnières démontables destinées à l'attaque des forts de Peïho, fait construire à Hong-Kong tout un matériel de débarquement, et remonte à Tche-Fou les canonnières qui vont bombarder les forts de Takou. En 1862, pendant la seconde expédition, M. Verny, envoyé en Chine, installe un chantier à Ning-Po à proximité du théâtre des opérations; en quelques mois il établit des cales de construction, construit et lance quatre canonnières, répare les bâtiments de l'escadre, improvise des bassins en faisant dans le sol des excavations, dont les murailles sont soutenues par quelques madriers et l'ouverture fermée après l'entrée du navire par un batardeau formé de terre battue entre des planches.

Cependant Villain jetait les premières bases du grand arsenal de Saïgon. MM. Antoine et Berrier-Fontaine donnèrent une vigoureuse impulsion aux travaux de l'arsenal, et fondèrent en Cochinchine l'un des chantiers les plus importants qu'une nation européenne possède dans les mers lointaines. En 1862, en moins d'un an, des ateliers de toutes sortes, ajustage, forges, fonderie, ateliers à bois, des parcs à charbon, des voies ferrées, de petits bassins furent improvisés. L'arsenal de Saïgon se développait rapidement quand survint la guerre de 1870 : M. Dislere dut improviser la fabrication des torpilles, assurer les réparations de la division navale, coopérer à l'organisation de la défense de la colonie. Puis arrivèrent les économies forcées. Ce n'est que sous la direction de M. Taton que le développement de cet établissement put reprendre un nouvel essor : un grand atelier d'ajustage fut installé; l'atelier des bâtiments en fer, des magasins, le grand bassin de radoub furent terminés au moment même où la guerre du Tonkin donnait au chantier une importance nouvelle.

C'est à ses Ingénieurs de la Marine que la France, si longtemps tributaire de l'étranger pour la réparation de ses flottes dans les mers de Chine, doit de posséder aujourd'hui en Indo-Chine un arsenal de premier ordre, sans lequel toute action sérieuse serait à peu près interdite à nos vaisseaux dans ces parages. Ils n'ont pas seulement montré de l'initiative, indiqué l'œuvre à accomplir, triomphé des obstacles et des résistances inévitables, ils se sont mis eux-mêmes courageusement à l'ouvrage dans un pays malsain, surtout après la conquête. Avec leur longue pratique du personnel ouvrier ils ont su tirer un excellent parti des Annamites et des Chinois. En travaillant très vite et très économiquement, ils ont assuré le développement et la prospérité d'un établissement auquel est intimement lié le sort de nos possessions indo-chinoises. La dernière guerre avec la Chine a montré ce qu'on pouvait attendre de l'arsenal de Saïgon. Tout en achevant les travaux d'installation et d'outillage, MM. Taton, Petit et Louis ont assuré dans les meilleures conditions la réparation, l'entretien, l'approvisionnement de nos escadres. En moins de trois années, de 1884 à 1886, avec un personnel restreint qui n'a jamais dépassé 1440 hommes, plus de 150 bâtiments de mer, sans faire entrer en ligne de compte la flottille locale de Cochinchine et celle du protectorat du Cambodge, sont venus se faire réparer à l'arsenal ([1]). A la même époque, MM. Duplaa-Lahitte sur le *Bayard*, Janet à l'arsenal improvisé d'Haïphong, rendaient sur place des services signalés à la flotte si éprouvée par la croisière de Formose et à la flottille qui portait notre pavillon dans les rivières du Tonkin.

Appelés à naviguer sur les transports qui conduisent nos troupes en Indo-Chine, les Ingénieurs ont vu de près l'importance qui s'attachait à aménager d'une manière toute spéciale les navires destinés aux transports des blessés ou des malades; de là est sortie la superbe flotte dessinée par M. Cazelles, qui a rendu et rend encore tant de services. Les témoignages des malades et des blessés revenant de l'Indo-Chine, les statistiques donnant la mortalité à bord démontrent la supériorité de ces navires sur tous les similaires en ce qui concerne l'hygiène. Les transports de M. Cazelles ont souvent excité, à leur passage dans l'Inde, l'admiration des Anglais, pourtant si fiers, à juste titre, de leurs *troop-ships;* les principes suivis dans leur construction pour la ventilation, l'aération, l'isolement des malades atteints d'affections contagieuses ont marqué un progrès considérable, qui a profité à toutes les flottes de guerre et de commerce.

L'Ingénieur est toujours à bord au moment des essais, il ne quitte son poste qu'après s'être assuré lui-même du fonctionnement de tous les appareils : qu'il s'agisse de chaudières, de machines, de bateaux

---

([1]) Pendant cette période comme pendant celle de 1870, l'arsenal de Saïgon n'a pas fermé une heure; on y a travaillé jour et nuit, avec des relèves d'ouvriers indigènes.

sous-marins, c'est à lui qu'appartient la direction des expériences, c'est son personnel qui exécute les manœuvres sous ses ordres; il ne cède la place qu'après avoir tout essayé, tout vérifié. Cette existence où la pratique et l'expérience s'associent heureusement aux études théoriques est remplie d'attraits; mais elle a aussi ses dangers et sans parler de ceux qui, comme Royou, Lambert, Prouhet, Romagnesi ont été chercher la mort dans le golfe du Mexique, le Génie maritime compte à bon droit, parmi ses titres de gloire, la mort de Duchalard à Nantes, de Delautel à Brest, les blessures reçues en service par MM. Montéty, Zédé, Clauzel et de Bénazé, tout aussi bien que celles reçues par Gilbert, Moreau et Chanot sur les champs de bataille ou que la mort de Masquelez à Torgau.

Relations avec le personnel ouvrier. — Un point qui mérite d'appeler l'attention est la cordialité de relations qui a toujours existé entre les Ingénieurs de la Marine et le personnel civil placé sous leurs ordres. Dans le cours de ce siècle, il serait impossible de citer une seule tentative de grève, un seul mouvement de révolte dans l'un des arsenaux ou des établissements de la Marine; par contre, les preuves de dévouement, les témoignages de reconnaissance abondent. La cause en est simple. De tout temps, il a été de tradition dans le Génie maritime, de vivre le plus possible sur les travaux, de ne pas s'en tenir aux vues d'ensemble, trop souvent insuffisantes, mais d'entrer dans le détail et de tout voir par soi-même; les Ingénieurs acquièrent ainsi la pratique du métier, sans laquelle la théorie est impuissante et que l'on ne peut enseigner dans aucune école. Ils y ont appris, ce qui était aussi précieux, à connaître le langage, les habitudes, la manière d'être du personnel placé sous leurs ordres, et, sachant s'en faire comprendre, ils s'en sont fait estimer et aimer. Ils n'ont pas connu la fierté qui sert à cacher une timidité trop grande, souvent une insuffisance de connaissances pratiques. Ils se sont attachés à leur personnel, se sont préoccupés de connaître ses besoins, de les prévenir, d'assurer aux ouvriers les bienfaits de l'instruction au début de leur carrière, et, à la fin, des ressources suffisantes pour eux et leur famille.

A côté de l'école élémentaire, où les apprentis complètent les connaissances acquises avant l'entrée à l'arsenal, ils ont fondé les écoles ordinaires et supérieure de maistrance, dont l'enseignement rappelle par plus d'un point celui de cette brillante Association polytechnique, née sur les barricades de 1830 de la sollicitude des Polytechniciens pour leurs compagnons d'armes. Sous les leçons éminemment pratiques faites par l'Ingénieur à la porte du chantier et de l'atelier se forment des générations d'ouvriers habiles, qui accroissent leur salaire en même temps que leur savoir, des générations de contre-maîtres et de maîtres qui composent cette brillante maistrance dont la Marine a le droit d'être fière. En rehaussant à la fois le niveau intellectuel et moral de ses collaborateurs, l'Ingénieur de la Marine établit entre son personnel et lui une solidarité profitable. Seul pour commander à quelques centaines d'ouvriers, il ne suffit pas qu'il cherche à être juste, qu'il s'affranchisse de toute influence extérieure, il faut qu'il en soit de même des maîtres et des contre-maîtres qui servent d'intermédiaire entre lui et le personnel inférieur placé sous ses ordres. C'est en développant leur instruction, en exigeant d'eux cet esprit de justice, dont l'ouvrier possède l'instinct au plus haut degré, qu'il arrive à se faire non seulement respecter et obéir, mais aimer de ce personnel nombreux, à la fin comme au début de sa carrière.

Parmi les hommes qui, au cours de ce siècle, ont le plus efficacement travaillé à l'amélioration du sort des ouvriers, un Ingénieur de la Marine, Ch. Dupin, occupe une des premières places. Le développement et l'organisation des écoles, la diffusion de l'enseignement professionnel, l'accroissement des bibliothèques, la multiplication des caisses d'épargne, la protection dans les manufactures des intérêts moraux et physiques des enfants, la liberté du travail ont trouvé en lui un défenseur ardent et sincère. Prêchant d'exemple, il a, pendant de longues années, consacré son temps et ses talents à l'instruction de la classe ouvrière. Il a encouragé et soutenu ceux de ses camarades qui, comme Vincent et Campaignac, ont voulu s'engager dans la voie qu'il avait ouverte.

Tupinier profita d'un court passage au Ministère pour améliorer la position des ouvriers de la Marine, en faveur desquels il réclamait en vain depuis longtemps : l'Ordonnance du 3 mai 1839, qu'il fit rendre, éleva le salaire des ouvriers, régla leur position et leur avancement.

C'est lorsqu'un Ingénieur fut appelé pour la seconde fois au Ministère de la Marine que furent prises les mesures équitables qui ont relevé le salaire insuffisant des ouvriers des ports et des établissements de la Marine. M. Charles Brun, en 1883, donna le titre d'ouvrier à toutes les catégories du personnel possédant effectivement un métier, augmenta les soldes de maladie, notamment en cas de blessure sur les travaux, et assura aux ouvriers des retraites en rapport avec leur solde antérieure et les services rendus.

Le Génie maritime a été récompensé de sa sollicitude envers les ouvriers par les suffrages qui ont, à diverses époques, envoyé au Parlement plusieurs de ses membres et lui ont permis de défendre le personnel des établissements de la Marine en resserrant ainsi les liens, déjà si étroits, qui l'unissent à ses Ingénieurs.

III.

TRAVAUX EN DEHORS DU CORPS.

Ce n'est pas seulement par l'élan qu'ont donné à l'industrie nationale les progrès des constructions navales que les Ingénieurs de la Marine ont contribué à son développement. Beaucoup sont sortis des rangs pour aller former ce que l'un des plus distingués d'entre eux, Lecointre, appelait la *Légion étrangère*. Il entendait par là l'ensemble des Ingénieurs de la Marine passés à l'Industrie ou en mission au service des Gouvernements étrangers. Cette Légion où Lecointre a occupé un grade élevé a rendu souvent à la France des services signalés ; il est juste de les reconnaître et de les rappeler.

Depuis de longues années, ce sont des Ingénieurs de la Marine qui, à la Seyne, à Marseille, au Havre, à Bordeaux, à Saint-Nazaire, dirigent les grands chantiers de construction maritime, entrant en lutte avec les chantiers anglais, construisant des navires pour notre flotte de combat, pour nos Compagnies maritimes, pour la Russie, l'Espagne, la Grèce, la Turquie, le Brésil, le Chili et le Japon. Les uns, comme MM. Lecointre, Audenet, Daymard, Lagane, Risbec, Chaudoye, Widmann, Madamet, y trouvent de bonne heure le moyen de développer leur activité et leurs talents, rivalisent avec leurs camarades restés au service de l'État, et se montrent des concurrents redoutables pour les Ingénieurs des chantiers étrangers. Les autres, comme MM. Dupuy de Lôme et de Bussy, au moment où la limite d'âge leur enlèverait le moyen d'ajouter de nouveaux services à tous ceux qu'ils ont déjà rendus à leur pays, apportent dans les chantiers privés leur expérience et l'autorité de leur grand nom, et viennent y continuer jusqu'à la fin leur vie de travail.

Aux Forges et Chantiers de la Méditerranée, à la Seyne, M. Brocard (1863-1869) construit pour le gouvernement espagnol la frégate blindée *la Numancia*, l'un des premiers navires cuirassés sortis de nos chantiers privés, et dresse les plans des frégates *Friedrich-Karl* pour la Prusse, *Ibraihmieh* et *Mouzafer* pour l'Égypte. Parmi les nombreux bâtiments construits sur les plans de M. Lagane depuis 1865, le monitor brésilien *Solimoës*, le cuirassé espagnol *le Pelayo*, le croiseur *le Cécille* auraient suffi pour assurer à leur auteur une réputation méritée. Ses créations les plus récentes, le croiseur chilien *le Capitan-Prat* et le grand cuirassé français *le Jauréguiberry*, présentent d'heureuses innovations, qui ont appelé d'une manière toute spéciale l'attention sur ces navires. En même temps, M. Lecointre dirigeait les ateliers mécaniques de Menpenti, à Marseille (1860-1871), exécutait les machines marines des premières frégates cuirassées commandées à l'industrie, prenait une part décisive à l'achèvement du canal de Suez en créant, avec M. Cadiat, un matériel de dragage des plus importants, et notamment ses dragues à long couloir et ses élévateurs. C'est à lui que sont dus les phares tripodes des gouvernements russe, brésilien, égyptien et ceux du canal de Suez. M. Orsel (1871-1888), qui lui succéda à Menpenti, a dessiné et construit un grand nombre de machines marines, entre autres celles du *Pelayo* et du *Cécille*.

Lorsque, en 1872, l'administration des Forges et Chantiers de la Méditerranée songea à créer au Havre le chantier de Graville, Dupuy de Lôme, alors vice-président de la Société, désigna

pour ce travail M. Du Buit. Dans ce chantier, qui était son œuvre
et qu'il dirigea pendant huit ans, M. Du Buit construisit des navires
très réussis pour la flotte de guerre et de commerce, et il ne quitta
Graville que pour prendre la direction des chantiers de la Néva, à
Saint-Pétersbourg.

Aux Chantiers de la Loire, M. Jay crée les ateliers de Saint-
Nazaire, transforme ceux de Nantes, dresse les plans, coques et
machines, de plusieurs beaux croiseurs, dont l'*Amiral Korniloff*,
construit pour le gouvernement russe. Sous la direction de M. Chaudoye, on voit sortir des chantiers de Nantes, de Saint-Nazaire et de
Saint-Denis des navires remarquables par leur élégance et la finesse
de leurs formes : les lignes changent d'un type à l'autre et cependant
ces cuirassés, ces croiseurs, ces yachts, ces torpilleurs, qui dépasse-
ront en vitesse tous les navires connus, ont entre eux une parenté,
un air de famille qui ne trompe pas. Il y a là une suite d'idées, une
continuité de progrès, qui fait de chaque navire comme un anneau
d'une longue chaîne de plus en plus brillante, et montre que l'art du
constructeur pourrait bien devenir un jour, s'il ne l'est déjà, une
véritable science pour l'Ingénieur qui semble marcher ainsi à coup
sûr dans la voie du mieux. Tous ces plans portent la signature de
M. de Bussy.

A Bordeaux, parmi les travaux de M. Labat, on peut compter
comme son chef-d'œuvre la cale de halage qui porte son nom : parfaitement approprié aux conditions locales de Bordeaux, ce système
original a été reproduit dans d'autres ports, où les difficultés à
vaincre étaient les mêmes, notamment à Fou-Tcheou.

Dès l'époque de la fondation des Chantiers de l'Océan à Bordeaux,
en 1862, M. Pastoureau construisit pour la Marine militaire et les
Marines étrangères de nombreux bâtiments, en particulier la frégate cuirassée italienne *l'Ancona*. En 1882, M. Le Belin de Dionne,
directeur des Constructions navales, quitta le service de l'État pour
prendre la direction des chantiers et ateliers de la Gironde (¹);

(¹) Pendant que, sur la rive gauche du fleuve, les ateliers ou chantiers de
l'Océan passaient à la Compagnie de Dyle et Bacalan, dirigée par M. Penelle, un
ancien élève de l'École Polytechnique, M. Bichon, créait sur la rive droite des
chantiers importants, qui furent cédés plus tard à la Société des Chantiers et
Ateliers de la Gironde.

secondé par MM. Baron et Marchal, il rendit à ces chantiers une grande importance. Un nombre considérable de navires de tout rang sont sortis des chantiers de la Gironde, entre autres le *Château-Margaux* et le *Château-Yquem*, les deux paquebots qui ont été les premiers croiseurs auxiliaires de la flotte française.

Les grandes Compagnies de navigation, les Messageries maritimes, la Compagnie transatlantique et les Chargeurs-réunis ont également fait appel aux Ingénieurs de la Marine.

Les lignes postales françaises ont été d'abord un service d'État; ce n'est que plus tard que l'on eut recours à l'initiative privée. Dès l'origine, elles ont été desservies par des paquebots construits en France; c'est aux Ingénieurs de la Marine qu'est due la construction de ces navires et l'organisation des lignes postales. Tout au début de la période des navires à roues, presqu'au moment de l'apparition du *Sphinx*, Vincent dessine et construit le *Golo* et le *Liamone* pour le service postal de la Corse. Peu de temps après, Moissard, qui a étudié au Havre et en Angleterre la construction, l'armement et l'installation des paquebots américains et anglais, est mis à la disposition du Ministre des Finances pour établir le service de la correspondance postale maritime. Il réunit entre ses mains la gestion administrative et la direction des travaux. Dès 1833, ses premiers paquebots, *la Poste* et *l'Estafette*, petits navires de 50 chevaux, prirent rang parmi les meilleurs marcheurs de la Manche; en 1835, il fournit, pour la création de la correspondance du Levant, le type de dix paquebots de 160 chevaux, tels que le *Ramsès* et le *Tancrède*, qui atteignirent 10 nœuds et conquirent immédiatement la faveur des passagers. En 1840, il reprit le même type en l'améliorant; il allongea la carène et gagna ainsi un demi-nœud avec le *Périclès* et le *Télémaque;* enfin, en 1841, il créa pour le service d'Égypte les paquebots de 220 chevaux type *Caire*, si longtemps fameux par l'élégance de leurs formes, leur tenue à la mer et leur vitesse.

Moissard avait achevé de mettre les lignes françaises hors de pair: ses 220, comme on les appelait alors, faisaient, en six jours et demi, les 495 lieues marines qui séparent Marseille d'Alexandrie; ils gagnaient douze heures par traversée sur les steamers anglais. Les 220 de Moissard ont été l'école des marins et des mécaniciens du commerce comme les 160 d'Hubert celle des marins et des mécaniciens de l'État; les uns comme les autres, plus de vingt-cinq ans après leur apparition, traçaient encore sur les mers leur sillon lent, mais sûr. Si Moissard doit surtout sa réputation aux paquebots de la ligne d'Égypte, ses autres créations, destinées à des lignes moins importantes à cette époque, n'ont pas une moins grande valeur pour l'Ingénieur. En 1841, il dressait les plans du transatlantique de 450 chevaux *le Magellan*. Dans la lutte qu'il soutenait chaque jour contre la concurrence anglaise, entraîné à faire des bateaux de plus en plus fins, de plus en plus allongés, il devait être conduit à abandonner la construction en bois : dès 1843, il appropria les plans du *Périclès* aux premiers essais de construction en fer exécutés sur l'*Australie;* deux ans après, il donna une coque métallique au *Newton* imité de ses 220; enfin, il traça les plans du paquebot en fer et à hélice *le Faon*. Moissard, arrivé au grade d'Ingénieur de 1re classe, devait rentrer au service de la Marine ou renoncer à tout avancement. Il quitta en 1847 le service des lignes postales qu'il avait organisé et doté d'une flotte superbe. M. Pironneau, puis M. Brun, détachés après lui à l'administration centrale des Postes et Télégraphes, continuèrent son œuvre jusqu'au moment où l'État céda aux Messageries nationales (1851) le matériel destiné au service postal de la Méditerranée.

Lorsque les Messageries maritimes prirent possession des chantiers de la Ciotat, la Marine autorisa l'administration de cette Société à recourir à l'expérience de Dupuy de Lôme. Pendant près d'un an cet Ingénieur mena de front la transformation de nos flottes, les constructions du port de Toulon, les plans de nouveaux paquebots et la direction des ateliers des Messageries à la Ciotat et à Marseille. Placé à la tête des ateliers de la Ciotat, Delacour se montra, dans les débuts particulièrement difficiles de cette installation nouvelle, un organisateur remarquable et un Ingénieur du plus grand mérite. Il accomplit dans la construction des paquebots une véritable révolution, en renonçant aux stabilités exagérées employées jusqu'alors, et en construisant des navires d'une stabilité modérée, roulant peu, beaucoup plus confortables et tout aussi sûrs que les anciens. Cette innovation audacieuse souleva de violentes critiques, mais le succès des paquebots de Delacour fut complet; ses plus ardents détracteurs se mirent bientôt à l'imiter et les principes qu'il a posés

servent aujourd'hui encore de base à la construction des navires de
ce type. Delacour mourut jeune; il eut, dans MM. Vésignié et Risbec,
de digne ssuccesseurs. M. Risbec, qui, avant d'entrer aux Messageries maritimes, s'était déjà distingué par d'importantes études
théoriques et pratiques, a, sur ses derniers navires, résolu très brillamment des problèmes compliqués relatifs à la propulsion et à l'évolution; il a enrichi la science de l'Ingénieur d'une remarquable étude
sur l'utilisation des machines et la résistance des carènes; il a doté
les Messageries maritimes de superbes paquebots, l'*Australien* et
l'*Armand-Béhic,* par exemple, qui constituent une des plus belles
flottes de commerce du monde.

Parmi les nombreux Ingénieurs de la Marine qui, dans les chantiers
de la Compagnie transatlantique, ont soutenu victorieusement la lutte
avec leurs redoutables concurrents d'outre-Manche, MM. Audenet,
Daymard et Andrade occupent la première place. Audenet prit en 1874
la direction des chantiers de Penhoët. La Compagnie transatlantique
s'était, à cette époque, laissée devancer par ses concurrents; dans la
lutte de vitesse à travers l'Atlantique elle ne tenait plus le premier
rang. Audenet, profitant de tous les progrès accomplis depuis dix
ans, traça en 1881 les plans de nouveaux paquebots où la finesse des
formes, la légèreté de la coque s'allient à la force de l'appareil moteur et à l'économie du combustible obtenue par l'emploi des hautes
pressions et des machines à triple détente. Ses paquebots rapides de
la ligne de New-York, cette dernière production d'une carrière si
bien remplie, ont constitué un vrai succès national et ont valu à la
Société transatlantique la première place sur la liste que publie, tous
les ans, le Post-master général de New-York. Pendant ce temps,
sous la direction d'Audenet, M. Andrade transformait les chantiers
de Penhoët, élevait les cales de construction, édifiait et outillait les
ateliers d'où sortent aujourd'hui les coques et les machines des paquebots de la société, et dans lesquels se sont poursuivies les intéressantes études sur l'application du tirage forcé à la Marine de commerce. Chacun des navires dessinés par M. Daymard, l'Ingénieur
en chef actuel de la Compagnie, réalise un progrès sur ses aînés.
Avec la *Ville-de-Tunis* d'Audenet, avec l'*Eugène-Péreire* de
M. Daymard, la traversée de Marseille à Alger est passée en
quelques années de trente-six heures à vingt-six, puis à vingt-quatre.

Les grands paquebots type *Champagne* donnaient $18^n,5$ aux essais
et se rendaient du Havre à New-York avec une vitesse de $17^n,5$:
la *Touraine* de M. Daymard, l'un des premiers paquebots à hélices
jumelles employés par la Compagnie sur la ligne de New-York, a
donné 20 nœuds aux essais; elle file 19 nœuds en service courant.
Elle réduit le voyage de Paris à New-York à une semaine et sera, en
cas de guerre, le plus rapide de nos croiseurs auxiliaires.

Au moment du Centenaire de la fondation de l'École Polytechnique, l'*Australien* et la *Touraine* représentent les plus beaux
spécimens de ce qu'ont produit dans ce siècle les Ingénieurs de la
Marine pour la flotte du commerce et montrent aux conscrits, qui
leur succéderont un jour, la voie qu'il faudra suivre pour maintenir
les productions de notre grande industrie maritime à la hauteur où
leurs anciens ont su l'amener.

Aux Chargeurs-réunis, c'est à M. Duminy que revient l'honneur
d'avoir augmenté les tonnages, perfectionné les machines, accru les
vitesses de cette superbe flotte qui, exploitant des lignes libres, ri-
valise de confort avec les paquebots des lignes subventionnées, soutient hardiment la comparaison avec ceux des lignes similaires de
l'étranger et porte fièrement dans l'Amérique du Sud le pavillon
de la France.

Lorsqu'ils ont quitté les arsenaux pour l'industrie privée, ce n'est
pas seulement dans les chantiers et les compagnies maritimes que
les Ingénieurs de la Marine ont rendu des services éminents. Dans
les manufactures, les compagnies de chemins de fer, les grandes
usines, ils ont apporté le concours de leur savoir et de leur expérience, concours d'autant plus recherché que le Génie maritime a
pris depuis soixante ans une part toute spéciale au développement
des machines et des grandes constructions métalliques.

Dès 1820, Chanot, tout en restant au service de l'État, prêtait
son concours à une société industrielle qui construisait des machines
à vapeur. Delamorinière dirigea de 1827 à 1830 les manufactures
des Forges et Fonderies de Charenton, puis celles de Fourcham-
bault, enfin la Manufacture de glaces de Saint-Gobain, mais il dut
rentrer au service de l'État; la Marine n'aimait pas à prolonger les
rares congés qu'elle accordait et elle voulait tirer parti des con-

naissances acquises par ses Ingénieurs. Celles de Delamorinière furent mises en valeur à Indret.

Dupin avait professé au Conservatoire des arts et métiers des cours restés célèbres; en 1833, lorsqu'on voulut relever le niveau des écoles d'arts et métiers, on lui demanda de désigner un Ingénieur : il choisit Vincent. Vincent avait créé l'atelier d'ajustage de Toulon, construit les premières machines à vapeur qui sont sorties de cet arsenal, remis en état toutes celles des bâtiments qui étaient venus se faire réparer au port. Il avait étudié les procédés de travail dans diverses usines de France et d'Angleterre; enfin, il avait fondé à Toulon un cours où il expliquait, aux plus intelligents des ouvriers mécaniciens placés sous ses ordres, les premières notions de machines à vapeur et leur apprenait à en relever et à en dessiner avec précision les divers organes. Pendant les six années qu'il passa comme directeur à Châlons, Vincent se consacra avec autant d'habileté que de zèle à l'œuvre éminemment utile qu'on attendait de lui. Il fit des écoles de Châlons et d'Angers de véritables institutions professionnelles, à la hauteur des progrès les plus récents, des pépinières de mécaniciens habiles. Quand il rentra au service de la Marine, on tint à lui conserver la haute direction des écoles auxquelles ses connaissances et son dévouement avaient apporté de si nombreuses améliorations; il continua jusqu'à sa mort à inspecter, chaque année, les écoles de Châlons, d'Angers et d'Aix. Le succès qui avait couronné les efforts de Vincent fit choisir pour diriger l'école d'Aix un autre Ingénieur de la Marine, Campaignac, également connu comme mécanicien et qui resta treize ans à la tête de cet établissement (1843-1856).

Dès le début de la construction des chemins de fer, Clarke met son expérience au service des chemins de fer d'Orléans et du Centre ([1]). Depuis, un certain nombre d'Ingénieurs de la Marine ont servi dans les compagnies de chemins de fer, où on leur a confié spécialement les ateliers, le matériel roulant, les machines, l'outillage, toutes les questions en un mot pour lesquelles les travaux des arsenaux sont la meilleure des écoles, et c'est avec une légitime fierté que le Génie maritime revendique le travail si utile de M. Lebas-

---

([1]) Clarke fut tué, le 25 juin 1848, en défendant la gare de la place Walhubert.

teur sur les métaux, la construction des premières locomotives compound à haute pression accomplie par MM. Baudry, Chabal et Maréchal, détachés à la compagnie de Paris à Lyon et à la Méditerranée, et les études si intéressantes sur le mouvement des trains et la résistance opposée par l'air à la marche, faites par M. Desdouits au moyen de son pendule dynamométrique.

Le développement rapide des constructions en acier est en grande partie due à l'initiative des Ingénieurs de la Marine. Les premiers, à l'instigation de M. de Bussy, ils ont employé des quantités énormes du nouveau métal, ils ont fixé ses conditions de travail, indiqué les précautions que son emploi nécessite et les procédés pratiques de sa mise en œuvre. L'un de ceux qui ont pris la part la plus importante à ce grand travail, M. Barba, a continué au Creusot les beaux travaux sur l'acier, qu'il avait commencés au service de l'État, et dans les questions de Métallurgie, sa parole autorisée, appuyée sur ses expériences et ses découvertes, est écoutée aujourd'hui partout.

IV.

LES INGÉNIEURS DE LA MARINE EN MISSION
AUPRÈS DES GOUVERNEMENTS ÉTRANGERS.

Parmi les œuvres accomplies par les Ingénieurs de la Marine, celles qui ont été exécutées dans les pays étrangers, en Égypte, au Japon, en Grèce, brillent d'un éclat tout particulier. Frappé des résultats obtenus par les Ingénieurs détachés auprès des Gouvernements étrangers, Dupin disait, en 1850, sur la tombe de Tupinier :

Si l'on veut juger ce que valent et ce que peuvent les officiers de notre Génie maritime, ce n'est pas dans nos anciens ports, où leur génie est arrêté par des rivalités collatérales, ce n'est pas là qu'il faut les voir à l'épreuve : c'est au dehors, dans ces situations où tout est à créer d'en-

semble. Tel on a vu il y a peu d'années M. de Cerisy créer comme par
magie le matériel admirable de la Marine égyptienne, tel on avait vu vingt
ans plus tôt Tupinier régénérer la Marine vénitienne.

L'Égypte. — L'œuvre de Tupinier à Venise appartient à la
grande épopée napoléonienne; l'œuvre de Lefébure de Cerisy s'est
accomplie sous d'autres auspices. Au début de ce siècle, l'Égypte ne
possédait pas de marine; à son entrée dans Alexandrie, l'armée
française trouva seulement deux caravelles en construction, bâtiments de 30 canons environ, quoique d'un échantillon supérieur à
nos frégates de 50; la construction en était vicieuse et la marche
détestable. Le vieux port d'Alexandrie, vaste et spacieux, pouvait
admettre des vaisseaux du plus haut bord, la passe n'ayant pas moins
de 9^{m}; cependant, lorsque éclata la guerre de Morée, l'Égypte n'avait
ni chantiers de construction, ni vaisseaux. Méhémet-Ali, pour obéir
aux injonctions de la Porte, dut mettre l'embargo sur les navires de
tout bord, fréter des bâtiments européens, les armer tant bien que
mal. Ce fut l'origine des grands projets qu'il conçut pour rendre
à ce beau port tout l'éclat dont il avait brillé dans l'antiquité. Il
demanda à la France, en 1824, de détacher auprès de lui pendant
dix ans Lefébure de Cerisy pour créer une Marine, doter Alexandrie
d'un arsenal maritime et mener à bien des travaux qui pussent un
jour rendre ce port utile aux flottes françaises dans le Levant.
   Lefébure de Cerisy, qui avait sous l'Empire rempli les fonctions d'Ingénieur en chef dans les États romains, était doué des plus
rares qualités; il avait la confiance de Méhémet-Ali, il sut accomplir
et dépasser tout ce qu'avait osé espérer le grand vice-roi. Entre les
palais et la ville se trouvait un espace de 600 toises; de Cerisy proposa d'y établir l'arsenal. A la place d'un vaste cimetière, de quelques mosquées et d'une foule de cabanes arabes, on vit s'élever en
trois ans de superbes chantiers de construction, une corderie, des
forges, des ateliers, des magasins, enfin tout ce qui constitue l'arsenal
d'un grand port. Un môle s'avança vers le milieu de la rade d'environ
200 toises, puis, se brisant à angle droit, revint, parallèlement à la
rive, enserrer un vaste bassin où les bâtiments les plus forts purent
s'amarrer à quai, faire en toute sécurité leurs réparations et s'abattre
en carène. En 1833, l'arsenal en pleine activité renfermait 8000 ou-

vriers; l'Égypte possédait à flot un vaisseau à trois ponts de 136 canons, quatre grands vaisseaux de ligne de 100, un de 84, cinq frégates de 60, une de 52, quatre corvettes de 20 à 24, huit bricks de 14 à 20, en tout vingt-quatre bâtiments de guerre montés par 12000 marins, commandés par des officiers français; sur cale on pressait la construction de quatre grands vaisseaux de ligne et de plusieurs bateaux à vapeur. Chantiers, arsenal, armée navale, tout avait été créé comme par enchantement. Pour oser concevoir un projet aussi gigantesque, pour en assurer une exécution aussi rapide, il avait fallu un homme de la valeur de Lefébure de Cerisy, qui sut comprendre le vice-roi, entrer dans ses vues et lui résister à l'occasion, un homme d'un caractère inflexible afin de briser toutes les volontés, rompre toutes les habitudes et plier au joug de la règle et de la discipline les premiers officiers comme les derniers des 8000 fellahs appelés des travaux de la campagne à ceux des ateliers. De si beaux résultats assurèrent à Lefébure de Cerisy l'estime et l'amitié du vice-roi, qui, sur ses conseils, apporta de nombreuses améliorations dans tous les services publics; et si les services rendus par les Français au vice-roi ont eu une heureuse influence à cette époque sur nos relations avec l'Égypte, c'est principalement à Lefébure de Cerisy qu'en revient l'honneur.

Trente ans plus tard, un autre Ingénieur de la Marine, M. Brocard, entreprenait de grands travaux sur cette terre d'Égypte où de Cerisy s'était si brillamment distingué. A ce moment, la Société des Forges et Chantiers de la Méditerranée, à laquelle appartenait M. Brocard, exécutait beaucoup de travaux pour l'Égypte. Les dragues à long couloir de Lecointre et ses élévateurs avaient fait merveille au canal de Suez. On construisait à Menpenti, pour le Gouvernement égyptien, les cinq grands phares tripodes d'El-Amaïd, de Rosette, de Burlos, de Damiette et de Ras-Garib; ces piliers grandioses, qui portent leur feu à une hauteur de 54^m, étaient la revanche du fer sur la pierre dans le pays des monolithes. M. Brocard fut appelé en Égypte comme Ingénieur des Forges et Chantiers pour la livraison du dock flottant d'Alexandrie et des bâtiments cuirassés qui furent repris par la Sublime Porte. La rectitude de jugement et la haute intelligence des affaires que possédait M. Brocard étaient connues du vice-roi; c'est lui qui avait suggéré au khédive l'idée de doter

le port d'Alexandrie d'un grand dock flottant. Ce dock, du poids
de 4000 tonneaux, avait été étudié, construit et lancé à la Seyne
par le jeune Ingénieur, qui fut grièvement blessé au cours du lancement. Le vice-roi le retint en Égypte à la fin de 1869, lors de
l'inauguration du canal de Suez, et, voulant se l'attacher, le chargea
de mener à bien les travaux du canal d'eau douce que le gouvernement égyptien s'était engagé à exécuter dans l'acte de concession.
Le canal creusé par M. Brocard pour amener l'eau du Nil au lac
Timsah a 130^{km} de long, avec une largeur constante de 12^m au
plafond et une largeur à la ligne d'eau variable suivant la nature
des terrains qui a exigé des talus de pentes très diverses. Malgré
les difficultés inhérentes à un travail de ce genre et aux conditions
locales, l'exécution du canal eût été relativement facile, si M. Brocard n'avait en même temps songé à l'utiliser pour l'irrigation
des terres et la mise en valeur du désert traversé. Il établit dans
ce but trois grands ponts-barrages avec arches fermées par des
vannes et avec des écluses munies en tête de ponts tournants ou de
ponts-levis. La construction de ces barrages présentait de grandes
difficultés, bien connues de tous ceux qui ont essayé de travailler
sur les bords du Nil, à cause de l'impossibilité de trouver un fond
solide même à 20^m de profondeur. M. Brocard fit reposer chacun
des ensembles sur un massif en béton de 50^m de côté et de 3^m d'épaisseur. Les ponts-barrages qu'il a construits, notamment celui de
Choubra, placé au bord même du fleuve et le plus exposé, ont
depuis vingt ans résisté aux crues du Nil qui ont emporté des
ouvrages analogues tout récemment construits par des Anglais.

Sans parler des autres travaux d'art, des ponts du Caire, du pont-
levis du Tel-el-Kébir, de l'écluse d'Abasseh au croisement du canal
de Zagazig avec le canal Ismaïliah, l'exécution du canal d'eau
douce et des grands ponts-barrages de Choubra, de Sériakos et de
Bilbeïs fait le plus grand honneur à M. Brocard qui ne mit pas plus
de cinq ans à terminer ces superbes travaux.

La Grèce. — Le gouvernement hellénique songea dès 1878 à
mettre sa Marine militaire en état de parer aux éventualités que
la question d'Orient ne pouvait manquer de faire surgir. Une
Commission française, dans laquelle le Génie maritime était repré-

senté par M. Cousin, se rendit en Grèce pour choisir l'emplacement d'un nouvel arsenal destiné à remplacer celui de Poros que l'on voulait abandonner; elle se décida en faveur de Salamine et établit l'avant-projet de l'arsenal. En décembre 1884, une mission navale française fut envoyée auprès du gouvernement hellénique pour réorganiser sa flotte. Parmi les officiers ainsi détachés au service de la Grèce se trouvait M. Dupont qui devait prendre une part si considérable à la régénération de la Marine de ce pays.

A son arrivée en Grèce, M. Dupont eut à mettre en fonctionnement le nouvel arsenal de Salamine. Peu de temps après éclatait l'insurrection de Bulgarie; la Grèce avait obtenu à la Conférence de Berlin de belles promesses jamais tenues; M. Delyannis jugea le moment venu d'en réclamer l'exécution. Il chargea M. Dupont de procéder à l'armement de toute la flotte; cette opération rapidement menée eut pour conséquence le blocus des côtes de Grèce par quatre puissances coalisées : Angleterre, Allemagne, Autriche et Italie. M. Delyannis se retira et fut remplacé par M. Tricoupis; la paix fut maintenue, mais les derniers incidents avaient montré d'une façon péremptoire la nécessité pour la Grèce de créer une flotte de combat. On fit appel au talent et à l'expérience de l'Ingénieur français. Le programme de la nouvelle flotte fut bientôt arrêté et M. Dupont établit les projets des cuirassés type *Hydra,* navires qui ont donné une valeur incontestable à la Marine hellénique et introduit un nouveau et puissant facteur dans le bassin de la Méditerranée.

Les cuirassés de M. Dupont ont résolu victorieusement un des problèmes les plus ardus qui se posent actuellement à l'Ingénieur. Ses petits navires de 4600 tonneaux ont, à la fois, une vitesse considérable, une artillerie puissante, une protection efficace; de telles qualités ne s'obtiennent pas sans d'importantes innovations. Placé dans d'autres circonstances, M. Dupont n'aurait peut-être pas pu les faire adopter; investi de la confiance du gouvernement hellénique, il a su prouver la justesse de ses prévisions et de ses calculs. Les cuirassés type *Hydra* ont réalisé une vitesse de $17^n,20$; ce sont les premiers navires de combat construits en France qui ont reçu des machines à triple expansion et à haute pression, et qui, grâce à ce bon emploi de la vapeur, ont exigé une aussi faible dépense de charbon. La

coque est à la fois très raide et extrêmement légère; M. Dupont a
obtenu ce résultat remarquable en substituant aux anciennes cloisons planes des cloisons plissées, auxquelles les navires doivent en
même temps l'absence complète de vibrations. Il a pu, grâce aux
économies de poids réalisées sur la coque et la machine, augmenter
la protection; le premier, il a employé les cuirasses légères contre
la mélinite et adopté pour les plaques de l'acier dur. Enfin les
nouveaux cuirassés grecs sont les premiers navires qui possèdent
une artillerie complète à grande vitesse initiale; le programme de
cette artillerie fut posé par M. Dupont dès 1885, et réalisé par la
compagnie des Forges et Chantiers de la Méditerranée.

En dotant ces cuirassés d'une artillerie en avance sur celle de
toutes les marines, M. Dupont a su assurer la protection des pièces
et des servants. Rapides, puissamment armés, sérieusement protégés,
les cuirassés type *Hydra* constituent pour la Grèce une force navale
imposante, et le nom de M. Dupont restera aussi intimement lié à
l'histoire de la Marine hellénique que celui de Lefébure de Cerisy à
l'histoire de la Marine égyptienne.

Le Japon. — L'œuvre des Ingénieurs de la Marine n'a pas été
moindre au Japon qu'en Égypte et en Grèce. En 1864, la flotte japonaise, encore dans l'enfance, consistait en quelques navires construits
à l'étranger; quand ils avaient besoin de réparations, on les envoyait
à Nagasaki où le Gouvernement japonais avait établi des ateliers
sous la direction d'Ingénieurs hollandais. Les Japonais y avaient ac-
cumulé une grande quantité de machines de tout genre qui avaient
été achetées en Europe sans plan ni méthode; ce matériel, qu'ils
n'avaient pas appris à utiliser, restait en dépôt dans les magasins.
Il n'y avait au Japon ni forme sèche, ni cale de halage.

Le gouvernement du Taïkoun résolut de créer un arsenal; il
s'adressa au Ministre de France et, avec l'agrément de l'amiral Jau-
rès, M. Verny, qui était alors occupé sur les côtes de la Chine à
monter des canonnières pour la répression de la piraterie, fut envoyé
à Yokohama afin d'examiner un projet d'arsenal dressé par des Hollandais à Yedo; il n'eut pas de peine à montrer que la solution était
inacceptable, faute d'eau. Le Taïkoun le chargea de trouver un autre
emplacement et de dresser un nouveau projet. M. Verny proposa

d'établir l'arsenal sur la plage d'Yokoska, où il n'existait alors que quelques cabanes de pêcheurs. La position était merveilleusement choisie : située dans le golfe de Yedo, près de l'entrée du Pacifique, la baie d'Yokoska est profonde et spacieuse ; à ces avantages, elle joint celui d'être à proximité de Tokio. Par la configuration de ses passes et grâce au voisinage de hauteurs, Yokoska est facile à défendre. Les collines qui entouraient la plage laissaient, il est vrai, entre elles et la mer un espace trop restreint pour l'établissement d'un grand arsenal, mais elles n'avaient qu'une faible hauteur et M. Verny avait trouvé que le sol, consistant en marne compacte, était facile à enlever et pouvait fournir d'excellents matériaux pour les remblais et la construction des digues ; ce terrain se prêtait, en outre, admirablement au creusement de formes sèches. Les travaux projetés par M. Verny comprenaient deux bassins, trois cales et la création d'ateliers munis de l'outillage nécessaire pour construire des coques et des machines à vapeur d'une force de 1600 chevaux. Son devis s'élevait à 60 millions.

Ses plans furent approuvés et les Japonais, qui avaient appris à apprécier M. Verny, désirèrent vivement lui confier l'exécution des grands travaux projetés ; à la demande du Taïkoun, M. Verny fut détaché au service du gouvernement japonais. En sept ans, il déblaya le terrain, dérasa deux collines, déplaça 400 000^{mc} de terre, construisit tous les ateliers et creusa deux bassins dont un de 118^m sur 25^m de largeur et 7^m,20 de profondeur.

Ce ne fut point sans difficultés de tout ordre. En 1868, l'érection des ateliers à métaux et à bois était en cours d'exécution quand survint la révolution ; la chute du Taïkoun, la restauration du Mikado amenèrent une crise pendant laquelle l'existence des créations du gouvernement précédent se trouva compromise. Les écoles navale et militaire avaient été dissoutes, l'arsenal eût partagé leur sort, si le besoin de ses services et surtout les représentations de M. Verny et du Ministre de France ne l'avaient sauvé ; l'état-major étranger qui dirigeait les travaux d'Yokoska fut conservé. Mais l'ère des difficultés n'était pas close : pendant deux ans, les payements se firent très irrégulièrement. Malgré tous ces obstacles, les travaux allaient de l'avant et M. Verny instruisait les ouvriers en même temps qu'il créait les ateliers et le premier bassin de radoub.

La tâche devenait plus lourde : il fallait commencer à faire produire la superbe machine qui venait d'être créée. M. Thibaudier vint rejoindre M. Verny. Les ouvriers apprirent leur métier sur de petites constructions. On fit ensuite deux remorqueurs : le *Sorio* et le *Hakodate*, un transport, *le Kango;* ces travaux instruisirent les contre-maîtres. M. Thibaudier aborda alors la construction de véritables bâtiments de guerre : les avisos *Seïki* et *Amagni* et le yacht du Mikado, *le Zingué*, ce qui forma les chefs d'atelier; en même temps, il construisait pour la flotte de commerce les *Tonnegawa* nᵒˢ 1 et 2. De nombreux navires venaient se faire réparer au nouvel arsenal : depuis le commencement des travaux jusqu'au 31 décembre 1875, 305 : 177 japonais, 128 étrangers. Au début de la construction, on s'était trouvé menacé d'être arrêté, faute de bois; M. Dupont, envoyé sous les ordres de M. Verny, organisa le service forestier. En 1876, l'arsenal, complètement terminé, était en pleine activité, le personnel indigène était formé; la première promotion d'Ingénieurs japonais terminait son instruction en France, à l'École d'application du Génie maritime. M. Verny pouvait être fier de son œuvre.

La situation faite par le gouvernement du Taïkoun à M. Verny avait assuré aux Ingénieurs français une complète indépendance qui leur avait permis de faire de grandes choses et de mener à bien, en très peu d'années, la création d'un arsenal considérable et d'une Marine de guerre et de commerce. Mais cette indépendance, presque absolue, n'était pas sans créer des difficultés sérieuses; c'est ainsi que, malgré toutes les instances du Gouvernement, M. Verny, lors des affaires de Corée, se refusa à armer de vieux navires qui ne seraient pas parvenus sur les côtes de Chine et auraient sombré avec leur équipage. Ce fait put apprendre aux Japonais la haute idée que les Européens se font de leurs devoirs envers l'humanité, mais il devait leur inspirer le désir d'inaugurer un nouvel état de choses, d'être complètement maîtres chez eux. Une fois l'arsenal terminé et son fonctionnement assuré, en 1876, le gouvernement du Mikado voulut placer à la tête de l'arsenal un état-major indigène ; M. Verny quitta le Japon et la mission française prit fin l'année suivante.

Pour apprécier l'œuvre ainsi accomplie, il faut se rappeler ce qu'était le Japon au moment où M. Verny y fut envoyé. Il a le premier apporté dans ce pays l'industrie européenne sous ses diverses formes; avant lui, les Japonais n'avaient aucune connaissance du travail mécanique des bois et des métaux et une très faible idée du travail manuel. Il a fallu qu'il établît la première manufacture de briques et de mortier hydraulique pour lequel il employa le mortier de Yashin et la pouzzolane d'Idzu. Cette industrie a rapidement progressé dans la contrée; dès 1876, la plupart des édifices publics et des quartiers entiers de la capitale étaient construits en briques.

Dans l'idée de M. Verny, l'arsenal japonais ne devait pas être seulement un atelier, mais aussi une école pratique. Trois fois les écoles d'Yokoska furent dissoutes, trois fois il les réorganisa, et dans beaucoup de départements de l'empire les hommes qui sont parvenus à de hautes situations lui doivent leur instruction première. Au moment de son départ, il y avait à Yokoska une école de maistrance où l'on enseignait l'arithmétique, le dessin et les éléments de géométrie et de mécanique. Les élèves étaient recrutés, pour la plupart, dans des familles d'artisans, parmi les ouvriers et les contre-maîtres; on y admettait également quelques samuraï qui voulaient prendre du service à l'arsenal avec le désir d'améliorer leur condition. Il y avait en outre, à Yokoska, un collège où les samuraï seuls étaient admis; l'enseignement, plus élevé que dans l'école élémentaire, était donné par les Ingénieurs et contre-maîtres français. Enfin l'arsenal servait d'école pratique à un certain nombre d'élèves du collège naval de Tokio.

La Botanique a été fort en honneur à l'arsenal. M. Dupont, qui a organisé le service des bois de la Marine japonaise, a, le premier, étudié les conditions d'habitat des diverses essences et leurs qualités, travail qu'il a résumé dans sa publication, *Les essences forestières du Japon*. C'est également à lui qu'on doit l'introduction en France du kaki comestible, qui s'est multiplié rapidement en Provence.

Placé dans des circonstances particulièrement difficiles, M. Verny (¹) a su, par son énergie et la loyauté de son caractère, triompher de tous les obstacles. Le côté tangible de son œuvre, l'arsenal de Yokoska, la Marine de guerre, la Marine de commerce japonaises sont peu de chose en regard des grands résultats qu'il a obtenus en introduisant

---

(¹) M. Verny est actuellement Directeur des mines de Firminy et membre de la Chambre de commerce de Saint-Étienne.

au Japon l'enseignement technique et les procédés de l'industrie européenne, inconnus avant lui dans ce pays; on peut affirmer qu'il a, plus qu'aucun autre Européen, contribué à élever le Japon au rang qu'il occupe aujourd'hui parmi les peuples civilisés.

Les relations que M. Verny avait établies, entre la Marine japonaise et la Marine française ont survécu à sa mission. De 1876 à 1890, dix-sept élèves japonais sont venus étudier l'art de l'Ingénieur à notre école du Génie maritime. Le Japon n'oubliait pas non plus que les œuvres confiées à des missions françaises avaient toutes réussi, tandis que beaucoup d'autres entreprises, tentées sous d'autres auspices, aboutissaient à de coûteux échecs. Aussi, lorsqu'en 1885 il voulut donner une nouvelle impulsion au développement de sa Marine, s'adressa-t-il de nouveau à la France; malgré la prédominance, à ce moment, de l'influence germanique à Tokio, le Gouvernement japonais demanda l'envoi en mission de M. Bertin. Cet Ingénieur fut non seulement chargé de diriger les services des constructions navales et de l'artillerie, il devint un conseiller, pour le ministère de la Marine, comme pour les autres ministères, dans les questions de défense des côtes ou d'industrie métallurgique.

En présence des différentes flottes réunies dans les mers de Chine pendant la guerre du Tonkin, le Japon s'était ému de l'insuffisance de ses moyens de défense; il tenait surtout à accroître à bref délai la protection de ses côtes. M. Bertin fit déterminer l'emplacement d'un arsenal de réparation à Kré, dans la mer intérieure, et d'un poste de refuge et de ravitaillement à Sacébo sur la côte de Kiousiou qui regarde la Corée. Il fit arrêter les plans des trois beaux cuirassés de 4200 tonneaux type *Itsukushima,* dont l'un fut immédiatement mis en chantier à Yokoska, et les deux autres commandés aux chantiers de la Seyne; il fit préparer les plans d'une artillerie nouvelle à grande longueur d'âme des calibres de 32^{cm}, 22^{cm}, 12^{cm}, en affranchissant la Marine japonaise de l'asservissement aux modèles de Krupp. Pour la défense du littoral, on commanda au Creusot 17 torpilleurs de 2e classe que termine actuellement à Kobé M. Pérard, Ingénieur de la Marine au service du Creusot. En même temps, des postes d'abri et de ravitaillement furent établis le long des côtes et protégés par des batteries de défense fixes. Un torpilleur de 1re classe, le *Oosima,* fut commandé chez M. Normand et un chasse-torpilleurs rapide et bien armé aux Chantiers et Ateliers de la Loire.

Pendant son séjour au Japon, M. Bertin put terminer un navire construit sur ses plans, le *Yayéyama*, mis en chantier dès son arrivée sur le modèle du *Milan*. Le lancement de ce navire fut l'occasion, le 12 mars 1889, d'une visite de l'Empereur à Yokoska, la première depuis celle qu'il y fit à l'époque de M. Verny ([1]). Dix mois après, l'Empereur revenait assister aux essais du navire, qui donnait une vitesse de $20^n,94$. Le Japon put s'enorgueillir un instant d'avoir devancé toutes les marines, pour la vitesse de ses croiseurs comme pour la puissance de perforation des canons de ses cuirassés. C'est après avoir obtenu ces brillants résultats que M. Bertin quitta le Japon pour venir reprendre son service en France.

La Chine. — Lorsque la Chine comprit la nécessité de créer un arsenal et une flotte de combat, elle confia la direction de cette grande entreprise à deux lieutenants de vaisseau de la Marine française, MM. d'Aiguebelle et Giquel, qui appelèrent auprès d'eux un Ingénieur de la Marine, M. Trasbot. Quand il arriva à Fou-tchcou, à la fin de 1867, tout était à créer : le sol nu d'une rizière occupait l'emplacement où devait s'élever l'arsenal. M. Trasbot commença par établir des ateliers provisoires destinés à pourvoir à la création des grands ateliers définitifs et à la construction des premiers navires dont les machines avaient été achetées en France. Puis il éleva un établissement considérable dans lequel chacun des ateliers à métaux

---

([1]) A l'occasion de ce voyage de l'Empereur, la *Revue du Cercle militaire* a reçu d'un officier japonais, en garnison à Tokio, une lettre contenant un passage bien caractéristique, qui mérite d'être cité.

« M. l'Ingénieur français Bertin, en mission depuis trois ans, s'est montré aussi fin diplomate que constructeur habile. Dans la lutte incessante qu'il soutient contre des étrangers dont l'unique objet consiste à saper l'influence française, il a su déjouer les intrigues et forcer la versatilité de nos fonctionnaires.

» Ses efforts ont été couronnés d'un plein succès. Le 12 mars 1889 est désormais une date célèbre dans l'histoire maritime du Japon. Des chantiers d'Yokoska on lançait avec un plein succès le croiseur *Yayéyama-Kan*.

» L'Empereur, tenant à payer la dette de reconnaissance de l'Empire, a tenu à assister au lancement. Il a félicité chaudement M. Bertin, qui avait dessiné les plans de ce magnifique croiseur, et aussi l'Ingénieur japonais (ancien élève de l'École française du Génie maritime), qui avait suivi les détails de la construction. »

n'avait pas moins de 2400^m de superficie. Trois grandes cales de construction complétèrent ce bel arsenal.

M. Trasbot ne resta que deux ans à Fou-tchcou. Lorsqu'il partit à la fin de 1869, l'arsenal était presque terminé et avait déjà livré à la Marine chinoise les deux premiers navires les plus importants qu'elle ait possédés : le transport de guerre le *Ouan-Nien-Tsing* de 1450 tonneaux, lancé le 10 juin 1869, et la canonnière le *Mei-Yüne,* de 575 tonneaux, mise à l'eau le 6 décembre 1869. On a rarement déployé plus de vivacité dans la conception, plus de rapidité dans l'exécution. Grâce à M. Trasbot, l'arsenal de Fou-tchcou, que devaient rendre célèbre les exploits de l'amiral Courbet, rappelle à la Marine française et à l'École Polytechnique des souvenirs doublement glorieux.

Détachés auprès des gouvernements étrangers : en Égypte, en Grèce, au Japon, en Chine, au Chili, au Brésil, les Ingénieurs de la Marine, en apportant aux nations amies le concours dévoué de leur expérience et de leur savoir, ont fait connaître et apprécier le mérite de nos constructeurs et la sûreté de leur caractère. Grâce à eux, les commandes ont afflué dans nos centres de production : sous leur impulsion les cales de la Seyne, de Bordeaux, de Saint-Nazaire et du Havre ont reçu des coques destinées à porter au loin le renom de nos chantiers maritimes; blindages, machines, canons et projectiles sont sortis de nos forges et de nos ateliers. D'accord avec les Ingénieurs de l'Industrie, les Ingénieurs de la Marine en mission ont tenu la main à ce que toute construction accomplie sur leurs plans ou sous leur surveillance fût digne de la réputation de nos grandes usines et fît honneur à la France. C'est en agissant ainsi que MM. Lefébure de Cerisy et Brocard en Égypte ; Dupont en Grèce ; Verny, Thibaudier et Bertin au Japon; Trasbot et Taton en Chine ; Louis au Chili ont contribué de la façon la plus efficace au développement de l'influence française.

Nous avons tenu à insister sur les services qu'ont rendus les Ingénieurs de la Marine auprès des gouvernements étrangers comme dans les chantiers maritimes, dans les sociétés de navigation, dans les compagnies de chemins de fer, les manufactures et les grandes usines; leur histoire, en effet, est celle de notre industrie. Leur réputation n'est pas seulement due au talent, mais encore à la haute probité et au dévouement, et cette légion étrangère qui a valu tant de succès à notre industrie nationale et qui, à côté des Dupuy de Lôme, des Audenet, des de Bussy, des Lecointre et des Barba, compte dans ses rangs MM. Lefébure de Cerisy, Verny, Bertin et Dupont, constitue un des plus beaux titres de gloire du Génie maritime et de l'École Polytechnique.

PAUL DISLÈRE,

Ingénieur de la Marine en retraite.

Avec le concours de M. A. CRONEAU,

Sous-Ingénieur de la Marine.

NOTICES BIOGRAPHIQUES.

—

TUPINIER.

Lorsque la Convention eut décrété la fondation de l'École Polytechnique, ce fut à la suite d'un concours général qu'on désigna les
plus instruits pour suivre les leçons des Monge, des Carnot, des
Prony, des Lagrange, des Berthollet et des Laplace. Parmi la nombreuse élite qui répondit à cet appel, se trouvait un adolescent nommé
Tupinier, qui n'avait pas encore quatorze ans et demi ; son savoir
précoce et les dispositions toutes particulières dont il donnait déjà
les preuves le firent admettre malgré son jeune âge. Il entra à l'École
le 13 décembre 1794, assista aux brillantes leçons qui, sous le titre
de *Cours révolutionnaires*, signalèrent les débuts de cette belle
institution dont nous célébrons aujourd'hui le centenaire, et dans
lesquelles les savants les plus célèbres de l'époque passèrent rapidement en revue l'ensemble des cours qu'ils étaient appelés à professer.
En 1796, il entrait à l'École d'application des Ingénieurs constructeurs de la Marine, établie à Paris sous la direction de Borda. Deux
ans plus tard il prenait rang à Brest parmi les officiers du Génie
maritime.

Il s'y fit bientôt remarquer, et lorsqu'on songea à créer dans ce
port un Institut naval, Tupinier fut aussitôt désigné par le Préfet
maritime pour en faire partie (10 mai 1801). Cette même année, il
passa à Toulon où il fut embarqué comme Ingénieur d'escadre sur le
vaisseau *l'Indivisible* qui portait le pavillon de l'amiral Ganthéaume.
L'escadre, qui, dans le principe, devait partir pour l'Égypte, reçut

l'ordre de porter à Saint-Domingue l'armée du général Leclerc.
Tupinier put alors ajouter un complément utile aux connaissances
que doit posséder tout ingénieur de la Marine ; aux notions approfondies de la théorie, il allia désormais par l'observation personnelle
la connaissance pratique de tous les effets de la mer sur les mouvements et la résistance des navires. La campagne terminée, Tupinier
fut envoyé à Toulon, dans ce port auquel il devait trente ans plus
tard donner un développement et une grandeur remarquables.

En 1803, après la rupture de la paix d'Amiens, dès que l'on commença les travaux en vue de l'expédition d'Angleterre, on confia à
Tupinier la direction des constructions de tous les bâtiments de la
flottille dans l'arrondissement de Brest, depuis Concarneau jusqu'à
Granville. Il passa ensuite à Boulogne où, en qualité d'Ingénieur
de la division du centre, il dirigea la construction d'une grande
partie de la flottille.

En 1805, Napoléon ayant renoncé au projet d'envahir l'Angleterre, l'armée de Boulogne partit pour la campagne d'Austerlitz ;
Tupinier fut envoyé à Gênes où il contribua à sauver le vaisseau *le
Génois* fortement endommagé lors de sa mise à l'eau. Il établit sur
les côtes de l'arrondissement les sémaphores qui mirent en communication la Spezzia et Toulon. Tupinier et Dupin, rivalisant de zèle,
travaillaient avec une généreuse émulation à la grandeur de ce port
de Gênes où les hasards de leur carrière les avaient réunis ; ils devaient
se retrouver plus tard à Paris, toujours prêts à défendre les intérêts
de la France et de la Marine.

Bientôt Napoléon constitua le royaume d'Italie ; à la tête des divers
services du nouveau royaume il voulut mettre des hommes éclairés,
sages et bienveillants, aptes à l'aider dans sa mission rénovatrice.
Tupinier fut chargé de diriger les grands travaux de l'arsenal de
Venise ; il se plaça rapidement, par son habileté dans l'art des constructions navales, au premier rang des Ingénieurs de la Marine.
Cependant on taxait sa hardiesse de témérité et de folie. Il avait
voulu profiter des moyens que l'ancien arsenal mettait à sa disposition et étonner par la rapidité avec laquelle il régénérerait la Marine
vénitienne. Il y réussit ; mais les vaisseaux mis à flot trouvaient entre
eux et la haute mer un barrage naturel qui semblait créer un obstacle
insurmontable. La profondeur de la passe, à Malamocco, n'atteignait

pas 5^m; les vaisseaux de 74 que Tupinier prétendait faire sortir tout armés avaient un tirant d'eau de 7^m, 25. S'inspirant d'une ancienne pratique, employée dans les Pays-Bas, pour alléger au moyen de supports flottants certains vaisseaux à leur sortie des chantiers, Tupinier apporte d'heureuses modifications aux plans des Hollandais, améliore la disposition et la force émersive de ces supports flottants et *le Rivoli*, ainsi amené à un tirant d'eau de 4^m, 45, put franchir aisément la passe de Malamocco. Désormais on était certain de pouvoir utiliser la superbe flotte que le jeune Ingénieur, sûr de la justesse de ses vues et de ses calculs, n'avait pas hésité à construire. Pendant les six ans et demi que Tupinier passa à la tête de l'arsenal de Venise, ses talents purent se déployer librement sans éprouver jamais aucune entrave de la part de l'administration italienne avec laquelle, grâce à son esprit de sagesse et de modération, il entretint toujours les rapports les plus cordiaux. Le vice-roi d'Italie, Eugène Beauharnais, l'honorait de sa confiance et de son estime, et lorsque, en 1813, il fut question de nommer ce prince roi d'Italie, il annonça hautement l'intention de s'attacher Tupinier comme son Ingénieur général. Ce projet, ainsi que tant d'autres, fut renversé par les événements de 1814.

Appelé à Paris pour le service forestier, Tupinier fut de suite apprécié par un administrateur de haut mérite, M. Jurien, Directeur des ports et arsenaux, qui songea dès lors à en faire son successeur. A peine Tupinier est-il arrivé dans les bureaux du ministère qu'à la suite de la seconde rentrée des Bourbons une réaction politique se produit contre les anciens serviteurs de l'Empire. On cherche, dans les différents corps, les sujets qu'on veut expulser, en couvrant du mot d'épuration un choix où la passion sert de guide. Parmi les Ingénieurs de la Marine dans la force de l'âge qui vont être frappés, il y en a trois dont les noms sont communiqués à Tupinier : l'un d'eux était Dupin, son ami de Boulogne et de Gênes, l'une des gloires du Génie maritime. Sans prévenir les intéressés, Tupinier réclame avec énergie en faveur des trois officiers et fait rapporter l'ordonnance de proscription, déjà signée. Cette généreuse ardeur lui valut une disgrâce, et Tupinier fut écarté du ministère : on lui donna la direction forestière d'Angoulême.

En 1817, lorsque le maréchal Gouvion Saint-Cyr prit le portefeuille de la Marine, il réorganisa l'administration centrale, et pour le choix du personnel s'en remit à la sagesse du vicomte Jurien. Celui-ci, d'une santé chancelante, désirait s'attacher un collaborateur actif et dévoué sur lequel il pût se reposer en toute assurance ; il demanda qu'on lui adjoignît Tupinier. Et quand, en 1823, le vicomte Jurien résigna ses fonctions de Directeur des ports et arsenaux en le désignant au choix du Ministre, il y avait longtemps que Tupinier dirigeait de fait toute l'administration de la Marine.

Pendant les vingt années que Tupinier exerça la direction des ports et arsenaux de France, il eut dans ses attributions les constructions navales et hydrauliques, celles de l'artillerie de la Marine, l'approvisionnement de toutes les parties du matériel, les hôpitaux, les chiourmes à terre, les opérations navales et les expéditions scientifiques. Son esprit vaste et sûr suffit à cet ensemble immense. Il eut l'incomparable avantage de pouvoir mettre en harmonie les parties les plus compliquées de tant de services corrélatifs, parce que tous dépendaient de sa seule impulsion.

Au milieu d'attributions si importantes et si multiples, telles étaient la modération, la sagesse, la modestie de Tupinier, qu'il put conduire en réalité les affaires de la Marine sous quatorze titulaires sans froisser la susceptibilité d'un seul d'entre eux et les conserver pour amis à leur sortie du pouvoir. Les ministres étaient ravis de trouver un esprit qui s'élevait sans effort à leur hauteur et qui mettait une expérience incomparable au service de leur noviciat même. Grâce à Tupinier, le Département de la Marine, comme un vaisseau conduit par un excellent pilote, gouvernait bien sous leurs ordres.

Aussi put-il mener à bonne fin les travaux de longue haleine, obtenir de grands résultats par une action constante à travers cette succession de quatorze ministères dont certains ne durèrent que quelques jours.

C'est lui qui seconda M. Portal pour obtenir des Chambres, sous la Restauration, qu'on ne laissât pas s'achever l'anéantissement d'une force navale en grande partie sacrifiée par les traités de 1815. C'est à lui qu'on doit les plans des travaux qui ont assuré la conservation du matériel à la mer et le développement graduel des constructions à terre. C'est lui qui fit entreprendre, pour suppléer à l'exiguïté de l'arsenal de Toulon, toujours le même depuis Vauban, le magnifique arsenal supplémentaire du Mourillon où l'on put construire et conserver à la fois dix vaisseaux et plusieurs frégates, cet arsenal d'où sont sortis le *Napoléon*, la *Gloire*, qui ont porté si haut la renommée de la France et le nom de Dupuy de Lôme.

Dans les ports de l'Océan, de grands travaux furent exécutés. A Lorient s'élevèrent des ateliers où, pour la première fois, on introduisit les perfectionnements mécaniques rapportés d'Angleterre par Dupin.

Nos ports n'avaient qu'un nombre insuffisant de formes de radoub. Le Directeur des ports fit établir à Toulon avec un succès complet une seconde forme latéralement à celle qui avait fait la gloire de Groignard. Il fit sauter en partie le rocher qui resserre le port de Brest pour enrichir aussi cet arsenal de bassins de premier ordre et d'ateliers importants.

Il serait trop long d'énumérer tous les grands travaux qui, sous la direction de Tupinier, furent exécutés à Brest et à Rochefort. Cherbourg offrait des difficultés plus considérables à vaincre. Dans une tempête effroyable, la mer avait emporté les casernes, les batteries et les défenses établies sur la célèbre jetée qui couvrait ce port, et l'on se demandait si, même avec de nouveaux travaux, on pourrait éviter le retour de pareils désastres. Tupinier fut d'avis qu'on tentât un grand effort : son avis prévalut. L'œuvre à entreprendre était gigantesque, la digue primitive ne devait plus être considérée que comme une fondation sur laquelle on superposerait une seconde digue monumentale qui n'aurait pas moins d'une lieue de longueur, et opposerait à la mer un rempart indestructible et infranchissable. Cette construction, la plus grande dans son genre qu'on ait jamais entreprise, fut poursuivie avec constance. La chaussée des Géants, conçue par Tupinier, constitua pendant de longues années une défense militaire imprenable et reste encore aujourd'hui victorieuse de la mer.

Les travaux exécutés à l'intérieur de l'arsenal de Cherbourg n'ont pas été moins grandioses ; l'arrière-bassin, destiné à recevoir des vaisseaux de premier rang, devait être creusé, non pas dans du sable ou de la terre, mais dans du schiste, et les difficultés d'excavation rendaient, à cette époque, ce travail un des plus hardis dont on ait tenté l'exécution.

On fit à ces œuvres monumentales le reproche d'être exécutées avec un luxe trop dispendieux. Une Commission législative fut nommée en 1850 pour visiter tous ces grands travaux, et malgré son sévère examen elle ne trouva pas une économie sérieuse qui eût pu être faite. La beauté, la richesse et l'élégance des travaux conçus par Tupinier, c'est, comme l'a dit Dupin, « la grandeur qui s'allie avec la simplicité, c'est l'immuable solidité qui s'identifie avec la durée, avec la grandeur du temps, avec la vie de la nation ; c'est la régularité calculée des proportions entre les parties d'un grand ensemble ».

En même temps que Tupinier poursuivait le développement des ouvrages hydrauliques et la création d'ateliers pour les constructions navales, il s'occupait activement des innovations, des perfectionnements que réclamait la flotte. Nos vaisseaux de guerre, aux carènes si bien tracées, mais surchargés de plus en plus par les installations nouvelles, l'augmentation des bouches à feu et des munitions, étaient immergés au delà de toutes bornes raisonnables. Ce fut en respectant les formes mêmes et les proportions des vaisseaux de Sané que Tupinier fit adopter l'agrandissement calculé de leurs dimensions. Dès 1822, il fit, pour s'assurer expérimentalement de la justesse de ses vues, transformer un vieux vaisseau de 74, le *Romulus*, en une frégate de 58 bouches à feu, la *Guerrière*. L'expérience prouva la supériorité des qualités nautiques du bâtiment rasé sur le bâtiment primitif. Tupinier indiqua les causes qui donnaient à la *Guerrière* des qualités remarquables sous tous les rapports. Il en déduisit qu'à parité de conditions deux navires ayant mêmes rapports entre les dimensions principales de la carène et la surface des voiles auraient les mêmes qualités nautiques. Cette discussion approfondie lui fournit des arguments de plus en plus forts sur la nécessité de modifier nos constructions, d'augmenter le volume et le déplacement de nos bâtiments, et, poursuivant ses recherches, il fut amené à proposer deux nouveaux rangs de frégates et de vaisseaux à deux ponts. Il en détermina les conditions principales : la composition de l'artillerie, la profondeur de carène et la hauteur de batterie. Il démontra que ces nouveaux modèles construits sur une plus grande échelle devaient avoir, à égalité de perfection de détails dans les plans, des qualités nautiques supérieures à celles des bâtiments primitifs de même espèce, tout en portant des bouches à feu plus nombreuses et d'un plus fort calibre dont ils pouvaient faire usage dans des circonstances où les anciens vaisseaux et les anciennes frégates étaient forcés de fermer leurs batteries basses ; enfin leur vaste capacité permettait d'y embarquer dix mois de vivres, quatre mois d'eau et des rechanges pour un an, ce qui était une condition essentielle dans le cas d'une guerre avec une puissance rivale. Il n'y avait rien à objecter à la manière rigoureuse dont il avait procédé pour arriver à ces conséquences décisives; mais on se rejeta sur le manque de solidité des grandes constructions et la pénurie des bois de dimensions suffisantes. L'*Amazone* de Dupin et la *Surveillante* de Boucher vinrent mettre à néant ces objections. La décision royale du 10 mars 1824 donna enfin raison à Tupinier. Le grand ingénieur avait inauguré une ère nouvelle dans les constructions maritimes et changé totalement les éléments de notre force navale. Grâce à Tupinier, nos navires purent désormais soutenir avec avantage la comparaison avec les meilleurs vaisseaux de guerre de l'Angleterre et des États-Unis, tant au point de vue de la puissance militaire qu'à celui des formes de leurs carènes.

En même temps qu'il perfectionnait ainsi la Marine à voiles, Tupinier faisait adopter pour l'artillerie des vaisseaux et des frégates l'idée d'un calibre unique dont la longueur de volée serait variable avec la hauteur des batteries au-dessus de la mer. Il accueillait avec empressement et faisait mettre aussitôt à exécution toutes les innovations utiles. C'est ainsi qu'il fit adopter par la Marine beaucoup de perfectionnements réclamés par Dupin.

La Marine à vapeur était, en France, à son début : tout restait à créer, navires, machines et moyens de construction. Tupinier donne à Marestier la mission d'étudier la jeune marine à vapeur des États-Unis. Beaucoup de personnes, intéressées ou non, voulaient confier toutes les constructions à l'industrie particulière. Mais il eût été dangereux pour l'État d'être ainsi livré presque sans défense aux exigences et à l'inexpérience des constructeurs qui n'avaient encore ni règles, ni ateliers, ni outillage suffisant, et Tupinier, avec une sage prévoyance, demanda et obtint que la construction d'une partie notable des machines à vapeur fût confiée à la Marine militaire. Dans l'île d'Indret, au lieu même où l'habile Wilkinson avait établi ses fonderies après la guerre d'Amérique, il plaça les premiers ateliers de construction des machines marines. L'emplacement était admirablement choisi. Tupinier n'hésita pas à faire grand ; il jugeait que la nouvelle usine était appelée à un brillant avenir; ses prévisions ont été pleinement justifiées.

En même temps qu'il donnait à l'État de puissants moyens de productions, l'éminent Directeur des ports ne négligeait pas le concours de l'industrie privée, et dans maintes circonstances, notamment quand il dirigeait la construction des paquebots transatlantiques, il assurait aux industriels une juste part dans la confection des machines à vapeur et encourageait la concurrence, source de tant de progrès. En donnant ainsi aux divers constructeurs une part des travaux à faire pour la Marine, Tupinier contribua puissamment au développement et à la prospérité des grands établissements de Paris, du Havre et du Creusot, aujourd'hui si florissants.

Nous n'avons pas à insister ici sur les services si nombreux, si considérables que Tupinier rendit à l'Administration proprement dite en organisant la comptabilité des ateliers, en étudiant les moyens de rendre le contrôle vraiment efficace. S'élevant au-dessus des ambitions particulières, des rivalités de corps, il rechercha avant tout l'exactitude des comptes, tout en simplifiant les écritures et les formalités, avantage si précieux pour une Marine militaire en temps de paix et surtout en temps de guerre.

Ce fut lors des grandes expéditions, dans les campagnes d'Espagne en 1823, du Levant et de Navarin en 1826 et 1827, de la Morée et d'Alger en 1830, que l'on put juger de l'efficacité des mesures prises par Tupinier. La campagne d'Alger surtout fut conduite avec un admirable ensemble. La Marine devait y remplir un rôle important : elle avait à opérer le transport de l'armée de terre, à en effectuer le débarquement, enfin à la seconder en bombardant les forts. Il fallait que la flotte fût mise promptement en état d'exécuter cette double tâche. La rapidité des armements était, à cause de la saison, la condition rigoureuse du succès. Tupinier faisait naturellement partie de la Commission chargée d'élaborer les plans d'exécution; les responsabilités, si lourdes qu'elles fussent, n'étaient pas faites pour l'effrayer. Il promit qu'il serait prêt et il le fut. Les premiers ordres donnés à ce sujet par le Ministère de la Marine datent du mois de fé-

vrier 1830. Le 1ᵉʳ mai suivant, il y avait en rade de Toulon 11 vaisseaux de ligne, 25 frégates, 36 autres bâtiments de guerre, 28 bâtiments de charge, 358 navires de transport et 7 bâtiments à vapeur
prêts à porter en Afrique une armée de 38 000 hommes et un
immense matériel de campagne. Il mit autant de célérité à faire
les préparatifs de l'expédition de Saint-Jean d'Ulloa. Enfin, il fut
à même de montrer une dernière fois tout ce que son génie pouvait
produire quand, en 1840, l'Angleterre et la France rivalisaient d'efforts et d'activité pour armer et envoyer dans les mers d'Égypte et
de Turquie des vaisseaux dont le nombre et la puissance restassent
toujours supérieurs à ceux de l'autre nation. Dans cette lutte, malgré
les immenses moyens dont disposait l'Angleterre, la France garda
toujours le premier rang. Ce résultat suffit à l'éloge de l'administrateur français, et montre avec quelle intelligence supérieure il avait
su organiser les moyens d'action concentrés dans ses mains. A ce
moment même, il s'occupait de perfectionner encore cette organisation, élaborant le projet de loi sur la navigation transatlantique,
qui fut voté le 16 juillet 1840.

C'est sur la proposition de Tupinier que la France envoya, en
1829, un agent auprès du Vice-Roi d'Égypte pour négocier la cession
des obélisques de Louqsor. Quand il s'agit d'arrêter un plan d'opérations pour le transport à Paris de l'un de ces monolithes, c'est lui
qui intervint pour réfuter les critiques et les objections. Il démontra
de la manière la plus évidente la possibilité de charger cette encom-
brante et pesante masse sur un navire construit spécialement dans
ce but et qui pourrait naviguer sur mer, remonter le Nil jusqu'à
Thèbes et passer sous les arches des ponts de la Seine.

Chargé de préparer les expéditions scientifiques, il veilla avec un
soin jaloux à ce que la France se montrât à la hauteur de sa tâche
civilisatrice; il envoya des missions, encouragea et appuya de son
crédit les voyages de circumnavigation qui intéressaient la Science et
la Marine, provoqua et prépara les expéditions des Dumont d'Urville et des Dupetit-Thouars; et cet ingénieur, cet administrateur
hors ligne, comblé d'honneurs et de faveurs, n'éprouva peut-être
jamais de satisfaction plus vive qu'à l'heure où, dans sa séance
du 8 avril 1839, la Société de Géographie lui décerna sa présidence, reconnaissant ainsi les services qu'il avait rendus en étendant

au loin l'influence française et en enrichissant les sciences géographiques.

Durant le cours des vingt années pendant lesquelles il dirigea de
fait l'administration de la Marine, Tupinier fut deux fois ministre.
Il ne rechercha pas cet honneur ; mais aux heures difficiles, quand
l'apparence et l'éclat du pouvoir n'étaient plus une tentation suffisante, on le trouvait toujours prêt à se dévouer pour la France et
pour la Marine. En 1830, lorsque le duc d'Orléans fut proclamé
régent, c'est Tupinier qu'il chargea de l'intérim de la Marine. Neuf
ans après, une puissante coalition renversa le Ministère ; le temps
s'écoulait sans qu'on pût arriver à former un nouveau cabinet. Pour
ne pas refuser un portefeuille en pareille conjecture, il fallait une
grande abnégation personnelle. Les Ministres du 31 mars 1839
donnèrent ce généreux exemple ; ils acceptèrent le pouvoir, à la
condition expresse de le déposer aussitôt qu'on serait parvenu à
leur trouver des successeurs. Le baron Tupinier fut nommé à la
Marine. Il s'empressa d'améliorer la position des ouvriers des arsenaux en faveur desquels il réclamait en vain depuis longtemps déjà.

En 1834, le département du Finistère l'avait choisi comme député. Quelque temps après la Charente-Inférieure lui faisait le même
honneur. A la tribune de la Chambre élective, comme commissaire
du gouvernement pendant huit années, et comme député pendant huit
autres, Tupinier fut toujours attentivement écouté, parce qu'il savait
mettre au service des sujets qu'il traitait et qu'il connaissait à merveille une parole toujours claire et précise. Tupinier, comme Dupin,
aimait à répandre la lumière sur l'Administration de la Marine.
Chargé en 1837 de visiter tous les ports militaires de Dunkerque à
Toulon et tous les établissements de la Marine à l'intérieur de la
France, il fit pour le Parlement son célèbre Rapport sur le matériel de la Marine, si remarquable par les vues neuves qu'il y avait
semées.

Après cinquante ans d'un travail toujours croissant et qui finit
par excéder ses forces, Tupinier, malgré le courage le plus opiniâtre, malgré la volonté la plus puissante, dut s'avouer vaincu par
l'âge et, dès qu'il comprit qu'il ne pouvait plus servir son pays avec
la même ardeur, avec la même activité, il crut devoir résigner ses
importantes fonctions.

L'ancien Directeur des ports qui, depuis vingt ans déjà, était conseiller d'État en service extraordinaire, fut aussitôt nommé par le gouvernement conseiller en service ordinaire. Il continua à faire partie du Conseil d'Amirauté dont il était une des principales lumières, et rédigea alors d'importants rapports sur les travaux de la Marine, qui furent préparés et accomplis sous les ministères de l'amiral baron de Mackau et du duc de Montebello.

Appelé à la Chambre des Pairs, il développa des opinions accueillies avec un juste et vif intérêt par la Chambre et par la Marine. C'est à la tribune de la Chambre haute qu'il retraça dans un éloquent discours les travaux et les combats de l'héroïque amiral Duperré; personne n'aurait pu remplir cette noble tâche avec une connaissance plus approfondie du mérite et des travaux du grand marin qu'il avait secondé dans deux ministères et dans deux campagnes de guerre.

Lors de la révolution de 1848, Tupinier fut révoqué de ses fonctions de conseiller d'État; il se démit de ses autres emplois. En vain, Dupin qu'il avait sauvé jadis dans une semblable tourmente tenta de rendre à son ami bienfait pour bienfait, justice pour justice, il ne put obtenir qu'on conservât à la Marine, à l'Amirauté un de ses membres les plus éminents et les plus illustres.

Le baron Tupinier mourut à Paris le 1ᵉʳ décembre 1850. Si l'on considère les nombreux services qu'il a rendus au pays : la création des flottilles de l'Empire, l'impulsion donnée au port de Gênes, la régénération de la Marine vénitienne, les immenses travaux qui ont transformé nos cinq ports militaires, l'agrandissement de Toulon et de Cherbourg, la fondation des usines nationales d'Indret et de Guérigny, la restauration de la Marine à voiles, la création de la première Marine à vapeur, les expéditions de Morée, de Navarin, d'Alger, le blocus des ports de Hollande et du Mexique, les services rendus à l'administration, les expéditions scientifiques, l'établissement des grandes lignes transatlantiques, les nombreux écrits auxquels il consacrait ses veilles pour éclairer le Parlement et le pays sur les questions maritimes, on reste frappé de la puissance de production, de la facilité de travail de ce grand ingénieur, de cet administrateur hors ligne, et l'on applaudit à l'intelligente et heureuse initiative avec laquelle les premiers examinateurs de l'École ont abaissé la limite d'âge en faveur de l'adolescent qui venait, il y a cent ans, s'asseoir sur les bancs de notre grande École, le plus jeune de la première promotion.

DUPIN.

L'art et l'histoire se sont associés pour nous conserver la touchante légende de Pic de la Mirandole. Comme lui, Charles Dupin eut l'insigne bonheur d'avoir pour premier maître une mère instruite et aimante qui développa à la fois son esprit et son cœur et l'initia à tous les genres d'études. A douze ans, Dupin, qui avait pour la science de la Géométrie un goût tout particulier, entra au pensionnat de l'abbé Genty à Orléans. Quatre ans après, en 1801, il était reçu à l'École Polytechnique. Il manifesta bientôt la vivacité et la vigueur précoces de son esprit. Les recherches de Fermat, d'Euler et de Monge avaient révélé l'importance du problème d'une sphère tangente à quatre autres. En s'exerçant au même sujet, le jeune polytechnicien découvrit les propriétés imprévues et nouvelles d'une classe de surfaces que personne n'avait étudiées avant lui et que l'on nomme les *cyclides* de Dupin. Ces premiers essais ont été publiés en 1801 dans la Correspondance de l'École Polytechnique.

Dupin n'était pas encore sorti de l'École quand la paix d'Amiens fut rompue (mai 1803). Les Élèves demandèrent à participer aux frais de la flottille qui devait porter une armée française dans la Grande-Bretagne et à concourir personnellement à la construction et à l'armement d'une péniche de trente hommes. Dupin, admis aussitôt dans le Génie maritime, fit partie des trente Élèves qui suivirent la construction et l'armement des embarcations mises en chantier devant l'hôtel des Invalides et qui construisirent la péniche *la Polytechnique*. En même temps qu'il apprenait la théorie à

E. P. — II.   15

l'École d'application du Génie maritime, il faisait, en maniant lui-même l'herminette, l'apprentissage de la pratique du métier.

A sa sortie de l'École d'application, Dupin fut dirigé sur Boulogne où, sous les ordres de Tupinier, il fut employé aux constructions neuves. Après avoir participé aux travaux de la flottille, il servit à Anvers et en Hollande dans les compagnies d'ouvriers militaires. Envoyé au port de Gênes où il retrouva Tupinier, son ami depuis Boulogne, il acheva de se perfectionner dans l'art de l'Ingénieur sous les ordres de Forfait.

En 1807, il sollicite un poste plus difficile et plus périlleux. On lui confie la direction des travaux du port de Corfou et des îles Ioniennes; il s'embarque avec trois cents ouvriers militaires sur l'escadre de l'amiral Gantheaume. En arrivant à Corfou, Dupin trouve le port vide, il n'y a ni matériel, ni approvisionnement : les Russes, en évacuant les îles cédées à la France par la paix de Tilsitt, avaient tout emporté ou tout détruit. La situation était critique. La *Ville-de-Paris*, qui amenait Dupin, avait été, en pleine mer, démontée, par un coup de vent de tous ses mâts de hune, les basses vergues étaient rompues, les voiles déchirées; le vaisseau amiral arrivait à Corfou délabré. L'amiral Gantheaume, obligé de sortir avec une de ses divisions pour aller chercher l'autre partie de son armée qui croisait sur les côtes d'Italie, laisse son vaisseau à Dupin. Le jeune ingénieur, pour la première fois abandonné à ses propres ressources, n'est pas déconcerté par des difficultés qui auraient pu paraître insurmontables. En moins de cinq jours, le bâtiment est complètement réparé. L'amiral Gantheaume, revenu à Corfou, peut remettre son pavillon sur la *Ville-de-Paris* et devancer la flotte anglaise qui, lancée à sa poursuite, l'aurait accablé par ses forces supérieures si Dupin s'était moins hâté. Dupin resta dans les îles Ioniennes; il éprouva le sort ordinaire aux absents, d'autres reçurent des récompenses, lui fut totalement oublié; ce n'est que huit ans plus tard qu'il fut nommé chevalier de la Légion d'honneur.

A Gênes, à Corfou, Dupin révèle complètement ce qu'il sera plus tard : un grand savant, un ingénieur hors ligne, un philanthrope aux vues larges et au sens pratique. La vie de Dupin peut être divisée en trois étapes : d'abord il étudie la Science pour elle-même, puis il

en recherche les applications, enfin ne considérant la Science que
pour le bien qu'elle peut faire, il instruit les classes laborieuses et
consacre alors sa vie au progrès de la Science et de l'humanité.

Dans ces premières années passées loin du pays, Dupin, sans négliger aucun de ses devoirs de chef de chantier, associe à ses travaux
d'autres études, d'autres plaisirs : il cultive la Géométrie et les
Belles-Lettres et se place d'emblée au premier rang des géomètres
par l'invention de la théorie de l'indicatrice et par de brillantes
recherches sur les surfaces orthogonales. « Trois quarts de siècle,
a dit M. Bertrand dans son éloge académique de Dupin, ont accru
l'importance des découvertes que, sans conseils, sans confidents,
presque sans livres, Dupin a ajoutées aux théories de Monge. Tous
les élèves de nos savantes écoles connaissent aujourd'hui les tan-
gentes conjuguées de Dupin et font usage de son indicatrice. Le
beau théorème sur les surfaces orthogonales brille au début d'une
théorie féconde, dont chaque génération de géomètres accroît
l'étendue et la portée. Un cas particulier, élégant et très remarquable, s'était présenté en 1810 à un élève distingué de l'École Polytechnique, J. Binet. Dupin à cette époque, depuis trois ans déjà,
avait communiqué à plusieurs savants l'énoncé du théorème général
encore inédit. En produisant sa démonstration rigoureuse, mais
subtile, il raconta simplement la vérité : on ne l'a jamais contestée ;
la belle découverte lui appartient, il en conserve toute la gloire,
c'est le mot qu'il faut dire, tout autre serait trop faible. »

Pendant son séjour en Grèce, il s'efforce de réveiller le génie des
sciences et des arts sur ce sol autrefois si fertile en talents, en même
temps qu'il commence ses expériences sur la flexion des bois. Secrétaire de l'Académie ionienne fondée par ses soins, il provoque
l'ouverture de cours publics et gratuits et enseigne lui-même la
Mécanique et la Physique ; il est le plus savant, le plus aimable, le
plus enjoué des hôtes de Corfou. M. Bertrand a dépeint, avec son
charme inimitable, cette période brillante de la carrière de Dupin où
plus d'un habitant de l'île, en entendant parler d'un jeune danseur
recherché dans les salons pour son entrain et sa belle humeur, d'un
ingénieur respecté par trois cents ouvriers qu'il instruit et gouverne,
d'un orateur applaudi la veille dans une séance de l'Académie
ionienne, d'un géomètre enfin cité comme inventeur, tenait pour

certain que la France avait envoyé à Corfou plus d'un Dupin. Au bout de cinq années passées dans les îles Ioniennes, Dupin tomba malade; il fut rappelé et envoyé au port de Toulon.

En arrivant dans ce port, il fut frappé de l'insuffisance de documents : il n'y avait ni musée, ni bibliothèque. Dupin réunit des modèles de navires et fonda le Musée naval; il créa une Bibliothèque de la Marine. Mais, malgré le succès qui avait couronné son initiative et la célébrité qu'eut bientôt le Musée maritime, son œuvre ne lui semblait pas complète; il réclama, sans pouvoir l'obtenir, l'institution d'une Académie de Marine qui eût rassemblé les documents, simplifié la tâche aux marins et aux constructeurs, encouragé les innovations. Cependant le Musée naval de Toulon devait attirer l'attention, et c'est de lui qu'on s'inspira quand, en 1827, on décida de fonder à Paris le Musée Dauphin, dont la création fut confiée à l'un des collègues de Dupin, l'Ingénieur Zédé, premier conservateur du Musée naval du Louvre.

C'est à Toulon, en 1814, que le jeune Ingénieur publia son *Architecture navale aux* xviiie *et* xixe *siècles*. La Marine ne possédait alors aucun ouvrage élémentaire où l'on pût trouver les renseignements techniques ou pratiques si nécessaires aux ingénieurs et aux constructeurs. L'ouvrage de Dupin combla cette lacune regrettable et, par les idées neuves que l'auteur y avait semées, prépara la voie aux améliorations qui devaient bientôt être apportées à la construction des navires.

Dupin venait d'être envoyé à Dunkerque quand il voulut prendre la défense de Carnot, injustement rayé des cadres de l'armée. Il n'encourut d'autre disgrâce que d'être envoyé en Angleterre : ce fut une bonne fortune pour la Marine. On comprit bientôt que c'était en appelant Dupin à Paris auprès des Conseils et de la Direction des ports que l'on tirerait le meilleur parti des merveilleuses facultés du grand ingénieur. Nous verrons que les événements justifièrent ces flatteuses prévisions.

Ingénieur autant que géomètre, Dupin n'a jamais séparé la pratique de la théorie. Dans les années qui suivent son retour de Corfou, il se consacre surtout aux applications de la Science; c'est la seconde des belles étapes qu'il a brillamment parcourues. Il appelle l'attention sur les immenses services que la Science peut rendre aux travaux publics et aux arts : il le fait d'une manière originale et féconde; il aborde les problèmes les plus compliqués de la science de l'Ingénieur et, novateur hardi et habile, ramène à une méthode scientifique et rigoureuse tous les procédés divers employés dans les arts de la construction. Il donne à la Marine une théorie nouvelle de la stabilité des corps flottants, fondée sur les principes de la courbure des surfaces et la considération de l'indicatrice : cette théorie est restée la base de la géométrie du navire. Il publie un essai sur la construction des routes, un magnifique travail sur les déblais et les remblais et, sans chercher une solution encore ignorée aujourd'hui, il y trouve une nouvelle occasion d'inventer d'ingénieux théorèmes de Géométrie pure. L'étude des routes de la lumière est, pour le géomètre, un champ inépuisable de découvertes, qui ont fait de l'Optique la sœur aînée des Sciences physiques. Ici encore Dupin recule les bornes posées par ses prédécesseurs. Malus avait trouvé que les rayons issus d'un même point forment un faisceau conique, qui, réfléchi ou rompu suivant les lois de l'Optique, conserve, quelle que soit la surface réfléchissante ou celle qui sépare les milieux uniréfringents, un caractère permanent et singulier, trace ineffaçable de son origine. Mais il croyait que cette propriété conservée dans une première rencontre pourrait se perdre dans une seconde. Dupin corrige ce théorème en le généralisant et attache ainsi son nom à l'histoire de cette belle théorie dont il a, le premier, compris toute la portée.

A Corfou, à Toulon, à Dunkerque, il poursuit ses essais sur la résistance des matériaux à la flexion, et celle des bois en particulier. Ses expériences, exécutées dans les chantiers avec autant de précision que dans un cabinet de Physique, lui ont permis de fonder sur des principes aujourd'hui classiques l'étude de la résistance des matériaux. Les hypothèses admises par Galilée et Mariotte pour se rendre compte des efforts qui se produisent dans ces phénomènes n'étaient pas exactes. Reprenant les idées de Jacques Bernoulli et les travaux de Duhamel de Monceau et de Buffon, Dupin ne se borne pas à montrer l'erreur : il établit, d'une manière incontestable, les véritables lois qui, généralisées et vérifiées depuis par de nombreuses expériences, servent de base indiscutée au calcul des constructions gigantesques exécutées de nos jours. Ce travail est l'un des plus grands services qui aient été jamais rendus à l'art de l'Ingénieur.

Les premières études scientifiques de Dupin avaient valu à leur auteur, en 1813, le titre de correspondant de l'Institut. Ses beaux travaux sur les applications des Sciences le firent recevoir, en 1818, Membre titulaire de la Section de Mécanique.

Les voyages de Dupin en Angleterre mirent en pleine lumière un trait saillant qui caractérise cette riche et multiple intelligence : « Dupin excellait à saisir, dans les phénomènes de la vie des nations, la signification et la portée morale qu'ils renferment. L'ensemble de ses derniers travaux compose une sorte de Traité des rapports du physique et du moral des peuples. Entre ses mains, la Statistique, cette science de chiffres, s'anime, s'émeut et s'éclaire ; l'Arithmétique a des accents, les nombres de la passion. C'est que, par delà les chiffres, il voit les âmes ; par les nombres, il vise à l'amélioration des mœurs ([1]). » Dupin parcourut la Grande-Bretagne en ingénieur, en géomètre, en physicien et en psychologue ; il sut forcer l'estime et l'amitié de nos rivaux ; il rassembla une quantité incroyable de documents judicieusement choisis, et publia, à son retour en France, cette œuvre capitale qui porte le titre de *Voyages dans la Grande-Bretagne*. L'ouvrage de Dupin mérite une mention spéciale ; aucune œuvre n'a eu, à aucune époque, une pareille influence sur les destinées de notre industrie et de notre marine, jamais on ne s'est imposé un programme plus vaste, jamais on ne l'a mieux rempli. Cet ouvrage, trop peu lu aujourd'hui, devrait être le catéchisme de la Marine à l'heure actuelle comme au moment de sa publication ; il devrait être médité non seulement par les hommes de métier, mais encore par les membres du Parlement et les économistes. On y trouve en germe les réformes accomplies et celles qui restent à faire ; on y trouve les principes d'une administration sage et économe. Les progrès qu'il a fait réaliser dans les travaux publics, l'industrie, la marine, sont considérables ; qui se rappelle aujourd'hui, pour en citer un entre mille, que c'est Dupin qui importa en France le système de M. Macadam? Dupin a toutes les audaces : simple ingénieur de troisième classe, il demande hardiment des

---

([1]) Extrait d'un *Éloge de Dupin*, par M. Ch. Lévêque.

réformes dans l'administration de la Marine ; il montre les améliorations réalisées dans ce sens de l'autre côté de la Manche ; il dé-
nonce les abus et indique le moyen d'y remédier. Puis, abordant
les questions techniques, il jette à pleines mains une moisson féconde ;
il se fait publiciste pour semer les idées qu'il sait devoir germer tôt ou
tard. Sa véritable place à la Marine eût été au premier rang ; peu lui
importe, ce n'est pas pour lui qu'il combat, c'est pour la France, c'est
pour la Marine, « isolée du pays par une muraille de Chine » qu'il
veut abattre. Et, avec un admirable instinct de son siècle et des temps
nouveaux, il expose les moyens sur lesquels il compte pour préparer
le succès final, il énonce les principes qui le guideront, sa vie durant,
dans sa longue carrière d'ingénieur, d'économiste et d'homme politique. « Voulons-nous, dit-il, amener des innovations qui soient
durables, parce que, fondées sur la raison, elles seront étayées sur
l'opinion publique, pénétrons-nous d'une importante vérité : les
meilleures lois ne conviennent aux hommes et n'exercent sur eux
une utile influence qu'au moment où les esprits, comme un terrain
ameubli, se trouvent préparés pour les recevoir et les rendre fruc-
tueuses. Au lieu de commencer, à la manière des tyrannies, par
ordonner et contraindre, il vaut mieux, à la manière des pays libres,
commencer par instruire et persuader. » La persuasion n'est pas
l'œuvre d'un jour quand on veut apporter des modifications à d'anciennes coutumes.

Les théories émises par Dupin excitèrent les susceptibilités des
membres du Gouvernement, qui voulurent obliger l'auteur à supprimer des passages entiers et à soumettre le reste à une sorte de
censure. Il s'y refusa fièrement, et bientôt Louis XVIII, plus libéral
que ses ministres, leva l'interdit jeté sur l'œuvre de Dupin. Le succès
de l'ouvrage souleva dans certains milieux de violentes colères de
part et d'autre du détroit. Ici, on s'indignait qu'un Français eût pu
juger avec impartialité l'esprit d'initiative, la puissance de production d'une nation rivale, et eût oublié de nous placer au premier
rang à cet égard dans le noble espoir de nous y conduire ; là, on
s'offensait des blessures infligées à l'amour-propre britannique, on
s'offusquait de voir démasqués ces faux sentiments d'humanité étalés
avec pompe, mais indignement violés sur les pontons et à Sainte-
Hélène. L'effet produit n'en fut que plus grand. En Angleterre, le

travail de Dupin fut si bien apprécié, que des membres du Ministère ont dit plus d'une fois y avoir puisé des informations qu'ils ne pouvaient trouver ailleurs. En France, les idées qu'il préconisait en matière d'organisation furent longues à se faire jour et sont encore aujourd'hui loin d'être admises; mais, pour les questions techniques intéressant la Marine, il trouva dans son ami Tupinier, directeur des ports et arsenaux et l'une des plus hautes personnalités du département à cette époque, un collaborateur intelligent et éclairé, avide, comme lui, de nouveautés et de progrès, et possédant l'autorité donnée par de longs et signalés services et une grande situation.

C'est à la collaboration de ces deux Ingénieurs qu'on doit l'augmentation des dimensions des frégates et des vaisseaux, l'accroissement de la puissance offensive de nos navires de guerre, l'adoption du tir en chasse et en retraite, modifications qui transformèrent notre matériel naval et lui assurèrent une supériorité incontestable sur les anciens types dont les formes étaient excellentes, mais dont la puissance militaire laissait à désirer. Dupin, pour faire adopter ses idées, donna les plans de plusieurs frégates d'un système entièrement nouveau, où les assemblages rationnels assuraient aux coques une solidité inconnue et une légèreté précieuse. Dans la construction de ces beaux navires, il trouva l'occasion de mettre à profit ses études antérieures sur la force des bois et la résistance des matériaux. Cette rigidité nouvelle devait bientôt faciliter aux Ingénieurs l'adaptation des machines à vapeur à la navigation, en évitant les trépidations que l'hélice n'eût pas manqué de causer sur les anciennes coques.

Plus tard, au Conseil d'amirauté, au Parlement où il se retrouvait en communauté d'idées avec le baron Tupinier, Dupin ne cessa pas de s'occuper activement de la Marine, préconisant les innovations et les réformes. Son trop court passage au Ministère ne lui permit pas de mettre en application ses théories, mais du moins sa parole persuasive, ses conseils autorisés eurent sur les choses de la Marine une influence plus considérable que les ouvrages d'aucun de ses contemporains, sauf peut-être Tupinier. Le titre de baron, en 1824, celui de directeur des constructions navales, en 1838, d'inspecteur général du Génie maritime hors cadres, en 1843, récompensèrent les services rendus au département par le grand Ingénieur, qui n'hésita jamais à dénoncer les abus, à demander des réformes et vit quelquefois ses efforts persévérants couronnés de succès.

Les Colonies étaient alors intimement liées à la Marine. Elles trouvèrent dans la personne de Dupin un défenseur éloquent, ferme et habile. Après avoir été par deux fois nommé délégué de la Martinique, il fut réélu, en 1841, pour la troisième fois, à la presque unanimité des suffrages. Dans un moment où les volontés étaient ardentes, les opinions divisées, les partis tranchés, cette unanimité honorait son caractère. Étranger aux divisions et aux violences, ainsi qu'aux erreurs des partis, il a su être le représentant des intérêts généraux, le défenseur de la vérité et de la justice.

Les travaux de Dupin, comme savant et comme ingénieur, auraient suffi à le rendre illustre; mais, en consacrant la meilleure partie de sa vie à la tâche noble et grande d'instruire et d'élever les classes laborieuses, il a acquis un titre de gloire plus beau encore. Il aimait ces fils du peuple, qui avaient été ses compagnons et ses élèves à Anvers, à Gênes et à Corfou. Dans les chantiers où il s'était montré professeur autant que chef, dans les usines de la Grande-Bretagne où l'instruction des ouvriers l'avait rempli d'étonnement et d'admiration, il avait pu apprécier les bienfaits de l'enseignement populaire. L'instruction était essentiellement à ses yeux une « force productive ». Il aimait le mot parce qu'il sentait le prix de la chose.

Dès les premières années de la Restauration il s'adressa aux anciens élèves de l'École Polytechnique, fit appel à leur patriotisme, à leur amour de la Science, en les invitant à prendre une part active à la création d'un vaste enseignement professionnel dans les villes où ils étaient appelés par leurs fonctions. Dans la plupart des garnisons et des établissements de l'artillerie et du génie, dans les grands ports militaires cet appel fut accueilli avec empressement; de tous ces enseignements, les plus féconds ont été celui que Poncelet fonda aussitôt à Metz, avec quelques-uns de ses camarades et celui des écoles de maistrance où les ingénieurs de la Marine instruisent encore aujourd'hui une nombreuse élite de jeunes ouvriers et contremaîtres, destinés à les seconder dans leurs travaux.

Dupin avait des projets encore plus vastes. Ses conseils furent écoutés et il parvint, en 1819, à faire fonder l'enseignement des

Sciences appliquées au Conservatoire des Arts et Métiers, par l'ouverture de trois cours : l'un de Géométrie et de Mécanique dont il
fut chargé, le second de Chimie industrielle confié à Clément De-
sormes, le troisième d'Économie politique donné à J.-B. Say. Par
la création féconde de cet enseignement qui, sous son influence et son
concours actif, s'est rapidement développé, Dupin a mérité à juste
titre d'être regardé, après Vaucanson, comme le second fondateur du
Conservatoire des Arts et Métiers. Il y professa des cours qui sont
un modèle de simplicité et de clarté, et qui sont admirablement
appropriés à un public varié composé en grande partie d'auditeurs
peu préparés à saisir la portée des raisonnements scientifiques. Il
tenait avant tout à avoir à ses leçons un grand nombre d'ouvriers;
il avait pour eux un sentiment d'affection, d'estime, d'intérêt
profond et vrai, dont sa parole, son geste et toute sa personne expri-
maient la sincérité. Le succès de ses cours, si nouveaux alors, fut
immense : les livres qui contenaient ses leçons ont été traduits dans
huit langues. Ce noble exemple fut contagieux, des cours semblables
s'établirent rapidement chez nous et chez les autres nations.

Dupin aurait voulu faire profiter la Marine de ses savantes et
pratiques leçons; il rappela au Ministre les services que des mécaniciens de la valeur de l'Ingénieur Hubert avaient rendus à nos
arsenaux et demanda que l'on maintînt à Paris, pendant quelques
mois, les élèves de l'École Polytechnique admis chaque année dans
le Génie maritime et qui étaient alors dirigés aussitôt sur l'École
d'application installée à Brest, proposant de les préparer lui-même
à l'art des mécaniciens et à celui de former de bons ouvriers et de
bons contremaîtres. Comme on lui objectait la dépense qui en résulterait pour les élèves, Dupin offrit généreusement de couvrir à ses
frais la plus grande partie de ces dépenses supplémentaires; mais la
Marine ne crut pas devoir accéder à sa demande. Il n'en continua
pas moins à exercer une influence bienfaisante sur les progrès de ses
jeunes camarades des ports, dans l'étude de la Mécanique et l'instruction des ouvriers. Quand, sur ses conseils, on décida de relever
le niveau de l'enseignement professionnel des Écoles d'arts et métiers
et d'y fonder un cours de machines à vapeur, il put, en toute
connaissance de cause, désigner, comme étant le plus capable de
s'acquitter de cette tâche difficile, un jeune Ingénieur de la Marine,

Vincent, qui, à l'exemple du maître, apprenait depuis plusieurs années à des ouvriers intelligents, avides de s'instruire, les éléments de la Mécanique et de la construction des machines. Sur l'initiative de Dupin, les professeurs des Écoles d'Hydrographie, dans lesquelles se formaient les capitaines au long cours, développèrent l'enseignement de la Géométrie et de la Mécanique. Dupin voulut inspecter ces Écoles afin de s'assurer par lui-même des résultats obtenus. Ses intentions avaient été comprises : les cours étaient pratiques, à la fois instructifs et attrayants. Il témoigna sa satisfaction par des dons de livres, récompense délicate qui devait stimuler le zèle des professeurs.

Si l'éducation professionnelle était l'objet des sollicitudes de Dupin, il s'inquiétait en même temps d'assurer aux populations les bienfaits de l'instruction primaire. La Statistique, intelligemment comprise, devint entre ses mains un puissant moyen d'action. C'est lui qui, le premier, eut l'idée de ces Cartes célèbres, à teintes plus ou moins foncées, où, les provinces ignorantes de la France étaient voilées de noir et signalées par ce stigmate à la conscience des gouvernants. Il donna dans son étude sur la situation progressive de la France un commentaire émouvant de cette géographie des ténèbres intellectuelles, commentaire qui visait le Midi, fort en arrière sur le Nord au point de vue de l'instruction des masses. Ces efforts persévérants valurent à leur auteur cette popularité de bon aloi qu'obtiennent souvent de l'opinion publique un dévouement désintéressé et le courage de faire entendre de dures vérités. Les électeurs du département du Tarn, l'un des plus noirs sur sa carte, envoyèrent Dupin au Parlement. Ils prouvèrent, par ce témoignage aussi flatteur qu'honorable et spontané, qu'ils étaient capables d'entendre la vérité et de mettre à profit les leçons qu'elle donne.

A partir de cette époque, Dupin se trouva mêlé à la vie politique du pays; son activité, son ardeur pour le travail le poussèrent à l'étude approfondie des questions importantes. Dans nos assemblées politiques, qu'il ne devait plus quitter jusqu'en 1870, il apporta au service de la marine et des travaux publics, de l'industrie et du commerce, à la défense de l'instruction et de la morale, l'autorité de sa science, l'abondance d'une parole infatigable et toujours prête. Le développement et l'organisation des écoles, l'accroissement des bibliothèques, la multiplication des caisses d'épargne, la protection dans les manufactures des intérêts moraux et physiques des enfants, la construction des canaux, l'entretien des routes, le contrôle des dépenses soigneusement comparées aux devis, la liberté du travail, l'encouragement de l'industrie ont été l'objet de ses constantes préoccupations, le terrain de ses luttes contre les préjugés et la routine. Dans toutes les grandes questions d'organisation, notamment celles qui concernent les rapports de la métropole avec ses colonies, les concessions des chemins de fer et des lignes postales, il fit preuve de cette variété de connaissances, de cette rectitude de jugement, de cette franchise qui étaient les qualités principales de sa nature droite et loyale. Bienveillant, calme, étranger aux discussions passionnées, il retrouvait, à certaines heures, la vigueur du cœur généreux qui, dans ses jeunes années, avait battu pour la France et pour la liberté. Aux heures néfastes où, sous prétexte d'économie, le budget de l'Instruction publique était attaqué, où les ténèbres qu'il avait eu tant de peine à dissiper menaçaient d'envelopper de nouveau le pays, Dupin trouvait des accents indignés et chaleureux pour défendre sa conquête et garantir l'avenir des générations nouvelles.

Ce n'est pas seulement au Parlement et au Conseil d'amirauté que Dupin trouva le moyen de mettre ses talents au service de la France. Entré au Conseil d'État en 1831, il en fut une des lumières. Lorsque, en 1832, Guizot décida de rétablir l'Académie des Sciences morales et politiques, le savant qui avait fait de l'Économie politique, de la Statistique, de la Science autant d'instruments de progrès pour les mœurs publiques avait sa place marquée dans l'Académie restaurée. Il fut un des premiers élus; il s'y montra toujours prêt à donner à l'instruction publique et à l'apaisement social de nouveaux gages de dévouement. Quand la situation était troublée, quand les consciences hésitaient, surprises et inquiètes de voir chanceler des principes qu'elles s'étaient accoutumées à regarder comme immuables, le Gouvernement, l'Académie se tournaient vers Dupin. On se souvenait qu'en 1830 il avait eu le bonheur, devenu rare depuis, de contribuer à calmer momentanément les passions, en usant auprès des ouvriers de l'influence morale que lui avait value son attachement sincère aux classes laborieuses. Après les sanglantes journées de Juin, le général Cavaignac trouva dans Ch. Dupin, qui présidait alors l'Académie des Sciences morales et politiques, un appui énergique et intelligent. Cette œuvre de conciliation, d'apaisement, de pacification sociale qui a pour titre *Bien-être et Concorde du peuple français*, est une merveille de science claire et persuasive, à laquelle les circonstances donnaient une valeur toute particulière. L'éloquent publiciste avait compris, avec son âme autant qu'avec son intelligence, que ce qu'il faut à des cœurs palpitants et ulcérés, c'est, non pas la menace qui réveille les colères, mais l'humaine et douce sympathie qui les calme ; il savait que seule la vérité libéralement prodiguée pourrait un jour renverser les « barricades de l'erreur ».

Dans les dernières années de sa longue carrière, Dupin se montra toujours le défenseur énergique des principes sur lesquels est établie la société moderne. Il se distingua jusqu'à la fin par l'indépendance et la fermeté de ses opinions. A l'Assemblée législative, il ne craignit pas d'aborder la question orageuse de la nécessité de deux Assemblées destinées à établir entre elles et le Pouvoir exécutif une pondération salutaire. Ses paroles prophétiques ne furent pas entendues ; quelque temps après, l'Empire était fait. Dupin ne crut pas devoir refuser le concours de ses lumières au gouvernement impérial. Mais s'il accepta le fait accompli, si, à l'exemple des régimes précédents, le nouveau lui décerna des récompenses et des honneurs mérités, le sénateur Dupin sut rester indépendant comme au jour où, jeune député du Tarn, il venait siéger dans les rangs de l'opposition à la Chambre de Charles X.

Actif, infatigable, Dupin portait sans fléchir le poids des années et continuait de produire à l'âge habituellement consacré au repos. Il suivait pas à pas le mouvement des idées, et, s'inspirant des circonstances, il publiait tous les ans quelques travaux sur les questions d'Économie politique auxquelles les événements donnaient tant d'actualité. Lors de l'Exposition de 1855, il fut un des principaux rapporteurs de la Commission. La comparaison incessante des énergies productives des différents pays, les puissantes études historiques auxquelles il s'était livré pour suivre les progrès de l'industrie, les statistiques consciencieuses qu'il avait établies servirent de base à son vaste Ouvrage : *Les Forces productives des nations*. Ce beau travail est, au même titre que les *Voyages dans la Grande-Bretagne*, l'œuvre capitale du grand économiste. C'est toujours la même pensée, l'interprétation morale des phénomènes économiques ayant commencé par l'étude des forces productives de notre patrie, des nations voisines, et s'étant élargie de plus en plus jusqu'à atteindre d'étonnantes proportions. Dupin n'avait pas encore pu mettre la dernière main à cette œuvre prodigieuse, quand il fut surpris par la mort, en janvier 1873 ; mais les importantes parties qu'il a terminées constituent un monument digne du patriote qui a consacré son existence à augmenter la prospérité de son pays.

Il est impossible de rencontrer une carrière mieux remplie par le travail et l'étude de toutes les questions théoriques et pratiques.

Dans sa jeunesse, Ch. Dupin, animé d'une vive et noble passion pour la Science, s'est plu à l'enrichir de tous les trésors de sa puissante intelligence et la Science, en retour, lui a donné la gloire et s'enorgueillit aujourd'hui de le compter parmi ses plus illustres adeptes.

Passant ensuite à l'application des théories scientifiques, il a condensé dans un livre admirable tous les principes de l'art de l'Ingénieur, il a donné des bases sûres aux calculs de résistance d'après lesquels ont été élevées les gigantesques constructions de ce siècle ; il a transformé, en l'améliorant, le matériel de la Marine, modifié les dimensions des navires et les procédés de construction, simplifié et rajeuni nombre d'institutions d'une administration surannée et routinière.

S'élevant enfin jusqu'aux plus hautes considérations de l'ordre industriel et moral, il a montré à la France les moyens d'utiliser les forces perdues ; plus que personne il a contribué au développement de l'industrie, du commerce, et par-dessus tout de l'instruction. Il a cherché dans l'instruction populaire le moyen d'élever, d'améliorer l'espèce humaine, et il a, plus que tout autre, droit à la reconnaissance des classes ouvrières, pour lesquelles il a si longtemps et si généreusement travaillé, auxquelles il a définitivement assuré les bienfaits de l'instruction, ce préliminaire indispensable et certain de leur relèvement social.

DUPUY DE LOME.

Né en 1816, au bourg de Plœmeur, près de Lorient, Dupuy de Lôme fit ses premières études au collège de cette ville. De brillants examens lui ouvrirent les portes de l'École navale. Dans le Morbihan, la mer réclame ceux qu'elle a bercés tout enfants au bruit de ses vagues; mais, si Dupuy de Lôme devait lui appartenir un jour, c'était comme descendant des Sané et non des Tourville. Sur les conseils de son père, il se prépara à l'École Polytechnique; il y entra en 1835 et à la sortie choisit le Génie maritime. L'École d'application était alors à Lorient. Dupuy de Lôme y reçut les savantes leçons de Reech et y laissa comme trace de son passage plusieurs élégantes solutions de problèmes d'architecture navale et des théorèmes nouveaux sur l'orientation des voiles.

Attaché au port de Toulon, il entreprit, dès cette époque, ses expériences de mesure du travail utile des machines marines et de la résistance opposée par l'eau aux navires en marche. Dans tous les détails du service, il se faisait remarquer par son esprit net et pratique : il abondait en dispositions ingénieuses; entre autres, il réussissait, en installant une nouvelle machine construite sur ses plans, à épuiser les bassins du port de Toulon en cinq ou six heures au lieu de vingt-quatre. En 1842, chargé d'aller étudier en Angleterre les procédés en usage pour la construction des bâtiments en fer, alors à ses débuts, il étonna, par son savoir et sa brillante intelligence, le célèbre constructeur de Liverpool, M. Laird, qui chercha à se l'attacher et lui fit les propositions les plus tentantes. Mais Dupuy de Lôme refusa de quitter le service de la France et revint prendre à Toulon la modeste place de sous-ingénieur. Le Mémoire où il consigna ses recherches et ses observations est un véritable chef-d'œuvre : il ne se contente pas d'exposer avec une précision lumineuse tous les procédés de la pratique anglaise, il discute point par point les avantages et les inconvénients des constructions métalliques : sécurité, durée, capacité des cales, hygiène à bord, effet des projectiles, influence du fer sur les compas, salissure des carènes; tous les points de vue si divers auxquels on doit se placer pour envisager cette importante

question sont traités de main de maître. L'expérience de cinquante
années a montré que Dupuy de Lôme ne s'était trompé sur aucun
point.

Des paquebots, des avisos en fer furent aussitôt mis en chantier.
Parmi ceux qui étaient dus au jeune ingénieur, deux sont restés
célèbres dans la mémoire des marins : le *Caton* et l'*Ariel,* tous deux
mus par une hélice. Dans les plans de ces deux navires, Dupuy de
Lôme appliquait pour la première fois ses grands principes relatifs
aux formes à donner à la carène et aux proportions à établir dans
toutes les parties essentielles du navire à vapeur : coques, machines,
propulseurs, armement. Le *Caton,* mis en chantier en 1844, filait
10^n; l'*Ariel,* commencé en 1847, filait $11^n,5$. Lorsque ce petit
navire de 261^{ix} fut armé en 1849, c'était l'aviso de cette dimension
le plus rapide qui eût encore paru sur les mers.

Éclairé par le succès du *Caton* et de l'*Ariel,* Dupuy de Lôme fut
dès lors complètement fixé sur l'avenir du navire à vapeur. Jusque-là,
les navires à voiles seuls étaient les navires de combat; sur les derniers
vaisseaux mis en chantier, on faisait tout au plus de l'hélice un modeste auxiliaire de la voile. Brisant avec tous ces errements, Dupuy
de Lôme fit spontanément l'étude complète d'un navire à vapeur à
grande vitesse; son projet fut soumis au Conseil des Travaux. Le
vaisseau à vapeur, tel que l'avait conçu et expliqué Dupuy de Lôme,
révolutionnait complètement la tactique navale. On aurait généralement préféré procéder par essais progressifs; mais, instruit par le
prince de Joinville, Guizot, dans un court intérim au Ministère de
la Marine, sut apprécier toute la portée de l'œuvre du jeune Ingénieur : il ordonna la mise en chantier du *Napoléon.*

Commencé en 1848, lancé en 1850, armé en 1851, le nouveau vaisseau réalisa et au delà les prévisions les plus optimistes. Ce beau
navire, armé de 92 canons, filait 13^n par mer calme, évoluait comme
un poisson, bravait les plus grosses mers debout à la lame. La guerre
de Crimée acheva de mettre en lumière les qualités du *Napoléon.* Le
12 octobre 1853, les escadres françaises et anglaises devaient franchir
le détroit des Dardanelles. Deux vaisseaux anglais et deux vaisseaux
français, remorqués par quatre puissantes frégates à vapeur, partirent
deux heures avant le reste de l'escadre alliée. Cette avant-garde
s'avançait avec peine contre le vent et le courant quand elle fut

Halouf Dujardin   Imp Eudes et Chassepot

Dupuy de Lôme

rejointe par le *Napoléon*, qui traînait à sa remorque le vaisseau à trois ponts *la Ville-de-Paris*, portant le pavillon de l'amiral Hamelin. Le *Napoléon* poursuivit sa route, dépassa et laissa loin derrière lui les autres navires. Les deux vaisseaux français franchirent rapidement le détroit, tandis que le bâtiment amiral anglais, la *Britannia*, restait au loin, impuissant à vaincre le vent et le courant, ainsi que tous les vaisseaux qui l'accompagnaient. L'escadre anglaise attendit près d'une semaine un temps favorable avant de pouvoir rejoindre les navires français.

L'émotion fut grande en Angleterre. Tandis que la France reprenait confiance en sa Marine, les Anglais sentaient que, pour le moment, l'empire de la mer leur échappait. Leur magnifique Marine à voiles n'aurait pas pu lutter contre la nouvelle flotte française qui, construite avec les données du *Napoléon*, allait bientôt prendre la mer. Ils abandonnèrent sans hésiter tout le matériel qui avait fait leur gloire et leur puissance, ils poussèrent activement la construction des vaisseaux rapides qu'ils avaient mis en chantier au lendemain des essais du *Napoléon* et se hâtèrent d'en commencer d'autres; mais ils furent longtemps avant de les réussir et d'en pouvoir mettre en ligne un nombre suffisant. Grâce à Dupuy de Lôme, la France posséda, pendant plusieurs années, la suprématie sur mer, ce qui fut un précieux auxiliaire pour la politique extérieure de notre pays à cette époque.

Le *Napoléon* rendit, dans les laborieuses campagnes de 1854-1855, des services si considérables que l'on a pu dire, sans exagération, qu'il avait contribué au succès de la guerre. Il transportait, avec une rapidité et une promptitude inconnues dans les anciennes expéditions, l'armée d'Afrique, régiment par régiment, sur le théâtre de la guerre. Il prenait à la remorque les transports retenus dans les détroits par les vents contraires. On le vit un jour remonter les Dardanelles, traînant après lui quatorze grands navires chargés de troupes et de munitions. Il résistait sans fatigue aux ouragans qui désemparaient les meilleurs bâtiments des flottes alliées; enfin il prenait part aux opérations devant Sébastopol. Depuis le début jusqu'à la fin de la campagne, le succès du *Napoléon* ne s'était pas démenti un seul instant.

On n'avait pas attendu jusque-là pour mettre en chantier sur les mêmes plans l'*Algésiras*, l'*Arcole*, l'*Impériale*, le *Redoutable*, l'*Intrépide*, la *Ville-de-Bordeaux*, la *Ville-de-Nantes*, la *Ville-de-Lyon*. Dans le projet original du *Napoléon*, Dupuy de Lôme avait dessiné une machine actionnant directement l'hélice sans intermédiaire d'engrenages, avec les cylindres d'un bord et les condenseurs de l'autre; il aurait également voulu adopter pour les chaudières une pression de régime plus élevée que sur les anciens navires à vapeur. On n'avait pas osé accepter ces innovations. C'est seulement lorsqu'il fut chargé de construire l'*Algésiras* sur les cales du Mourillon que Dupuy de Lôme obtint de faire exécuter pour ce navire, dans les ateliers mêmes de Toulon, la machine qu'il avait proposée pour le *Napoléon*. La machine de l'*Algésiras* pesa 630^{tx} au lieu de 950^{tx}. La consommation du combustible fut réduite dans une notable proportion. Les résultats obtenus par Dupuy de Lôme avaient une importance capitale; ils donnaient le moyen d'augmenter la vitesse, la puissance militaire, le rayon d'action des nouveaux navires de combat.

Sur nos cales de construction, comme sur celles de l'étranger, de nombreux vaisseaux à voiles se trouvaient en chantier. Pour utiliser ces coques, il devenait indispensable d'introduire dans leurs flancs une machine et des chaudières. On pouvait leur laisser leur voilure : le nouveau propulseur était, comme l'avait montré Dupuy de Lôme sur le *Napoléon*, aussi bien approprié à l'usage des voiles que les roues l'étaient peu; néanmoins, la voilure était reléguée au second plan, comme auxiliaire, jusqu'au jour prochain où elle disparaîtrait des navires de combat. La transformation des vaisseaux à voiles en vaisseaux à vapeur présentait de grosses difficultés; l'espace manquait pour loger la machine, les chaudières, l'approvisionnement de charbon. Les solutions imaginées par les constructeurs étaient en général incomplètes, la vitesse, la distance franchissable étaient sacrifiées. Celle que Dupuy de Lôme proposa était nouvelle et hardie : elle consistait à couper le navire en deux par le travers de la maîtresse section, à faire glisser sur la cale la poupe encore inachevée, puis à relier, par une construction solide, l'arrière à l'avant. L'*Eylau*, en construction à Toulon, fut désigné pour une première expérience et l'opération confiée à Dupuy de Lôme. Le succès prouva l'excellence de sa méthode.

A la même époque, Dupuy de Lôme, chargé de l'important atelier des machines du port de Toulon, traçait les avant-projets des grands établissements de Castigneau. Habitué à entrer dans tous les détails d'exécution, il adopta les dispositions les mieux appropriées aux besoins d'un grand port; habitué à prévoir, il les a conçues sur des bases telles que les ateliers aménagés par lui ont été suffisants jusqu'au moment de l'apparition des torpilles.

Dupuy de Lôme ne se contentait pas de mener de front son service à la Direction comme chef de la section des machines, la transformation de l'*Eylau*, la construction de l'*Algésiras* et de sa machine, la rédaction des plans de détail des ateliers de Castigneau et la construction de deux frégates à hélices faites sur ses plans; en même temps, il collaborait activement à la création du matériel naval des services maritimes des Messageries impériales. Les premières relations de Dupuy de Lôme avec cette Société avaient été froides. Membre de la Commission instituée en vertu de la loi du 8 juillet 1851 pour l'expertise des paquebots et du matériel cédés par l'État à la Compagnie des Messageries nationales pour le service postal de la Méditerranée, il avait été l'âme de cette Commission. Son esprit ferme et lucide avait répandu sur la discussion des intérêts privés et ceux de l'État une si vive lumière que toutes les faces de cette importante question avaient été pleinement éclaircies, et la Commission avait pu poser avec impartialité les bases de sa décision. Les agents envoyés par la Compagnie avaient des exigences inadmissibles; ils protestèrent, mais en vain, et le nom de Dupuy de Lôme sortit encore grandi de ces discussions passionnées, qui avaient mis en relief la rectitude de son jugement, son savoir et la fermeté de son caractère.

La Compagnie faisait alors construire, dans un chantier de la Ciotat, trois paquebots : le *Thabor*, le *Sinaï* et le *Carmel* ainsi que leurs machines. Ces travaux s'exécutaient sur les plans et sous la direction de l'Ingénieur en chef de l'usine, M. Barns, habile ingénieur anglais. Les chefs de travaux étaient, comme lui, presque tous venus de Londres. Les plans d'ensemble des machines étaient étudiés à Londres ; les ateliers de la Ciotat ne recevaient que les plans de détail des différents organes au fur et à mesure de leur confection. Un grand nombre de pièces se trouvaient déjà faites pour les machines des trois paquebots quand M. Barns vint à mourir. La Compagnie, pour la continuation des travaux, réclama les plans d'ensemble aux héritiers de l'Ingénieur en chef; mais ceux-ci repoussèrent toutes les offres, proposant de faire venir de Londres un nouvel ingénieur pour terminer les travaux. M. Béhic, Directeur de la Compagnie, songea alors à Dupuy de Lôme et lui demanda de reconstituer les plans d'ensemble des appareils moteurs en partant des seuls organes déjà confectionnés et malgré l'absence de toute pièce fixe. Le Ministre, accédant à la demande de la Compagnie, autorisa Dupuy de Lôme à se charger momentanément de la direction supérieure des chantiers de la Ciotat sans quitter son service de Toulon. Dupuy de Lôme envoya à demeure, à la Ciotat, Delacour pour diriger le travail sous ses ordres. Les chefs d'ateliers étrangers, qui s'efforçaient d'entraver l'achèvement des travaux en cours, furent remerciés et remplacés par des Français. Les coques et les machines du *Sinaï*, du *Thabor* et du *Carmel* furent rapidement achevées et les navires mis en service. Les administrateurs des Messageries voulurent s'attacher Dupuy de Lôme et lui offrirent les fonctions de Directeur du matériel naval de la Compagnie et des ateliers de la Ciotat et de Marseille. Le Ministre s'émut; il adjura Dupuy de Lôme de rester au service de l'État, lui faisant entrevoir qu'il arriverait « prochainement à la tête du corps savant dont il faisait partie » et lui disant que la Marine impériale inscrirait son nom dans les Annales où elle enregistrait en lettres d'or les services de ceux qui l'avaient illustrée. Dupuy de Lôme n'avait vu là qu'une expansion plus grande donnée à son activité et n'avait jamais songé à quitter sans retour le service de l'État. Il refusa les offres de la Compagnie et obtint sans peine du Ministre le droit de donner à Delacour pour la construction des paquebots les conseils dont il pourrait avoir besoin.

L'année 1857 marque une nouvelle étape dans la carrière de Dupuy de Lôme. Consulté sur la composition à donner à la flotte nouvelle, Dupuy de Lôme s'était opposé à ce qu'on engageât l'avenir par des règlements trop étroits et avait tracé les bases d'un programme nouveau. Ses idées prévalurent entièrement et, le 1er janvier 1857, un double décret conférait à Dupuy de Lôme le grade de Directeur des Constructions navales et le chargeait de la Direction du Matériel au Ministère de la Marine. Dupuy de Lôme était invité à donner suite à ses projets sur la composition de la flotte nouvelle. L'attention venait d'être appelée sur les batteries cuirassées qui avaient fait leur première apparition dans la guerre de Crimée et réduit en quelques heures le fort de Kinburn. Ces batteries avaient le défaut de manquer de qualités nautiques. Reprenant les projets de MM. Marielle, Guesnet et de Ferranty, Dupuy de Lôme conçut le plan d'une frégate à grande vitesse, capable de faire un bon navire pour la guerre de course ou d'escadre et assez fortement cuirassé pour braver, même à bout portant, les coups de l'artillerie la plus puissante qui fût alors employée. Il étudia avec soin les proportions et les formes à donner au nouveau bâtiment et, aux mois de mai et de juin 1858, il fit mettre en chantier trois frégates cuirassées, la *Gloire* et l'*Invincible* à Toulon, la *Normandie* à Cherbourg. Cette entreprise fut saluée par des critiques railleuses dans les journaux et le Parlement anglais. On déclarait impraticable la nouvelle conception de Dupuy de Lôme; les frégates cuirassées ne pourraient pas porter leur artillerie, elles n'auraient ni vitesse ni qualités nautiques, elles manqueraient de stabilité. Ces assertions peu scientifiques jetèrent l'inquiétude en France, mais Dupuy de Lôme se sentait soutenu; il répondit à ses détracteurs en faisant pousser les travaux. La *Gloire*, mise à l'eau le 24 novembre 1859, fut armée en août 1860. Les essais furent un nouveau triomphe pour Dupuy de Lôme.

En moins de dix ans, il avait par deux fois apporté une véritable révolution dans l'Art naval que l'on avait cru immuable pendant des siècles. L'émotion fut aussi grande de l'autre côté du détroit qu'au lendemain du jour où le *Napoléon* avait franchi les Dardanelles. L'Angleterre dut laisser de côté tout le beau matériel qu'elle venait de créer à grands frais pour se mettre à construire en toute hâte une flotte cuirassée. Ici encore il fallut des années et des millions pour regagner l'avance que notre Marine avait prise, et pendant tout ce temps la France resta la souveraine des mers. Si le nom de Dupuy de Lôme était illustre en France, il ne l'était pas moins en Angleterre où, du fait de cet éminent ingénieur, l'amour-propre national avait reçu à deux reprises différentes une si grave atteinte.

A la blessure d'amour-propre venait cette fois s'ajouter pour l'Angleterre la crainte d'un réel danger. Avec sa puissante logique, Dupuy de Lôme avait compris que la création de navires cuirassés, alors presque invulnérables, était tout à l'avantage de la Marine française et des Marines secondaires en général. Nos ressources, en effet, sont plus limitées en matériel qu'en personnel; or nous pouvions espérer, en 1858, créer une flotte capable de livrer plusieurs combats sans avoir derrière elle, comme autrefois, une réserve de navires propres à remplacer ceux qui pourraient être mis hors de service. La supériorité du nombre n'avait plus autant d'importance; la nation la plus exposée était celle qui possédait le plus grand commerce sur mer. En mettant la *Gloire* en chantier, Dupuy de Lôme n'avait pas seulement donné un type nouveau, il avait créé une situation nouvelle tout au profit de la France, situation qui dura pendant plusieurs années et ne prit fin qu'avec les progrès des moyens d'attaque.

Tout le temps qu'il resta à la tête de la Direction du Matériel, Dupuy de Lôme le consacra à achever son œuvre en poursuivant la création de cette belle flotte cuirassée faite presque tout entière sur ses plans et qui, grâce à lui, garda longtemps le premier rang. Il avait fait la *Gloire* à une batterie; il construisit le *Magenta* et le *Solférino* avec deux batteries dans un réduit central. Il donna à ces navires une arme nouvelle, l'éperon, et le combat par le choc entra dans la tactique encore une fois modifiée. Le calibre et la puissance de perforation des canons augmentant, il augmenta aussi la cuirasse sur la *Flandre,* l'*Héroïne,* la *Revanche,* la *Surveillante,* la *Guyenne,* la *Gauloise,* créa ensuite de nouveaux types plus puissants, le *Marengo,* le *Suffren* et l'*Océan,* qui, hier encore, faisaient partie de nos escadres; enfin il construisit les huit corvettes cuirassées du type *Belliqueuse,* les garde-côtes blindés *Bélier* et *Taureau.* En même temps, il introduisait, dans notre Marine militaire, les machines système compound, créait le type à trois cylindres dont la disposition lui appartient en propre et qu'il appliqua à partir de 1867 à la presque totalité des machines nouvelles, type excellent, qui présentait de sérieux avantages et qui possédait une régularité et une douceur de mouvement jusqu'alors inconnues.

En même temps Dupuy de Lôme poursuivait une tâche moins brillante, mais tout aussi utile. Pour hâter les constructions et les réparations, pour les rendre moins dispendieuses, il s'appliquait à unifier autant que possible le matériel naval, à créer des types réglementaires dont l'adoption donne une économie considérable de temps et d'argent.

Puis, quand la flotte fut achevée, que son œuvre fut terminée, Dupuy de Lôme, sur les instances de son ami intime, M. Béhic, qui le pressait de se joindre à lui, quitta le service de l'État. Il entrevoyait encore le moyen de rendre de grands services à la France en apportant son précieux concours aux deux puissantes Sociétés des Messageries maritimes et des Forges et Chantiers de la Méditerranée. Dupuy de Lôme accepta la vice-présidence des deux Sociétés. Pendant seize ans, il assuma la direction technique de la Société des Forges et Chantiers, et l'on a pu dire, avec raison, que c'est à la collaboration intime de leurs deux présidents communs que l'on doit attribuer la prospérité croissante de ces deux Sociétés durant cette longue période, malgré les crises industrielles qui suivirent nos désastres. L'action que Dupuy de Lôme a exercée sur les Forges et Chantiers a été considérable. Il a commencé par créer la flotte des transports maritimes de Marseille, les porteurs de minerais de Bône, le paquebot *la France* qui ouvrait l'ère des bâtiments dépassant 130ᵐ; il a décidé la Compagnie à fonder de grands établissements au Havre en s'annexant les ateliers Mazeline et en créant de toutes pièces le chantier de Graville.

En 1870, enfermé dans Paris, il proposa au Gouvernement de la Défense nationale de créer un ballon dirigeable qui permettrait à la province de communiquer avec Paris. Pour la troisième fois, le grand Ingénieur osait aborder un de ces problèmes difficiles que l'opinion publique déclare pratiquement impossibles. Des difficultés d'exécution empêchèrent l'aérostat d'être terminé à temps. Les essais du navire aérien eurent lieu en 1872; Dupuy de Lôme les dirigeait avec le concours de l'Ingénieur de la Marine Zédé. On vit alors pour la première fois un ballon, animé d'une vitesse propre, obéir à l'action d'une hélice et d'un gouvernail et s'écarter de la direction du vent; par un air calme l'aérostat de Dupuy de Lôme aurait eu une vitesse de plusieurs kilomètres à l'heure. L'hélice du ballon de Vincennes était mue par l'homme. Il était réservé à d'autres, sortis comme Dupuy de Lôme de la grande École, d'employer un moteur plus perfectionné et plus puissant; mais la gloire de ses successeurs n'en rejaillit que plus vivement sur Dupuy de Lôme qui, venu le premier, est réellement le père de la navigation aérienne.

Le projet de bateau porte-trains destiné à faciliter les communications entre la France et l'Angleterre est une des œuvres les plus originales du célèbre ingénieur. Il supprimait les transbordements des marchandises à Calais et à Douvres en transportant les trains tout chargés. Quand Dupuy de Lôme exposa, en 1875, son projet à ses collègues de l'Institut, il en montra, avec sa précision habituelle la simplicité, la commodité et l'économie.

Dupuy de Lôme a été élu membre de l'Académie des Sciences en 1866. Député en 1869, il a siégé plus tard au Sénat. Au Parlement comme à l'Institut il a pris part aux discussions relatives à la Marine, et il l'a fait avec cette clarté qu'il apportait dans tous ses entretiens. La crise de l'industrie maritime a été pour Dupuy de Lôme le point de départ d'une série d'études et d'une action parlementaire qui aboutirent à l'adoption de la loi sur la Marine marchande, loi qui fut si profitable, non seulement pour la construction française, mais pour l'industrie maritime en général et pour la France.

Dupuy de Lôme est mort à l'âge de 69 ans, après une vie toute de travail et de succès. Venu au moment où les inventions récentes devaient modifier la Marine, il a su apprécier ce qu'il y avait à faire pour remplacer le passé; avec un jugement sain et droit, il proposa et fit adopter les innovations qui pouvaient être utiles à la France. Il fut le promoteur de deux grandes modifications qui ont révolutionné les flottes de guerre; il créa la Marine à vapeur à hélice et la Marine cuirassée. Le premier il montra que la direction des ballons n'est pas une chimère; enfin les services qu'il a rendus à l'industrie et à la Marine de commerce n'ont pas été moins précieux pour la France. Dupuy de Lôme a été dans ce siècle la plus haute personnification de l'Ingénieur de la Marine et une de nos gloires nationales les plus connues de l'étranger et les plus incontestées.

CRONEAU,

Sous-Ingénieur de la Marine.

INGÉNIEURS HYDROGRAPHES

DE LA MARINE.

I.

ORGANISATION DU CORPS.

L'histoire des Ingénieurs hydrographes est liée d'une façon tellement intime à celle du Dépôt des Cartes de la Marine, que nous croyons utile de parler tout d'abord de cet établissement auquel ils furent attachés dès l'origine, et qui est devenu le centre de la publication de leurs travaux.

C'est en 1720, en vertu d'une ordonnance royale, que l'on rassembla dans le monastère des Petits-Pères, place des Victoires, tous les renseignements qui pouvaient être utiles aux navigateurs. Antérieurement à cette date, les journaux de bord et les rapports des officiers restaient dans les ports ou étaient envoyés à Versailles en même temps que les pièces de comptabilité avec lesquelles ils restaient confondus.

La création du nouvel établissement, qui prit le nom de *Dépôt des cartes et plans de la Marine*, eut pour premier résultat de mettre fin à un désordre regrettable, puis de faire progresser nos connaissances sur la configuration des côtes.

Le premier Directeur fut le chevalier de Luynes, commandant la compagnie des gardes du pavillon amiral, qui reçut le titre d'inspecteur du Dépôt des cartes (¹).

En 1721, Bellin, ingénieur déjà connu par des travaux de cartographie, entra au Dépôt et s'occupa tout d'abord du classement des documents qu'il contenait, puis, avec l'aide de Clairambaut, il enleva des archives de Versailles toutes les pièces qui pouvaient intéresser la navigation.

Le travail qu'il accomplit ensuite, pendant que l'établissement passait successivement sous les ordres de de Blandinières en 1722, du chevalier d'Albert en 1734, peut être considéré comme une première et intéressante gestation de notre science.

La date de 1734, qui figure sur les premières cartes de la Méditerranée de Bellin, est celle de la naissance de l'Hydrographie française sérieuse. Chaque année vit ensuite paraître de nouvelles productions, et l'atlas de Bellin fut bientôt jugé, par les étrangers, supérieur à tout ce qu'ils avaient produit. Nos rivaux sur mer s'empressèrent alors de nous imiter, et fondèrent à leur tour des établissements analogues au nôtre.

Bellin, en dehors de ses travaux de cabinet, montra en 1734 qu'il était habile ingénieur, en levant le plan de Dunkerque et de ses approches; il ne reçut, toutefois, le brevet d'Ingénieur hydrographe qu'en 1741. « Le Dépôt des cartes de la Marine était alors considéré, dit l'histoire de l'Académie, comme un trésor. »

En 1754, l'astronome Messier fut attaché au Dépôt, qui était alors placé sous les ordres de La Galissonnière. Ce dernier eut pour successeurs Perier de Salvert en 1756, de Bompard en 1757, puis, peu après, le comte de Narbonne Pelet.

En 1763, le Ministre fit transporter à l'hôtel de la Guerre, à Ver-

---

(¹) Les renseignements que nous donnons sur l'ancien Dépôt de la Marine ont été puisés en grande partie dans un Manuscrit inédit existant aux archives du Dépôt, et dû au capitaine de vaisseau Leps.

sailles, tout le matériel de l'établissement; le personnel dut se déplacer avec lui. Peu après l'on s'aperçut que le Dépôt ne produisait plus rien, les cartes n'étaient pas corrigées, et les marins achetaient des documents étrangers, si bien que le Ministre ordonna une enquête. M. d'Oisy était alors inspecteur du Dépôt et il avait demandé comme adjoint le commandant de Chabert (1773). Ce fut ce dernier qui fit le rapport à la suite duquel de nouvelles dispositions furent prises; on régla en outre la situation des ingénieurs.

Un arrêt du Conseil décida, le 5 octobre 1773, que, en raison de la nécessité de n'offrir aux marins que des documents irréprochables, il était interdit aux particuliers de publier des cartes de navigation sans une autorisation spéciale.

En 1775, le Dépôt dut subir un nouveau déménagement; il fut transféré de Versailles à Paris, rue Saint-Antoine, au prieuré royal de Saint-Louis-de-la-Culture. Cette même année Bonne fut attaché au Dépôt comme ingénieur, en remplacement de Pizzi-Zamoni qui avait succédé à Bellin, mort en 1772.

En mai 1776, le commandant de Chabert devint titulaire du poste d'inspecteur général du Dépôt, en remplacement de d'Oisy, qui venait de mourir; il garda ses fonctions jusqu'en 1778, où il prit un commandement à la mer, laissant de Fleurieu comme intérimaire.

Ce dernier dut alors renvoyer à Versailles les plans des colonies qui restèrent toutefois sous sa garde officielle.

Le 8 février 1782, le Roi fit acheter sur les fonds de sa cassette pour les remettre au Dépôt quatre chronomètres de Berthoud, ainsi que les outils de ce célèbre horloger. Le prix fut de trente mille livres.

Le 19 février, la comptabilité des cartes est réglée par un arrêté : la Marine paye celles dont elle fait usage, le Roi rembourse le prix des cartes données en cadeau.

En 1787, le marquis de Chabert reprend ses fonctions, et son premier soin est de faire nommer Buache premier ingénieur hydrographe, en remplacement de Bonne, dont la santé était altérée.

En 1789, Bory, chef d'escadre, attaque vivement l'administration du Dépôt, et demande son transfert à Brest comme dépendance de l'Académie de Marine.

Le marquis de Chabert répond que ce transfert amènerait une

grosse augmentation des dépenses, puisqu'il faudrait entretenir dans ce port des graveurs qui, à Paris, travaillent d'autre part pour les particuliers.

En 1792, une nouvelle organisation fut donnée au Dépôt.

Il se composa d'un inspecteur, un sous-inspecteur, un premier hydrographe, un astronome hydrographe, sept ingénieurs-dessinateurs et deux commis.

Le 25 germinal an II, parut un ordre de faire revenir à Paris les plans des colonies qui étaient à Versailles.

Le 20 prairial an II, le Comité de salut public prit un arrêté pour réunir dans un même établissement toutes les publications relatives à la Géographie, à la Topographie et à l'Hydrographie.

Un Dépôt particulier placé sous les ordres du chef du Dépôt de la Guerre sera, dit l'arrêté, installé, 17, place des Piques (place Vendôme), et contiendra les pièces utiles pour les armées de terre et de mer.

Cette concentration, faite par le représentant Calon, en fructidor an II, ne fut pas de longue durée et une nouvelle séparation eut lieu le 29 thermidor an III; elle fut même plus étendue qu'antérieurement, les pièces ayant trait aux longitudes étant envoyées au Bureau, qui venait d'être créé.

Le contre-amiral de Rosily, nommé inspecteur général du Dépôt, dut chercher un nouvel emplacement pour y mettre des richesses dont on ne pouvait guère tirer parti au milieu de tant de transbordements.

Son choix se porta sur l'hôtel d'Egmont Pignatelly, situé ancienne rue Louis-le-Grand, alors rue de la place Vendôme.

Le 5 frimaire an V, Lenoir, fabricant d'instruments de précision, fut autorisé à loger, comme l'amiral, dans le même hôtel.

Nous arrivons à l'époque où Beautemps-Beaupré, que nous avons connu, fut attaché au Dépôt des Cartes. Il revenait alors de l'expédition envoyée à la recherche de La Pérouse, et il s'était fait connaître par des levés dont l'exactitude avait frappé tous les marins.

Le 3 vendémiaire an VII, une nouvelle organisation supprima le sous-inspecteur, et ajouta au personnel ancien un conservateur et un bibliothécaire. Les ingénieurs et commis furent portés à trente, sans compter le premier ingénieur hydrographe, ayant toute autorité sur le personnel.

Le 29 messidor de cette même année, Beautemps-Beaupré et Daussy, accompagnés des ingénieurs Raoul et Portier, sont envoyés à l'embouchure de l'Escaut pour en faire le levé. On sait que c'est à la suite du rapport de Beautemps-Beaupré que Napoléon voulut faire d'Anvers notre grand port sur la mer du Nord.

Le 1ᵉʳ vendémiaire an IX, le Dépôt reçut une nouvelle organisation ; le corps des hydrographes se composa d'un premier ingénieur-conservateur, de 5 ingénieurs de 1ʳᵉ classe, de 5 de 2ᵉ classe, et de dessinateurs et employés, tous placés sous les ordres d'un officier général inspecteur. Quelques mois plus tard Beautemps-Beaupré venait aider l'éminent ingénieur Buache dans ses travaux.

En 1807, l'amiral de Rosily ayant été envoyé en mission, le ministre Decrès décida que l'intérim serait fait par Buache et qu'il travaillerait un jour par mois avec lui.

En 1811, le Ministre projeta de donner des grades de l'armée de terre au personnel du Dépôt, qui serait alors composé de : 2 chefs de brigade, 2 chefs de bataillon, 8 capitaines de 1ʳᵉ classe, 8 capitaines de 2ᵉ classe, 8 lieutenants et 2 élèves : total 30. Cette proposition, appuyée par l'amiral de Rosily, n'eut pas de suite.

C'est à partir de 1814, date d'une nouvelle organisation, que les élèves de l'École Polytechnique furent exclusivement chargés de fournir le recrutement des hydrographes.

Cette décision avait été réclamée bien antérieurement par les Directeurs du Dépôt, mais Beautemps-Beaupré la jugeait indispensable au moment où il allait procéder au levé exact de la côte de France.

Nous donnons ci-après, sous forme de Tableau, les modifications survenues dans la composition du corps des hydrographes depuis la Restauration.

Ce Tableau donne lieu à plusieurs remarques.

L'organisation du corps, de 1814 à 1848, comportait deux ingénieurs en chef, dont l'un, directeur adjoint, avait sous sa dépendance l'administration, les dessinateurs et les graveurs ; le deuxième s'occupait surtout des missions.

En 1848, une de ces deux positions fut supprimée, mais l'amiral mis à la tête du Dépôt fut remplacé par un ingénieur, et, en 1850, lorsqu'un officier général prit sa place, une situation de conservateur des archives fut créée et donnée à un autre ingénieur.

La suppression finale de cette deuxième haute position eut lieu en 1856.

	INGÉNIEURS en chef.	CONSERVATEUR.	INGÉNIEURS de 1re classe.	INGÉNIEURS de 2e classe.	INGÉNIEURS de 3e classe.	SOUS-INGÉNIEURS de 1re classe.	SOUS-INGÉNIEURS de 2e classe.	SOUS-INGÉNIEURS de 3e classe.	ÉLÈVES.	TOTAL.
6 juin 1814	2		3	3	4				4	16
6 octobre 1824	2		4	4	5				6	21
Juin 1830	2		4	4	5				6	21
28 janvier 1884	2		4	4	5	3				20
15 septembre 1848	1	1	5	5		3	3		2	19
Mars 1856	1		4	4		3	3	2 ou	2	17
Février 1886	1		4	4		3	3	2 ou	2	17 (¹)

(¹) L'ingénieur en chef a un grade inédit qui le place au-dessous des contre-amiraux.
Les ingénieurs de 1re et de 2e classe sont assimilés aux capitaines de vaisseau et aux capitaines de frégate, les sous-ingénieurs de 1re et de 2e classe aux lieutenants de vaisseau, les sous-ingénieurs de 3e classe aux enseignes.

En 1886, un décret enleva une fois encore la direction du service à un officier général et l'ingénieur en chef en fut chargé. Un règlement fut alors élaboré par une commission et il condensa les ordres antérieurs de manière à tracer à chacun la limite de ses attributions (¹).

Cette organisation dura quatre années; elle fut modifiée encore une fois, lors de la suppression du Conseil d'amirauté, par la nécessité où se trouvait le Ministre de donner des situations à Paris à des amiraux.

(¹) Le service hydrographique fut alors divisé en cinq sections :

1° Hydrographie générale s'occupant de la confection des cartes, ayant, sous la direction d'un ingénieur de 1re classe, des ingénieurs et des dessinateurs;

2° Service des cartes, dirigé par un ingénieur et chargé de la gravure des cartes et de leur distribution dans les ports et au dehors; il est aussi conservateur des archives;

3° Service des instructions nautiques, dirigé par un officier en résidence fixe, ayant sous ses ordres d'autres officiers dans la même situation;

4° Service des instruments scientifiques. Ce service est dirigé par un ingénieur, qui est chargé spécialement des chronomètres et du calcul de l'*Annuaire des marées*;

5° Service des instruments de navigation sous la direction d'un officier;

6° Service de la météorologie nautique sous les ordres d'un officier.

Ces deux derniers services avaient été distraits antérieurement de celui inscrit sous le n° 4.

Depuis cette époque, c'est-à-dire en deux ans, trois amiraux ont été placés successivement à la tête du service hydrographique (¹).

Il est naturel que des hydrographes aient l'ambition bien légitime de voir l'établissement hydrographique dirigé par l'un d'eux, mais ce qui a surtout frappé tous ceux qui ont eu à s'occuper des intérêts de la Marine, c'est l'insuffisance du nombre des officiers hydrographes subalternes.

Aujourd'hui les sous-ingénieurs ont à peine le temps de rédiger leurs travaux entre deux campagnes, et l'accroissement de notre domaine colonial et de la marine militaire leur impose des devoirs et des corvées qui nuisent à la marche régulière et au progrès de l'établissement.

Le service des hydrographes est, en effet, très complexe : le Dépôt des Cartes a été appelé établissement scientifique de la Marine, et cela à juste titre, mais c'est aussi une usine industrielle dont la production doit être entourée de garanties spéciales.

Les ingénieurs doivent, dans le cours de leur carrière, non seulement faire de l'Hydrographie proprement dite, comprenant à l'une de ses extrémités l'Astronomie et la Géodésie, et à l'autre la Topographie du sol et du fond de la mer; mais, en plus, ils doivent étudier le régime si compliqué des marées, la Météorologie, la Physique générale et le Magnétisme. Ils font aussi de la Mécanique avec les chronomètres et de l'Hydraulique avec les courants. Ce domaine est assez étendu pour absorber une vie d'homme et, d'autre part, il offre bien de l'attrait à un polytechnicien, qui peut y trouver, même en se spécialisant, des éléments suffisants à son activité.

La nécessité d'un recrutement spécial a été ainsi démontrée non seulement par l'ensemble des sciences qu'un ingénieur doit embrasser, mais aussi par les progrès que les élèves de notre École ont fait faire dans toutes les branches de l'Hydrographie.

Étudions les résultats de leur travail depuis 1814 ; l'arbre sera jugé par ses fruits.

(¹) Le Dépôt des Cartes a été transféré en 1817, au n° 13 de la rue de l'Université.

II.

TRAVAUX DES HYDROGRAPHES.

On sait que c'est à Beautemps-Beaupré que l'on doit l'emploi généralisé du cercle à réflexion dans les levés.

Avant lui les navigateurs se servaient exclusivement du compas de relèvement pour fixer les positions à la mer, et la construction par segments capables, indiquée par un membre de notre Académie des Sciences, Pothenot, en 1666, et appliquée partiellement par Dalrymple, doit à l'hydrographe français une extension qui, pendant plus de cinquante ans, a mis nos levés hors pair.

Beautemps-Beaupré, dans la campagne de d'Entrecasteaux, employa le cercle à réflexion; aussi bien au levé des plans qu'à celui sous voiles, deux genres de travaux complètement différents qui se sont développés parallèlement, grâce aux investigations de nos ingénieurs.

Le premier genre est devenu l'Hydrographie de précision. Elle s'appuie sur des opérations géodésiques et nous pouvons citer, parmi celles dues à nos ingénieurs, la longue chaîne des triangles allant de Dunkerque à Bordeaux et se rattachant en divers points aux positions déterminées par les ingénieurs géographes.

M. Bégat, qui avait coopéré avec Daussy à la triangulation des côtes océaniques et qui sortait de notre École, fut chargé de la côte Sud de France, et il prolongea son réseau jusqu'à Civita-Vecchia.

M. Darondeau, s'appuyant sur les grands côtés italiens, le mena jusqu'au détroit de Messine.

Le levé de cette immense étendue de côtes, commencé en 1816, ne fut terminé qu'en 1858.

La première partie concernant les côtes Ouest et Nord de la France fut achevée en 1831. Elle avait été, sous la direction de l'illustre Beautemps-Beaupré, l'école où se formèrent successivement tous nos ingénieurs, chacun apportant une notion nouvelle, une amélioration spéciale au procédé du premier jour, si bien qu'en quelques années il se forma au Dépôt une véritable science, ayant ses règles propres que l'on ne pouvait enfreindre qu'au détriment de l'exactitude des résultats.

Lorsque cette première publication, qui comptait 165 cartes ou plans, fut achevée et que l'on put juger de la différence entre les levés de 1816 et ceux accomplis quelques années plus tard par les jeunes ingénieurs sortis de l'École Polytechnique, les Anglais, bons juges en pareille matière, ne ménagèrent pas leurs éloges au nouveau travail.

Dans l'enquête faite en 1848 sur la marine anglaise, nous en trouvons encore la trace. L'amiral Beaufort, hydrographe de l'Amirauté, appelle *grand et bel Ouvrage* l'atlas des côtes de France, et il déclare qu'il n'est pas de cartes en Angleterre *exécutées et gravées avec autant de soin; sa confiance est parfaite dans les ingénieurs qui ont exécuté ce beau travail.*

Le levé de la côte Sud de France et celui de la côte d'Italie, poursuivis sous les directions successives de Monnier, Duperré, Bégat et Darondeau, comprenant 90 cartes et plans, ont été accueillis avec le même sentiment; la gravure des cuivres est même faite avec une perfection plus grande, car, à mesure que les levés augmentaient de précision, nos artistes acquéraient une entente plus parfaite de la représentation des terrains.

Ce grand travail, qui occupait chaque année un tiers du nombre des ingénieurs, n'empêcha pas l'exécution d'autres levés dans les mêmes conditions d'exactitude : notons celui de la Martinique, fait par Monnier et le Bourguignon Duperré, et, pour ne point quitter les mêmes parages, celui de la Guadeloupe, plus récemment exécuté ([1]). Ils ont fourni 23 cartes ou plans à notre Hydrographie.

Je ne crois pas devoir suivre les hydrographes dans tous les travaux réguliers qu'ils ont poursuivis dans toutes les mers du globe, parler des levés de Tahiti, de la Nouvelle-Calédonie., etc, etc.; mais il en est qui ont demandé les efforts continus de plusieurs d'entre eux et dont l'importance est considérable. On ne peut, en effet, ne

---

([1]) Par MM. E. Ploix et Caspari.

E. P. — II.   17

pas citer trois grandes œuvres qui viennent d'être achevées, et qui sont dignes de figurer à côté des meilleures de l'Hydrographie.

En première ligne, plaçons le levé de la Tunisie, qui peut servir de modèle, en raison de la rapidité de son exécution et du fini du travail (¹); il a donné lieu à la publication de 39 cartes ou plans.

Nous trouvons les mêmes qualités dans le grand levé de la Cochinchine et du Tonkin (²), et dans l'exploration complète de l'archipel des Faï-tsi-long qui était entièrement inconnu (³); l'ensemble de ce grand levé a été reproduit dans 106 cartes.

Le levé de la Corse vient d'être terminé (⁴); il donnera lieu à une vingtaine de publications.

Enfin nos ingénieurs font en ce moment la reconnaissance des côtes de notre ancienne possession de Madagascar et les résultats obtenus (⁵) ne sont pas inférieurs comme exactitude à ceux des régions européennes; 15 cartes de cette grande île sont déjà gravées.

A côté de ces travaux, de l'ordre le plus élevé dans le domaine hydrographique, puisqu'ils constituent un état de lieux dans lequel on peut avoir une confiance absolue, viennent ceux de l'hydrographie courante que bien à tort ont souvent préférés les officiers, ne voyant dans une carte que son utilité immédiate, celle nécessaire pour les besoins de la navigation actuelle, et ne prévoyant pas que des documents suffisants pour les navires à voiles ne le seraient pas pour la marine à vapeur, et moins encore pour les torpilleurs.

Ajoutons, enfin, qu'une carte faite uniquement en vue des besoins de la navigation ne pourrait servir aux études qu'exigent les ingénieurs des Ponts et Chaussées.

Or les cartes des côtes de France, et celles exécutées au dehors par nos ingénieurs dans les mêmes conditions, se prêtent à ces besoins variés qui auraient demandé avec une autre manière d'opérer autant d'investigations successives.

C'est donc avec raison et pour faire à la fois une économie de

---

(¹) Il a été fait sous la direction de MM. Manen et Héraud.
(²) Dus à MM. Manen, Hatt, Héraud, Hanusse, Caspari, Bouillet.
(³) Cette exploration est due à M. Renaud.
(⁴) Sous la direction successive de MM. Germain, Hatt et Bouillet.
(⁵) Par MM. Favé, Mion, Fichot, Driencourt, Cauvet.

temps et d'argent que nos camarades ont toujours préconisé les levés de précision.

Toutefois, lorsque des ordres sont donnés d'aller vite, les ingénieurs montrent encore là des qualités exceptionnelles. C'est ainsi que le travail de Bérard et de Tessan sur la côte d'Algérie a peu différé des cartes de l'amiral Mouchez, levées quarante années plus tard.

La mission de Vincendon-Dumoulin, Boutroux et Ploix dans le détroit de Gibraltar, faite avec le concours du commandant de Kerhallet à bord du *Phare,* a offert une collection de cartes qui, mises en présence des derniers travaux espagnols, n'offrent que des différences insignifiantes.

Ce que nos hydrographes appellent d'ailleurs un travail *lâché* est toujours basé sur une triangulation; si elle n'a pas la précision d'un réseau réellement géodésique, au moins les erreurs ne sont appréciables qu'en faisant à nouveau le même canevas.

Nous pouvons placer à côté de ces levés ceux exécutés avec un plus grand degré de précision dans la mer Noire et dans les Dardanelles, par MM. Ch. Ploix et Manen. Les services de ces ingénieurs purent d'ailleurs être utilisés pendant le bombardement de Sébastopol, pour explorer les abords du port sous le feu de l'ennemi, et la citation de leur nom fut faite dans un ordre du jour lors du bombardement de Kinburn, comme celle du nom d'Edmond Ploix lors de l'attaque des forts de Pei-ho.

Le rôle de deux jeunes ingénieurs [1]), lors de la destruction de la flotte chinoise par l'amiral Courbet, montra une fois de plus le parti que les commandants en chef peuvent tirer des hydrographes [2].

A côté des travaux de longue haleine, que je n'ai pas d'ailleurs tous cités, il en est d'autres qui, à diverses époques, ont eu une grande célébrité et que je ne puis passer sous silence.

La Marine a longtemps réclamé le glorieux privilège de fournir au monde scientifique des éléments de travail multiples sur l'Histoire naturelle, la Géographie et la Physique générale.

Le premier voyage de Dumont d'Urville avait été surtout riche

---

[1] MM. Renaud et Rollet de l'Isle.

[2] Nous devons mentionner aussi que le sous-ingénieur Garnier fut blessé au Tonkin, lors de la sortie malheureuse du commandant Rivière.

en collections de plantes, d'oiseaux et de coquilles, mais les documents hydrographiques n'étaient pas en rapport avec l'abondance des nouveautés en Histoire naturelle.

Le second voyage de d'Urville fournit, grâce à l'ingénieur hydrographe Vincendon-Dumoulin qu'il emmena avec lui, non seulement une masse de renseignements qui peuvent être encore consultés, mais un atlas de plans qui représente un travail énorme.

Dumoulin, dans un volume spécial, traita pour la première fois dans tous ses détails la théorie du levé sous voiles que Beautemps-Beaupré avait esquissée et la solution qu'il donna du problème appelé *des six points* en amena ultérieurement plusieurs autres dues à de la Roche-Poncié, Estignard et Ploix.

A côté de la dernière campagne de Dumont d'Urville nous pouvons placer celles faites à bord de la *Bonite,* par Darondeau, et de la *Vénus* par de Tessan.

Nous donnerons les résultats obtenus par ces ingénieurs dans leur biographie.

Citons encore les missions du cap Nord, où de la Roche-Poncié figurait à côté de Bravais et qui rapportèrent des résultats scientifiques de premier ordre, celle du même ingénieur accompagné cette fois de Delbalat et Estignard dans les mers de Chine, celle de Boutroux à Madagascar, etc.

En réalité, les ingénieurs ont toujours été prêts à aller à la mer et, lorsqu'il y a quelques années un rapporteur du budget de la Marine écrivait que les ingénieurs naviguaient rarement, on put lui montrer que, dans la dernière période décennale, la moitié du personnel était chaque année embarquée, ce qui ne laissait pas à ceux restés à terre le temps de rédiger leurs travaux.

A côté de ces missions de caractères divers, nous devons citer la revision des côtes de France, dont le but a été non de refaire le travail cyclopéen de nos devanciers, mais de le mettre à jour dans les parties où les effets de la mer avaient produit des modifications sensibles au relief du fond et de la côte.

Ce travail, commencé en des points isolés, sur les demandes des Chambres de Commerce ou des ingénieurs des Ponts et Chaussées, dut bientôt recevoir une grande extension, et il en résulta, en outre de la correction des cartes, une série de publications nouvelles des plus importantes, intitulées *Pilote de la mer du Nord et de la Manche, Pilote des côtes Ouest de France, Pilote de la côte Sud.*

La constatation d'un nouvel état d'équilibre des fonds de la mer amena, par surcroît, celle d'une Science nouvelle : l'Hydraulique de la mer.

C'est aux hydrographes français qu'appartient, sinon le mérite d'avoir étudié les premiers les effets des lames et des courants, mais celui d'avoir indiqué un moyen sûr d'en apprécier l'importance et d'analyser les actions exercées par chaque cause.

Ce procédé d'investigation consiste à opérer les cubages de la mer sur les bancs, dans les chenaux ou le long de la plage; il a été indiqué et appliqué dès 1863 par un hydrographe (¹). Les levés de précision permettant d'étudier les effets produits par tel ou tel ouvrage devenaient une nécessité pour ce genre d'étude et ceux qui les avaient fait adopter avaient eu une véritable prescience des résultats qu'offre la constatation exacte des phénomènes naturels.

Une collection qui compte aujourd'hui 14 volumes et qui porte le nom de *Recherches sur le régime des côtes* contient les résultats acquis dans cet ordre de travaux embrassant aussi bien les améliorations à apporter aux embouchures des fleuves que la défense des côtes et la création de nouveaux ports (²).

Nous avons pu voir cette année à quel degré cette publication est appréciée par nos voisins de l'étranger.

Le rôle de nos ingénieurs a dû s'attacher aussi à l'un des éléments les plus essentiels pour la navigation, aux chronomètres, et dans cet ordre d'études ils se sont montrés aussi des précurseurs.

Nous devons à M. Licussou, mort trop jeune pour avoir pu donner la mesure des services qu'il pouvait rendre à la Marine, une étude remarquable sur la marche des chronomètres et la découverte des lois de cette marche.

Depuis quarante ans qu'elles ont été formulées, rien n'en a altéré la valeur; c'est à elles que les horlogers doivent de connaître plus intimement la manière de faire les réglages de leurs délicats instru-

---

(¹) *Rapport sur le régime de la Loire.*

(²) *Les Ports de l'Algérie; le Port de Saint-Jean-de-Luz et celui de la Pallice.*

ments, c'est elles qui servent encore de guide dans les concours pour apprécier leur valeur.

Le résultat a été heureux pour l'état qui a acquis de meilleurs garde-temps et pour la science elle-même de l'horlogerie, puisque les artistes, ayant eu une idée plus nette du fonctionnement de l'organisme, ont pu lui apporter des modifications heureuses.

Des études théoriques ou d'application devaient suivre naturellement les recherches faites à la suite de la constatation de cette première loi (¹). C'est au service des instruments installé au Dépôt de la Marine que l'on doit aussi la réunion dans une publication spéciale de tout ce qui regarde les chronomètres et les instruments scientifiques employés dans les missions.

Nous abordons ici un genre de phénomènes dont un illustre géomètre français donna le premier les lois : nous faisons allusion aux marées.

Il fallait toutefois un effort sérieux pour rendre sensibles aux yeux des marins les résultats des formules présentées dans la *Mécanique céleste* de Laplace.

C'est à l'ingénieur Chazallon que l'on doit à la fois la création du premier *Annuaire des marées*, en 1839, et en même temps l'invention des marégraphes qui fonctionnent dans nos ports.

Cette publication, dont l'utilité est manifestée par une vente annuelle de 8000 volumes, a reçu, sous les directions successives des ingénieurs qui ont succédé à Chazallon, des améliorations de divers ordres et, à l'heure actuelle, les prédictions embrassent aussi bien les basses mers que les hautes mers.

A côté de cette publication, nous devons citer les Mémoires sur le même sujet de Chazallon, de M. Héraud, le volume publié par M. Hatt qui est chargé à l'heure actuelle des calculs de l'Annuaire et enfin les recherches sur le niveau moyen de la mer, dues à un autre ingénieur, donnant les moyens pratiques pour arriver à la détermination des équations des diverses ondes et à l'élimination des influences météorologiques sur la hauteur de la mer.

Ces dernières investigations permettent d'apprécier la stabilité relative de notre littoral par rapport au niveau de la mer (obtenu à

(¹) Nous les devons à MM. Caspari et Hanusse.

quelques millimètres près), et il a été ainsi reconnu que les granites de la rade de Brest peuvent être considérés comme ayant une fixité absolue, tandis que des mouvements séculaires ou d'ordre géologique apparaissent dans les côtes calcaires.

A côté des missions dont le but avait été presque exclusivement le levé des côtes, il en est qui eurent la science pour objectif principal; nous devons placer ici la détermination des méridiens fondamentaux, les études faites en Cochinchine, au Sénégal, à Ténériffe et à Cadix pour la constatation des différences de longitude de diverses stations et enfin les missions purement astronomiques.

C'est ainsi que, sous l'inspiration de l'Académie des Sciences et par les soins des Ministères de l'Instruction publique et de la Marine, fut organisée la mission de l'éclipse du Soleil de 1868 où M. Hatt prit une part active. Les mêmes patronages étaient naturellement acquis pour l'étude du phénomène des passages de Vénus sur le Soleil en 1874 et 1882, et sept ingénieurs dont trois, chefs de mission, figurèrent dans le personnel mis à la disposition de l'Académie par le Ministère de la Marine ([1]).

Enfin nous devons citer le passage de Mercure sur le Soleil, observé à Ogden (États-Unis) par un ingénieur accompagnant le Directeur de l'Observatoire de Lyon.

Chacune de ces missions montra que l'esprit polytechnique des délégués était à la hauteur de toutes les circonstances et chacune aussi donna lieu à des publications ou à des rapports qui eurent l'approbation de l'Académie.

Nous arrivons à des productions spéciales qui ont eu pour but d'augmenter nos connaissances dans la science hydrographique et qui encore ont ouvert des voies nouvelles.

Le premier document de ce genre est dû à Bégat dont le Traité de Géodésie a été entre les mains de tous les ingénieurs; celui qui l'a remplacé ([2]) est plus complet à tous les égards et représente bien l'ensemble des connaissances qu'un hydrographe devait avoir il y a vingt ans pour faire son métier.

([1]) Mission de l'île Campbell. — Saïgon. — Mission du Mexique. — Mission de Chubut.

([2]) Dû à M. Germain.

Un autre ouvrage dû au même auteur sur les projections est devenu classique.

Depuis 1875, date de la publication du dernier Traité d'Hydrographie, le domaine de cette science s'est encore accru grâce à de nouvelles recherches ([1]). Un de nos ingénieurs a employé pour les signaux des miroirs sphériques qui ont évité l'emploi d'héliomètres, et, pour le calcul du réseau des triangles qui fait tout le tour de la Corse, il a imaginé un nouveau système de projections et étudié les conditions de la compensation d'un réseau.

Nous devons encore au même ingénieur un système simple de mesure de base qui a donné, pour une longueur de 5000 mètres, deux chiffres qui ne diffèrent que de quelques millimètres.

Citons encore d'autres publications sur l'Astronomie nautique ([2]) et sur l'emploi de la lunette méridienne portative ([3]) qui viennent d'anciens élèves de notre École.

Dans la biographie de Darondeau nous montrerons que cet hydrographe a le premier en France donné des règles pour la correction des compas de bord. Gaussin après lui a été chargé de ce service et y a apporté de son côté des perfectionnements ([4]).

La Météorologie nautique a fait partie pendant de longues années du service des instruments au Dépôt de la Marine; elle n'en a été distraite qu'en 1874 pour être donnée à un officier. Le contingent des publications des ingénieurs consiste en un gros volume, dû à MM. Ploix et Caspari, donnant avec les résultats acquis une teinture générale et très exacte de nos connaissances. Il faut ajouter, comme provenant des ingénieurs, plusieurs Notes ou Rapports faits à l'Académie des Sciences, sur les lois des pressions atmosphériques et sur la salure des océans.

Nous terminerons par une liste rapide des progrès réalisés par nos ingénieurs dans les instruments en usage dans les missions.

Nous avons cité plus haut le marégraphe dû à Chazallon; à côté de

----

([1]) Dues à M. Hatt.

([2]) M. Caspari.

([3]) M. Hatt.

([4]) On doit à Gaussin une formule nouvelle rajeunissant la méthode de Bode sur les distances des planètes. Chose à noter, elle donne les positions du satellite de Jupiter récemment découvert.

cet appareil, plaçons celui du jeune ingénieur M. Favé qui, coulé par des fonds de 20^m, donne pendant une durée de 15 jours une courbe de la hauteur de l'eau qui le presse.

Au point de vue de la mesure des angles citons le cercle hydrographique dû à de la Roche-Poncié, modification de l'ancien cercle à réflexion, et le cercle azimutal construit en 1863 d'après les indications d'un hydrographe et qui sert pour notre Géodésie aussi bien que pour celle des officiers d'état-major.

Des modèles d'autres instruments actuellement en usage sont dus aussi à nos ingénieurs; la liste en serait longue et montrerait combien leur esprit a été toujours en éveil.

Enfin, dans la gravure des cuivres, dernière phase de la production hydrographique, l'un des ingénieurs a imaginé de substituer au burin l'emploi du perchlorure de fer agissant sur un simple trait tracé par une pointe. Le prix modique de cette gravure a permis de multiplier la production du service.

Résumons ici l'ensemble des progrès dus aux élèves de l'École Polytechnique.

Ce sont eux qui, sous la main de Beautemps-Beaupré, en prenant de lui une expérience lentement acquise et la doublant de l'élément scientifique qu'ils apportaient, ont créé notre Hydrographie. Si notre premier chef a mérité par son énergie, par ses conceptions générales, par l'intuition même de ce qu'il ne voyait pas nettement, la haute réputation qu'il a justement acquise, nos camarades ont placé sur une base solide un domaine qui était en réalité peu exploré.

C'est non seulement à eux que tous les progrès ont été dus, mais ils ont empêché qu'un retour en arrière à de déplorables errements puisse se produire.

Ils ont toujours lutté contre l'à peu près et pour le travail serré, consciencieux, et contre ce que les gens du métier appellent entre eux *le coup de pouce*, c'est-à-dire des corrections *a posteriori*.

Les levés semblent, il est vrai, s'y prêter : les procédés sont multiples, un bon chef les modifie suivant les circonstances, mais ce qu'il doit absolument proscrire, c'est le délit matériel de la modification des observations et celui moral d'indiquer une exactitude qui n'est pas atteinte.

Le corps des hydrographes a souvent été attaqué, soit en raison de l'obscurité de ses travaux trop techniques, soit en raison même de la manière sage dont ils les conduisaient.

Arago était obligé de les défendre en 1837 et le discours qu'il prononça à la tribune de la Chambre des Députés constitue pour le corps de véritables lettres de noblesse. Notre grand astronome avait vu les hydrographes à l'œuvre, et il déclare que, « parmi les fonctionnaires entretenus par l'État, ils ont pris la contre-partie de l'adage vulgaire, ils font beaucoup de besogne et peu de bruit ».

Les amiraux directeurs du Dépôt des Cartes, quelles qu'aient été leurs opinions antérieures, les ont aussi défendus après avoir jugé de leur travail. Il en a été de même des Ministres de la Marine; c'est à eux qu'on doit d'avoir permis à nos ingénieurs de conserver de précieuses traditions au moment de la disparition du corps des géographes de la Guerre.

La vie d'un hydrographe se prolongeant tard est une exception; à l'heure actuelle, deux seuls d'entre eux sont à la retraite. Cette mortalité que l'on peut constater depuis soixante-dix ans est due, autant qu'il semble, au passage de la vie très active à la mer à un autre surmenage à terre, parce qu'ils sont pressés d'avoir les résultats des missions qu'ils viennent de remplir.

L'avancement dans le corps est donc assez rapide; mais, disons-le bien vite, comme le travail d'un chef de mission diffère peu de celui d'un jeune sous-ingénieur, qu'ils ont la même vie et les mêmes privations, il n'existe dans aucun corps un pareil détachement des chances d'avancement.

La passion des hydrographes est portée tout entière sur leur travail et sur le désir de faire mieux que les étrangers.

Ajoutons que deux ingénieurs ont fait partie de l'Académie des Sciences, trois ont été élus correspondants, et enfin trois ingénieurs ont été membres du Bureau des Longitudes.

Le Catalogue des Cartes hydrographiques contient à la date du 1er novembre 1892, sur un chiffre total de 2847 cartes, plus de 2269 publications émanant des ingénieurs.

A. BOUQUET DE LA GRYE.

NOTICES BIOGRAPHIQUES.

DORTET DE TESSAN.

De Tessan est né au château de ce nom le 17 fructidor an XII (4 septembre 1804), de François Dortet Lespigarie de Tessan, chevalier, et de dame Angélique de la Forestie (¹).

La famille avait été ruinée par la Révolution, et le jeune de Tessan, qui montrait des dispositions pour les sciences, fut destiné à l'École Polytechnique. Il y fut reçu à l'âge de dix-huit ans, et en sortit comme élève-ingénieur hydrographe.

Son premier embarquement suivit de près cette nomination; il débuta par la campagne hydrographique qui se poursuivait tous les ans sur la côte de France, sous la direction de l'illustre Beautemps-Beaupré; école excellente où l'entraînement était exceptionnel. Il fut vite mis au courant des méthodes employées pour fixer les sondes, faire la topographie et la triangulation, et dans ses cahiers d'observations les croquis et les vues ont une fermeté de crayon et une netteté remarquables.

On pourrait reconstruire ses levés à une échelle triple de celle pour laquelle ils avaient été préparés sans commettre d'erreur dans les petits détails.

De Tessan resta attaché au service de la côte de France jusqu'en 1830, il avait coopéré au levé et à la rédaction de 28 cartes ou plans.

En 1831, la conquête récente de l'Algérie rendait indispensable la

---

(¹) Les noms du père et de la mère, dénaturés dans l'acte de naissance, ont été

reconnaissance de ses côtes. Le brick *le Loiret* fut placé dans ce but sous le commandement du capitaine de corvette Bérard et le sous-ingénieur de Tessan lui fut adjoint.

« Les deux collaborateurs apportèrent à l'accomplissement de ce travail difficile une ardeur d'émulation excitée par la plus vive amitié qui lui valurent d'unanimes éloges (¹). »

Ce travail se prolongea pendant quatre années et, pendant ce laps

de temps, le brick ne cessa de croiser sur cette côte algérienne où nous ne possédions encore que trois points : Oran, Alger, Bône, et dont les indigènes partout ailleurs défendaient obstinément les approches.

Dans ces conditions si défectueuses, le talent du jeune ingénieur se montra pleinement ; il imagina des méthodes de levé nouvelles, fit de la mer d'abord une grande triangulation basée sur les sommets les plus apparents du large, triangulation dont l'échelle fut donnée après

rétablis quelques années après par un acte de notoriété qui est annexé au premier, dans le dossier déposé aux Archives de la Marine.

(¹) Éloge prononcé à l'Académie par l'amiral Pâris.

coup par une différence de longitude (la côte étant dans la direction
est-ouest), et dont la position absolue résulta de quelques latitudes
prises la nuit sur des points relevés de la côte ; puis une deuxième
triangulation eut pour base le premier réseau et servit, à son tour,
à fixer les stations destinées à donner les détails de la topographie.
L'exactitude de ce mode opératoire a surpris ceux qui, venus après
lui, ont eu toute facilité pour parcourir le pays. De l'aveu du commandant du *Loiret,* de Tessan fut l'âme de cette mission, dont les résultats restèrent consignés dans 12 cartes ou plans.

De Tessan avait à peine achevé la mise au net des documents de
cette campagne, et donné dans une note que les ingénieurs consultent
encore avec fruit l'analyse des procédés qu'il avait employés dans ses
levés, qu'il partait le 20 décembre 1835 sur la frégate *la Vénus,* commandée par Dupetit-Thouars, pour faire un voyage de circumnavigation. Ce voyage devint presque exclusivement scientifique, par
suite de la bonne volonté du commandant, de l'assistance et de l'initiative précieuse apportées par de Tessan. Les officiers aussi bien que
les maîtres furent entraînés dans une voie d'observations et y mirent
vite une véritable passion, si bien qu'au retour de la frégate, après
une campagne qui avait duré près de trois années, l'Académie, mise
en possession des documents recueillis, témoigna publiquement sa
gratitude pour les observateurs.

Le rapport fait par Arago, au nom d'une commission composée de
Beautemps-Beaupré, Élie de Beaumont, de Blainville, n'a pas moins
de 64 pages d'impression ; il s'exprime ainsi sur notre ingénieur :

> Au premier rang, nous trouvons M. Dortet de Tessan, ingénieur hydro-
> graphe. M. de Tessan a été l'âme des nombreuses recherches de Météoro-
> logie, de Magnétisme, de Physique terrestre, dont la *Vénus* nous apporte
> les résultats. Il a pris une part personnelle à presque toutes les mesures.
> Quand les méthodes connues étaient insuffisantes, quand elles ne condui-
> saient pas à des solutions directes, exactes, des problèmes qu'on se propo-
> sait *a priori* ou que des circonstances fortuites faisaient naître, M. de
> Tessan inventait des méthodes nouvelles, etc.

Vingt et un plans enrichirent le portefeuille de l'Hydrographie
française et quatre volumes furent remplis par des observations de
toutes sortes.

Le cinquième volume, œuvre personnelle de M. de Tessan, contient, sous la forme d'un journal, les réflexions que lui inspire tout ce qu'il voit et les explications qu'il donne de phénomènes naturels auprès desquels beaucoup avaient passé sans les voir, ou sans pouvoir en déceler la cause. De Tessan était un observateur sagace, qui voulait aller au fond des choses et qui avait une intuition remarquable des solutions.

Le cinquième volume du voyage de la *Vénus*, est encore à l'heure actuelle emporté en mission par les jeunes ingénieurs pour les initier aux recherches de toute nature qu'ils peuvent entreprendre.

A la suite de nombreuses observations, il avait montré qu'un grand courant existait dans le nord de l'océan Pacifique; en souvenir de ses études, les marins lui ont donné son nom.

En dehors du levé de la rade de Cherbourg qu'il dirigea en 1850 étant ingénieur de première classe, les travaux de M. de Tessan qui méritent d'être cités ont eu pour objet des points scientifiques à élucider. Il remplissait bien au Dépôt des Cartes son rôle d'hydrographe en faisant des publications utiles aux navigateurs, mais l'étude des causes des phénomènes hantait constamment son esprit et il cherchait dans le monde qui n'est pas directement perceptible à nos sens l'essence même des lois naturelles.

C'est pour se livrer plus complètement à ses abstractions qu'il demanda et obtint d'être mis à la retraite en 1852; il n'avait alors que 48 ans.

Les Mémoires auxquels son nom va alors être attaché portent sur la Physique générale. Il traite longuement la question de l'éther et il montre que la répulsion qu'il exerce sur les molécules des corps, malgré sa subtilité que Newton juge être 700 000 fois plus grande que celle de l'air, est la cause de l'attraction moléculaire à grande ou à petite distance. Les déductions qu'il fait découler des lois de l'Optique sont à ce point de vue tout à fait remarquables.

En 1851, après la célèbre expérience de Foucault, il avait proposé un nouveau système pour rendre sensible la rotation de la Terre.

Plus tard, en 1859, il montra que l'hypothèse des globules d'eau pleins d'air formant les nuages n'est pas admissible et que les vapeurs peuvent être maintenues en suspension par des courants d'air résultant de différences de pression non mesurables par les instruments les plus parfaits. De Tessan est revenu à trois reprises sur ce sujet, apportant chaque fois des arguments nouveaux tirés des lois de l'Optique et de la Mécanique des fluides. Le phénomène si curieux de la foudre en boule a attiré aussi son attention et il en a donné une explication très ingénieuse.

En 1860 il a étudié également les lois de la dilatation des corps dans les environs de l'état qu'on a appelé ultérieurement *état critique* et il demande qu'on en détermine la température.

Un Mémoire daté de 1861 donne une explication de la chute des corps dans le sud-est de leur verticale.

Il note aussi que la possibilité de transporter un couple en un point quelconque de son plan n'est exacte que dans le cas d'un corps supposé en équilibre.

Bien d'autres études s'échappèrent de sa plume, telles qu'une proposition relative à la transmission des bons du Trésor ; son esprit toujours en éveil ne pouvait se détacher entièrement des questions à l'ordre du jour.

Nommé correspondant de l'Académie des Sciences, puis membre titulaire (15 avril 1861) à la mort de Daussy, il remplissait avec une exactitude scrupuleuse ses devoirs de membre chargé de nombreux rapports, lorsqu'une cruelle maladie le cloua sur une chaise longue.

Pendant les derniers jours de la Commune (en mai 1871) lorsque l'incendie du Ministère des Finances menaçait de brûler sa maison, c'est grâce à son confrère et ami de l'Académie, l'amiral Pâris, que quatre hommes vinrent l'enlever et le porter en lieu sûr ; il est mort le 30 septembre 1879.

De Tessan représentait pour nous un ingénieur d'une essence particulière ; il avait touché à toutes les sciences et s'était fait une vie spéciale où tout était ou paraissait scientifiquement motivé ; il montrait d'ailleurs en toutes choses un désintéressement absolu.

Il a laissé de bons souvenirs à l'Institut et de précieux enseignements au corps des hydrographes de la Marine.

DARONDEAU.

Darondeau (Benoist-Henry) est né le 3 avril 1805, d'un père qui avait acquis beaucoup de réputation comme compositeur d'œuvres musicales légères.

Il avait eu une grande part dans la création de la romance française, genre que les étrangers parvenaient difficilement à imiter.

La mère de Benoist-Henry était une Anglaise, Lucie-Thérèse Arkwzight.

Les facultés de l'enfant ne furent pas dirigées du côté de l'art musical, il se prépara à l'École Polytechnique et y entra en 1824 pour en ressortir deux ans après comme élève-ingénieur hydrographe.

Après un an de stage au Dépôt des Cartes, s'étant initié à son nouveau service par le calcul et par la construction graphique des observations prises à la mer ou sur la côte par ses devanciers, il fut embarqué sur la *Badine* placée sous le commandement de M. Le Saulnier de Vauhello.

Il devait coopérer avec deux de ses collègues aux sondes d'atterrage de la côte ouest de France.

A cette époque de navigation à voile, où l'emploi à bord de machines à vapeur auxiliaires était inconnu, les sondages par de grands fonds se faisaient avec des lignes qu'on halait à force de bras. Chaque opération durait une couple d'heures et pendant ce temps le navire mis en panne restait à peu près stationnaire.

Si le travail était rude pour l'équipage, il était fatigant aussi pour les ingénieurs obligés à faire d'une façon presque continue des observations astronomiques et à surveiller les sondeurs. La croisière dura deux ans avec une seule interruption pendant l'hiver.

Aujourd'hui que l'emploi de fils d'acier pour sonder et l'aide de la vapeur ont facilité de beaucoup un pareil travail, on n'a trouvé rien à changer aux profondeurs observées à bord de la *Badine*.

En 1830, Darondeau fut nommé sous-ingénieur; il avait été élève pendant près de quatre années.

En 1831, il dut faire, sous la direction de l'illustre Beautemps-Beaupré, le levé hydrographique de la partie la plus dangereuse de la côte nord de France : je veux parler des plateaux des Minquiers, des Ecrehous, des roches Douvres, etc. On connaît la violence des courants dans ces parages; débarqué un jour sur un rocher des Minquiers avec quelques hommes pour y faire une station et le vent ayant tourné et forcé, le canot ne put venir les prendre que huit jours après.

M. Darondeau et ses hommes avaient vécu pendant ce temps de quelques biscuits et surtout de coquillages et du produit de leur pêche. Le résultat de ce séjour forcé fut un levé des plus minutieux des parages où le sous-ingénieur avait été abandonné.

On sait que sous la main quelque peu rude de M. Beautemps-Beaupré ces aventures n'étaient pas rares; notre sous-ingénieur resta sous ses ordres directs pendant cinq années et il fut nommé ingénieur de troisième classe le 17 janvier 1835. La même année le voyait partir sur la *Bonite*, commandée par l'officier qui devint plus tard l'amiral Vaillant, ministre de la Marine.

La *Bonite* devait faire un voyage d'ordre scientifique autour du monde. Darondeau fut chargé des observations de Physique générale et leva en outre les mouillages du bâtiment.

Lorsqu'il revint deux ans après rapportant ses cahiers d'observations, l'Académie des Sciences, qui avait provoqué cette expédition, demanda, par l'organe d'Arago, la publication de ces documents. Ils forment la matière de quatre volumes. Le savant astronome, interprète de ses confrères, réclama aussi et obtint pour le jeune ingénieur le ruban de la Légion d'honneur.

La campagne de la *Bonite* avait éclairé Darondeau sur les besoins de la navigation; voyant que nos cartes hydrographiques des côtes étrangères laissaient à désirer, il apporta à leur réfection l'ardeur qu'il mettait en toutes choses et il compléta ces documents, grâce à sa connaissance de la langue anglaise, par la traduction des ouvrages nautiques les plus estimés.

Ces travaux de cabinet ne l'empêchèrent pas de profiter d'une occasion favorable pour aller étudier un point réputé des plus dangereux, le plateau des Eskerkis, placé entre la Sicile et la Tunisie.

Il réussit à le sonder entièrement, en employant des méthodes nouvelles pour fixer la position de son canot, et il rectifia des brassiages inexacts donnés par les officiers anglais.

En 1841, il faisait le levé de la côte sud-ouest de la Sardaigne, en collaboration avec Jurien de la Gravière qui commandait la *Comète* et qui devint son ami.

C'est peu après cette mission que, frappé de l'incorrection des indications données par les compas de route à bord des navires en fer, il étudia la théorie des perturbations et donna le premier en France un moyen pratique pour procéder à leur correction.

A la suite des premiers résultats qu'il obtint, il fut chargé de procéder à la correction des compas de nombreux navires de guerre dans nos cinq ports et il fut désigné par le ministre pour professer à l'École du Génie maritime un cours de régulation de ces instruments.

Ce cours a été inséré dans le *Mémorial du Génie maritime.*

C'est à Darondeau que l'on doit aussi la publication des *Mélanges hydrographiques,* recueil de documents utiles à porter à la connaissance des marins. Au bout de trois années il en changea le titre et lui donna celui d'*Annales hydrographiques,* qu'il porte encore aujourd'hui.

On doit également à notre ingénieur la première publication d'un livret des phares des mers du globe.

Tous ces travaux ne pouvaient apaiser son besoin d'agir. En 1851, devenu ingénieur de première classe, il s'embarqua pour coopérer en sous-ordre à la reconnaissance de la côte d'Italie, qu'il s'agissait de terminer, entre l'île d'Elbe, le mont Argentaro et Civita-Vecchia.

Une attaque de choléra ayant forcé le chef de la mission à s'aliter, Darondeau montra qu'il était digne de le remplacer et, en 1853, il fut chargé de diriger sur cette même côte la suite des explorations.

Ce travail ne fut terminé qu'en 1858; le levé français s'était alors étendu jusques et y compris le détroit de Messine.

Pendant tout ce temps, il montra une activité, une énergie que n'aurait pas désavouée M. Beautemps-Beaupré; aussi les notes de ses supérieurs hiérarchiques, s'il les eût connues, auraient-elles troublé sa modestie.

L'amiral Mathieu, en 1855, déclare : « Je ne saurais dire trop de bien de M. Darondeau »; en 1856 : « On doit lui savoir gré d'avoir » pu, au milieu du conflit qui existe entre le gouvernement napoli- » tain et le nôtre, se concilier la bienveillance des hautes autorités » de ce pays. »

Il les avait conquises en se montrant non seulement bienveillant pour tous, mais d'une activité telle que les Napolitains ne pouvaient comprendre qu'un homme d'âge, arrivé à une situation élevée, s'obligeât à payer ainsi chaque jour de sa personne en partant du bord au lever du soleil pour n'y rentrer qu'à la nuit.

« Heureux serait le Roi, mon maître, disait un jour un haut fonctionnaire du souverain des Deux-Siciles, s'il avait des serviteurs comme M. Darondeau. »

En 1857 et en 1858, Darondeau reçut des témoignages de satisfaction du ministre, l'amiral Hamelin.

De retour au Dépôt de la Marine, et pendant la construction des levés qu'il avait dirigés, il trouvait encore le temps de traduire une édition du livre d'Horsburgh sur les mers de l'Inde.

En 1865, la mise à la retraite de M. Bégat le faisait arriver à la tête du corps des hydrographes et il profita de son autorité pour donner une vive impulsion à l'Hydrographie générale, qu'il avait étudiée antérieurement avec passion.

Le Bureau des Longitudes devait l'admettre peu après dans son sein et lui confier le soin de publier la Table des positions géographiques insérée dans la *Connaissance des Temps*.

Ses collègues du Bureau purent vite apprécier la sûreté de ses vues, le soin avec lequel il recherchait tous les éléments de perfectionnement de ce travail, qu'il menait de front avec ses occupations d'ingénieur en chef.

Malheureusement son organisme, éprouvé par tant de missions à la mer, et surtout par le passage sans transition d'une vie d'activité en plein soleil au travail de bureau, ne pouvait continuer à le servir comme il le désirait.

Il voulut avec ses publications, avec la direction du service, mener encore de front des travaux personnels, et les forces lui manquèrent.

La lutte entre l'esprit et un corps épuisé ne pouvait qu'être fatale; dans le deuxième semestre de l'année 1868, il demanda au ministre un congé, le premier de toute sa carrière, et il ne put revenir à son bureau.

Il mourut le 1er mars 1869, laissant à ceux qui l'avaient connu l'exemple d'une vie consacrée entièrement au travail.

Darondeau avait épousé jeune encore Mlle de la Balme, dont il eut plusieurs enfants. Il avait été fait, en 1867, commandeur de la Légion d'honneur et antérieurement chevalier du Lion néerlandais, chevalier du Mérite de Toscane et commandeur de Grégoire-le-Grand.

A. BOUQUET DE LA GRYE.

LES INGÉNIEURS GÉOGRAPHES

ET

LE CORPS D'ÉTAT-MAJOR.

L'institution des Ingénieurs géographes remonte à l'année 1691. Elle est due à Vauban, frappé de l'importance des travaux géographiques pour la conduite des armées comme pour les travaux de fortification et de la pénurie extrême de documents exacts. Les ingénieurs ordinaires, recrutés parmi les officiers qui montraient de l'aptitude pour la construction et pour les travaux des sièges, n'en avaient que rarement pour les levés de terrain. Sous le nom d'*Ingénieurs des camps et armées*, les Ingénieurs géographes furent chargés de reconnaître et de lever le terrain en avant des armées, les positions de l'ennemi, puis de dessiner les mouvements des batailles.

Les services rendus par ces ingénieurs les firent vite apprécier du commandement. En temps de paix ils réunissaient les levés de campagne et composaient les cartes du théâtre des opérations, puis s'occupaient à dresser celles des frontières. C'étaient de véritables officiers topographes, d'une culture scientifique développée, car ils avaient à faire œuvre de géodésiens pour établir les canevas et donner les positions géographiques des points de repère. Ils devaient aussi posséder des qualités militaires pour étudier, dans l'ensemble comme dans le détail, le terrain sur lequel les armées auraient à manœuvrer. Dès le début, Vauban s'attacha la famille des Masse, qui fournit des topographes très habiles. Plus tard, Montannel se consacra à l'étude de la frontière des Alpes. Les deux Bourcet, l'oncle et le neveu, acquirent une réputation européenne. Enfin, la collaboration des Ingénieurs géographes aux travaux de Cassini de Thury fit d'eux le lien entre l'Armée et la Science.

En 1743, l'importance des Ingénieurs géographes ayant grandi, ceux-ci furent constitués en corps militaire, sans pour cela que l'institution fût bien stable, car la nature de leurs travaux les rapprochait des services du Génie et du Dépôt de la Guerre, auxquels ils furent successivement rattachés.

Le Dépôt de la Guerre, créé par Louvois, n'était au début qu'un magasin d'archives militaires, « chargé de concentrer les dépêches les plus importantes concernant la guerre, les limites du territoire et autres matières ». Il reçut bientôt le dépôt des Cartes, et, de là à s'occuper de leur exécution, il n'y avait pas loin.

L'Ordonnance du 31 décembre 1776, constitutive du corps du Génie, attacha deux Ingénieurs géographes à chaque Direction du Génie. Celle du 26 février 1777 les annexa à ce même corps, sous le nom d'*Ingénieurs géographes militaires,* mais leur donna un chef spécial, le maréchal de camp de Vault, Directeur du Dépôt de la Guerre, auquel deux officiers du Génie furent attachés. C'est alors qu'ils exécutèrent les belles Cartes du Dauphiné, de la Provence et d'une partie de la Savoie, connues sous le nom de *Cartes de Bourcet* et dont une partie seulement a été gravée. Ils coopérèrent aussi aux levés faits sous les ordres du général d'Arçon, depuis les Alpes jusqu'à Strasbourg, pour rejoindre les levés de la frontière du Nord, exécutés par les Ingénieurs géographes.

Malgré d'aussi grands services, le corps des *Ingénieurs géographes militaires* fut supprimé par la loi du 16 octobre 1791. Beaucoup d'entre eux prirent leur retraite, d'autres entrèrent dans les corps de troupe, et les États-Majors des armées ne tardèrent pas à regretter leur disparition. On chercha donc à reconstituer les éléments dispersés, en s'adressant aux anciens du corps pour former quelques élèves et on les attacha au Dépôt de la Guerre; on fonda en même temps, dans cet établissement, un cours d'instruction théorique et pratique, ouvert à douze élèves, pour assurer leur recrutement; mais ce corps lui-même ne fut reformé que par la loi du 22 octobre 1795, sous le nom d'*Ingénieurs géographes*. Le mot *militaire* avait disparu, et les Ingénieurs géographes étaient rattachés au Dépôt de la Guerre.

Durant la période troublée de la Révolution, les ministères ayant disparu, le Dépôt des Cartes de la Marine avait été incorporé au Dépôt de la Guerre et celui-ci placé dans les attributions de la Commission des Travaux publics; les Académies étant fermées, le Dépôt de la Guerre recueillait un grand nombre de savants, tels que Delambre, Laplace, Gosselin, Méchain, Prony, et entreprenait les grands travaux de la méridienne de France. En décembre 1795, les ministères étant rétablis, le Dépôt de la Marine retourna à la Marine; en même temps les astronomes et les géographes, rattachés un moment au Dépôt de la Guerre, quittèrent cet établissement. Les uns allèrent au Bureau des Longitudes ou à l'Institut, d'autres entrèrent au Cadastre, et avec eux disparut l'élément scientifique; mais, au contact de leur profond savoir et de leur expérience, s'étaient formés de jeunes Ingénieurs géographes destinés à un grand avenir : les Plessis, les Nouët, les Tranchot, les Pelet, les Bacler d'Albe, les Bonne, les Puissant, les Brossier, qui se firent plus tard un nom justement honoré.

C'est à ce moment que l'École Polytechnique entre en scène et doit fournir, d'après le projet de fondation de cette École, « des Ingénieurs géographes pour la levée des Cartes générales et particulières de terre et de mer ». Le corps des Ingénieurs-géographes n'a eu qu'à se louer des habitudes laborieuses et de l'esprit de précision qu'apportèrent les Polytechniciens, et cependant ils les accueillirent d'abord avec méfiance. L'un d'eux, Calon, alors Directeur général du Dépôt de la Guerre, fit la plus forte opposition à la loi du 30 vendémiaire an IV (12 octobre 1795), qui admettait les élèves de l'École Polytechnique à concourir pour l'École des géographes. Cette opposition fut sans effet et le décret du 10 thermidor an IV décida même que l'École

des géographes ne se recruterait que d'élèves tirés de l'École Poly_
technique. La première promotion en fournit 6, la seconde 21 et la
troisième 12; mais bien peu firent leur carrière dans le corps,
car 31 donnèrent leur démission, passèrent dans d'autres armes
ou dans des carrières civiles. Parmi ceux qui restèrent, on doit citer
Corabœuf (¹), Béraud et d'Épailly. Dans le nombre de ceux qui
démissionnèrent à cette époque ou peu après, on remarque Fran-
cœur, qui était de la première promotion, entra dans l'Instruction
publique, devint professeur à la Faculté des Sciences de Paris,
répétiteur, puis examinateur d'admission à l'École Polytechnique,
membre de l'Académie des Sciences, et fut l'auteur d'un *Traité
de Géodésie* très estimé; Saint-Aulaire, qui devint pair de France
et ambassadeur; Jomard, qui n'abandonna le service qu'après avoir
fait partie de l'expédition d'Égypte et fut membre de l'Académie
des Inscriptions et Belles-Lettres; Cagniard de la Tour, qui fut de
l'Académie des Sciences; Dinet, entré dans l'Instruction publique
et longtemps examinateur d'admission à l'École Polytechnique.

Il faut attribuer ces nombreuses désertions à l'instabilité du régime
auquel était soumis le corps des Ingénieurs. Un arrêté du 22 floréal
an V, qui réorganisait le Dépôt de la Guerre, les replaça sous la direction du Génie militaire, en leur donnant le titre d'*Artistes topographes*. Ce fut une nouvelle dislocation du corps. Quelques
Ingénieurs s'attachèrent à l'arme du Génie, les autres continuèrent
d'exercer leurs fonctions aux États-Majors généraux.

(¹) Corabœuf était de la première promotion; sorti en 1796, il fut d'abord attaché
à l'expédition d'Égypte, du 16 avril 1778 au 13 décembre 1801, puis employé à la
Carte du Mont-Blanc de 1802 à 1805, à la Carte du royaume d'Italie de 1805 à 1814,
et enfin à la Carte de France depuis 1818 jusqu'à sa retraite, comme colonel, en 1837.
Géodésien des plus distingués, Corabœuf triangula le parallèle de Bourges, puis le
segment oriental de la chaîne des Pyrénées, mesura la base de Gourbera, près de
Dax, et fit de nombreuses déterminations astronomiques de latitude et d'azimut en
différents points du réseau français. Il fut le principal collaborateur de Puissant
dans la rédaction des volumes du *Mémorial du Dépôt de la Guerre*, qui contiennent la description géométrique de la France. On lui doit un mémoire très intéressant sur l'égalité du niveau des mers entre l'Océan et la Méditerranée, démontrée
par le nivellement géodésique de la chaîne des Pyrénées, mémoire qui a été inséré
dans ceux de l'Académie des Sciences, tome III (Savants étrangers) et dont un
extrait se trouve dans le tome VI du *Mémorial du Dépôt de la Guerre*.

En préparant l'expédition d'Égypte, le général Bonaparte voulut avoir une brigade d'Ingénieurs géographes et choisit pour les diriger Faujas, attaché au Dépôt de la Guerre, auquel il confia en outre les fonctions d'historiographe. Au moment où il constitua cette brigade, le général Ernouf, Directeur du Dépôt de la Guerre, rédigea pour le Directoire un rapport, qui caractérise, d'une façon complète, les services que les Ingénieurs géographes sont appelés à rendre :

Ils doivent être sous les ordres directs du Dépôt de la Guerre; recueillir les reconnaissances, cartes, mémoires militaires et tous les faits historiques; les transmettre, toutes les décades, d'après les ordres du Chef d'État-Major, au Directeur du Dépôt de la Guerre, sous forme d'un journal historique. Les ingénieurs formeront ainsi une pépinière d'officiers d'État-Major, auxquels les fonctions d'Ingénieurs géographes sont toujours absolument nécessaires, afin d'assurer et de compléter le service des armées.

Les propositions du général Ernouf, qui avaient pour effet d'assurer l'envoi au ministre de comptes rendus réguliers et indépendants du général en chef, furent approuvées par le Directoire. A partir de ce moment, les Ingénieurs géographes eurent une situation plus stable et mieux définie; leur institution grandit, se développa et fonctionna d'une manière assez régulière, jusqu'au jour où elle fut absorbée par le corps d'État-Major et disparut définitivement.

La brigade organisée pour l'expédition d'Égypte comprenait trois élèves de l'École : Corabœuf, Dulion et Jomard. Dulion s'est noyé en traversant un bras du Nil. Corabœuf a collaboré au grand ouvrage sur l'Égypte. Le lever de la Carte ne put être appuyé sur une triangulation régulière, la plupart des instruments nécessaires ayant disparu dans le naufrage du vaisseau *le Patriote,* qui les portait, ou ayant été pillés lors de la révolte du Caire. Les Ingénieurs durent se contenter de fixer un certain nombre de points par des observations astronomiques. Les documents qu'ils rapportèrent permirent toutefois de dresser au $\frac{1}{100\,000}$ une Carte topographique de l'Égypte et de plusieurs parties des points limitrophes en quarante-sept feuilles. C'est la seule que l'on possède encore aujourd'hui, et qui donne une description un peu détaillée et précise de cette contrée. Si l'on tient compte de l'insécurité de l'Égypte à cette époque, des difficultés du travail et du temps qu'on a pu y consacrer, on reconnaîtra qu'elle fait grand honneur à ceux qui l'ont exécutée.

De 1796 à 1807, l'École ne fournit au corps que deux Ingénieurs (promotion de 1799); encore tous deux le quittèrent-ils pour passer, l'un dans l'Artillerie, l'autre dans le Génie.

Cependant l'activité des Ingénieurs géographes ne cessait de s'affirmer pendant les campagnes de la République et de l'Empire. Les travaux qu'ils ont exécutés pendant cette période sont considérables. Les uns sont provoqués par les opérations militaires : il faut, en effet, constituer dans le plus bref délai la carte du pays que traversent nos armées; on ne fait alors que des reconnaissances, de la géodésie expéditive, des levés de champs de bataille, puis on assemble les cartes avec tous les documents réunis. Les autres, plus précis, sont exécutés dans les pays conquis et pendant leur occupation. C'est ainsi que le Dépôt de la Guerre s'enrichit des cartes de presque toute l'Europe, dont la plupart étaient suffisamment exactes pour les besoins de nos armées. Parmi les plus complètes, nous citerons celles de la Belgique, de la Hollande, de la Bavière et de la haute Italie. Une mention spéciale doit être accordée à la Carte dite *des départements réunis,* ceux de la rive gauche du Rhin. Les perfectionnements réalisés depuis la Carte de Cassini donnèrent l'idée de refaire la Carte de France elle-même.

Le général du Génie Sanson, qui fut Directeur du Dépôt de la Guerre de 1803 à 1812, encourageait d'ailleurs puissamment les travaux et se montrait plein de sollicitude pour les Ingénieurs géographes. Il rédigea une instruction très détaillée sur leur service, tant à l'intérieur qu'aux armées, leur fit attribuer un uniforme spécial et provoqua le décret du 30 janvier 1809, par lequel l'Empereur leur donna une constitution définitive et fixa leur nombre à 90, dont 4 colonels, 8 chefs d'escadron, 48 capitaines, 24 lieutenants et 6 élèves. Ce même décret attribuait les places vacantes dans le corps à des élèves de l'École Polytechnique, conformément à la loi du 25 frimaire an VIII. Les élèves faisaient un stage de deux ans à l'École d'application des Ingénieurs géographes, instituée au Dépôt de la Guerre, et étaient ensuite promus lieutenants.

De 1809 à 1813, l'École Polytechnique fournit 38 Ingénieurs;

dans la dernière de ces promotions, il y en avait 21 (^{1}); puis, jusqu'en 1817, le recrutement cesse (^{2}). Il est vrai qu'en 1814 le corps avait été réduit à 84 Ingénieurs et que, en 1815, il avait été licencié. Il ne fut réorganisé qu'en 1817 avec un effectif de 72 officiers seulement, qui furent placés sous la direction du général Guilleminot (^{3}), auquel on donna le titre d'*Inspecteur général du corps des Ingénieurs géographes.*

C'est à ce moment que le maréchal Gouvion Saint-Cyr fit décider la confection d'une nouvelle Carte de France, pour remplacer celle de Cassini, devenue insuffisante. L'exécution en fut confiée aux Ingénieurs géographes, qui ne pouvaient trouver une meilleure occasion de donner la mesure de leur savoir et de leur dévouement.

Cette œuvre leur appartient en propre pour la partie géodésique; ils l'ont commencée pour la partie topographique et continuée ensuite avec la collaboration des officiers du corps d'État-Major, en laissant à ceux-ci, le jour où ils ont été dissous, le soin de l'achever complètement.

La première pensée d'occuper les Ingénieurs géographes à la rédaction d'une grande Carte topographique de la France est due à Napoléon. Sur son ordre, le chevalier Bonne, colonel-ingénieur, exposa, dans un mémoire détaillé, le programme des travaux à entreprendre pour l'exécution de ce vaste projet. Mais les campagnes incessantes des dernières années de l'Empire ne permirent pas de commencer une opération aussi importante. Le projet ne fut repris que plus tard. Un nouveau mémoire, préparé par le commandant Denaix, fut soumis à l'examen du marquis de Laplace, et, sur le rapport favorable de cet illustre savant, une Commission de quatorze membres, choisis dans les départements de l'Intérieur, de la

---

(^{1}) L'un d'eux, Largeteau, est devenu membre de l'Académie des Sciences et du Bureau des Longitudes.

(^{2}) Dans la promotion de 1817 figurait Savary, qui fut réformé en 1824, devint professeur à l'École Polytechnique, membre de l'Académie des Sciences et du Bureau des Longitudes.

(^{3}) Le général Guilleminot avait été Chef d'État-Major du prince Eugène, viceroi d'Italie, et avait fait en personne les reconnaissances qui déterminèrent l'entrée en campagne du général Moreau, en 1800. Il fut aussi Major-général de l'armée d'Espagne sous le duc d'Angoulême, en 1823.

Guerre, de la Marine et des Finances, et parmi lesquels figuraient trois Ingénieurs géographes, fut formée par une Ordonnance royale du 11 juin 1817, afin de « préparer l'exécution d'une nouvelle Carte de France appropriée à tous les services publics et combinée avec les opérations du Cadastre général ». La Commission était présidée par Laplace et avait Delambre pour vice-président.

Cette grande entreprise, l'œuvre capitale des Ingénieurs géographes, fut décidée par l'Ordonnance royale du 6 août 1817. On peut lire le détail des mesures adoptées pour en assurer l'exécution dans le *Mémorial du Dépôt de la Guerre* et dans une Notice très intéressante du général Blondel. On organisa, pour diriger et surveiller les opérations, un bureau spécial, composé de huit officiers supérieurs du corps des Ingénieurs géographes. Il s'agissait en effet d'obtenir une uniformité complète dans les éléments divers à recueillir et à rassembler ensuite pour la confection d'une Carte régulière à grande échelle. C'était la première de ce genre qu'on eût essayé d'établir en Europe, et elle a servi de modèle à toutes celles qu'on a faites depuis dans d'autres pays, en profitant de l'expérience acquise par nous.

Outre les difficultés inhérentes à la nouveauté du travail, on avait à résoudre toute une série de questions techniques, pour obtenir une représentation homogène du territoire de la France, dont le relief varie de la plaine aux plus hautes montagnes. On prescrivit, avec un soin minutieux, les précautions à prendre, les écueils à éviter pour chacune des trois séries de travaux à exécuter : travaux géodésiques, travaux topographiques, travaux cartographiques, afin que l'œuvre aboutît à une unité complète, quelles que fussent les difficultés du terrain et l'époque des opérations. Aujourd'hui que la Carte de France est terminée, on ne peut se défendre d'un sentiment d'admiration pour le résultat obtenu. Lorsqu'elle est complètement assemblée, on est frappé de l'harmonie qui règne dans toutes ses parties ; et s'il est possible de nos jours de faire plus et mieux, en utilisant les ressources nouvelles qu'offrent la photographie, la galvanoplastie et l'impression en couleur, c'est presque toujours aux travaux patients et assidus des créateurs de la Carte de l'État-Major qu'on le doit.

Après cette justice rendue à tous, il convient aussi de signaler l'influence de l'esprit précis et mathématique des Polytechniciens, qui ont contribué à faire prévaloir le système de la lumière verticale (Commission de Topographie de 1829) sur celui de la lumière oblique. Celui-ci produit des effets plus artistiques, mais a l'inconvénient de faire valoir un versant des montagnes au détriment de l'autre. Cette même influence a été décisive dans l'adoption des courbes de niveau, que l'on s'accorde maintenant à préférer aux hachures, et dont on fait usage dans les publications récentes.

L'exécution complète de la Carte de France n'a pas exigé moins de cinquante années. Les géodésiens avaient à couvrir toute la surface du territoire d'un réseau continu, en l'appuyant sur la méridienne de Dunkerque à Perpignan, d..e méridienne de France, mesurée par Delambre et Méchain. Ils ont établi deux autres chaînes méridiennes et six chaînes parallèles et les ont vérifiées par sept bases; puis ils ont rempli les quadrilatères interceptés d'une triangulation de premier ordre, en sorte que le territoire de la France est recouvert d'un réseau ininterrompu de grands triangles. Chaque feuille de la Carte a été ensuite l'objet d'une triangulation secondaire, fournissant en moyenne un point géodésique par lieue carrée; c'est un total de 35 000 points de repère, sur lesquels s'appuient les levés topographiques. Ce labeur immense est dû aux Ingénieurs géographes seuls.

A la Géodésie succédait la Topographie. Ce furent les Ingénieurs géographes qui exécutèrent les premiers levés; eux aussi qui présidèrent les premiers à leur reproduction par le dessin et la gravure. Pour toute la partie topographique et cartographique, ils peuvent revendiquer à bon droit le mérite d'avoir fixé les méthodes et d'avoir imprimé l'impulsion.

Il n'est que juste de rappeler les noms de ceux qui ont le plus contribué à l'érection de ce monument géographique. A côté des anciens Ingénieurs géographes, tels que Puissant, Tranchot, Delcros, Bonne, Brousseaud, nous devons citer particulièrement les anciens élèves de l'École : Coraboeuf, Béraud, Durand, Peytier (¹), Ga-

---

(¹) Peytier, de la promotion de 1811, s'est distingué comme géodésien, a triangulé le segment oriental de la chaîne des Pyrénées et pris une grande part aux travaux de la Carte de France. Il a été attaché à l'expédition de la Morée. On lui

vard (¹), Servier, Hossard (²), Levret, Rozet (³), Lapie (⁴), qui
furent les dignes héritiers et les émules de leurs devanciers.

Mais les travaux sur le terrain absorbaient un personnel considérable. La Géodésie occupait annuellement quinze à vingt officiers, la
Topographie presque le double. Les Ingénieurs géographes ne purent
bientôt plus suffire à une telle tâche. Dès l'année 1825, on leur
adjoignit des officiers d'État-Major.

Le corps d'État-Major avait été créé en 1818 et, dès l'origine, les
élèves de l'École d'application d'État-Major furent adjoints aux
élèves Ingénieurs géographes pour être exercés aux levers de terrain
et aux reconnaissances militaires. Bientôt on exigea des officiers de

doit la publication du tome IX du *Mémorial du Dépôt de la Guerre,* contenant la
troisième partie de la description géométrique de la France et une notice très
complète, dont il est l'auteur, sur la pratique des opérations géodésiques.

(¹) Gavard, de la promotion de 1812, a pris sa retraite comme capitaine en 1831,
au moment de la fusion des Ingénieurs géographes dans le corps d'État-Major. Il a
imaginé deux instruments qui ont rendu les plus grands services : le premier est le
pantographe, au moyen duquel on peut reproduire automatiquement, à toute
échelle et sur le même plan, une figure déjà dessinée; le second est le diagraphe,
servant à dessiner en plan horizontal une figure placée verticalement : c'est au
moyen du diagraphe que d'illustres artistes ont reproduit le palais de Versailles et
ses œuvres d'art dans une splendide publication en seize volumes grand in-folio,
éditée, aux frais du roi Louis-Philippe, par l'inventeur. L'emploi de ces deux instruments, dont le premier a été longtemps en usage au Dépôt de la Guerre pour la réduction des cartes, est remplacé actuellement par celui des procédés photographiques.

(²) Hossard, promotion de 1817, s'est beaucoup occupé de la partie topographique et cartographique de la Carte de France. Il a imaginé une petite boussole
très pratique pour les levers expédiés, et a fait une note sur les diapasons pour
l'emploi des hachures. Comme géodésien, Hossard a collaboré avec Peytier et a
produit un mémoire très intéressant sur les variations diurnes de la réfraction terrestre. C'est sur ses indications que Porro, ingénieur piémontais, a construit, pour
le Dépôt de la Guerre, un appareil bimétallique pour la mesure des bases, dont
l'originalité consiste à n'avoir qu'une seule règle, que l'on porte successivement sous
des microscopes alignés le long de la base : cet appareil a servi à la mesure de
trois bases en Algérie. Hossard a été professeur de Géodésie et d'Astronomie à
l'École Polytechnique, en 1855 et 1856.

(³) Rozet, promotion de 1810, géologue instruit, professeur à l'École des Ingénieurs géographes, a fait sur les torrents des Alpes et leurs cônes de déjection des
travaux très intéressants.

(⁴) Lapie, promotion de 1819, s'est acquis une grande réputation comme carto-
graphe.

ce corps, jusqu'au grade de capitaine inclusivement, des travaux topographiques annuels; c'était les former aux fonctions mêmes des Ingénieurs géographes. Aussi, dès qu'on put donner plus d'activité aux travaux de la Carte, et en particulier aux travaux topographiques, on trouva facilement des officiers aptes à ce service.

On reconnut bientôt qu'il y avait double emploi à entretenir deux corps pour le même objet; l'un devait absorber l'autre : les Ingénieurs géographes furent sacrifiés. Dès 1826, le cadre de ces Ingénieurs fut abaissé à soixante officiers; le nombre des admissions dans le corps fut réduit à quatre, puis à deux; à partir de 1829, l'École Polytechnique ne fournit plus d'élèves; enfin, par Ordonnance du 22 février 1831, la fusion des deux corps fut prononcée. Après deux siècles d'existence, les Ingénieurs géographes disparaissaient à jamais.

Au moment même de leur suppression, ils terminaient une œuvre, dont le souvenir doit être conservé. Une brigade d'Ingénieurs avait accompagné le corps expéditionnaire envoyé en Grèce et en Morée. Une triangulation régulière fut faite par les capitaines-ingénieurs Peytier et Servier, sortis tous deux de l'École Polytechnique, et servit de base au levé topographique exécuté de 1829 à 1834. Les opérations ont été faites avec un tel soin, qu'une triangulation nouvelle, exécutée de nos jours par des géodesiens autrichiens, pour le compte du gouvernement grec et avec des moyens naturellement plus perfectionnés, ne paraît pas devoir en modifier sensiblement le résultat. C'est de la Carte française que se servent toujours les élèves de l'École d'Athènes, les savants et les touristes, dans leurs pérégrinations et leurs recherches en Grèce et en Morée.

Si l'absorption des Ingénieurs géographes par le corps de l'État-Major a eu pour les premiers des conséquences regrettables, on ne peut nier qu'elle ne s'appuyât sur des considérations très sérieuses. Tout le monde appréciait les services qu'ils avaient rendus, leur savoir comme géodesiens, leur habileté à lever un terrain, à dresser des cartes, à les faire dessiner et graver. Mais le temps très long que ces opérations exigeaient, les habitudes de régularité minutieuse qui en résultaient, s'accordaient mal avec la rapidité nécessaire aux reconnaissances en temps de guerre. Des hommes dont la vie était absorbée, pour une bonne part, dans des occupations de détail, manquaient souvent du coup d'œil militaire indispensable pour choisir une position de combat, en marquer l'occupation ou l'attaque par des troupes de différentes armes. Pendant les guerres de la République et de l'Empire, ces opérations étaient confiées, par les généraux d'armée, à des officiers, auxquels ils reconnaissaient un flair particulier et qui devaient ajouter à ce don les connaissances techniques nécessaires.

En organisant le corps d'État-Major en 1818, le maréchal Gouvion Saint-Cyr, l'un des hommes les mieux doués pour reconnaître très vite la valeur d'une position et la manière de l'occuper, avait destiné à ce corps, outre la transmission des ordres, l'étude du terrain, la reconnaissance des routes, des campements, des positions militaires, et, comme complément, les levers et la rédaction des cartes. Avec des occupations aussi multiples, les officiers d'État-Major pouvaient se trouver inférieurs aux Ingénieurs géographes, sous quelques rapports : ils étaient toujours leurs émules et se trouvaient parfois leurs supérieurs.

Toutefois le général Blondel ([1]), sorti des Ingénieurs géographes, et devenu directeur du Dépôt de la Guerre, ne rappelait pas sans quelque amertume les travaux trop oubliés de son ancien corps et des collègues qu'il y avait connus. Il écrivait en 1853 :

Seuls pendant dix ans, ils ont fait jusqu'au bout les triangulations des divers ordres. Ce sont eux qui avaient fixé les méthodes, quand les officiers de l'État-Major, en 1825, sont venus à leur aide pour la topographie; ce sont eux qui avaient porté à la hauteur d'une vocation ardente le zèle de leurs travaux solitaires; ce sont eux qui ont constamment servi de guides et de modèles dans l'accomplissement de cette tâche.... Le titre d'Ingénieur géographe a complètement disparu et les feuilles de la Carte de France, même les plus anciennes, ne laissent en évidence que le nom

---

([1]) Le général Blondel, promotion de 1818, sortit dans le corps des Ingénieurs géographes et fut employé à la Carte de France jusqu'en 1831, date de la fusion de ce corps dans l'État-Major. A ce moment, il abandonne les fonctions d'Ingénieur et prend le service actif d'État-Major, où il reste jusqu'au grade de colonel. Après avoir été pendant deux ans chef de Cabinet du Ministre de la Guerre, il est nommé, en 1852, directeur du Dépôt de la Guerre. Promu général en 1858, il continua à administrer cet établissement jusqu'en 1867, bien qu'il eût été placé, en 1863, dans la section de réserve.

du corps d'État-Major. Elle sera toujours désignée sous le titre de Carte de l'État-Major et sera longtemps l'honneur de ce corps.

Disons, pour consoler les mânes du général Blondel, que certaines feuilles, dues aux Ingénieurs-géographes, sont d'une beauté remarquable et que, si des découvertes postérieures ont rendu possible ce qui ne l'était pas alors, elles supportent sans désavantage la comparaison avec ce qui a été fait de mieux en France et à l'étranger.

Le corps de l'État-Major ne se recrutait d'abord qu'à l'École militaire de Saint-Cyr, parmi les élèves sortant avec les premiers numéros. La disparition successive des Ingénieurs géographes qui s'étaient fait une spécialité de la Géodésie, ne tarda pas à faire comprendre la nécessité d'admettre dans le corps de l'État-Major des officiers ayant des connaissances plus étendues en Mathématiques. L'article 23 de l'Ordonnance royale du 23 février 1833 attribue, chaque année, trois places à l'École d'État-Major aux élèves sortants de l'École Polytechnique. Ceux-ci étaient destinés plus particulièrement aux travaux géographiques, mais plusieurs d'entre eux montrèrent de grandes qualités militaires et ont figuré avec éclat à la tête de nos armées. L'État-Major peut citer avec orgueil les noms de Puibusque (¹), de Pissis (²), de Castelnau (³), de Gres-

---

(¹) De Puibusque, promotion de 1812, fut d'abord garde du corps, puis lieutenant au régiment d'artillerie de la garde royale : en 1818, à la création du corps d'État-Major, il entra dans ce corps comme capitaine; il n'avait que vingt-deux ans. Il ne fut promu chef d'escadron qu'en 1839 et arriva au grade de général de brigade en 1855. De Puibusque prit part à la guerre d'Espagne, à l'expédition de Belgique et à la guerre de Crimée : c'est dans cette dernière campagne qu'il gagna ses étoiles, après avoir été cité à l'ordre du jour à la suite du combat de nuit du 1er au 2 mai 1855.

(²) Pissis, entré à l'École en 1825, sortit Ingénieur géographe et resta attaché à la Carte de France jusqu'en 1833; à cette date, il prend les fonctions d'État-Major, va en Afrique en 1843 et y reste jusqu'en 1851, soit aide de camp, soit à l'État-Major du Gouverneur. En 1859, pendant la campagne d'Italie, il est chef d'État-Major de la 1re division du 4e corps; de 1860 à 1863, chef d'État-Major du corps d'occupation à Rome. Général en 1863, il passe au cadre de réserve en 1868, mais reprend du service pendant la durée de la guerre de 1870. Pissis fut blessé au combat de Raz-el-Ma (17 juillet 1844); il avait trois citations dans ses états de services : c'était un officier intrépide et des plus distingués.

(³) Castelnau, promotion de 1834, eut une carrière très rapide dans l'État-Major.

ley (¹), de Munier (²), de Capitan (³), pour ne parler que des morts,
et si nous ne mentionnons pas Mirandol, c'est qu'il n'a fait que
traverser l'État-Major, pour faire toute sa carrière dans la cavalerie.
Ici encore, si les officiers sortis de l'École Polytechnique ont été inférieurs en nombre, on peut dire qu'ils ont brillamment tenu leur
place à côté de leurs collègues.

Une sorte de scission se fit donc dans le corps d'État-Major; scission non de sentiments, mais d'occupations : les uns poursuivant une
carrière plus décidément militaire, les autres voués au service géographique, à la Géodésie, qui exige les aptitudes réunies du topographe et de l'astronome. Les services rendus à l'armée par les Polytechniciens qui ont fait partie du corps d'État-Major sont rappelés
dans les Notices consacrées aux plus distingués d'entre eux. Repre-
nons ce qui concerne la Géographie et le Dépôt de la Guerre.

La période dont il nous reste à parler s'étend jusqu'à l'année 1880.
Pendant cinquante ans, le corps d'État-Major fournit au Dépôt de
la Guerre les officiers chargés du service des cartes. Aucun règlement ne fut établi pour en assurer le recrutement : on les désignait
pour ce service, le plus souvent sur leur demande, sans avoir au

---

où il remplit presque constamment des fonctions d'aide de camp, particulièrement
auprès des maréchaux Magnan et Vaillant et auprès de l'Empereur Napoléon III. Il
était général de brigade en 1863, général de division en 1867. C'est à lui que Napoléon III confia la mission délicate de se rendre au Mexique pour contraindre Bazaine,
qui voulait prolonger la campagne, à rentrer en Europe. Le général Castelnau présida la Commission chargée de préparer l'institution de l'École supérieure de
Guerre.

(¹) Gresley, promotion de 1838, est resté près de quatorze ans en Algérie, dans
les bureaux arabes, et s'y fit remarquer par ses talents d'administrateur. Général de
brigade en 1870, il était divisionnaire en 1875, et, dans ces deux grades, il devint
successivement chef de Cabinet du Ministre, chef d'État-Major général du Ministre,
fonction qu'il conserva trois ans, puis Ministre de la Guerre, membre du Conseil
supérieur de la Guerre et du Comité de défense, sénateur inamovible. Le général
Gresley est de ceux qui ont le plus contribué à la réorganisation de l'armée.

(²) Munier, promotion de 1843, a commandé en chef, de 1886 à 1888, la division
d'occupation de l'Annam et du Tonkin comme général de brigade et comme général
de division.

(³) Capitan, promotion de 1850, tué au Mexique, en 1863, à l'âge de trente-quatre
ans. Il était déjà chef d'escadron, et s'était fait remarquer comme officier d'une valeur exceptionnelle.

préalable vérifié leurs aptitudes. Beaucoup furent de remarquables
topographes, bien peu se distinguèrent dans les travaux géodésiques,
malgré l'admission annuelle de deux ou trois élèves de l'École Polytechnique, que l'on supposait devoir fournir une pléiade d'officiers capables de continuer les traditions des Ingénieurs géographes
pour le rôle scientifique de la Carte. La plupart de ceux-ci se laissèrent
séduire par l'existence plus brillante des États-Majors et ne voulurent point entrer au Dépôt de la Guerre. A vrai dire, ils étaient
peu encouragés à suivre, même momentanément, cette voie. On
répétait partout que la triangulation de la France était presque terminée et que, dès lors, il n'était point nécessaire d'entretenir un
groupe important de géodésiens; il devait suffire, disait-on, d'en
posséder quelques-uns pour achever les travaux de leurs devanciers. Quel avenir pouvait donc être réservé à ceux qui auraient
adopté cette carrière, et doit-on blâmer nos camarades de l'État-
Major de n'y être pas entrés?

C'est ainsi que, peu à peu, au fur et à mesure que les anciens Ingénieurs géographes fusionnés disparaissaient, le rôle scientifique
du Dépôt de la Guerre s'affaiblit de plus en plus; et cela, tandis
qu'à l'étranger la Géodésie se développe, se perfectionne, devient
une science où les Gauss, les Bessel, les Clarke s'élèvent aux plus
hautes conceptions, améliorent les instruments et les méthodes
d'observation, reculent les limites de la précision! La Géodésie est
au moment d'être abandonnée en France, ce pays où elle est née,
qui le premier a mesuré des arcs du méridien, au Pérou, en Lapo-
nie, de Dunkerque à Barcelone, qui a le premier mesuré les arcs de
parallèle, constaté l'égalité de niveau de l'Océan et de la Méditerranée.

Cependant, en 1860, l'Angleterre demande à relier son réseau à
la triangulation française, en jetant quelques triangles au-dessus du
pas de Calais. C'est à grand'peine que le Dépôt de la Guerre put
recruter deux jeunes officiers, les capitaines Beaux et Perrier, pour
les adjoindre au colonel Levret (sorti de l'École en 1820), l'un des
derniers survivants des Ingénieurs géographes, et constituer ainsi
une brigade de géodésiens capables d'entreprendre ce travail. L'opération fut exécutée en double et d'une façon indépendante par les
Anglais et les Français; mais, dans ce tournoi géodésique, nos offi-

ciers furent frappés de l'infériorité de leur service, comme outillage et comme organisation; à dire vrai, ils en furent presque humiliés. Ajoutons cependant que, grâce à leurs efforts persévérants, les résultats de cette opération furent assez satisfaisants.

C'est à ce moment que le capitaine Perrier, qui venait de faire ses débuts de géodésien, entrevit l'œuvre de reconstitution à opérer dans la Géodésie française et résolut de s'y consacrer entièrement.

L'Algérie, pacifiée après trente années d'occupation, offrait un vaste champ d'études; il fallait en commencer la carte régulière et le Dépôt de la Guerre s'en préoccupait. De nombreux officiers y furent employés. Perrier mesura le segment occidental du parallèle d'Alger, tandis que le segment oriental était déterminé par Versigny, et la chaîne complète était achevée en 1869. La Géodésie reprenait ainsi un peu de vitalité, mais les anciennes méthodes survivaient encore. On n'osait les modifier, malgré les progrès réalisés à l'étranger, par respect pour les traditions laissées par les Ingénieurs géographes, ces pères de la Géodésie en France et même en Europe. A force de ténacité cependant, Perrier obtint d'essayer l'emploi du cercle azimutal pendant ses dernières campagnes en Algérie.

C'est en 1869 seulement, sous le ministère du maréchal Niel, qu'une impulsion nouvelle et féconde fut imprimée aux travaux géodésiques. Le Dépôt de la Guerre fut chargé de procéder à la revision de la méridienne de France, en y appliquant toutes les ressources de la Science moderne pour les opérations de haute précision. Perrier avait eu le mérite de provoquer cette entreprise, et les circonstances dans lesquelles il la conçut méritent d'être rapportées.

Tandis qu'il triangulait l'Algérie, dans le voisinage du Maroc, il aperçut à l'œil nu, de diverses stations, la silhouette des montagnes espagnoles, qui se profilaient nettement à l'horizon. Cette visibilité donnait la solution d'un problème autrefois posé par Biot, étudié depuis par Levret et par le colonel Laussedat : celui de la jonction géodésique des deux continents, l'Europe et l'Afrique, par l'Espagne et l'Algérie, en franchissant la Méditerranée. On savait déjà qu'elle était théoriquement possible. Perrier démontra qu'elle était pratiquement réalisable, si l'on savait attendre des conditions atmosphériques favorables et s'aider de puissants signaux lumineux, tels que ceux qui venaient d'être inventés par le colonel du Génie Mangin.

L'Algérie reliée à l'Espagne, c'était le prolongement jusqu'au désert de la méridienne de Delambre et Méchain, et, comme celle-ci était déjà soudée au réseau anglais, on pouvait ainsi constituer une grande chaîne méridienne s'étendant des îles Shetland au Sahara algérien, sur un développement de près de 30° de latitude, presque un tiers de la distance du pôle à l'équateur.

Mais, pour étudier scientifiquement cet arc, il ne suffisait pas d'opérer la jonction de l'Espagne avec l'Algérie; il fallait, de toute nécessité, reprendre la méridienne de Delambre et Méchain, la mesurer à nouveau avec toute la précision que permettent d'atteindre les instruments et les méthodes imaginés par leurs successeurs.

La réalisation de cette œuvre magistrale devait conduire à des résultats d'une haute importance pour la fixation des éléments de l'ellipsoïde terrestre. Le Bureau des Longitudes, conseil éminent pour tout ce qui se rapporte à l'étude du globe, fut frappé de la grandeur de l'entreprise et réussit à en faire décider l'exécution par le Ministre de la Guerre.

De là, tout un programme de travaux importants, qui comprenait la réfection de la méridienne de France, la jonction de l'Espagne avec l'Algérie, la mesure de la méridienne de Laghouat, avec le cortège des nombreuses observations astronomiques et des mesures de l'intensité de la pesanteur, qui sont indispensables pour l'étude d'un arc méridien. Dès 1870, les travaux commencèrent, le matériel d'observation fut renouvelé; de jeunes officiers, anciens élèves de l'École Polytechnique, furent appelés au Dépôt de la Guerre. Une ère nouvelle et féconde commençait; elle s'est poursuivie jusqu'à ce jour et nous avons le ferme espoir qu'elle continuera.

Les œuvres capitales que nous venons d'énumérer sont déjà terminées, mais d'autres surgissent qui en sont la conséquence et le complément : c'est la réfection du parallèle moyen, dont la nouvelle méridienne a révélé l'inexactitude; ce sera ensuite celle du parallèle de Paris, dont le prolongement à l'Étranger constitue un des arcs les plus intéressants de la Géodésie européenne, puis la compensation générale du réseau français; peut-être enfin la revision intégrale de toute notre triangulation, pour la construction d'un cadastre nouveau, dont le besoin se fait vivement sentir.

D'autres opérations encore ont été entreprises, en Algérie et en Tunisie, pour la confection de la Carte régulière au $\frac{1}{50\,000}$. La triangulation de ces pays a été exécutée suivant la même méthode qu'en France. Le territoire se trouve découpé par deux parallèles et quatre méridiennes s'appuyant sur huit bases; puis les quadrilatères interceptés sont remplis par un réseau de premier ordre. Le parallèle du Nord était terminé avant la guerre de 1870; depuis, on a exécuté les quatre méridiennes d'Oran à Aïn-Sefra, d'Alger à Laghouat, de Philippeville à Biskra et de Tunis à Gabès. Le parallèle du Sud s'étendant de Gabès à la frontière du Maroc, près de Figuig, est achevé sur les trois quarts de son développement. Ces travaux importants n'ont pas empêché de poursuivre, en France, des mesures de haute précision sur quelques arcs de méridien et de parallèle, dont les résultats serviront à l'étude de la forme de la Terre. On n'a pas négligé non plus les travaux pratiques de Topographie et de Cartographie. Le Dépôt de la Guerre poursuit le travail de revision de la Carte de France, pour la tenir au courant de l'état des voies de communication et rectifier quelques erreurs de détail qui ont pu s'introduire dans les levés originaux ou dans leur transcription. Une réduction de cette carte a été faite au $\frac{1}{320\,000}$; une autre s'exécute au $\frac{1}{200\,000}$. Enfin, les perfectionnements apportés aux procédés de la gravure, à la lithographie, ont permis de reproduire sur pierre ou sur zinc des cartes livrées à bas prix au public. On a pu ainsi faire des tirages en couleur qui sont très recherchés. L'esprit de précision qui distingue l'École Polytechnique a fait prévaloir aussi l'idée de substituer les courbes de niveau aux hachures pour la représentation du terrain. La France, qui la première avait entrepris la publication d'une Carte générale à grande échelle, s'était vue égalée, dépassée même par d'autres nations qui avaient profité de ses recherches, de ses études. Réalisant à son tour de nouveaux progrès, elle tend à reprendre la première place pour les travaux géographiques.

Mais, pour conserver ce rang que nous disputent tous les peuples de l'Europe et l'Amérique elle-même, un bon recrutement du personnel est indispensable. Le corps d'État-Major, qui avait recueilli la succession des Ingénieurs géographes, a été dissous lui-même en 1880. Une organisation nouvelle a été créée pour assurer le Service de l'État-Major; les officiers, qui le composent, se recrutent à l'École de Guerre et sont brevetés d'État-Major. Le Dépôt de la Guerre, tel qu'il fonctionnait autrefois, n'existe plus; l'établissement chargé d'assurer la confection des cartes nouvelles et la mise à jour des cartes anciennes s'appelle maintenant *Service géographique de l'Armée*. Il ressort de l'État-Major de l'Armée. Son personnel militaire est composé d'officiers de toutes armes, autant que possible d'officiers brevetés, choisis parmi ceux qui font preuve d'aptitude pour les travaux géographiques. Ceux qui sont appelés à faire partie de la Section de Géodésie, et à s'occuper spécialement d'études scientifiques, sont fournis en général par les armes de l'Artillerie et du Génie. C'est donc encore l'École Polytechnique qui entretient le foyer scientifique du Service de la Géographie. Aujourd'hui, grâce au général Perrier, l'impulsion est donnée; le Service géographique de l'Armée française a reconquis tout le prestige qu'avait autrefois possédé le Dépôt de la Guerre et il le conservera sans nul doute, car nos jeunes camarades sauront comprendre les hautes satisfactions morales, que procurent le culte de la science et le sentiment du devoir accompli avec dévouement, souvent même avec abnégation.

NOTICE BIOGRAPHIQUE.

LE GÉNÉRAL PERRIER.

Le général Perrier s'est rendu célèbre par la haute importance de ses travaux géographiques et par l'impulsion qu'il a su imprimer à la Géodésie française, après l'avoir relevée de l'état de dépérissement où elle était tombée depuis la disparition des Ingénieurs géographes (¹).

François Perrier, né à Valleraugue (Gard), le 18 avril 1833, est mort à Montpellier le 19 février 1888. Entré à l'École Polytechnique en 1853, il sortit dans l'État-Major, prit part, comme lieutenant, à l'expédition de 1858 contre le Maroc, puis fut appelé, en 1860, au Dépôt de la Guerre pour être chargé, sous la direction du colonel Levret, le dernier survivant des Ingénieurs géographes, de la jonction géodésique du réseau français avec celui de l'Angleterre. Ce genre de travaux le séduisit et décida sa carrière. De 1862 à 1869, il collabora successivement à la triangulation de la Corse et à celle de l'Algérie, puis mesura les deux bases d'Oran et de Bône pour vérifier le parallèle d'Alger.

Excellent observateur, travailleur infatigable, passionné pour son métier, Perrier devient bientôt le représentant le plus autorisé de la Géodésie au Dépôt de la Guerre. Mais il doit lutter contre l'indifférence de ses chefs pour le développement de son service. Soutenu par des savants tels que Laugier, Villarceau, Le Verrier et M. Faye,

---

(¹) Le portrait du général Perrier se trouve en médaillon p. 277.

patronné par le Bureau des Longitudes, il parvient à renouveler les méthodes et les appareils, à augmenter son personnel et fait décider, en 1869, par le maréchal Niel, ministre de la Guerre, l'exécution d'une vaste opération, la revision de la méridienne de Delambre et Méchain. Cette entreprise le révèle comme un maître : pendant dix ans, il la poursuit sans interruption et en fait une œuvre sans rivale. En même temps, il élargit le cercle des études géodésiques, aborde d'abord les observations astronomiques, complètement négligées au Dépôt de la Guerre depuis plus de quarante ans, puis les mesures de la gravité, qu'on n'avait jamais osé entreprendre dans cet établissement. Sa section devient un foyer des plus actifs, d'où sortent successivement, avec la nouvelle méridienne, des travaux de la plus haute importance : la jonction géodésique et astronomique de l'Algérie avec l'Espagne, la méridienne de Laghouat, des mesures de bases faites avec le nouvel appareil bimétallique de Brunner, de nombreuses déterminations astronomiques de coordonnées géographiques, et enfin une série de mesures de l'intensité de la pesanteur, qui sont appelées à jeter une vive lumière sur le problème tant controversé de la répartition de la pesanteur à la surface du globe; elle fut également chargée de l'une des missions organisées par l'Académie des Sciences pour aller observer le passage de Vénus sur le Soleil, le 6 décembre 1882, celle de Sainte-Augustine en Floride (États-Unis). C'est à l'activité féconde de Perrier que sont dus ces nombreux et intéressants résultats et l'on peut dire, à bon droit, que ce savant officier fut le restaurateur de la Géodésie en France, et ranima l'éclat dont cette science avait brillé dans notre pays.

Une telle rénovation ne pouvait manquer d'attirer sur lui l'attention du monde savant et militaire. Dès 1873, il est nommé membre du Bureau des Longitudes, en remplacement du maréchal Vaillant. Puis il progresse rapidement dans la hiérarchie militaire; il est promu chef d'escadron en 1874, lieutenant-colonel en 1878, colonel en 1883, général en 1887. En 1880, l'Académie des Sciences l'admet dans son sein, comme membre de la section de Géographie et de Navigation, à la suite de la brillante opération entre l'Algérie et l'Espagne, qu'il avait lui-même entièrement préparée et dont le succès contribua à rendre son nom si populaire. Placé, en 1882, à la tête du Dépôt de la Guerre, qui fonctionnait alors comme cinquième bureau de l'État-Major, il obtint sa transformation en direction spéciale et lui fit donner le nom de Service géographique de l'Armée; en même temps, il faisait augmenter les crédits alloués, développait son personnel, accroissait sa production; pendant les six années de son administration, il sut imprimer à cet établissement une telle activité que celui-ci peut maintenant rivaliser avec les établissements similaires de l'Europe.

Pour avoir marqué une si profonde empreinte, le général Perrier avait développé les ressources d'un savoir profond, soutenu par une intelligence vive et par un caractère ardent et tenace; il avait de plus la parole élégante et facile, le cœur chaud et plein d'aménité, l'esprit fin et séduisant. Ces brillantes qualités en avaient fait un homme hors de pair.

Colonel BASSOT.

INFANTERIE ET CAVALERIE.

Les armes spéciales ont vu venir à elles la plupart des élèves de l'École Polytechnique qui ont embrassé la carrière militaire. Toutefois, plus de deux cents d'entre eux ont pris place dans les rangs de l'infanterie ou de la cavalerie, par une préférence personnelle, à défaut de places dans d'autres services, ou enfin par suite d'un changement d'arme au bout de quelques années. Dans ce dernier cas, c'est souvent l'attrait qu'exerçaient sur eux la vie africaine, la création de corps spéciaux à l'Algérie, qui a été la cause déterminante. Parmi ceux de nos camarades qui ont suivi ces carrières exceptionnelles, plusieurs sont parvenus à de hautes destinées ; les corps de l'artillerie et du génie, où ils avaient figuré d'abord, ont revendiqué le droit de les compter dans leurs rangs : tels le maréchal Bosquet, les généraux Marey-Monge, Walsin Esterhazy, Rivet, de Fénélon, Duvivier, Cavaignac, de La Moricière.

D'autres, sans être aussi favorisés par la fortune ou par les talents dont ils étaient doués, ont fait une assez grande figure dans l'armée et se sont signalés par l'étendue de leurs connaissances. Entourés d'un très grand nombre d'officiers sortis de Saint-Cyr, ils n'ont pu exercer dans leurs nouveaux corps une influence prépondérante ; mais, fiers de leur origine, ils se croyaient toujours obligés de donner l'exemple de la bravoure et de l'accomplissement des devoirs. Beaucoup sont morts, frappés à la tête de leurs troupes, avant d'avoir pu laisser de leur passage une trace lumineuse. Il ne reste donc à parler ici que d'un petit nombre d'officiers dont la carrière s'est faite tout entière ou presque tout entière dans l'infanterie et la cavalerie.

Le premier nom qui se présente est celui du général DE WARENGHIEN (Adrien-Lamoral-Jean-Marie), né à Douai le 13 février 1778, qui a fait partie de la première et si brillante promotion de décembre 1794. Dès sa sortie de l'École, le 20 février 1796, il était envoyé, comme sous-lieutenant du génie, à un corps chargé de la défense des côtes, pour passer l'année suivante à l'armée d'Italie. En 1803, il revient au camp de Boulogne et fait avec la grande armée la campagne d'Ulm et d'Austerlitz. Le général Cazals le distingue alors et le prend pour aide de camp, quoiqu'il n'eût guère eu l'occasion de pratiquer le service spécial de son arme; mais il ne tarde pas à l'abandonner d'une manière définitive. Au mois de juillet 1806, le général Dupont, qui jouissait alors d'une très grande réputation militaire, offre de l'attacher à sa fortune. Warenghien saisit avec empressement cette occasion favorable. Il abandonne le Génie, renonce à six ans d'ancienneté du grade de capitaine, pour faire avec ce nouveau chef les campagnes de Prusse et d'Espagne.

Tout lui sourit d'abord, et il est chargé de recevoir à Lubeck la capitulation de la garde royale de Suède. Puis viennent les mauvais jours. Il est à Baylen lorsque le général Dupont, malade et découragé, se résigne à une capitulation désastreuse. Warenghien est dépêché au général Castanos, pour lui signifier qu'elle n'est pas consentie, si elle doit comprendre les troupes du général Vedel. On connaît trop ces douloureux événements, l'impression profonde causée en Europe par cette première défaite de troupes jugées jusqu'alors invincibles. La foi jurée ne fut pas tenue et les malheureuses victimes de Baylen allèrent mourir sur les plages désertes de l'île de Cabrera. La colère de l'empereur fut terrible et s'étendit à tous ceux qui avaient pris une part quelconque aux affaires. Warenghien fut emprisonné à Marseille, puis envoyé en disgrâce dans un régiment de l'armée d'Italie. Il y servit avec distinction et, lorsqu'en 1809 cette armée passa en Allemagne, il se signala aux batailles de Raab et de Wagram.

Séparé de son ancien chef, il le défendit constamment contre des accusations qu'il déclarait mal fondées ; cette fidélité au malheur lui valut la malveillance de l'empereur et des courtisans si nombreux de la fortune. Le maréchal Davout lui-même lui fit une algarade et des menaces dans un dîner d'apparat. Warenghien lui résista avec respect, mais avec une fermeté dont le maréchal ne paraît pas lui avoir su mauvais gré plus tard, car en 1815 il le nomma maréchal de camp provisoire à la défense de Paris. Dans l'intervalle, Warenghien avait fait les campagnes de 1811 à 1813 à l'armée d'Espagne, à la tête d'un régiment de marche qu'il avait organisé; celles de 1813 et 1814 en Allemagne et en France, comme colonel du 48e de ligne. Les Cent Jours l'avaient trouvé en non-activité; il y fut remis, comme colonel, à la paix de 1815, et ne fut rappelé au service qu'en 1820. Maréchal de camp en 1823, il fut retraité en 1838 et mourut, le 27 mars 1842.

Que dire d'une famille dont un membre peut parler ainsi :

Nous étions six du même nom : mon père, officier général, quatre frères et un cousin germain, tous servant dans le corps du génie. Cinq ont été dévorés par la guerre et, pour aller à la recherche de leurs ossements, il me faudrait courir à Saint-Domingue, en Russie et au fond de la Prusse. Je reste seul, ma carrière touche à son terme et je désire que mon nom ne soit pas condamné à un entier oubli. (*Lettre trouvée aux Archives de la Guerre.*)

Celui qui s'exprimait en ces termes, pour solliciter la pairie, était le général THOLOSÉ (Henri-Alexis), né, le 18 juin 1781, à Bouchain, où son père était alors employé comme capitaine du génie. Il entrait à l'École Polytechnique le 21 décembre 1797, en sortait en 1801 seulement, comme sous-lieutenant du génie, et, de même que Warenghien, pour être employé, dans les troupes de l'arme, jusqu'au 15 juillet 1807. Comme son prédécesseur, il abandonna ce corps et son ancienneté de grade pour devenir aide de camp. Mais, plus heureux, il s'attacha à un homme appelé à une plus haute fortune, le maréchal Soult, auprès duquel il servit douze ans et dont il devint le premier aide de camp. Sa carrière, du reste, fut pendant toute cette période

aussi active que brillante. Il avait été décoré à Austerlitz, présent à
Iéna, à l'assaut de Lubeck, aux batailles d'Eylau où il fut blessé,
d'Heilsberg, à la prise de Kœnigsberg. On le retrouve plus tard aux
batailles de Burgos, de la Corogne et du Ferrol en Espagne; de Braga
et de Porto en Portugal; à celle d'Ocana, aux sièges d'Olivenza et de
Badajoz. A la bataille de la Gebora, livrée sous la dernière place,
Tholosé se précipite au milieu d'un bataillon qui formait le carré et
enlève un drapeau. A la bataille d'Albuera enfin, il est atteint de
deux coups de feu et on l'envoie aux eaux pour se guérir. Avec de
tels services, on n'est point surpris de le voir rattraper assez vite
le temps perdu par son changement d'arme et parvenir, dès le mois
de janvier 1814, au grade de colonel.

Au retour de l'empereur en 1815, il reste chez lui d'abord, mais ne
tarde pas à suivre l'armée ou plutôt le maréchal Soult, son ancien
chef. Cette conduite le fait mettre quelque temps à l'écart, puis il est
commissionné colonel d'État-major en 1818, attaché au Dépôt de la
Guerre en décembre 1823 et nommé maréchal de camp, le 22 mai 1825.

Malgré une grande habitude de la conduite des affaires, apprise
aux côtés de son habile maréchal, on ne voit pas bien quels services
pouvait rendre le général Tholosé dans un bureau d'état-major, au
milieu des cartes et des archives, car il était beaucoup plus homme
de guerre qu'homme d'étude ou de cabinet. Il a laissé une grande
réputation d'énergie et d'activité, était très habile à tous les exercices
du corps. Lors de l'expédition d'Alger, en 1830, le général de Bourmont, qui avait pu l'apprécier, le prit pour chef d'état-major; ce fut
un excellent choix, Tholosé étant fort au courant de tous les besoins
d'une armée. Il quitta cette position lors de la prise de commandement du général Clauzel et fut mis à la tête de l'École Polytechnique
le 14 novembre 1831. Il y resta, quoique promu lieutenant-général,
jusqu'à l'émeute qui signala la fin du ministère Molé, en mai 1839.

Il se passa alors un fait regrettable, qui a eu une certaine importance dans les annales de l'École. Depuis la révolution de 1830, il y
régnait assez d'effervescence et l'on y faisait beaucoup de politique.
Lorsque l'émeute du 12 mai 1839 gronda à ses portes, le général
Tholosé, qui avait su gagner l'affection des élèves, détermina plus de
la moitié d'entre eux à s'armer pour en défendre l'entrée. Se conformant alors à un procédé connu, les émeutiers y traînèrent les corps

de deux hommes, frappés dans une rue voisine, par une charge de
cavalerie, et l'on prétendit que les élèves avaient tué à leurs portes
deux personnes inoffensives. L'incident, grossi et dénaturé, fut
répandu par les journaux; les uns s'indignant, les autres félicitant
l'École d'avoir aidé à défendre le gouvernement. Exaspérés, les élèves
insistèrent pour faire rectifier une allégation inexacte et, après avoir
longuement parlementé, le général Tholosé, pour éviter qu'ils ne
sortissent malgré lui, autorisa les sergents-majors à porter une note
rectificative au *Journal des Débats*.

La démarche était incorrecte au point de vue de la discipline et le
général Tholosé fut mis en disponibilité. Plus tard, il fut replacé
comme membre du comité de l'infanterie, eut des inspections générales, mais point de commandements effectifs. Comme beaucoup
d'autres généraux, il fut mis à la retraite d'office après la révolution
de 1848, relevé de la retraite et placé dans le cadre de réserve en 1852,
mais il mourut peu après, à Paris, le 14 mai 1853.

Les noms qui se présentent ensuite sont ceux de moindres personnages. Les généraux Janin, Carré, Guingret, Hecquet, Roguet,
Scherer, ont fait avec distinction les guerres de l'Empire, sans y avoir
joué un rôle important.

JANIN, né à Tours le 10 février 1780, est entré à l'École en 1799,
en est sorti en 1801 dans l'infanterie, pour aller d'abord à l'armée
d'Orient. Il a servi ensuite en Helvétie, en Batavie, au Hanovre,
a fait la campagne d'Austerlitz, s'est signalé à l'assaut de Lubeck,
puis a fait la guerre en Espagne de 1806 à 1814. La Restauration
le plaça en demi-solde, comme colonel. Il reprend du service aux
Cent Jours, reçoit trois coups de sabre sur la tête à Waterloo et
demeure prisonnier des Anglais. A son retour en France, il fait de
nombreuses démarches pour être replacé; toutes sont infructueuses,
malgré les notes très favorables de ses supérieurs et les recommandations pressantes des généraux d'Autichamp et de Clermont-Tonnerre.
Pourquoi celui-ci n'a-t-il pas fait usage de ses pouvoirs comme ministre? On ne le voit pas. Une lettre de sollicitation de Mme Janin
donne à supposer seulement que son mari avait été l'auteur d'un
écrit offensant pour la famille royale. Pendant ses loisirs, il a colla-

boré au *Spectateur militaire*. Ce que l'on sait de lui laisse l'impression d'un vigoureux soldat et d'un officier instruit. Avant d'entrer à l'École, il avait étudié pendant trois ans la Médecine et la Chirurgie. Il fut mis à la retraite en 1829; mais le gouvernement de Juillet le replaça comme colonel, le nomma maréchal de camp en 1831 et lui confia divers commandements. Placé dans le cadre de réserve en 1842, il est mort à Saint-Symphorien, près de Tours, le 10 août 1847.

Entré à l'École Polytechnique en décembre 1805, Eugène CARRÉ en sortait, dès le mois d'octobre suivant, comme sous-lieutenant au 22e de ligne. Il fit avec ce régiment les campagnes de 1806 à 1809 en Allemagne, de 1810 à 1812 en Espagne, de 1813 en Allemagne, et de 1814 en France. Il était alors chef de bataillon. En 1826, il passa avec ce grade dans la garde royale, ce qui lui valut d'être breveté lieutenant-colonel au licenciement de 1830. Colonel en 1832, maréchal de camp en 1839, il commandait, en 1848, une brigade à l'armée de Paris, ce qui le fit mettre en disponibilité après la révolution de Février. Quelques mois plus tard, il fut admis à la retraite sur sa demande. Malgré les éloges qu'il a reçus du général Durutte, des maréchaux Ney et Clauzel, il ne semble pas qu'il y ait lieu de lui consacrer une plus longue notice.

Le général GUINGRET, son camarade de promotion, doit être regardé comme un type accompli de ce que les troupiers appellent un *dur à cuire*, aimant passionnément le métier militaire, la guerre, ses fatigues et ses émotions. Né à Valognes (Manche), le 24 mars 1784, il s'engage au 6e régiment d'artillerie à pied avant sa vingtième année; entre à l'École Polytechnique en 1805 et, l'année suivante, au 6e régiment d'infanterie qu'il rejoint en Allemagne. Il est blessé à Friedland, passe ensuite en Espagne et en Portugal, où il se signale par de nombreuses actions d'éclat et où il reçoit quatre blessures. Quand l'Espagne est évacuée, il combat encore à l'armée des Pyrénées et la paix le trouve chef de bataillon. Disponible en 1815, il ne tarde pas à être replacé dans la légion de la Gironde; fait comme lieutenant-colonel la campagne de 1823 en Espagne et passe avec ce grade dans la garde royale, ce qui lui donne le rang de colonel. La révolution de 1830 le fait mettre en congé. Mais le repos lui est odieux. Un régiment doit aller aux Antilles; il en sollicite le commandement, y reste deux ans et rentre malade en France. On le nomme maréchal de camp en 1837 et il veut justifier cette nomination par de nouveaux services de guerre. Cette fois, c'est en Afrique qu'il fait campagne de 1838 à 1841. Rentré après de nouvelles citations à l'ordre de l'armée, — il en comptait quatre depuis son entrée au service, — il reçoit le commandement d'une brigade à Paris. C'est là que cet homme, qui avait si souvent bravé la mort dans les combats, la vit venir à la suite d'une courte maladie, le 11 décembre 1845.

Le général Hecquet, né à Paris le 10 mai 1787, fut, lui aussi, un engagé volontaire. Il est entré dans l'artillerie à pied, le 3 janvier 1807, et à l'École Polytechnique à la fin de la même année. Sorti au bout de quinze mois sous-lieutenant d'infanterie et appelé à faire campagne dans l'Italie méridionale, il entra, en août 1810, comme lieutenant dans l'armée napolitaine. Lorsqu'en 1814 le roi Murat se joignit aux puissances coalisées contre la France, Hecquet refusa de le suivre; il donna sa démission et courut rejoindre le prince Eugène, qui soutenait une lutte très vive dans la haute Italie. Rallié lors de la paix à la monarchie des Bourbons, il fut détenu au fort Lamalgue pendant les Cent Jours, ce qui lui valut, en 1816, d'être placé dans la garde royale. Licencié en 1830 avec le grade de lieutenant-colonel, il ne fut replacé que deux ans plus tard, mais ne tarda pas à être promu colonel du 63e de ligne, alors en Algérie. Il y fit campagne pendant quatre ans et demi, fut signalé par le maréchal Clauzel pour sa conduite vigoureuse pendant l'expédition de Constantine et revint en France en 1839, avec le grade de maréchal de camp. Promu général de division au mois de juillet 1848, il a rempli des fonctions diverses. Dès l'époque de la Restauration, il s'était occupé de l'habillement des troupes et depuis il a fait partie, comme membre ou comme président, de toutes les commissions qui ont eu à traiter cette importante question. Admis au cadre de réserve en 1852, il est mort très âgé, le 19 avril 1872.

Roguet (Christophe-Michel), fils du général Roguet, comte de l'Empire, est né à San Remo, sur la côte de la Ligurie, le 28 avril 1800. Son père le fit entrer dans la maison impériale, comme page de l'empereur, pendant la courte durée des Cent Jours. En quittant cette position éphémère, le jeune Roguet se livra à un travail assidu, grâce auquel il put entrer à l'âge de seize ans à l'École Polytechnique. Il en sortit sous-lieutenant-élève du Génie et, comme alors l'avancement était très lent, il parcourut péniblement ses premiers grades. Le service de l'arme lui plaisait peu d'ailleurs, et ses chefs trouvaient qu'il avait besoin d'être stimulé. En 1830, il quitta le Génie pour devenir aide de camp de son père, et, à partir de ce moment, sa carrière se dessine. Il est bientôt nommé chef de bataillon, lieutenant-colonel en 1836 et, en 1840, colonel d'un régiment en Algérie, où il fait de nombreuses expéditions jusqu'en 1845. La proposition pour le grade de maréchal de camp, dont il est alors l'objet, ne trouve chez le maréchal Bugeaud qu'une approbation mitigée. Il ne la désapprouve pas, mais attribue à ce candidat moins de titres et de capacité qu'à deux autres. Il est nommé toutefois. Après le coup d'État de 1851, le général Roguet fut promu divisionnaire et aide de camp du président de la République, dont il commanda bientôt la maison militaire, position qu'il a occupée jusqu'à son passage dans la réserve en 1865. Le général Roguet est mort le 24 juillet 1877.

Les généraux dont on vient de parler ont parcouru une carrière distinguée sans doute, mais qui ne présente guère d'incidents remarquables. Tout autre a été celle du général DE MIRANDOL, et aucun officier n'a eu des débuts plus éclatants.

Joseph-Édouard, fils de Louis-Raymond-Joseph, comte de Mirandol, et de Marie-Camille Dubuc, est né à Condat-sur-Vézère (Dordogne), le 31 janvier 1817. Il entre à l'École Polytechnique en 1836, passe à celle d'État-Major, dont il sort, le 14 janvier 1841, pour aller faire son stage comme lieutenant au 15ᵉ régiment d'infanterie légère. Vanité des appréciations d'école! — Classé le 18ᵉ sur 23 élèves sortants, on le note comme ayant une tenue habituellement négligée; il est d'un caractère insouciant et il a peu profité des cours pendant sa seconde année d'École. — Pour qui connaît la prudente réserve des notes d'inspection données aux officiers, celles-ci sont fort graves. Mais le 15ᵉ de ligne est en Algérie, à Mascara, une conquête récente, dont les abords sont incessamment parcourus par les tribus ennemies, qu'appuient les réguliers d'Abd-el-Kader. Mirandol se trouve à un

engagement le 8 avril, tue un ennemi et est cité à l'ordre de la place ;
il l'est de nouveau le 15 et le 30 du même mois, car il se distingue
dans toutes les rencontres. Le 3 octobre, on a une affaire sanglante,
le capitaine d'artillerie de Broïn y est mortellement blessé, et Mirandol, quoique son cheval ait été atteint, ramène ses soldats au feu et
empêche que le corps de cet officier demeure au pouvoir des Arabes.
Le maréchal Bugeaud demande alors que le lieutenant Mirandol
soit décoré, car « il a débuté à Mascara de la manière la plus glorieuse ».

Peu de jours après, la chance tourne. Un détachement, dont il faisait
partie, devait protéger le troupeau de la garnison et faire une reconnaissance. Il est surpris par une embuscade de 200 réguliers rouges d'Abd-
el-Kader. Bien monté, Mirandol aurait pu échapper au danger ; mais
ce n'était pas seulement un brave, c'était aussi un grand cœur. Voyant
un voltigeur entouré par les Arabes, il se précipite à son secours, tue
un officier, en blesse mortellement un autre, reçoit lui-même deux
coups de feu et un coup de yatagan sur la tête, a son cheval tué sous
lui ; il tombe, se relève et combat encore. Mirandol n'avait alors que
vingt-quatre ans ; une taille au-dessous de la moyenne, un teint rosé,
des cheveux blond-cendré, point de barbe encore, tout le faisait paraître bien plus jeune qu'il ne l'était. Surpris de voir tant d'énergie
chez un être d'apparence aussi frêle, les Arabes lui crient de se
rendre, qu'on ne lui fera pas de mal et, comme il n'entend rien, ils
l'entourent, cherchent à l'étourdir à coups de crosse sur la tête,
jusqu'à ce qu'il tombe enfin, évanoui et couvert de sang.

Alors commença pour lui une affreuse captivité. Non que les vainqueurs aient eu l'intention de le maltraiter. Abd-el-Kader était
capable d'apprécier l'héroïsme ; il s'attacha à son prisonnier, prescrivit de le bien traiter et proposa même de lui rendre la liberté par
échange. C'est Mirandol lui-même qui s'y opposa, qui refusa toute
faveur, tout bien-être, dont n'auraient pas profité ses compagnons de
souffrance. Il n'était pas seul en effet : un certain nombre de soldats
avaient été pris avec lui ou dans d'autres circonstances. Il se constitua
leur chef, leur défenseur et eut l'audace de traiter d'égal à égal ou
même comme un supérieur avec les khalifas de l'Émir. Traquées et
poursuivies sans relâche par le général de La Moricière, les tribus,
chez lesquelles étaient internés les prisonniers, subissaient, elles aussi,

les plus dures privations. Repoussées du Tell sur les hauts plateaux, des hauts plateaux dans le désert, elles perdaient leurs réserves de grains, leurs troupeaux, leur faible mobilier, tentes, couvertures, vêtements de rechange. La faim les talonnait souvent et les prisonniers étaient encore plus malheureux que leurs gardiens. Le général de Mirandol n'aimait pas, même dans l'intimité, rappeler les pénibles souvenirs d'une captivité où plusieurs de ses compagnons ont péri de misère. On a su cependant qu'une fois il avait erré en vain toute une nuit, avec deux d'entre eux, pour chercher le corps d'un Arabe décapité dans la journée, à la suite de quelque crime. Les archives de la Guerre conservent une lettre adressée, le 30 avril 1852, au maréchal de Saint-Arnaud, où il relate dans quelles circonstances lui et ses compagnons furent mis en liberté sans échange, à la suite d'une pointe du général de La Moricière sur Tegdempt, où ils se trouvaient alors. On les avait entraînés dans le désert par une marche de nuit; dépourvus de moyens de transport, les Arabes chargèrent leurs prisonniers, battant, tuant même ceux qui ne pouvaient ou ne voulaient les suivre. Au matin, il en manquait douze. Mirandol alla trouver le khalifa, le menaça d'une plainte à l'Émir et obtint quelques adoucissements. Les prisonniers ne furent plus chargés, mais des bagages durent être délaissés en route. A la suite de cette affaire, Abd-el-Kader offrit de nouveau la liberté à Mirandol, qui refusa de partir seul; dans l'impossibilité de nourrir les prisonniers, l'Émir se décida enfin à les renvoyer sans échange. Mirandol devint libre avec ses compagnons d'infortune le 14 mai 1842.

Après un court séjour en France, il retourna en Algérie, devint officier de spahis et fut de nouveau cité par le général d'Arbouville pour sa conduite au combat livré, le 18 juin 1845, à Ben-Salem et aux Ouled-el-Aziz. Le 7 octobre suivant, il fut atteint d'un coup de feu à la cuisse droite. Le duc d'Aumale, nommé gouverneur de l'Algérie, le choisit comme officier d'ordonnance.

Rentré en France en 1850, Mirandol revient en Afrique pendant les années 1853 et 1854, fait la campagne d'Italie en 1859, celle du Mexique en 1862 et 1863, et, partout, il se signale par son énergie et la vigueur des charges de cavalerie qu'il dirige. Tous ses grades furent la récompense d'actions d'éclat et il revint du Mexique général de division. Sa santé était fort ébranlée par la fatigue de si nombreuses campagnes. Il souffrait souvent de maux de tête depuis qu'il avait été si cruellement frappé, lors de sa captivité. La maladie triompha enfin de sa résistance et il mourut à Paris, le 20 mars 1870, trop heureux de n'avoir pas assisté aux désastres qu'allait subir cette France, qu'il avait tant aimée et si glorieusement servie.

Plusieurs officiers, appelés à servir jeunes en Algérie, ont été séduits par les charmes de la vie libre et toute d'aventures qu'on y menait pendant la conquête. Ils se sont adonnés à l'étude de la langue et des mœurs du pays, se sont attachés à son administration et à diriger les indigènes dans la voie nouvelle, où les entraînait notre civilisation. Il leur était ainsi difficile de poursuivre leur carrière dans les armes spéciales, comme l'ont fait cependant le général Hanoteau et le commandant Richard, longtemps chef du bureau arabe d'Orléansville. La plupart ont profité de la création de corps indigènes pour changer d'arme et l'on a parlé ailleurs des plus célèbres de ceux qui ont conservé une attache avec leurs anciens corps. Parmi ceux qui s'en sont complètement séparés pour passer dans les services arabes ou l'infanterie, on peut citer les généraux Péchot et Arnaudeau.

Péchot (Julien-Charles), né le 20 septembre 1820, à Rennes, est entré à l'École en 1838 et a quitté les écoles en 1842. Dès l'année suivante, il était envoyé en Algérie, qu'il n'a quittée jusqu'en 1870 que pendant une courte période, pour commander en France le 12ᵉ régiment d'infanterie de ligne. Quittant de bonne heure le service du Génie pour s'attacher à l'étude de la langue et des institutions des pays arabes et kabyles, Péchot rendit de très grands services à l'administration de la province d'Alger par sa capacité, sa justesse d'esprit et une activité qui embrassait tout. Il a été l'un des fondateurs du journal officiel arabe le *Mobacher*, a réuni la plupart des documents qui ont servi à préparer les expéditions de Kabylie. Le maréchal Randon, dans un de ses rapports, l'appelait l'homme nécessaire de la province d'Alger. Quand la Kabylie fut conquise, on lui confia longtemps le commandement des cercles de Tizi-Ouzou, de Fort-Napoléon, puis de la subdivision d'Aumale. Ces occupations si multipliées ne le distrayaient pas du service militaire. Il a commandé un bataillon de tirailleurs indigènes, a eu un cheval tué sous lui au combat du 19 juin 1849 contre les Guechtoula et mérité plusieurs citations à l'ordre de l'armée.

Le 12 août 1866, il recevait les étoiles de général de brigade (il n'avait pas encore quarante-six ans) et peu après on lui confiait le commandement de l'importante subdivision de Tlemcen, qu'il garda jusqu'en 1870. Rentré en France pour soigner sa santé, il fut nommé, lors de la guerre, au commandement de la 1re brigade de la 1re division du 6e corps, sous les ordres du maréchal Canrobert, et il se distingua à la bataille de Saint-Privat par une habile manœuvre qui a été signalée par les divers historiens de cette campagne. On le proposait alors pour le grade de général de division, mais il subit le sort fatal de l'armée de Metz. Revenu de captivité le 30 mars 1871, il était mis, dès le lendemain, à la tête d'une brigade de l'armée qui assiégeait Paris; le 7 avril, il était tué à Neuilly, la cuisse emportée par un obus et les vêtements percés de 7 trous de balle.

Il avait été fait chevalier de la Légion d'honneur à vingt-six ans, officier à trente-deux et commandeur à quarante-trois.

Le général ARNAUDEAU, entré à l'École en 1841, n'a fait, comme Péchot, que traverser le Génie pour s'attacher à l'administration arabe. Comme lui aussi, il y a fourni une carrière honorable, a servi dans les corps indigènes et s'est distingué dans plusieurs expéditions; mais il a séjourné moins longtemps en Algérie. Revenu en France, il a été placé dans divers régiments d'infanterie, puis auprès de l'Empereur comme officier d'ordonnance. La guerre de 1870 l'a trouvé commandant une brigade d'infanterie à Metz. Il est mort à Paris, en 1891, général de division et sénateur pour le département de la Vienne.

CORNAT (Auguste-Victor-Cassiodore), né, le 28 février 1824, à Sailly-sur-la-Lys (Pas-de-Calais), est entré à l'École en 1843. Sorti dans la cavalerie, faute de places dans les armes spéciales, il s'est attaché avec ardeur à l'équitation, a passé deux années à l'École de Saumur, d'où il est sorti le premier sur 45 élèves. Il y est retourné plus tard, comme officier d'instruction, et a été classé le second sur 23. Ces succès lui valurent un avancement rapide, justifié d'ailleurs par de nombreux services de guerre. Du 18 juin 1852 au 14 novembre 1864, il est sans cesse en campagne : en Afrique d'abord, puis en Crimée, en Algérie de nouveau, puis au Mexique, où il se signale dans de brillants combats, qui le font mettre trois fois à l'ordre de l'armée. La guerre de 1870 le trouve colonel du 4ᵉ régiment de dragons, à Metz, et le 31 août 1870 il enlève avec sa troupe le village de Coincy. Pendant la lutte contre la Commune, il commande le 4ᵉ dragons et le 4ᵉ régiment de marche réunis et c'est à leur tête qu'il prend les Hautes-Bruyères, le village et le fort d'Ivry, auquel l'explosion d'une poudrière a ouvert une brèche.

Pendant les années qui suivirent, Cornat a obtenu tous les honneurs qui peuvent être accordés à un militaire. Il a commandé successivement le 4ᵉ corps d'armée au Mans et le 3ᵉ à Rouen. Admis à la retraite par limite d'âge, il est mort à Penhars (Finistère), le 17 septembre 1891.

Donnons enfin un souvenir à la mémoire d'un officier dont la mort a tranché prématurément les destinées. AYNÈS (Jean-Claude), né le 5 février 1829, n'avait point annoncé d'abord ce qu'il pourrait devenir. Entré dans l'infanterie en 1850, après deux années d'École, faute de places dans les armes spéciales, il était noté tout de suite comme un bon officier, mais faisait la campagne d'Orient, le siège presque entier de Sébastopol, sans franchir le grade de lieutenant. La campagne d'Italie, en 1859, ne lui valait non plus que des appréciations avantageuses. Comme on lui reconnaissait des connaissances théoriques étendues, de la facilité de rédaction, on l'attacha en qualité de secrétaire aux commissions chargées de reviser les règlements sur les manœuvres d'infanterie. Après vingt-quatre ans de services et plusieurs campagnes, il n'était que major au 24ᵉ de ligne, à Cambrai, lorsque éclata la guerre de 1870. Cette situation semblait le condamner au repos. Il n'en fut rien. Lorsque le sort de la guerre eut privé la France de la majeure partie des cadres de l'armée, Aynès se signala par son activité à organiser des formations nouvelles. Appelé à commander, comme lieutenant-colonel, un régiment de marche, comme colonel une brigade de l'armée du Nord, il se montra à la hauteur de ces difficiles fonctions, apte à faire plus encore. Il joignait à une grande énergie un véritable coup d'œil militaire; il avait l'étoffe d'un chef, sachant combattre lui-même et diriger les autres. Son dévouement à la France, il l'a prouvé en mourant pour elle à la bataille de Saint-Quentin, le 19 janvier 1871. Et ce jour-là, l'armée a fait une perte difficilement réparable, car Aynès était un militaire d'un très grand avenir.

Général Cosseron de Villenoisy.

OFFICIERS DE VAISSEAU.

L'École Polytechnique n'a été autorisée à fournir des élèves à la Marine qu'à partir de 1800; cette décision, suspendue dès 1804, a été formulée à nouveau en 1822, et, depuis cette date, chaque année des élèves sortis de notre École sont entrés dans le corps des officiers de vaisseau. Il y a eu, en tout, 71 promotions comprenant 317 marins, qui ont donné douze contre-amiraux ou vice-amiraux et un amiral de France. Je ne sais si cette proportion d'officiers généraux est celle qui revient au nombre des élèves qui, en sortant de l'École, ont changé d'élément, mais je ne me rappelle pas qu'au moment où nous choisissions nos carrières, la statistique de l'avancement pesât d'un grand poids sur nos déterminations.

A l'âge heureux où nous étions, quand nous portions nos vues sur tel service public plutôt que sur tel autre, nous étions surtout guidés par l'idée que le premier satisfaisait mieux que le second nos goûts et répondait davantage à nos aptitudes.

Or, la Marine est bien faite pour attirer les élèves qui sortent de

l'École Polytechnique : aux voyages, aux explorations, à une grande
activité en temps de paix comme en temps de guerre, elle associe,
pour les besoins de sa spécialité militaire ou technique, la plupart des
sciences : l'Astronomie, l'Artillerie et les diverses branches de l'art
de l'ingénieur. On peut certainement affirmer que, de tous les services publics, la Marine est celui qui exige les connaissances les plus
étendues et les plus variées; aussi l'idée de donner une communauté
d'origine à tous les serviteurs de l'État, auxquels on demande de fortes
études scientifiques, devait-elle amener à ajouter des polytechniciens
à son recrutement.

Le Code qui règle les relations des élèves de l'École Polytechnique entre eux les prépare, d'ailleurs, admirablement à la vie commune.

Une grande liberté de rapports, tempérée par la mutualité des
égards, sert de point d'appui à une camaraderie qui n'exclut pas l'é-
mulation. C'est un grand avantage pour les jeunes polytechniciens
que de débuter en se trouvant les *camarades* de tous leurs anciens,
et cette tradition leur permet de se rendre très utiles, en servant de
liens entre leur propre corps et ceux auxquels il recourt constamment
pour ses moyens d'action.

Entrés plus tard que les autres dans la vie maritime, les polytechniciens y ont peut-être des débuts plus difficiles, mais si, comme c'est
le cas général, la surprise de l'initiation est facilitée par un accueil
bienveillant, ils ont de grandes chances de conserver longtemps le
goût et les espérances qui ont déterminé leur choix.

En ce moment, sur 71 promotions ayant fourni des marins, la plus
ancienne de celles qui sont encore représentées et à laquelle appartient
notre doyen, M. le contre-amiral Parrayon (jadis capitaine de pavillon de l'amiral Courbet, en Chine), remonte à l'année 1854.

Il est difficile de parler des officiers qui sont dans les cadres : les
morts seuls peuvent être dignement loués. Nous devons placer ici, en
première ligne, ceux qui ont été tués à l'ennemi, comme Martin,
Boysson, Magouet de la Magouërie, puis Butte, si aimé de ceux qui
l'ont connu, succombant loin des siens, victime de l'ardeur avec
laquelle il affrontait les fatigues de la profession.

Avant ceux-ci, qui appartiennent à notre génération, la nomenclature des élèves ayant marqué dans la Marine comprend tout d'abord

ceux dont la fortune a favorisé la carrière, les amiraux Cosmao-Duma-
noir, sorti en 1800, de Bougainville (1801), de Chabannes (1825),
Chopart (1827), si célèbre comme tacticien ; Rigault de Genouilly
(1827), Page (1827), Laffon de Ladébat (1828), Poucques d'Her-
binghem (1828), Coupvent-Desbois (1832), qui a été l'un des compagnons de Dumont d'Urville ; Bonnard (1833), le premier gouverneur
de la Cochinchine, et, enfin, l'amiral Courbet (1849).

A côté de ceux qui ont gagné la tête de l'Annuaire, on peut citer des
noms moins connus, mais qui ont cependant une certaine renommée :
les commandants Bérard, Belvèze, de Rocquemaurel, Martin, type de
désintéressement, décédé à la Vera-Cruz ; Bravais, de l'Académie des
Sciences, Gerrier, Doudart de Lagrée et son ami Requin, d'un courage
et d'un esprit si communicatifs. Tous ont honoré par leurs services,
par leurs travaux, l'École qui les avait donnés et le corps qui les avait
accueillis. Nous nous bornons à choisir, dans cette liste, trois noms
qui nous paraissent plus particulièrement désignés pour servir
d'exemple : Doudart de Lagrée ; Rigault de Genouilly ; Courbet.

DOUDART DE LAGRÉE.

La plupart des hommes qui ont marqué dans l'histoire ont contraint la destinée à ne pas laisser sans occasions d'emploi les qualités
qu'ils sentaient en eux. D'autres, au contraire, dédaigneux de la part
d'estime que le succès vaut au mérite, ont abandonné aux circonstances le soin de les faire ou non sortir de l'obscurité. Pas un plus que
M. le commandant Doudart de Lagrée n'a eu droit au titre de modeste
et de sage. D'une intelligence ouverte et ornée, d'un caractère que
rien ne pouvait atteindre, d'un esprit plein de charme, d'un cœur
toujours haut, il avait conquis la sympathie de ceux qui l'avaient eu
pour compagnon ou pour chef, bien avant que les circonstances lui
eussent permis de montrer tout ce que sa bonne humeur cultivée et
souriante renfermait de force et de vigueur morale.

Sorti de l'École Polytechnique en 1845, le jeune Doudart de
Lagrée, après une campagne à La Plata, fut embarqué dans l'escadre
de la Méditerranée où, depuis l'amiral Lalande, se faisait la véritable
préparation de la Marine à la Guerre. Très rapidement sa supériorité

se manifesta aussi bien par les résultats qu'il obtenait que par l'ascendant qu'il exerçait sur ses camarades.

Après avoir pris à la guerre de Crimée une part active et brillante, il fut retenu quelques années par le service ordinaire, jusqu'au moment où il obtint de partir pour la Cochinchine, alors récemment occupée. Il y était depuis peu, quand il fut désigné comme commissaire du gouvernement français près du roi de Cambodge.

Nous avions grand intérêt à attacher à notre cause, sans recourir à une conquête, ce royaume qui prolongeait jusqu'à Siam le territoire de la Basse-Cochinchine, mais il fallait beaucoup d'intelligence et de tact, pour ne pas froisser des mœurs peu connues et faire accepter une suzeraineté, dont le point d'appui était séparé du siège de nos forces par des territoires restés au pouvoir d'un adversaire impatient.

De Lagrée réussit à merveille dans cette mission délicate; il sut inspirer au Roi, ainsi qu'à son peuple, une confiance qui établit notre ascendant. Jamais les ressources de son esprit ne furent plus utiles ni mieux appréciées, car il parvint à proscrire l'ennui d'une vie monotone et à faire oublier à ceux qui vivaient à côté de lui deux années passées sans incidents dans la modeste demeure de Cumpong-Luong, à 300 lieues de Saïgon, sous un climat épuisant.

L'activité de sa nature ne lui permit pas de demeurer indifférent à l'histoire du pays, où les circonstances l'avaient conduit. En présence des monuments indéchiffrés d'Angkor, il poursuivit les travaux de Mouhot et le passé des anciens occupants du pays siamois sortit de ses études.

Cependant il ne laissait pas que de s'intéresser à un projet d'exploration présenté par d'autres officiers, ayant pour objectif de franchir le massif indo-chinois et de passer du bassin du Mékong à celui d'un des grands fleuves de Chine. Consulté fréquemment par ceux que tentait ce voyage hardi, il finit par se joindre à eux malgré son état de santé. Il avait été séduit par les problèmes à résoudre dans cette entreprise, ainsi que par les avantages à en tirer pour la colonie et la métropole.

Quand la Commission quitta Saïgon, sous la conduite de M. de Lagrée, au mois de juin 1866, toute la Cochinchine la suivit de ses vœux. Elle revint au commencement de 1868, mais elle n'était plus au complet, le commandant de Lagrée avait succombé, le 12 mars, sur le versant oriental de la chaîne à traverser : sa tâche était remplie, il ne manquait qu'au triomphe.

En juillet, la ville de Saïgon tout entière lui rendait les derniers honneurs. Plus tard, la Société de Géographie attribua à son exploration sa plus haute récompense, une grande médaille d'or.

A nous de conserver sa mémoire comme celle d'un homme de bien, modèle de force morale, et ayant exercé une influence réconfortante sur ceux qui l'entouraient.

RIGAULT DE GENOUILLY.

L'amiral Rigault de Genouilly s'est senti, dès son entrée dans la carrière, fait pour le commandement, et nul n'y contredisait : il était de ceux qui en sont dignes par leur façon d'en accepter les responsabilités et d'en remplir les obligations.

Fils d'un polytechnicien, le futur amiral fut assez favorisé pour débuter dans la Marine, en 1827, sous les ordres du capitaine de vaisseau Lalande, qui s'efforçait de faire profiter nos institutions maritimes de l'expérience des dernières guerres.

La France n'avait alors sur mer qu'un ennemi auquel elle ne cédait qu'en préparation et, pour un aspirant, il n'y avait pas de meilleur apprentissage que celui de la *Fleur-de-Lys*, où la précision de la manœuvre comme celle du tir étaient l'objet d'études incessantes. Rigault de Genouilly apprit là ce qu'on peut demander aux hommes, quand on a développé leurs ressources par l'exercice, groupé leurs efforts par la discipline, entraîné leurs cœurs par l'exemple.

Dans le Levant, à la conquête d'Alger, sur le vaisseau *Canonnier*, et enfin, quand il eut lui-même à commander et que d'un brick il passa, en 1844, sur la *Victorieuse*, destinée aux mers de Chine, partout il recueillit le fruit de ces premières leçons.

A cette époque, une campagne dans les mers de Chine était une campagne tout à fait lointaine, pleine d'inconnu aussi bien pour le marin que pour le diplomate. Le commandant Rigault de Genouilly affronta délibérément tous les dangers, remplit habilement toutes les missions et sut se faire remarquer, lors du bombardement de Tourane.

Une catastrophe interrompit la carrière de la *Victorieuse*, qui se

perdit avec la frégate amirale la *Gloire* en parcourant les côtes de
Corée, parages encore peu explorés. Ce fut un malheur si vaillamment supporté, il fallut tant d'efforts pour sauver l'équipage et le
témoignage de l'amiral fut si favorable à la conduite du commandant
de la *Victorieuse,* que le grade de capitaine de vaisseau lui fut donné
en juillet 1848.

Peu après, Rigault de Genouilly était désigné pour commander le
Charlemagne, notre premier vaisseau à hélice. Il se montra à la
hauteur de conditions professionnelles toutes nouvelles et ne quitta ce
bâtiment que pour devenir, au moment de la guerre de Crimée, capitaine de pavillon de l'amiral Hamelin sur la *Ville-de-Paris.* C'était
une marque de confiance qui lui valut bientôt l'honneur de prendre
le commandement des marins débarqués pour concourir aux opérations du siège. La Marine est fière, à juste titre, de la part qu'elle a
prise à cette campagne et le commandant Rigault de Genouilly pouvait être fier, de son côté, d'avoir été appelé à commander de si braves
gens. Il fut récompensé de ses services par le grade de contre-amiral
et par la croix de grand-officier.

Sa destinée le ramena à bord de la *Néréide,* dans les mers de Chine,
dont la mission se transforma bientôt en campagne de guerre. Il
appartint à l'amiral Rigault de combattre l'hostilité de la cour de Hué,
qu'il menaça d'abord, comme autrefois, et qu'il fit céder en lui enlevant la Basse-Cochinchine et Saïgon.

Au cours de cette conquête, il reçut les étoiles de vice-amiral.

Dans ce nouveau grade, il rendit encore de brillants services, soit
à Paris dans les Conseils de la Marine, soit sur mer, comme commandant en chef de l'escadre d'évolutions.

Il fut élevé à la dignité d'amiral de France en 1864 et appelé au
Ministère, le 20 janvier 1867.

Comme ministre, il succédait à un réformateur dont il continua les
errements et son action se fit sentir surtout dans la direction du personnel à tous les degrés; c'est sans doute parce qu'il partageait les préoccupations de l'amiral Lalande qu'il institua les canonniers vétérans.

Pendant qu'il s'occupait de la Marine, avec le concours de Dupuy
de Lôme et du général Frébault, la déclaration de guerre de 1870 le
surprit comme un coup de foudre.

Bien que sa responsabilité ne fût pas engagée dans les désastres qui

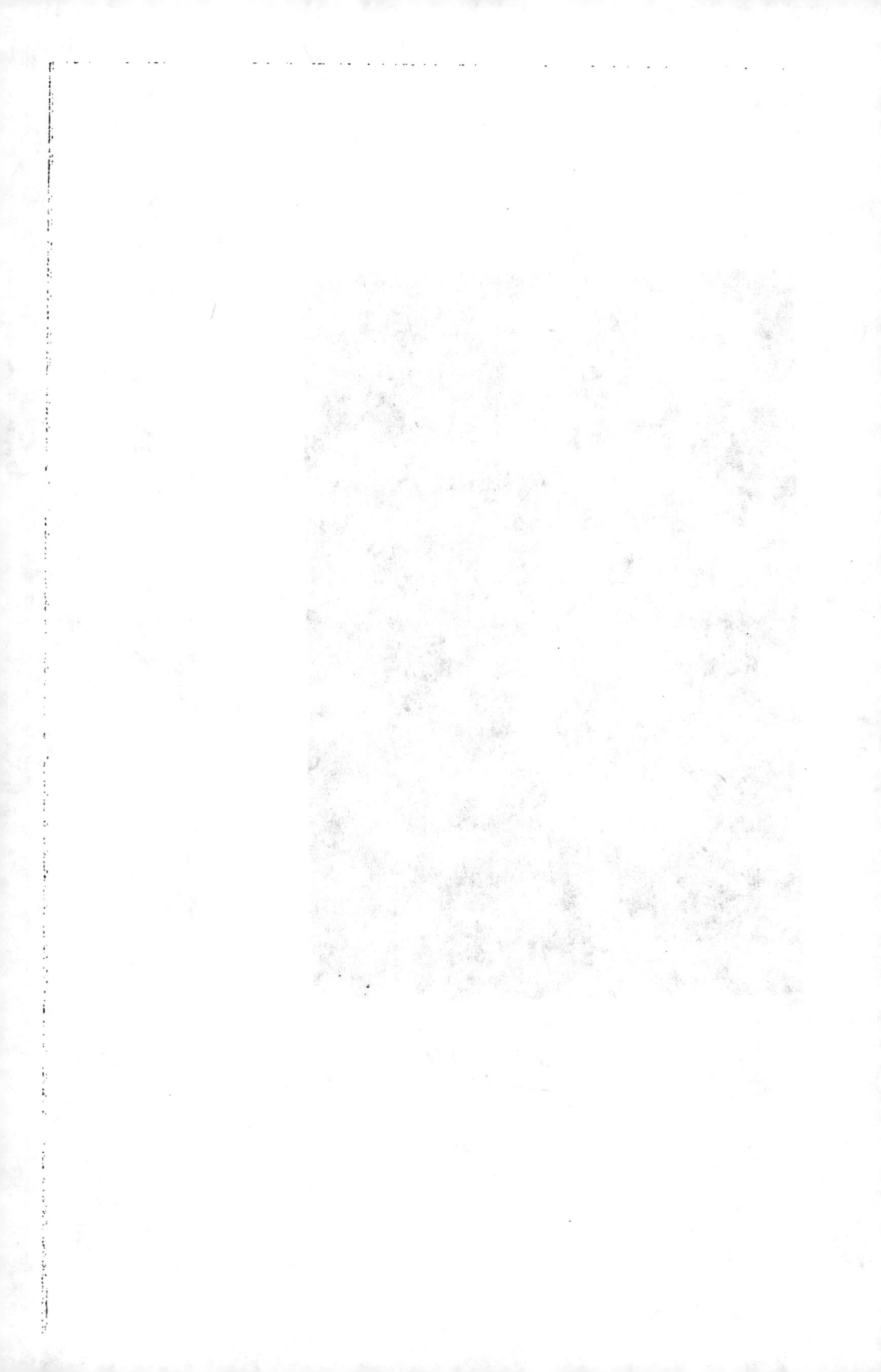

survinrent, il crut de sa dignité de résigner ses fonctions au changement de gouvernement.

L'amiral Rigault de Genouilly mourut en 1873. D'aspirations élevées, de conduite noble, il a dû tous ses grades à des responsabilités vaillamment affrontées et il a laissé dans la Marine la réputation d'un grand chef.

COURBET.

C'est encore dans les mers de Chine que la gloire de l'amiral Courbet a eu son principal théâtre.

Né à Abbeville, le 26 juin 1827, Courbet fit partie de la promotion qui vécut au milieu des troubles de la Révolution de 1848 ; il y fut mêlé comme beaucoup de ses camarades, mais il avait oublié ses rêveries, quand il entra dans la Marine. Il débuta par un embarquement de quatre ans et demi dans les mers de Chine sur la corvette la *Capricieuse,* sous les ordres d'un admirable professeur de marine militaire, le commandant de Rocquemaurel, sorti aussi de l'École Polytechnique et que l'amiral du Petit-Thouars reconnaissait pour son maître.

Courbet revint de Chine, pourvu de l'expérience que donne la pratique de la mer ; ses facultés de travail et de réflexion n'avaient fait que se développer au contact des réalités. Il le prouva en contribuant, après un échouage, à la réparation du brick *l'Olivier* qu'il fallut abattre en carène ; il le prouva aussi dans l'étude persévérante des questions d'artillerie et de tactique. Bref, sa réputation d'officier complet était faite, quand, après avoir commandé le *Talisman* aux Antilles, la *Savoie* en escadre, l'école des torpilles, occupé deux ans le poste de chef d'état-major de l'escadre, gouverné la Nouvelle-Calédonie, il partit en 1883 avec le grade de contre-amiral, qu'il avait depuis le 18 septembre 1880, pour prendre le commandement en chef des forces françaises dans l'Extrême-Orient.

C'est alors qu'apparurent dans tout leur éclat les qualités de prévoyance dans la préparation, de clarté dans les ordres, de volonté dans l'exécution, qui distinguent les grands capitaines.

Vainqueur à Hué et à Son-Tay, il quitta le Tonkin en février 1884 pour continuer la guerre par des opérations tantôt exclusivement maritimes, tantôt combinées avec les actions à terre.

S'il sortit en combattant de la rivière Min et prit les Pescadores, il bloqua aussi et attaqua la flotte chinoise avec une audace que peuvent seuls apprécier ceux qui connaissent ces parages, et poursuivit sans trêve la tâche prescrite d'occuper Formose.

Dans cette croisière incessante, interrompue par des faits d'armes, il se montra homme de mer consommé et chef irréprochable. Rien de ce qui a trait à la Marine moderne ne lui était étranger, de sorte que, sous sa direction, le matériel était toujours prêt; quant au personnel, la bonté confiante que lui témoignait Courbet gagnait les cœurs et haussait toutes les bonnes volontés au niveau des exigences de la situation. Ses victoires sont connues, leurs dates sont dans nos éphémérides, mais son plus beau titre à l'admiration, c'est d'avoir conservé son escadre en état pendant une campagne d'hiver dans ces mers dures et dangereuses et d'avoir soutenu jusqu'au bout le moral de ceux dont il réclamait tant d'efforts.

Le seul regret vient de ce qu'il ne sut pas se ménager; la maladie n'épargnait pas ses hommes, il allait au-devant d'elle par sa sollicitude constante pour ceux qu'elle frappait, et c'est pour s'être prodigué, qu'il fut atteint et succomba le 11 juin 1885, en rade de Makung (Pescadores). La France entière s'associa au deuil si douloureusement éprouvé par l'escadre et les troupes qu'il venait de commander.

Les trois marins dont la vie vient d'être esquissée ont servi le pays, en l'illustrant, dans des voies différentes. La Marine ne manque pas de modèles à offrir, mais les jeunes polytechniciens peuvent choisir ceux dont nous avons donné la biographie, parce que l'on y trouve l'âme de nos grands capitaines.

COURREJOLLES.

INTENDANCE MILITAIRE.

L'Intendance militaire avant la loi du 16 mars 1882. — Depuis que le corps de l'Intendance se recrute exclusivement parmi les officiers de toutes armes, du grade de capitaine au moins, c'est-à-dire depuis 1822, ce corps a compté dans ses rangs un grand nombre d'anciens élèves de l'École Polytechnique. Beaucoup d'entre eux sont parvenus au sommet de la hiérarchie administrative de l'armée. On peut en indiquer les raisons.

L'administration des armées est une importante institution militaire; elle est aussi ancienne que les armées permanentes. Elle a suivi leurs développements, s'est compliquée avec leurs grands effectifs, avec les habitudes de bien-être des populations, et surtout avec l'obligation, acceptée par les monarchies constitutionnelles, de rendre compte de toutes les dépenses militaires.

Il y avait autrefois dans les armées royales :

Un Intendant, ordonnateur des dépenses,

Des Commissaires des guerres, *inspecteurs* des troupes,

Un Munitionnaire général, entrepreneur de tous les besoins.

Jusqu'à la Révolution française, les commissaires des guerres n'ont été que des contrôleurs royaux; cela suffit pour expliquer les résistances qu'ils rencontrèrent, surtout chez les maréchaux de France et les lieutenants-généraux des armées royales, qui étaient en même temps les plus grands seigneurs du Royaume.

Un édit de 1356 fait mention pour la première fois des commissaires des guerres.

En 1445, sous Charles VII, Mathieu de Coucy définit ainsi leur mission :

D'autre part, il y avait certains autres officiers, commis exprès par le Roi, qui voyaient les gens de guerre, en leurs habillements, passer aux monstres (revues) assez souvent, afin qu'ils s'y entretinssent comme il appartient, sans vendre leurs chevaux et harnais.

Les premières armées royales se formaient par la réunion des contingents amenés par les grands vassaux ; alors le Roi les prenait à sa solde, mais il ne tarda pas à reconnaître qu'on lui faisait payer des hommes de paille et des chevaux fictifs.

Le Roi voulut faire compter les hommes qu'il payait ; on imagina les passe-volants, ou faux soldats amenés pour la circonstance. Il donna alors au commissaire des guerres l'ordre de *casser aux gages* les manquants, et de *faire pendre* les passe-volants.

Les chefs militaires eux-mêmes furent punis, et ils prirent en grippe les commissaires des guerres, *contrôleurs malencontreux.*

Bientôt il fallut poursuivre d'autres fraudes. On présentait comme soldats des gens âgés ou infirmes, d'autres hâves, déguenillés, qui n'avaient ni les uniformes ni les harnachements exigés, ni les armes prescrites, qui montaient des rosses incapables de tout service ; il fallut faire pénétrer le commissaire dans tous les détails de l'habillement, de l'équipement, de l'armement, et même de la capacité militaire.

A cette époque, les commissaires des guerres étaient, en général, roturiers, et dès lors la séparation du commandement et de l'administration se présenta, dans nos armées, non seulement comme fonctions, mais comme castes : aux nobles demeura le commandement, *par droit de naissance ;* aux roturiers l'administration et le contrôle, par droit de revendication royale.

La dénomination officielle donnée aux commissaires était : *Commissaires du Roi pour les guerres,* d'où l'on fit, par abréviation : *Commissaires des guerres.*

Dès que la guerre était résolue, le Roi nommait l'intendant de son armée, qui était habituellement l'intendant de l'une des provinces voisines du théâtre des opérations. Cet intendant avait sous ses ordres le nombre de commissaires des guerres nécessaire pour surveiller toutes les parties du service.

La Révolution française changea les personnes et maintint, en grande partie, les pouvoirs des commissaires des guerres.

La loi du 21 septembre 1791 conserva même aux ordonnateurs leur titre de *grands-juges militaires* et aux autres, sous le nom d'auditeurs, les fonctions du ministère public.

Deux lois, des 28 nivôse et 16 ventôse an III, qui n'en font qu'une, réglèrent les attributions administratives des commissaires et les étendirent encore, en faisant intervenir ces officiers de plus en plus dans la *direction* des services. C'était la conséquence forcée de la suppression des munitionnaires généraux et des entreprises d'armée. L'État n'avait plus alors assez de crédit pour trouver des munitionnaires.

Le premier consul Bonaparte, blessé de ne pas conquérir à première vue la confiance des financiers peu nombreux de cette époque (voir les *Mémoires d'Ouvrard*), formula en ces termes son opinion sur l'administration des armées :

Je ne veux pas d'un entrepreneur qui gagne un million sans raison ou qui se ruine sans qu'il y ait de sa faute

Il supprima donc progressivement toutes les entreprises aux armées, même celles des transports, et créa des trains militaires. Il s'accomplit ainsi, à partir de l'an III, une véritable révolution dans l'administration militaire et, par suite, dans les attributions des commissaires des guerres. De surveillants, de magistrats militaires, qu'ils avaient été jusque-là, ils devinrent *administrateurs dirigeants*.

Mais peu après, par l'arrêté de pluviôse an VIII, les consuls créaient, pour la surveillance des troupes, un nouveau corps recruté par moitié parmi les officiers généraux et supérieurs de toutes armes et les commissaires des guerres. Ce corps fut appelé l'*Inspection aux revues*. Ses membres possédaient des grades effectifs. Les généraux de Montchoisy, César Berthier, Gardanne et autres, redevinrent généraux après avoir été inspecteurs aux revues. Les généraux Dumouriez, Desaix, Saint-Cyr-Nugues, Miot et les deux Colbert, avaient été commissaires des guerres avant d'être généraux. Enfin, l'illustre Carnot, chef de bataillon du Génie, membre du Tribunat, de Ministre de la

Guerre devint inspecteur en chef aux revues, et, d'inspecteur en chef, général de division; c'est avec ce grade qu'il défendit Anvers.

La Restauration reprit les traditions de l'ancienne monarchie. L'ordonnance royale du 18 juillet 1817 statua ainsi :

ART. 1er. — Les corps actuels des inspecteurs aux revues et des commissaires des guerres sont supprimés.

ART. 5. — Il est créé un corps d'administration militaire sous la dénomination d'*Intendance militaire.*

Ce corps, composé, à l'origine, de 270 fonctionnaires, comprenait 10 élèves. Le gouvernement d'alors ne songea pas à les prendre à l'École Polytechnique. Les élèves devaient être « choisis parmi les Français de 21 à 25 ans, ayant fait leur cours de droit, parlant une langue étrangère, et jouissant d'un revenu de 2000 francs, au moins, en biens-fonds ».

Mais on ne devait pas tarder à revenir au recrutement *exclusivement militaire,* déjà expérimenté, car le ministre comte de Saint-Germain avait antérieurement décidé que les candidats aux fonctions de commissaires des guerres auraient servi, pendant cinq ans au moins, comme officiers dans les troupes. C'était, à cette époque, le temps exigé pour devenir colonel en second.

Le général Bonaparte était aussi d'avis de recruter les commissaires des guerres parmi les officiers de troupes. On trouve dans une lettre qu'il adressait au Directoire, le 26 août 1796, le passage suivant :

Tel est, Citoyens Directeurs, l'inconvénient de la loi qui veut que les Commissaires des guerres ne soient que des agents civils, tandis qu'il leur faut plus de courage et d'habitudes militaires qu'aux officiers mêmes. Le courage qui leur est nécessaire doit être tout moral; il n'est jamais le fruit que de l'habitude des dangers. J'ai donc senti combien il est essentiel de n'admettre à remplir les fonctions de commissaires des guerres que des hommes qui auraient servi dans la ligne plusieurs campagnes et qui auraient donné des preuves de courage.

La loi critiquée était celle du 28 nivôse an III, qui admettait : « avec les quartiers-maîtres des troupes de la République, ayant trois ans de service en cette qualité, les *citoyens,* indistinctement, âgés de vingt-cinq ans accomplis, d'un civisme, d'une capacité et d'une probité reconnus, ayant servi sans interruption dans la Garde nationale depuis le commencement de la Révolution, ou dans les armées, soit dans les troupes, soit dans les administrations relatives à leur service ».

L'ordonnance de 1822 ayant spécifié le recrutement des adjoints à l'Intendance parmi les capitaines du Corps royal d'État-Major (¹) et *subsidiairement* des autres corps, l'ordonnance de 1835 édicta une *correspondance* des grades de la hiérarchie spéciale de l'Intendance avec ceux de la hiérarchie commune.

Le grade d'adjoint de deuxième classe correspondait à celui de capitaine, et ainsi de suite, le grade d'intendant militaire au grade de maréchal de camp. On institua, en outre, sur cette base, un recrutement latéral, par les chefs de bataillon, lieutenants-colonels et colonels de toutes armes, jusqu'à concurrence du cinquième des emplois vacants dans chaque grade de l'Intendance.

Mais en même temps on entourait le recrutement de ce corps de toutes sortes de garanties.

Avant d'être admis à concourir, les officiers devaient être présentés par les inspecteurs généraux d'armes, qui, pour juger de leur aptitude, devaient faire examiner : les capitaines et les chefs de bataillon par un sous-intendant militaire, les lieutenants-colonels ou colonels par l'intendant de la division. Ces fonctionnaires et l'inspecteur général formulaient et signaient leurs avis, en s'inspirant de recommandations suivantes d'une instruction ministérielle :

Ces appréciations doivent avoir un caractère sérieux et absolu, et être émises en dehors de la prévision de l'examen, qui doit leur servir de contrôle. Indépendamment d'une honorabilité entière, d'une bonne éducation et d'une instruction générale solide, ces officiers doivent montrer un esprit d'ordre, un penchant aux investigations sérieuses, permettant de prévoir, dans une certaine limite, de quelle manière ils exerceront les fonctions difficiles et délicates *du contrôle.*

Nous pourrions peut-être nous borner à montrer combien les études faites à l'École Polytechnique, combien l'esprit et les tradi-

---

(¹) Le maréchal Gouvion-Saint-Cyr, Ministre de la Guerre, avait créé, en 1817, le corps de l'Intendance, en 1818, le Corps royal d'État-Major. Dans la pensée de leur fondateur, ces deux corps devaient être les deux sections de l'État-Major général.

tions de l'École, semblent satisfaire à ce programme; mais, à ces premières justifications, on a encore ajouté, pour les capitaines, les épreuves d'un *concours* sérieux, épreuves qui sont au nombre de quatre :

1° L'examen des services de l'officier et de *toutes les notes* qui lui ont été données par ses chefs depuis son entrée dans la carrière militaire. Pour cette épreuve, le chiffre d'appréciation (de o à 20) est multiplié par un coefficient qui peut être négatif, et varie de + 10 à — 20;

2° Une composition écrite sur l'administration militaire (coefficient 30);

3° Un examen oral sur la législation militaire (coefficient 10);

4° Un second examen oral sur l'administration des armées (coefficient 15).

Les noms des auteurs des travaux écrits restent cachetés jusqu'après la correction; les appréciations du jury sont consciencieuses; le classement est rigoureusement arithmétique.

Les matières du programme de ce concours sont très diverses et si étendues, que l'on ne peut se les assimiler que quand on possède l'habitude du travail et un grand esprit de méthode. C'est là ce qui a fait le succès remarquable des anciens élèves de notre École.

Il en est de même aujourd'hui du concours ouvert pour l'admission à l'École supérieure de Guerre; et nous avons récemment entendu notre camarade éminent, le général de Miribel, chef de l'État-Major général de l'Armée, nous dire qu'il reconnaît, tous les jours, que les études de l'École Polytechnique sont aussi une préparation excellente aux fonctions d'État-Major.

Retenons cet éloge, qui s'applique aussi bien à l'Intendance qu'au service d'État-Major, car, depuis qu'on lui a enlevé le contrôle, l'Intendance n'est plus qu'un État-Major administratif.

Le contrôle, dans l'armée, est exercé maintenant par un corps spécial, auquel l'École Polytechnique a fourni également un nombreux contingent.

En 1823, un homme qui avait fait la guerre de 1792 à 1815, cette guerre appelée la *Guerre de vingt-trois ans*, et qui a été le professeur le plus célèbre de nos écoles militaires, Odier, traçait pour les candidats à l'Intendance le programme d'études que voici :

Les fonctions que remplissent les Intendants me paraissent singulièrement multiplier les conditions de capacité. Je vois que l'Intendant militaire est appelé partout, qu'il intervient partout, qu'il entre au conseil des généraux, aux conseils de défense des places, aux conseils de guerre et de recrutement; qu'il est administrateur des pays conquis, répartiteur et percepteur de l'impôt en nature ou en argent; qu'il pourvoit à la nourriture et à l'habillement des troupes, qu'il intervient dans l'expertise des armes et des munitions, des travaux de fortifications, des constructions, des objets d'art, des outils et ustensiles à l'usage des armées; qu'il organise les moyens de transport, par terre et par eau; qu'il préside aux soins que l'on donne aux hommes, tant en santé qu'en maladie; qu'il distribue, dans une multitude de canaux, l'argent qui anime toute cette grande machine qu'on nomme l'Administration des armées; qu'il trace la règle, prescrit les formes, reçoit les comptes et contrôle la dépense; qu'il exerce sur les troupes cette haute police, par laquelle le nombre des consommateurs est toujours certain, toujours constaté, les droits réglés, les devoirs observés; qu'il est officier de l'état civil près des armées, dans leurs voyages lointains, et l'intermédiaire, dans le propre pays, entre l'armée et l'administration civile.

D'après cette masse énorme d'attributions accumulées sur un homme, on ne saurait exiger que cet homme possédât la *science effective,* dans toutes les choses dont il doit s'occuper; mais il ne saurait se dispenser d'avoir des connaissances infiniment variées (*polytechniques*). Juges, arbitres ou contrôleurs dans toutes les affaires administratives; conseils, guides ou lumières, pour tous ceux qui s'emploient dans l'administration des armées, les Intendants militaires ont, en effet, besoin de beaucoup savoir.

Ainsi, quelques connaissances de l'art de la guerre sont nécessaires à l'homme qui doit deviner la pensée du général et concourir à ses desseins.

La connaissance des lois est indispensable à des hommes appelés dans les conseils et dans les tribunaux, destinés à prononcer, en premier ou en dernier ressort, sur une multitude d'affaires contentieuses; des hommes qui sont, près les armées, officiers de l'état civil, notaires, juges de paix et procureurs du Roi, pourraient-ils être étrangers aux fonctions des officiers et magistrats qu'ils représentent?

Des notions de l'économie politique, de la statistique et de la géographie, des arts et métiers, de l'agriculture, du commerce et des manufactures; des connaissances en géométrie, en architecture, en mécanique, en chimie, en physiologie, en histoire naturelle, sont à peu près indispensables à des hommes chargés de préserver la santé des soldats; à des hommes sans cesse appelés dans les hôpitaux, dans les magasins, ateliers et boulangeries, et obligés de constater la qualité des grains, des farines, du pain, des vins et eaux-de-vie, de la viande, des fourrages, des médicaments; la qualité des étoffes, des fourniments, du harnachement, la confection de toutes ces choses; la solidité, la célérité et le prix, dans la fabrication des voitures, la fabrication des armes; la qualité des poudres et munitions de guerre, celle des matières premières, fer, bois, étain, cuivre et leurs composés; des cuirs, feutres, drap, toiles de chanvre, lin ou coton; des teintures et apprêts; la nature de l'air et des eaux; la salubrité des lieux et celle des choses. Or, les sciences et les arts étant mis à contribution dans toutes ces opérations administratives, celui qui doit en entendre parler et qui doit prononcer, pourrait-il en ignorer les éléments et le langage?

Quelques connaissances du cœur humain pour observer l'esprit, les mœurs, les habitudes de ceux avec qui l'on traite, et pour vivre avec dignité, au milieu des prétentions de la force; enfin des habitudes littéraires, pour avoir la parole facile et posséder l'art d'écrire : ne sont-ce pas des talents nécessaires à un Intendant militaire?

… Je ne concevrais pas que l'administrateur, dont les fonctions embrassent presque toutes les parties de la guerre et de la politique, pût se présenter avec la simple éducation libérale que reçoivent les fils des familles aisées. Je pense, au contraire, qu'on ne doit arriver aux emplois de l'administration que par des *concours,* non sur les connaissances administratives que le candidat ne saurait posséder, mais sur ce qui conduit à les acquérir, sur les sciences politiques, *physiques, mathématiques* et littéraires.

A ces conditions, les administrateurs seront capables de diriger l'administration, pour le plus grand bien-être des administrés et pour le plus grand intérêt de l'État.

Ce résumé des attributions de l'Intendance a été écrit, presqu'à son origine, en 1823; qu'on le compare à ses attributions actuelles, et l'on s'étonnera que l'on ait pu dire et écrire que ce corps a sans cesse *envahi.* L'auteur que je viens de citer l'y conviait, mais seulement dans le domaine intellectuel et scientifique.

Les événements, et particulièrement la conquête et l'occupation de l'Algérie, ont nécessité l'intervention et le développement de l'Intendance. Elle administrait, à la fois, l'armée, les premiers colons en territoire militaire et en territoire mixte, et ordonnançait toutes les dépenses imputables sur les budgets locaux et municipaux.

Comment l'École Polytechnique a longtemps préparé utilement le recrutement de l'Intendance militaire. — En donnant ce programme de 1823, nous n'avons pas voulu dire que tous les intendants possèdent ces rares qualités; c'est un idéal, c'est une asymptote, mais nous croyons aussi que toutes ces connaissances leur seraient utiles. Ce que l'on doit leur demander, c'est non seulement l'intelligence et le savoir, mais surtout le *caractère* et la probité morale. Nous ne parlons pas de la probité financière : celle-ci est une qualité commune en France.

Rien ne forme mieux l'esprit, ne prépare plus le caractère, que l'étude des sciences mathématiques, l'habitude de l'absolu; de même que la profession des armes, la vie militaire, la pratique de la guerre, sont une excellente préparation au gouvernement des hommes. Quand on a pu faire passer un officier, successivement, par toutes ces épreuves, quand il est parvenu au grade de capitaine et compte déjà de huit à dix années de service, on peut avec confiance l'admettre au concours, il ne fera plus que gagner avec le temps et l'expérience.

On n'aura plus ensuite à discuter sans cesse sur les divers systèmes de l'administration militaire. Le plus souvent, le système est bon ou mauvais, selon la valeur du personnel dirigeant.

Ainsi, depuis le xive siècle jusqu'à la Révolution française, les commissaires des guerres et les intendants ont été exclusivement des officiers chargés du contrôle et des magistrats militaires. Les lois de l'an III, qui sont restées en vigueur jusqu'en 1882, leur ont imposé *la direction* des services administratifs de l'armée, tout en leur maintenant *le contrôle*. C'est alors que l'on a dû élargir leur compétence, en exigeant d'eux une instruction supérieure.

Mais c'est alors aussi que, pour se débarrasser d'un contrôleur incommode, on a pris l'habitude d'attaquer l'administrateur.

Ce qui a pu déterminer les élèves de l'École, entrés dans les différentes armes, à concourir, en grand nombre, pour l'Intendance. — Nous avons montré que les travaux de l'École Polytechnique sont une base excellente pour les études administratives; mais, après avoir établi que les élèves de l'École Polytechnique conviennent particulièrement pour le service de l'Intendance, il nous reste à rechercher ce qui, dans ce service, a pu les séduire de façon à les y appeler volontairement, en grande proportion, car, de 1818 à 1893, on en a compté 176.

Les corps de troupes sont administrés par des conseils présidés par le chef de corps, qui est le plus souvent un colonel. En plaçant auprès de celui-ci un contrôleur permanent, pourvu d'un grade militaire, on a pensé qu'il ne devait pas y avoir entre eux une trop grande distance hiérarchique. Dès lors, dans les cadres de l'Intendance, qui ont cependant assez souvent varié, on s'est appliqué à avoir une grande proportion d'officiers supérieurs, par rapport au nombre des capitaines, ceux-ci n'étant en quelque sorte, sous le nom d'adjoints de 2ᵉ classe, que des élèves.

Ainsi, par exemple, lors de la formation du corps en 1817, on avait, d'après l'assimilation ultérieure, pour une armée qui ne dépassait pas 200000 *hommes :* 35 généraux, 215 officiers supérieurs, 20 capitaines; soit 270 fonctionnaires de l'Intendance.

En 1840, après la conquête de l'Algérie et l'établissement de la correspondance des grades : 25 généraux, 75 colonels, 75 lieutenants-colonels, 40 chefs de bataillon, 35 capitaines; soit 250 fonctionnaires.

Un décret impérial de 1856 créa le grade d'Intendant général, qui correspond à celui de général de division, et l'Intendance se composa, pour une armée alors de 500000 hommes et l'Algérie, de : 8 généraux de division, 26 généraux de brigade, 206 officiers supérieurs, 24 capitaines; soit 264 fonctionnaires.

C'était peu cependant, puisqu'à la formation, alors que l'économie s'imposait, on avait jugé nécessaires 270 fonctionnaires pour 200000 hommes.

Il est évident que cette constitution de cadres devait conduire à un avancement beaucoup plus rapide dans l'Intendance que dans les autres armes, du moins jusqu'au grade de lieutenant-colonel. Là l'équilibre se rétablissait, car, au lieu d'avoir le même nombre de colonels et de lieutenants-colonels, comme les autres corps, l'Intendance n'avait plus, en 1856, que :

    50 sous-intendants de 1ʳᵉ classe (colonels);

    100 sous-intendants de 2ᵉ classe (lieutenants-colonels);

    56 adjoints de 1ʳᵉ classe (chefs de bataillon);

    24 adjoints de 2ᵉ classe (capitaines).

Dans le génie, l'état-major, l'artillerie même, un officier sortant de l'École Polytechnique parvenait jeune au grade de capitaine ; en se livrant à un travail énergique, il pouvait se présenter de bonne heure au concours pour l'Intendance, et devenir officier supérieur à 32 ans. Cet officier faisait ensuite la plus grande partie de sa carrière militaire dans les grades de lieutenant-colonel et de colonel.

Ces avantages, excessifs a-t-on dit, ont assuré à l'Intendance un bon recrutement, mais ils lui ont fait bien des jaloux, des ennemis peut-être.

Au lendemain de la guerre de 23 ans, on les avait jugés nécessaires. Les législateurs d'alors pensaient, comme nous l'avons montré plus haut, que ces fonctions exigeaient des qualités spéciales et que si l'on veut recruter un corps par des *volontaires,* venant de tous les autres, il faut qu'ils y trouvent quelques avantages. Quand on supprime ceux-ci, le recrutement périclite et finit par tarir.

Nous croyons que si beaucoup d'anciens élèves de l'École Polytechnique ont recherché l'Intendance, c'est parce qu'ils y voyaient, avec des fonctions honorables, plus d'individualité, d'indépendance, et un avancement plus rapide ; que s'ils y ont réussi, c'est qu'ils ne craignaient pas le travail et qu'ils recueillaient les fruits de leurs études antérieures ; c'est qu'ils *savaient travailler.* Enfin, nous croyons fermement qu'on ne les remplacera pas dans l'avenir avec les produits des écoles de sous-officiers.

En 1850, sur 246 fonctionnaires de l'Intendance, 85 au moins sortaient de notre École.

En 1865, cette proportion avait un peu diminué, par suite de la résistance des officiers généraux des armes spéciales, qui regrettaient de perdre de bons officiers et les proposaient à regret.

Le tableau suivant indique quelle était, en 1865, l'origine des officiers qui composaient le corps de l'Intendance. Il fait voir que toutes les armes, tous les corps, toutes les catégories d'officiers, toutes les écoles militaires, avaient des représentants dans l'Intendance. Près du tiers sortait de l'École Polytechnique, la moitié de Saint-Cyr, un sixième de la classe des sous-officiers.

	ÉTAT-MAJOR.	ARTILLERIE.	GÉNIE.	INFANTERIE.	CAVALERIE.	TOTAL.	SOUS-OFFICIERS.	ÉCOLE de Saint-Cyr.	ÉCOLE Polytechnique.	COMPLET en 1865.
Intendants généraux	3	1	1	3	»	8	1	5	2	8
Intendants militaires...............	4	3	10	8	»	25	3	7	15	25
Sous-intendants de 1re classe.........	12	5	12	21	»	50	12	20	18	50
Sous-intendants de 2e classe..... ...	21	8	16	53	2	100	21	51	28	100
Adjoints de 1re classe...............	9	6	5	34	2	56	2	41	13	56
Adjoints de 2e classe...............	2	2	3	16	1	24	5	15	4	24
Totaux par arme et par origine.	51	25	47	135	5	263	44	139	80	263

Il y avait même, à ces variétés d'origine, certains avantages. Chacun apportait dans l'ensemble son instruction, ses aptitudes spéciales, ses qualités propres, donnant ainsi les moyens de satisfaire aux besoins considérables et variés de l'administration des armées. L'Intendance était très bonne comme état-major; ce qui lui a manqué, c'étaient les personnels subalternes, des agents d'exécution suffisamment nombreux et bien préparés. La suppression des grandes entreprises, puis celle des régies ou agences, a fait disparaître dans l'armée les hommes spéciaux, les commerçants habiles, les vivriers et les hospitaliers de l'Empire. Quand on a appliqué les gestions directes, le sous-intendant a dû pénétrer dans les détails, et là comme ailleurs les aspirations démocratiques se sont dressées contre lui. Le concours n'a plus été restreint aux capitaines, on l'a élargi en 1882, mais l'intérêt du pays veut que les programmes soient maintenus à leur ancien niveau et qu'ils demeurent les mêmes *pour tous*.

Il n'était peut-être pas inutile d'introduire ici ce résumé rapide de l'histoire de l'Intendance, pour indiquer par quelles épreuves sont passés ceux de nos camarades qui sont entrés dans ce corps, ceux qui y ont réussi, et ceux qui ont honorablement succombé dans l'exercice de leurs fonctions ([1]).

Depuis longtemps on poursuit, de divers côtés, la destruction de l'Intendance; le plus grand mal qu'on lui ait fait, dans ces dernières

---

([1]) Dans la guerre de Crimée, l'Intendance a perdu 12 pour 100 de ses membres, l'ensemble des officiers de toutes armes 14 pour 100.

années, a été de lui enlever sa place sur le champ de bataille pour la donner à des médecins, qui, pendant qu'ils chevaucheront, feront défaut à l'ambulance et seront contraints d'ajourner les opérations les plus urgentes.

L'ordonnance du 3 mai 1832 sur le service des armées en campagne avait confié, en ces termes, à l'Intendance l'enlèvement et le transport des blessés sur le champ de bataille :

ART. 136. — Les Intendants et les Sous-Intendants militaires sont responsables du service de santé; ils sont chargés de la réunion des moyens de secours et de transport pour les blessés. Avant et pendant l'action, ils doivent s'occuper de ces soins importants; ils rendent compte aux officiers généraux. Les généraux et les chefs d'état-major mentionnent dans leurs rapports les membres de l'Intendance et les officiers de santé qui se sont distingués par leur activité et leur zèle.

C'est dans l'exercice de ces attributions que plusieurs fonctionnaires de l'Intendance ont été tués ou blessés sur le champ de bataille, et parmi eux nos camarades Dubut (promotion de 1833), tué en Chine, Raoul (promotion de 1840), tué au Mexique, à l'attaque de Puébla, en 1862.

Il semble qu'avant la révolution administrative de 1882, l'organisation des ambulances était cependant logique. Au Sous-Intendant militaire, qui la veille encore était officier de troupes, on remettait la direction des brancardiers, des mulets, chevaux et voitures de transport, le soin de rechercher les blessés sur le champ de bataille, de les faire relever et rapporter. Les chirurgiens, médecins et pharmaciens opéraient, en général, à l'ambulance, autant que possible à l'abri, car l'opération chirurgicale un peu délicate, faite sous le feu, est un roman inspiré par la gravure légendaire de Napoléon blessé devant Ratisbonne (¹).

La loi de 1882 a changé tout cela.

Le respect dû à la loi arrête la critique, mais au point de vue du recrutement de l'Intendance par les anciens élèves de l'École Polytechnique, qui a donné longtemps de si bons résultats, on peut craindre, pour l'avenir, un notable ralentissement.

(¹) Voir les rapports sur les combats de 1870, et, en particulier, celui du Dr Sarrasin sur Freschwiller.

Les résultats. — Par les raisons que nous avons indiquées plus haut, les anciens élèves de l'École Polytechnique, devenus capitaines, devaient réussir aux concours qui, de 1822 à 1893, ouvraient l'accès de l'Intendance militaire.

Ce corps s'est recruté exclusivement, depuis 1822, parmi les capitaines et les officiers supérieurs de l'armée. De 1822 à 1893, 176 de nos camarades y ont été admis. Quand, en 1835, fut instituée la correspondance des grades, la proportion augmenta

En 1835 on comptait 76 anciens élèves sur 225.

En 1845	»	83	»	246
En 1855	»	75	»	246
En 1865	»	80	»	264
En 1875	»	58	»	278
En 1885	»	61	»	387

Le cadre de l'Intendance a été modifié dix-sept fois, de 1817 à 1893 (un peu plus que tous les quatre ans), toujours de façon à réduire les avantages qu'il présentait au début.

De cette mobilité excessive résulta un défaut de sécurité qui ralentit sensiblement, après 1870, le recrutement de l'Intendance par les élèves de l'École Polytechnique. La loi du 16 mars 1882 a complètement modifié les attributions de ce corps, en lui enlevant le contrôle pour le confier à un corps spécial, se recrutant parmi tous les autres, y compris l'Intendance. Cependant nos jeunes camarades continuèrent de faire leur chemin dans les deux corps.

Ils arrivèrent en grande proportion, par des services de guerre et de paix, au sommet de l'échelle administrative dans l'armée.

De 1817 à 1856, le grade le plus élevé était celui d'Intendant militaire, correspondant au grade de général de brigade; soixante-deux de nos camarades y parvinrent.

Après la guerre de Crimée, un décret impérial de 1856 avait créé le grade d'Intendant général (correspondant à celui de général de division), puis la loi du 16 mars 1882, séparant le contrôle permanent de la direction administrative, qu'elle attribuait aux généraux, institua des contrôleurs généraux de première et de deuxième classe.

Les Intendants généraux et les généraux de brigade, remplissant les conditions d'ancienneté exigées pour être promus généraux de divi-

sion, pouvaient être admis dans le nouveau corps en qualité de contrôleurs généraux de première classe. Le 1er janvier 1893, dix-neuf
de nos camarades étaient parvenus aux grades d'intendant général ou
de contrôleur général de 1re classe, c'est-à-dire aux grades les plus
élevés des deux hiérarchies administratives.

La statistique montre que sur 176 anciens élèves de l'École, entrés
dans l'Intendance, 81 sont parvenus au grade le plus élevé.

Peut-on attribuer ce résultat au hasard? La carrière d'un homme
peut avoir été favorisée par les événements ou par un protecteur
puissant. Un certain nombre d'individus, à l'époque où il y avait des
castes privilégiées ou des influences avouées, telles que celles du nom
et de la fortune, devaient arriver rapidement. Mais les Polytechniciens sont les fils de leurs œuvres. On entre à l'École Polytechnique
par voie de concours. Les capitaines de toutes armes, aussi, ne sont
admis dans l'Intendance qu'au *concours;* ils n'y réussissent que par
la droiture, le travail et le courage.

Nous avons ici une application du théorème des *épreuves répétées,*
représentée par la fraction $\frac{81}{176}$. Si la législation était restée constante,
nos jeunes camarades, appliquant à leur avenir les calculs de Bernoulli, auraient pu adopter ce coefficient $\frac{81}{176}$, pour déterminer leurs
espérances *morales* ou *mathématiques.*

Mais on peut déduire de ces chiffres une autre conséquence.

Puisque nos camarades sont parvenus en si grande proportion à
la tête de l'administration de l'armée, ils ont dû exercer ensuite une
action prépondérante sur le fonctionnement de cette administration.
Depuis le commencement du siècle, les comptes de l'armée sont soumis à tous les degrés du contrôle supérieur, à la Cour des comptes,
aux commissions des Assemblées législatives; chaque année, on les
déclare irréprochables. Voilà pour le temps de paix.

Depuis 1817, nous avons fait souvent la guerre, la guerre de 1823
en Espagne, la guerre en Algérie pendant quarante ans. Nous avons
eu les expéditions de Rome, de Syrie, de Chine, de la Baltique, de
Crimée, du Mexique, la guerre d'Italie. Alors que l'armée autrichienne liquidait par le procès Heynatten, et que l'armée russe
aussi avait à faire rendre gorge à ses entrepreneurs, nous avons eu la
satisfaction de voir les étrangers rendre justice, comme le plus grand
nombre des Français, à l'administration de nos armées. Peut-on dire,

cependant, que l'Intendance ait été ménagée par ses subordonnés directs, qui voulaient l'envahir, ou gâtée par l'opinion publique et les journaux qui la font? Après la guerre de 1870, la seule chose qu'ait demandée l'Intendance, par la bouche de Wolf, a été de rendre compte, de justifier *de ses actes*. On lui a refusé cette satisfaction. Le gouvernement impérial ne l'avait naturellement pas consultée sur l'opportunité de déclarer la guerre à l'Allemagne, il ne l'avait pas même avertie. L'opinion publique, déviée facilement par les passions politiques, a voulu rendre l'Intendance responsable de l'imprudence, de l'imprévoyance du gouvernement impérial. C'est ce gouvernement que le duc d'Audiffret-Pasquier visait, quand il a attaqué, dans son premier discours, l'Intendance qu'il ne connaissait pas. Mais, après l'enquête et les inventaires, le même duc, devenu Président de la commission des marchés, a dû reconnaître hautement la complète honorabilité des fonctionnaires de l'Intendance.

Après avoir avoué l'influence des Polytechniciens sur le fonctionnement de l'Intendance, j'avais le devoir de rappeler qu'elle est sortie aussi pure de la guerre de 1870 que des guerres d'Italie et de Crimée. Aussi, parmi ceux qui ne sont plus, trouverait-on beaucoup de nos camarades qui ont exercé sur les affaires publiques, et particulièrement sur les intérêts de l'armée, une heureuse influence, une action moralisatrice; qui, en rappelant les préceptes, ont prodigué les bons exemples et ont honoré notre École. Je voudrais pouvoir ici rappeler leurs éminents services, mais l'étroit espace qui m'est attribué m'impose l'obligation pénible de faire un choix.

L'Intendant général Vigo-Roussillon.

NOTICES BIOGRAPHIQUES.

DUBUT.

Dubut (Victor-Laurent) était né, le 3 septembre 1815, à Paris. Entré à l'École en 1833, il en sortit dans l'artillerie. Nommé capitaine le 27 novembre 1843, il concourut pour l'Intendance et devint adjoint de 2e classe, le 10 juillet 1846.

En 1854, il fut compris dans la première formation de l'armée d'Orient, en qualité de sous-intendant militaire de la 4e division, qui, comme les autres, s'organisait à Gallipoli.

Les Russes ayant franchi le Danube, on avait reconnu la nécessité d'établir à Constantinople une base solide d'opérations. Dubut reçut la direction du service des subsistances dans cette capitale et y montra de telles qualités, qu'au moment de l'expédition de Crimée, l'intendant en chef Blanchot décida qu'il conserverait ces fonctions. Le sous-intendant militaire Leblanc, qui le remplaça à la 4e division, fut tué à la bataille de l'Alma.

Après la guerre de Crimée, Dubut fut nommé sous-intendant militaire de la division de cavalerie de la garde et fit, en cette qualité, la campagne d'Italie de 1859.

Lorsqu'en 1860 la France et l'Angleterre firent en commun l'expédition de Chine, qui devait conduire nos troupes jusqu'à Pékin, Dubut fut choisi pour chef des services administratifs du corps expéditionnaire.

Au moment de quitter le littoral pour marcher vers la capitale, le général de Montauban voulut faire opérer une grande reconnaissance offensive pour déterminer les ressources que l'on pourrait tirer du pays. Une petite avant-garde, formée de troupes des deux nations, partit accompagnée de divers chefs de services, parmi lesquels se trouvaient Dubut et le lieutenant-colonel d'artillerie Foulon-Grandchamp, son camarade d'École.

Comme, leur mission remplie, ils revenaient pour rejoindre le gros de la colonne, ils tombèrent entre les mains des Tartares, qui, au nombre de 30000, attendaient dans une embuscade les 7000 hommes de la colonne anglo-française.

Les officiers français et anglais et leurs escortes se défendirent vigoureusement. Le capitaine d'état-major Chanoine parvint seul à s'échapper. Dubut et de Grandchamp succombèrent, après les plus cruels traitements. Quelques jours après, les Chinois vaincus rendirent leurs corps, demeurés à peu près intacts et encore boutonnés dans leurs uniformes.

Dubut avait alors 45 ans; il était, depuis 1856, officier de la Légion d'honneur.

RAOUL.

RAOUL (Ulysse-Guillaume) était né à Vitré, le 26 juillet 1821. Élève du collège Sainte-Barbe, il était entré à l'École, le 1er novembre 1840, et en était sorti sous-lieutenant élève d'artillerie, le 24 novembre 1843.

Capitaine d'artillerie le 4 décembre 1852, il avait montré, dès le début de sa carrière, les rares qualités qui lui ont partout attiré l'estime de ses chefs et l'amitié de ses camarades.

Déjà, à cette époque, il avait coutume de dire qu'il désirait mourir coupé en deux par un boulet. La destinée ne l'a que trop exaucé.

Il fut admis dans l'Intendance à son premier concours en 1853. Il fit en Afrique les campagnes de 1855, 1856, 1857, 1858; en Italie, celle de 1859; enfin celle de 1862 au Mexique. Chevalier de la Légion d'honneur en 1857, proposé pour officier en 1861, il allait être promu au moment où il fut tué, le 5 mai 1862.

Raoul était à la fois intelligent, énergique et brave. Il avait pris part, sous les ordres du maréchal Randon, à l'expédition de a grande Kabylie. Au mois de mars 1856, il apprend à Dellys que le poste de

Dra-el-Mizan est investi par les Kabyles. Le commandant Beauprêtre
s'y est renfermé. Raoul sait ce poste mal approvisionné, manquant
même d'argent. Il y court, après s'être fait remettre par le payeur une
forte somme en or, qu'il cache dans sa selle. Il traverse avec un seul
spahi le pays insurgé des Flissas, ne pouvant marcher que la nuit,
se cachant le jour dans les broussailles. Il arrive, sain et sauf, au moment où, après avoir repoussé un assaut, Beauprêtre entreprend une
sortie avec un escadron de chasseurs d'Afrique. Raoul dépose l'argent
dans le Bordj, remonte à cheval et prend une part brillante à la
charge. Il est cité dans le rapport de la journée en ces termes :

M. le sous-intendant Raoul n'a cessé de servir avec un dévouement et
une intelligence sans égales. Toujours au premier poste, il s'est autant
distingué comme soldat que comme administrateur. C'est le type de ce que
les intendants doivent être.

Le général commandant la division d'Alger,

Signé : YUSUF.

Et au-dessous :

Je ratifie tous ces éloges.

Le maréchal de France, gouverneur général,

Signé : RANDON.

Suit une proposition pour la Légion d'honneur.

Pendant la campagne d'Italie de 1859, Raoul, placé sous les ordres
de l'intendant général Paris de Bollardière, reçut la direction du
grand service des transports généraux de l'armée, et, à la fin des opérations, l'intendant s'exprime ainsi dans le rapport adressé à l'empereur :

M. le sous-intendant militaire Raoul a été chargé de la direction du service des transports pendant la campagne d'Italie. Intelligence vive et
féconde, esprit prompt mais pensif, M. Raoul a su multiplier les ressources
dont il disposait.

Heureux le chef qui, chargé du poids d'une lourde responsabilité, se
repose sur un tel appui !

Le maréchal Randon, ministre de la Guerre en 1862, avait gardé de
Raoul le meilleur souvenir. Au moment où la division de Lorencez

allait partir pour le Mexique, l'empereur dit au ministre : « Il faut envoyer là-bas un sous-intendant solide ». Le lendemain, le maréchal faisait appeler Raoul, alors sous-intendant militaire à Vincennes, et lui disait brusquement : « Raoul, vous partez pour le Mexique ». On ne lui accorda que cinq jours pour organiser son service, et il dut s'embarquer à Cherbourg.

A peine débarqué à la Vera-Cruz, il entreprit des reconnaissances dans les terres chaudes, rencontra plusieurs fois les guérillas de Juarez et faillit, pour se procurer des mulets, se faire égorger. Puis, revenu à la Vera-Cruz, il y restait un mois, bravant le *vomito* qui faisait autour de lui de nombreuses victimes. Lors de l'attaque infructueuse de Puebla, qui nous coûta plus du tiers des troupes engagées, Raoul fut frappé à l'épaule par un boulet, au moment où, après avoir installé l'ambulance, il rejoignait au galop le général en chef. La mort fut instantanée : c'était celle qu'il avait souhaitée.

Dans l'ordre du jour du lendemain, le général en chef s'exprime ainsi :

Une large part de ces résultats doit être rapportée au sous-intendant militaire Raoul, qui, dans l'organisation de tous les services administratifs, avait su joindre à une grande supériorité de vues une remarquable activité.

Il a trouvé la mort dans le combat du 5 mai.

A cet héritage de gloire viendront s'ajouter, pour sa famille, l'estime et les regrets de toute l'armée et de son commandant en chef.

Raoul avait 40 ans. Il fut remplacé au Mexique par un de nos camarades, l'intendant Wolf.

Raoul repose à Puebla, dans le cimetière du couvent de Guadalupe. Il n'avait pas d'enfants. Sa veuve s'est faite religieuse.

ROBERT.

Robert (Pierre-Charles), né le 20 novembre 1812 à Bar-le-Duc, entra à l'École Polytechnique le 1er octobre 1832 et en sortit officier du Génie.

Pendant son séjour à l'École d'application de Metz, Robert voyait fréquemment son oncle, l'éminent intendant militaire baron Dufour,

qui avait été, sous le premier Empire, l'intendant ou, comme on
disait alors, le commissaire-ordonnateur en chef de la garde impériale. La grande considération, dont il était entouré, détermina la
vocation de Robert. Nommé capitaine, le 23 juin 1840, il concourait
l'année suivante pour l'Intendance, dans laquelle il entrait, comme
adjoint de 2ᵉ classe, le 30 juin 1842.

En mars 1848, il était attaché à l'armée des Alpes. Envoyé à Marseille, où sévissait une effroyable épidémie cholérique, il se dévoua
sans réserve au soulagement de nos soldats malades, et, gravement
atteint lui-même, il faillit payer de sa vie son zèle et son attachement à ses devoirs.

Sa santé s'en ressentit longtemps : cependant, quand commença la
guerre d'Orient, il demanda à faire partie de l'armée qui allait s'organiser à Gallipoli, et le 26 septembre 1854 il débarquait en Crimée.
Il y reçut, de l'intendant en chef Blanchot, la direction du service le
plus important, celui des subsistances. Il était nommé sous-intendant
militaire de 1ʳᵉ classe, le 19 décembre 1854.

La garde impériale ayant été formée en grande partie en Crimée,
Robert y fut attaché comme sous-intendant militaire, le 19 avril 1856,
et fit en cette qualité, trois ans après, la campagne d'Italie. Deux ans
plus tard, le 25 mai 1861, il était intendant militaire.

Le maréchal Randon, qui avait autrefois commandé la division de
Metz, où il avait pu apprécier Robert, était, en 1860, ministre de la
Guerre ; il le choisit pour lui confier les importantes et délicates fonc-
tions de directeur général de l'administration de la Guerre.

Pendant cinq années, Robert les exerça avec distinction ; elles ne
cessèrent qu'au moment de sa promotion au grade d'intendant général
inspecteur, le 25 octobre 1867. Fait officier de la Légion d'honneur
en Crimée, il était commandeur le 16 mars 1865.

Pendant la guerre de 1870, l'intendant général Robert fut chargé
de diverses missions sur la frontière du Nord et à Mézières, au moment
de la bataille de Sedan. Au mois d'octobre, il concourut, comme
intendant en chef, à la laborieuse création de l'armée de la Loire et se
surmena à ce point, que sa vie fut assez longtemps compromise.

Atteint par la limite d'âge, le 20 novembre 1877 il fut alors placé
au cadre de réserve et mourut subitement à Paris, le 15 décembre
1887.

Robert avait toujours eu le goût de l'histoire et des recherches archéologiques. A travers sa vie errante et si occupée, mettant à profit ses nombreuses campagnes et les voyages qu'elles avaient exigés, il avait fait de longues recherches sur les colonies romaines, les emplacements et les mouvements des légions. Il s'était également adonné à la numismatique et était le collaborateur et l'ami de notre camarade M. de Saulcy. Comme lui, Robert était membre de l'Institut (Académie des inscriptions et belles-lettres).

WOLF.

Wolf (Alexis), fils d'un commissaire des guerres, était né, le 7 mars 1811, à Paderborn, en Westphalie.

Admis à l'École Polytechnique en 1830, il se laissa un peu entraîner par les idées libérales du moment, et se posa en républicain. Sa promotion fut licenciée, puis réadmise en grande partie; mais il demeura d'abord exclu par suite de son attitude politique. Cependant il rentra à l'École l'année suivante et en sortit dans le génie, avec le n° 2 du contingent de cette arme. Il prit part, comme lieutenant du génie, à la première attaque de Constantine et à la pénible retraite qui la suivit. A la seconde attaque de Constantine, Wolf commandait un détachement de sapeurs qui formait la tête de la colonne d'assaut, et il gagna ce jour-là brillamment la croix, qu'il reçut quelque temps après des mains du général Trézel.

En 1851, Wolf prenait part, sous les ordres du général Pélissier, à la première expédition de la grande Kabylie. Il y obtenait le grade de sous-intendant militaire de 1re classe. Promu officier de la Légion d'honneur, en 1853, et intendant militaire le 2 août 1858, il faisait, l'année suivante, la campagne d'Italie, comme intendant du 1er corps.

Lorsque l'échec de la division de Lorencez devant Puebla força l'Empereur à envoyer au Mexique tout un corps d'armée, et plus tard une armée, Wolf devint l'intendant en chef de cette armée et il exerça ces fonctions de 1862 à 1865. Il reçut, au Mexique, la croix de grand-officier de la Légion d'honneur.

Au début de la guerre de 1870, Wolf fut nommé intendant en chef de l'armée du Rhin. Sorti de Metz le 12 août, par ordre du

maréchal Bazaine, pour préparer la retraite de l'armée, il l'attendit
en vain à Montmédy et ne put rentrer à Metz. Quand, à la suite de la
bataille de Sedan, les communications furent définitivement coupées,
Wolf revint à Paris et fut nommé intendant en chef des trois armées
chargées de la défense de la capitale.

Les hautes fonctions qu'il avait successivement et toujours brillamment remplies faisaient, après la guerre, de l'intendant général Wolf,
le chef incontesté de l'Intendance. Il en résultait, pour lui, un devoir
auquel il ne faillit pas et qui lui inspira la lettre suivante, qu'il adressa,
le 11 mai 1872, au Ministre de la Guerre, le général de Cissey.

> Monsieur le Ministre,
>
> Le Conseil d'enquête va terminer ses travaux et les tribunaux achève-
> ront son œuvre. Avant peu, l'honneur militaire de la France recevra satis-
> faction complète; je demande la même faveur pour son honneur adminis-
> tratif, qui n'est pas moins précieux.
>
> Depuis deux ans, le corps de l'Intendance a été le point de mire d'une
> foule d'attaques calomnieuses, mais elles venaient d'ignorants ou de fri-
> pons qui ont trouvé des journaux avides de scandales pour les répandre.
> Ces attaques ne méritaient que le mépris et je les ai laissées passer. Mais
> aujourd'hui qu'il est tombé de la tribune des insinuations de nature à
> entacher notre capacité et notre honorabilité, sans qu'aucune observation
> en ait atténué les désastreux effets, je ne veux plus me taire et je demande
> justice.
>
> Je vous demande à vous, Monsieur le Ministre, qui êtes notre représen-
> tant, de proposer à l'Assemblée qu'il soit fait une enquête sur les actes de
> vos délégués, les Intendants des armées. Il faut que la France sache la vérité.
>
> J'ai été l'Intendant général de l'armée du Rhin; c'est moi qui ai réuni à
> Metz les approvisionnements grâce auxquels elle a pu prolonger son
> agonie. Plus tard, j'ai préparé, sur la route de Metz à Châlons, les vivres
> nécessaires pour assurer la concentration des deux armées.
>
> Enfin, j'ai conservé jusqu'à la paix la direction des services administra-
> tifs des trois armées de la défense nationale à Paris.
>
> J'ai donc rempli pendant la guerre les fonctions les plus importantes de
> l'Administration militaire et elles me donnent le droit de faire la demande
> que j'ai l'honneur de vous adresser.
>
> Je n'ai consulté à ce sujet aucun de mes collègues, mais je suis certain
> que tous s'associeront à ma démarche.
>
> *Nous voulons justice!*

Wolf n'obtint pas l'enquête qu'il demandait; il est si commode d'attribuer tous les revers de la guerre au manque de vivres ou à l'épuisement des munitions! Non seulement sa lettre demeura sans réponse; bien plus, il fut mis en disgrâce pour avoir répondu au duc d'Audiffret-Pasquier. Wolf fut admis à la retraite, le 2 octobre 1879. Pour se rapprocher du soleil, il fut habiter l'Italie et mourut à Nice, en 1886.

On sait comment le gouvernement impérial, par suite des fautes de sa politique extérieure et intérieure, se laissa acculer, sans s'en apercevoir, à une guerre qu'il craignait, après l'avoir un instant désirée.

La guerre, il l'entreprit par boutade, sans l'avoir préparée, quoiqu'il dût la prévoir, manquant à la fois de cadres, d'hommes, de chevaux, de voitures, de matériel, de munitions, même d'argent, car les 500 millions demandés au moment de la déclaration de guerre ne pouvaient plus avoir d'effets utiles.

Cette guerre redoutable, non préparée, mal conduite d'ailleurs, ne pouvait être que désastreuse. On est parvenu à en rejeter la responsabilité sur l'Intendance qui, n'étant qu'un *agent* du gouvernement, la déléguée du Ministre de la Guerre, ne pouvait, sans avis, sans ordres, sans crédits, prendre aucune initiative. Par un sentiment de délicatesse patriotique, elle n'a pas publié les situations, même après Sedan!

Cette enquête que demandait Wolf, que désiraient avec lui tous les membres de l'Intendance, n'a pas été faite.

Il ne suffit pas, en ce monde, pour obtenir la justice, de la chercher, de la demander, de la vouloir!

L'Intendant général,

Vigo Roussillon,
Contrôleur général de l'Administration
de l'armée, en retraite.

COMMISSARIAT DE LA MARINE.

Si les choses de la Marine sont peu familières à ceux qui n'y ont pas vécu, il en est de même, *a fortiori*, d'un de ses services accessoires; aussi convient-il d'exposer en quelques mots le rôle et l'organisation du corps du Commissariat de la Marine, dans lequel sont entrés, depuis une quarantaine d'années, un certain nombre d'élèves de l'École Polytechnique.

Le Commissariat est l'Intendance de notre armée navale, mais avec des attributions plus diverses et une organisation différente. Le corps actuel est le descendant des intendants qui, au cours des deux derniers siècles, administrèrent au nom du Roi nos arsenaux de guerre, dont ils eurent généralement la direction. Lors de la reconstitution de nos services publics, après la Révolution, un arrêté des Consuls, de l'an VIII, organisa définitivement l'unité de direction et de commandement des arsenaux sous l'autorité des préfets maritimes, officiers militaires, assistés de chefs techniques, marins, ingénieurs, artilleurs, et d'un chef d'administration. Le chef d'administration et ses auxiliaires devinrent le Commissariat de la Marine. Cette organisation, après une courte éclipse sous la Restauration, a subsisté dans ses lignes essentielles jusqu'à ce jour. Le Commissariat conserve ainsi dans les arsenaux un rôle important. Il possède, en outre, auprès des troupes de la Marine en garnison dans les ports, les attributions de contrôle des intendants attachés au corps de troupes de l'armée. Il exerce sur tout le littoral les fonctions d'officier de recrutement du personnel des inscrits maritimes, levés pour le service de la flotte. Enfin il occupe sur nos navires de guerre les emplois d'officier comptable des bâtiments, de commissaire des divisions, escadres et armées navales.

Pour cette mission, le Commissariat de la Marine est constitué en un corps d'administration militaire, comptant 345 unités et comprenant des officiers de tous grades, depuis l'aide-commissaire, assimilé à l'enseigne de vaisseau, jusqu'au commissaire général qui prend rang après les contre-amiraux. Son organisation n'est donc pas celle de l'Intendance, corps d'officiers supérieurs dont la mission est plutôt de contrôle. Dans la Marine, le bâtiment s'administre comme un régiment, mais, au lieu d'officiers militaires détachés dans ces fonctions, un officier du Commissariat, du grade de lieutenant ou de capitaine, y exerce l'emploi de trésorier, secrétaire du Conseil. Dès le début de la carrière, ce personnel se trouve donc participer à la vie maritime, à ses fatigues et à ses dangers. Plus tard, dans les grades supérieurs, il revient à la mer, chargé de centraliser et de contrôler l'administration de chaque escadre ou division navale. Les expéditions d'outre-mer lui font enfin confier des missions spéciales.

Le recrutement de ce corps aux attributions nombreuses s'opère principalement par une école, où sont admis des licenciés en droit. Cette origine assure depuis un certain nombre d'années au corps un excellent personnel; mais il n'en fut pas de même en tous temps. De mauvaises conditions d'organisation et d'avancement avaient jeté la défaveur sur le Commissariat et fait péricliter son recrutement, quand, pour contribuer à son relèvement, le ministre Ducos, en 1853, décida d'y admettre, tous les ans, deux élèves de l'École Polytechnique. Quoique cette admission ait eu lieu à peu près régulièrement jusqu'au cours de ces dernières années, le nombre de ceux de nos camarades qui ont poursuivi la carrière jusqu'à ce jour est fort restreint. Bien que peu préparés par leur instruction spéciale aux fonctions administratives, ils y ont apporté les méthodes de travail que donne l'éducation scientifique, l'esprit de dévouement qui est de tradition à l'École et qu'ils retrouvaient dans le milieu maritime. Les plus anciens de ceux restés dans le corps sont arrivés aux premiers rangs.

Nous citerons : l'inspecteur général des colonies Bideau, passé dans l'inspection de la Marine, puis au contrôle colonial, et aujourd'hui à la tête de ce dernier service ; le commissaire général Roubaud, conseiller d'État et directeur des services administratifs au Ministère de la Marine, sous l'administration de l'amiral Aube, en retraite aujourd'hui et au service d'une de nos grandes compagnies de navigation ; le commissaire général Bergis, qui occupe actuellement ce même poste, après avoir rempli d'importantes fonctions à Toulon et sur l'escadre.

Ceux que la navigation ne retenait pas au loin ont pris part à la défense nationale en 1870. Nous citerons, en première ligne, le jeune Rouveure, démissionnaire de son grade quelques semaines avant la déclaration de guerre et qui reprit du service dans le bataillon des mobiles de l'Ardèche. Le 26 novembre 1870, au combat de Mollu, près de Vernon (Eure), il était tué en entraînant dans une lutte corps à corps la compagnie qu'il commandait. L'ennemi rendit un suprême hommage au vaillant soldat en venant remettre son corps aux avant-postes, escorté d'un détachement commandé par un prince de Saxe. Nommons également le sous-commissaire Rassicod, aujourd'hui en retraite, ancien naufragé de la frégate *le Montézuma* pendant la campagne du Mexique, adjoint en 1870 à la division d'infanterie de marine de l'armée de Mac-Mahon, qui organisa une ambulance sous le feu des Allemands à Bazeilles et partagea la captivité de l'armée ; le sous-commissaire Roussin, attaché à la brigade de marins qui, sous les ordres de l'amiral Saisset, défendit les forts du front nord de Paris et le plateau d'Avron.

Nous citerons enfin quelques disparus, l'aide-commissaire Méplain, enlevé par l'épidémie cholérique de Toulon en 1865, et, parmi ceux dont la carrière s'annonçait comme devoir être brillamment parcourue, les commissaires-adjoints Sagot-Duvauroux, mort en 1870, et de Montjon.

Albert de Montjon, sorti de l'École en 1858, était, après quelques années passées à Toulon et sur la flotte, appelé en 1866 en Cochinchine, où il servit sans interruption jusqu'en 1874. Ses aptitudes et ses facultés de travail l'avaient fait rapidement remarquer des amiraux gouverneurs Ohier et V. Duperré, et appeler par eux aux fonctions de chef de cabinet du gouvernement, puis de chef du service administratif et enfin de directeur de l'intérieur. Rentré en France, en 1874, pour y rétablir sa santé sérieusement atteinte, il succombait peu de mois après, à trente-quatre ans.

Nous ne pouvions terminer plus heureusement que par l'exemple de cette trop courte carrière l'étude de la petite phalange des anciens élèves de l'École Polytechnique ayant servi dans le Commissariat de la Marine.

A. ROUSSIN,
Commissaire de la Marine.

POUDRES ET SALPÊTRES.

I.

ORGANISATION.

L'administration des Poudres et Salpêtres fut créée, en 1775, sous le Ministère de Turgot. L'illustre Lavoisier fut l'un des premiers chefs de la nouvelle administration, qui ne tarda pas à être érigée en service public.

Ce service dépendit d'abord du Ministère des Finances, dont il ne fut séparé momentanément que pendant la période révolutionnaire, pour être mis sous les ordres d'une Commission, dite des armes et poudres, placée sous les ordres directs du Comité de salut public.

Ses principaux fonctionnaires furent : trois administrateurs généraux résidant à Paris, trois inspecteurs généraux chargés de la surveillance du service dans les départements, des directeurs-gérants placés à la tête des établissements de fabrication sous le nom de *commissaires des Poudres et Salpêtres*.

Nul ne pouvait parvenir aux emplois du service sans avoir été élève et, pour être admis en cette qualité, il fallait avoir subi un examen au concours sur la Géométrie, la Mécanique élémentaire, la Physique et la Chimie (¹).

En 1800, le premier Consul voulut rattacher plus particulièrement la Régie des Poudres et Salpêtres au service militaire, et il fut statué qu'elle serait mise dans les attributions du Ministre de la Guerre, que ses administrateurs auraient à rendre compte à ce ministre et au premier inspecteur général de l'Artillerie et que les poudreries seraient inspectées par des officiers supérieurs de l'Artillerie (²). L'organisation de l'administration était maintenue d'ailleurs dans la même forme et par les mêmes agents, à l'exception seulement de quelques dispositions réglementaires nouvelles.

C'est à partir de cette époque que des élèves sortant de l'École Polytechnique entrent dans les Poudres et Salpêtres en se présentant au concours réglementaire, où ils obtiennent immédiatement tous les emplois vacants.

Par une lettre du 21 juillet 1810 au général Gassendi, chef de la direction de l'Artillerie au Ministère de la Guerre, le comte de Cessac, gouverneur de l'École Polytechnique, faisant valoir que les concours ouverts par les administrateurs des Poudres et Salpêtres, ayant lieu à toutes les époques de l'année suivant les vacances qui se produisaient, dérangeaient beaucoup les élèves de l'École qui désiraient y prendre part, demanda que les places disponibles dans les Poudres et Salpêtres fussent réservées exclusivement aux anciens élèves de l'École Polytechnique et qu'elles fussent données comme les autres places dans les autres services publics.

Cette proposition fut acceptée et le recrutement exclusif des fonctionnaires des Poudres et Salpêtres à l'École Polytechnique, prescrit d'abord par un arrêté ministériel du 27 juillet 1810, fut définitivement sanctionné par un décret impérial en date du 1ᵉʳ mai 1815.

A partir de l'année 1816 jusqu'en 1865, le Service des Poudres et Salpêtres est rattaché à l'Artillerie.

L'ordonnance du 20 novembre 1816 institue, dans les établisse-

---

(¹) Loi du 27 fructidor, an V.
(²) Arrêté du 27 pluviôse, an VIII.

ments, des officiers d'Artillerie en qualité d'inspecteurs permanents; celle du 19 novembre 1817 supprime les régisseurs et inspecteurs généraux des Poudres et Salpêtres et confie la *direction générale des poudres* à un lieutenant général d'Artillerie en activité; par une ordonnance du même jour, le comte Ruty est nommé directeur général.

Les commissaires sont maintenus, comme précédemment, directeurs-gérants des établissements.

Ce régime, dont le principe fut maintenu et développé par les ordonnances du 15 juillet 1818 et du 26 février 1839, fut marqué par de sérieuses difficultés. En rapprochant, dans chaque établissement et en permanence, deux ordres de fonctionnaires, ayant la même origine, la même instruction et dont l'activité avait à s'exercer sur le même objet sous des formes différentes, le système inauguré par l'ordonnance de 1816 fut la cause d'un antagonisme, dont les effets, toujours croissants, portèrent à l'œuvre commune le plus grave préjudice.

Les inconvénients, chaque jour plus sensibles, de cet état de choses déterminèrent la mesure qui, en 1865, fit le partage du service entre la Guerre et les Finances.

Le décret du 17 juin 1865 supprime, à dater du 1er janvier 1866, la direction des Poudres et Salpêtres.

Le Ministère de la Guerre est chargé de la fabrication exclusive des divers types de poudres nécessaires aux services militaires et il conserve à cet effet cinq poudreries.

Le Ministère des Finances fabrique toutes les poudres de mine, de commerce et de chasse et en général toutes les matières explosives destinées à être vendues aux particuliers; il reçoit à cet effet, du Ministère de la Guerre, sept poudreries, trois raffineries de salpêtre, une raffinerie de soufre et une parcelle de l'ancienne raffinerie de Paris, sur laquelle fut organisé, sous le nom de *Dépôt central*, un établissement qui, progressivement agrandi et transformé, est devenu le Laboratoire central des Poudres et Salpêtres.

Ce décret est complété par celui du 9 novembre 1865, suivant lequel la fabrication des poudres de vente et le raffinage du salpêtre sont ajoutés aux attributions de la direction générale des tabacs, pour former une administration unique sous le nom de *direction générale des Manufactures de l'État.*

Le Conseil d'administration se compose du Directeur général et de trois administrateurs, dont un pour les Poudres et Salpêtres. Le personnel du commissariat est réuni à celui du service des tabacs sous le nom commun d'*ingénieurs des Manufactures de l'État.* Les élèves-ingénieurs se recrutent à l'École Polytechnique en se spécialisant toutefois, dès leur sortie, pour les tabacs ou pour les poudres. L'École où ils complètent en commun leur instruction technique prend le nom d'*École d'application des Manufactures de l'État.*

Pendant la guerre de 1870-1871, les poudreries civiles sont exclusivement affectées à la fabrication des poudres de guerre.

Trois ans plus tard, en vue de la reconstitution des approvisionnements de l'Artillerie, les poudreries et raffineries civiles sont replacées dans les attributions du département de la Guerre (décret du 13 novembre 1873) et, suivant la disposition réclamée à l'Assemblée nationale, par le général Frébault, l'art. 11 de la loi du 13 mars 1875, relative à la constitution des cadres de l'armée, statue que la direction de la fabrication des poudres et autres substances explosives monopolisées est confiée à un corps spécial d'ingénieurs se recrutant directement à l'École Polytechnique et placé sous l'autorité directe du Ministre de la Guerre.

Le décret du 9 mai 1876, portant règlement sur l'organisation et les attributions du corps des *ingénieurs des Poudres et Salpêtres,* institue, au Ministère de la Guerre, un service spécial, indépendant des services consommateurs; une poudrerie (Le Bouchet) demeure réservée aux officiers de l'Artillerie de terre. Le corps des ingénieurs comprend :

2 Inspecteurs généraux,
8 Ingénieurs en chef,
14 Ingénieurs,
12 Sous-Ingénieurs et un nombre d'Élèves ingénieurs proportionné
aux besoins du service;

il est soumis aux lois et règlements sur les pensions civiles.

La loi sur l'administration de l'Armée attribue aux ingénieurs des

Poudres et Salpêtres les bénéfices de la loi de 1834 sur l'état des officiers.

Les élèves ingénieurs suivent, pendant deux ans, les cours de l'École d'application dont le siège est au Laboratoire central des Poudres et Salpêtres.

Un Comité spécial, dit *consultatif*, dont les travaux devaient avoir exclusivement pour objet le « perfectionnement de l'art », fut institué, près de la direction générale, par l'ordonnance de 1818. Il se composait du directeur général président, d'un membre de l'Académie des Sciences et d'un commissaire des Poudres et Salpêtres.

Supprimé en 1829, ce Comité reparaît en 1839 avec une composition nouvelle dans laquelle figurent, avec les anciens membres, trois délégués de la Guerre, de la Marine et des Finances introduits pour donner aux Ministères consommateurs « de nouvelles garanties sous les divers rapports des progrès de l'art, de la fabrication et de l'économie ».

Le Comité consultatif a été enfin rétabli et réorganisé, dans le nouveau service, par le décret du 9 mai 1876. Il se compose :

du Président du Comité d'Artillerie, président;
de deux officiers généraux de l'Artillerie de terre;
d'un officier de l'Artillerie de marine;
d'un officier du Génie;
d'un membre de l'Académie des Sciences;
du directeur général des Contributions indirectes;
d'un inspecteur général des Ponts et Chaussées ou des Mines;
des deux inspecteurs généraux des Poudres et Salpêtres et d'un
    ingénieur en chef du même service remplissant les fonctions de
    secrétaire avec voix consultative.

La disposition qui maintient dans le Comité, depuis sa création, un membre de l'Académie des Sciences ([1]) témoigne de l'importance constamment attribuée par le législateur aux ressources de la science

---

([1]) Les membres de l'Académie des Sciences qui ont successivement siégé au Comité consultatif des Poudres et Salpêtres sont : Gay-Lussac, Pelouze et M. Berthelot.

dans la mise en œuvre du service. C'est donc en s'inspirant de l'esprit même de son institution que ce Comité, ayant éventuellement à se prononcer sur les questions relatives à la fabrication et à l'emploi des substances explosives, dans la Guerre et dans l'Industrie, pensa qu'il était nécessaire de créer une Commission spécialement chargée « de l'éclairer sur les besoins des divers services intéressés, sur les inventions réelles ou prétendues de matières explosives qui se produisent chaque jour et de fournir au Comité consultatif et au Service des Poudres et Salpêtres les moyens d'approfondir l'étude des questions qui peuvent lui être soumises ».

Conformément à ces propositions, la *Commission des substances explosives* fut instituée par un décret du 11 juin 1878 et définitivement organisée par celui du 23 juillet suivant, sous la présidence de M. Berthelot.

Elle est composée de membres titulaires et permanents pris dans les services intéressés et de membres adjoints et temporaires nommés par le Ministre, sur la demande de la Commission ou des services intéressés, pour l'étude de questions déterminées se rapportant à leur spécialité.

La Commission siège au Laboratoire central des Poudres et Salpêtres; le laboratoire et les instruments d'épreuve de cet établissement et de la poudrerie de Sevran-Livry sont mis à sa disposition.

La suite de cet exposé fera connaître le résultat des mesures qui ont donné l'autonomie au Service des Poudres et Salpêtres et ont mis à sa disposition ces puissants moyens d'investigation.

La participation de l'Artillerie au fonctionnement du service et la coopération des officiers et ingénieurs des divers services intéressés aux recherches de la Commission des substances explosives, donnent à l'ensemble des résultats obtenus le caractère d'une œuvre collective. Cette notice ne se rapporte donc pas seulement aux travaux des fonctionnaires, commissaires ou ingénieurs, des Poudres et Salpêtres : elle est le résumé des efforts faits en commun, par des Polytechniciens, pour l'industrie et la défense du pays.

II.

TRAVAUX TECHNIQUES.

— —

Les poudres fabriquées par l'État sont destinées à la guerre, à la chasse et aux mines.

Depuis la création du service jusqu'au milieu de ce siècle, les conditions de l'armement sont restées sensiblement les mêmes et le soin minutieux avec lequel la Guerre avait réglé la réception de ses poudres, afin d'en conserver rigoureusement les propriétés balistiques, entraînait comme conséquence une telle détermination des appareils et des procédés que toute modification du matériel et des opérations se trouvait en fait interdite. Dans toute l'étendue du système d'artillerie, composé de pièces en bronze à projectiles sphériques, on employait une même poudre, très peu différente de celle qui servait aux fusils; on la fabriquait par le procédé des pilons et il ne fut dérogé à cette fabrication traditionnelle que dans des cas tout à fait exceptionnels, par un emploi des tonnes de trituration qui fut qualifié révolutionnaire.

D'autre part, une poudre peu différente de la poudre de guerre s'adaptait convenablement aux armes de chasse alors en usage et, à une époque où était à peine soupçonnée la possibilité d'explosifs plus puissants que la poudre, un mélange quelconque des trois constituants de la poudre semblait devoir suffire à toute la pratique des mines.

Toute voie paraissait donc fermée au progrès, et l'activité des jeunes Polytechniciens s'est d'abord portée dans d'autres directions. Le premier d'entre eux, le commissaire des poudres Champy (J.-N.), de la première promotion de l'École, fit partie du groupe de savants attachés à l'expédition d'Égypte et mérita par ses services la confiance et l'estime toute particulière du premier Consul (¹). Les commis-

---

(¹) Il est mort au Caire, de la peste.

saires des poudres accompagnaient les armées en campagne ; on les
trouve ensuite, pendant les grandes guerres de l'Empire, organisant
le service et créant des établissements de fabrication, sous les ordres
des gouverneurs militaires, en Italie (Turin, Pise, Parme et Tivoli),
en Espagne (Pampelune, Saragosse et Tudela), en Belgique (Liége
et Bruxelles), en Allemagne (Mayence, Neuss, Trèves et Ham-
bourg), à Corfou et jusqu'à Java et Saint-Domingue.

Après cette période agitée, les efforts se portèrent sur les procédés
de fabrication, dans la mesure restreinte imposée par l'immutabilité
des poudres de guerre. En 1822, le commissaire des poudres Maguin
(1807) demanda et obtint l'autorisation de se rendre en Angleterre
pour visiter les fabriques de poudre et chercher à découvrir le procédé employé pour fabriquer la poudre de chasse superfine (*dartford-
powder*), qui était réputée la meilleure d'Angleterre. Il y parvint
et, suivant les indications de son rapport, la direction des poudres
fit établir, à la poudrerie du Bouchet, un appareil de carbonisation
par distillation et des meules de trituration qui, dès l'année 1824,
permirent d'obtenir des poudres égales aux poudres anglaises, ainsi
que le constate le rapport d'une Commission de cinq membres, parmi
lesquels Chaptal, Thenard et de Prony.

De nouvelles améliorations se produisent ensuite. Le commissaire
des poudres Violette (1828) introduit, en 1847, un procédé de distillation du bois par la vapeur surchauffée et des modifications avantageuses sont apportées à ce procédé par le commissaire des poudres
Gossart (1841), dont les travaux sont bien malheureusement interrompus par l'explosion qui l'a tué, avec sept de ses agents, le 4 mai
1858.

Les gaz et goudrons produits par la distillation sont utilisés comme
combustibles, en 1856, par M. d'Hubert (1841) à la poudrerie du
Bouchet, et par M. Maurouard (1842) à la poudrerie de Metz ; on
doit à ce dernier des appareils de carbonisation qui paraissent réaliser
tous les perfectionnements désirables ([1]).

D'incessantes et heureuses tentatives sont faites pour améliorer

---

[1] Ces appareils ont été installés par M. Maurouard, à la poudrerie de Metz
(1861) et à la poudrerie de Sevran (1869) ; à la suite de la guerre de 1870-1871, les
Allemands, devenus possesseurs de la poudrerie de Metz, ont reproduit une installation semblable à la poudrerie de Spandau.

les appareils de fabrication ; enfin, dans le projet d'installation de la poudrerie de Sevran-Livry ([1]), M. Maurouard a tracé les règles qui doivent guider les ingénieurs dans la construction des poudreries et qui sont universellement appliquées aujourd'hui.

A ces travaux intéressant la pratique du service, les commissaires des poudres ajoutaient des études méthodiques manifestement inspirées par l'esprit scientifique de l'École. Telles sont les remarquables recherches de Violette sur les propriétés générales des charbons distillés, les expériences de E. Faucher (1832) sur la marche et le travail des meules, les recherches expérimentales de Maurey (1831) sur les causes d'explosion dans la fabrication des poudres par les meules.

Le service n'a possédé pendant longtemps qu'un seul appareil d'épreuves dont les indications fussent précises, le mortier-éprouvette. C'est vers 1824 que le premier fusil-pendule paraît avoir été établi à la direction des poudres et c'est en 1826 que le premier canon-pendule a été construit à la poudrerie d'Esquerdes, où il servit à de remarquables expériences du commissaire des poudres Maguin, dont il sera parlé ultérieurement.

D'autres pendules, perfectionnés, furent ensuite installés aux poudreries de Metz, du Bouchet et d'Angoulême, et c'est avec le canon-pendule de Metz que la Commission des principes du tir a exécuté, de 1836 à 1842, la première série d'expériences méthodiques sur les vitesses réalisées dans les bouches à feu. De 1861 à 1865, sous la direction de M. d'Hubert, le canon-pendule du Bouchet a servi à la détermination des vitesses imprimées aux projectiles cylindro-ogivaux de 4 et de 12, par les pièces rayées du système Treuille de Beaulieu, et aux premières études sur les charges comprimées

---

([1]) La poudrerie de Sevran offre le premier exemple, en France, d'une poudrerie complètement actionnée par la vapeur, suivant deux systèmes différents. Dans le premier, dit *rayonnant,* une machine centrale transmet le mouvement à l'aide de câbles métalliques partant d'une tour polygonale et aboutissant aux usines qui sont disposées en demi-cercle. Dans le second, dit *longitudinal,* les machines alimentées par un groupe commun de chaudières, transmettent le mouvement à des câbles métalliques parallèles, qui font chacun le service d'une rangée d'usines.

qui furent employées plus tard, sous forme de rondelles, dans les pièces de Reffye.

A partir de 1867, les pendules furent remplacés avec avantage par les chronographes électriques (¹). Le Service emploie aujourd'hui des chronographes Le Boulengé pour la mesure des vitesses, des manomètres à écrasement pour la mesure des pressions, et c'est avec ces appareils perfectionnés qu'il poursuit méthodiquement, de concert avec l'artillerie de terre et l'artillerie de la marine, les études et la réalisation des poudres du nouvel armement (²).

D'autres objets se sont successivement offerts aux recherches du Service. Le salpêtre a été, dès l'origine, l'une de ses plus vives préoccupations, non pas au point de vue des procédés à employer pour amener ce produit au degré de pureté nécessaire, car ces procédés ont été facilement trouvés et réalisés, mais au point de vue des difficultés qu'a présentées l'approvisionnement, tant que l'on n'a employé que les salpêtres naturels. D'innombrables décrets se rapportent à cet objet, pendant la longue suite des guerres de la République et de l'Empire, et, pour utiliser les ressources éparses sur le territoire, il fut nécessaire de multiplier les raffineries, qui, en 1811, étaient au nombre de seize, comme les poudreries. C'est pour le traitement des matériaux salpêtrés qu'a été imaginée et adoptée, en 1820, par le Comité consultatif des Poudres et Salpêtres, la méthode de lessivage méthodique, qui rend encore des services importants dans un grand nombre d'industries. Aujourd'hui, la presque totalité du salpêtre s'obtient en traitant le nitrate de soude par des sels de potasse, et ce procédé de fabrication fut signalé, dès 1818, par le commissaire des poudres Durand (1810) (³). Sur sa proposition, et à la suite d'un rapport du Comité consultatif en date du 16 dé-

---

(¹) Il convient de rappeler, à cette occasion, les noms du colonel Martin de Brettes (1833) et du capitaine Schultz (1852).

(²) La mesure de la densité des poudres est un élément important des épreuves; le Service emploie, à cet effet, le densimètre à mercure construit par M. Bianchi à la demande du colonel Mallet (1816) et l'appareil très simple, imaginé par M. le colonel Ricq (1858).

(³) Il est l'auteur d'un Ouvrage intitulé : *Considérations sur la nitrification*, publié à Toulouse en juin 1824.

cembre 1818, le général Ruty autorisa des expériences en grand, qui eurent un plein succès.

La facilité progressive de l'approvisionnement et des moyens de transport a conduit à réduire beaucoup le nombre des raffineries et à substituer aux établissements exigus d'autrefois de vastes installations, telles que la raffinerie de Lille, dont la construction fut confiée, en 1863, au commissaire des poudres Violette. Bien qu'elle soit concentrée dans un espace plus restreint, la raffinerie de Bordeaux peut livrer annuellement, à la suite des perfectionnements qu'elle a reçus ([1]), près de quatre millions de kilogrammes de salpêtre raffiné.

Les raffineries sont actuellement au nombre de trois (Lille, Bordeaux, Marseille); leurs opérations comprennent le raffinage du salpêtre et sa fabrication par conversion.

Un autre ordre de recherches s'est imposé après la découverte du coton-poudre qui donna l'espoir de remplacer, dans toutes ses applications, la vieille poudre noire par un explosif plus puissant. La direction des poudres ordonna immédiatement des essais de fabrication, qui furent faits au Bouchet, sous la direction du commissaire des poudres Maurey et sous la surveillance particulière de M. Maurouard, alors élève-commissaire. La difficulté était d'obtenir un produit stable, non susceptible de décomposition spontanée, et la terrible explosion survenue, en 1848, au cours de ces essais, montra tous les dangers d'une fabrication dont les produits, sous leur forme originelle, avaient été d'ailleurs reconnus impropres à la pratique des armes. Cette fabrication fut donc officiellement abandonnée; mais le Mémoire publié, en 1864, par Pelouze et Maurey, « au sujet des nouveaux procédés de M. le général autrichien baron Lenk pour la fabrication et l'emploi de cette matière », témoigne que le Service ne s'était pas en fait désintéressé de la question.

Après la guerre de 1870-1871, le Service s'occupa de la dynamite, pour la guerre et pour l'industrie; c'est en faisant l'étude de cette fabrication que le sous-ingénieur Dordins (1863) fut tué, à la poudrerie de Saint-Médard, par l'explosion du 13 septembre 1873. Les

---

([1]) M. Biffe (1851).

travaux faits à la poudrerie de Vonges par les ingénieurs L. Faucher (1856) et H. Boutmy (1865), en vue de diminuer les dangers de la fabrication de la dynamite, ont valu à leurs auteurs le prix des Arts insalubres décerné, en 1879, par l'Académie des Sciences. Mais la loi du 8 mars 1875 ayant autorisé la fabrication de la dynamite par l'industrie privée, la fabrication de l'État s'est bientôt réduite aux besoins de la guerre, qui n'a pas tardé à remplacer la dynamite par le coton-poudre, puis par la mélinite.

A peine le Service était-il réorganisé, qu'il eut à accomplir une œuvre considérable. L'armement venait d'être profondément modifié; aux anciens canons, l'Artillerie de terre et de mer venait de substituer des pièces d'acier, à projectiles allongés, se chargeant par la culasse, et lorsque, en 1877, fut agitée la question de la reconstitution corrélative des approvisionnements de guerre, le Ministre de la Guerre adopta les mesures proposées par le Service et le Comité consultatif des poudres et salpêtres. Grâce à ces mesures, la puissance productive des poudreries fut accrue, avec une dépense relativement faible et une rapidité extrême, de telle sorte que la fabrication annuelle des poudres de guerre a atteint 12 millions de kilogrammes, sans que les besoins des autres départements ministériels soient restés un seul jour en souffrance. Plus de 100 millions de kilogrammes de poudres diverses ont été fabriqués ainsi, sans qu'aucun accident grave se soit produit pendant onze années de travail continu de jour et de nuit.

Les types des nouvelles poudres de l'artillerie de terre ont été réalisés par M. le colonel Castan (1855), à la poudrerie militaire du Bouchet. Les types des poudres destinées à l'artillerie de la marine sont dus aux ingénieurs qui se sont succédé à la poudrerie de Sevran-Livry ([1]).

Dans ce dernier établissement, la poudre prismatique brune allemande a été reproduite, en trois mois, sans que la France ait eu, comme d'autres pays, à dépenser aucune somme pour obtenir le secret de cette fabrication ([2]).

([1]) MM. Maurouard, Arnould, Lambert, directeurs.
([2]) MM. Lambert et Barral.

Les recherches faites à l'occasion de ces types ont contribué, pour une large part, à la détermination de l'influence exercée par les éléments variables de la fabrication (durée de trituration, lissage, dosage, qualités physiques des grains) sur les propriétés balistiques des poudres et à celle du mode de combustion des matières agglomerées par la compression.

Le couronnement de cette œuvre de progrès incessants est la découverte de la poudre sans fumée faite, en 1884, par M. l'ingénieur Vieille (1873), au Laboratoire central des Poudres et Salpêtres. Cette poudre (poudre B) a été immédiatement adoptée comme base de l'armement et sa fabrication a été organisée, avec une extrême rapidité, dans trois établissements du Service ([1]).

La fabrication de nouvelles poudres n'était pas la seule qui fût imposée par la réforme de l'armement : il fallait, en outre, des explosifs spéciaux, tant pour le chargement des torpilles que pour celui des projectiles creux. Dès l'année 1873, le Service avait créé, près de Brest, un établissement pour la fabrication du coton-poudre comprimé suivant le procédé Abel ; cette fabrication a reçu, dans deux établissements ([2]), une extension considérable. De plus, la fabrication de la mélinite a été organisée, dans trois poudreries ([3]), de manière à satisfaire sans aucun retard à tous les besoins de l'approvisionnement.

La mélinite et, plus généralement, les explosifs azotés susceptibles d'être employés aux divers usages militaires, sont encore, à la poudrerie du Bouchet, l'objet d'une étude incessante et approfondie ([4]), et c'est au cours d'une opération se rapportant à cet objet que le commandant d'artillerie Pierron a été mortellement atteint dans un accident (1890).

Enfin, la nouvelle fabrication comportant une consommation considérable d'éther, une fabrique capable d'assurer, en tout temps, une

---

([1]) MM. Lambert, Bérard, Louppe, directeurs.
([2]) MM. Desmaroux, Maissin, directeurs.
([3]) MM. Billardon, Jacotot, Chobillon, directeurs.
([4]) MM. les colonels Castan, Ricq, directeurs ; M. le commandant Pierron, M. le capitaine Lépidi.

grande production de cette substance, a été installée à Bordeaux (¹), dans des conditions aussi satisfaisantes que possible.

Pendant qu'il se préoccupait ainsi des questions d'ordre supérieur qui intéressent la défense du pays, le Service ne perdait pas de vue l'intérêt financier qui s'attache à la vente des poudres. C'est dans le but de développer cette vente qu'il a pris l'initiative de mesures telles que la création de nouveaux types de poudres de chasse et de mine, l'abaissement du prix de la poudre de commerce extérieur, la fabrication de cartouches comprimées au coton-poudre et au nitrate d'ammoniaque, la mise en vente de poudre de chasse sans fumée.

La première poudre de chasse pyroxylée française fut mise en vente en 1882, à la suite des recherches de M. l'ingénieur Maissin; des études faites ensuite à la Poudrerie de Sevran ont abouti à la création de nouveaux types perfectionnés qui, depuis 1890, sont livrés à la consommation sous les désignations S et J (²).

Les poudres fabriquées, à prix réduits, pour l'exportation comprennent aujourd'hui, avec la poudre de commerce extérieur, des poudres de chasse, des poudres de mine et des poudres de guerre parmi lesquelles, sous la désignation BN, figurent des types créés à la poudrerie de Sevran, qui, sans avoir la même composition et les mêmes qualités que les nouvelles poudres réglementaires, constituent des poudres à grande puissance balistique destinées aux fusils de petit calibre et aux canons de tous calibres.

En autorisant la fabrication et la vente des types BN, le gouvernement français a voulu donner aux grandes Sociétés industrielles, qui ont établi en France d'importants ateliers de construction d'artillerie et sont devenues les fournisseurs de plusieurs gouvernements étrangers, les poudres appropriées à leurs bouches à feu des divers modèles; il a même consenti à fabriquer et à fournir à l'industrie privée, dans les mêmes conditions que les poudres BN, les types de poudre sans fumée dont la fabrication courante à l'étranger pouvait être authentiquement établie. Le Département de la Guerre ne croit pas

---

(¹) M. Biffe, directeur.

(²) La composition et les premiers essais de fabrication de la poudre J, à base de coton-poudre et de bichromate d'ammoniaque, sont dus à M. l'ingénieur Bruneau.

possible de donner aujourd'hui plus ample satisfaction à l'industrie, estimant qu'en allant au delà il risquerait de compromettre les intérêts de la défense nationale et de contribuer au progrès des artilleries étrangères. Si, un jour, le maintien du secret cesse d'être une nécessité, la mise en vente des produits inventés et fabriqués par le Service des Poudres et Salpêtres est destinée à devenir, pour le Trésor, une ressource de la plus haute importance.

Actuellement, les établissements du Service occupent une superficie totale de 600 hectares environ; ils disposent d'une force motrice de plus de 3000 chevaux et emploient un personnel de 3000 ouvriers. Le personnel supérieur ne comprend que 36 fonctionnaires, dont 2 inspecteurs généraux.

Les fabrications si diverses d'explosifs sont réparties dans 11 poudreries et l'importance de ces fabrications a conduit à donner à plusieurs de ces établissements un développement considérable; leur étendue dépasse 100 hectares. Généralement pourvues de moteurs hydrauliques, les poudreries de l'État sont établies sur des cours d'eau qui, avec les plantations destinées à amoindrir l'effet des explosions, contribuent à donner à l'ensemble un aspect particulièrement riant et pittoresque, fort différent de celui que présentent habituellement les usines de l'industrie et atténuant, d'une façon fort heureuse, l'impression que peut produire la nature inquiétante des opérations.

A propos des dangers inhérents à ces fabrications, il n'est pas sans intérêt de rappeler que, suivant une statistique due à M. l'ingénieur Désortiaux (1873), grâce aux dispositions successivement réalisées, le nombre des accidents mortels survenus dans les poudreries nationales, par 1000 ouvriers et par année, s'est successivement abaissé de 3,63 à 2,61 et à 0,68 pendant les périodes successives 1820-1872, 1873-1883, 1884-1889. La proportion correspondante est beaucoup plus grande dans les fabriques d'explosifs de l'industrie privée; elle n'est pas moindre dans certaines industries (travaux de maçonnerie et de charpenterie, exploitation des chemins de fer, etc.), réputées moins dangereuses. Un tel résultat a pu être obtenu au prix de précautions minutieuses rigoureusement observées, mais des accidents successifs à la suite desquels quatre jeunes ingénieurs ont été blessés, dans ces dernières années, attestent que, sur ce terrain, les recherches ne se font pas par des sentiers faciles.

Les travaux de la Commission des substances explosives forment aujourd'hui un dossier considérable ; ils comprennent un grand nombre de rapports et de procès-verbaux d'expériences se rapportant aux questions les plus diverses. Les unes sont d'ordre purement pratique : examen des explosifs proposés par l'industrie, application des explosifs aux opérations de guerre, tubes et cordeaux détonants, moyens de prévenir les explosions du grisou dans le tirage des mines, etc. ; les autres, non moins importantes, sont d'ordre théorique ; il en sera donné plus loin un aperçu.

Quelques travaux de la Commission et ses rapports annuels au Ministre sont insérés dans le *Mémorial des Poudres et Salpêtres*, institué, en 1881, pour publier les travaux du Service et pour recueillir, tant en France qu'à l'Étranger, les documents et les faits susceptibles d'aider à son fonctionnement. Cette publication, dont les matériaux n'ont jamais fait défaut, renferme, avec des études sur la fabrication ([1]), des mémoires se rapportant à des objets, tels que l'emploi des explosifs en agriculture, la régularisation des machines, la justesse du fusil modèle 1874, la diffusion des gaz, les vibrations élastiques des canons, etc. ([2]), qui témoignent de la variété des sujets que le Service offre aux recherches de ses ingénieurs.

Les travaux accomplis pendant la dernière guerre méritent une mention spéciale.

En province, les poudreries civiles apportèrent le concours le plus actif à la défense nationale. Afin d'éviter l'achat onéreux, à l'étranger, des poudres qui faisaient défaut, on utilisa les machines affectées d'ordinaire à la poudre de mine, pour créer une poudre spéciale pouvant remplacer la poudre réglementaire dans le tir du fusil mo-

---

([1]) Telles sont les recherches de M. Billardon sur les poudres de chasse dont le fonctionnement dans les armes a pu être étudié par l'emploi d'une cible tournante, réalisée par MM. Billardon et Dou, permettant d'apprécier la dispersion des plombs ainsi que leurs vitesses individuelles. Telle est aussi l'étude, faite par M. Messier, d'un procédé ayant pour effet d'éviter, dans la fabrication des poudres, la manipulation, toujours dangereuse, du coton-poudre sec.

([2]) MM. Coutagne, Bérard et Léauté, Billardon, Joulin, Liouville.

dèle 1866. Ce procédé, dû à M. l'ingénieur L. Faucher, alors directeur de la poudrerie du Pont-de-Buis, fut adopté par le gouvernement de Tours, qui en prescrivit l'application dans les poudreries d'Angoulême, de Pont-de-Buis et de Toulouse. 500000^{kgr} de poudre, fabriqués ainsi à un prix très réduit, purent être livrés à bref délai. Dans les mêmes poudreries furent, en outre, organisés des ateliers de cartouches dont la production fut considérable.

A Paris, au commencement d'octobre, un mois environ après l'investissement, l'Administration de la Guerre décida la création d'une grande fabrique de poudres dans l'intérieur même de la ville, et elle chargea de ce service M. Maurouard, alors directeur de la poudrerie de Sevran.

La mesure était grave et le souvenir du désastre survenu à Grenelle, lors de la fabrication révolutionnaire de 1794, n'était pas un encouragement à une telle entreprise; elle a pourtant pleinement réussi.

Un emplacement favorable à la construction de cette poudrerie fut trouvé dans la partie de l'avenue Philippe-Auguste, comprise entre les rues de Charonne et de Montreuil, et, sur ce point, fut établie l'enceinte d'une superficie de 65000^{mc}. dans laquelle la construction des bâtiments et l'installation des appareils furent faites en moins d'un mois.

Le procédé de fabrication était celui des tonnes et presses; les appareils étaient actionnés par des machines à vapeur.

Au complet développement de la poudrerie, sa fabrication était de 7000^{kgr} par jour, et, le 28 janvier, quand l'armistice vint brusquement interrompre le travail, la production totale avait dépassé 300000^{kgr}.

Le fonctionnement de la poudrerie comporta l'emploi de 300 ouvriers qui, à défaut de poudriers, durent être pris dans les professions les plus diverses, toutes étrangères à la fabrication de la poudre; les opérations furent néanmoins poursuivies sans donner lieu au moindre accident ([1]).

([1]) Les ingénieurs chargés du service de la poudrerie Philippe-Auguste, sous la direction de M. Maurouard, étaient MM. Sarrau, Lambert, Boutmy et Beigbeder.

III.

TRAVAUX SCIENTIFIQUES.

L'étude expérimentale des explosifs offre des difficultés spéciales, par suite de la grandeur des forces qui se produisent et de l'extrême rapidité avec laquelle ces forces se développent.

Les expériences entreprises par Rumford, en 1792, ont donné la première évaluation de la pression que la poudre produit en vase clos. Les analyses de Gay-Lussac et de Chevreul ont fait connaître, en 1823 et en 1825, le volume et la composition des gaz qui résultent de sa combustion. Ces données furent les seules connues dans la première moitié de ce siècle.

D. Bernoulli, Euler, Robins avaient abordé théoriquement les effets de la détente des gaz dans les bouches à feu; mais, dans ces essais, la combustion de la poudre était considérée comme instantanée et cette manière d'envisager le phénomène ne pouvait qu'induire en erreur sur les conditions réelles de sa production.

Le rapport adressé au Ministre de la Marine, le 18 juin 1832, sur les expériences faites avec le canon-pendule à la poudrerie d'Esquerdes, par le commissaire des poudres Maguin, témoigne qu'il avait très exactement apprécié déjà l'influence que la combustion progressive de la charge exerce sur les effets produits dans une bouche à feu.

Il est dit dans ce rapport, à propos des défauts attribués par Maguin à la poudre réglementaire des pilons, que « le feu mis à une charge de cette poudre se communique de proche en proche avec lenteur à travers les interstices étroits qui séparent les grains,.... Ces grains petits et peu denses se brûlent rapidement et le fond de la charge, entièrement enflammé avant que le feu ait pu se communiquer jusqu'en haut, projette en avant et le boulet et le reste de la charge, dont une portion brûle dans la longueur de l'âme en ajoutant peu à la vitesse du boulet, et dont l'autre ne s'enflamme qu'après sa sortie du canon ».

On lit plus loin : « En général, pour obtenir le maximum d'effet, il faut que les dimensions du grain de la poudre soient proportionnées au calibre de l'arme, à laquelle elle est destinée ». Ainsi se trouve, pour la première fois, énoncé le principe de similitude, dont l'application joue un rôle de plus en plus important dans les conditions actuellement adoptées par l'Artillerie.

C'est conformément à ces vues que Maguin fit, de 1832 à 1835, de nombreuses expériences pour apprécier l'influence de la grosseur et de la densité du grain et c'est dans ces expériences que l'on employa, pour la première fois, des grains dont les dimensions atteignaient 10^{mm}.

A la même époque se placent les premières études du général Piobert (1813) sur la théorie des effets de la poudre. Ces études, qui ont servi de base au cours d'artillerie créé par l'auteur, en 1831, à l'École d'application de Metz, sont résumées dans un Mémoire présenté, le 12 octobre 1835, à l'Académie des Sciences et inséré dans le *Recueil des savants étrangers*. Les notions sur l'inflammation de la charge et la combustion des grains, qui la composent, y sont précisées et résumées dans des formules ingénieuses, qui donnent le poids de la fraction de la charge brûlée à un instant quelconque.

Pour établir ces formules, Piobert a admis que la combustion d'un grain se propage, avec une vitesse constante, normalement aux surfaces en ignition; pour réduire ces formules en nombres, il a fait une longue série d'expériences ayant pour but de déterminer, sous la pression atmosphérique, la vitesse de combustion de la matière et la vitesse d'inflammation des traînées de poudre, pour des compositions et des fabrications diverses, pensant qu'il obtenait ainsi l'évaluation, au moins approchée, des éléments similaires dans les armes.

En combinant ces données avec les résultats des expériences de Rumford, Piobert parvint à étudier approximativement le mouvement du projectile, pendant les premiers instants, de manière à étudier l'influence des divers éléments de la fabrication sur les vitesses, ainsi que les propriétés des divers modes de chargement relativement aux dégradations de l'âme des bouches à feu.

C'est ainsi qu'il porta quelque lumière dans les résultats confus des expériences entreprises, en 1829, sur les poudres brisantes, et qu'il fut conduit, en vue de la diminution des effets destructeurs des poudres dans les armes, au système dit des charges allongées. Ce mode de chargement, proposé par Piobert en 1833, devint réglementaire et l'expérience qui en fut faite, notamment dans la guerre d'Orient, démontra qu'il était en effet très favorable à la conservation des bouches à feu.

L'œuvre de Piobert est considérable ; elle a inauguré l'analyse exacte des phénomènes balistiques suivant les méthodes ordinaires de la Mécanique rationnelle. Ses lacunes tiennent surtout à l'insuffisance des données scientifiques de l'époque. On sait aujourd'hui que la vitesse de combustion de la poudre n'est pas constante, comme le supposait Piobert ; elle varie avec la pression du milieu où la combustion s'opère. Quant à la théorie rigoureuse du phénomène, elle dépend essentiellement des lois, alors inconnues, qui régissent la transformation de la chaleur en travail dans les machines thermiques.

La modification de la théorie, suivant la Thermodynamique, a été introduite par M. Resal, alors ingénieur des mines, dans ses *Recherches sur le mouvement des projectiles*, publiées en 1864, et l'équation, qui en résulte, sert de base à toutes les recherches postérieures.

Peu de temps après se produit une évolution qui est d'une importance capitale pour la théorie ; les mémorables recherches de M. Berthelot, inaugurées pendant le siège de Paris, ouvrent une voie nouvelle en réduisant à la Thermochimie, suivant des règles simples, les phénomènes explosifs en apparence si complexes. Conformément à ces vues, les facteurs principaux des effets d'un explosif sont la chaleur dégagée par sa décomposition et le volume des gaz produits ; la pression développée par un poids déterminé de l'explosif dans une capacité déterminée est proportionnelle au produit de ces deux facteurs ; la chaleur dégagée mesure le maximum de travail qu'il peut accomplir.

Ces principes ont guidé, dès leur apparition, les recherches des ingénieurs des poudres qui, en 1873, ont déterminé expérimentalement les facteurs caractéristiques des diverses poudres fabriquées en France et ont étendu ces déterminations à d'autres explosifs (coton-poudre, dynamite, acide picrique, picrates, etc.) ([1]).

Ces règles si simples ne constituent qu'une première approximation; pour calculer exactement la pression, il faut connaître : la composition et la chaleur de formation des produits de l'explosion, la chaleur spécifique de ces produits; il faut enfin connaître, pour ces produits, un élément que des théories physiques nouvelles ont introduit, sous le nom de *covolume*, dans les formules de la compressibilité des fluides.

De nombreuses déterminations de ces éléments ont été faites au Laboratoire central des Poudres et Salpêtres; à cet effet, il a fallu réaliser des appareils calorimétriques spéciaux et faire un nombre considérable d'analyses chimiques ([2]). La détermination des chaleurs spécifiques a été effectuée, suivant une méthode fondée sur la mesure des pressions développées en vase clos par les mélanges gazeux explosifs, d'après le mouvement que ces pressions impriment à un piston ([3]). La détermination des covolumes a été déduite, par le calcul, d'expériences récentes sur la compressibilité des fluides ([4]).

La Commission des substances explosives a utilisé ces diverses données théoriques dans son rapport sur les questions relatives à l'emploi des explosifs en présence du grisou ([5]).

Les pressions produites par les explosifs peuvent se déterminer par expérience; on les évalue aujourd'hui, suivant la méthode imaginée par le capitaine Noble, de l'artillerie anglaise, en mesurant l'écrasement d'un petit cylindre en cuivre rouge, placé entre une enclume fixe et la tête d'un piston, dont la base, de section connue, reçoit l'action des gaz.

Il a été nécessaire de faire d'abord l'étude approfondie du fonc-

---

([1]) MM. Roux et Sarrau.
([2]) MM. Berthelot, Sarrau, Vieille.
([3]) MM. Berthelot et Vieille.
([4]) M. Sarrau.
([5]) M. Mallard, inspecteur général des Mines, rapporteur.

tionnement de cet appareil et de déterminer les conditions, sous lesquelles il est possible de déduire de ses indications, moyennant un tarage spécial, l'évaluation rigoureuse des pressions. Cette étude a été faite au Laboratoire central ([1]), en déterminant la loi suivant laquelle le mouvement du piston s'opère sous l'action de la pression des gaz et de la résistance du cylindre.

Cette loi se déduit du tracé obtenu sur un cylindre tournant, suivant un dispositif qui permet d'enregistrer avec régularité des mouvements, dont la durée, pour certaines matières à combustion rapide, ne dépasse pas 3 ou 4 dix-millièmes de seconde.

Les résultats obtenus avec ce manomètre enregistreur ont servi, soit à vérifier l'exactitude des formules, soit à déterminer expérimentalement les éléments qu'elles renferment.

Les manomètres à écrasement servent aussi à mesurer la pression maximum dans l'intérieur des armes de tous calibres et l'adoption, due à l'initiative du général Frébault, de ce petit appareil, d'un fonctionnement simple et commode, a puissamment aidé au progrès de la balistique expérimentale en France ([2]).

Les recherches théoriques sur les effets de la poudre dans les armes se poursuivaient en même temps avec persévérance. A l'occasion des études qu'il fit, en 1872, pour fixer les types des poudres du nouveau matériel de l'artillerie de terre, M. le colonel Castan avait été amené à constater expérimentalement l'influence de la pression sur la vitesse de combustion de la poudre et à remarquer que cette

---

([1]) MM. Sarrau et Vieille.

([2]) La mesure des pressions développées par les gaz de la poudre a été, en France, l'objet de travaux fort remarquables; on les rappellera ici, bien qu'ils se rapportent plus particulièrement aux études spéciales de l'Artillerie. On doit à M. le colonel Ricq un enregistreur à indications continues, qui a valu à son auteur le prix de Mécanique décerné, en 1874, par l'Académie des Sciences. De 1872 à 1876, M. le général Sebert, de l'Artillerie de la Marine, a établi, avec la collaboration de M. Marcel Deprez, différents types d'appareils (balances manométriques, accélérographes, accéléromètres, etc.) servant également à la mesure et à l'inscription des pressions dans les vases clos et dans les armes. En 1880, M. Sebert a fait connaître un nouvel appareil qui, placé à l'intérieur d'un projectile creux, enregistre pendant le parcours de ce projectile toutes les circonstances de son mouvement (projectile enregistreur).

influence était rendue manifeste par les conditions mêmes du tir.
Il était donc nécessaire d'avoir égard à cette circonstance et de
l'exprimer analytiquement dans l'équation du mouvement du projectile; l'équation du problème étant ainsi posée, en tenant compte
de toutes ses conditions, sa solution se réduisait à une question de
pure analyse.

Cette solution a été obtenue, en 1874, par M. Sarrau (1857), et
ses développements successifs ont conduit à des formules qui expri-
ment les vitesses et les pressions en fonction de toutes les variables
du tir, y compris celles qui caractérisent la poudre employée et
dépendent directement de la force de la substance, de la forme
du grain et de la durée de sa combustion. Ces formules, adoptées
pour l'enseignement de l'École d'application de l'Artillerie et du
Génie, s'appliquent à la question du chargement des canons, au
choix de la poudre et à son utilisation la meilleure dans chaque
cas.

Une conséquence de ces formules, signalée en 1874, est relative à
l'emploi des explosifs azotés à grande puissance dans les armes; elles
indiquent, en effet, que ces explosifs sont susceptibles de produire,
avec la même pression maximum, des vitesses supérieures à celles
que donne la poudre noire, sous la condition de régler convenablement la durée de leur combustion. C'est parce que cette condition
essentielle n'était pas remplie que les premiers essais de tir faits
avec des poudres de cette nature (coton-poudre, picrate d'ammoniaque, etc.) ont échoué, par suite des propriétés brisantes qu'elles
possédaient, sous la forme immédiate qui résultait de leur fabrication.

On doit signaler toutefois, comme marquant un acheminement
vers l'emploi rationnel des explosifs puissants dans les armes, les
essais faits, en France, avec les poudres au picrate d'ammoniaque
fabriquées sur les indications de M. le général Brugère (1859).

C'est à la fin de l'année 1884 qu'une méthode générale, permettant de régler le mode de combustion des explosifs azotés et de l'ap-
proprier à une arme de calibre quelconque, a été trouvée par
M. Vieille; cette méthode est fondée sur l'emploi de ces explosifs
sous forme colloïdale. Les recherches relatives à cet objet ont été

faites au Laboratoire central des Poudres et Salpêtres, à l'aide du manomètre enregistreur. Les résultats des premiers tirs, effectués avec une poudre de cette espèce dans un canon de 65^{mm}, ont été signalés au Ministre de la Guerre le 23 décembre 1884. Il était dès lors établi que les nouveaux procédés permettaient d'obtenir les effets balistiques de la poudre noire avec la même pression et avec une charge réduite au tiers environ et que la puissance des armes pouvait être notablement accrue, conformément à la théorie, avec une moindre réduction de la charge, tout en conservant les pressions ordinaires.

Le type adopté pour le fusil modèle 1886 a permis d'accroître de 100^m, pour les mêmes pressions, les vitesses qui pouvaient être pratiquement réalisables dans cette arme, et c'est grâce à ce gain de vitesse, et aux tensions de trajectoires qui en résultent, que la supériorité de cette arme de petit calibre s'est trouvée hors de contestation.

La substitution des explosifs azotés à la poudre noire entraîne des avantages balistiques de même ordre dans tous les types de bouche à feu ; les produits de la décomposition des explosifs azotés étant tous gazeux, cette substitution a eu, comme conséquence prévue, la suppression de la fumée dans le tir.

L'Académie des Sciences a attribué à M. Vieille, pour sa découverte, le prix Leconte, qui est le plus important dont elle dispose. On nous permettra de reproduire ici la conclusion du Rapport établi à cette occasion; elle marque le caractère scientifique de la découverte.

L'auteur de cette découverte ne doit rien au hasard; sa connaissance approfondie de la science des explosifs, et les indications des appareils de laboratoire qu'il a réalisés, l'ont conduit sûrement au but qu'il s'était proposé : dès la première expérience balistique, les résultats ont été trouvés conformes aux conclusions de l'auteur. En décernant le prix à M. Vieille, la Commission a la satisfaction de récompenser une découverte qui, procédant de la Science, contribue à la défense du pays.

On doit encore à M. Vieille une étude sur les ondulations de pression susceptibles de se produire dans les éprouvettes allongées, en raison de la dissymétrie du chargement ou de l'inflammation, qui permet d'analyser et d'expliquer certains phénomènes de surpression, qui se produisent en effet dans la pratique des bouches à feu. Le même ingénieur a doté l'Artillerie d'un manomètre qui permet d'enregistrer les pressions dans les bouches à feu, jusqu'à l'instant du maximum, par une transformation des appareils en usage, qui n'en complique pas l'emploi et n'entraîne aucune modification du canon, dans lequel ils sont installés.

De nombreux travaux sont encore en élaboration dans le Service et dans les Commissions.

On terminera ici cet exposé, peut-être trop long et trop détaillé; mais c'est un privilège des petits Services de pouvoir énumérer toutes leurs œuvres. Dans le cas actuel, cette énumération peut avoir son excuse dans l'importance des résultats obtenus. Les découvertes finales du Service ont profondément modifié les conditions de la guerre; elles n'ont peut-être pas été sans influence sur les conditions de la paix. Les travaux du Service sont d'ailleurs intéressants parce que, dans toute leur étendue, ils portent l'empreinte de l'esprit scientifique de l'École : Physique, Chimie, Mécanique, Analyse mathématique, tout a été mis à contribution pour le développement d'une œuvre qui, tout entière, procède de la Science, pour la défense du pays.

E. Sarrau.

ARTILLERIE DE MARINE.

I.

APERÇU GÉNÉRAL.

L'Artillerie de la Marine a été créée par l'ordonnance du 16 février 1692, qui fusionna les commissaires d'Artillerie et les officiers de vaisseau des compagnies de bombardiers et d'apprentis canonniers et en fit un seul et même corps sous le nom d'Artillerie de la Marine.

Les officiers du nouveau corps étaient chargés du service dans les arsenaux et de la formation des canonniers marins; ils naviguaient, commandaient les galiotes, sorte de navires armés de mortiers, et, dans les débarquements et la conduite des sièges par terre, avaient le commandement de l'Artillerie. Leur recrutement, comme celui des officiers de vaisseau, se faisait à l'aide des gardes marines.

L'organisation de 1692 dura soixante-neuf années. Au bout de ce temps, le ministre Choiseul, qui réunissait sous sa direction les deux départements de la Guerre et de la Marine, pensa qu'il pouvait être avantageux de n'avoir qu'une seule Artillerie; en conséquence, l'ordonnance du 5 novembre 1761 supprima l'Artillerie de la Marine et en versa le personnel dans l'Artillerie de terre, en donnant à cette dernière tout le service qui incombait à la première.

Cet essai fut malheureux et, en 1769, la Marine reprit la direction de son artillerie; mais les officiers de vaisseau voulurent être à la fois marins et artilleurs, et il en résulta un désordre qui se traduisit par des organisations successives, défectueuses et éphémères, en 1769, 1772 et 1774.

Il semblait prouvé que l'Artillerie de terre et la Marine, chacune agissant seule, étaient aussi incapables l'une que l'autre d'assurer convenablement le service de l'Artillerie de Marine. Ce service comportait alors des devoirs à remplir à bord et à terre; l'Artillerie de terre accomplissait mal les premiers et bien les seconds et, pour la Marine, c'était l'inverse.

Aussi le maréchal de Castries, ministre à la fois de la Guerre et de la Marine, crut-il devoir prescrire une organisation qui se présentait logiquement à l'esprit. Il scinda le service en deux : à l'artillerie des colonies, qui était un régiment du corps royal, il donna les directions des ports, les fonderies et l'instruction des canonniers; à la Marine il confia le service de l'artillerie à bord.

Il est curieux de noter que c'est à un maréchal de France qu'est due la réalisation de cette idée logique, qui donna dans la pratique des résultats satisfaisants.

Cependant, en 1792, l'Assemblée législative changea encore l'organisation de l'Artillerie de la Marine et en fit un corps complètement distinct, comptant deux régiments et un état-major pour les établissements.

En 1794, les troupes d'Artillerie de la Marine furent supprimées et versées à la Guerre, mais elles furent rétablies, en 1795, sur les bases les plus larges. Elles remplissaient à la fois les fonctions de l'artillerie et de l'infanterie et pouvaient être employées aussi bien à bord qu'à terre.

Ce système resta en vigueur pendant la Révolution, l'Empire et une partie de la Restauration ; les changements qui furent apportés, pendant cette période, ne consistèrent que dans des variations d'effectif.

A la rentrée des Bourbons, les régiments d'Artillerie de la Marine firent retour à cette dernière et, sous le nom de *Corps royal des canonniers de la Marine*, constituèrent trois régiments dans lesquels les marins de la Garde furent versés.

En 1816, le général Dubouchage, ministre de la Marine, ancien inspecteur général de l'Artillerie de la Marine, réorganisa de nouveau cette arme. Il lui restitua le nom d'Artillerie de la Marine, sous lequel elle avait acquis tant de gloire en 1813 et 1814, et en composa huit bataillons, cinq compagnies d'ouvriers et cinq compagnies d'apprentis canonniers. Le corps conservait les attributions qui lui avaient été affectées en 1795; on le chargeait en outre du service de l'artillerie aux colonies et de celui des batteries de côte de la Marine qui défendent les ports militaires.

L'année 1822 marque le commencement de nouvelles transformations. A cette date, l'Artillerie de la Marine perd le service à bord des vaisseaux et elle est partagée en deux tronçons par la création de l'Infanterie de la Marine.

En 1825, on en détache le service de l'Artillerie aux colonies qui est remis à l'Artillerie de terre; l'année suivante, on lui fait subir d'autres amputations et la direction de son personnel est enlevée à l'officier général placé à la tête de l'arme.

L'Artillerie de la Marine, ainsi réduite à n'avoir presque plus d'attributions, n'avait plus de raison d'être. Aussi le ministre de la Marine proposa-t-il, en 1827, à son collègue de la Guerre de lui verser le régiment d'artillerie. Le ministre de la Guerre accepta, mais sous la condition que l'Artillerie de terre prendrait également les directions des ports, les forges et les fonderies dépendant de la Marine, et l'affaire n'eut pas de suite.

Le service colonial a été rendu, en 1829, à l'Artillerie de la Marine, qui l'a conservé depuis lors. Les craintes de guerre avec l'Angleterre ramenèrent sur cette arme l'attention du gouvernement en 1840; la composition de son régiment fut portée de 12 compagnies à 40, puis définitivement fixée à 30, lorsque la paix fut assurée. Mais cette augmentation ne fut que momentanée.

Sous la République de 1848, les crédits affectés à chaque département ministériel ayant été considérablement restreints, le capitaine de vaisseau, qui était à la tête du Ministère de la Marine, fit porter les économies à réaliser en grande partie sur le personnel de l'Artillerie de la Marine. Les 3o compagnies du régiment furent réduites à 23 ; les cadres des officiers des directions, forges et fonderies furent diminués ; l'effectif des officiers fut abaissé de 225 à 173, et, à cet effet, on mit à la retraite d'office tous les officiers qui y avaient droit par leur ancienneté de service.

Le général qui était à la tête de l'Artillerie de la Marine demanda sa retraite pour partager leur sort ; la Marine crut devoir nommer, pour le remplacer, un contre-amiral inspecteur général de l'Artillerie de la Marine. De vives protestations s'élevèrent contre cette décision. Le ministre conçut le projet de supprimer l'Artillerie de la Marine et de la verser dans l'Artillerie de terre, mais cette dernière ne se souciait pas de prendre le service colonial, et le projet ne put aboutir.

Le second Empire relève l'Artillerie de la Marine de sa situation misérable. Un premier décret du 5 juin 1855 porte les 23 compagnies du régiment à 26 et le nombre des officiers de l'arme de 173 à 202 ; un décret postérieur du 15 août 1861 élève le nombre des batteries à 28 et celui des officiers à 214 ; d'autres décrets de 1864 enlèvent enfin l'arme à une tutelle incompétente, en créant au Ministère de la Marine une direction et un Comité d'Artillerie.

Grâce à cette organisation, dont les résultats, tant au point de vue du matériel qu'à celui du personnel, ont été remarquables, l'Artillerie de la Marine, pendant la guerre de 1870-1871, a pu envoyer 3 batteries montées à l'armée de Châlons, fournir à l'armée de Paris 16 batteries et un grand nombre d'officiers qui servirent dans l'Artillerie de terre ; organiser 28 batteries ou détachements en province ; envoyer 7 batteries prendre part à la répression de la Commune.

Il semble qu'une organisation qui avait donné de pareils résultats aurait dû être conservée ; c'est le contraire qui eut lieu. Le 23 octobre 1871, la direction d'Artillerie fut supprimée ; le personnel et le matériel furent distribués respectivement aux directions du personnel et du matériel ; l'inspecteur général de l'Artillerie n'eut plus, en quelque sorte, que des fonctions honorifiques.

Mais, par une contradiction singulière, au moment où la désorganisation de l'Artillerie de la Marine devenait un fait accompli, la France se décidait à augmenter son domaine colonial en Afrique et en Asie. Sous la pression des besoins résultant de la politique nouvelle, on dut graduellement revenir sur les mesures prises et donner à l'Artillerie une importance en rapport avec les services qu'elle devait rendre.

Tout d'abord les guerres du Soudan, du Tonkin, de Madagascar et l'occupation plus ou moins complète de ces pays entraînèrent pour le corps une augmentation considérable des effectifs. En 1880, le service du Génie aux colonies passa aux mains de l'Artillerie de la Marine; en 1883, le service technique fut enlevé au matériel et restitué à l'Inspection générale; enfin, en 1890, une direction d'Artillerie fut rétablie, mais pour le matériel seulement, le personnel restant dans les attributions d'un service étranger et l'Inspection générale de l'Artillerie n'ayant guère plus que des attributions coloniales ou honorifiques. C'est encore un système bâtard et irrationnel.

Le Corps de l'Artillerie de Marine actuellement est devenu presque le double de ce qu'il était à la veille de la guerre de 1870 ; l'*Annuaire de la Marine* de 1891 donne pour les officiers les totaux ci-après : 4 officiers généraux, 63 officiers supérieurs, 458 officiers subalternes.

On voit par cet aperçu rapide quelle a été l'existence de l'Artillerie de la Marine depuis deux siècles. Il lui a fallu toute la vitalité dont elle était douée, pour résister aux secousses si fréquentes qu'elle eut à subir, et aux modifications si diverses et si souvent malheureuses et irréfléchies qui lui furent imposées. Il semble que, par une fatalité singulière, pendant tout le cours de son histoire, elle est d'autant plus menacée et d'autant plus réduite que les services qu'elle rend sont plus grands et plus utiles.

II.

RECRUTEMENT A L'ÉCOLE POLYTECHNIQUE DES OFFICIERS D'ARTILLERIE DE LA MARINE.

La loi du 25 frimaire an VIII (16 décembre 1799), relative à l'organisation de l'École Polytechnique, désignait les Artilleries de terre et de la Marine parmi les divers services que cette École devait alimenter.

L'arrêté du 25 germinal an IX (13 avril 1801), relatif à l'avancement dans l'Artillerie de la Marine, réglait ainsi qu'il suit le passage des Polytechniciens dans cette arme.

Les élèves de l'École Polytechnique qui, étant destinés au service de l'Artillerie de la Marine, auront été reconnus susceptibles de passer à l'École d'Application, se rendront à celle d'Artillerie de terre pour en suivre les cours pendant une année, et ils y jouiront des avantages accordés aux élèves de la même École qui se destinent à l'Artillerie de terre. Après l'année révolue, ils seront envoyés au port de Brest, où, pendant une seconde année, ils seront instruits spécialement sur les diverses parties du service d'Artillerie de la Marine.

Cette mesure consistant à faire passer les jeunes officiers sortant de l'École par deux Écoles d'Application successives ne dura guère qu'un ou deux ans. Les élèves sortant dans l'Artillerie de Marine firent ensuite leurs deux années d'École d'Application à la Guerre.

Tout d'abord les élèves de l'École sortirent peu nombreux dans l'Artillerie de la Marine, puis leur nombre s'accrut progressivement, comme le montre le Tableau suivant:

	Nombre d'élèves sortis dans l'Artillerie de Marine	
	total.	moyen par an.
De l'origine (1794) à 1800 (7 années)...	2	0,29
De 1801 à 1840.......... (40 »)...	86	2,15
De 1841 à 1880.......... (40 »)...	227	5,67
De 1881 à 1888.......... (8 »)...	115	14,37
95 années	430	4,32

La situation, de 1794 à 1888, des elèves de l'École Polytechnique sortis dans l'Artillerie de la Marine, peut se résumer ainsi :

En activité.................................... 200
Décédés au service (tués, morts, etc.)....... 103 ⎫
Retraités................................ 51 ⎪ 230
Démissionnaires, disparus, passés à d'autres ⎫ 76 ⎬
  corps.................................⎭ ⎭

Total général............. 430

En d'autres termes, sur 100 élèves de l'École sortis dans l'Artillerie de la Marine, il y en a jusqu'ici : 46 décédés au service (tués, morts, etc.); 22 retraités; 32 démissionnaires, disparus ou passés à d'autres corps.

On voit que la proportion de ceux qui arrivent à la retraite, 22 pour 100, est plus petite que le quart. Aujourd'hui que le service colonial est plus chargé, que les expéditions en Indo-Chine, au Soudan, etc., sont incessantes, la proportion de 22 pour 100 baissera certainement encore.

La proportion des officiers, anciens élèves de l'École Polytechnique, est actuellement dans l'arme de 41 pour 100, c'est-à-dire notablement inférieure à ce qu'elle devrait être d'après la loi.

III.

GUERRES CONTINENTALES.

L'Artillerie de la Marine a pris part aux guerres continentales de la première République et du premier Empire, à celle contre la Russie en 1854-1856 et à la guerre contre l'Allemagne en 1870-1871.

L'École Polytechnique n'a guère commencé à fournir des officiers à l'Artillerie de la Marine qu'à partir de 1807. Les premiers qui en sortirent furent envoyés à l'armée d'Espagne, en 1809 et 1810, et employés dans le bataillon d'ouvriers militaires que la Marine entretenait dans cette péninsule. Quelques-uns prirent part à la campagne de Russie; la plus grande partie combattirent en 1813, soit comme officiers d'Infanterie dans les régiments d'Artillerie de la Marine, soit en qualité d'officiers attachés à l'Artillerie de la Garde impériale.

Pendant la guerre d'Orient (1854-1856), l'Artillerie de la Marine a coopéré, d'une manière active, à la prise de Bomarsund, au bombardement de Sweaborg et à la très rude campagne de Crimée. A Sébastopol, elle servit 9 batteries, dont 4 dirigées contre Malakoff, 1 contre la ville et 4 contre la rade.

Un grand nombre des officiers détachés à ces batteries étaient anciens élèves de l'École Polytechnique; le quart d'entre eux fut blessé ou tué.

L'Artillerie de la Marine, pendant l'invasion allemande de 1870-1871, a pris une part sérieuse à l'œuvre de la défense nationale. A l'armée de Châlons elle livra quatre batteries, qui combattirent bravement, les 30 août et 1er septembre, à Mouzon, sur le plateau de Floing et près de Bazeilles.

Après le désastre de Sedan, elle coopéra à la défense de Paris par son matériel et son personnel. Avant l'investissement, elle fournit à la capitale de nombreux officiers, plus de 200 bouches à feu de gros calibre, approvisionnées à 250 coups, et 16 batteries complètes, dont 11 à pied, qui concoururent à la défense des forts et de l'enceinte, et 5 montées qui furent attachées à la défense mobile et prirent part aux combats meurtriers des 30 novembre et 2 décembre 1870.

Des 98 officiers de l'arme employés à Paris pendant le siège, 54 étaient anciens élèves de l'École; de ces derniers, 1 fut tué et 6 furent blessés. Un ancien lieutenant démissionnaire, ayant repris du service pour la durée de la guerre, se fit sauter la cervelle pour ne pas exécuter l'ordre qui lui avait été donné, lors de la capitulation, de remettre son matériel aux Allemands. Un jeune élève, Mendouze, de la promotion de 1869, qui faisait le service dans l'Artillerie de la Marine à la Double Couronne, fut tué.

Presque toute l'Artillerie disponible avait été envoyée à Paris; quand la capitale fut bloquée, il ne restait plus dans les ports que les directions d'Artillerie et des troupes composées presque uniquement d'engagés, de conscrits et de rappelés; cependant les compagnies d'ouvriers étaient très fortes et ce furent surtout elles qui permirent l'organisation des nombreuses batteries et des détachements que l'Artillerie de la Marine a fournis à la Défense nationale.

Les directions d'Artillerie de la Marine travaillèrent sans relâche et produisirent beaucoup : grâce à elles, Orléans put être armée d'une batterie de gros canons de marine; Lyon, Besançon, Le Havre et bien d'autres places reçurent un grand nombre de bouches à feu. L'École de Pyrotechnie de Toulon, grâce à un mode de fabrication moins parfait, mais plus expéditif, put livrer un nombre considérable de cartouches; les établissements de l'arme fabriquèrent une grande quantité de batteries de 8 et de 12 de campagne.

Ce qui manquait surtout à l'Artillerie de la Marine, c'étaient les officiers; Paris avait presque tout pris. Il en rentra quelques-uns des colonies; on réduisit au nombre le plus strict ceux employés dans les directions, et l'on nomma sous-lieutenants tous les sous-officiers ayant quelques qualités militaires. Les batteries montées ne comportaient, en fait d'officiers d'Artillerie, qu'un capitaine et un lieutenant, et celles de montagne qu'un lieutenant seulement. Grâce à ces dispositions, l'Artillerie de la Marine put fournir 28 batteries ou détachements, se décomposant en 14 batteries montées, 5 batteries de montagne, 4 détachements de parc, 2 batteries à pied et 3 détachements spéciaux, le tout correspondant à un effectif de 49 officiers et 2376 hommes, non compris les conducteurs fournis par le Train. Le plus grand nombre de ces batteries et détachements combattit dans les armées de la Loire et dans l'Est, et plusieurs d'entre elles y jouèrent un rôle important.

Les officiers d'Artillerie de la Marine, anciens élèves de l'École, qui furent employés dans la guerre de province étaient au nombre de vingt-cinq.

Lorsque éclata l'insurrection de Paris, 7 batteries de l'Artillerie de la Marine, dont le personnel fut pris parmi les officiers disponibles des armées de Paris et de province. furent appelées à concourir à sa répression. 4 armèrent la batterie de Montretout, 2 furent employées à Bellevue et la dernière à Vanves.

L'exposé très succinct qui précède suffit à montrer la part très importante qui a été prise par l'Artillerie de la Marine dans les guerres continentales. On remarquera que c'est principalement dans les circonstances critiques (1813 et 1870) qu'on songe à l'employer. Comme artillerie de côte, de siège et de place, elle est, en effet, généralement à même de rendre de bons services ; comme artillerie de campagne et de montagne, son organisation est défectueuse ; mais elle supplée en partie à ce qui lui manque par la discipline, la bonne volonté, le dévouement de tous et par l'esprit d'initiative, que développent chez les officiers les tâches complexes qu'ils ont à remplir aux colonies. Les officiers sortant des rangs comme ceux sortant de l'École méritent cet éloge, mais les derniers, par suite de leur instruction généralement plus étendue, se prêtent plus facilement et plus rapidement à ces transformations.

Il ne faudrait pas conclure de ces réflexions, à la façon du docteur Pangloss, que tout est pour le mieux dans le meilleur des mondes, mais beaucoup plus exactement que l'Artillerie de la Marine serait susceptible de rendre de bien meilleurs services encore, si son organisation militaire était plus appropriée à ses besoins.

IV.

GUERRES COLONIALES.

L'Artillerie de la Marine a pris part à toutes nos expéditions coloniales, sauf à la campagne de Chine. Elle fut laissée de côté à ce moment, sans doute parce que son organisation militaire trop défectueuse ne lui permettait pas d'y être envoyée dans de bonnes conditions. Quoi qu'il en soit, le chef de l'arme à cette époque, M. le général de Preuilly, après avoir en vain réclamé auprès du Ministre de la Marine une organisation qui permît à l'arme de faire face à toutes ses obligations, alla trouver directement l'Empereur, et obtint de ce dernier la signature du décret du 14 août 1861, qui parut sans exposé de motifs, la décision du Chef de l'État ayant été prise sans l'assentiment du Ministre.

C'est de cette époque que date l'organisation militaire actuelle, qui n'a fait, depuis, que des progrès bien lents. Cependant l'Artillerie de la Marine a combattu dans toutes nos expéditions coloniales et elle a su, malgré toutes les difficultés qui sont inhérentes à son organisation militaire incomplète et insuffisante à tous les points de vue, participer aux grandes luttes du Tonkin et figurer très honorablement à côté des batteries de la Guerre.

Ce n'est pas seulement dans les combats aux colonies que nous trouvons les officiers d'Artillerie de la Marine; ils sont en outre officiers de Direction et, à ce titre, il leur appartient souvent dans les colonies naissantes d'aider l'industrie privée à s'installer et à se développer, pendant qu'ils effectuent en outre tous les travaux militaires qui leur incombent. Ils font enfin aux colonies fonctions d'officier du Génie et, à ce titre, établissent les fortifications, construisent les bâtiments militaires et les entretiennent.

Ce sont leurs occupations normales, régulières. Mais ils figurent encore très honorablement dans les voyages d'exploration. Nous citerons, entre autres, le capitaine Piétr., qui est allé à Ségou, en 1880, avec la mission chargée de traiter avec Ahmadou; outre qu'il était un excellent officier et un admirable soldat, il avait des qualités de voyageur tout à fait remarquables. Il a succombé au Tonkin à l'âge de trente-trois ans, pendant l'expédition contre Than-Maï.

Quelques officiers du corps ont rempli des fonctions importantes. C'est ainsi que le colonel Archinard est actuellement (1892) gouverneur du Soudan, sous le titre de commandant supérieur. C'est à lui qu'on doit la première organisation administrative de ce grand pays, nouvellement conquis à la France.

Ils ont, en outre, été chargés souvent de travaux importants de géodésie et de topographie.

Nous ne pouvons songer à faire l'historique des guerres coloniales, même en le restreignant à la part prise par les élèves de l'École.

Nous nous contenterons de rappeler que les officiers d'Artillerie de la Marine, anciens élèves, jouèrent un rôle important au Mexique, 1838-1839; à la République Argentine, 1840; à Taïti, 1844-1846; au Maroc, 1844; à Montévidéo, 1850-1852; au Sénégal, 1833-1878.

Dans cette dernière colonie, un nom domine de haut tous les autres, celui du général Faidherbe, qui appartenait à l'arme du Génie et qui se révéla à la fois un homme de guerre remarquable et un administrateur hors ligne. Nous citerons aussi le commandant Sardou, qui commandait l'Artillerie de la colonne expéditionnaire en 1857, lorsque le général Faidherbe vint délivrer Médine, assiégée par Oumar-al-Hadj.

En Cochinchine (1858-1867), les officiers d'Artillerie, anciens élèves, prirent une part très active à la conquête ; le capitaine Lacour s'y fit remarquer par ses grandes qualités militaires et par les ressources inépuisables de son esprit ingénieux. Le capitaine Piton-Bressant, un des plus savants officiers du corps, mourut des suites de ses fatigues à Saïgon.

Au Mexique, 1862-1864, on remarque un des officiers les plus brillants de l'arme, le chef d'escadron Delsaux, qui devait être tué quelques années après dans un accident au polygone de Gavre.

Pendant l'insurrection de la Nouvelle-Calédonie, les officiers d'Artillerie sont employés aux titres les plus divers; ils sont tour à tour officiers d'État-Major, d'Artillerie, de Cavalerie et d'Infanterie.

Au Soudan français, 1880-1893, la part prise par les élèves de l'École dans cette conquête d'un magnifique pays, dont la partie soumise à nos armes est plus grande que la France, a été considérable. — Nous citerons seulement le capitaine Pol, tué à Goubanko; le capitaine Piétri, un officier d'une bravoure chevaleresque et d'une intelligence remarquable, qui devait succomber au Tonkin peu après; le capitaine Vintemberger, décédé alors qu'il commandait avec autant de vigueur que d'audace, à Kerouané, le poste le plus avancé de notre occupation; le commandant Brisse, officier du plus grand avenir, mort à Ségou, pendant qu'il exerçait le commandement de la région.

Au Tonkin et à Formose, 1883-1893, les officiers d'Artillerie de la Marine, anciens polytechniciens, rendirent de grands services, à peu près dans tous les services militaires. Un jeune officier, qui avait déjà pu se faire remarquer par des qualités très sérieuses, Béquet, a été tué au Yen-Thé.

A Madagascar, 1883-1885, et au Dahomey, 1892-1893, les an-

ciens polytechniciens payent largement de leur personne, et cinq
jeunes officiers sont tués dans des affaires diverses.

V.

TRAVAUX SCIENTIFIQUES DES POLYTECHNICIENS
DE L'ARTILLERIE DE LA MARINE.

En 1883, M. Joseph Bertrand écrivait :

Le corps de l'Artillerie de Marine, attentif aux progrès de la Science,
exécute, depuis plus de 30 ans, les travaux techniques les plus admirés.
De laborieux et savants officiers, dignes de leurs chefs, y associent leurs
noms à ceux du colonel Sebert et des généraux Frébault et Virgile;
leurs annales, publiées pour notre armée seulement, sont lues dans
toute l'Europe et consultées utilement par les représentants de la Science
pure.

Ce corps d'élite, cependant, est recruté, personne ne l'ignore, parmi les
derniers élèves de l'École Polytechnique. Nos derniers élèves sont donc
excellents; ils aiment, ils respectent, ils cultivent la Science; je voudrais
ajouter : Jugez par là des autres! La logique le permet, la vérité s'y refuse.
Les derniers élèves d'une École savante, qui s'est ouverte pour eux après
de difficiles épreuves, ne sont pas les moins méritants; dans ce concours
sans répit ni trêve, ceux qui renoncent à la lutte y auraient fait souvent
très honorable figure (¹).

L'explication donnée par M. Bertrand est juste, mais elle n'est pas
complète. Un bon classement de sortie de l'École témoigne surtout,
sauf pour quelques intelligences hors ligne, d'une application soutenue et d'une faculté d'assimilation rapide. Ce sont là des qualités
très précieuses, mais il en est d'autres que possèdent souvent *ceux*

(¹) *Progrès de la Mécanique* (*Revue des Deux Mondes;* 15 octobre 1883).

qui renoncent à la lutte, et je citerai pour celles-ci l'imagination, une certaine indépendance de caractère et de volonté, une grande indifférence pour ce qu'on peut appeler les douceurs d'une existence monotone et réglée, en un mot, l'esprit d'aventures.

Dans l'Artillerie de la Marine ils trouvent une vie très mouvementée au contact des civilisations les plus diverses; ils exercent des commandements dans les grades inférieurs et souvent dans des circonstances critiques; ils passent par les fonctions les plus variées, car ils sont tour à tour soldats, ingénieurs militaires, architectes, administrateurs; ils apprennent non seulement à ne pas redouter les responsabilités, mais à les aimer et à les rechercher; — leurs qualités d'imagination, d'observation, d'initiative et de commandement se développent et s'affirment.

En un mot, les élèves de l'École Polytechnique, qui sortent dans l'Artillerie de la Marine, doivent à l'arme elle-même, à la vie qu'ils mènent, aux services si divers dont ils sont chargés, une notable partie de la valeur qu'ils acquièrent.

Les travaux scientifiques des officiers d'Artillerie de la Marine sont très nombreux; leur nomenclature ne présenterait qu'un intérêt médiocre : nous citerons seulement parmi les officiers décédés ou en retraite ceux qui ont le plus contribué à la réputation scientifique et technique du corps, en nous contentant d'ajouter quelques mots pour les plus illustres d'entre eux.

Roche (1805). — Charpentier (1806). — Michel (1807); il est le créateur de la Commission de Gavre. — Hélie (1813) qui a substitué à la balistique théorique la balistique expérimentale; ses travaux sont remarquables par leur netteté, leur précision et leur sagesse. — Frébault (1833), dont la biographie placée à la suite de cette étude résume les travaux les plus importants. — Vergnaud (1838). — Alexandre (1840). — Piton-Bressant (1840), un des officiers d'Artillerie de la Marine les plus remarquables par son intelligence et sa science; il a fait des études balistiques expérimentales qui sont des modèles de discussion et a fourni à M. Hélie plusieurs idées heureuses. — Virgile (1840) a publié deux œuvres remarquables, l'une sur la résistance des tubes métalliques, l'autre sur le calcul des bouches à feu. — Lacour, Lombardeau et Sapia (1841); on doit à ce dernier un télémètre multiplicateur à dépression des plus ingénieux;

il a été un des officiers les plus distingués de l'arme. — Sebert (1858).
Hugoniot (1870).

Le capitaine Hugoniot a été un savant remarquable. Il est mort
à 36 ans, laissant déjà de beaux travaux scientifiques sur les effets
de la poudre. Il a fait en outre un grand nombre de communications
à l'Académie des Sciences sur la Mécanique.

Parmi les officiers en activité de service, anciens élèves de l'École,
il s'en trouve plusieurs qui sont déjà connus par des études importantes, et qui continuent les excellentes traditions techniques et scientifiques de leurs aînés.

NOTICE BIOGRAPHIQUE.

LE GÉNÉRAL FRÉBAULT.

La biographie du général Frébault est en réalité l'histoire technique de l'Artillerie de la Marine de 1864 à 1884. Ce n'est pas que le général n'ait été entouré d'éminents et laborieux collaborateurs, parmi lesquels nous citerons les généraux Virgile et Lacour. Il était bien convaincu lui-même que, dans cette œuvre complexe de l'artilleur, on est toujours, quoi qu'on fasse, tributaire de ses devanciers et de ses contemporains. Aussi, contrairement à un usage, à notre avis, fâcheux, il n'a jamais voulu, pendant tout le temps qu'il a dirigé l'Artillerie de la Marine, qu'une partie quelconque du matériel portât son nom. Mais si, dans l'exécution, nous trouvons nécessairement qu'une grande part revient aux officiers dont il avait su s'entourer, il est hors de doute que la direction générale lui appartient en propre; qu'il a su, avec une merveilleuse lucidité, sans hésitation, avec une persévérance que rien ne rebutait, avec une énergie que la routine et le mauvais vouloir n'ont jamais pu ébranler, conduire à bien toute cette grande rénovation de l'Artillerie navale.

Sans vouloir faire dans cette biographie une étude technique complète, qui dépasserait de beaucoup les bornes qui nous sont assignées, nous avons cru devoir, néanmoins, exposer d'une façon aussi succincte que possible les grandes lignes de l'œuvre considérable du général Frébault.

FRÉBAULT (Charles-Victor), naquit le 1er février 1813 dans la commune de Limon (Nièvre).

Il fut reçu à l'École Polytechnique en 1833 et sortit dans l'Artillerie de terre.

Le 30 septembre 1837, étant à l'École d'Application, il passa dans l'Artillerie de la Marine par permutation.

Le 13 janvier 1838, il quitta Metz et rejoignit le régiment d'Artillerie de la Marine à Lorient.

Quelques mois après, il était désigné pour l'expédition du Mexique. A la prise de Saint-Jean-d'Ulloa (28 novembre 1838), il commandait les bombardiers du *Cyclope* et du *Vulcain,* et ce fut une bombe lancée par une de ses pièces qui fit sauter le magasin à poudre et le parc d'artillerie de San-Miguel, explosion qui amena la reddition de la place. Frébault fut fait chevalier de la Légion d'honneur à la suite de cette affaire. Il tint ensuite garnison pendant trois mois, de janvier à avril 1839, à Saint-Jean-d'Ulloa, où son détachement fut décimé par la fièvre jaune.

Il rentra en France sur la *Fortune* le 16 juillet 1839, et peu après il fut proposé pour le grade de capitaine.

Le 20 octobre de la même année, il partait sur la frégate *la Médée* pour aller faire à la Guadeloupe son service colonial.

Le 25 septembre 1840, il fut promu capitaine au choix.

Rentré en France le 20 janvier 1842, il passa quelques jours après capitaine en premier et fut envoyé à la fonderie de Ruelle, puis désigné pour servir à Paris à l'Inspection générale de l'Artillerie de la Marine.

En décembre 1846, il fit partie de la Commission mixte chargée, sous la direction du duc de Montpensier, de l'étude de la fabrication et des propriétés du *coton fulminant.* Quelques mois après, il était mis sur le tableau d'avancement pour le grade de chef de bataillon, grade auquel il fut promu le 24 janvier 1848.

Désigné pour aller prendre la direction de l'École de Pyrotechnie de Toulon, Frébault ne resta que quatre mois à la tête de l'École; au mois de février 1849 il fut appelé à la direction de la fonderie de Nevers.

Lorsque, à la suite des nombreuses réductions dont l'Artillerie de la Marine fut victime pendant la République de 1848, sous le prétexte d'économies budgétaires dérisoires, le général de Coisy, inspecteur général de l'arme, crut de sa dignité de prendre sa retraite, la Marine conçut le projet de confier ces hautes fonctions, ainsi devenues vacantes, à un officier de vaisseau. Le commandant Frébault, informé de ce dessein, écrivit au Ministre une lettre dans laquelle il ne craignait pas de représenter à ce haut fonctionnaire qu'il faisait contre l'Artillerie de la Marine *ce que le Ministre de la Guerre ne ferait pas contre la dernière fraction de l'armée* et ce qu'il n'avait pas le droit de faire.

Le Ministre, poussé sans doute par les ennemis du corps de l'Artillerie de la Marine que signalait Frébault dans sa lettre, passa outre, et c'est alors que ce dernier envoya une protestation énergique, dont nous ne reproduirons que cette phrase :

On assure que l'ordonnance est appuyée sur une délibération du Conseil d'Amirauté. Mais, Monsieur le Ministre, qui nous a défendus dans ce conseil composé de tant d'éléments et dont nous sommes systématiquement exclus? Pourquoi sommes-nous toujours jugés à huis clos sans avoir été entendus?

Nous avons cru devoir faire connaître avec quelques détails cet incident de la carrière de Frébault, parce qu'il met en évidence l'énergie, le désintéressement et la loyauté de son caractère. Il a d'ailleurs longtemps pesé sur la carrière du général, la Marine ne lui pardonnant pas d'avoir osé ainsi protester contre un acte illégal.

Par suite des diminutions continuelles opérées dans le personnel de l'Artillerie de la Marine, le commandant Frébault fut mis, le 25 juin 1850, en disponibilité par suppression d'emploi. Il ne resta pas longtemps dans cette situation et, un mois plus tard, il était rappelé à l'activité et envoyé pour la seconde fois à l'École de Pyrotechnie.

Il y rendit de tels services que, en 1852, il fut proposé pour le grade de lieutenant-colonel.

Cependant Frébault ne fut pas mis sur le tableau d'avancement de l'année 1852; il en fut de même en 1853, malgré les notes les plus élogieuses de ses chefs. Le Conseil d'Amirauté ne voulut pas en

entendre parler; il tenait à lui faire expier ses justes protestations
de 1849.

Le 2 avril 1854, le commandant Frébault fut appelé à Lorient pour
y prendre le commandement des trois compagnies d'Artillerie de la
Marine destinées à l'expédition de la Baltique. A la suite de l'opération militaire à laquelle mit fin la prise de Bomarsund, le général
Baraguey d'Hilliers, dans une lettre au Ministre de la Marine, parlait dans les termes suivants de l'Artillerie et de son chef :

Quant à l'Artillerie de la Marine, nous l'avons vue à l'œuvre. Sous la
direction du commandant Frébault, elle a donné des preuves de zèle, de
courage, d'habileté, dont il est juste de lui tenir compte. Le commandant
Frébault, quoique souffrant d'une entorse, n'a jamais voulu céder son
poste et, par son exemple, a soutenu très dignement le moral de ses
hommes. Permettez-moi donc, Monsieur le Ministre, de réclamer vos bon-
tés pour le commandant Frébault, pour lequel je demande à Sa Majesté le
grade de lieutenant-colonel.

Le 22 septembre, Frébault était promu à ce grade.

Au mois d'octobre 1854, il fut envoyé à Metz pour assister à des
tirs de fusées de guerre confectionnées à l'aide de procédés plus perfectionnés et, à son retour à Paris, il fut nommé directeur par intérim au port de Toulon, où l'amiral Dubourdieu le réclamait instamment, parce que, disait-il, *avec lui tout marchait vite et bien,* et la
guerre de Crimée exigeait à cette époque de grands efforts de notre
grand port de guerre de la Méditerranée.

Le colonel Emond d'Esclevin, ayant été fait général et inspecteur
général de l'arme, fit désigner, à la fin de 1855, le colonel Frébault
pour venir à Paris et lui servir de bras droit. On peut dire qu'à cette
époque Frébault devint le véritable chef de l'arme; l'Artillerie rayée,
qui commençait à naître, reçut de sa part une impulsion vigoureuse,
et c'est certainement à lui qu'elle dut de sortir de la période des essais
pour entrer dans le service.

Il fut promu colonel le 29 septembre 1856.

Il avait été fait officier de la Légion d'honneur quelque temps auparavant.

Grâce à la prodigieuse activité du colonel Frébault pendant les
années 1857 et 1858, l'Artillerie rayée modèle 1858 fut définitivement

adoptée. Comme récompense de ces signalés services, il fut proposé, le 14 juillet 1858, pour le grade de commandeur de la Légion d'honneur, et, le 15 août suivant, Frébault obtenait cette distinction.

Le général de Preuilly étant devenu inspecteur général à la fin de 1858, le colonel Frébault rencontra un chef moins disposé à se laisser conduire; bientôt des tiraillements se produisirent et Frébault dut quitter l'Inspection générale; en échange, une fort belle compensation lui fut donnée : elle consista dans le gouvernement de la Guadeloupe. Il quitta ses travaux d'artillerie avec regret et partit pour la Guadeloupe, où il avait débarqué vingt années auparavant comme simple lieutenant. Il allait apporter dans les fonctions nouvelles qui lui incombaient ses éminentes qualités de travail et d'activité. Pendant plus de trois années, il gouverna cette colonie d'une façon remarquable et à la satisfaction générale. Dans une lettre au Ministre, le délégué du Conseil général de la Guadeloupe demandait que le colonel Frébault fût conservé à cette colonie.

Je pense, disait ce délégué, que vous avez trop à vous féliciter vousmême, Monsieur le Ministre, de l'aptitude et du dévouement dont M. le colonel Frébault a déjà fait preuve dans les fonctions qui lui ont été confiées, pour que votre intention ne soit pas de l'y maintenir, conformément au vœu d'ailleurs exprimé par un grand nombre d'habitants honorables de la Guadeloupe, jusqu'au jour où il lui aura été possible d'accomplir le bien que vous méditez et que personne ne saurait, mieux que lui, vous aider à réaliser.

Frébault fut nommé général le 26 août 1861 et maintenu comme gouverneur à la Guadeloupe.

Cette colonie, en 1892, a élevé une statue à son ancien gouverneur.

Lors des décrets de 1864, qui organisèrent une Direction d'Artillerie au Ministère de la Marine, Frébault fut nommé directeur et était ainsi appelé à prendre dans le corps la place prépondérante, puisque tout, personnel et matériel, n'allait plus dépendre que de lui seul.

Frébault rentrait ainsi triomphalement au Ministère de la Marine et prenait les fonctions de celui qui l'en avait éloigné trois ans auparavant. Il ne fit rien par lui-même pour prendre une telle revanche; les difficultés du général de Preuilly avec le ministre en furent l'unique cause, et ces difficultés tenaient, en partie, à ce que le général de Preuilly voulait donner à l'Artillerie de la Marine une organisation militaire moins irrationnelle et que la Marine s'y opposait; en partie, à ce que les idées de cet officier général sur le nouveau matériel d'artillerie à créer ne paraissaient pas susceptibles d'aboutir.

Le général Frébault reprit, avec la même ardeur qu'il avait déployée quelques années auparavant, la direction du matériel d'Artillerie navale. La tâche qu'il assumait était grosse de difficultés. On tâtonnait depuis longtemps sans aboutir. Les navires cuirassés avaient réduit l'artillerie à l'impuissance. On avait cherché, sans y parvenir, à résoudre la question de la perforation des plaques par des canons dont les calibres ne dépassaient pas 16^{cm}. Les essais effectués, si intéressants qu'ils fussent, n'avaient pu que consacrer l'impossibilité d'obtenir avec ces bouches à feu la perforation des plaques en usage à cette époque.

D'autre part, les artilleries étrangères ne présentaient à cette époque que des modèles à éviter.

Le général Frébault adopta tout d'abord le chargement par la culasse. On avait déjà fait des essais à Gavre, essais qui avaient donné des résultats médiocres; mais le général savait discerner les difficultés qui peuvent être résolues et celles, au contraire, qui, tenant à la nature même des choses, ne sauraient être surmontées : aussi n'hésita-t-il pas un seul instant à entrer dans cette voie, et cela malgré une opposition très vive, qui nous paraît bien extraordinaire aujourd'hui. Il fut même accusé officiellement, à cette occasion, près du Ministre, de trahir son pays.

Le général savait ne pas s'émouvoir de ces critiques, d'autant plus passionnées qu'elles sont généralement plus ignorantes.

L'emploi de l'obturateur fixe dans le canon rendait bientôt la culasse de la marine très pratique et son emploi très sûr. Des perfectionnements de détails en rendaient la manœuvre si simple, si facile, si rapide que, depuis lors, il n'y a plus été apporté que des modifications d'une importance tout à fait secondaire.

En même temps Frébault adoptait, d'une façon générale, pour toutes les pièces de la marine, l'emploi de la fonte frettée; ce n'était pas une nouveauté; mais, contrairement à ce qui avait été fait jusque-là, il appliqua au frettage les principes rationnels qui résultaient à la fois de la théorie et de nombreux et sérieux essais.

Ce qui constitue le point le plus caractéristique de ces premiers travaux du général Frébault, c'est l'adoption des gros calibres; on ne saurait se figurer aujourd'hui les idées qui avaient cours en 1864; on considérait un projectile de 45^{kg} comme le maximum de ce qui pouvait être manié pratiquement par les canonniers.

Le général Frébault adopta immédiatement les calibres de 19^{cm}, 24^{cm} et 27^{cm}, avec des projectiles de perforation de 75^{kg}, 144^{kg} et 216^{kg}; c'était le seul moyen d'avoir une force vive suffisante pour percer les plaques en usage, avec les vitesses de 340^m à 350^m qu'on pouvait obtenir. Avec des petits calibres et par conséquent des projectiles de poids faibles, il aurait fallu de grandes vitesses; or la seule poudre dont on disposait alors, la poudre à canon, la vieille poudre en usage depuis si longtemps et que tant d'artilleurs croyaient alors devoir être maintenue sans aucune modification, parce qu'elle avait fait ses preuves et que son excellente conservation, depuis Louis XIV, ne laissait aucun doute, ne permettait pas de les réaliser sans des pressions inadmissibles.

L'artillerie modèle 1864 fut créée conformément à ces principes et remplacée ensuite par l'artillerie modèle 1864-66, qui n'en différait que par des détails peu importants. Mais le général Frébault comprenait mieux que personne que cette artillerie, qu'on appelait dédaigneusement, à cause de son bas prix, *une artillerie de pauvre*, n'était qu'une première étape.

Il avait essayé, dès 1864, des canons de 19^{cm} en acier, non qu'il crût alors la fabrication de ce métal assez perfectionnée pour pouvoir l'utiliser à faire des canons, mais il voulait entraîner l'industrie française à marcher sur les traces de l'Angleterre; il faisait acheter dans le même but des aciers Withworth et des aciers Firth. Enfin, quand notre industrie lui parut susceptible de donner non des canons en acier, mais des tubes minces d'un métal suffisant à tous égards, il dirigea toutes ses recherches vers un nouveau système d'artillerie qui entrait en essai en 1868 et qui reposait à la fois sur l'emploi de la fonte frettée et tubée, sur la mise en service de poudres à gros grains appropriés à chaque calibre et enfin sur des dispositions intérieures nouvelles des canons.

Bien entendu, le chargement par la culasse était conservé. Personne ne songeait plus à revenir au chargement par la bouche.

L'emploi de la fonte frettée et tubée permettait de demander à la bouche à feu de supporter des efforts plus grands. C'est la théorie des canons composés qui a été, depuis cette époque, si souvent rééditée. Mais, pour que les résultats de la théorie soient d'accord avec la pratique, il faut non seulement que les aciers employés soient de bonne qualité, mais encore que les épaisseurs soient convenables et les serrages bien exactement donnés dans les limites indiquées par la théorie. Il fallut donc créer tout un outillage très délicat et parfaitement inconnu en France à cette époque.

Il était bien clair que la vieille poudre à canon donnerait toujours une utilisation médiocre de la résistance de ces bouches à feu. Un Commissaire des Poudres, resté à juste titre célèbre, M. Magnin, avait entrevu que la densité de la poudre et la grosseur de ses grains jouaient un rôle important, et qu'en faisant varier ces éléments on devait obtenir des poudres donnant dans les mêmes conditions des vitesses et des pressions très différentes.

Depuis longtemps déjà le général Frébault sentait combien la vieille poudre à canon était d'un détestable emploi dans nos grosses bouches à feu ; mais il ne réussissait pas à faire partager sa conviction à ceux qui auraient pu faire entrer nos poudreries dans cette voie. Comme il avait fait pour l'acier, quand il s'était adressé aux industriels anglais, il le fit pour la poudre en s'adressant, en 1869, à la poudrerie de Wetteren en Belgique.

De ce jour l'emploi des poudres à gros grains peut être considéré comme un fait accompli. Certes, il y eut encore bien des difficultés pratiques à résoudre et bien des tâtonnements à faire. Il suffirait, pour s'en convaincre, de consulter les procès-verbaux et rapports des commissions d'expériences de cette époque. Mais le but qu'on poursuivait était conforme à la théorie, d'accord avec la raison, et il était poursuivi avec autant de sagesse que de méthode. Bientôt les poudreries françaises du Bouchet et de Sevran-Livry continuaient les recherches commencées avec la poudre de Wetteren et des poudres à gros grains appropriés, supérieures à celles de Wetteren, devenaient réglementaires pour chaque bouche à feu. Ces poudres à gros grains étaient remplacées quelque temps après par des poudres prismatiques de forme et de fabrication plus régulières et dont les effets étaient encore plus réguliers.

Mais l'emploi de ces poudres lentes, dont le maximum de pression était moindre que celle de la poudre ordinaire et se développait plus tardivement, exigeait des bouches à feu non seulement plus longues, mais encore dans lesquelles les gaz ne puissent pas s'échapper, comme ils le faisaient par le vent des projectiles de l'artillerie, modèle 1864-66. C'est alors que le général Frébault fit faire dans les bouches à feu des rayures multiples et peu profondes et qu'il remplaça les tenons des projectiles par une ceinture en cuivre, qui obturait, en même temps qu'elle donnait le mouvement de rotation en s'imprimant dans les rayures. Une autre conséquence du nouveau système de l'artillerie était la suppression de la lumière dans le renfort. Outre que ce canal de lumière constituait un point faible dans la bouche à feu, les gaz de la poudre de charge du canon y produisaient des dégradations considérables et rapides. La lumière fut percée dans la culasse et le général mit en service une étoupille obturatrice munie d'un système de sécurité absolue. Ces dispositifs très ingénieux ont été imités depuis; ils n'ont pas été surpassés.

La mise en service de la nouvelle artillerie exigeait des recherches parallèles en ce qui concernait les affûts, les moyens de chargement, etc. Les affûts marins à quatre roues et à échantignolles, en usage jusqu'alors, sont devenus, en moins d'un quart de siècle, de véritables monuments historiques que les jeunes officiers connaissent à peine aujourd'hui.

Il était nécessaire d'entrer dans une voie tout à fait nouvelle.

Il faut arriver, disait le général Frébault, à ce que l'affût ne soit plus, pour ainsi dire, qu'un petit chariot porte-tourillons glissant sur un châssis élevé.

En outre, on était obligé de renoncer aux bragues devenues impuissantes; on essaya et l'on mit successivement en service les affûts avec des freins à mâchoires, avec des freins à lames et enfin avec des freins hydrauliques empruntés à l'Angleterre.

Nous ne pouvons entrer dans le détail de toutes les parties accessoires du matériel qui furent alors l'objet des études du général Frébault, et qui, après des expériences conduites avec autant d'esprit de suite que de sagesse, furent mises en service.

Mais cette tâche, si lourde qu'elle fût, laissait encore au général le
temps d'étudier d'autres questions se rattachant toujours soit à l'armement de la flotte, soit à l'instruction des canonniers. Nous citerons
seulement les plus saillants de ces nombreux travaux.

Le général Frébault, dès 1866, préconisait l'emploi du fusil à cartouche métallique et à répétition ; il ne concevait pas la cavalerie
armée d'un autre fusil. Quant à l'infanterie, il trouvait que l'arme à
répétition lui donnait, au prix d'inconvénients qui lui paraissaient
contestables ou illusoires, une supériorité telle qu'il ne pouvait y
avoir d'hésitation. Ces idées, qui paraissent aujourd'hui si simples, si
justes, si évidentes, étaient loin, à cette époque, de rallier la majorité
des militaires, même les plus instruits. Le fusil Remington avait
longtemps été l'objet des réflexions du général; il avait été séduit
par le mécanisme si ingénieux de cette arme ; mais il s'arrêta devant
divers petits inconvénients et surtout devant la difficulté d'en faire
une arme à répétition.

La guerre de 1870 interrompit ces études. Ce n'est qu'en 1876
et 1877, que le général, reprenant cette idée, fit essayer diverses
armes à répétition et, malgré bien des difficultés, fit adopter le fusil
à répétition modèle 1878 qui était le fusil autrichien Kropatscheck
avec quelques modifications de détail. Frébault ne croyait pas que
cet armement, supérieur au fusil modèle 1874, alors réglementaire,
fût d'une utilité absolue pour les compagnies de débarquement et les
fusiliers à bord ; mais il espérait surtout appeler ainsi l'attention sur
la nécessité d'adopter, en France, avant toutes les autres puissances
militaires, une arme de cette espèce : son espoir ne s'est pas réalisé. Ce n'est qu'après l'adoption du principe du fusil à répétition à
l'étranger que la France s'est décidée à en armer les troupes.

Dans le même ordre d'idées, le général cherchait une arme à tir
rapide permettant d'empêcher les torpilleurs d'arriver jusqu'au
navire. C'est alors qu'il rencontra un inventeur américain, M. Hot-
chkiss, qui proposait un canon-revolver dont la vitesse de tir dans un
polygone atteignait vingt-deux coups à la minute. L'arme était très
ingénieuse, le mécanisme très solide et, après une assez longue suite
d'essais, auxquels le général prit lui-même une part importante, elle
fut adoptée, après diverses modifications qui la rendaient tout à fait

pratique et propre au service à bord. Un détail assez curieux et peu connu sur cette arme, c'est que le général exigea un jour de l'inventeur qu'il substituât aux mécanismes de pointage, d'ailleurs très ingénieux, qu'il avait adoptés, une simple crosse permettant de tirer à l'épaule. L'inventeur comprenait mal cette idée et n'était pas éloigné de penser que son arme allait être, sinon déshonorée, du moins fort compromise par la réalisation de ce desideratum. Ce ne fut que plus tard que tous, même l'inventeur, se rallièrent à cette conception si juste, dont la réalisation permettait à bord, malgré les mouvements du navire, l'exécution d'un tir rapide et précis.

Un autre progrès réalisé par le général consiste dans l'adoption du tube-canon destiné à permettre de faire à peu de frais le commencement de l'instruction des canonniers. L'idée ingénieuse de cet engin consistait dans l'emploi d'un tube qui avait pour fermeture la culasse même du canon, de telle façon que toute la manœuvre se faisait comme si l'on s'était réellement servi de la bouche à feu.

Enfin, parmi les travaux techniques du général, il nous faut citer encore sa coopération très active et très éclairée à l'armement des côtes. Après la guerre il lui fut offert de présider la Commission de défense des côtes ; il refusa cet honneur, parce qu'il jugeait que la présidence devait appartenir à un officier général du Département de la Guerre et qu'il conformait toujours sa conduite à ses idées, bien que cette manière de faire ne fût plus déjà très en honneur à cette époque.

Cette grande situation morale qu'avait acquise le général Frébault, il ne la devait pas seulement à ses remarquables travaux sur l'Artillerie, mais encore au rôle qu'il a joué au siège de Paris.

Il avait fait venir, au moment où la capitale allait être assiégée, un grand nombre des bouches à feu dont il avait, en prévision d'une guerre, garni les parcs d'artillerie de la Marine. Puis il fut appelé au commandement de l'artillerie de la rive droite, et enfin il prit le commandement de l'artillerie de la deuxième armée (général Ducrot commandant en chef). C'est lui qui dirigea l'artillerie, dans les journées des 30 novembre, 1er et 2 décembre, avec autant de vigueur, d'entrain et d'intrépidité qu'il en avait montré dans sa jeunesse à Saint-Jean-d'Ulloa et à Bomarsund. Il reçut deux blessures légères à Champigny.

Le 16 décembre 1870, il était élevé à la dignité de grand-croix de la Légion d'honneur.

Aux élections de février 1871, il fut nommé député à l'Assemblée nationale.

Lors de la discussion sur la loi de recrutement de l'armée, à laquelle il prit une part très active, il parla en faveur de l'autonomie du service des poudres et gagna la cause des ingénieurs.

Élu sénateur inamovible, il fut plusieurs fois sollicité d'accepter le Ministère de la Marine. Mais il avait formulé, à diverses reprises, sa conviction que l'homme qui devait être à la tête de ce Ministère si complexe ne devait appartenir à aucun des corps qui le composaient. Il était persuadé qu'un civil pouvait seul occuper un poste dans lequel il faut établir une balance égale entre les divers intérêts souvent divergents d'un personnel hétérogène, et, bien qu'il fût certainement très apte à diriger cette machine si compliquée du Ministère de la Marine, il ne crut pas devoir se déjuger et refusa toujours.

En 1878, il fut maintenu dans la première section du cadre des officiers généraux.

Il continua à diriger le service de l'Artillerie de la Marine avec la même ardeur, une compétence indiscutable, une sûreté de vues que l'on pourra égaler mais qu'on ne dépassera pas. Cependant, il était l'objet, quelque temps après, de la part d'un vice-amiral, alors Ministre de la Marine, de procédés tels qu'il jugea devoir se retirer.

Il voulut établir avec sa franchise habituelle les motifs de son départ et, dans une lettre du 27 avril 1880, il disait au Ministre :

... Je vous remercie des termes flatteurs dont vous voulez bien vous servir en me congédiant.

Mais je me dois à moi-même et à mes camarades de constater que je n'ai pas désiré quitter le service, ainsi que le dit votre dépêche; je le quitte contraint et forcé par la manière dont votre autorité s'est exercée sur l'un des plus dévoués et des plus honnêtes serviteurs de notre pays.

La plupart des prédécesseurs du général Frébault avaient été également congédiés ou condamnés à prendre prématurément leur retraite. La tradition se continuait avec le général Frébault.

Il mourut à Paris le 6 février 1888.

Le général Frébault est, sans contredit, une des grandes figures du xixᵉ siècle.

Soldat intrépide, chef laborieux, bienveillant, équitable et respecté, organisateur de premier ordre, administrateur d'une colonie dans laquelle il a laissé d'impérissables souvenirs, le premier artilleur de son temps, le créateur de toute l'artillerie navale actuelle, tels sont ses titres à la reconnaissance du pays. Il ne lui a même pas manqué d'être victime de l'ingratitude de ceux qu'il avait servis toute sa vie avec tant de dévouement et de loyauté. Il a laissé dans le corps dont il était le chef un profond et vénéré souvenir.

L'homme était à la hauteur du soldat. Sous une écorce rugueuse, avec un langage quelquefois un peu brutal et une franchise souvent déconcertante, il était très affectueux, fidèle à ses amitiés jusqu'à la faiblesse, dévoué à ses collaborateurs, d'une modestie extrême, fuyant le bruit et l'éclat, redouté des intrigants, peu aimé des incapables, ayant une puissance de travail étonnante et une mémoire prodigieuse; doué d'une volonté de fer en un temps où cela n'était pas commun; poursuivant son but avec énergie, persévérance et méthode, sans jamais se préoccuper de son intérêt personnel; d'un désintéressement absolu, d'une probité inflexible et d'une loyauté irréprochable.

Les anciens élèves de l'École Polytechnique, devançant le jugement de la postérité, avaient donné au général Frébault le plus éclatant témoignage de la haute estime en laquelle ils tenaient ses services et son caractère en le nommant Président de leur Société amicale de secours; et c'est là un honneur auquel le général fut plus sensible qu'à tous ceux qu'il a obtenus dans sa longue et glorieuse carrière.

ARTILLERIE DE TERRE.

LES ORIGINES.

L'Artillerie française avait vu sa réputation grandir rapidement avec ses services et, à la fin du xviiie siècle, elle s'était élevée au premier rang dans l'estime de tous. La gloire acquise par le corps était due surtout à Vallière et à Gribeauval, qui en avaient fait la grandeur par l'institution et le développement des Écoles d'Artillerie où les soldats, sans cesse occupés des exercices et des travaux de leur profession, devinrent supérieurs à ceux des autres armes, et où les officiers acquièrent une forte instruction théorique et pratique.

A la veille de la Révolution, les emplois de lieutenant en second étaient dévolus, un quart aux bas-officiers, et les trois autres quarts aux élèves des Écoles. Les volontaires élèves et cadets gentilshommes étaient répartis dans les différentes Écoles d'Artillerie où, après deux années d'études, ceux qui étaient reconnus capables étaient promus lieutenants en second; l'École militaire de Paris constituait, en outre, une sorte d'École de perfectionnement dans laquelle on envoyait les meilleurs élèves de province.

C'est ainsi que le jeune Bonaparte, élève à l'École d'Artillerie de

Brienne, après avoir passé un examen favorable, fut nommé, le 22 octobre 1784, cadet à l'École royale militaire de Paris. En août 1785, il se présentait pour l'obtention du grade de lieutenant en second dans l'Artillerie, et, le 1er septembre, il était nommé lieutenant en second de la compagnie de bombardiers du régiment de La Fère, à Valence.

L'Assemblée nationale, après avoir fait disparaître les institutions qui assuraient le recrutement des officiers jeunes et instruits, décréta, en décembre 1790, la création d'une École unique pour les élèves de l'Artillerie, qui y seraient admis à la suite d'un concours, sans qu'il fût désormais nécessaire d'avoir suivi les cours d'aucun établissement militaire.

La nouvelle École fut installée à Châlons le 17 août 1791. On avait choisi la ville de Châlons « parce qu'elle était à peu près au centre des départements réputés militaires et qu'elle était ordinairement sans garnison ». Elle ne possédait aucun établissement militaire, pas même un vestige de fortification. Quelques pièces de canon de siège et de campagne y furent expédiées pour constituer le matériel d'instruction ; il n'y fut installé ni cabinet de physique, ni laboratoire, ni bibliothèque, ni collection d'aucune sorte. On n'exigea des candidats, âgés de 16 ans au moins et 24 ans au plus ([1]), que la condition d'avoir subi, devant un membre de l'Académie des Sciences désigné par le Ministre de la Guerre, un examen de concours sur les matières comprises dans les deux premiers volumes du Cours complet de Mathématiques que Bezout avait rédigé à l'usage des officiers d'Artillerie. L'enseignement devait rouler sur les matières des deux derniers volumes du même Ouvrage, comprendre quelques notions de Physique, la Fortification et le Dessin ; rien n'y était relatif à l'Artillerie proprement dite, ni à l'instruction spéciale des officiers de l'arme.

Cette École ne fonctionnait pas encore, que l'émigration, d'abord volontaire, et ensuite forcée, vint désorganiser l'armée, et qu'on se vit dans la nécessité de pourvoir sur-le-champ au remplacement des officiers qui s'étaient retirés. Heureusement l'Artillerie avait moins

---

([1]) En 1792, on recula la limite d'âge jusqu'à trente ans, et même au delà pour les sujets qui avaient servi dans l'Artillerie.

souffert que les autres corps; elle possédait une classe de sous-officiers
instruits et bien disciplinés qui purent remplir une patrie des vacances,
et, en outre, une foule de jeunes gens qui avaient reçu une solide éducation se présentèrent au premier appel de la patrie en danger. Mais
il fut impossible de leur faire suivre un enseignement régulier et complet; dès le principe, on dut réduire considérablement la durée des
cours, et, les ordres de presser l'instruction se réitérant, on se trouva
peu après dans la nécessité de garder les élèves pendant quelques mois
seulement. Si l'on songe aux difficultés de toute nature qu'on eut à
vaincre, aux vices de l'institution, au manque de moyens d'instruction, au dénûment dans lequel se trouvait l'administration, ne possédant que quelques planchettes, une boussole, un graphomètre,
dépourvue de tout, même de papier, de plumes, de moyens d'éclairage et de chauffage, à l'état misérable des élèves payés en assignats,
à la nécessité de fournir des promotions extraordinaires, au désordre inséparable du bouleversement causé par la Révolution, on
admire que l'École de Châlons ait pu être la pépinière de ces officiers d'Artillerie qui devaient se distinguer sur tous les champs de
bataille de l'Europe.

Cependant, on avait senti depuis longtemps que l'École d'Artillerie de Châlons, comme l'École du Génie de Mézières, ne pourrait pas
donner de bons résultats sans une École préparatoire. Aussi semble-
t-il étrange que la Convention nationale, en fondant cette institution pour subvenir aux nécessités de la guerre que nous soutenions
contre toute l'Europe, n'ait d'abord point voulu comprendre l'Artillerie au nombre des services qu'elle devait alimenter. Il n'en est
question ni dans le décret de création de l'*École centrale des Travaux publics* du 21 ventôse an II, ni dans celui du 7 vendémiaire
an III, qui la mit en activité sous le nom d'*École Polytechnique*.
L'omission volontaire des artilleurs, qui font, dans toutes les branches
de leur service, une application continuelle des théories mathématiques, ne peut s'expliquer que par la préoccupation des fondateurs
de vouloir former des ingénieurs militaires qui entreraient immédiatement dans les services publics, comme cela ressortait de la destination primitive de l'institution.

Quoi qu'il en soit, ce fut seulement deux ans plus tard, par la loi
du 30 vendémiaire an IV concernant les services publics, qu'il fut

décidé que les jeunes gens se destinant à l'Artillerie devraient suivre, pendant deux ans au moins, les études de l'École Polytechnique, avant de pouvoir être admis comme officiers, après un examen constatant leur capacité. Encore la mise en exécution de cette loi, qui décrétait le transfèrement à Metz de l'École du Génie, et qui prévoyait la suppression de l'École de Châlons destinée à être remplacée, après la paix, par les écoles régimentaires, donna-t-elle lieu à de sérieuses difficultés.

L'École de Châlons, qui commençait à s'organiser sous l'heureuse influence de Laplace, se trouva dans le plus grand embarras. Elle reçut l'ordre tout d'abord d'envoyer 19 de ses élèves à l'École Polytechnique pour concourir avec les autres aux divers services publics (arrêté du 17 fructidor an III); il est vrai que ceux-là furent autorisés un peu plus tard à rester à Châlons. Il lui fallut se résigner à voir nommer des polytechniciens directement dans l'Artillerie, comme le furent par exemple le général Schouller, les colonels Boussaroque et Capelle; enfin, après avoir supprimé le concours qui assurait son recrutement, on dut le rétablir et, malgré cela, les besoins d'officiers augmentant et le nombre des élèves allant diminuant, tandis que la durée des études était constamment réduite, elle fut un moment à peu près déserte.

D'autre part, les élèves de l'École Polytechnique manifestèrent dans les premiers temps peu d'enthousiasme pour entrer dans l'Artillerie. Aucun élève ne demanda ce service en 1795; il y en eut deux en 1796; vingt-sept en 1797; dix-sept en 1798, et onze seulement en 1799. On ne parvint à combler les vides des régiments qu'en adoptant, comme mesure transitoire, de faire examiner dans les départements les jeunes gens qui désiraient entrer dans l'Artillerie, et de les nommer immédiatement lieutenants sans passer par les Écoles.

Ces difficultés expliquent que le commandant de l'École de Châlons n'ait cessé de réclamer contre la décision qui l'obligeait à ne recevoir que des élèves provenant de l'École Polytechnique; il demandait qu'on laissât subsister le concours institué à Châlons pour tous les candidats qui se présenteraient. Son opinion étant partagée par les généraux les plus éminents de l'Artillerie, et l'École Polytechnique se plaignant de son côté de la constante violation de la loi du 30 vendémiaire an III, on dut recourir à une nouvelle loi pour faire cesser toute cause de contestations.

La loi du 25 brumaire an VIII spécifiait, en conséquence, que l'École Polytechnique était destinée à pourvoir aux services de l'Artillerie de terre, de l'Artillerie de la marine, du Génie militaire, etc., et que l'École de Châlons serait une École d'application pour l'Artillerie, à l'instar de celle de Mézières pour le Génie.

Reconnaissant ainsi, contrairement à ce qui avait été décidé quatre ans auparavant, la nécessité d'une École d'application, on chargea une Commission mixte, formée le 22 nivôse an VIII, et composée des généraux de division les plus distingués de l'Artillerie et du Génie, de proposer un projet d'organisation pour les Écoles d'application des deux armes. La Commission se prononça pour la séparation de l'Artillerie et du Génie, et arrêta le plan de l'instruction qui devait être donnée dans chacune de ces armes. Le général de Senarmont ([1]) rédigea le projet très bien étudié du règlement de l'École d'application d'Artillerie. Ce projet, daté du 19 thermidor an IX, porte en marge une note du général Marmont ([2]), inspecteur général de l'Artillerie, ainsi conçue :

On a oublié dans ce programme un professeur de grammaire et de logique et celui de géographie historique et de statistique. Les élèves de l'École Polytechnique savent bien, et peut-être plus qu'il n'est nécessaire pour l'arme de l'Artillerie, les Mathématiques, la Physique et la Chimie ; mais presque aucun ne sait l'Orthographe, la Grammaire, la Géographie et l'Histoire ; ce sont, pour la plupart, des danseurs qui ne savent pas marcher.

Tout tendait cependant vers la réunion des deux Écoles : la Commission mixte avait pris elle-même ses dispositions pour qu'on pût l'opérer à un instant donné. Ce fut l'intervention de l'École Polytechnique qui la fit décider. Son Conseil de perfectionnement avait nommé dans son sein deux Commissions chargées d'examiner l'état actuel des Écoles d'application de l'Artillerie et du Génie, et d'arrêter les programmes de ces deux Écoles. Ces Commissions, composées de Monge et de Laplace, membres de l'Institut, de Bossut et

---

([1]) Ancien élève de l'École d'Artillerie de Metz.
([2]) Sous-lieutenant d'infanterie en 1789, passé dans l'Artillerie en 1791.

de Legendre, examinateurs du Génie et de l'Artillerie, de Prieur, officier supérieur du Génie qui fut remplacé par Bizot du Coudrai, également officier du Génie, de Gassendi (¹), officier général de l'Artillerie de terre, et de Dubouchage, officier général de l'Artillerie de marine, se réunirent et choisirent Gassendi pour rapporteur. Dans son rapport du 16 frimaire an IX, celui-ci conclut à l'adoption d'un même programme pour les deux Écoles. Les Commissions réunies pensèrent donc que le programme d'instruction pratique de l'École du Génie, auquel il avait été fait quelques modifications, devait être absolument le même pour l'École d'application de l'Artillerie, en observant cependant que la ville de Châlons ne pouvait pas fournir les établissements convenables pour cette instruction, tandis qu'ils se trouvaient heureusement rassemblés à Metz. Le Conseil de perfectionnement ayant donné son assentiment à l'opinion de ses Commissions sur l'utilité d'établir une parfaite identité d'instruction dans les deux Écoles, le citoyen Bizot, toujours au nom des deux Commissions, lut le programme de l'enseignement pour le Génie militaire et, attendu qu'il y avait été apporté les modifications nécessaires pour qu'il pût convenir également à l'École d'Artillerie, ce programme fut arrêté tant pour l'École du Génie que pour celle de l'Artillerie. Il créait à Metz, où se trouvaient de bons modèles de fortifications, des établissements divers, des dépôts de tous les corps, des moyens d'études abondants, l'École d'application commune aux deux armes.

A partir de l'année 1800, l'Artillerie commence à se recruter d'une façon normale et régulière à l'École Polytechnique. La loi du 16 décembre 1799, véritable charte de l'institution, qui a donné aux élèves le grade de sergent d'artillerie avec la solde afférente à ce grade, y a mis l'arme en honneur. Quand elle a besoin de promotions extraordinaires, elle voit les élèves volontaires se présenter en grand nombre. Une première fois 41 d'entre eux, après avoir subi un examen sommaire avec Legendre, partent en qualité de lieutenants d'artillerie avant les examens de sortie (germinal an VIII). Un peu plus tard, 62 élèves de première année et 17 de seconde, inscrits pour l'Artillerie, quittent l'École, ayant reçu en hâte des leçons particu-

---

(¹) Ancien élève de l'École de Bapaume.

lières, dont la durée avait été limitée par le Ministre de la Guerre à quarante ou quarante-cinq jours. « Il faut nous envoyer tous ceux qui voudront venir dans cette arme », écrivait Berthier au Directeur (1ᵉʳ nivôse an XII). Les demandes de l'Artillerie se pressent quand vient l'Empire, tandis que les événements merveilleux, les brillants faits d'armes exaltent les esprits de la jeunesse. « Envoyez vos élèves droit ici », écrivait l'Empereur au gouverneur de l'École, quelques jours après Iéna. Comme il venait de recevoir une adresse enthousiaste des Polytechniciens, et d'apprendre que trente d'entre eux demandaient à entrer dans l'armée : « Nous avons besoin d'officiers, nous les placerons dans les corps. Envoyez-en aussi en Italie. » Et les besoins de l'Artillerie s'accroissent encore après 1809, quand elle prend un développement extraordinaire en raison de la permanence de l'état de guerre et de la multiplicité des théâtres d'opérations. C'est alors que l'Empereur songe à recruter ses officiers d'artillerie non seulement à l'École Polytechnique, mais dans d'autres écoles. Déjà en 1807, il avait écrit au général Dejean : « Si l'École Polytechnique, l'École de Fontainebleau, Saint-Cyr, peuvent fournir des sujets ayant l'âge et l'éducation nécessaires, vous pouvez me les envoyer, je les recevrai avec plaisir. »

Pendant un court intervalle de paix, il avait donné des ordres pour faire modifier le plan d'instruction de l'École de Metz de manière que les officiers d'artillerie pussent, au bout de six mois, servir aux armées s'il était nécessaire de les y appeler.

On les élève comme les officiers du Génie, avait-il écrit au général Dejean, le savoir ne doit pas être le même. Donnez des ordres précis pour que, dès les premiers jours, on montre aux élèves destinés à l'Artillerie l'exercice du fusil, l'école du peloton, l'exercice du canon, les manœuvres de force, les artifices, etc., afin qu'ils soient, en six mois, capables d'entrer dans les compagnies. Ce n'est pas que je ne pense que les élèves doivent rester deux ans à l'École ; mais il est des circonstances où l'on peut avoir besoin d'eux, et alors il faut qu'ils sachent tout d'abord le nécessaire et l'indispensable du métier.

En 1811, il décide que l'Artillerie ne tirera désormais ses élèves que de l'École militaire de Saint-Cyr, du Prytanée de La Flèche et de tous les lycées de l'Empire. A Saint-Cyr, on note dès lors pour le service de l'Artillerie ceux qui peuvent répondre sur le premier volume du Cours de Bezout, on les applique particulièrement aux Mathématiques, et ils sont envoyés dans les régiments avec le grade de lieutenants en second. L'examinateur d'Artillerie interroge les élèves de La Flèche et des lycées, et ceux qu'il trouve suffisamment instruits sont envoyés à Metz pour y compléter leur intruction militaire.

Ce décret irréfléchi (du 30 août 1811) portait un coup terrible à l'École Polytechnique, mais il ne fut en vigueur que pendant deux ans ; encore Napoléon, entraîné par le besoin incessant d'officiers, continua-t-il à prendre à l'École des lieutenants pour l'Artillerie. En effet, un mois plus tard, 40 polytechniciens furent placés dans l'armée ; 60 autres y entrèrent le 12 février 1812 et, le 1ᵉʳ juillet, l'Empereur envoya de Wilna l'ordre d'en faire partir encore 40 pour Metz ; au mois d'avril 1813, il en prit 50 ; enfin, au mois d'octobre de la même année, l'École reçut une nouvelle demande de 70 élèves, et il fallut en prendre 44 parmi ceux de première année.

L'Empereur avait cependant cédé aux représentations de Lariboisière (¹), premier Inspecteur général de l'Artillerie, et il avait fini par oublier son décret. La préoccupation de rechercher « des hommes pratiques et non des savants occupés à résoudre des problèmes qu'on doit renvoyer aux loisirs de la paix » lui faisait considérer que l'objet principal de l'instruction des artilleurs devait être la connaissance des manœuvres des bouches à feu et de la tactique de l'infanterie. Telle n'était pas l'opinion du Conseil de perfectionnement de l'École Polytechnique, qui n'avait cessé de faire des représentations et persistait à vouloir s'en tenir aux observations rédigées quelque temps auparavant par l'administrateur Gay Vernon.

C'est une erreur, déclarait-il, de dire que les officiers d'Artillerie n'ont pas besoin d'autant d'instruction que les ingénieurs. Si ces fonctions sont séparées par l'organisation matérielle, il faut les rapprocher par l'instruction. L'officier d'artillerie, chargé de construire les arsenaux, les magasins à poudre, doit savoir la Géométrie descriptive et l'Architecture ; chargé de diriger les établissements, fonderie, mine, scierie et autres, il doit savoir la Mécanique et l'Hydrodynamique ; chargé des armes et de la poudre, la

---

(¹) Ancien élève de l'École de La Fère.

Chimie lui est principalement nécessaire ; enfin il concourt aux succès des batailles, à l'attaque et à la défense des places, ce qui nécessite l'étude de la Guerre et de la Fortification.

Ces justes considérations triomphèrent. L'Artillerie ne se recruta plus qu'à l'École Polytechnique et l'instruction générale de ses officiers se releva rapidement.

Puisant à cette École de solides connaissances mathématiques et physiques, instruits à l'École de Metz à toutes les applications, à la fabrication du matériel, à l'art des constructions, à la fortification, à la tactique ([1]), possédant les moyens d'assurer eux-mêmes le perfectionnement de leur arme, distingués sur les champs de bataille pendant toute la durée des grandes guerres, reprenant ensuite les travaux de la paix, les officiers d'artillerie surent conserver la place honorable conquise par leurs prédécesseurs dans l'estime publique.

LES CAMPAGNES DU SIÈCLE.

Nous pouvons maintenant nous demander quel fut le rôle des artilleurs anciens élèves de l'École Polytechnique dans cette immense chevauchée de l'Artillerie, qui, de 1797 à 1815, s'étendit du Guadalquivir à la Moskowa, d'Aboukir à Flessingue.

Fidèles continuateurs de leurs aînés, joignant aux qualités de bravoure et d'abnégation, qui ont été de tout temps et sont encore aujourd'hui l'honneur de notre arme, une instruction solide et des

---

([1]) L'équitation fut assez négligée au début de l'École de Metz. L'insuffisance des élèves, constatée chaque année par les Inspecteurs généraux, n'avait pas pour cause unique le très court séjour des élèves à l'École : elle s'expliquait surtout par le petit nombre de chevaux affectés au service du manège. A l'inventaire de 1806, figure un effectif de douze chevaux, *dont un mort depuis longtemps.* Les élèves malmenaient tellement ces pauvres animaux que le maître d'équitation, bien que secondé par un adjoint, trouvait à grand'peine, dans l'intervalle des reprises, le temps indispensable pour refaire l'éducation des onze chevaux vivants.

connaissances étendues, ils ont eu moins de renommée et recueilli moins de lauriers que les artilleurs de la génération qui les a précédés; c'est que ceux-ci, jeunes encore, occupaient les grades les plus élevés et que les Polytechniciens qui prirent part aux luttes gigantesques de la fin du xviiie siècle et du commencement du xixe ne remplirent, à très peu d'exceptions près, que des fonctions subalternes.

Napoléon, nous l'avons vu, n'hésitait pas à remplir les cadres de l'Artillerie avec ces jeunes gens que les profitables leçons de l'expérience rendaient en peu de temps dignes du grade qui leur était conféré. L'exemple et les conseils de chefs éprouvés tels qu'Eblé, Songis, Senarmont, Lariboisière, Drouot ([1]); la solide instruction et le courage de soldats aguerris, enfin l'enthousiasme et l'ardeur de la jeunesse leur permettaient de suppléer aux connaissances qu'ils n'avaient pu acquérir pendant leur trop court séjour à l'École. Mais la mort, qui fauchait alors de si verts épis, devait arrêter brusquement la plupart de ces carrières hâtives écloses au soleil d'Austerlitz et brisées avant Waterloo. Si on fait l'appel de ces premières promotions d'artilleurs, que de fois devra-t-on répondre « Mort au champ d'honneur »! Le premier nom qu'on rencontre dans ce long et glorieux nécrologe est celui de Boyé, lieutenant sorti de l'École en 1797, qui meurt à Aboukir des suites de ses blessures.

Ceux qui devaient plus tard parvenir aux grades élevés étaient à peine officiers supérieurs à Waterloo; seul Berge avait été promu général en 1813, en Espagne. Fabvier était chef d'escadron à la Moskowa; Pailhou et de Laplace étaient capitaines, officiers d'ordonnance de l'Empereur, à la grande armée de 1813; de la Hitte était capitaine à l'armée des Pyrénées; Duchand et Gourgaud étaient colonels à Waterloo.

Chaque jour l'Artillerie voit grandir son rôle et sa prépondérance sur le champ de bataille. L'audacieuse tactique inaugurée par Senarmont à Friedland est définitivement adoptée par l'Empereur. L'Artillerie, placée sous le commandement des généraux de l'arme, groupe ses pièces sur un seul point, au lieu de les morceler

---

([1]) Eblé sortait des rangs des sous-officiers; Songis était un ancien élève de l'École de Bapaume et Drouot un ancien élève de l'École de Châlons.

en plusieurs batteries, les porte à petite distance de l'ennemi qu'elle accable d'un feu terrible et meurtrier, sans craindre de s'exposer elle-même à des pertes considérables. C'est la tactique employée à Wagram, où cent bouches à feu viennent remplir le vide formé au centre de l'armée par la déroute du corps de Bernadotte; elles s'avancent sans tirer jusqu'à demi-portée de canon et commencent un feu prodigieux qui éteint celui de l'armée autrichienne. C'est la tactique que Senarmont ne cessera d'employer en Espagne; à Ocaña, pour rendre plus maniable la grande batterie de 31 bouches à feu qu'il a constituée, il la divise en trois groupes dont l'un est placé sous le commandement de Berge. Après la mort de Senarmont, tué au siège de Cadix, le général Ruty (¹) s'inspire des mêmes principes; à la bataille d'Albuera, une grande batterie de 42 pièces préserve l'armée d'une déroute qui semblait inévitable.

Mais déjà Napoléon, entraîné en de gigantesques projets par le système du blocus continental, médite d'aller terminer au cœur de la Russie la lutte entamée avec l'Angleterre. Les innombrables bataillons qui s'acheminent vers la Vistule sont pourvus d'un immense matériel d'Artillerie. Le Niémen est franchi, et la Grande Armée se lance à la poursuite d'un ennemi qui se dérobe sans cesse. Plus que toutes les autres armes, l'Artillerie doit éprouver de cet allongement des distances des difficultés chaque jour grandissantes, d'autant que les chevaux périssent en grand nombre, et cependant le service est toujours assuré, le réapprovisionnement des munitions toujours exécuté avec régularité. S'agit-il de déloger les Russes de Smolensk, c'est l'Artillerie qui a la plus grande part au succès, et lorsque enfin cet insaisissable ennemi se décide à livrer bataille, c'est le canon qui triomphe de son admirable opiniâtreté. A la Moskowa, tandis que le feu des pièces placées dans les redoutes hâtivement élevées prépare l'attaque, 80 bouches à feu se portent en avant du ravin de Semenovskoïe, à portée de mitraille des masses ennemies, et font un feu roulant qui décime l'infanterie russe et arrête les charges de la cavalerie; c'est là que le jeune colonel Demay trouve une mort glorieuse.

Mais cette belle artillerie va bientôt semer la route de la retraite de

---

(¹) Ancien élève de l'École de Châlons.

ses débris ; à mesure que les chevaux succombent, on fait sauter les caissons ; puis ce sont les pièces désormais inutiles qu'il faut abandonner à leur tour. Ce sacrifice du matériel fait naître dans les âmes un funeste découragement, contre lequel les rigueurs du froid ne permettent pas de lutter. Que de victimes ainsi frappées, surtout parmi ces jeunes artilleurs que les précédentes campagnes n'ont point encore endurcis! Et cependant, la période des guerres n'est pas close. Pour soutenir les conscrits qui viennent remplir les vides de ce qui fut la Grande Armée, il faut plus que jamais du canon. A Lutzen, à Dresde, à Leipzig, il assure la victoire ou atténue la défaite ; à Hanau, il nous ouvre le chemin que la trahison veut en vain nous barrer. Maintenant, c'est la France envahie, c'est le sol même de la patrie qu'il faut défendre. Bien novices étaient les artilleurs de la Rothière et de Craonne, auxquels le général Drouot enseigne la manœuvre au milieu des boulets ; novices aussi ces élèves de l'École Polytechnique qui viennent à la barrière du Trône défendre la capitale menacée. Mais tous ont ce sentiment du devoir et ce mépris de la mort qui font les héros.

Le 30 mars 1814, vingt-huit pièces qui étaient au parc, sur la place du Trône, formaient une réserve destinée à se porter sur les points les plus menacés. Le service en était assuré par les élèves de l'École Polytechnique, parmi lesquels il faut citer Piobert, sous le commandement du major Evain. Depuis le matin, la canonnade retentit vers la gauche, et bientôt se rapproche ; cependant, aucun ordre ne parvient. Vers le milieu du jour, Evain se porte en avant ; arrivée à la croisée de la route de Vincennes et du chemin de Charonne, la colonne est aperçue par les troupes du comte Pahlen qui démasquent une batterie légère, tandis qu'un régiment de uhlans manœuvre pour aborder par le flanc l'artillerie française qui a mis une dizaine de pièces en batterie. Evain, voyant le danger, ordonne la retraite ; mais, si les canonniers étaient valeureux, les conducteurs, tous charretiers ou cochers de voitures publiques, étaient absolument malhabiles aux manœuvres. Les uhlans, tombant sur ce convoi en désordre, allaient le faire prisonnier lorsque débouchent les chevau-légers de Vincent et les dragons du colonel Ordener. Les Russes, sabrés, durent abandonner une partie de leur prise ; ils gardèrent cependant neuf canons, six caissons et quelques prisonniers.

L'un des Polytechniciens, conduit à l'état-major du Czar, réclama « des lettres de recommandation pour la Sibérie afin d'y donner des leçons de Mathématiques ».

Que ne peut-on attendre de tels hommes qui savent faire leur devoir avec simplicité et conservent, au milieu des revers, de la bonne humeur et de l'esprit!

Sans nous arrêter aux diverses campagnes ou expéditions au cours desquelles notre arme a joué un rôle toujours honorable et parfois glorieux, nous nous contenterons de consacrer quelques pages à celles seulement qui tiennent une place importante dans l'histoire du pays.

La conquête et la pacification de l'Algérie ajoutent une page glorieuse au livre d'or de l'Artillerie dont le personnel a été appelé à remplir les missions les plus diverses, soit qu'il ait fallu élever et armer de véritables batteries de siège, construire des batteries de position, assurer le passage des cours d'eau, accompagner dans les terrains les plus difficiles les colonnes avec des batteries de campagne, de montagne ou de fuséens, ou enfin constituer, avec ou sans le secours d'autres armes, de véritables compagnies d'élite combattant à pied.

Le fractionnement de l'artillerie dans les colonnes a souvent conduit de simples lieutenants à commander l'artillerie dans divers engagements; beaucoup des officiers qui ont occupé ou occupent encore dans notre arme une position élevée ont eu ainsi, dès le début de leur carrière, l'occasion de faire remarquer leur aptitude au commandement et de développer leur coup d'œil et leur initiative.

Le premier artilleur qui devait s'illustrer en Afrique fut le général de la Hitte, qui commandait l'artillerie de la brillante armée du lieutenant général de Bourmont.

Celui-ci venait de débarquer à Sidi-Ferruch, le 14 juin 1830, et les Arabes ne lui avaient opposé qu'une faible résistance lorsque, le 19, ils s'élancent de leurs positions de Staouëli à l'attaque des retranchements que venait de construire le général Valazé. Le général de la Hitte, qui n'a encore à sa disposition que quelques obusiers, les multiplie par la rapidité avec laquelle il les fait manœuvrer et les porte successivement sur tous les points menacés; l'ennemi s'étant retiré, notre artillerie, malgré les obstacles de la route, accompagne la division Loverdo dans son mouvement en avant, prend une deuxième position et achève de disperser l'ennemi; la victoire est complète, et l'armée marche sur Alger.

Malgré les agressions tentées par l'ennemi contre les gardes de tranchée et les avant-postes, les batteries d'attaque sont prêtes à ouvrir le feu le 4 juillet. Le tir de l'artillerie est tellement précis que les canonniers algériens renoncent à la lutte; les batteries reçoivent alors l'ordre de commencer la brèche. Au bout de quelques instants, de nombreux éboulements se produisent; bientôt une formidable explosion retentit : le fort l'Empereur vient de sauter; ses ruines encore fumantes sont aussitôt occupées, et le général de la Hitte y fait amener quelques obusiers, dont le feu bien dirigé réduit promptement au silence l'artillerie algérienne du fort Bab-Azoun. Vingt jours avaient suffi pour faire tomber en notre pouvoir Alger, ses mille canons, sa flotte et son trésor.

Au premier siège de Constantine, entrepris dans les conditions les plus défavorables, l'artillerie resta toujours à hauteur de sa réputation, malgré les fatigues et les privations de toutes sortes qu'elle eut à endurer. Une batterie, construite dans les conditions les plus pénibles et pendant une violente tempête, ouvre son feu à 900 mètres, distance trop grande pour obtenir des effets décisifs; il faut se rapprocher de la place. Par des efforts inouïs, les pièces sont descendues sur une pente de glaise à pic; les canonniers, infatigables et calmes sous un feu meurtrier auquel ils ne peuvent encore riposter, établissent, en exécutant des manœuvres de force, une batterie de 4 pièces de campagne et de 4 obusiers à 300 mètres de la porte El-Kantara. Le feu de notre artillerie a bientôt ouvert la brèche; malheureusement, les contre-attaques des Arabes ont raison de nos colonnes d'assaut; Constantine devait rester pendant une année encore aux mains du Bey.

L'année suivante, pour le deuxième siège de Constantine, l'artillerie était sous le commandement du général Valée (¹).

Le matériel, transporté par 1200 chevaux et 126 voitures, comprenait seulement trente-trois bouches à feu, dont quatre canons de

----

(¹) Ancien élève de l'École de Châlons.

24 emmenés grâce à la tenace conviction du général Valée, malgré de vives résistances. Le parc n'emportait que 200 coups par pièce de siège; c'était encore une limite posée à l'action si restreinte de l'armée française. Déjà, faute de vivres, il lui fallait vaincre dans un temps limité; il lui fallait aussi, faute de poudre, vaincre par un nombre de boulets comptés. C'était jouer une partie qui ne réussit qu'aux joueurs les plus habiles et les plus heureux; le général Valée la gagna. L'organisation, restée classique, qu'il avait donnée à son artillerie, en avait doublé la force et la valeur.

C'est au milieu de difficultés sans nom que s'exécute l'armement des batteries. Sur un sol détrempé par la pluie, le lourd matériel résiste aux efforts les plus persévérants, s'embourbe ou roule en partie dans les ravins. La tempête redouble, les soldats, sans feu, sans soupe, sans abri contre la pluie glacée qui ne cesse de tomber, mitraillés jour et nuit sans pouvoir riposter, travaillent pendant trois jours sans interruption; toutes les armes fraternisent dans ce suprême effort; les zouaves et les soldats du Génie s'unissent aux pontonniers pour aider les servants et les conducteurs à bout de forces. Après avoir payé à ces humbles le tribut d'admiration qu'ils méritent, il n'est que juste de glorifier la valeur et l'énergie des chefs qui ont su inspirer de tels dévouements.

Quand les batteries découvertes de la Casbah et de la ville eurent été réduites au silence, il fallut transporter au Coudiat-Ati les canons du Mansoura; une batterie de brèche, dont l'emplacement avait été reconnu, au prix de mille dangers, par le capitaine Le Bœuf, fut établie à 150 mètres de la place.

Les premiers boulets qui atteignent la muraille y laissent à peine une empreinte; il faut cependant faire brèche en 600 coups ou périr, et périr sans gloire; l'armée, silencieuse et inquiète, suit avec angoisse les progrès de ce travail d'où dépend son destin. Enfin, un coup d'obusier, pointé par le général Valée lui-même, détermine le premier éboulement; la confiance renaît; les soldats ne doutent plus du succès, puisque Constantine est accessible à leurs baïonnettes.

Nous venons de montrer comment l'Artillerie avait su vaincre les difficultés de la guerre de siège en Afrique; elle ne fut pas moins brillante dans cette guerre de partisans que nous eûmes à

soutenir en maintes occasions contre les Arabes, et toujours ses officiers s'y sont distingués, les uns à la tête de leurs canonniers, les
autres dans des fonctions diverses, comme Marey-Monge, Walsin-
Esterhazy et Rivet avec leurs spahis, comme Bosquet avec ses
tirailleurs algériens, Salignac-Fénelon (¹) dans l'administration des
affaires arabes.

(¹) Les incidents, les combats de la guerre d'Afrique, comportaient rarement,
pour l'Artillerie, une intervention aussi active que les grandes guerres européennes.
Aussi plusieurs jeunes officiers cherchèrent un aliment à leur activité dans des relations plus intimes avec la population indigène, et cela les amena ensuite à quitter
leur arme d'origine. Deux d'entre eux, les généraux Walsin-Esterhazy et de Salignac-Fénelon méritent qu'on leur consacre un souvenir.

Le premier appartenait à une famille étrangère dont une branche, fixée en France
depuis plusieurs générations, avait déjà produit des officiers très distingués, qui
avaient participé aux guerres du dernier siècle dans la Cavalerie. Le général WALSIN-
ESTERHAZY (Louis-Joseph-Ferdinand), dont nous avons à parler, naquit à Nîmes, le
18 mai 1807, entra à l'École Polytechnique le 1ᵉʳ novembre 1826 et poursuivit sa
carrière dans l'Artillerie jusqu'en 1840. Mais, arrivé en Algérie depuis 1832, il s'éprit
vivement du pays neuf, en étudia la langue, les mœurs, l'histoire. Ses recherches
sur le système suivi par les Turcs, pour dominer une vaste contrée avec une milice
peu nombreuse, aboutirent à la publication d'un livre qui fut une véritable révéla-
tion à l'époque où il parut. Très embarrassé sur ce qu'on pouvait faire de la grande
colonie algérienne, le Gouvernement essaya d'y établir des principautés indigènes
sous la surveillance d'agents français. Un bey fut installé à Mostaganem et le capitaine Esterhazy fut choisi pour commander ses mekhalias. Le bey ne put se maintenir, mais l'officier prit assez d'ascendant dans le pays arabe pour qu'on lui
conservât le commandement direct des tribus ralliées : les Medjehers d'abord, puis
les Douairs et les Smélas, qui formèrent le célèbre Maghzen d'Oran. Il eut à préparer la marche des colonnes qui, en 1841, s'emparèrent de Mascara et de Tagdempt,
et reçut à cette occasion les éloges du général Bugeaud, qui n'était pas homme à
les prodiguer mal à propos. En 1842, Esterhazy passa comme chef d'escadron dans
la cavalerie, au 2ᵉ régiment de spahis, avec lequel il prit part aux nombreux combats livrés jusqu'en 1850 dans la province d'Oran, et où il mérita quatre citations.
Il comptait alors dix-huit ans de séjour en Algérie. La guerre d'Orient l'attira en
Crimée, et il y eut l'occasion de livrer un brillant combat de cavalerie dans la
plaine d'Eupatoria, le 2 octobre 1855. Si les opérations ne s'étaient pas limitées
alors au siège de Sébastopol et aux combats qui en furent la conséquence, nul
doute que le général Walsin-Esterhazy ne s'y fût montré avec éclat.

Rentré en France avec une santé compromise par les fatigues d'une carrière aussi
pénible que bien remplie, il mourut presque subitement le 1ᵉʳ janvier 1857 à Marseille où il se trouvait de passage.

Né le 30 octobre 1816, le général DE SALIGNAC-FÉNELON appartient à la promotion de 1835. Il quitta l'Artillerie, où il avait servi avec honneur, pour entrer

C'est à propos de l'expédition de Kabylie, dirigée en 1842 par le général Bugeaud, qu'il y a lieu de signaler l'organisation d'un bataillon d'élite composé de 200 artilleurs et de 200 soldats du Génie, tous armés du fusil d'infanterie; chargé des missions les plus périlleuses, ce bataillon aborda plusieurs fois l'ennemi à la baïonnette et détermina la victoire. Les servants d'artillerie furent encore employés de la même façon lors de l'expédition de Kabylie de 1851, mais ils étaient alors armés de mousquetons; le demi-escadron commandé par le capitaine Vieille combattit sans cesse côte à côte avec les turcos, tandis qu'un autre demi-escadron, commandé par le capitaine Lucet, rivalisait d'entrain et de bravoure avec les zouaves de la brigade Bosquet.

Lorsque la guerre d'Orient éclata, en 1854, l'Artillerie se trouvait en pleine crise de transformation; son organisation avait été modifiée par la séparation des éléments dissemblables qui constituaient ses corps de troupe et par la création de régiments à pied, de régiments montés et de régiments à cheval; son matériel comprenait deux nouvelles pièces, le canon-obusier de 12 et le canon-obusier de 12 léger, enfin les obus à balles de campagne récemment adoptés devaient entrer dans le chargement des coffres. Les troupes débarquées les premières sur le territoire turc n'apprirent à connaître leur nouveau matériel que dans des écoles à feu qui furent exécutées comme en temps de paix. Grâce à la bonne volonté de tous, à l'entrain et au zèle de ses chefs, notre artillerie, malgré les conditions défavorables où elle se trouvait, alla jouer un rôle considérable, aussi

---

dans les bureaux arabes et à la Direction politique de la province d'Alger. Il y rendit d'importants services, fut blessé à Goudjila en 1845 et fit partie de l'armée d'Afrique, soit aux spahis, soit au 1er régiment de chasseurs, de 1843 à 1855. Il fut alors envoyé en Crimée avec ce dernier régiment, dont il était lieutenant-colonel et y fut promu colonel. Il revint en Algérie pour en repartir en 1859 et prendre part à la campagne d'Italie. Rentré en France avec le grade de général, il ne comptait pas moins de six citations à l'ordre de l'armée. Après avoir exercé divers commandements, il reçut celui d'une division de cavalerie, à la tête de laquelle il fut blessé de deux coups de feu, dont un fort grave, à Sedan. Évacué aux hôpitaux de Belgique, il reprit à la paix le commandement de la première division militaire, à Lille, et eut ensuite celui du 17e corps d'armée, à Toulouse. C'est là que la mort vint l'atteindre, après une longue maladie, le 16 décembre 1878.

bien sur le champ de bataille que dans les opérations du siège le plus colossal dont l'histoire ait gardé le souvenir.

L'artillerie de l'armée expéditionnaire, placée sous les ordres du général de brigade Thiry (¹), qui eut le colonel Le Bœuf pour chef d'État-Major, prit bien vite une importance considérable. Elle se composait d'abord de 17 batteries, d'une section de fuséens et d'un parc

---

(¹) Deux frères du nom de Thiry sont parvenus aux plus hauts grades dans le corps de l'Artillerie. Nés tous deux à Nancy, l'un le 17 décembre 1791, l'autre le 24 février 1794, ils étaient fils du baron Thiry (François-Mansuy) et de Catherine-Charlotte Régnier, sœur du duc de Massa, dont la veuve suivit avec la plus vive et constante affection la carrière de ses neveux.

L'aîné, Charles-Antoine THIRY, entré à l'École en 1808, fit, comme lieutenant d'artillerie, la retraite de Russie en 1812 et la campagne d'Allemagne en 1813. Blessé au pied gauche par un boulet le 5 mai, il assista néanmoins aux deux batailles de Leipzig. L'année suivante, il commanda une partie des élèves de l'École aux batteries qu'ils servirent sur les Buttes-Chaumont. Capitaine en 1813, il ne fut promu chef d'escadron, à un joli choix, que dix-neuf ans plus tard, ce qui ne l'empêcha pas de devenir général de division. Son frère, moins favorisé encore quoique d'une capacité plus grande et mis en évidence par les emplois qu'il a occupés, est resté vingt et un ans capitaine. Ceci dit pour calmer l'impatience des jeunes camarades qui seraient portés à se plaindre de la lenteur actuelle de l'avancement.

François-Augustin THIRY, frère cadet du précédent, est entré à l'École en 1810. Lieutenant d'artillerie à cheval le 29 mars 1813, il se distingua assez pour être promu capitaine le 9 décembre de la même année. C'est en 1834 seulement qu'il fut nommé chef d'escadron au choix. Il était alors officier d'ordonnance du Roi, avait occupé des positions très variées, montrant partout un esprit sage, réfléchi, des connaissances étendues. De 1839 à 1841, il commanda l'Artillerie à Constantine. Lieutenant-colonel, il présenta un projet de règlement pour simplifier les manœuvres des batteries. Mais la phase la plus marquante de sa carrière est le commandement de l'Artillerie à l'armée d'Orient. Il l'exerça avec une grande dignité et une haute compétence depuis le début jusqu'à la fin de la campagne. S'il a été parfaitement secondé, s'il doit beaucoup à ceux qui furent ses collaborateurs et notamment au général Le Bœuf, il n'est que juste de rapporter au chef la plus grande part du succès de la campagne. Les précautions constantes qu'il prit pour assurer les approvisionnements, son sang-froid dans les dangers, sa constance au milieu des fatigues et des émotions les plus énervantes, lui firent un honneur que le corps entier de l'Artillerie partagea avec lui. Ils lui méritèrent l'estime et le respect de l'Armée.

Nommé Sénateur en 1859, il demanda, en 1862, à être placé en disponibilité, ne se trouvant plus à même de supporter les fatigues d'un service actif. Ce fut un regret pour le corps où l'on appréciait tant son expérience et ses sages conseils. Après la funeste guerre de 1870, on le désigna pour faire partie de la Commission d'enquête sur les capitulations des forteresses. Il dut se récuser à cause de son grand âge et de sa santé gravement atteinte. Il est mort à Nancy, le 18 décembre 1875.

de campagne. Un premier parc de siège, comportant 58 bouches à feu approvisionnées à 1000 coups, partit de Toulon sous les ordres du colonel Mazure, pendant que le commandant Mitrecé constituait sur place, avec les ressources des arsenaux turcs, un équipage de 41 bouches à feu. Un second parc de 130 bouches à feu fut demandé au mois de janvier 1855, puis un autre de 160 au mois de mars, puis 200 mortiers en juin. Pendant plus d'une année, il y eut un mouvement constant de troupes, de matériel, de munitions, d'approvisionnements de toute nature entre l'armée et les régiments de France. A la fin de la guerre, nous avions en Crimée 104 batteries, 3 compagnies d'ouvriers, 26 batteries de parc, environ 16000 hommes de troupe et 646 officiers.

La masse énorme du matériel des équipages a été réunie, organisée, embarquée, débarquée à Gallipoli, à Varna, à Old-Fort, puis finalement ramenée à Marseille dans un ordre parfait. Pour donner une idée du travail qu'a nécessité le transport, nous dirons qu'au moment du retour l'embarquement à Constantinople dura 90 jours à raison de 500 à 600 tonnes par jour et exigea une flotte de plus de 400 navires. Arrivés à Marseille, les directeurs des parcs, ayant réuni tout le matériel appartenant à chacun des services, n'en avaient pas moins réglé leur comptabilité et remis leurs comptes au Ministre, avant la fin de l'année 1855, avec la même rigueur et le même ordre que dans les temps de paix les plus favorables.

A l'Alma, l'Artillerie a décidé de la victoire. Le maréchal Saint-Arnaud s'exprime ainsi à ce sujet dans son rapport : « Je ne puis ici trop rendre hommage à l'entrain et à l'intelligence avec laquelle ce corps d'élite a combattu. »

L'artillerie de la division Bosquet, sous les ordres du commandant Barral, accomplit des prodiges ; montant en colonnes par pièce par des sentiers à peine tracés et presque impraticables, elle avait escaladé avec une rapidité extraordinaire des hauteurs considérées comme inaccessibles, et, venant successivement se mettre en batterie, elle soutint pendant longtemps un combat meurtrier contre 5 batteries russes qui la prenaient de face et d'écharpe, à des distances comprises entre 500 et 100 mètres. L'artillerie à cheval de la réserve, conduite avec un entrain des plus remarquables par le général Thiry lui-même, par le commandant de la Boussinière et par le colonel

Forgeot, ébranla promptement les défenseurs de l'ouvrage le Télégraphe, que les zouaves purent alors enlever; puis, continuant son mouvement en avant, elle s'établit à hauteur de cet ouvrage avec trois batteries divisionnaires, et, concentrant les feux sur les masses russes qui faisaient face aux Anglais à l'extrémité du plateau, elle les mit en pleine déroute.

A la sanglante journée d'Inkermann, dans laquelle nos troupes eurent à lutter contre des forces six à sept fois supérieures et qui détourna pour longtemps les Russes de rien tenter contre nos travaux, l'Artillerie fit subir à l'ennemi des pertes énormes au fond du ravin où il s'engouffrait pour regagner les ponts. Le rapport du général Bosquet cite les deux batteries à cheval Toussaint et Thoumas, sous les ordres du commandant de la Boussinière, et la batterie Fiévet, conduite par le commandant Barral, « comme ayant supporté un rude duel avec l'Artillerie russe et ayant eu l'honneur de la réduire absolument au silence », et il ajoute : « Ce combat d'Artillerie a été dirigé par le brave colonel Forgeot, qui a rendu dans cette journée le plus grand service. » Le lieutenant-colonel Roujoux eut deux chevaux tués sous lui et fut grièvement blessé à la jambe. Le général Bosquet s'étant approché de lui pour lui serrer la main et le complimenter sur sa belle conduite, ce brave officier, qui se croyait perdu, répondit simplement au Général : « Au moins je serai mort sur un champ de bataille »; il disait aussi aux soldats qui l'entouraient: « Voyez, mes amis, il y en a pour tout le monde, pour les colonels comme pour les canonniers ».

Devant Sébastopol, notre Artillerie s'est immortalisée. L'opération ne fut pas un siège dans le sens ordinaire du mot; il n'y eut jamais d'investissement; l'ennemi défendait une position avec une grande supériorité numérique sur l'assiégeant; ce fut une attaque de lignes, conduite en empruntant ses moyens à l'art des sièges. Le tracé des ouvrages à entreprendre fut présenté par le général Bizot, qui commandait le Génie de l'armée, et l'armement fut proposé par le général Thiry, qui commandait l'Artillerie. Dans l'établissement du projet d'attaque, comme dans tous les travaux qui en ont été la conséquence, le concert le plus intime n'a pas cessé de régner entre les deux armes, chacun des généraux abandonnant à l'autre une initiative et une liberté d'action complètes pour les objets qui appartenaient plus particulièrement à sa spécialité, et tous les deux arrêtant ensuite ensemble et d'un commun accord les déterminations qui comportaient la coopération des deux armes.

Les premières batteries couronnaient une ligne de crêtes dominantes qui nous donnaient un avantage incontestable, et elles n'ont pas cessé d'avoir une action très puissante pendant tout le siège. Le 17 octobre, elles ouvrirent le feu contre Sébastopol. Les Russes entretenaient sur elles un feu continu, en multipliant surtout l'usage des mortiers, en lançant des appareils remplis de grenades, de pierres et de balles. Ils renouvelaient souvent leurs sorties et causaient des alertes fréquentes. Quand ils pensaient que nos troupes étaient à leurs postes, ils couvraient les tranchées de mitraille, en même temps qu'une fusillade très vive partait de toute l'enceinte. Il nous était impossible de prendre la supériorité sur les assiégés, qui disposaient d'un personnel nombreux et d'une énorme quantité de bouches à feu des plus forts calibres, incessamment renouvelées au moyen du matériel et des marins de la flotte. On résolut d'attendre l'arrivée d'un nouveau parc de siège.

Pendant tout l'hiver, le service des tranchées fut d'une dureté extrême; cependant il n'y eut jamais une plainte, jamais un murmure; les troupes, encouragées par leurs chefs, montrèrent les plus solides qualités de résignation et de patience pendant les travaux, tout aussi bien qu'un entrain irrésistible sur les champs de bataille.

Au mois de février 1855, on résolut d'attaquer Malakoff, considéré comme la clef de la position; il fallut entreprendre de nouveaux travaux. La construction des batteries fut extrêmement pénible : on trouvait le roc à fleur du sol et il fallait s'approvisionner de terre à une grande distance; tout fut prêt pour le 9 avril, jour fixé pour l'attaque générale, qui avait pour objectif, à droite, l'occupation du Mamelon Vert, et à gauche le bastion du Mat et la Quarantaine.

Avant l'ouverture du feu, le Maréchal Canrobert porta à la connaissance des troupes ce glorieux ordre du jour :

Le général en chef fait acte de justice en remerciant le Génie et l'Artillerie des efforts que ces armes n'ont cessé de déployer pour l'exécution des travaux. Ces travaux ont été entrepris dans une saison et au milieu d'épreuves qui semblaient les rendre impossibles. Les armes spéciales n'ont reculé devant aucune difficulté, aucun péril pour accomplir une œuvre qui dépasse en grandeur tout ce qu'on pouvait attendre de l'habileté et du dévouement.

Les grandes embuscades en avant du bastion central furent enlevées après avoir subi le feu de notre artillerie qui, très habilement dirigée par le général Le Bœuf, arrêta ensuite les colonnes russes opérant un retour offensif. Le commandant de Laumière était à l'attaque du bastion central, le commandant Marcy à l'attaque du bastion du Mat, le commandant Sibille à celle de la Quarantaine. Ce fut une brillante affaire qui consacra notre établissement sur les ouvrages russes et nous coûta des pertes cruelles.

Au premier assaut de Malakoff qui fut repoussé (18 juin), l'Artillerie perdit 201 hommes, elle eut 6 officiers blessés et 3 tués. Au nombre de ces derniers, se trouvait le lieutenant-colonel de la Boussinière, chef des attaques de Malakoff, qui s'était fait remarquer déjà à l'Alma, à Inkermann. Il tomba frappé à la tête par un biscaïen.

Enfin, le 8 septembre, ce grand drame se dénoua par l'assaut définitif de Malakoff, où nos batteries se couvrirent de gloire. Celles du commandant Souty, appuyant la deuxième attaque tentée contre le Petit-Redan, se déployèrent au trot, avec un entrain et une audace allant jusqu'à la témérité, à 250 mètres en avant de la courtine garnie de feux de mousqueterie et d'artillerie de gros calibre. Le commandant Souty fut blessé mortellement. Ses batteries eurent 95 hommes tués ou blessés. L'Artillerie eut dans la journée 28 officiers tués ou blessés, dont 5 aux attaques de gauche contre la ville, et 23 aux attaques de droite contre Malakoff.

Ce mémorable siège, dans lequel les moyens de l'attaque et de la défense ont atteint des proportions colossales, finit après onze mois de tranchée ouverte. Notre Artillerie avait construit et armé 120 batteries de siège. Nous ne saurions donner ici qu'une bien faible idée du rôle glorieux qu'elle y a joué; nous renverrons le lecteur au remarquable historique rédigé en partie sur le théâtre même des opérations, par le colonel Auger, chef d'état-major de l'artillerie, et les capitaines Voilliard, de Franchessin et Pellé.

Cet historique dit les luttes journalières, les travaux, les combats incessants de jour et de nuit, dans lesquels les marins et les auxiliaires d'infanterie rivalisèrent de vigueur, de bravoure et de persévérance avec les canonniers. Il retrace le rôle important joué par les pontonniers qui, au début de l'expédition à Varna, construisirent les débarcadères et entretinrent le matériel considérable des mahones et des chalands employés aux mouvements de la rade, établirent sur le Kamtchik un pont de bateaux qu'ils remplacèrent ensuite par un pont fixe sur pilotis, jetèrent sur le Danube, à Roustchouk, un grand pont de bateaux et, pendant le siège enfin, construisirent sept des plus importantes batteries, sous la direction de leur infatigable et habile chef, le capitaine Schneegans.

Il conserve les noms de tous ceux de nos camarades qui sont morts au feu : le général Rivet; les lieutenants-colonels de la Boussinière et Huguenet; les chefs d'escadron Sibille, Souty et Danié; les capitaines Garnier, Vieille, Rapatel, Massot, Michel, Gouy, Debout, Jaumard, Lendroit, de Vassart, Lacoste de Lille, Decasse, Laforgue de Bellegarde, Corbin, Garin, Pruvost, de Cruzi-Marcillac et Tribouillard; les lieutenants Rodolphe, Fournier, Mounier, Delafosse, Augier, de Farcy, Nouel et Harel.

Il raconte enfin les actions d'éclat de tous ceux qui se sont fait remarquer par leur bravoure et leurs brillantes qualités militaires, nos généraux d'hier et d'aujourd'hui.

Dès le commencement de l'année 1859, on prévoyait les événements dans lesquels la France allait bientôt intervenir en Lombardie. Un nouveau matériel d'artillerie de campagne avait été adopté en 1858, et on avait déjà entrepris la confection de soixante batteries de manœuvre à quatorze voitures. C'était donc en pleine crise de transformation de son matériel que l'Artillerie allait être appelée à prendre part à la campagne. Dès lors, on dut renoncer à l'exécution d'ensemble de soixante batteries, et il fallut se borner à achever et à compléter trente-sept batteries du nouveau système. L'impulsion énergique imprimée à tous les services de l'arme permit de faire face aux multiples exigences de la situation, et les nouvelles batteries étaient presque toutes déjà constituées lorsque, le 26 avril, la guerre fut déclarée à l'Autriche. Le matériel de l'artillerie de campagne comprenait ainsi des batteries de 4 raye, des batteries de canons obusiers de 12 et de 12 léger, et deux batteries d'obusiers de montagne.

Le général de division Le Bœuf, ayant pour chef d'État-Major le général Mazure, commandait l'artillerie de l'armée; l'artillerie de la garde et celle de chacun des cinq corps d'armée étaient commandées par un général de brigade.

Les premiers engagements de la campagne sont tout à l'honneur de l'Artillerie, dont les officiers font preuve, à la fois, de bravoure, d'entrain et de science, tandis que le nouveau matériel étonne les belligérants par sa justesse et sa précision.

Dans la marche sur Milan, le 4 juin, notre deuxième corps doit attaquer par le nord, tandis que le reste de notre armée forcera, en face de Magenta, le passage du Tessin et du canal. Le lieutenant de Teyssières, de l'artillerie de la garde, accompagne avec sa section la vigoureuse offensive de la brigade Wimpfen contre le pont du chemin de fer; il se porte jusqu'à 300 mètres de l'ennemi, et est cité à l'ordre pour le calme et l'aplomb avec lequel il a commandé. Le capitaine de la Jaille amène au galop quatre pièces vers Ponte di Magenta, pour appuyer l'attaque des zouaves et des grenadiers de la garde, et se met en batterie sur la route même, au delà du pont. Mais c'est en vain que le capitaine de la Jaille et ses vaillants artilleurs font des prodiges d'intrépidité, les colonnes autrichiennes avancent toujours. Les zouaves et les grenadiers, écrasés par le nombre, voyant leur général frappé à mort, se débandent; la batterie est envahie. Les deux pièces placées sur la route parviennent à tirer deux coups à mitraille qui leur donnent le temps d'amener les avant-trains et de se retirer au galop vers le pont. Les servants de la troisième pièce résistent en désespérés, le sabre au clair, et peuvent par miracle la sauver. Mais la pièce de gauche est enveloppée; les servants tirent en vain un coup à mitraille à bout portant, tous se font tuer sur ce canon qu'ils sont impuissants à défendre. Le capitaine de la Jaille, plein de bravoure et d'énergie, s'est multiplié dans ce cruel combat.

Pendant que cette lutte héroïque se livrait sur le Tessin, l'artillerie du deuxième corps ouvrait la marche à son infanterie. Le commandant Beaudoin lutte victorieusement avec douze pièces contre les batteries autrichiennes placées près de Magenta. L'intrépide général Auger porte ses canons dans toutes les directions où il y a une résistance à vaincre ou un obstacle à surmonter. Il réunit, sur la chaussée du chemin de fer, les batteries de réserve et quatre batteries à cheval de la garde à celles de la première division. Ces batteries tirent sur le

clocher de Magenta et sur la droite de la ligne de bataille ; au moment
où l'ennemi se retire en désordre, Auger place quarante-deux pièces
sur le chemin de fer parallèlement à la direction de retraite de l'ennemi ; cette artillerie prend les colonnes autrichiennes de flanc et
d'écharpe, et y sème le désordre et la mort.

La marche du deuxième corps a rétabli à notre avantage le combat
sur le Tessin. Trente pièces de la garde et du quatrième corps sont
mises en ligne de Ponte di Magenta à Ponte Vecchio et croisent leurs
feux avec celles du deuxième corps. Le général Le Bœuf les dirige
avec son audace et son intelligence habituelles ; elles font à l'ennemi
un mal incalculable. La vigoureuse intervention de l'Artillerie française changeait en déroute la retraite des Autrichiens, et étendait
encore les résultats de cette victoire qui nous livrait Milan.

Le 24 juin, nos corps en marche se heurtent à l'armée autrichienne.
L'artillerie, dont une fraction marche à l'avant-garde, appuie l'infanterie, brise les obstacles et prend une part glorieuse à ces combats
qui doivent nous rendre maîtres de Solférino.

Le feu est ouvert contre Solférino par les batteries à cheval de la
garde, du commandant Demolon ; mais il faut soutenir l'attaque, et
le terrain très accidenté de cette partie du champ de bataille ne
permet d'engager que des sections isolées : aussi n'est-il que juste
de rendre hommage à la vigueur et à l'intelligente initiative de tous
les lieutenants de cette brillante artillerie, parmi lesquels comptaient
de Miribel, qui fut blessé, Jamont, etc. (¹). La batterie de la Jaille
joue un rôle décisif en canonnant Cavriana et en détruisant les
derniers obstacles qui s'opposent à l'occupation de la position.

Au 1ᵉʳ corps, le capitaine de Canecaude se fait remarquer par
son sang-froid et son énergie ; avant l'assaut, il ira, avec le capitaine
en second de Novion, faire brèche à 300 mètres dans les murs du
cimetière de Solférino. Au 2ᵉ corps, le général Auger, avec ce mépris
du danger qui le caractérise, est toujours en avant, et écrase, par
le feu de ses batteries, l'artillerie autrichienne impuissante ; mais
bientôt il est mortellement blessé. Au 4ᵉ corps, qui combat dans la

---

(¹) Parmi les lieutenants de l'artillerie de la garde qui se sont distingués à l'attaque de Solferino se trouvaient encore de Vaulgrenant, de Lavalette et Nismes,
devenus depuis généraux de division.

plaine, le général Soleille a pu grouper son artillerie sous son commandement direct; il engage, avec une grande batterie de 42 pièces,
un formidable combat d'artillerie qui dure toute la journée, et qui est
marqué par d'incessantes péripéties. Ni les attaques réitérées de la
cavalerie, ni les menaces de l'infanterie, ni le feu de l'artillerie autrichienne ne peuvent réduire au silence cette artillerie qui, en prenant
possession, dès le matin, de la plaine de Castiglione et en s'y maintenant inébranlable, a préservé le 4e corps du danger d'être tourné
ou coupé; elle a été le lien, que rien n'a pu rompre, entre la partie
de la bataille soutenue dans la plaine et celle qui se livrait sur les
hauteurs de Solférino. Un violent orage empêcha l'artillerie française de poursuivre, comme à Magenta, la retraite de l'ennemi.
Cependant le lieutenant-colonel de Berckheim, prenant position
avec deux batteries de la garde, au delà de Cavriani, sans soutien
immédiat, ouvrit le feu sur les troupes autrichiennes, déjà au bivouac,
qui se retirèrent précipitamment sans riposter.

L'Artillerie a le droit d'être fière du rôle qu'elle a joué dans cette
campagne. Grâce au courage et à l'initiative de ses officiers, grâce
aussi à l'incontestable supériorité de son armement, elle a eu, malgré
une importante infériorité numérique, une large part dans les succès.

Les expéditions de Chine, de Cochinchine et du Mexique allaient
bientôt offrir à l'Artillerie de nouvelles occasions de se distinguer.
Les champs de bataille seront moins vastes, les effectifs en présence
moins considérables; plus d'engagements décisifs pour lesquels chacun des adversaires concentre ses forces et qui, en une journée,
décident d'une campagne. Mais, loin de la patrie, au cœur d'un pays
ennemi, dans des régions inconnues et sous un climat dangereux,
notre arme va donner encore des preuves répétées de sa valeur, et
déployer ses qualités habituelles d'énergie et de dévouement.

Nous ne ferons que mentionner la campagne de Chine, où l'Artillerie, commandée par le colonel de Bentzmann, a fait glorieusement
son devoir et a largement contribué au succès. Nous devons cependant rendre hommage à la mémoire du colonel Foullon de Grandchamp, assassiné par les Chinois dans un odieux guet-apens.

L'expédition du Mexique s'annonçait comme bien modeste, et
dans le petit corps d'armée qui débarqua à la Vera Cruz le 9 janvier

1862, sous les ordres du contre-amiral Jurien de la Gravière, l'artillerie de terre n'était pas représentée : deux batteries de marine seules y figuraient. Bientôt après, cependant, le général de Lorencez amenait au Mexique une brigade de renfort avec une batterie.

On sait comment, à la suite de l'échec des négociations diplomatiques, l'accord avec l'Angleterre et l'Espagne se trouva rompu, comment le général de Lorencez fut amené à ouvrir les hostilités contre les troupes de Juarez et à marcher sur Mexico.

Le petit corps expéditionnaire n'ayant pu, dans un premier siège, se rendre maître de Puebla, le général Forey ramenait devant cette place, l'année suivante, une armée de 26 000 hommes ; le général de Laumière commandait l'artillerie, forte de 56 bouches à feu, dont 8 canons de 12 de siège ; le commandant de la Jaille était son chef d'État-Major. Mais l'ennemi avait mis le temps à profit. La ville ouverte de Puebla s'était transformée en un camp retranché, protégé par de nombreux ouvrages extérieurs ; à l'intérieur, chacun des îlots de maisons ou cadres, chaque église, chaque couvent était devenu une forteresse. On se décida à un siège en règle.

Le 24 mars, la tranchée est ouverte contre le fort de Saint-Xavier et le Pénitencier qu'il renferme. L'artillerie se multiplie. Cinq batteries sont armées dans la 1re parallèle ; deux batteries sont élevées et servies par le détachement de pontonniers. Lorsque, le 29 mars, on donne le signal de l'assaut, dix batteries successivement construites avaient réduit au silence l'artillerie ennemie.

Saint-Xavier est emporté. Avec les colonnes d'assaut a pénétré dans le fort un détachement de volontaires : ce sont les encloueurs. A leur tête marche le capitaine de Miribel ; il trouve dans le Pénitencier quatre obusiers de montagne qu'il retourne immédiatement contre l'ennemi. Une pièce de 12 de réserve est amenée à travers champs, hissée par la brèche ouverte dans le bastion d'attaque, et bientôt mise en batterie contre les barricades élevées derrière Saint-Xavier. L'artillerie paye chèrement ce succès. Le général de Laumière (¹) est mortellement blessé d'une balle au front au moment de l'assaut.

_____

(¹) VERNHET DE LAUMIÈRE (Xavier-Jean-Marie-Henri-Clément), né le 28 octobre 1812, à Roquefort (Aveyron), est entré à l'École Polytechnique le 1er octobre

C'est maintenant la guerre de rues qui commence. Les Mexicains déploient, dans la défense, une valeur et une opiniâtreté inattendues. Il faut prendre un par un, cadre par cadre, les retranchements de l'ennemi. L'artillerie doit ouvrir des brèches dans des murs épais de plusieurs mètres. On l'installe partout où l'on peut avoir des vues, sur les remparts de Saint-Xavier, au premier étage des maisons occupées. La brèche pratiquée dans un cadre sert plusieurs fois d'embrasure à nos pièces pour attaquer l'obstacle suivant.

La prise de Santa Inès est restée douloureusement célèbre par les pertes qu'elle a coûté à nos vaillantes troupes. Pour faire brèche dans ce redoutable couvent, les canons de 4, la mine sont insuffisants. Il faut du canon de siège. On se figure les longs et pénibles efforts qu'exige la conduite de quatre pièces de 12 au travers de trois cadres récemment occupés; on doit percer les murs, élargir les portes jusqu'aux chambres où la batterie va être installée, disposer les embrasures de manière à rendre possible le service des pièces malgré la terrible fusillade dont elles vont être couvertes, dès que la batterie sera démasquée. C'est sur les clochers des églises voisines que les tirailleurs mexicains sont embusqués, en particulier sur le plus élevé de la ville, le clocher de Saint-Augustin. Pour les atteindre, on se décide à installer du canon sur la plate-forme même du sommet du clocher de Saint-Ildefonse, déjà tombé en notre pouvoir; on hisse à 15 mètres du pavé deux canons de 4 de montagne et deux obusiers de 12 : cette batterie est restée légendaire dans le corps d'occupation sous le nom de *batterie aérienne*.

1828. Nommé capitaine dix ans après, il est envoyé, sur sa demande, en Algérie où il fait campagne de septembre 1840 à juillet 1843 et prend part à l'expédition de Tlemcen, à la suite de laquelle il reçoit la croix de la Légion d'honneur. Promu chef d'escadron le 14 janvier 1851, il est nommé l'année suivante chef d'état-major de l'artillerie de la division d'occupation en Italie. Il reste à Rome jusqu'en juillet 1854 et ne rentre en France que pour en repartir bientôt, comme lieutenant-colonel, à l'armée d'Orient. A la prise de Malakoff, il est blessé à la figure par un éclat d'obus. La guerre de Crimée lui vaut le grade de colonel; la campagne d'Italie lui donne la rosette d'officier de la Légion d'honneur. Il était à la tête du régiment à cheval de la Garde impériale, lorsqu'il fut désigné pour prendre le commandement de l'artillerie du corps expéditionnaire du Mexique, et bientôt après nommé général.

Un tableau du Musée de Versailles consacre le souvenir de sa mort glorieuse sous les murs de Saint-Xavier. Un monument a été élevé à sa mémoire dans la cathédrale de Puebla par les soins des officiers du corps d'occupation.

Enfin Puebla se rend à discrétion. Mexico est occupé sans résistance. Mais la question mexicaine est loin d'être résolue ; une nouvelle phase des opérations commence. Des colonnes sillonnent le pays, de l'Atlantique au Pacifique, du Rio del Norte au Yucatan, à la poursuite des bandes insurgées, toujours facilement dispersées, mais se reformant sans cesse. Retracer le rôle de l'Artillerie dans ces colonnes serait refaire l'histoire complète de l'expédition, avec ses succès sans lendemain, les villes tour à tour occupées et retombant au pouvoir de l'ennemi, les difficultés politiques grandissant chaque jour jusqu'à l'évacuation en janvier 1867 et à la catastrophe finale.

Le service du parc, dirigé par le commandant Vasse Saint-Ouen, avait une autre tâche bien lourde : c'était le ravitaillement en munitions, dont les difficultés se trouvaient singulièrement accrues par l'absence à peu près complète de routes et la pénurie des moyens de transport. Les convois s'allongeaient péniblement sur une distance de 400 kilomètres, depuis la Vera Cruz, d'où nous étions obligés de faire venir tous nos approvisionnements, jusque sur le plateau central du Mexique, harcelés tous les jours dans leur marche par les guérillas des Terres chaudes, ne franchissant qu'au prix des plus grandes fatigues les barancas aux parois presque verticales. Il n'y avait pas de ponts sur les cours d'eau, que la saison des pluies transformait en torrents impétueux. Les pontonniers redoublaient de zèle pour suffire aux communications, obligés parfois de partager leurs efforts entre l'armée et la population civile. Lorsqu'une inondation causée par le débordement du Rio de Lerma ruina une partie de la ville de Salamanca, du 10 au 17 septembre 1865, ils rivalisèrent d'ardeur pour travailler au sauvetage des habitants et rétablir la communication entre les deux rives du Rio, faisant passer par jour jusqu'à 800 personnes d'un bord à l'autre.

La difficulté des transports devint extrême lorsqu'il fallut, en décembre 1864, amener devant Oajaca un équipage de siège pour réduire cette ville où un foyer insurrectionnel menaçant venait d'être organisé par le général Porfirio Diaz. L'expédition, dirigée par le général Courtois d'Hurbal, qui avait remplacé dans son commandement le général de Laumière, fut couronnée de succès, mais au prix de quels efforts ! Plusieurs fois, il fallut décharger les voitures pour faire porter leur chargement soit par des Indiens, soit par

des mulets, et faire hisser les voitures vides par 5 ou 6 paires de
bœufs, aidés encore par des Indiens tirant sur des palans. On dut,
d'autres fois, atteler jusqu'à 3o animaux aux pièces.

Les travaux de siège, poussés avec vigueur, aboutirent le 9 février
1865 à la reddition d'Oajaca. Ce fut la dernière des grandes opérations de guerre au Mexique.

La guerre contre l'Allemagne réservait à l'Artillerie française de
cruelles épreuves. Inférieure à sa rivale par le nombre, comme par
la qualité du matériel, notre Artillerie a dû faire surtout appel à ses
qualités manœuvrières et à son esprit de dévouement, et si son ardeur
l'entraînait sans cesse à se porter en avant, c'était pour assurer à ses
pièces, démodées presque sans avoir servi, une efficacité que les
grandes distances annulaient, plutôt que dans l'espoir de forcer la
victoire que nos armes ne devaient plus connaître au cours de cette
meurtrière et néfaste campagne.

Outre la supériorité de son matériel, l'artillerie allemande avait
encore l'avantage d'être mieux répartie dans les corps d'armée. Fortement représentée à l'avant-garde, rapprochée autant que possible
des têtes de colonne, elle était capable de faire entrer en ligne, dès le
début de l'action, de nombreuses batteries que pouvaient bientôt
renforcer les batteries des corps d'armée non encore engagés.

Nous ne referons pas, après tant d'autres, l'historique de cette
campagne dans laquelle les officiers d'Artillerie ont su mériter la
reconnaissance et l'estime de leurs chefs et de leurs frères d'armes par
leur bravoure et leur abnégation. Nous ne pouvons pas davantage
entreprendre de mentionner toutes les actions d'éclat dont le souvenir est pieusement conservé dans les historiques de nos corps de
troupes, ni de citer les noms de tous ceux de nos camarades qui ont
trouvé une mort glorieuse sur le champ de bataille.

Les charges de cuirassiers à Elsasshausen et Morsbronn, qui sont
devenues légendaires, ont peut-être contribué à rejeter dans l'ombre
le rôle héroïque de l'Artillerie du 1ᵉʳ corps dans la dernière période
de la bataille de Frœschwiller. C'est à ce moment que le colonel de
Vassart fut mortellement frappé auprès des batteries de la réserve
générale, qu'il venait de déployer entre Frœschwiller et Elsasshausen ;

le général Forgeot([1]) et son aide de camp le commandant Minot, les lieutenants-colonels de Brives et Grouvel dirigeaient en personne le feu de leurs batteries qui épuisèrent jusqu'à leurs dernières boîtes à mitraille.

C'est sur ce champ de bataille de Frœschwiller que Pistor, élève de première année de l'École Polytechnique, assistant comme volontaire aux premiers engagements de l'armée du Rhin, mérita d'être proposé pour la croix de la Légion d'honneur qui lui fut donnée quelques jours après.

A Forbach, dit le général Frossard, l'artillerie du 2ᵉ corps, pendant toute la durée du combat, a fait noblement son devoir. Les batteries sont restées en position partout jusqu'au dernier moment pour soutenir la retraite. Le commandant Gougis et le lieutenant Rossin sont cités par le général en chef pour la bravoure dont ils ont fait preuve en allant chercher, sous une grêle de balles, cinq canons qu'on avait dû abandonner; le lieutenant Chabord, grièvement blessé, avait refusé de se laisser emporter, disant : « Sauvez mes pièces avant tout, vous m'enlèverez si vous en avez le temps ».

A Sedan, le général en chef et les généraux commandant les corps d'armée rendent hommage à l'abnégation avec laquelle l'Artillerie s'est sacrifiée sans tenir compte de son impuissance.

Notre Artillerie a lutté pendant toute la journée avec une intrépi-

---

([1]) FORGEOT (Jules-Étienne-Marie), né le 8 mars 1809, est entré à l'École Polytechnique avec la promotion de 1828. Sort avec le n° 1 de l'École de Metz, nous le voyons successivement à Ancône en 1837, en Afrique de 1840 à 1842, où il assiste à l'enlèvement du col de Mouzaïa et est cité à l'ordre du jour; en Crimée, où il commande la réserve de l'artillerie de l'armée d'Orient. Il se distingue à l'Alma, à Inkermann, à l'affaire de la Tchernaïa où, dit un rapport officiel, il dirige l'artillerie avec autant d'habileté que de valeur. Sa belle conduite fut justement récompensée. Colonel du 10 mai 1854, il fut cinq mois après nommé commandeur de la Légion d'honneur et reçut les étoiles le 28 novembre 1855. Il prit à la campagne d'Italie une part brillante comme commandant l'artillerie du 1ᵉʳ corps, fut promu en 1861 au grade de général de division, et devint alors membre du Comité de l'arme. En 1870, après avoir commandé l'artillerie du 1ᵉʳ corps de l'armée du Rhin, il fut, à la formation de l'armée de Châlons, mis par le maréchal de Mac-Mahon à la tête de l'artillerie de cette armée. Président du Comité le 23 juin 1872, il fut l'année suivante appelé au commandement du 10ᵉ corps d'armée; mais, en 1875, il dut demander à être relevé de ces hautes fonctions pour raison de santé. Le général Forgeot est décédé à Arcachon le 4 mai 1877.

dité et une ténacité qui n'ont jamais été égalées; cernée de toutes parts par un ennemi bien supérieur en nombre, elle recevait des coups de face et d'écharpe, quelquefois même de revers. Certaines batteries du 12ᵉ corps, trop loin de l'ennemi pour pouvoir l'atteindre, empêchées par le ravin escarpé de la Givonne de se porter en avant pour occuper une position plus rapprochée, sont restées bravement en position sur le plateau afin de soutenir par leur moral les troupes voisines; elles étaient commandées par le général d'Ouvrier de Villegly.

La batterie Hartung, de la division Margueritte, a pris une part glorieuse aux derniers événements de la bataille : ayant ouvert son feu contre l'infanterie qui menaçait le village d'Illy, elle est bientôt aux prises avec quatre batteries prussiennes. Après deux heures d'une lutte aussi inégale, ses munitions sont épuisées; il ne reste plus autour des pièces que le capitaine Hartung, le lieutenant de Pontich blessé, trois sous-officiers, huit conducteurs et servants; ce brave personnel multiplie ses efforts et peut néanmoins retirer la batterie du champ de bataille.

Sur tous les points du champ de bataille, l'Artillerie éprouva des pertes cruelles; nous ne citerons, parmi tous ceux qui sont morts au champ d'honneur, que le général Liédot, qui eut les deux jambes coupées par un obus.

Mais les artilleurs de Sedan n'ont pas dit leur dernier mot; nous retrouvons quelques-uns de ces braves aux armées de la Défense nationale.

L'artillerie de l'armée de Metz était destinée à d'autres épreuves qui ne devaient avoir pour terme que la triste capitulation du 28 octobre.

Dans les gigantesques batailles du 16 et du 18 août, elle a lutté avec une constance et une bravoure qui ne se sont point démenties, parvenant, grâce à son extrême mobilité et à l'exceptionnelle valeur de ses officiers, à tenir en échec la formidable artillerie allemande.

A Rezonville, c'est l'artillerie du 2ᵉ corps qui supporte les premiers efforts de l'ennemi. Le commandant de Germay est tué au milieu de ses batteries si éprouvées qu'elles sont obligées de se retirer en exécutant des mouvements de retraite à la prolonge; bientôt après, c'est le lieutenant-colonel de Maintenant qui est mortellement frappé.

Cette artillerie est soutenue d'abord par la réserve de la garde, amenée par le général Pé de Arros, puis par la réserve générale, conduite par le général Canu.

Une batterie à cheval qui appuie la charge des cuirassiers de la garde est traversée par les hussards de Brunswick, et le lieutenant d'Esparbès de Lussan tombe haché de coups de sabre, après avoir chèrement fait payer sa vie. Quelques heures plus tard, au moment de la charge de la brigade Bredow, un autre lieutenant, Marguet, est tué dans les mêmes circonstances.

Le 18 août, sous l'énergique impulsion de ses chefs, l'Artillerie lutte partout avec un superbe courage contre un ennemi bien supérieur en nombre. Au 2ᵉ corps, le général Gagneur, au 3ᵉ corps, le général de Rochebouët et le colonel de la Jaille ([1]) encouragent par

---

([1]) Charles-André, comte DE LA JAILLE, était le fils aîné de Charles-André, marquis de la Jaille, et de Caroline-Françoise-Camille du Bois d'Estrelan. Il est né le 15 avril 1824 à la Guadeloupe, quartier de la Baie Mahault.

Entré à l'École Polytechnique en 1843, lieutenant au 9ᵉ régiment d'artillerie le 1ᵉʳ février 1848, il se fit remarquer de suite comme un officier d'avenir. Après avoir suivi les cours de Saumur, il fut nommé instructeur d'équitation, et prit ensuite part aux débuts de la guerre d'Orient, en 1854, comme officier d'ordonnance du général de Lourmel. Rentré en France à la fin de l'année, il retourna presque aussitôt en Crimée avec une batterie à cheval de la garde impériale. Il fit toutefois aussi le service aux batteries de siège et eut la mâchoire cassée par un éclat d'obus, devant Malakoff. Là, comme plus tard à la campagne d'Italie, en 1859, il se fit remarquer par son bouillant courage. Nommé chef d'escadron en 1850, il obtint de faire les rudes campagnes du Mexique de 1862 à 1867. Il avait été cité pour sa conduite le 7 novembre 1854, devant Sébastopol; il le fut encore pour le combat de San Lorenzo, le 8 mai 1863, et au siège d'Oajaca, en 1865.

La guerre de 1870 le trouva colonel et commandant la réserve d'artillerie de l'armée du Rhin. En cette qualité, il assista aux batailles ou combats de Borny, Gravelotte, Saint-Privat, Noisseville et Servigny, à la prise de Ladonchamp. Prisonnier de guerre à la capitulation de Metz et interné en Allemagne, il demanda deux fois à être échangé comme simple soldat, prenant l'engagement d'honneur de ne servir qu'en cette qualité pendant toute la durée de la guerre; cette demande pouvait difficilement être acceptée.

Bien qu'ayant presque toujours servi dans les corps de troupe, le général de la Jaille était familier avec tout ce qui concerne l'Artillerie. Il commanda aussi avec distinction une brigade d'infanterie à Grenoble, s'égea au Comité de son arme et en devint président. Sa loyauté, l'aménité de son caractère et l'étendue de ses connaissances rendaient son commerce extrêmement agréable. Ses compatriotes lui donnèrent la mission de les représenter au Sénat lors des élections de 1876. La retraite, qui le condamnait au repos dans la plénitude de ses facultés intellectuelles, lui parut très dure, sa santé déclina rapidement et il s'éteignit à Paris, le 5 août 1892.

leur présence et dirigent personnellement leurs batteries cruellement éprouvées. Au 6ᵉ corps, l'Artillerie tient longtemps en échec les colonnes d'assaut de l'ennemi ; autour de Saint-Privat, ses batteries, écrasées par le nombre, luttent jusqu'à leur dernière gargousse contre 250 canons ennemis. Au 4ᵉ corps, les batteries de la division de Cissey ont à soutenir une lutte sanglante contre l'artillerie ennemie ; énergiquement commandées par le lieutenant-colonel de Narp et le commandant Putz, elles se maintiennent sous le feu le plus meurtrier.

Après ces fiévreuses journées de bataille, l'Artillerie a conservé jusqu'au dernier jour son entrain et sa foi dans de plus heureuses destinées, et à l'heure suprême de la reddition, il faut citer encore les braves qui ne veulent pas laisser de trophées à l'ennemi : de Berckheim (¹) faisant briser les mécanismes de culasse de ses mi-

---

(¹) Sigismond-Guillaume DE BERCKHEIM, de la promotion de 1837, est entré à l'École à l'âge de dix-huit ans. Il appartenait à une ancienne famille alsacienne, souvent illustrée à la guerre et dont il devait lui-même porter bien haut le renom.

Sorti dans l'Artillerie, il ne tarde pas à être envoyé en Algérie comme lieutenant, prend part à de nombreuses expéditions au cours desquelles il est nommé chevalier de la Légion d'honneur.

Comme capitaine, il est attaché à Napoléon III, à titre d'officier d'ordonnance.

En 1854, le chef d'escadron de Berckheim fait partie des premières troupes de l'armée d'Orient. Dès son arrivée au camp de Varna, il est mis en relief par sa force d'âme et les services qu'il rend pendant l'épidémie cholérique ; puis il prend part à la bataille de l'Alma et au siège de Sébastopol.

Adoré de ses soldats et de ses camarades, pour son esprit loyal, chevaleresque et énergique, pour sa vaillance et sa crânerie au feu, il est estimé bien haut par ses chefs et tout particulièrement par son ancien commandant de colonne du Dahra, le maréchal Pélissier. Son caractère puisait dans les difficultés et les dangers une force nouvelle.

En Italie, son intervention à Solférino, à la tête des batteries à cheval de l'artillerie de la garde, auxquelles il fait parcourir quatre lieues d'une traite aux grandes allures, contribue largement au succès du 1ᵉʳ corps, et il tire les derniers coups de canon de la journée.

Comme colonel, il commande les pontonniers et le régiment à cheval de la garde ; comme général de brigade, l'artillerie de La Fère, puis celle de Paris.

C'est de Vincennes qu'il part pour l'armée de Metz, en 1870. Dans les sanglantes batailles qui sont livrées autour de cette place, on le retrouve avec ses admirables qualités de chef, aimant le combat pour le combat, redressant sa grande taille sous le feu de l'ennemi, ranimant tous les courages, intervenant avec entrain

trailleuses; Bézard sauvant l'étendard du 17ᵉ qu'il cache sur sa poitrine, et s'échappant de Metz sous un déguisement; Girels, directeur
de l'arsenal, faisant brûler huit étendards que des régiments de
cavalerie et d'artillerie lui avaient confiés avant la guerre, laissant
détruire les drapeaux de la garde par le colonel Melchior, rendant
leurs drapeaux aux colonels qui les réclament et faisant briser par
ses forgerons les aigles de tous ceux qu'il lui fallut remettre au
vainqueur.

Le Gouvernement de la Défense nationale allait tenter un suprême
effort pour repousser l'invasion allemande et mettre sur pied plus
de six cent mille hommes.

Au mois de septembre 1870, il ne restait plus, en dehors de Paris, de
Metz et de Strasbourg, que les débris de 6 batteries échappées de
Sedan, 5 batteries en Afrique et 1 batterie réfugiée à Mézières.

Comme matériel, il n'existait en magasin que 5 batteries de 12.
Pour armer et ravitailler l'infanterie en munitions, on disposait
de 350000 fusils et seulement de deux millions de cartouches.

C'est en partant de ces ressources qu'on devait organiser l'artillerie
nécessaire aux douze corps d'armée formés par la délégation, armer
leur infanterie et pourvoir au remplacement des munitions.

La tâche des officiers d'artillerie était donc immense, et il fallut
toute leur intelligence et tout leur patriotisme pour improviser une

---

dès les premiers coups, jugeant la situation avec un coup d'œil des plus sûrs, engageant ses batteries avec audace et sachant, quand il le faut, faire braver tous les
dangers à ses soldats. Les misères du blocus n'entament pas sa force d'âme; il est
de ceux dont les avis auraient pu transformer les tristesses de cette période en une
page glorieuse pour notre pays.

Dans le siège de Paris contre la Commune, il commande l'Artillerie qui contribue
à la prise des forts d'Issy, de Vanves et du corps de place.

Comme général de division, il est bientôt mis à la tête de son arme et préside le
Comité de l'Artillerie. Son intelligence si pratique, si droite, et sa haute expérience
lui permettent de rendre les plus grands services pour la réorganisation de notre
matériel de guerre, comme pour la protection du territoire. Il termine sa belle carrière au Mans comme commandant en chef du 4ᵉ corps d'armée.

Le général baron de Berckheim est mort à Paris le 2 avril 1892. Sa vie si glorieuse pour les siens, pour l'École qui fut son berceau, pour l'Armée tout entière,
a été bien caractérisée en ces mots par un de ses plus illustres compagnons
d'armes : « C'est un preux qui vient de s'éteindre. »

Artillerie qui étonna nos ennemis eux-mêmes par la manière dont elle se comporta et soutint la lutte avec l'Artillerie ennemie.

À Tours, puis à Bordeaux, le général Thoumas (¹), secondé par les commandants Mathieu et Pourrat, met en ligne, en moins de quatre mois, 238 batteries servant ensemble 1400 bouches à feu, 31 réserves divisionnaires de munitions d'infanterie et 10 parcs de corps d'armée.

Dans le Nord, le général Treüille de Beaulieu et le commandant

---

(¹) THOUMAS (Charles-Antoine), né à Laumière (Haute-Vienne) le 19 juillet 1820, entra en 1839 à l'École Polytechnique. Lors de la formation du corps expéditionnaire de Turquie, Thoumas était capitaine en second à la 4ᵉ batterie du 13ᵉ, attachée à la division Bosquet; en Orient, il fut appelé au commandement d'une batterie à cheval faisant partie du corps d'observation chargé de couvrir le siège, prit ainsi une part glorieuse aux batailles de la Balaklava et d'Inkermann, et fut nommé chevalier de la Légion d'honneur.

Appelé comme chef d'escadron à la Direction de l'Artillerie au Ministère de la Guerre, il y fut très apprécié comme administrateur et fut promu lieutenant-colonel en 1868.

Thoumas, envoyé à Tours avec la Délégation du Gouvernement de la Défense nationale pour devenir le chef de la Direction de l'Artillerie en province, accomplit de véritables prodiges et parvint en peu de temps à doter nos jeunes armées d'une artillerie sérieuse et à leur assurer les munitions de guerre dont elles avaient besoin. Promu colonel, puis général de brigade en récompense de ses éminents services, il ne vit pas cette dernière nomination ratifiée par la Commission de revision des grades et ne reçut définitivement les étoiles de brigadier qu'en 1874. Il commanda alors l'artillerie du 3ᵉ corps et fut nommé général de division et membre du Comité de l'Artillerie le 6 juillet 1878.

Sa carrière militaire terminée, il recommença une nouvelle vie de labeur. Doué d'une activité extraordinaire et d'une mémoire prodigieuse, il avait amassé, par ses lectures, des trésors d'érudition qui lui permirent de se placer au premier rang parmi les historiens militaires. Tout le monde connaît les beaux livres qu'il n'a cessé de publier depuis 1886 jusqu'au moment même de sa mort, survenue le 7 janvier 1893 : *Les Capitulations; les Transformations de l'Armée française; Autour du Drapeau; Exposition militaire rétrospective du Ministère de la Guerre en 1889; Paris, Tours, Bordeaux.* Il collaborait en même temps à la *Revue de la Cavalerie,* où il a publié de remarquables biographies des grands cavaliers de la Révolution et de l'Empire, et au *Temps* auquel il donnait des *Causeries militaires.*

C'est au général Thoumas qu'avait été réservé la mission d'écrire les pages consacrées à l'Artillerie dans l'Ouvrage du *Centenaire de l'École Polytechnique.* Nul n'aurait été plus que lui capable de mener à bien cette tâche et d'élever ainsi un glorieux monument à notre chère École en même temps qu'à l'arme de l'Artillerie, dont il a été un des généraux les plus aimés et les plus respectés.

Charon disposent à peine de 3 batteries de dépôt du 15ᵉ régiment et en moins d'un mois, avec un personnel de marins, fantassins, artilleurs échappés de Metz ou de Sedan, ils organisent 15 batteries et un parc de 180 voitures.

On ne peut se faire une idée des difficultés de toutes sortes auxquelles on se heurta à chaque instant par suite de la complication du matériel et des munitions.

Il ne suffit pas de doubler la production des manufactures d'armes, il faut acheter tout ce qu'on trouve, quel que soit le modèle. La fabrication des cartouches surtout est l'écueil contre lequel on se brisa longtemps. L'Angleterre n'en peut fournir qu'une infime quantité; il faut créer des industries nouvelles comme celles des capsules et des papiers découpés; et lorsque, à l'approche de l'ennemi, Bourges est découvert, il faut recommencer à Toulouse et à Bayonne.

Cependant, le ravitaillement en munitions fut toujours assuré, et en 1871, à la fin de la guerre, le général Chanzy pouvait dire : « On a voulu me faire dire que j'ai échoué par suite de la pénurie des munitions. J'ai répondu que je n'en avais jamais manqué, et cependant, ce n'est pas une consommation que nous avons faite, mais une véritable orgie. »

La production du matériel de l'Artillerie n'est obtenue qu'au prix des plus grands efforts : en dehors des arsenaux, le colonel de Reffye installe à Nantes, puis à Tarbes, une fabrication de canons à balles et de canons de 7, et déploie une activité et une ingéniosité telles qu'au moment de l'armistice on dispose de 21 batteries de canons à balles et de 9 batteries de 7. Instruit par l'expérience, on cherche à diminuer les causes de notre infériorité vis-à-vis de l'artillerie allemande. Le soin qu'on prend d'armer les projectiles de fusées percutantes, la proportion de canons de 12 qu'on fait entrer dans la composition des réserves, la transformation que le général Treüille de Beaulieu fait subir aux projectiles de 4 par l'augmentation de la charge et l'introduction de balles à l'intérieur de l'obus, assurent à l'Artillerie une telle efficacité que les Allemands crurent un instant à la transformation complète de notre matériel.

L'Artillerie, ainsi organisée, avec un matériel au début décrié par les journaux et déclaré inférieur en justesse et en portée au canon opposé, se fait remarquer par sa consistance : les bonnes traditions de l'arme s'y maintiennent, et même au milieu des épreuves les plus pénibles et des retraites les plus précipitées, le devoir n'y est pas lettre morte : c'est qu'en effet les officiers qui la dirigent sont échappés de Metz ou de Sedan ou sortent pour la plupart des établissements. Les cadres des officiers subalternes sont plus difficiles à remplir et l'on est obligé de nommer des sous-lieutenants qui ne remplissent pas toujours toutes les conditions désirables; mais l'exemple de leurs chefs et de leurs camarades de l'arme suffit pour exciter leur zèle et les mettre à hauteur de leurs devoirs.

A l'armée de la Loire, le général de Blois de la Calande, les colonels Robinot-Marcy et Barbary de Langlade, puis les lieutenants-colonels Chappe, de Noue et Suter se distinguent à la tête de l'Artillerie des 15e, 16e et 17e corps d'armée.

Le général de Blois, âgé de soixante-dix ans, au cadre de réserve depuis 1863, malgré son grand âge et les fatigues d'Afrique et d'Orient, ne veut pas prendre une heure de repos : toujours à la tête des troupes, il partage leurs angoisses et leurs terribles épreuves et, par son énergie, soutient le moral de ses compagnons d'armes.

Aussi, dès Coulmiers, l'Artillerie attire-t-elle l'attention du général d'Aurelles de Paladines qui écrit dans son rapport : « L'Artillerie mérite de grands éloges, car, malgré des pertes sensibles, elle a dirigé son feu et manœuvré sous une grêle de projectiles avec une précision et un entrain remarquables. »

A Villepion, Loigny, Pourpry, l'Artillerie mérite encore les compliments du général Chanzy : « Partout nos troupes ont abordé l'ennemi avec un entrain irrésistible, dit-il ; notre Artillerie a été d'une audace et d'une précision que je ne puis trop louer. »

A la deuxième armée de la Loire, notre arme ne cesse pas de mériter les éloges du général Chanzy. Un artilleur, le général Ferri-Pisani Jourdan, commandant une division du 25e corps, arrête un instant l'ennemi aux portes de Tours, au combat de Monnaie.

L'Artillerie se fait remarquer par son esprit de discipline dans la terrible campagne de l'Est; dans les circonstances critiques, comme à Héricourt, elle est au milieu de la ligne des tirailleurs, tout le monde a les yeux fixés sur elle. Malgré des privations de tout genre, personne ne manque à l'appel, les batteries restent compactes et unies, et entrent en Suisse avec toutes leurs pièces et toutes leurs voitures; et cependant plusieurs font la campagne commandées par de simples sous-lieutenants, ayant à peine quelques mois d'École d'application. Les sous-lieutenants Oudard et Pierron reviennent ainsi au régiment à peine âgés de vingt ans, ayant conduit une batterie en campagne pendant quatre mois, dans les circonstances les plus difficiles et en méritant les éloges de leurs chefs.

Au siège de Belfort, les officiers d'Artillerie, et particulièrement le capitaine de la Laurencie, chargé de l'important commandement du château, où il est blessé grièvement, prêtent le concours le plus intelligent et le plus dévoué au colonel Denfert.

Enfin, à l'armée du Nord, l'Artillerie rend également les plus brillants services. En tête des officiers, se distingue le commandant Charon (¹), échappé de Sedan, nommé lieutenant-colonel le 5 décembre,

---

(¹) CHARON (Charles), né le 6 août 1828, est entré à l'École Polytechnique en 1850. Il prit part, comme lieutenant en premier, puis comme capitaine en second, à la campagne de Crimée, et ensuite à celle d'Italie. Pendant la campagne de Chine, sa belle conduite à la prise des forts du Peï-ho lui valut la croix de chevalier de la Légion d'honneur. Choisi comme adjoint par le lieutenant-colonel Crouzat, qui avait reçu le commandement des batteries envoyées de Chine en Cochinchine, il se distingua encore par son intrépidité à la prise des lignes de Khi-hoa, et fut cité à l'ordre du corps expéditionnaire, avec le lieutenant en premier Gailhouste, dont il avait établi la demi-batterie au milieu même des bambous et des trous de loup qui garnissaient les abords de la position ennemie.

La guerre de 1870 le trouva chef d'escadron au 15e régiment d'artillerie. Chargé, au début, de commander les deux batteries de 4 de la 1re division du 12e corps, il eut deux chevaux tués sous lui à la bataille de Sedan et fut atteint lui-même d'un coup de feu à la cuisse droite. Un mois après, ayant refusé de signer aucun papier l'engageant envers l'ennemi, il fut évacué en Belgique. Le 1er novembre, quoique sa plaie ne fût pas encore fermée, il rejoignit l'armée en formation à Lille et, seul officier de son grade, reçut le commandement de toute l'artillerie, dont l'effectif, successivement augmenté, atteignit dix-neuf batteries. Il les conduisit au feu à Amiens, à Pont-Noyelles, à Bapaume, à Vermand, à Saint-Quentin, avec une vigueur et une sagacité qui eurent une large influence sur les succès et atténuèrent les revers. Jamais un officier de son grade n'a exercé un commandement de cette importance et ne s'en est mieux acquitté.

Lors de la dislocation de l'armée du Nord, il accompagna le 22e corps dans le Cotentin, avec soixante-douze canons ayant deux lignes de caissons et une réserve de munitions. Appelé le 16 avril 1871 à Versailles, il prit part à toutes les opérations contre la Commune et fut assez heureux pour être confirmé dans le grade de lieutenant-colonel que lui avait fait conférer le général Faidherbe; il fut nommé général de brigade le 11 novembre 1880.

Le général Farre, qui avait pu apprécier ses rares qualités à l'armée du Nord,

« en récompense des services qu'il a rendus, tant dans le travail d'organisation des batteries qu'il avait constituées en toute hâte, que dans la conduite de ces batteries au feu. » Le 20 décembre, il commande l'Artillerie des deux corps de l'armée du Nord.

A diverses reprises, les batteries sont mentionnées par le général en chef : « A Amiens, l'Artillerie se montre excellente, dit le général Faidherbe ; malgré la supériorité accablante de l'artillerie ennemie, le 22ᵉ corps ne perd pas un seul canon de campagne. Après la bataille de Saint-Quentin, nous avons ramené intactes douze batteries divisionnaires et trois de réserve. »

Les Allemands tenaient en haute estime l'Artillerie de l'armée du Nord. « Votre Artillerie est remarquable, disaient-ils, le tir de vos mitrailleuses nous a fait beaucoup de mal. » Or, nous n'avions pas de mitrailleuses ; ce sont les obus à balles du général Treüille de Beaulieu qui ont fait croire le contraire à nos ennemis.

Les officiers d'Artillerie ont donc joué un rôle brillant dans la glorieuse campagne de la Défense nationale, et ils ont ainsi montré, dans une des périodes les plus critiques de notre histoire, ce que la France peut attendre des anciens élèves de l'École. Ils ne se sont pas seulement distingués par leur esprit de résolution et de discipline, ils ont aussi fait preuve d'intelligence et de jugement, cherchant à tirer tout le parti possible de leur matériel, et le perfectionnant au milieu des circonstances les plus difficiles.

Le côté le plus remarquable de la défense de Paris fut, sans contredit, l'œuvre accomplie par le Génie et l'Artillerie.

On avait tout à créer, et sous l'active impulsion du général Guiod, commandant en chef l'Artillerie, et du général Susane, directeur de l'Artillerie au Ministère, on créa tout.

Le matériel de campagne faisait presque complètement défaut ; le capitaine Pothier, chargé de faire face à toutes les difficultés d'ap-

---

venait de lui confier la Direction de l'Artillerie au Ministère de la Guerre, quand une mort prématurée l'enleva subitement en 1881. L'Artillerie perdit en lui un officier que sa bravoure, son sang-froid et ses grands talents appelaient aux plus hautes destinées.

Le général Charon était neveu de l'ancien Gouverneur de l'Algérie.

provisionnement, organise des ateliers, fait appel à l'industrie privée, et dote la défense de plus de quatre cents bouches à feu.

Il ne suffisait pas de faire des pièces, il fallait des artilleurs pour les manœuvrer. Grâce au dévouement de tous, l'artillerie de campagne compte bientôt 124 batteries.

Partout s'organisent des corps de canonniers volontaires, dont deux méritent une mention spéciale : celui des mitrailleuses créé par le capitaine Pothier et la batterie de l'École Polytechnique. Cette dernière, sous le commandement du capitaine Mannheim, ne comprenait au début que des élèves et d'anciens camarades recrutés dans les services civils, dont quelques-uns étaient membres de l'Institut ([1]). Quoique ayant joué un rôle moins actif que son aînée de 1814, la batterie de l'École a prouvé cependant une fois de plus que, au jour du danger, tous les camarades, jeunes ou vieux, savent se grouper autour du canon comme autour du drapeau.

Suivre l'Artillerie dans ses efforts pour sauver Paris, c'est refaire une à une toutes les pénibles étapes du siège. A Villejuif, où elle soutint presque tout l'effort du combat, à Chevilly, où elle fut cruellement éprouvée, elle prélude à de glorieux faits d'armes.

Les premiers succès du combat de la Malmaison sont dus à l'audace du commandant de Miribel, qui porta hardiment son artillerie en avant et empêcha ainsi les Prussiens de déboucher sur le plateau de la Jonchère. A la fin de la journée, assaillies de tous côtés, ses batteries exécutent une brillante retraite : le capitaine Pinel de Grandchamp, remplaçant un de ses lieutenants qui vient d'être tué, va chercher sous le feu de l'ennemi une de ses pièces abandonnée et la ramène. Le capitaine Nismes avait été obligé de laisser deux pièces sur le terrain, il ne lui restait ni un cheval, ni un conducteur; il réunit quelques hommes et revient à ses canons; soudain une compagnie ennemie débouche de la porte de Longboyau, à trente mètres à peine :

([1]) Parmi les élèves de l'École qui quittèrent la batterie pour aller servir dans les corps d'armée ou dans les forts, trois furent tués à l'ennemi :

BENECH, tombé le 30 novembre à Champigny au moment où il conduisait bravement ses pièces jusque sur la ligne des tirailleurs ennemis;

GAYET, atteint d'un éclat d'obus au fort de Vanves, mort quelque temps après à l'ambulance de l'École;

MENDOUZE, tué le 21 janvier au fort de la Briche.

aussitôt il fait tirer une salve à mitraille et charge la compagnie à la baïonnette. Les Allemands reculent; exaspérés de cette défense, ils reviennent plus nombreux; les cadavres de nos canonniers forment autour des pièces un rempart derrière lequel les survivants épuisent jusqu'à leur dernière cartouche. Lorsque Nismes se retira, il ne restait plus avec lui que huit hommes, dont l'un avait trois balles dans le corps; l'ennemi n'osa poursuivre ces vaillants.

Dans les combats du 29 novembre au 2 décembre, sur les bords de la Marne, l'Artillerie ajoute à son histoire une nouvelle page glorieuse, mais chèrement achetée.

Par deux fois, le commandant Pinel de Grandchamp doit donner l'ordre à la batterie Nismes de se replier en arrière; presque entièrement désemparée, elle ne voulait pas cesser son feu. Sur le plateau de Cœuilly, le capitaine Torterue de Sazilly amenait au galop sa batterie de mitrailleuses lorsqu'il est reçu par une grêle d'obus; les chevaux hésitent, les conducteurs vont faire demi-tour, leur capitaine s'élance, les ramène au feu et tombe pour ne plus se relever.

C'est devant les murs de Villiers que le sous-lieutenant Chevalier reçoit une blessure mortelle; les dernières pensées de ce brave officier sont pour l'arme avec laquelle il a combattu pour la patrie, et il institue un legs destiné aux trois élèves de l'École Polytechnique qui entreront les premiers dans l'Artillerie.

Il faudrait, pour être juste, citer ici le nom de tous les artilleurs qui prirent part à ces mémorables journées, depuis « l'intrépide commandant Ladvocat », comme l'appelle le général Ducrot, jusqu'au colonel de Miribel, dont la jeune brigade se couvrit de gloire à Villiers.

Mais le jour douloureux de la capitulation approche, les audacieuses attaques de la brigade de Miribel contre le mur de Longboyau jettent en vain, dans cette héroïque journée de Buzenval, un dernier reflet de gloire sur l'armée de Paris.

L'Artillerie a du moins la triste consolation d'avoir une fois de plus fait son devoir noblement.

Depuis la campagne de 1870, le matériel de l'Artillerie a subi d'importantes modifications dont il sera fait mention dans la suite de cette Notice. Notre matériel actuel a eu l'occasion de donner la preuve de toutes ses qualités de mobilité, de justesse et de puissance, lors des expéditions qui ont augmenté et raffermi notre vieil empire colonial, en Tunisie et en Indo-Chine.

Au Tonkin, après la prise de Son-tay par l'amiral Courbet (16 décembre 1883), l'Artillerie de terre fournit au corps expéditionnaire deux batteries de 80 de montagne et un détachement de pontonniers. Ces troupes, bientôt renforcées par de nouvelles batteries et un parc important, prennent part à toutes les opérations de cette laborieuse campagne, si fertile en surprises de tout genre. Parmi les citations à l'ordre de l'armée, celles qui concernent l'Artillerie sont nombreuses et font le plus grand honneur aux jeunes et brillants officiers qui les ont méritées.

Après la cessation officielle des hostilités, en 1885, l'Artillerie a un rôle nouveau, celui de mettre en état de défense le pays conquis au prix de tant d'efforts. A cette tâche restent attachés les noms des généraux Jamont et Nismes, du colonel Heintz, des commandants Decharme et Palle.

Aujourd'hui l'Artillerie de terre n'est plus représentée au Tonkin ; l'Artillerie de la Marine assure seule le service dans la colonie. Cependant les deux armes sœurs peuvent conserver avec fierté le souvenir de ces jours où elles ont combattu côte à côte, avec le même héroïsme, unissant leurs efforts pour la plus grande gloire de la Patrie.

LES ÉTABLISSEMENTS.

Mettre, en tout temps et en tout lieu, à la disposition de toutes les fractions de l'armée, l'armement, les munitions et le matériel roulant dont elles peuvent avoir besoin, tel est, en quelques mots, le rôle des Établissements de l'Artillerie.

A l'œuvre on connaît l'ouvrier, dit-on ; rien ne ferait donc mieux apprécier la valeur des Établissements de l'artillerie et celle des officiers qui les composent, que l'exposé sommaire de la méthode et des efforts qui ont permis de mener à bien, en moins de dix années, le colossal travail de la reconstitution de notre matériel de guerre ; mais ici il faut se contenter de feuilleter quelques pages de l'historique de chacun de nos établissements.

LE COMITÉ ET LA SECTION TECHNIQUES DE L'ARTILLERIE.

Ancêtre direct du Dépôt central de l'Artillerie (aujourd'hui Section technique), l'Arsenal de Paris a été le prototype des établissements de l'Artillerie. Organisé dès le XIVᵉ siècle dans l'enceinte du château du Louvre, il fut transféré par François Iᵉʳ et Henri II dans des bâtiments élevés sur une partie des vastes terrains dits de l'Hôtel Saint-Paul, comprise entre l'enceinte d'Étienne Marcel (de la tour de Billy à la Bastille Saint-Antoine), la rue Saint-Antoine, la rue du Petit-Musc et le bras de Seine (aujourd'hui disparu) qui limitait au nord l'île Louviers. Des ateliers de toute sorte, des magasins, des fonderies pour bouches à feu, des moulins à poudre y furent installés et placés sous les ordres immédiats du grand-maître de l'Artillerie qui y transporta bientôt sa résidence. Détruits en 1538, puis en 1563 par de formidables explosions de poudre, les bâtiments furent reconstruits et agrandis par Charles IX, et l'édit de décembre 1572 y fixa le siège de la juridiction spéciale à l'Artillerie, précédemment au Louvre. Sully en fit véritablement un arsenal central d'où le Roi pouvait tirer tout le matériel d'artillerie nécessaire aux expéditions qu'il projetait ; mais Louis XIII, puis Louis XIV, le dégarnirent et Louvois fit installer dans les places fortes voisines des frontières (Perpignan, La Fère, Douai, Metz, Strasbourg, Besançon, Grenoble) des arsenaux qui facilitèrent la guerre offensive.

Lorsque la suppression de l'Arsenal de Paris fut ordonnée en avril 1788, cet établissement ne comprenait plus guère que des pavillons d'habitation, des hôtels, la bibliothèque du marquis de Paulmy (¹),

---

(¹) L'Arsenal comprenait le *Grand arsenal* et le Magasin royal de la Bastille, appelé aussi le *Petit arsenal* et affecté aux armes portatives. Le bâtiment principal du Grand arsenal était parallèle à la Seine ; la portion centrale, qui subsiste seule, contient aujourd'hui une riche bibliothèque créée vers 1760 par le marquis de Paulmy, ancien Ministre de la Guerre et résidant à l'Arsenal, et acquise en 1781 par le comte d'Artois, frère du roi Louis XVI.

la collection de modèles d'armes et de machines réunie par Gribeauval, et les riches archives de l'Artillerie. Pillé lors de la prise de la
Bastille, l'Arsenal vit encore en 1792 et 1793 ses cours et ses bâtiments
se remplir de matériel et se peupler d'ateliers; mais son rôle militaire était bien fini, et, lorsque l'ennemi eut repassé nos frontières,
le Directoire ordonna (février 1796) le transfert des ateliers à Vincennes, puis, en 1797, l'évacuation du matériel, qui fut dirigé sur le
Havre, Douai, Compiègne et sur l'armée du Rhin.

Le Dépôt central; la Section technique. — Les archives et la collection de modèles avaient été dispersées par la tourmente, et pendant
que le contrôleur d'armes Régnier rassemblait patiemment les armes
qui, déposées plus tard dans l'ancien couvent des Feuillants, allaient
former le noyau d'un nouveau Musée d'artillerie, l'ancien secrétaire
de Gribeauval, Rolland de Bellebrune, réunissant aux épaves qu'il
avait pu sauver plus de 1500 cartons provenant du Ministère de la
Guerre, reconstituait, dans un hôtel situé sur les terrains de l'Arsenal
et mis à la disposition du Comité central de l'Artillerie (novembre
1795), un Dépôt d'archives, de mémoires et de plans qui allait bientôt
se grossir de tous les projets soumis à ce Comité ou élaborés par lui.
Quelques mois plus tard (janvier-février 1797), l'ancien couvent des
Dominicains Jacobins, situé près l'église Saint-Thomas-d'Aquin, fut
affecté au Comité, et les deux Dépôts « établis près de lui » vinrent
occuper les nouveaux locaux où la Direction d'artillerie de Paris
(créée en 1795) installa également ses bureaux. Enfin, en 1815, l'atelier de précision, organisé en 1794 « rue de Lille près la rue des Saints
Pères » et plus tard rue de l'Université, pour fabriquer des modèles
et des pièces d'armes, fut établi à son tour dans l'enceinte où il se
trouve aujourd'hui. L'ensemble de ces établissements prit alors une
extension considérable et reçut la dénomination de Dépôt central de
l'Artillerie, qu'il a conservée jusqu'en 1886, époque où il prit celle
de Section technique de l'Artillerie; ensemble remarquable, puissant
instrument de travail qui a permis la réalisation de presque tous les
changements apportés au matériel de l'armée française depuis les
guerres du premier Empire.

Berceau du matériel Valée, des canons rayés, du fusil modèle
1874, etc., témoin des travaux des Paixhans, des Piobert, des Morin,

des Treüille de Beaulieu, des Reffye, des de Bange et de bien
d'autres artilleurs non moins savants, le Dépôt central a été placé
tour à tour sous la dépendance du Comité (de 1795 à 1800, de 1815
à 1820, de 1830 à 1870), du premier Inspecteur général (de 1800 à
1815), du Président du Comité (de 1822 à 1830 et depuis 1872), du
Ministère de la guerre (de 1820 à 1822, en 1871 et 1872) et depuis
le 25 novembre 1797 il a eu pour chefs directs d'abord les directeurs
d'artillerie à Paris, le général Valée avec les titres successifs de Rapporteur du Comité, Directeur du Dépôt central, Inspecteur général
du service central, Inspecteur général du service de l'Artillerie, premier Inspecteur général de l'Artillerie, et enfin, depuis le 27 août
1830, les officiers supérieurs secrétaires du Comité.

Le Comité de l'Artillerie. — Institué, suivant la définition du
Général d'Aboville, son premier Président, « dans le but d'aider le
Ministre de la Guerre sur différents objets relatifs à l'Artillerie, sur
lesquels on ne peut être éclairé que par la pratique de ce service »,
le Comité compte bientôt cent années d'existence et, bien qu'il ait
plusieurs fois changé de forme et d'organisation, bien que l'initiative des propositions d'amélioration ne lui ait été concédée que
pendant deux courtes périodes (1795-1796 et 1815-1820), on peut
dire qu'il n'a été étranger à rien de ce qui a été fait pendant ce
siècle dans le personnel et dans le matériel de l'Artillerie. Une
esquisse de ses origines et de ses transformations ne sera donc pas
déplacée ici.

Lorsque le Ministre de la Guerre prit définitivement en mains
l'administration de l'Artillerie (1755), il conserva provisoirement
l'organisation créée par les grands-maîtres, mais bientôt il fut
amené à interposer entre lui et le corps des « Inspecteurs généraux » des délégués permanents pour la surveillance des détails et
la direction technique du service. En 1776, reconnaissant la supériorité d'un rouage unique et responsable, il fit créer un poste de
Premier Inspecteur général de l'Artillerie « pour être l'intermédiaire
obligé entre le Ministre de la Guerre et le « Corps royal », et confia cette nouvelle fonction à Gribeauval. Après la mort de ce grand
homme, l'Assemblée nationale, désirant remanier toute la constitution militaire de la France, fit consulter les principaux chefs de

l'Artillerie sur la désignation de son successeur; mais ceux-ci, « n'espérant pas être assurés de rencontrer toujours un artilleur éclairé, impartial, dépouillé de préventions et d'intérêts personnels », furent d'avis de confier les attributions du Premier Inspecteur à un « Conseil d'administration générale de l'Artillerie » composé de 7 ou 9 officiers généraux de l'arme et partiellement renouvelé tous les ans.

Un décret du 2 décembre 1790, créant ce Conseil sous le nom de « Comité de l'Artillerie », ne fut pas exécuté, et la loi du 8 mai 1795, modifiant l'idée primitive, institua un « Comité central d'Artillerie », chargé de présenter chaque année au Ministre le travail des Inspecteurs généraux et de « donner son avis sur les objets essentiels du service de l'Artillerie, sur lesquels il serait consulté par le Pouvoir exécutif ». Le 5 janvier 1800, le Premier Consul, fidèle au principe « agir est le fait d'un seul, délibérer est le fait de plusieurs », base de la Constitution de l'an VIII, rétablit le poste de Premier Inspecteur général et voulut qu'il fût en même temps « chef de la Division de l'Artillerie au Ministère de la Guerre et président d'un Comité formé par la réunion des Inspecteurs généraux ». Ceux-ci, investis presque tous de hauts commandements dans les armées, se réunirent pour la dernière fois le 17 janvier 1803 et le Comité central des Inspecteurs généraux ne fut reconstitué qu'en 1815 (ordonnance du 22 septembre); il fut doté alors de toutes les attributions du Premier Inspecteur général (supprimé par l'ordonnance du 21 juillet précédent) et notamment de la préparation des listes de proposition pour l'avancement et pour la destination des officiers généraux et supérieurs de l'arme. L'organisation de cette autorité collective fut détruite par une ordonnance du 31 mars 1820 et le 1er mai suivant s'ouvrit la session d'un nouveau « Comité spécial et consultatif » composé d'officiers généraux choisis en dehors des inspecteurs généraux; il fut dissous deux ans plus tard (ordonnance du 13 février 1822) et remplacé par un autre « Comité consultatif » dont presque toute l'activité fut absorbée par la haute personnalité du général Valée, nommé président permanent. Enfin l'ordonnance du 27 août 1830, tout en maintenant la situation purement consultative du Comité, le composa de nouveau exclusivement d'inspecteurs généraux de l'arme, disposition qui subsista jusqu'à la réorganisation du 8 juillet 1872. La constitution du nouveau « Comité consultatif » créé à cette époque fut profondément modifiée par le décret du 1er mars 1886, et en 1888 (décret du 31 juillet), il dut échanger son nom contre celui de « Comité technique de l'Artillerie » qu'il porte aujourd'hui.

Ce bref et trop aride exposé permettra peut-être de concevoir l'influence considérable exercée par le Comité de l'Artillerie sur les destinées de l'arme; on comprendra alors pourquoi le Corps de l'Artillerie, personnifiant son Comité en son Président, gardera toujours la mémoire des généraux qui se sont succédé dans ce poste éminent, Gourgaud, Ducos de la Hitte (J.-E.), Pailhou, Le Bœuf, Soleille, Forgeot, de Rochebouët, Canu, de Berckheim, de la Jaille, Ducos de la Hitte (E.-L.-C.), Ladvocat, pour ne nommer que les polytechniciens.

LA DIRECTION DE L'ARTILLERIE AU MINISTÈRE DE LA GUERRE.

Pendant longtemps, l'administration de l'Artillerie a été distincte de celle de la Guerre. Au dire de Vauban, la grande maîtrise de l'Artillerie constituait un véritable ministère dont le chef travaillait directement avec le Roi, possédait des pouvoirs très étendus sur le personnel et disposait de ressources spéciales.

Mais, par l'ordonnance du 8 décembre 1755, le Roi déclara qu'il « avait jugé convenable de prendre lui-même l'administration de l'Artillerie et d'unir l'Artillerie avec le Génie ». A dater de cette époque, l'administration de l'Artillerie fut exclusivement dirigée par le Ministre de la Guerre; en outre, jusqu'en 1822, elle a été associée à l'administration du Génie et à celle des Transports militaires.

A partir du 1er janvier 1822, une organisation nouvelle du Ministère de la Guerre entraîna la création d'un *Bureau de l'Artillerie* (personnel et matériel) qui fit partie de la Direction générale du Personnel; puis, cette Direction générale ayant été supprimée en 1830, le chef du Bureau de l'Artillerie releva directement du Ministre. Le colonel Tugnot de Lanoye, qui occupait ce poste depuis 1828, le conserva jusqu'en 1847, sauf une interruption de quelques années; c'est lui qui fit organiser les commandements de l'Artillerie dans les

Divisions militaires, et vit le nom de *Bureau* changé d'abord en celui de *Division* (4 novembre 184c), puis de *Service de l'Artillerie* (17 janvier 1844).

En 1863, le général Susane reçut, avec le titre de Directeur de l'Artillerie, la lourde tâche de préparer, à l'aide des ressources d'un budget réduit d'année en année, une lutte devenue imminente.

Pendant le siège de Paris, le général Susane resta dans la capitale; il avait envoyé auprès de la délégation du gouvernement de la Défense nationale, en province, les lieutenants-colonels Pourrat et Thoumas; on sait au prix de quels efforts et de quels labeurs la Direction de l'Artillerie de Tours et de Bordeaux parvint à remplir la difficile et délicate mission qui lui incombait.

En 1871, il fut créé au Ministère de la Guerre trois Directions générales. Le Bureau du Personnel de l'Artillerie passa avec son chef, le colonel Pourrat, sous les ordres du Directeur général du Personnel, tandis que le Bureau du Matériel, placé sous les ordres du colonel Vasse Saint-Ouen, rentrait dans les attributions du général Susane, nommé Directeur général du Matériel. Huit mois plus tard, la nécessité de simplifier les rouages administratifs du Ministère fit supprimer le poste de Directeur général du Matériel et ériger en *Service* le Bureau du Matériel de l'Artillerie, dont le chef dut travailler directement avec le Ministre. En 1873, l'administration du Personnel et celle du Matériel ayant été de nouveau réunies en un Service unique, le colonel Berge fut nommé chef du Service de l'Artillerie. Grâce à sa connaissance parfaite des nécessités de la guerre, à sa haute intelligence, à son activité et à sa force de volonté, le colonel Berge a rendu, à une époque où la paix n'était pas assurée, d'inoubliables services. Le décret du 26 mars 1878, changeant le nom des *Services* en celui de *Directions,* ne fit que consacrer pour l'Artillerie un état de choses existant.

Les successeurs immédiats du général Berge furent les généraux de Brives, Schneegans et Sempé, puis le général Charon, qui mourut trois mois après son arrivée au Ministère. Les généraux Tricoche, Ladvocat, Nismes et Mathieu présidèrent ensuite à la réorganisation du corps de l'Artillerie, à la reconstitution de l'armement et des approvisionnements, à la transformation de l'armement de l'Infanterie et aux études entreprises en vue de perfectionner notre matériel. Depuis 1873, l'œuvre accomplie par les Directeurs de l'Artillerie est considérable et leurs noms resteront attachés aux plus importants progrès.

Le directeur actuel de l'Artillerie est le général Deloye.

LES DIRECTIONS D'ARTILLERIE ET LES ATELIERS DE CONSTRUCTION.

Les Directions d'Artillerie ont succédé, en 1759, par simple changement de dénomination, aux Départements particuliers d'Artillerie organisés dès le xvᵉ siècle; cette institution est donc l'une des plus anciennes, sinon la plus ancienne, de celles qui existent aujourd'hui en France.

Acheter dans la circonscription territoriale attribuée à la Direction les objets de toute nature nécessaires à l'Artillerie, en recevoir d'autres provenant de magasins ou d'usines appartenant à l'État, les éprouver tous avant de les emmagasiner, les faire réparer, s'il y a lieu, les classer suivant un ordre rationnel, en assurer la conservation, l'entretien et la distribution aux parties prenantes, telles sont aujourd'hui, comme il y a 400 ans, les principales fonctions des officiers attachés aux directions. Comme jadis, elles exigent, pour être bien remplies, non seulement la fermeté du caractère (¹) et la plus rigide probité, mais encore une netteté de vues, un amour de la méthode et de la précision, une ingéniosité d'esprit et une variété de connaissances que l'enseignement de l'École Polytechnique est éminemment propre à développer. Si la centralisation ministérielle et l'extrême division du travail ont un peu diminué le rôle des Directeurs en comparaison de celui qui leur incombait pendant les guerres de la Révolution et de l'Empire (²), les circonstances leur ont imposé une tâche parfois délicate en les rendant responsables de la

---

(¹) On sait que, pendant les années troublées du siècle dernier, plusieurs Directeurs d'artillerie ont payé de leur vie le refus de livrer à l'émeute le matériel ou les armes qui leur étaient confiés.

(²) Avant 1791, les Directeurs d'artillerie pouvaient recevoir le grade d'officier général, sans quitter leur Direction; une loi de l'an II rétablit momentanément cette disposition.

garde et de l'entretien de nombreux bâtiments, de vastes terrains et de voies de communication appartenant à l'État, dont les droits doivent être conciliés avec les intérêts légitimes des citoyens.

Le nombre des Directions, l'emplacement de leurs chefs-lieux, les zones d'exploitation attribuées à chacune d'elles ont beaucoup varié suivant la situation générale de l'armée.

Pour celles des Directions qui comprenaient des établissements de construction de matériel d'artillerie, le décret du 4 mars 1887 a substitué à l'antique dénomination d'arsenal celle, plus moderne et plus précise, d'atelier de construction, déjà attribuée aux établissements créés à Tarbes et à Puteaux. Ces deux établissements, entièrement organisés par des Polytechniciens, méritent une mention spéciale. L'un, ébauché à la fin de 1870 dans les bâtiments d'une manufacture de tabacs, supprimé en 1871, mais rétabli aussitôt, est devenu établissement indépendant depuis le 20 août 1872 ; il a permis au colonel de Reffye et à ses adjoints, le commandant Pothier et le capitaine Sionnet, de doter l'armée de terre du premier matériel d'artillerie à chargement par la culasse qu'elle ait eu, matériel transitoire à la vérité, mais dont la possession devait contribuer à nous rassurer en 1875 sur le dénouement possible d'une très grave crise diplomatique. Aujourd'hui, avec ses vastes terrains au bord de l'Adour, l'atelier de Tarbes est un très important centre de ressources dans la région du Midi.

L'autre, organisé en 1866, à titre provisoire, pour construire les machines nécessaires à la fabrication mécanique des pièces d'armes et des bois de fusil, a reçu depuis quelques années une extension considérable et constitue, comme la Poudrerie du Bouchet, la Fonderie et l'École de Pyrotechnie, un puissant foyer d'investigations scientifiques. Installé sous la direction du colonel René, alors Inspecteur des manufactures d'armes, par le capitaine Mathieu (C.-P.-A.), l'atelier de Puteaux fut évacué pendant le siège de Paris et rétabli en 1871. Érigé en établissement indépendant à dater du 1er juillet 1877, il a été chargé des premières études sur les douilles métalliques pour cartouches, de la fabrication des canons de 80^{mm} de campagne et de montagne, de celle des canons-revolvers et de leurs munitions, de la construction des machines nécessaires aux Manufactures pour la fabrication du fusil modèle 1886, d'une foule de tra-

vaux divers et de l'établissement de toutes sortes de machines et
instruments de précision.

LES ÉCOLES ET LES COMMANDEMENTS D'ARTILLERIE.

Si les Directions « ont en charge » le matériel destiné à des formations éventuelles de l'armée ainsi que d'importantes réserves, les
Écoles ont le matériel attribué à l'instruction théorique et pratique
de tout le personnel des corps de troupe et celui qui est nécessaire
aux Commissions d'expériences temporaires ou permanentes ; depuis
1874, elles sont, en outre, chargées d'assurer la conservation et
l'entretien du matériel d'artillerie affecté à chaque corps de l'arme
en vue de la mobilisation. Au point de vue scolaire pur, leur rôle se
borne, depuis 1888, aux cours suivis par les sous-officiers candidats
à l'École militaire de Versailles, et à des instructions techniques faites
à quelques hommes de troupe. La mission de ces établissements a
donc bien changé depuis l'époque de leur fondation (5 février 1720)
par le Ministre de la Guerre Le Blanc ; mais ils sont toujours restés
l'organe vital du régiment d'artillerie. Créées pour procurer au Régiment-Royal de l'artillerie l'instruction technique qui lui faisait défaut, devenues lors de la fusion de 1755 des écoles d'application pour
les élèves sortant de l'École préparatoire instituée à La Fère et de
perfectionnement pour les autres officiers du corps de l'artillerie, elles
préparèrent directement à partir de 1771 le recrutement du corps
d'officiers. Les emplois de professeurs civils qui y avaient été attachés,
dès l'origine, pour l'enseignement scientifique, furent supprimés à
partir de 1850 par voie d'extinction

Le commandement des cinq écoles de 1720, confié, sous la direction
de l'illustre de Vallière, à des hommes choisis parmi les plus expérimentés du corps technique de l'artillerie, ne leur donnait, en dehors
des séances d'instruction, aucune autorité sur le personnel des bataillons du Régiment-Royal de l'artillerie. Les ordonnances de 1756 et
de 1757 étendirent un peu cette autorité qui s'exerça désormais sur
toutes les parties relatives au service de l'École ; puis l'ordonnance
du 3 novembre 1776 donna aux commandants d'école « toute autorité et commandement sur les régiments qui y seront attachés » et les

chargea « de régler le service et les différentes instructions, de se faire rendre compte des plus petits détails concernant la troupe, d'en passer des revues et des inspections et enfin de transmettre les ordres relatifs à la discipline et à l'administration ». Après diverses fluctuations, ces dispositions subsistaient encore en 1847, lorsque le chef du service de l'artillerie au Ministère de la Guerre, le général Tugnot de Lanoye, proposa de faire franchir à l'autorité des commandants d'école l'enceinte de la ville où ils résidaient, et d'attribuer à ces officiers généraux, « à l'intérieur comme aux armées », la haute surveillance de tout ce qui se rapportait au service de l'artillerie dans une région déterminée par les limites des divisions militaires territoriales. Définis par l'arrêté du 5 mai 1848 et par le décret du 3 novembre 1862, les rapports des « généraux commandant l'artillerie dans les divisions militaires » avec les chefs de corps et les chefs de service de l'artillerie, d'une part, et, d'autre part, avec le haut commandement, ont été réglementés en 1883 et adaptés aux nouvelles fonctions de « directeurs du service de l'artillerie dans les régions de corps d'armée », que la loi sur l'administration de l'armée venait de leur confier.

On peut imaginer combien complexe et variée est la tâche de ces généraux commandant l'artillerie des corps d'armée; mais ce résumé de la filiation des commandements de l'artillerie était nécessaire pour expliquer l'origine des traditions et la raison des dispositions qui pendant si longtemps tendirent à confiner dans leur spécialité les généraux provenant du corps de l'artillerie. Marmont a raconté dans ses Mémoires comment le sentiment d'humiliation ressenti par Bonaparte lorsqu'il fut rayé du corps de l'artillerie et classé dans la ligne, c'est-à-dire pourvu du commandement d'une brigade d'infanterie, lui fit refuser le poste qui lui était assigné, et fut ainsi l'origine indirecte de sa prodigieuse fortune. Plus tard, il y a cinquante ans environ, le général Préval, qui prit une si grande part à la rédaction de nos règlements militaires, se fit l'interprète de ceux qui contestaient aux généraux d'artillerie le droit de commander des troupes autres que celles de leur arme, et il n'y a guère plus d'un quart de siècle que l'on paraît avoir admis sans réticences les principes si nettement formulés par l'intendant Odier :

Tout officier général est censé avoir une aptitude universelle.... L'idée contraire s'est glissée parmi nous à la faveur des habitudes contractées dans les dernières campagnes et, faute de la rectifier, il serait à craindre... que l'officier d'Artillerie ou du Génie, fort habile à tant d'autres choses, perdît l'habitude de manier cavalerie et infanterie, ce qui rendrait tout à fait vaine la qualification d'officier général, nuirait à l'avancement des officiers et priverait l'État des services éminents qu'ils pourraient lui rendre.

LA FONDERIE ET L'ÉCOLE DE PYROTECHNIE.

Situés à Bourges, ces deux établissements forment avec un dépôt de matériel, un atelier de construction, une École d'Artillerie et une Commission d'expériences, un groupe considérable entièrement organisé par d'anciens élèves de l'École Polytechnique et méritant, à ce titre, plus qu'une simple énumération.

Ce n'est pas ici le lieu de raconter l'instructive histoire des vicissitudes du projet de créer à Bourges de grands établissements d'Artillerie. Approuvé en principe dès 1814 par le roi Louis XVIII, ballotté ensuite de Comités à Commissions et de Commissions à Comités, il n'a été réalisé que grâce au reliquat de l'emprunt fait en 1859 en vue de cette guerre d'Italie dont l'apparition des canons rayés avait brusqué le dénouement. Objet de savantes études théoriques et techniques et de chauds débats parlementaires, remanié à maintes reprises, arrêté enfin en 1857 et 1860 par le Comité de l'Artillerie, le plan général des établissements actuels fut consacré par la décision impériale du 30 juin 1860. Il fallait en effet, d'une part, remplacer les fonderies de Douai, de Strasbourg et de Toulouse devenues totalement insuffisantes pour la production du nouveau matériel et, d'autre part, doter l'École de Pyrotechnie d'une installation nouvelle permettant de poursuivre l'étude des fusées métalliques pour projectiles creux, étude que l'exiguïté du champ de tir dont elle pouvait disposer à Metz avait fait interrompre. Le 20 septembre 1860, le Ministre de la Guerre approuva le programme général des travaux préparé par le Comité, et désigna le colonel Emy, inspecteur des fonderies, pour étudier sur place l'avant-projet complet. Dans le courant de l'année 1861, les mesures furent prises pour l'acquisition des terrains, et l'on put enfin commencer à la fin de 1862 les travaux de la Fonderie dont le plan définitif avait été approuvé le 8 février 1862. Les fontes commencèrent au milieu de l'année 1866 et, en conséquence, la fonderie de Douai fut supprimée à dater du 1er janvier 1868 ; celles de Strasbourg et de Toulouse éteignirent leurs fourneaux dans le courant des deux années suivantes.

Les fonderies de canons. — Les anciennes fonderies méritent cependant, en raison des services qu'elles ont rendus pour la défense du pays et des progrès qu'elles ont fait faire à la science de la Métallurgie, de n'être point passées sous silence.

Vers la fin de 1792, il manquait plus de 6000 bouches à feu pour le service des armées et pour les vaisseaux de guerre dont la construction était ordonnée. Les fonderies nationales de Douai, Strasbourg et Ruelle ne suffisaient plus pour fabriquer un matériel aussi important.

Le Comité de Salut public leva tous les obstacles. Après s'être assuré qu'en convertissant en fonderies un certain nombre de hauts-fourneaux et en transformant en forgeries toutes les grosses forges, il était possible de satisfaire promptement à la demande d'un aussi grand nombre de bouches à feu, le Comité distribua en quatre arrondissements le territoire sur lequel ces fourneaux étaient répartis, et plaça à la tête de chaque arrondissement un représentant chargé de faire toutes les réquisitions nécessaires à la création des nouveaux établissements.

Des fonderies nouvelles furent installées à Chaillot (arsenal de Paris), Rouen et Indret, pour les frontières du Nord et les côtes de l'Océan ; à Metz, Neuf-Brisach, Pont-de-Vaux, Besançon, le Creusot, Lyon et Valence, pour les frontières de l'Est ; enfin à Avignon, Toulon, Narbonne, Perpignan, Bayonne, Montauban et Rochefort pour le Midi et l'Ouest.

Les ouvriers d'art manquaient. Par arrêté du 4 pluviôse an II, le Comité de Salut public appela à Paris, de chaque district de la République, des citoyens choisis parmi les canonniers de la Garde Nationale pour apprendre l'art de fabriquer les canons destinés aux armées de terre et de mer. Monge, le savant organisateur de l'École Polytechnique, fut chargé de l'instruction de ces élèves d'un nouveau genre et rédigea pour eux son cours célèbre sur la fabrication des bouches à feu. Dans cet ouvrage, modèle de concision et de clarté, Monge examine successivement les procédés métallurgiques employés pour la préparation et le traitement des divers métaux, fonte, fer, acier, cuivre, étain, bronze, utilisés pour la construction du matériel de guerre. Il donne les explications scientifiques des phénomènes considérés jusqu'alors comme des tours de main de l'ouvrier. L'affinage du cuivre, la manière de réduire la richesse en étain des cloches pour les rendre propres à la fabrication des bouches à feu, semblent décrits par un savant de notre époque.

Passant de la théorie à l'application, Monge fait connaître les divers procédés de moulage et d'usinage des bouches à feu, préconise à juste titre l'emploi du moulage en sable sur modèle, et recommande la suppression du moulage au trousseau, question qui sera encore l'objet de nombreuses controverses pendant toute la première partie de ce siècle, et ne sera définitivement tranchée en faveur du premier mode de moulage qu'en l'année 1861.

Enfin, pressentant ce qui se passerait dans un avenir éloigné, Monge s'attache dans son cours à signaler les inconvénients que présentent la fonte et le bronze et la supériorité du fer forgé et de l'acier comme métal à canon. Le cours de Monge est resté célèbre dans l'Artillerie; il est cité à chaque instant dans les ouvrages qui traitent la même question, et on lui faisait encore de larges emprunts dans les cours professés à Metz vers 1850.

Les grands événements de la Révolution et de l'Empire avaient tellement absorbé l'attention depuis 1792, qu'il avait été impossible de songer, aussi bien en France qu'en Europe, à faire des essais spéciaux sur le matériel des armées. Toutes les remarques si intéressantes qui auraient pu être faites au cours des guerres précédentes, restèrent noyées dans la masse des événements.

A la paix de 1815, on put entreprendre de sérieuses recherches pour améliorer la fabrication des canons. Toute une pléiade d'Artilleurs savants et réfléchis s'occupèrent sans relâche de doter la France d'un matériel remplissant toutes les conditions de résistance et de sécurité.

Leurs études se portèrent naturellement tout d'abord sur l'amélioration, chimique ou mécanique, du métal à canons alors en usage, dont la préparation n'était pas encore sortie des voies de l'empirisme.

Vers 1817, le lieutenant-colonel Dussaussoy, plus tard Directeur de la fonderie de Douai, indiquait pour la première fois que, en appliquant au bronze à l'état fluide un prompt refroidissement, on augmente son homogénéité. A la fonderie de Douai, les capitaines Sarrieu et Fabian et le lieutenant-colonel Gorsse se signalaient par leurs études sur la constitution du bronze, sur les moyens d'assurer rigoureusement le titre des bains, sur la marche des fourneaux et l'exécution des coulées.

Les travaux de cette époque furent résumés, d'après le programme du Comité arrêté en 1826, par le capitaine Serres, Sous-Directeur de la fonderie de Toulouse, dans un *Essai sur l'art des fontes*, dont il donna en 1834 une nouvelle édition, mise à jour, intitulée *Cours des officiers d'Artillerie sur le service des fonderies.*

En 1836, le colonel Aubertin recherchait à Toulouse la manière de mesurer la température des bains et décrivait un procédé pour durcir l'âme des bouches à feu, à l'emplacement du boulet, par un excès d'étain. L'année suivante, le capitaine Lejeune établissait l'influence exercée sur la qualité du métal par le poids, la forme des masselottes.

Peu à peu les méthodes d'analyse et les épreuves mécaniques s'étaient introduites dans la pratique. Le règlement de 1838 fut le premier qui leur donna la plus large part dans la préparation des métaux à canons. Mais, tout en facilitant la tâche des officiers des fonderies, grâce aux détails techniques qu'il renfermait, ce règlement était loin d'avoir résolu toutes les difficultés. Parmi les recherches qui le suivirent, il faut citer celles qui furent exécutées à la fonderie de Douai, par le lieutenant-colonel Tournayre, sur la constitution des alliages et le perfectionnement des procédés de coulée.

Dès 1849, les instructions du règlement de 1838 étaient infirmées par les études de Berzélius, Darcet, Gay-Lussac, Thenard, Marsh, Chevreul, Pelouze, etc.; le Comité de l'Artillerie chargea le commandant de Massas de remettre ce règlement à la hauteur des progrès de la science. L'instruction élaborée par cet officier, après avoir été soumise à Gay-Lussac, fut annexée au règlement de 1838 et mise en vigueur dans les fonderies nationales.

De 1856 à 1858 encore, le capitaine Mathieu, sous-directeur de la fonderie de Toulouse, fit de très savantes recherches sur la constitution chimique du bronze et rédigea un grand nombre de Mémoires concernant la fabrication du matériel. A la fonderie de Strasbourg, le commandant Lucas avait poursuivi les études entreprises par le colonel Klié (¹) sur le moulage en châssis préconisé par Monge; ce procédé fut enfin rendu obligatoire dans toutes les fonderies par le Ministre de la Guerre, sur la proposition du Comité de l'Artillerie en date du 19 septembre 1861.

En présence des difficultés que présentait l'amélioration de l'alliage cuivre-étain dans la confection des bouches à feu, un certain nombre d'esprits reprenaient l'idée, déjà fort ancienne, de se servir du fer pour donner de la dureté au bronze.

A ces recherches reste attaché le nom du capitaine Hervé (1827). Après des essais préliminaires faits à la Monnaie, une Commission instituée près du Ministère de la Guerre, à laquelle on avait adjoint Gay-Lussac et Darcet, parvenait à couler à Douai, d'après les idées de cet officier, diverses bouches à feu dans lesquelles on avait allié à 90 parties de cuivre, respectivement 6, 4 et 3 parties de fer. Les résultats des expériences ne répondirent pas à l'attente générale, le métal était spongieux et manquait d'homogénéité.

Il faut signaler, vers la même époque, les curieuses tentatives de constructions composites du commandant Ducros, qui réussissait, après de nombreux essais, à fabriquer à Strasbourg un canon de 4 de bataille en bronze coulé sur un tube en fer forgé et étamé, et qui proposait, un peu plus tard, de durcir l'âme des canons en employant des lingots de bronze coulés à 18 et 20 pour 100 d'étain, enveloppés d'une chemise en cuivre rouge pour les empêcher d'éclater.

On trouve enfin, dans nos fonderies, de nombreux précurseurs de ceux qui ont cherché, dans ces derniers temps, à donner mécaniquement au bronze des qualités comparables à celles de l'acier.

Déjà le général Eblé (²) avait entrevu la possibilité de durcir l'âme des canons par écrouissage, en battant le bronze à froid. Vers 1822, le lieutenant-colonel Klié imaginait, à Strasbourg, de couler

---

(¹) Ancien élève de l'École de Châlons.
(²) Charles EBLÉ, général de division, neveu du général de l'Empire.

des canons à noyau, de durcir ensuite l'âme en la matant par des tirs à surcharge et de ramener ces bouches à feu aux dimensions régulières en les replaçant sur le banc de forage.

Le capitaine Richard de Rochelynes, de la fonderie de Douai, proposait, vers la même époque (1823), une machine spéciale pour mandriner le bronze en frappant latéralement les parois de l'âme à l'aide d'un marteau cylindrique, donnant environ cent coups par minute, pendant que la bouche à feu était animée d'un mouvement de rotation et de translation.

Enfin il est impossible de passer sous silence les belles théories de M. Rieffel, ancien élève de l'École, professeur de Sciences appliquées à l'École d'Artillerie de Vincennes, théories qui ne furent mises en pratique que beaucoup plus tard par le général Uchatius en Autriche et le colonel Lawroff en Russie. Le procédé de coulée préconisé par M. Rieffel reposait sur les principes suivants :

1° Solidification du métal de bas en haut par tranches successives dans toute la hauteur;

2° Les obstacles qui s'opposent au retrait du métal pendant sa solidification doivent être aussi faibles que possible, tant sur le diamètre que dans le sens de la longueur;

3° Le refroidissement du métal à l'état liquide doit se faire très promptement afin d'éviter la liquation, propriété que possède le bronze de se séparer, pendant le refroidissement, en plusieurs alliages plus ou moins chargés d'étain qui altèrent profondément les qualités du métal.

Le Comité de l'Artillerie, dans un rapport en date de 1834, admettait bien les trois principes de M. Rieffel, mais rejetait les procédés par lesquels l'auteur essayait d'appliquer sa théorie.

En 1850, M. Rieffel insistait de nouveau pour l'adoption de sa méthode; mais, craignant un nouvel insuccès, il proposait comme mesure transitoire de couler un certain nombre de canons à une température élevée, avec des masselottes très réduites et de placer dans les moules des corps bons conducteurs de la chaleur pour accélérer le refroidissement du métal. Ces propositions, soumises à l'examen des fonderies de Douai et de Strasbourg, y furent accueillies avec une certaine froideur et finalement écartées, en raison des difficultés que présentait leur réalisation.

Pendant qu'un certain nombre d'officiers s'appliquaient à étudier les moyens d'accroître la résistance des bouches à feu, d'autres cherchaient à en perfectionner l'usinage. Ceux-là ont été légion : ce sont presque tous ceux qui ont passé par les fonderies. On conçoit que, dans l'impossibilité de rappeler ici cette multitude de travaux, on doive se borner à mentionner les noms, illustres dans la Science, des généraux Didion et Morin.

En 1826, le lieutenant Didion faisait paraître un Mémoire sur la description d'un instrument destiné à la vérification de la rectitude et de la coïncidence des axes des surfaces intérieure et extérieure des bouches à feu. Cette question, mise au concours entre les officiers par le Comité de l'Artillerie, fut résolue de la façon la plus satisfaisante par le lieutenant Didion, qui reçut, à ce sujet, les éloges les plus flatteurs du marquis de Clermont-Tonnerre, alors Ministre de la Guerre.

A la même époque, le lieutenant Morin, du bataillon de pontonniers, publiait un remarquable Mémoire sur l'emploi des principaux moteurs, manèges, roues hydrauliques, machines à vapeur en usage dans les fonderies. Cette question des moteurs avait été mise au concours par le Comité de l'Artillerie en 1827, et le rapport du lieutenant Morin fut l'objet des appréciations les plus élogieuses.

L'année suivante, le capitaine Morin fut envoyé en mission spéciale dans les trois fonderies royales, pour étudier et comparer les effets des moteurs qui y étaient employés; le Mémoire qu'il rédigea à la suite de cette mission est un véritable cours de Mécanique appliqué aux machines.

Nous avons signalé incidemment la tentative du commandant Ducros en vue d'employer le fer forgé à la fabrication des canons. Il nous reste à suivre le développement de cette question, dans les progrès qui ont abouti à l'adoption des pièces actuelles en acier.

Monge s'était déjà prononcé en faveur de ce métal pour remplacer le bronze, dont la résistance laissait à désirer.

En 1804, M. Ferry, ancien professeur de Sciences appliquées à l'École de Metz, faisait construire trois canons de 6 en fer forgé qui ne purent résister au tir.

Gassendi rapporte qu'en 1813 « une compagnie d'ouvriers de

Lyon, la Compagnie Étienne, proposait de fabriquer toutes les pièces en fer forgé nécessaires à la France ». Elle envoyait à Paris un canon de 8 de bataille en fer forgé, formé de barres enroulées et soudées sur un tube central. Cette bouche à feu supporta victorieusement les épreuves, mais les essais ne furent pas continués à cause « de la surprise et de la longueur du recul et de l'influence fâcheuse que cette pièce exerçait sur le moral des canonniers ».

Le capitaine du Génie du Buat, ancien professeur de Sciences appliquées à Metz, proposait, dans un manuscrit antérieur à 1816, un procédé pour fabriquer avec ce métal différents modèles de bouches à feu.

Dans ses recherches sur les canons en fonte, le général baron Tirlet (¹) préconisait l'emploi du fer forgé : ses idées furent développées, en 1834, par son aide de camp, le capitaine Thierry, qui, dans un travail très remarquable sur les applications du fer aux constructions de l'Artillerie, énuméra tous les avantages que présenterait sa substitution au bronze comme métal à canon. Cet officier proposait d'accroître la résistance des bouches à feu en fonte, en les entourant d'anneaux en fer forgé, et faisait construire un canon de 8 de bataille en fonte frettée.

Il signalait également les avantages du fer pour la confection des affûts et on trouve dans ses ouvrages la description d'un affût tout en tôle avec roues et avant-train en fer.

La plupart de ces essais avaient échoué devant l'impossibilité de souder d'une façon intime tous les éléments en fer entrant dans une bouche à feu. Grâce aux progrès réalisés dans l'industrie métallurgique au commencement de ce siècle, et à la puissance sans cesse croissante de son outillage, les difficultés s'aplanirent peu à peu et les efforts faits dans cette voie ne tardèrent pas à aboutir. A la suite des essais tentés aux États-Unis et en Angleterre, le Ministre de la Guerre faisait confectionner en 1846, par l'usine du Creusot, des canons de 16 et de 24 avec d'excellents fers de Franche-Comté ; ces bouches à feu furent usinées et essayées à Strasbourg : le canon de 16 supporta 343 coups et le canon de 24 résista à un tir de 2800 coups.

(¹) Ancien élève de l'École de Châlons.

En 1848, sur la proposition du Comité de l'Artillerie, 7 pièces de différents calibres furent forgées à Rive-de-Gier et ne furent mises hors de service qu'après un nombre considérable de coups.

Un ancien élève de l'École, Paul Boulart, capitaine d'Artillerie démissionnaire et maître de forges à Audaincourt, fit construire, d'après ses idées, deux canons de 8 et de 3 rayés en fer forgé. Après avoir subi victorieusement les épreuves de tir, ces bouches à feu figurèrent à l'Exposition de 1849 et furent envoyées à Rochefort pour y être étudiées.

Mais, à cette époque, le fer forgé avait vécu; l'acier coulé en grandes masses avait fait son apparition, et Krupp commençait à l'employer à la fabrication des bouches à feu.

De 1856 à 1858, la fonderie de Strasbourg comparait des canons en acier livrés par Pétin et Gaudet, Krupp et Jackson à Saint-Seurin; les produits de l'usine d'Essen se montraient supérieurs aux autres canons. La lutte était engagée, et le bronze ne tardera pas à être vaincu par son rival, à la suite de la douloureuse expérience de 1870.

Depuis cette époque, le matériel de l'Artillerie a subi un changement sans précédent dans les annales de l'arme; c'est à la fonderie de Bourges que revient en grande partie l'honneur d'une si gigantesque transformation.

De savantes études entreprises sur la coulée et le mandrinage du bronze n'ayant pas donné de résultats assez satisfaisants, l'acier à canon fut à son tour l'objet, de la part de la fonderie, de recherches judicieuses qui permirent de doter l'Artillerie française de l'un des meilleurs matériels construits en Europe, et, dès le mois de juin 1872, le Ministre donnait l'ordre de préparer de nouveaux ateliers pour le travail mécanique des canons d'acier.

C'est à cette laborieuse et féconde période qu'il faut rapporter les beaux travaux entrepris par le lieutenant-colonel de Lahitolle en vue de l'établissement d'un matériel en acier, ainsi que l'installation complète de la fabrication des canons en acier à la Fonderie.

Continuant l'œuvre si brillante de ses devanciers, la fonderie de canons, grâce à la direction énergique et éclairée des officiers supérieurs qui se sont succédé à sa tête, a toujours justifié l'un de ses plus beaux titres de gloire, celui d'établissement d'études. On peut être certain que les savantes traditions s'y perpétueront dans l'avenir

et qu'elle suivra toujours la noble et fière devise de notre École :
« Pour la Patrie, les Sciences et la Gloire ».

École centrale de Pyrotechnie militaire. — L'École de Pyrotechnie fut fondée à Metz par une ordonnance royale du 19 mai
1824, qui supprimait en même temps la compagnie d'artificiers créée
en 1815 ; son organisation fut réglée le 13 septembre suivant.

Bientôt, grâce aux efforts laborieux et intelligents des officiers
chargés des cours, parmi lesquels un des premiers fut le lieutenant
Didion, qui devait plus tard largement contribuer, par ses travaux,
aux progrès de l'Artillerie, l'empirisme du début disparut, et des
instructions théoriques commencèrent à présider à l'enseignement
pratique. Le cours d'artifices de l'École de Pyrotechnie ne tarda pas
à devenir un guide précieux pour tous les corps et les établissements
de l'Artillerie.

En même temps qu'elle formait et propageait son enseignement,
l'École de Pyrotechnie entreprenait des études sur toutes les questions
qui lui étaient posées par le Comité, ou dont elle prenait elle-même
l'initiative.

Ses travaux portèrent d'abord sur les artifices de toute nature :

Artifices de mise et de communication de feu, tels que la mèche
à feu, les baguettes à feu, la mèche à étoupilles, les lances à feu, les
fusées à projectiles creux, etc. ;

Artifices destinés principalement à éclairer, tels que les tourteaux
et fascines goudronnés, les torches, flambeaux et pots à feu ;

Artifices incendiaires, tels que la roche à feu, les mèches incendiaires, les balles à feu ;

Artifices qui portent eux-mêmes le principe de leur mouvement
de translation, tels que les fusées de signaux, les fusées de
guerre, etc.

Ils s'étendirent peu à peu aux munitions et aux projectiles de
toutes sortes. En particulier, il convient de citer les travaux relatifs
aux fusées de guerre, qui ont donné à l'École de Pyrotechnie un caractère nouveau et en ont fait un atelier de production.

Les études qu'elle a entreprises à ce sujet lui ont permis de devenir
dépositaire du soi-disant secret de leur fabrication, secret vendu à la
France par un Anglais nommé Bedfort, en 1827, et conservé depuis

lors si religieusement que tout officier nouveau, appelé à faire partie de l'état-major de l'École, était tenu de s'engager solennellement à ne pas le divulguer.

Pour cette fabrication, l'École de Pyrotechnie employa d'abord ses élèves, puis une batterie de fuséens, spécialement créée dans ce but en 1842. Ce personnel dut encore être augmenté par la suite et, au moment de la guerre de Crimée, il existait trois batteries de fuséens, deux pour la fabrication et une pour tenir campagne.

L'étude des fusées de guerre fut longue et laborieuse, et dans le cours des expériences souvent dangereuses qu'il fallut exécuter, on doit malheureusement enregistrer l'accident du 5 août 1848, qui coûta la vie au capitaine Rouge.

Pendant plus d'un demi-siècle, nos fusées de guerre ont figuré sur les champs de bataille, et souvent avec honneur; en Algérie, en Crimée et en Chine, elles ont parfois contribué au succès de nos armes.

En 1862, un système complet de fusées de guerre était adopté; mais, au moment où leur rôle paraissait atteindre son apogée, il était sur le point de finir pour laisser la place à l'artillerie rayée. Les dernières fusées qui eurent l'honneur d'un champ de bataille furent tirées pendant la guerre du Mexique.

En 1864, les batteries de fuséens furent supprimées et remplacées par une compagnie d'artificiers spécialement attachée à l'École.

L'apparition de l'artillerie rayée fut le point de départ d'une transformation générale, dont l'importance devait bientôt changer la physionomie des établissements de l'artillerie et leur ouvrir une voie nouvelle de travaux et d'études considérables.

En particulier, l'École de Pyrotechnie, qui poursuivait déjà avec succès l'étude des fusées pour projectiles creux, fut invitée à étudier l'organisation et la fabrication en grand d'obus oblongs pour canons rayés de différents calibres.

Son outillage et son installation avaient acquis, dès cette époque, une importance telle, qu'elle fut à même de fournir au département de la Guerre, à des prix inférieurs à ceux du service des forges, les commandes de projectiles dont elle avait proposé le modèle.

Toutefois, resserrée dans un étroit bastion sur l'enceinte de la place, l'École de Pyrotechnie ne pouvait plus assurer à ses ateliers le développement que nécessitaient la sécurité et l'importance de ses travaux. Elle fut transférée à Bourges, qui allait devenir un centre important des établissements de l'artillerie. La décision qui ordonnait ce changement date du 2 juin 1870, mais le décret impérial, en vertu duquel elle était rendue, était de dix années antérieur.

Ainsi finit l'École de Pyrotechnie de Metz, à peu près en même temps que les fusées, dont la suppression officielle fut prononcée en 1872. Mais elle laissait une œuvre plus durable : elle avait fait passer du laboratoire à l'atelier les découvertes des Lavoisier, des Berthollet, des Gay-Lussac. Elle avait soumis à des règles raisonnées l'art de l'artificier, recueilli pour ainsi dire dans son berceau et seulement guidé jusqu'alors par des instincts de sélection. L'évolution des mélanges salpêtrés a d'ailleurs été résumée en quelques pages charmantes par un ancien directeur de l'École, le général Susane, dans son *Histoire de l'Artillerie*.

Le premier directeur de l'École de Pyrotechnie fut le commandant Cailly-Duchesné, à qui revient l'honneur de son organisation. Il la dirigea pendant vingt et un ans, commença tous ses grands travaux et installa la première fabrication des fusées de guerre.

Le colonel Susane dirigea l'École depuis 1852 jusqu'en 1864. Pour satisfaire aux commandes de fusées nécessitées par la guerre de Crimée, il l'agrandit et lui fit déployer une activité prodigieuse. Il n'avait pas hésité, au début de cette guerre, à promettre à l'Empereur des fusées portant à 5000 mètres, alors qu'on n'avait encore pu atteindre qu'une portée de 3500 mètres. Grâce à l'emploi de ses presses hydrauliques, qui donnaient un chargement plus régulier que l'ancien battage au mouton, il obtint rapidement tous les résultats qu'il avait prévus.

L'époque de sa translation à Bourges ouvre, pour l'École de Pyrotechnie, une dernière période de transformation, qui devait en faire définitivement une usine importante, tout en lui conservant son caractère primitif d'École.

Après la guerre de 1870, tout le matériel d'artillerie était à refaire. Le cercle des travaux de l'École de Pyrotechnie devait donc encore s'élargir; les artifices en usage ne suffisaient plus aux besoins de la guerre moderne; il fallait en créer de nouveaux, d'une organisation autrement difficile et délicate.

Armstrong, le constructeur anglais, écrivait en 1862, après les
études qu'il avait faites sur tous les éléments de l'artillerie :

Je puis certifier que j'ai eu dix fois plus de peine à mûrir l'étude des projectiles et des fusées que celle de mes canons. Même à présent, obtenir une
fusée à durée variable, satisfaisante pour l'artillerie rayée, est le problème
le plus difficile qu'aient à résoudre les artilleurs.

Mais la question se compliquait encore, les fusées à durée ne
suffisaient plus; il fallait désormais des fusées à double effet.

La solution du problème ne reposait plus seulement sur des connaissances chimiques : elle touchait à la Mécanique par les lois du
mouvement, et à la pratique industrielle par le fini d'exécution que
nécessitent les principaux éléments de ces appareils. Dès 1878,
l'École de Pyrotechnie avait réussi à introduire dans la pratique
courante des fusées à double effet pouvant, en toute sécurité, être
vissées à l'avance et rester pendant tous les transports sur les projectiles chargés.

En même temps, l'attention de l'École s'est portée sur le projectile et sur son mode de fragmentation. De nombreux types avaient
été proposés par divers services; c'est celui de l'École de Pyrotechnie
qui fut adopté sous le nom d'*obus à mitraille*. La construction en
fut étendue à tous les calibres.

Outre les travaux relatifs à l'Artillerie, l'École de Pyrotechnie
eut encore à contribuer à l'amélioration des munitions d'infanterie.

Tout d'abord, elle perfectionna les procédés de préparation et
d'emploi du fulminate de mercure et des poudres fulminantes, dont
elle a entrepris la fabrication depuis 1870.

En même temps, elle s'est efforcée d'assurer la sécurité des ouvriers qu'elle employait à ces dangereuses manipulations, auxquelles s'attachait la vieille légende du « condamné à mort ». On
appelait ainsi l'ouvrier qui donne la dernière main à la composition fulminante qui entre dans le chargement des amorces. Comme
il n'était pas possible d'éviter les accidents d'une façon permanente,
cet ouvrier était appelé à sauter un jour ou l'autre : c'était un « condamné » dont la petite baraque, aussi isolée que possible, était
l'objet, de la part des visiteurs, d'une curiosité qu'animait encore
une certaine dose de crainte et d'émotion. Le travail est maintenant

exécuté au moyen d'un appareil spécial, que l'ouvrier peut actionner en restant à l'abri du danger.

L'École de Pyrotechnie participe ensuite aux recherches qui ont amené l'adoption, pour les fusils, des cartouches métalliques, dont elle a organisé le système d'amorçage, et dont le dernier modèle est dû à ses travaux.

Un atelier de laminage a permis de pousser avec succès les études des métaux qu'elle avait à travailler, de manière à en définir les conditions d'emploi les plus favorables et à en déterminer les propriétés mécaniques susceptibles d'être exigées des usines productrices. Ces études ont surtout porté sur le laiton.

Enfin les explosifs sont venus lui ouvrir de nouveaux et vastes champs de recherches et constituent, à l'heure actuelle, la branche d'études la plus importante de l'Établissement, mais dont le caractère n'est pas encore sorti du domaine confidentiel.

A mesure que l'École de Pyrotechnie trouvait une solution pratique à l'une des questions à l'étude, et qu'un nouvel objet de matériel était adopté, la fabrication lui en était confiée; chacun de ses ateliers marque ainsi une étape du travail accompli, et son extension n'est que la conséquence des progrès qu'elle a réalisés.

Des études et des travaux si divers n'ont pas empêché l'École de continuer aux élèves qu'elle reçoit, chaque année, de l'Artillerie et du Génie, un enseignement qu'elle s'est appliquée à perfectionner de jour en jour. Cet enseignement, dégagé de toute théorie purement scientifique que l'instruction première des élèves ne leur permettrait d'ailleurs pas de suivre, leur donne néanmoins la possibilité d'aborder certaines applications pratiques des sciences et d'en tirer un fruit précieux au point de vue professionnel.

LA POUDRERIE MILITAIRE DU BOUCHET.

A Bourges, la vapeur règne en souveraine; elle anime tous les ateliers et c'est à la Fonderie que cette nouvelle source de force a définitivement reçu ses lettres de service dans les établissements de l'Artillerie. Au Bouchet, elle n'est traitée que comme auxiliaire et utilisée là seulement où la Juine ne peut apporter elle-même le tribut de sa chute si constante et si bien réglée. Type remarquable et intéressant encore aujourd'hui de l'installation d'une usine hydraulique, cette poudrerie a été construite à partir de 1821, et aménagée suivant les plans du colonel d'artillerie Lefébure. Vingt ans auparavant, l'entrepreneur de la manufacture d'armes de Versailles avait fait transformer en ateliers de canonnerie un moulin qui se trouvait en cet endroit et dépendait du domaine donné jadis par Louis XIV à l'illustre marin Abraham Duquesne, et devenu propriété nationale en 1793. Éloigné de toute agglomération d'habitations, environné d'eau et de tourbières, le site devait parfaitement convenir à l'établissement d'une poudrerie; aussi fut-il choisi lorsqu'on décida la suppression de celle d'Essonnes, trop rapprochée de ce bourg où plusieurs explosions avaient causé de graves accidents.

Gérée d'abord par les commissaires des Poudres, la poudrerie du Bouchet fut remise, le 1er janvier 1866, au service de l'Artillerie qui l'a conservée comme établissement de fabrication et comme laboratoire de recherches et d'expériences concernant les poudres et les explosifs divers. La Notice du Service des Poudres a résumé les principales études qui s'y poursuivent actuellement, et elle a indiqué l'importance de la transformation du matériel d'Artillerie réalisée, grâce aux résultats obtenus par M. le colonel Castan, avec les poudres noires à gros grains, dont il avait commencé l'étude en 1868.

LES MANUFACTURES D'ARMES.

Aux heures critiques de notre Histoire, le dénûment des magasins d'armes destinées à l'infanterie, a toujours été l'un des plus cruels soucis du Gouvernement, et l'on sait qu'en 1870 les 979000 fusils modèle 1866, existant au 1er juillet, suffirent à peine à la consommation des deux premiers mois de la campagne. Aussi nulle partie de la fabrication du matériel de guerre n'a-t-elle été l'objet de transformations comparables à celles dont les manufactures d'armes ont été fréquemment l'objet depuis leur création.

Durant les guerres de la première République et de l'Empire, la consommation des armes ayant pris un développement inconnu jusqu'alors, on fut amené à créer cinq nouvelles manufactures : Versailles, Orléans, Roanne, Bergerac et Mutzig. D'autres, déjà établies en pays étrangers, devenus passagèrement territoires français, furent placées sous la direction d'un personnel français et concoururent à l'approvisionnement de nos armées; ce sont les manufactures de Liége, de Turin et de Culembourg.

Tous nos établissements réunis ont fourni, dans la période comprise entre 1801 et 1815, 2450000 armes à feu neuves.

En 1815, les manufactures d'armes à feu françaises n'étaient plus qu'au nombre de six : Charleville, Maubeuge, Tulle, Saint-Étienne, Versailles et Mutzig. Klingenthal fabriquait exclusivement les armes blanches. La production totale pouvait être annuellement de 150000 fusils et de 40000 sabres.

La réduction des commandes fit d'abord supprimer la manufacture de Versailles, mal située au point de vue industriel (1818); puis on résolut de remplacer les manufactures de Charleville, Maubeuge, Klingenthal, qui avaient été dévastées en 1814 et 1815, par un grand établissement central, placé à l'abri d'une nouvelle invasion, et réunissant les fabrications de l'arme à feu et de l'arme blanche; ce fut l'origine de la manufacture de Châtellerault. Enfin la manufacture de Mutzig fut supprimée en 1869.

Après 1870, il ne restait donc plus que les trois manufactures actuelles de Tulle, de Saint-Étienne et de Châtellerault.

Les ouvriers armuriers étaient déjà nombreux à Tulle au milieu du XVIIe siècle. Vers 1690, une manufacture y fut fondée pour l'exécution d'un marché de fourniture d'armes à la Marine; la situation, à portée des produits nécessaires (bois, charbons, fers), en communication avec Rochefort et Bordeaux, se prêtait à une semblable entreprise. L'établissement était organisé en vue d'une production de 6000 à 7000 armes par an. En 1777, Tulle devint manufacture royale et resta sous la dépendance du service de la Marine; des officiers de vaisseau ou d'artillerie de marine y furent attachés.

Après bien des vicissitudes, la Manufacture fut définitivement rattachée au département de la Guerre en 1803. Un chef de bataillon d'artillerie y fut envoyé comme Inspecteur.

Il faut arriver jusqu'en 1866 pour voir réaliser de nouvelles et sérieuses modifications. A cette époque, la mise à exécution d'un plan d'organisation, préparé par l'Inspecteur des Manufactures pour tous ces établissements, en vue de la fabrication du fusil modèle 1866, eut pour résultat de tripler la production annuelle de la manufacture de Tulle.

La fabrication du fusil modèle 1866 avait presque inauguré l'emploi des procédés de fabrication mécanique; on continua dans cette voie lorsqu'il s'agit de reconstituer l'armement après la guerre de 1870. La hâte avec laquelle on dut fabriquer le fusil modèle 1874 rendit toute son activité à la manufacture. Mais c'est en 1888 et 1889 que la puissance de l'établissement fut portée à son maximum, pour contribuer à la fabrication de l'armement actuel. Dès 1886, les ateliers, jusqu'alors dispersés, avaient été presque entièrement concentrés à l'usine de Souillac, à 2 kilomètres de la ville. De nombreuses constructions furent élevées, les installations mécaniques se développèrent dans une proportion considérable, caractérisée par une augmentation de 1500 machines-outils, et une capacité de production de 450 fusils modèle 1886 par jour.

L'origine de l'industrie armurière, à Saint-Étienne, remonte au moyen âge. Dès le XVIe siècle, les rois de France y firent fabriquer des armes de guerre; jusqu'au commencement du XVIIIe siècle, les entrepreneurs de Paris, avec lesquels les marchés étaient passés, servaient d'intermédiaire. A partir de cette époque, la surveillance de la fabrication fut confiée à un officier d'artillerie (Inspecteur).

En 1764, M. de Montbéliard, Inspecteur de la manufacture de Charleville, vint organiser la manufacture royale de Saint-Étienne. Elle pouvait produire environ 20000 armes par an.

Soumise à des alternatives nombreuses pendant la Révolution, la direction de l'établissement ne fut solidement reconstituée qu'en 1796. La production avait subi également des variations importantes; à partir de cette époque, elle suivit une marche progressive jusqu'en 1813, où elle fut de 75000 armes.

Après les deux invasions de 1814 et 1815, qui forcèrent l'Inspecteur et son personnel militaire à s'éloigner, la fabrication fut reprise, mais avec des commandes de plus en plus réduites, malgré l'adoption de nouveaux modèles d'armes.

La création de l'armement des gardes nationales, qui suivit les événements politiques de 1830, fit développer la production ; elle fut de 145 000 armes en 1833. Par suite de l'adoption de différents modèles d'armes, de 1840 à 1857, de grands perfectionnements furent introduits dans la fabrication.

Les travaux s'exécutaient alors dans des usines et des ateliers de construction fort ancienne, très mal installés, disséminés dans la ville et même aux environs. On résolut, en 1862, de réunir tous les services dans un même groupe de bâtiments, et de leur appliquer tous les perfectionnements de l'industrie mécanique moderne. En conséquence, l'État fit l'acquisition d'un terrain de près de 12 hectares, situé au nord de la ville, et c'est sur cet emplacement que fut construite la manufacture actuelle.

Au début de la guerre de 1870, le personnel d'officiers fut réduit au strict indispensable ; il ne fut complété qu'à la fin de la campagne. La création du fusil modèle 1874 vint bientôt donner un nouvel élan à la fabrication. Les procédés mécaniques, essayés pour le fusil modèle 1866, furent généralisés ; de nombreuses machines furent achetées en Amérique. L'interchangeabilité des pièces, qui était étudiée depuis longtemps, fut enfin réalisée, grâce surtout aux savants travaux du commandant Ply.

L'adoption du fusil modèle 1886 et aussi la rapidité avec laquelle dut être exécuté le nouvel armement nécessitèrent une nouvelle extension de la Manufacture. Le nombre des machines-outils achetées à l'étranger ou en France, provenant de l'industrie privée ou des établissements de l'État, fut d'environ 6 200. Pendant quelques années, la Manufacture travailla avec une immense activité ; le nombre des ouvriers s'éleva à près de 9000, et en employant le travail de nuit, facilité par l'éclairage électrique installé dans les nouvelles usines, on put atteindre le rendement de 1600 armes par jour à la fin de 1889.

En 1816, lorsqu'on voulut remplacer les manufactures situées dans les régions frontières par un établissement plus central, on choisit la ville de Châtellerault, en raison de son puissant cours d'eau, utilisable comme force motrice et comme moyen de transport, de sa situation sur la route Paris-Bordeaux et de son industrie de coutellerie déjà développée.

Mais on essaya en vain de constituer le personnel de la nouvelle manufacture avec des ouvriers du pays ; on avait trop présumé de leur habileté. Les premiers essais donnèrent de médiocres résultats et l'on dut finalement faire venir, aux frais de l'État, des ouvriers de Klingenthal.

Les principales constructions, commencées en 1820, sous la surveillance d'officiers d'Artillerie, étaient terminées en 1828 ; le barrage de la Vienne et les travaux hydrauliques avaient été achevés en 1825.

La fabrication des armes à feu commença en 1831. La même année, la manufacture fut mise sous le régime de l'entreprise, continué jusqu'à présent sans interruption.

Les développements furent peu considérables pendant les trente années qui suivirent. Mais, en 1864, de nombreux travaux sont entrepris en vue de la fabrication du fusil modèle 1866, qui a été étudié en grande partie à Châtellerault.

Après la guerre de 1870, la fabrication du fusil modèle 1874 exigea de nouveaux agrandissements. De grands efforts furent faits pour développer le travail mécanique et obtenir l'interchangeabilité des pièces ; on arriva à des résultats remarquables, qui ont été le prélude de la précision à laquelle on est parvenu au moyen des procédés actuels.

De 1880 à 1886, de nouvelles constructions s'élèvent ; on prépare la fabrication du fusil modèle 1886, dont l'étude se poursuivait depuis plusieurs années, à Châtellerault, sous la direction éclairée du colonel Gras, Inspecteur des Manufactures.

La production journalière fut de 1050 armes en 1890. Actuellement, la manufacture de Châtellerault exécute une commande considérable pour le Gouvernement russe et la production est redevenue aussi importante qu'à cette époque.

Après cette rapide esquisse de l'histoire des Manufactures d'armes actuelles, il est intéressant de jeter un regard d'ensemble sur le chemin qu'elles ont parcouru depuis trente ans.

La première étape correspond à la transformation effectuée en 1866 et 1867, sous la haute direction du colonel René, Inspecteur des Manufactures, en vue de l'exécution, dans une période de dix-huit mois, d'une commande de 400000 fusils modèle 1866. La production annuelle des quatre Manufactures, existant à cette époque, passe de 103000 à 330000 armes; en outre, une réforme capitale est introduite dans les méthodes de fabrication.

Depuis plusieurs années, les procédés mécaniques étaient étudiés avec le plus grand intérêt. Les enseignements résultant d'une mission du commandant Maldan aux États-Unis, en 1862, les travaux d'un ingénieur-mécanicien, M. Kreutzberger, dont l'Artillerie s'était adjoint le concours, avaient engagé les Manufactures dans cette voie du progrès, où les Américains et les Anglais nous avaient précédés; on y marcha résolument. La création de l'atelier de construction de Puteaux date de cette époque.

Lorsque, après la guerre de 1870, on dut reconstituer l'armement et fabriquer le fusil modèle 1874 proposé par le capitaine Gras, les manufactures de Saint-Étienne, de Châtellerault et de Tulle déployèrent la plus grande activité. La situation était critique et tous les efforts tendirent d'abord à accroître la production; Saint-Étienne, dans le plein fonctionnement de son organisation récente, parvint à livrer 1400 fusils par jour (600 neufs, 800 transformés). Pour gagner du temps, les ouvriers faisant moins défaut que les machines, on développa d'abord sans hésiter le travail à la main à l'intérieur et à l'extérieur des Manufactures; plus tard seulement, la sécurité étant acquise, on revint à l'étude des perfectionnements qui devaient donner à la machine le rôle prédominant et aboutir à l'interchangeabilité des pièces d'armes.

Plus remarquable encore que les deux précédentes est la période que viennent de traverser les Manufactures pour être en mesure de constituer l'armement à répétition modèle 1886.

Le désir d'aboutir promptement n'a pas été moins grand. Il n'était plus question, il est vrai, de parer à un danger immédiat; mais toutes les puissances avaient un armement à peu près équivalent : il s'agissait de rompre cet équilibre en faveur de la France, en lui donnant un fusil supérieur.

En 1886, le travail à la main se trouvait radicalement condamné, et l'on estimait que, avec leurs moyens mécaniques seuls, les trois manufactures ne pouvaient guère dépasser une production de 500 armes par jour. Le colonel Gras, Inspecteur des manufactures, secondé par un personnel d'élite placé à la tête de ces établissements, consacra toutes les ressources de son expérience à préparer une organisation qui devait porter ce rendement à plus de 2000. M. de Freycinet, alors Ministre de la Guerre, ne le jugeant pas encore suffisant, chargea le général Mathieu, Directeur de l'Artillerie, de prendre les mesures nécessaires pour l'augmenter d'un tiers (22 septembre 1888). Un an après le problème était résolu, malgré la grandeur de l'effort, aggravé par l'incendie de plusieurs ateliers survenu, dans l'intervalle, à Châtellerault : les manufactures employaient une force mécanique de plus de 7000 chevaux, possédaient près de 18000 machines-outils, et produisaient 3000 armes par jour.

Ce résultat extraordinaire a été obtenu avec une fabrication entièrement mécanique, donnant des produits interchangeables (¹). Il a coûté près de 40 millions à l'État, mais l'amortissement de cette somme sur une fabrication de 3 millions d'armes représente 13^{fr} seulement par arme. Par contre, de 1887 à 1890, le prix de revient moyen du fusil est tombé de 75^{fr} à 47^{fr}; on a donc réalisé une économie nette de 15^{fr} par arme, soit de 45 millions de francs, en rassemblant un matériel toujours disponible pour l'avenir, et dont la valeur se trouve ainsi amortie. Cet exemple suffit à établir l'avantage d'un puissant outillage mécanique.

Nos trois manufactures nationales sont aujourd'hui l'un des éléments principaux de la puissance du pays. Capables de fournir près d'un million d'armes par an, outillées d'après les derniers progrès de l'industrie, elles sont véritablement des établissements modèles, qui permettent à la France de s'assurer et de conserver la suprématie de l'armement. Aucune autre puissance n'est en état de se constituer, dans le même temps, avec ses propres ressources, un armement perfectionné.

(¹) Dans cette période, l'outillage des manufactures a nécessité la construction de plus de 12000 machines nouvelles, organisées en vue d'une fabrication très précise et fournies en grande partie par les constructeurs français et l'atelier de Puteaux. Cette importante transformation de notre outillage a eu sur les progrès récents de l'industrie une influence très grande qu'il importe de signaler.

LES COMMISSIONS D'EXPÉRIENCES.

Inventer et faire fabriquer du matériel est essentiellement un rôle d'ingénieur et de praticien; l'éprouver, le recevoir dans les magasins de l'État, le conserver et le distribuer en se conformant aux règlements est surtout une fonction de gestionnaire et d'administrateur; étudier et expérimenter un matériel nouveau pour s'assurer si toutes ses parties conviennent bien au service de guerre et sont à hauteur des derniers progrès de la science, c'est, proprement, faire œuvre d'officier et de savant.

Depuis plus d'un siècle et demi, il est nommé annuellement dans chaque École d'Artillerie une ou plusieurs Commissions chargées de faire subir aux parties de matériel déterminées par le Ministre une série d'expériences fixées par un programme et d'en noter le résultat. Mais ces Commissions voient leurs membres changer d'une année à l'autre ou du moins elles subissent des renouvellements fréquents; elles n'ont donc pas la continuité de traditions et la somme de notions nécessaires pour mener à bonne fin des études de longue haleine.

Déjà les Commissions réunies à diverses époques à Vincennes, à La Fère et au camp de Châlons avaient frayé la voie, fixé les méthodes d'investigation et formé des expérimentateurs; mais, composées d'officiers momentanément détachés, leur mission avait été relativement restreinte ou bien elles s'étaient séparées aussitôt après l'achèvement des études concernant le type unique de matériel qu'elles étaient chargées d'étudier. La multiplicité et la complexité des questions posées à l'artillerie aussitôt après la guerre de 1870-1871, la rapidité de l'évolution industrielle depuis cette époque obligèrent à adopter une nouvelle organisation. Imitant en cela l'artillerie de la marine qui possède, depuis 1831, à Gâvre, une Commission dont les services sont trop connus pour être rappelés ici, le Ministre de la Guerre a institué, depuis 1870, plusieurs Commissions permanentes, dont trois fonctionnent encore : à Bourges et à Calais, pour le matériel d'artillerie proprement dit, à Versailles pour les armes portatives; une quatrième Commission, spécialement chargée des épreuves de réception des poudres de guerre, existe aussi depuis 1877 à Versailles, où elle procède à d'intéressantes expériences et à des recherches délicates concernant la balistique intérieure.

Le 12 décembre 1871, le Ministre mit à la disposition du général commandant l'artillerie à Bourges huit officiers supérieurs et subalternes choisis dans toute l'arme, pour être chargés de procéder aux expériences qui seraient attribuées à l'École d'artillerie de Bourges en raison des dimensions de son champ de tir et de la proximité de deux puissants établissements de production. Le président du Comité fut autorisé à correspondre directement avec le général, président de la nouvelle Commission, et à lui donner toutes les instructions n'entraînant pas de dépenses. Mais la seule nomenclature des essais à entreprendre suffit pour convaincre le président du Comité (alors le général Forgeot) de la nécessité de diviser le travail et, dès le 10 janvier 1872, il envoya le lieutenant-colonel de Montluisant à Calais pour reconnaître la plage de l'Estran, où les premiers tirs des canons de siège rayés par Treüille de Beaulieu avaient été exécutés en septembre et octobre 1855. Magnifique bande de sable fin et homogène raffermi, à chaque marée, par l'invasion d'une nappe d'eau qui efface naturellement toutes les traces des tirs précédents, l'Estran pouvait procurer immédiatement et sans dépenses un polygone de 17^{km} de longueur, limité latéralement par une zone de dunes et par la mer. Le 28 février 1872, le Ministre arrêta la composition de la nouvelle Commission d'expériences de Calais qui se réunit, le 27 avril, sous la présidence du lieutenant-colonel de Montluisant. Puis, le 15 avril, une autre Commission fut instituée à Tarbes et spécialement chargée des essais du matériel de 7 fabriqué pendant la guerre et de ceux des produits de l'atelier dirigé par le colonel de Reffye.

D'autre part, le général René, ancien inspecteur des manufactures d'armes, commandant l'artillerie à Versailles, avait, dès le 24 septembre 1871, proposé au Ministre de remplacer les Commissions temporaires, nommées pour examiner les inventions nouvelles concernant les armes portatives, par une Commission permanente rattachée à l'École d'Artillerie. Formée le 5 octobre, elle réunit ce qui restait du matériel de l'ancienne Commission de tir de Vincennes et de celui qui avait servi à Meudon (Chalais), aux essais des canons à balles,

et eut particulièrement à s'occuper des questions de balistique et de
mécanisme ; cependant elle fut aussi chargée de l'épreuve mensuelle
des produits des cartoucheries (créées en 1873 et 1874) et n'a cédé
qu'en 1886 cette attribution à l'École normale de tir du camp de
Châlons, qui avait été créée par décret du 9 décembre 1879.

Il n'est pas possible de donner ici un aperçu des innombrables
études de toute espèce faites, depuis 1872, par les Commissions d'expériences, dont le Ministre ne tarda pas, d'ailleurs, à prendre la direction immédiate. Il suffira de rappeler que, depuis les calculs les
plus ardus relatifs aux lois si compliquées qui régissent le mouvement des projectiles à l'intérieur et à l'extérieur des bouches à feu,
jusqu'au fonctionnement sous la pluie, au froid ou dans la poussière,
du moindre bout de corde, de la plus petite vis ou du rivet en apparence le plus insignifiant, il n'est point de partie du matériel
adopté ou simplement proposé qui n'ait été l'objet d'une observation minutieuse et d'un examen scrupuleusement impartial. En outre,
les résultats, consciencieusement enregistrés, de tirs méthodiquement
conduits et soigneusement exécutés, ont contribué à plus d'un progrès de la théorie des phénomènes naturels.

On voit par ce rapide exposé quelle est la variété des connaissances nécessaires à la bonne marche de ce puissant ensemble que
forment les Établissements de l'Artillerie. Sciences pures, mathématiques et physiques ; sciences et arts chimiques, métallurgiques, électriques, mécaniques ; technologie industrielle, méthodes diverses
d'organisation du travail, lois et règlements régissant la vie du pays
ou de certaines régions au point de vue social, économique, com-
mercial et financier, etc., tout est mis à contribution pour concourir
à l'œuvre commune ; œuvre considérable, anonyme, pour ainsi dire,
due à une pléiade d'hommes distingués par leur savoir, parmi lesquels brillent d'un éclat plus vif quelques noms aussi bien connus
du public que du corps de l'Artillerie, œuvre qui serait vaine
pourtant, si toutes ces connaissances théoriques n'étaient pas domi-
nées par l'expérience, que procurent seuls la pratique intelligente
du métier militaire et le contact fréquemment renouvelé avec l'âme
et le cœur du soldat.

LES TRAVAUX SCIENTIFIQUES ET TECHNIQUES.

Entre le canon de Valmy et celui que nos arsenaux tiennent en
réserve pour les batailles à venir, la distance est si grande qu'il
semble qu'à aucune époque, depuis ses origines déjà lointaines,
l'art balistique n'ait franchi le cours d'un siècle d'un progrès aussi
rapide.

Sous cette brillante évolution, sous cette transformation profonde
de la machine balistique et de ses applications, il y a un effort scientifique considérable. C'est la contribution de l'Artillerie polytechnicienne à cette œuvre de progrès que nous allons essayer de mettre en
relief, au moins dans ses traits principaux.

L'art balistique procède aujourd'hui des sciences les plus diverses
et met en jeu tous les ressorts de l'esprit d'invention et de recherche :
partant des spéculations les plus élevées de la Mathématique, pour
le calcul des trajectoires et l'établissement des règles de tir, il fait
appel à toutes les ressources de la Chimie pour ses explosifs, de la
Mécanique et de la Métallurgie pour l'organisation et la construction
de ses engins. Explorer dans toutes ses parties un aussi vaste domaine, étudier dans ses détails chacun des éléments qui ont concouru
au progrès d'ensemble, c'eût été refaire un long chapitre de l'histoire
de la Science, et si l'on eût voulu rappeler ici les noms de tous ceux
qui ont apporté une pierre utile à l'édifice, c'est notre Annuaire pour
ainsi dire entier, qu'il eût fallu transcrire dans ces pages.

BALISTIQUE EXTÉRIEURE.

Recherches expérimentales. Lois de la résistance de l'air. —
On peut dire de ce siècle qu'il a vu naître la *Balistique expérimentale.*

Des théoriciens — et quels théoriciens ! Newton, Euler, Bernoulli,
— avaient depuis longtemps apporté à la science du mouvement des
projectiles le secours de leur merveilleuse analyse, et leurs travaux,

marqués au coin du génie, resteront impérissables ; mais l'Artillerie n'avait que faire encore de pareilles recherches : l'instrument était trop imparfait, trop rudimentaire. Puis, à ces hautes spéculations des géomètres, il manquait une base expérimentale certaine. La loi de la résistance adoptée par Newton, vérifiée aux faibles vitesses, avait été indûment étendue aux vitesses balistiques, et c'est sur une résistance proportionnelle au carré de la vitesse que reposaient tous les travaux que nous venons de rappeler. Robins et Hutton avaient, à la vérité, réussi à mesurer la résistance sur des projectiles réels, mais ces expériences n'avaient porté que sur de faibles calibres et leur interprétation prêtait à de nombreuses critiques.

C'est à la *Commission des Principes du tir,* instituée à Metz et composée de Polytechniciens (¹), que revient le mérite d'avoir pour la première fois (1839) déterminé avec précision la résistance éprouvée par les projectiles de guerre de tous calibres, et d'avoir formulé des lois qui servirent longtemps de base aux études des artilleurs. Ses expériences avaient un caractère scientifique élevé : l'esprit de méthode et de rigueur de l'École Polytechnique s'y affirmait nettement. Elles ont été décrites et discutées dans un savant Mémoire présenté au concours pour le grand prix de Mathématiques de l'Institut par Piobert, Morin et Didion, sous ce titre : *Lois de la résistance de l'air sur les projectiles.*

En 1856, une nouvelle commission reprit à Metz, avec les premiers appareils électro-balistiques, des expériences analogues, qui confirmèrent dans leur ensemble les observations faites par la première commission et permirent de déterminer plus complètement l'influence du calibre. Elles firent reconnaître en outre que, dans l'intervalle des vitesses alors réalisées, la résistance variait à peu près en raison du cube de la vitesse, résultat qui apportait une simplification notable dans les calculs balistiques.

C'est vers cette même époque que se produisait, pour l'Artillerie, l'événement capital du siècle, la substitution des projectiles oblongs

---

(¹) La Commission des Principes du tir dont les travaux remontent à 1834, a compté parmi ses membres :
Les généraux Piobert, Morin, Auvity, Didion, Eblé, Mitrecé ; les colonels Peloux et Virlet.

aux sphériques, et la mise en service des premières bouches à feu rayées. On verra plus loin quelle fut la part de l'École Polytechnique dans cette transformation qui, donnant naissance à une Balistique toute nouvelle, eut pour premier effet de remettre en question les résultats acquis et d'obliger l'Artillerie à reprendre, avec les nouveaux projectiles, toutes ses recherches sur le mode d'action de l'air. Ces expériences furent en partie l'œuvre de la *Commission de Châlons,* commission dans laquelle vint se fondre, en 1864, celle des Principes du tir de Metz et qui centralisa, jusqu'en 1870, toutes les études balistiques de l'Artillerie de terre.

Mais l'avènement des canons rayés avait déterminé une poussée générale dans la voie de la Balistique expérimentale. En France, d'abord, par l'Artillerie de Marine, puis successivement dans différents pays d'Europe, les expériences sur la résistance de l'air furent reprises, étendues et perfectionnées. La guerre de 1870 accentua encore ce mouvement et ouvrit une ère de recherches actives, auxquelles allaient concourir non seulement la plupart des Artilleries étrangères, mais, — fait nouveau et capital dans l'histoire de la Balistique, — un certain nombre d'établissements industriels, qui commençaient à rivaliser avec ceux de l'État dans l'étude et dans la construction des armes et des engins de guerre.

L'Artillerie de terre française, qui avait eu l'initiative de ces recherches, pouvait désormais donner à ses études une forme plus concrète, et se consacrer exclusivement aux expériences exigées par l'entière reconstitution de son matériel.

Durant cette longue et laborieuse période de transformation, elle a exécuté un nombre considérable d'essais, d'épreuves, de tirs de toute sorte, et la Balistique s'est enrichie par là d'une multitude de faits intéressants, de lois et de résultats nouveaux.

Trois commissions se sont partagé cette tâche expérimentale : celles de Calais, de Bourges et de Tarbes, dont il a été question dans un précédent Chapitre et à côté desquelles il est juste de citer celles qui ont poursuivi l'étude des armes portatives ; il ne faut pas oublier, en effet, que la balistique des armes rayées a pris naissance dans les armes de main, et il est digne de remarque que, depuis un siècle, le fusil ait constamment devancé le canon dans ses principales transformations.

Mouvement des projectiles dans l'air. Études théoriques. — Nous avons eu occasion de dire déjà que le problème principal de la Balistique théorique — détermination de la trajectoire dans l'air — avait, par ses difficultés mêmes, tenté les plus illustres géomètres. Newton, Bernoulli, Euler, Lambert, Borda, Bézout, Legendre s'y sont successivement appliqués, et c'est un des premiers titres de Didion d'avoir, dans son beau *Traité de Balistique,* exposé leurs méthodes et d'en avoir discuté le principe.

Mais tous ces travaux s'appuyaient sur la loi newtonienne; ils devenaient donc sans application pratique le jour où, la première commission de Metz démontrant l'insuffisance de cette loi, adoptait pour expression de la résistance la formule de Piobert, renfermant deux termes, l'un proportionnel au carré, l'autre au cube de la vitesse.

Partant de cette expression binôme et tournant, par un artifice ingénieux, les difficultés nouvelles du problème, Didion parvint à obtenir, sous forme finie, les éléments de la trajectoire et à en donner des expressions, qui ne diffèrent de celles du mouvement dans le vide que par l'introduction de certains facteurs ou *caractéristiques,* fonctions de l'abscisse et des éléments initiaux.

Cette partie de l'œuvre de Didion mérite qu'on y insiste : c'est avec elle que la Balistique a commencé à descendre des sommets élevés de l'Analyse spéculative pour se mettre décidément à la portée de l'artilleur et donner à ses calculs un tour réellement pratique. Étendue et généralisée, mais non dépassée, la méthode du savant général a conduit aux solutions les plus simples des problèmes du tir, et l'on peut dire que, plus ou moins altéré, plus ou moins déguisé, l'*Artifice de Didion* est au fond de la plupart des méthodes de calculs balistiques enseignées et pratiquées aujourd'hui en France et à l'étranger. Introduite dans l'enseignement de l'École d'Application et adaptée successivement à la loi du cube par le commandant Welter et le général Duchêne, après les expériences de 1856, puis à la loi bi-quadratique par le général Muzeau, cette méthode figure aujourd'hui, avec toute la généralité qu'elle comporte, dans les savantes leçons du commandant Henry, à côté d'un ensemble de développements géométriques nouveaux et d'un mode original de discussion du problème balistique.

Toute simplifiée que soit, grâce à ces éminents travaux, l'étude théorique du mouvement des projectiles dans l'air, elle n'en reste pas moins soumise encore à une grave difficulté résultant de ce que la fonction de résistance, telle que l'expérience la révèle, ne se plie rigoureusement, dans toute son étendue, à aucune des expressions algébriques simples, successivement adoptées par les balisticiens : d'où la nécessité de recourir, pour la représenter dans les calculs, à des formules distinctes suivant l'intervalle de vitesses considéré, formules tout empiriques, dont l'emploi alourdit les développements analytiques et entraîne une certaine discontinuité dans les résultats.

Le commandant Vallier a fait une tentative pour soustraire la Balistique à cet empirisme et pour essayer de lui donner « une base physique réelle. » S'inspirant des recherches d'Athanase Dupré sur l'écoulement des gaz, il a donné, pour les résistances qui s'exercent sur les parties antérieures et postérieures du projectile, des expressions à forme exponentielle, qui échappent, en partie, aux inconvénients signalés ci-dessus et qui se prêtent à de nombreuses et intéressantes applications.

Faisant au contraire abstraction du phénomène physique, pour envisager directement les valeurs expérimentales de la résistance, de Sparre est parvenu à relier toutes ces valeurs par une fonction unique, continue, qui, substituée aux expressions multiples généralement employées, lui a permis d'exprimer par les fonctions élémentaires les principales caractéristiques de Didion. De Sparre a complété cette méthode, spéciale au tir de plein fouet, par une solution nouvelle du problème du tir courbe.

Tous les travaux qui viennent d'être rappelés se rapportent à la détermination de la projection verticale de la trajectoire et à l'étude du mouvement du projectile, dans l'hypothèse que la résistance est constamment dirigée suivant la tangente à la trajectoire ; mais la Balistique des armes rayées comporte un élément de plus, la *dérivation*, phénomène complexe qui, au début, ne fut pas sans surprendre l'artilleur et ne reçut d'abord que des explications inexactes ou incomplètes.

Martin de Brettes, l'un des premiers en France, essaya de soumettre le phénomène à une analyse rigoureuse, et d'en donner une théorie

rationnelle. Les savants professeurs de l'École d'Application, Duchêne, Astier, s'y appliquèrent à leur tour et amenèrent à un point
déjà fort avancé l'étude de la dérivation, que de Sparre parvint
enfin à élucider complètement pour le tir de plein fouet. Sa théorie
et la solution qu'il a donnée de ce difficile problème sont aujourd'hui
connues de tous les balisticiens et sont devenues pour ainsi dire classiques, aussi bien à l'étranger qu'en France.

Pour terminer ce rapide exposé des travaux relatifs à la Mécanique
du mouvement des projectiles dans l'air, il convient de rappeler : les
études de Martin de Brettes sur l'application du principe de similitude aux divers problèmes de la Balistique ; ses recherches touchant
l'influence du mouvement de rotation terrestre sur la dérivation ; les
travaux d'Astier sur la même question et sur l'angle de portée maximum ; enfin une étude originale du commandant Chapel sur le tir
rétrograde. Reprenant la théorie du mouvement des projectiles dis-
coïdes, Chapel a établi la possibilité d'obtenir des angles de chute
supérieurs à 90°, permettant d'atteindre, *à revers,* un but placé en
avant de la bouche à feu.

Calculs pratiques. Tables de tir. — Pour passer du problème balistique théorique, tel qu'il vient d'être envisagé, aux diverses applications qu'il comporte dans le tir de guerre, l'artilleur dispose de la
Table de tir, ensemble méthodique de renseignements qui lui permettent de résoudre, à l'aide de procédés simples et de calculs
élémentaires, tous les problèmes qui peuvent se présenter sur les
champs de tir.

Au cours de la période centenaire qui vient de s'écouler, notre
Artillerie a vu mettre en service plus de cinquante bouches à feu
différentes : à chacune d'elles, il a fallu constituer sa Table de tir.
C'est là un monument scientifique considérable, dont l'édification
fait le plus grand honneur aux Commissions d'expériences de tir et à
la pléiade d'officiers, savants volontaires et modestes qui, progres-
sant sans cesse dans la voie ouverte par les Didion, les Duchêne, etc.,
sont arrivés à plier les formules à toutes les exigences des données
expérimentales et à établir des méthodes qu'aucun genre de tir de
guerre ne trouve plus en défaut.

Au nombre de ces méthodes, il faut citer, en particulier, celle qui repose sur l'hypothèse que le rapport de l'abaissement dans l'air à celui qu'on obtiendrait dans le vide, avec le même projectile, est indépendant de l'angle de projection, hypothèse qui a été soumise à de nombreuses vérifications expérimentales et qui a servi de point de départ à la méthode de résolution des problèmes du tir, développée dans l'*Aide-Mémoire à l'usage des officiers d'Artillerie*.

Principes du tir de guerre. Règles et méthodes de tir. — Placer son arme dans la direction du but, à la façon dont le chasseur dirige le canon de son fusil sur la pièce visée, tel était à peu près toute la science du canonnier, en matière de tir, il y a cent ans. Aujourd'hui le tir est devenu un art élevé, assujetti à des règles étroites, à des méthodes rigoureuses et qui a son point d'appui essentiel dans l'une des branches les plus hautes de l'Analyse mathématique : le *Calcul des probabilités*. C'est encore à Didion que revient le mérite d'avoir introduit dans l'Artillerie cette notion féconde et d'avoir appliqué au tir des bouches à feu cette nouvelle analyse, au moyen de laquelle il se proposait « de tracer des règles applicables aux déviations des projectiles et à la probabilité d'atteindre des buts de formes et de dimensions déterminées ».

Les règles posées par Didion furent adoptées par les commissions d'expériences et sa théorie entra dans l'enseignement des écoles de tir et dans celui de l'École d'Application. L'un des savants professeurs de cette École, le lieutenant-colonel Jouffret, a surtout contribué au perfectionnement et à la diffusion de cette importante partie de l'enseignement ; on lui doit l'introduction de l'écart probable comme criterium de la justesse du tir.

Depuis quelques années, deux institutions nouvelles ont eu un rôle important dans toutes les questions qui se rattachent au tir : le *Cours pratique de tir* qui, créé en 1878 et dirigé successivement par les généraux Barbe, André et le colonel Moreau, est destiné à familiariser les officiers avec les principes et les règles d'exécution des différents genres de tir ; la *Commission d'études pratiques*, adjointe à ce cours pour élaborer ces méthodes de tir et assurer leur incessant perfectionnement.

Il faut rappeler enfin qu'une grande partie des derniers progrès réalisés par notre Artillerie, au point de vue du tir, doivent être attribués à la large extension donnée aux *Écoles à feu*, ainsi qu'aux méthodes nouvelles adoptées pour l'instruction du personnel, dans les corps de troupes.

Parmi les travaux individuels qui se rapportent à l'étude du tir, citons encore ceux de Toussaint, auteur d'un des premiers essais d'application de la notion de probabilité ; du lieutenant-colonel Percin, qui a étendu cette notion au tir fusant ; du commandant Vallier qui, abordant une question déjà ébauchée par l'Artillerie de Marine, la probabilité composée du tir, a appelé l'attention sur la considération nouvelle des ellipses d'égale probabilité. On doit au général Putz, sur le même sujet, un très savant Mémoire dans lequel, établissant pour la première fois les formules relatives à la probabilité des écarts dans la recherche d'un point de l'espace, il a introduit la notion des ellipsoïdes d'égale probabilité et signalé en particulier l'importance de celui qui contiendrait la moitié des coups, qu'il a proposé de désigner sous le nom d'*ellipsoïde des écarts probables*.

Cette même question de la probabilité composée a soulevé une importante discussion à laquelle ont pris part des balisticiens et des savants étrangers en vue, et dans laquelle est même intervenu, avec sa haute autorité, l'un des anciens artilleurs de la batterie de l'École Polytechnique, Joseph Bertrand, l'éminent Secrétaire perpétuel de l'Académie des Sciences.

Dans le domaine des applications pratiques, méthodes, procédés, détails d'organisation du tir, il y aurait à signaler encore de bien importants progrès : tel le *tir concentrique* imaginé par le colonel Clerc pour faire converger, sur un objectif quelconque, le feu du plus grand nombre possible de pièces, essai qui a été le point de départ des améliorations successives apportées au tir de place ; tels les dispositifs et les appareils géométriques ingénieux introduits par le commandant Perruchon et le capitaine Bordes-Pagès dans l'organisation de ce tir ; telles, enfin, les règles indiquées par le général Trône pour le tir en montagne et celles, récemment établies à Bourges, pour le tir sur les ballons.

BALISTIQUE INTÉRIEURE.

Poudres. — Rumford avait, au siècle dernier, déterminé expérimentalement la force élastique maxima des gaz d'une poudre détonant en vase clos. Piobert, étendant ses résultats à la détermination de la loi suivant laquelle la tension des produits de la combustion dépend de leur densité, osa soumettre à l'Analyse mathématique le phénomène si complexe de la déflagration de la poudre dans les bouches à feu et édifia sur cette question une théorie restée célèbre, qui lui ouvrit les portes de l'Institut.

Les critiques ne manquaient pas cependant à cette tentative hardie; on l'accusa de n'aboutir qu'à une spéculation nouvelle, sans application pratique, et les nombreuses générations de jeunes artilleurs qui, à Metz, ont, tour à tour, pâli sur la *Théorie du grain de poudre,* ont jeté l'anathème sur cette thèse savante et sur son illustre auteur. Aujourd'hui, en présence des résultats imprévus et féconds que les théories récentes ont mis en lumière, il est permis d'être plus juste et de rendre à Piobert l'honneur d'avoir, un des premiers, compris que la vigoureuse science puisée à l'École Polytechnique était faite pour s'attaquer à tous les problèmes, et qu'elle aurait un jour raison de la mystérieuse transformation d'énergie, qui s'accomplit dans la combustion du grain de poudre.

Toutefois, le véritable point de départ avait manqué à Piobert; les découvertes, consécutives à l'introduction de la Thermodynamique dans les études physiques, et les recherches expérimentales entreprises de divers côtés vinrent combler cette lacune et ouvrir pour la science des explosifs une ère de brillants progrès.

En France, l'Artillerie de Marine, le Service des Poudres et Salpêtres, les Sébert, Sarrau, Roux, Vieille, Berthelot, ont été les agents principaux de ce progrès; mais l'Artillerie de terre y a, elle aussi, sa part, et considérable.

C'est à elle que revient, en particulier, la découverte de l'influence prépondérante de la *densité de chargement.* En 1833, Piobert signalait qu'en augmentant un peu la longueur de la gargousse pour diminuer légèrement son diamètre, on arriverait à réduire sensiblement la tension maxima des gaz. En 1855, Treüille de Beaulieu proposait, pour les bouches à feu de siège, un tracé qui, accentuant encore cette disposition, donnait à la chambre un volume double de celui de la charge. Les expériences de la Commission de Châlons montrèrent les avantages de ce mode de chargement, que la Marine réalisa sous une forme un peu différente en adoptant le vide à l'arrière de la gargousse. Quelques années plus tard, de Reffye apportait une solution nouvelle et composait sa charge d'une série de rondelles formant un vide à l'intérieur même de la gargousse. Du même coup, il réalisait un progrès d'un autre ordre en substituant aux poudres à petits grains, exclusivement employées jusque-là par l'Artillerie française, une poudre agglomérée par compression, qui lui permettait de tirer avec une vitesse initiale relativement considérable des projectiles très lourds pour leur calibre.

A ce moment, la question des poudres *lentes* et *progressives* était posée et leur étude était à l'ordre du jour dans toutes les artilleries européennes. En France, le général Pothier, collaborateur de de Reffye, traçait un programme rationnel des recherches à entreprendre sur cet objet et des méthodes à mettre en œuvre pour la réalisation de ce programme ; le colonel Castan s'appliquait à la recherche des moyens à employer pour arriver à la progressivité des poudres et à la régularité de leurs effets ; dès 1872, il énonçait cette conclusion « qu'une poudre progressive, dont tous les grains se combureraient dans le même temps, pouvait s'obtenir en taillant les grains dans des galettes dures d'une épaisseur constante, qui serait la dimension minima de ces grains ». Introduits dans la pratique, les procédés de fabrication indiqués par le colonel Castan ont donné le système de poudres encore en service aujourd'hui dans l'Artillerie de terre, et qui a été modifié seulement, dans ces dernières années, par l'adoption des poudres dites *sans fumée*.

Reprenant l'étude des vitesses initiales et des pressions intérieures et discutant les résultats obtenus par les *Commissions d'expériences*, le général Erb proposait en 1879 une formule empirique nouvelle pour relier toutes ces déterminations expérimentales. Cette formule a reçu de nombreuses applications, concurremment avec celles que M. Sarrau a déduites de ses belles recherches.

Rappelons encore les travaux du commandant Pierron qui, au

Bouchet, a pris une part active à l'étude des explosifs nouveaux et
qui devait y mourir, victime de son dévouement à une tâche difficile
et périlleuse. Signalons aussi les recherches du commandant Gaudin
sur les poudres à fusil et ses curieuses expériences sur la déformation
des balles au choc des gaz de la poudre.

Chargement des projectiles. — On sait toute l'importance qu'ont
prise dans ces dernières années les poudres *brisantes,* en tant qu'on
les emploie à constituer la charge intérieure des projectiles.

Les premières expériences relatives à ce genre d'explosifs ont
porté sur le fulmi-coton et ont été conduites par une commission
instituée, en 1846, sous le nom de *Commission du Pyroxyle.*

Les résultats ne furent pas favorables et la question du chargement des projectiles au moyen des poudres à grande vivacité fut
momentanément abandonnée en France.

Elle ne fut reprise qu'en 1873 par le général Brugère, alors chef
d'escadron, qui, prévoyant l'avenir réservé à ce genre d'explosifs,
résumait ainsi le progrès à accomplir dans la balistique de guerre.
« Communiquer au projectile une grande vitesse, lui donner ensuite
le moyen de conserver cette vitesse tout en augmentant, s'il est possible, sa puissance explosive. » La poudre au picrate d'ammoniaque
et au salpêtre, au sujet de laquelle il avait, dès 1869, présenté une
Note à l'Académie des Sciences, proposée comme application de ces
idées, donna à l'expérience d'excellents résultats. Les vues du général
Brugère ne devaient cependant recevoir leur véritable consécration
que quinze années plus tard, lorsque, après l'adoption du fulmi-
coton pour les projectiles de siège allemands, l'Artillerie française
fut conduite à expérimenter, de son côté, l'explosif devenu réglementaire sous le nom de *mélinite.*

Appareils balistiques. Chronographes. — Dans cette partie de la
balistique expérimentale qui a trait à l'étude du mouvement initial
du projectile, soit dans l'âme, soit à sa sortie du canon, on peut dire
que tout a été créé depuis un siècle. Aux méthodes naïves et primi-
tives des Robins, des d'Arcy, des Rumford, on a substitué, l'électricité aidant, des procédés de recherches et de mesure d'une irréprochable précision ; les instruments les plus délicats, les enregistreurs

les plus sensibles ont remplacé des appareils rustiques et rudimen-
taires comme le *pendule balistique* et le *mortier éprouvette*.

Une part importante de ces perfectionnements appartient à l'Artillerie de Marine et aux savants polytechniciens qu'elle a su intéresser à ses travaux, mais ici encore l'Artillerie de terre a eu
l'initiative du progrès. L'un des premiers chronographes électro-
balistiques, le premier du moins qui ait fait intervenir l'étincelle
d'induction, a été celui de Martin de Brettes, qui, proposé dès 1847,
fut expérimenté en 1863 par la Commission des Principes du tir
concurremment avec celui de Navez.

En 1859, le capitaine Schultz proposait un autre chronographe à
étincelle et à diapason qui peut être considéré comme la première
application de ce dernier instrument à la mesure des temps balistiques. Cet appareil, d'une extrême précision, très supérieur en son
principe à la plupart de ceux qui ont été en usage, a été perfectionné
depuis par Marcel Deprez et Sébert.

Mesure des pressions intérieures. — Rumford avait équilibré la
pression des gaz développés par la poudre au moyen de poids variables déterminés par tâtonnements, procédé qui prêtait à bien des
critiques. Dans les appareils à poinçon de Rodman, la mesure des
tensions se déduisait de la profondeur de l'empreinte faite par le
poinçon dans un disque de cuivre. Ce procédé, bien qu'il soit resté
longtemps en faveur, présentait également de graves inconvénients.
Aussi, lorsque les belles expériences de Tresca eurent mis en évidence
la propriété des solides de s'écouler, à la façon des liquides, sous de
fortes pressions, de Reffye et Pothier se servirent-ils de cette propriété
pour déterminer, au moyen d'un appareil nouveau, les tensions des
gaz balistiques.

Ce dispositif à écoulement, bien que réalisant un progrès notable,
ne remédiait pas cependant au défaut principal des appareils à poinçon ou à écrasement : comme ceux-ci, il n'enregistrait qu'une somme
de travaux élémentaires et n'éclairait ni sur la succession des tensions,
ni sur leurs grandeurs relatives. La substitution de l'acier au bronze
comme métal à canon imposait cependant cette détermination.
L'appareil Ricq, enregistreur à indications continues, vint répondre
à ce desideratum et donner à ce délicat problème une solution si

neuve et si complète qu'elle valut à son auteur le prix de Mécanique de la fondation Montyon.

Pour terminer ce qui a trait à la balistique intérieure et à la science des explosifs, il faut rappeler qu'une part importante du progrès accompli revient aux *Poudreries militaires* dont il a été question au chapitre des Établissements et à certaines institutions spéciales, comme le *Comité consultatif des poudres et salpêtres*, la *Commission des substances explosives*, la *Commission centrale de réception des poudres de guerre*, à Versailles.

ÉTABLISSEMENT DES BOUCHES A FEU. — MATÉRIEL.

L'Empire avait mené toutes ses guerres avec le matériel de 1765, modifié — de façon peu heureuse, d'ailleurs — par l'adoption du système de l'an XI. Il semblait que, pour toucher utilement à la grande œuvre de Gribeauval, l'Artillerie dût attendre les premières générations issues de l'École Polytechnique, car c'est en 1827 seulement que, sous l'inspiration du général Valée, une haute Commission fut instituée pour procéder à l'étude d'un nouveau matériel.

Dans cette Commission figuraient, à côté des généraux Ruty et Corda, anciens élèves de l'École de Châlons, des polytechniciens illustres, le général Berge, Poisson et Gay-Lussac. Ses travaux aboutirent à l'adoption du système dit de 1827 qui, au point de vue de la simplicité, de la mobilité surtout, marquait un progrès important sur le matériel antérieur; c'est de là que datent, en effet, les premières applications du principe de l'indépendance des deux trains qui, emprunté au matériel anglais, fut étendu à la plupart des voitures de l'Artillerie.

Le tir de la bouche à feu, cependant, restait le même, et l'arme, toute rudimentaire encore, ne dépassait guère la définition fameuse : « un trou avec du bronze autour ». A partir de ce moment, au contraire, c'est le canon, ce sont les conditions du tir qui vont subir le plus de transformations et marquer le principal progrès.

C'est d'abord la substitution des projectiles creux aux boulets massifs réalisée, dans les canons à longue portée, grâce à l'énergique

intervention de Paixhans et à l'éloquente publicité qu'il sut donner
à ses idées; puis le système de Louis-Napoléon Bonaparte, dont
toute l'étude avait été conduite par le général Favé, sous l'inspiration du Prince-Président, et qui réduisait l'artillerie de campagne
à une bouche à feu unique, le canon-obusier de 12, tirant à volonté
à obus ou à boulets.

Ce système, partiellement réalisé, subit une épreuve honorable
au cours de la guerre de Crimée, et les avantages qu'il présentait
eussent peut-être conduit à le mettre définitivement en pratique si
l'Artillerie ne se fût trouvée à la veille d'une transformation complète, d'une révolution qui ne peut être comparée qu'à celle qu'a-
mena dans l'art balistique l'introduction même de la poudre à canon :
les armes rayées allaient faire leur apparition.

Encore que la première réalisation d'une bouche à feu de ce genre
n'appartienne ni à l'École Polytechnique, ni même à la France, c'est
bien à l'une et à l'autre que revient cependant l'honneur d'avoir
donné au principe nouveau son développement pratique et d'en
avoir fait sortir le premier système d'artillerie qui ait paru sur un
champ de bataille.

Depuis longtemps déjà, l'idée de faire tirer au canon un projectile
allongé avait occupé les artilleurs : on a sur cet objet des propositions nombreuses, dont plusieurs suivies d'expériences : celles de
Pache (en 1831); Lepage (en 1845); Rollée de Baudreville (en
1846); Faucompré (en 1847); Gras (en 1851); enfin de Tamisier,
qui, associé à l'étude de la carabine d'infanterie, avait pu apprécier
de près les qualités des armes rayées de petit calibre. Déjà, en effet,
le fusil avait précédé le canon et, dès 1846, une partie de l'infanterie française était armée d'une carabine rayée tirant une balle
cylindro-ogivale et ayant une supériorité incontestable sur toutes les
armes mises en service jusque-là.

Ces résultats étaient trop brillants pour que l'on ne cherchât pas
à les étendre aux bouches à feu. Mais les procédés à mettre en œuvre
ne pouvaient être les mêmes. Le chargement par la culasse eût
peut-être facilité la solution — et c'est bien en partant de là que le
Piémontais Cavalli avait pu réaliser le premier canon rayé — mais
il y avait intérêt à éviter cette dérogation au mode usuel de chargement, pour ne pas heurter les habitudes, ni introduire une

complication de plus dans les recherches, surtout pour permettre d'exécuter, à peu de frais, les premières expériences. Tamisier s'attaqua résolument à ce problème et avec ses études s'ouvrit, pour l'Artillerie, une période de dix années de laborieux efforts, d'essais persévérants, de tentatives sans nombre dont il fut l'âme, jusqu'en 1852, et auquel il faut associer les noms de Didion, Chanal, de la Hitte surtout qui, Président du Comité, vint donner, sous l'inspiration de l'Empereur, la haute impulsion à ce mouvement de progrès et s'associa comme principal collaborateur le savant, nous pouvons dire aujourd'hui l'illustre Directeur de l'atelier de précision, Treüille de Beaulieu.

Les expériences exécutées à La Fère par la Commission dite *des canons rayés* aboutirent enfin à une solution définitive, et le 6 mars 1858 une décision consacrait l'adoption du canon de 4 de campagne : l'Artillerie rayée était créée.

Tout le matériel allait progressivement subir la même transformation et les dix années qui s'écoulèrent jusqu'à la guerre allemande furent employées à perfectionner et à compléter le système 1858, successivement étendu aux canons de montagne et de campagne, puis aux bouches à feu de siège, de place et de côte.

Vers la fin de cette même période apparaissait une arme nouvelle.

S'inspirant de quelques essais faits à l'étranger, de Reffye appliquait son brillant esprit d'invention à la création, sous le nom de *canon à balles,* de la première mitrailleuse qui, en France, ait figuré dans un équipage de campagne. Cette arme, d'un mécanisme ingénieux et d'une remarquable précision, eût pu rendre de grands services si elle eût été mieux connue. Dans les conditions d'emploi, pour ainsi dire improvisé, dans lesquelles on l'utilisa en 1870, elle n'en a pas moins joué un rôle important et atténué nos revers sur plus d'un champ de bataille.

Cependant, l'industrie privée commençait à s'essayer à la construction des bouches à feu. Diverses tentatives étaient faites, à l'étranger, pour substituer au mode de forcement par la bouche celui plus parfait, réalisé dans le chargement par la culasse.

L'Artillerie de Marine, dont le matériel appelait une réfection complète, fut, en France, la première à entrer dans cette voie ; elle mit en expériences, à Gâvre, le système à vis interrompue proposé par Treüille de Beaulieu et qu'il avait appliqué, dès 1859, à un canon en acier fretté d'acier, véritable prototype de tous les systèmes actuellement en service en France. Ces expériences eurent plein succès; la fermeture Treüille fut adoptée pour les canons de la marine, et le capitaine de Montluisant, qui représentait, à Gâvre, l'Artillerie de terre, terminait en 186? son volumineux compte rendu des expériences auxquelles il avait collaboré, en demandant « l'adoption immédiate du système de bouche à feu se chargeant par la culasse proposé par M. le colonel Treüille de Beaulieu ».

L'introduction du chargement par la culasse, pour les canons de campagne, ne fut effective cependant que dix années plus tard.

Ce n'est pas que le Département de la Guerre se fût désintéressé de cette importante question; à Meudon, de Reffye avait établi un canon en bronze du calibre de 7^{kg} se chargeant par la culasse; un canon de 4, à fermeture Treüille, présenté par le colonel Olry, avait été expérimenté à Calais; et les Commissions d'expériences avaient tiré des canons d'acier, ou tubés en acier, de diverses provenances. Mais ces essais n'allaient pas sans quelques déconvenues, ni même sans quelques accidents qui, joints aux mécomptes éprouvés par certaines artilleries étrangères, suffisaient à entretenir une double défiance du chargement par l'arrière et du nouveau métal.

Il fallut la guerre et la brutalité des premiers revers pour déterminer un brusque revirement et pour faire que l'opinion publique, profondément troublée et s'égarant sur les véritables causes d'infériorité de nos armes, vînt réclamer, comme un gage de salut, le chargement par la culasse. Le canon de 7 de Reffye était tout prêt et, grâce à l'énergique activité de l'inventeur, grâce aux patriotiques efforts des constructeurs, la France put amener sur les derniers champs de bataille une artillerie qui n'avait plus à envier à celle de l'ennemi que son nombre écrasant et son insolente fortune.

Ici nous touchons à la phase la plus rude, la plus laborieuse, la plus vaillante de l'histoire de l'Artillerie, celle qui a connu le plus de travaux modestes, de dévouements silencieux, d'efforts généreux et désintéressés : nous voulons parler de cette étonnante période de vingt années de travaux et d'études, qui a vu la réfection complète de notre matériel et qui, de relèvement en relèvement, a amené

notre Artillerie, anéantie en 1870, à être, au jour présent, l'une des
plus riches, et peut-être la plus puissante du monde.

C'est ici que l'on éprouve le plus d'embarras pour suivre pas à
pas le progrès accompli et que se trouvent surtout justifiés les mots
écrits en tête de ce Chapitre : « Si l'on voulait rappeler dans ces
pages les noms de tous ceux qui ont apporté une pierre utile à l'édifice, c'est notre Annuaire entier qu'il y faudrait transcrire. »

Quelques-uns de ces noms, cependant, veulent être mis hors de
pair. Celui de Reffye, d'abord, qui a été l'âme du premier relèvement, en créant successivement les canons de 7 et de 5 et réalisant
la belle et si opportune transformation du canon de 16 lisse en 138;
celui de Berge ensuite, nom brillant que nous retrouvons, avec le
même éclat, à un demi-siècle de distance, et sans surprise, car de
pareils exemples ne sont pas rares dans les fastes de l'École, et il
semble que ce soit un de ses privilèges naturels de se régénérer
ainsi par elle-même, d'appeler les fils à continuer les pères, et de voir
revivre d'âge en âge les mêmes gloires dans les mêmes noms.

Puis c'est de Lahitolle qui, au lendemain de la guerre, souffrant
encore de ses blessures, vient l'un des premiers répondre au programme tracé par le Ministre de la Guerre pour la création d'une
nouvelle artillerie de campagne et fait adopter, en 1875, le canon
de 95, première bouche à feu d'acier mise en service en France,
à titre régulier. Créateur de divers autres modèles de bouches à feu
et d'un affût de 138, Directeur de la Fonderie de Bourges, où il procéda à l'installation complète de la fabrication des canons d'acier,
de Lahitolle n'a cessé de donner tous ses efforts, toute sa pensée au
relèvement de notre matériel, on peut dire qu'il s'est épuisé sur
son œuvre et qu'il est mort à cette tâche glorieuse.

C'est encore le général Florentin qui, après avoir pris part aux
travaux de la Commission instituée après la guerre au Dépôt central,
sous le nom de *Commission d'Études des bouches à feu*, dote
successivement l'Artillerie de deux puissants mortiers rayés, les premiers qui aient figuré dans nos équipages de siège.

Puis le général Mercier qui, à la tête de l'École de Pyrotechnie,
y dirige l'étude des projectiles dans la voie nouvelle où tant de
progrès allaient être accomplis et préside à la création de ces merveilleuses fusées auxquelles le tir de l'artillerie actuelle doit une

partie de sa puissance et de sa souplesse ; les généraux Séard et Gastine qui, poursuivant son œuvre, amènent les projectiles de guerre à un degré de perfection inattendu et que les artilleries rivales semblent encore loin d'atteindre ; le général Gras, auteur de la belle arme que notre infanterie a conservée de 1874 à 1886, à laquelle le fusil actuel emprunte encore son mécanisme de culasse et qui a rendu son nom populaire non seulement dans l'armée, mais encore dans toute la jeunesse de France, aujourd'hui si ardente à s'exercer au tir de l'arme de guerre.

Enfin, le colonel de Bange, créateur du système d'artillerie actuellement en service et dont le nom et l'œuvre sont trop connus et laisseront une trace trop brillante, pour qu'il soit besoin de les exalter ici.

A côté de ces noms, toute une pléiade d'artisans plus modestes, de novateurs moins avancés dans la carrière, dont l'œuvre n'est pas encore tout accomplie et dont nous ne pouvons qu'indiquer brièvement la généreuse contribution, laissant aux anniversaires futurs le soin de donner à ces travaux leur véritable relief.

Au point de vue de l'étude du métal à canon et de la fabrication des bouches à feu, d'incessants progrès qui ont été accomplis dans nos anciennes fonderies, à Bourges et dans nos ateliers de construction ; il en a été fait mention dans le Chapitre consacré à ces établissements. C'est à Bourges, en particulier, que le capitaine Duguet a entrepris ses belles études sur la déformation des corps solides et ses expériences sur la traction, la flexion, la compression, la torsion et le glissement moléculaire des métaux, que le lieutenant-colonel Mounier a poursuivi les recherches sur les moyens d'améliorer le bronze des bouches à feu.

Le capitaine Schultz a été l'ardent propagateur d'un mode nouveau de frettage au moyen de fil d'acier, véritable idée de génie qui a donné lieu déjà à de nombreuses expériences et qui semble appelée à recevoir dans l'avenir de précieuses applications.

Les travaux relatifs à l'organisation des affûts n'ont pas été moins importants. C'est en France que l'on trouve admise pour la première fois l'idée d'affûts à organes élastiques dans les propositions présentées par le lieutenant-colonel Jourdy et par le colonel de Bange. Ce principe, exploité depuis à l'étranger, eût reçu sans doute des applications étendues, si l'introduction des systèmes de freins hydrauliques n'était venue modifier profondément les conditions d'organisation des affûts. On doit, en particulier, au commandant Locard l'étude d'un modèle de frein de ce genre pour canons de 120 et de 155, et la création du frein hydropneumatique appliqué à différents affûts de siège et de place.

Un progrès d'un autre ordre a consisté dans l'adoption de l'affût-truc, proposé par le colonel Peigné, engin qui, douant l'Artillerie d'une mobilité spéciale toute nouvelle, semble appelé à modifier les conditions de son emploi dans la guerre de place. C'est en étudiant à un autre point de vue cette même question de l'attaque et de la défense des places que le commandant Péchot a été conduit à proposer, en 1881, un système de chemin de fer portatif à voie de $0^m,60$, adopté en 1888 par la Guerre et en 1889 par la Marine.

Dans la série des appareils, instruments et accessoires divers, intéressant le tir, il faut signaler l'appareil du colonel Perrodon, pour la démonstration du mouvement du projectile dans l'air ; celui imaginé par le général de Cossigny et qui rend de si précieux services pour la formation des pointeurs ; les règles du colonel Voilliard ; les hausses nouvelles du lieutenant-colonel Manceron ; le dispositif présenté par le commandant Rivals pour l'organisation du tir de côte ; enfin l'appareil si ingénieux du lieutenant-colonel Deport, première œuvre d'un savant officier qui, digne successeur des Treüille et des Reffye, a depuis attaché son nom à de nombreuses inventions [1].

Terminons en rappelant qu'à côté de tous les noms qui viennent d'être évoqués et qui résument l'effort individuel, à côté des nombreuses institutions énumérées dans ce Chapitre ou dans celui consacré aux Établissements, d'autres éléments encore ont concouru au

---

[1] Pour les armes portatives, au système Gras qui marquait un progrès si considérable déjà sur les systèmes antérieurs, est venue se substituer, depuis 1886, une arme nouvelle, plus perfectionnée encore. Cette arme, connue sous le nom du colonel Lebel qui en a dirigé les expériences à l'École normale de tir de Châlons, est le fruit des travaux de cette école et des recherches entreprises à la Manufacture d'armes de Châtellerault et à la Commission d'expériences de Versailles. Ces divers établissements ont, de tout temps, compté dans leur personnel nombre de polytechniciens ; de plus, le système de culasse du fusil modèle 1886 est emprunté en grande partie au fusil Gras ; la poudre est la fameuse poudre sans fumée du camarade Vieille : si donc, l'arme nouvelle n'est pas polytechnicienne de nom, elle l'est un peu par ses origines et par quelques-uns de ses traits essentiels.

progrès général et aidé à l'étude et à la diffusion des questions intéressant notre arme. Tels, les cours d'Artillerie institués dans les diverses Écoles militaires; les leçons professées à l'École supérieure de
Guerre, depuis sa création; les importants travaux qui, après les
noms si connus des Charras, Favé, de Blois, Susane, Thoumas, ont
mis en lumière dans la littérature militaire ceux de tant de camarades distingués du corps; enfin les deux publications périodiques
qui ont si largement contribué au mouvement scientifique de l'arme,
le *Mémorial de l'Artillerie* (1824-1867) et la *Revue d'Artillerie*
créée en 1872.

Ici s'arrête le rapide exposé du progrès accompli dans l'Artillerie
de terre, depuis la fondation de l'École Polytechnique, mais là ne se
termine point son œuvre. Fidèle à des traditions déjà vieilles d'un
siècle, ardente à toutes les luttes de civilisation et de science, la jeune
Artillerie polytechnicienne se montre prête à poursuivre, sans trêve,
la brillante marche en avant de ses aînés et l'X qui, dans cent ans,
viendra continuer cette page d'histoire, trouvera, pour la remplir,
des matériaux aussi nombreux, aussi riches et, espérons-le, des noms
plus glorieux encore.

NOTICES BIOGRAPHIQUES.

LE GÉNÉRAL BARON BERGE.

François-Baudire B E R G E, né à Collioure, le 12 mars 1779; marié le 18 juillet 1816 à Pauline Horn; mort du choléra, à Paris, le 11 avril 1832.

Par un heureux présage de ce que l'Artillerie allait valoir durant ce siècle, le premier officier de cette arme sorti de l'École Polytechnique était destiné à la plus brillante carrière (¹). Ce premier et remarquable élève s'est appelé le général baron François Berge.

Son père avait contribué activement à défendre Collioure attaquée par les Espagnols (juillet 1793); il eut comme collaborateur dans cette tâche patriotique le jeune professeur d'Hydrographie Hachette, auquel il recommanda son jeune fils François, au moment où, fait prisonnier de guerre après la chute de la ville, il était emmené en Espagne, d'où il ne devait plus revenir. Hachette, quittant Collioure et venant occuper une chaire de Mathématiques à l'École de Mézières, prit avec lui François Berge, dont il allait désormais diriger les études et toute

---

(¹) On trouvera à la page suivante le fac simile de l'avis de nomination au grade de sous-lieutenant des deux premiers Élèves sortis dans l'Artillerie. Lunel prit sa retraite comme lieutenant-colonel en 1832.

Le médaillon placé en tête de cette Notice donne le portrait du général Berge.

Département
de la Guerre.

3.ᵉ Division.

La réponse à cette lettre
doit être directement
adressée au Ministre,
sans cela elle restera à
la Poste.

N.º 314.

Paris, le 30. Brumaire l'an 5.ᵉ de la
République une et indivisible.

Liberté.

Egalité.

Milet-Mureau, Général de brigade,
Directeur des Fortifications, Chef de la 3.ᵉ Division,

Au Citoyen Deshautchamps
l'un des polytechniciens
à Paris

Le Ministre vous prévient, Citoyen, que
d'après l'examen qui a eu lieu dernièrement à
Paris, des Candidats de l'École Polytechnique
qui se destinent pour l'Artillerie, deux d'entre
eux, les C.ᵉⁿˢ Berge et Funel ont été admis
en qualité d'élever Sous Lieutenans à l'école de
Châlons, Je joins ici les avis qu'il leur
en donne, et que je vous prie de leur remettre,
afin qu'ils puissent se rendre en conséquence à
leur nouvelle destination.

Salut et fraternité
Milet-Mureau

la vie. Chargé, en 1794, d'organiser la compagnie d'aérostiers de l'armée de Sambre-et-Meuse, il fit entrer son fils adoptif dans cette compagnie avec le grade de sergent-major. Berge fit en cette qualité la campagne de Flandre.

Admis à la nouvelle *École centrale des Travaux publics*, il en sortit le 20 novembre 1796 comme élève d'Artillerie ; mais il ne se rendit pas à l'École de Châlons. Successivement chef de brigade des nouveaux élèves, préparateur et secrétaire de Monge, deuxième lieutenant d'Artillerie (5 mai 1797), il fut enfin désigné pour l'armée d'Angleterre, et dirigé sur Toulon (avril 1798). L'armée d'Égypte ayant déjà pris la mer, il la suivit sur un navire du commerce, la rejoignit à Malte et fut attaché à l'état-major du parc, sous les ordres directs du colonel Songis. Chargé à plusieurs reprises de missions relatives au service spécial de l'Artillerie, il accompagna dans Saint-Jean d'Acre le général Cafarelli, qui allait demander à Djezzar-Pacha la reddition de la ville. Le refus du Gouverneur détermina ce siège célèbre, dont le lieutenant Berge, en dressant jour par jour le plan directeur des attaques, suivit de près toutes les péripéties. Nommé capitaine le 20 septembre 1799 par le Général en Chef de l'armée d'Égypte « pour les services qu'il avait rendus et la manière distinguée dont il s'était conduit en Égypte », il resta comme officier d'ordonnance auprès du général Songis, devenu lui-même commandant de l'Artillerie.

Au commencement de 1802, il se rendait de nouveau, en qualité d'aide de camp, auprès du général Songis, que Bonaparte venait de nommer commandant de l'Artillerie de la garde consulaire. Au mois de juillet, il quittait Paris pour Alger, porteur d'une lettre adressée au Dey par Bonaparte ; il s'agissait de rappeler la Régence aux termes d'une convention, signée par elle, l'année précédente, et qui assurait la liberté de la mer au commerce français. Le jeune officier fut accueilli avec les plus grands honneurs ; le Dey lui donna la liberté de tout voir et lui remit sa réponse au Premier Consul. Berge avait fait une reconnaissance détaillée de la ville et rédigé un rapport, où il indiquait comme point d'attaque éventuel le fort dit *de l'Empereur*. Les circonstances devaient permettre, plus tard, d'éprouver la justesse de cette observation, sans que le général Berge eût d'ailleurs la satisfaction de participer aux événements.

De 1803 à 1807, le général Songis commanda l'Artillerie de la Grande Armée et eut comme officier d'ordonnance le chef d'escadron Berge, qu'il chargea, en 1807, de faire la reconnaissance de la forteresse de Graudenz. Berge fut ensuite employé au siège de cette place comme chef d'état-major de l'Artillerie.

Proposé après la prise de Graudenz pour le grade de colonel, Berge fut envoyé en Espagne avec ce grade et choisi pour chef d'état-major par le général de Senarmont, commandant l'Artillerie du 1er corps. A Talavera, où l'état-major de Senarmont fut décimé, Berge reçut une grave blessure au bras droit. A Ocaña, l'Artillerie des 1er et 4e corps agit en masse; le rapport du Général en Chef signale les effets foudroyants obtenus par la grande batterie de l'aile droite commandée par le colonel Berge. En prévision du siège de Cadix, un matériel d'une puissance extraordinaire fut coulé à Séville; le colonel Berge surveilla cette fabrication. On sait que les premières attaques du siège coûtèrent à l'Artillerie française la vie précieuse du général de Senarmont. La bataille d'Albuera fut la plus sanglante de toutes celles qui se livrèrent dans la péninsule; l'Artillerie du corps de Soult y figura en une grande batterie que commandait le colonel Berge, et nous assura la possession du champ de bataille; tombé à terre, vers la fin de l'action et sur le point d'être fait prisonnier, Berge avait refusé de profiter du cheval que lui offrait le comte de Carpeña; remarquant que cet officier, en sa qualité d'Espagnol, était particulièrement désigné à la vindicte de l'ennemi : « Sauvez-vous, lui dit-il, vous êtes plus en danger que moi. »

Témoin des dernières luttes soutenues en Espagne, le colonel Berge fut successivement commandant de l'Artillerie de l'armée du Sud, puis commandant de l'Artillerie de la place de Bayonne. Ses éminents services lui avaient valu, le 24 mars 1808, une dotation de 2000 francs, et le 15 août 1810, le titre de Chevalier.

Devenu, sous la première Restauration, membre du Comité de l'Artillerie, et membre du Conseil de perfectionnement de l'École Polytechnique, il eut un commandement dans l'armée du Midi; cette armée n'ayant pu dépasser les bords de la Drôme, le général Berge s'occupa de mettre en sûreté la personne du Dauphin. Il le conduisit à Cette, et il l'embarqua sur un brick qu'il emprunta à l'un de ses amis. Sans fonctions durant les Cent jours, il voulut paraître à la bataille de Waterloo « en qualité de simple artilleur », disait-il dans une lettre toute vibrante d'honneur et de fidélité au devoir militaire, qu'il adressa à l'Empereur.

Le général Berge fut nommé, en 1816, au commandement de l'École d'application de l'Artillerie et du Génie. A ce moment l'existence même de l'École était en question. Plusieurs personnages préconisaient un système de deux écoles destinées l'une au Génie, l'autre à l'Artillerie. Berge s'opposa vivement à cette innovation, et l'ordonnance royale du 12 mars 1823 lui donna gain de cause.

Lors de la guerre d'Espagne, il reçut le commandement de l'Artillerie du 4ᵉ corps d'armée, se distingua devant Cadix, puis à Attafula, où il arrêta trois colonnes espagnoles qui cherchaient à fuir de Tarragone et les rejeta dans la ville. Le 3 octobre 1823, il fut nommé Lieutenant-Général en récompense de ses services.

Une commission confidentielle chargée de préparer l'expédition d'Alger le choisit, en 1828, comme rapporteur. Grâce aux connaissances spéciales qu'il avait acquises en 1802, il put déterminer dans son rapport l'effectif des troupes, les modes de transport et de débarquement, le plan sommaire des opérations. Les intentions du Gouvernement étaient de le choisir comme commandant de l'Artillerie, le duc d'Angoulême étant d'ailleurs désigné pour commander en chef l'expédition. Les événements de l'intérieur ayant amené de nouvelles combinaisons, le général Berge reprit avec activité ses fonctions d'Inspecteur général et de Membre du Comité. Lorsque le choléra se déclara à Paris, en 1832, il frappa d'abord la baronne Berge; miraculeusement sauvée, son rétablissement était complet, lorsque son mari, le Général Berge qui l'avait tendrement soignée, tomba malade à son tour, mais pour ne plus se relever.

Cette fin prématurée fut vivement déplorée par l'Artillerie, qui avait déjà placé toutes ses espérances dans la valeur du jeune général, illustré par de brillants services de guerre et des travaux techniques importants.

LE GÉNÉRAL BARON DUCHAND.

Jean-Baptiste DUCHAND, né à Grenoble, le 11 mai 1780, fils d'Augustin Duchand, trésorier de France au bureau des Finances de cette ville, et de Françoise Durand de la Buissonnière. Mort à Paris le 3 janvier 1849.

Admis à l'École Polytechnique le 1er décembre 1796, Duchand passa, deux ans plus tard, ses examens pour entrer dans l'Artillerie, mais ne put être reçu dans ce corps parce que le Conseil de l'École lui refusa le certificat de civisme attestant « qu'il avait constamment manifesté l'amour de la Liberté et de l'Égalité, la haine de la Royauté et un profond attachement à la Constitution de l'an III ».

Le jeune Duchand dut entrer dans l'Artillerie de Marine et fut embarqué sur la frégate *le Succès*. A l'une de ses premières sorties, la frégate fut prise par les Anglais et tout son équipage envoyé sur les pontons (14 fructidor an IX). Dès son retour en France, le lieutenant Duchand sollicita son passage dans l'Artillerie, pour laquelle il avait déjà concouru (1er vendémiaire an X). Il protesta alors, avec l'ardente énergie qui fut le côté dominant de son caractère, contre la décision du Conseil de l'École qui l'avait accusé de sentiments royalistes, « comme si, ajoutait-il, à dix-huit ans, tout occupé de mon travail, je pouvais avoir une opinion suspecte ». Sa réclamation fut admise, mais Duchand dut subir de nouveaux examens et, malgré ses protestations, on ne lui tint aucun compte du temps qu'il avait passé dans la Marine. Le voilà donc, après bien des épreuves, lieutenant dans l'Artillerie à cheval, l'arme qu'il aima passionnément et qu'il illustra par sa bravoure et son audace (23 septembre 1802).

Au bout d'une année passée à l'École d'équitation de Versailles, l'Empereur le prit comme officier d'ordonnance (21 juillet 1808) et, peu de temps après, le nomma capitaine (30 août 1808).

C'est en cette qualité qu'il fut envoyé en Espagne. On ne put lui donner que le commandement d'une compagnie d'artilleurs polonais, dont les officiers eux-mêmes n'étaient pas instruits; le brillant cavalier sut remplir avec conscience la tâche ardue de l'instructeur; en récompense de ses efforts, de Senarmont obtint pour lui le grade de chef d'escadron (10 janvier 1809).

Des batteries à cheval ayant été envoyées en Espagne, le commandant Duchand fut tout désigné pour en prendre le commandement; il leur fit brillamment recevoir le baptême du feu à Sagonte (25 octobre 1811). Avec six pièces seulement, il s'élança à la rencontre de la colonne d'attaque espagnole et l'arrêta par un violent feu à mitraille. Le régiment de hussards qui devait le soutenir ayant été repoussé par la cavalerie ennemie, Duchand, sans discontinuer le feu, défendit sa batterie qui allait être envahie, fit monter à cheval une vingtaine de canonniers, chargea un détachement qui flanquait la colonne, le sabra avec son peloton improvisé et tua de sa propre main l'officier qui le commandait.

Un mois après (30 novembre 1811), Duchand était grièvement blessé à la cuisse devant Valence. Il rentra en France avec une plaie mal cicatrisée, qui se rouvrit bientôt et n'était pas encore fermée lorsqu'il reçut l'ordre de reprendre du service : on avait besoin d'officiers pour la Grande Armée. « J'irai tant que je pourrai, écrit-il alors, si j'ai, pour oublier mes souffrances, la présence de l'Empereur. » Ce souhait fut exaucé et, le 23 mai 1813, il était nommé chef d'état-major de l'Artillerie du 12ᵉ corps. Le 17 août 1813, il était lieutenant-colonel et fit, en cette qualité, la campagne de France.

Le gouvernement de la Restauration le mit en demi-solde. A la nouvelle du retour de Napoléon, Duchand fut l'un des premiers à accourir au-devant de lui et reçut, avec le grade de colonel, le commandement de l'Artillerie à cheval de la Garde.

A Waterloo, lorsque Ney, dans son héroïque folie, eut causé la ruine de toute la Cavalerie impériale et que Napoléon eut refusé de lui envoyer l'infanterie de la Garde, sa dernière ressource, Duchand voulut sauver l'armée en attirant sur lui seul tous les efforts des Anglais. Il entraîna ses batteries dans un galop insensé, comme s'il voulait charger avec ses canons... « Duchand déserte! » s'écria l'Empereur qui ne pouvait croire à tant d'audace. A vingt pas de l'infanterie anglaise, Duchand arrête ses pièces, les met en batterie et commence un feu à mitraille qui jette le désordre dans les rangs ennemis. Lorsqu'il fallut battre en retraite, le colonel de la Garde n'abandonna pas le drapeau que l'Empereur lui avait confié; il garda avec lui ce glorieux trophée, qui se trouve aujourd'hui aux Invalides et qui porte les noms de toutes les capitales de l'Europe.

Fidèle aux couleurs sous lesquelles il avait combattu, Duchand se refusa à arborer la cocarde blanche et préféra donner sa démission, en disant à ses soldats : « Je ne saurais vous tenir un autre langage qu'à Waterloo, et ce ne sera pas moi qui placerai dans vos rangs un nouvel étendard ». A partir de ce jour, il devint suspect; des rapports de police le représentent comme « un conspirateur hardi et dangereux..., unissant à un physique très avantageux les connaissances d'un militaire distingué et les talents d'un homme de société ». Chassé de Grenoble, puis de Milan, il dut se réfugier en Suisse.

La Révolution de 1830 l'enthousiasme; il s'étonne de l'indifférence des masses, demande à organiser et à soulever le Dauphiné, et, finalement, met son épée au service du Roi auquel il écrit : « Mon drapeau m'avait suivi dans ma retraite; cette noble bannière ombrage aujourd'hui le trône de Votre Majesté et rallie tous les Français autour d'elle ». Le grade de maréchal de camp fut la récompense de ce zèle (4 septembre 1830). Après avoir commandé les Écoles de Metz et de Vincennes, Duchand fut nommé lieutenant-général le 11 mars 1840 et maintenu dans les cadres jusqu'à 68 ans.

La fin de sa vie fut attristée par les attaques auquel donna lieu sa conduite au fort de Vincennes en 1848. Voulant sauver les cent mille fusils que renfermait le donjon et que réclamaient les insurgés, impuissant à maintenir l'ordre dans la garnison qui avait abaissé le pont-levis, il consentit à distribuer quelques centaines d'armes, une à une, et pour gagner du temps. On lui en fit un crime, on l'accusa de trahison. Il se justifie dans un long Mémoire qu'il termina ainsi : « Je puis, dans cette occasion, comme dans toutes les actions de ma vie, prendre pour devise : « Fais ce que dois, advienne que pourra ».

Il mourut le 3 janvier 1849. Baron, chevalier de Saint-Louis, général de division, grand-officier de la Légion d'honneur, le plus glorieux de ses titres reste encore celui d'avoir été le colonel de l'Artillerie à cheval de la Garde, le jour de Waterloo.

LE GÉNÉRAL BARON GOURGAUD.

Gaspard GOURGAUD, fils d'Étienne-Marie Gourgaud, musicien de la chapelle du roi
Louis XVI, et de Hélène Gérard; né le 14 novembre 1783 à Versailles, mort à Paris, le
25 juillet 1852.

Plus on étudie l'histoire, plus on est frappé de l'étonnante vigueur de la génération qui a soutenu les grandes guerres de l'épopée impériale. Indifférente aux dangers comme aux fatigues, elle a accompli, presque sans y penser, des choses qui paraissent au-dessus des forces humaines. Au nombre des plus éminents parmi ces hommes énergiques, il faut compter le général Gourgaud.

Entré à l'École Polytechnique le 23 septembre 1799, à celle de Châlons le 22 novembre 1801, il est classé comme lieutenant en second d'Artillerie le 23 septembre 1802. Bientôt après, il est attaché à la Grande Armée, qu'il accompagnera partout. L'exposé de sa carrière, en effet, se confond avec le récit des guerres de l'Empire. Il débute à Ulm, en 1805, et se trouve à Austerlitz, où il est blessé d'un éclat d'obus. Au passage du Danube, il se signale par un vigoureux trait d'audace; profitant du trouble que le passage du pont de Thabor avait jeté dans l'armée autrichienne, il s'élance vers le parc de l'artillerie ennemie et s'en empare. Viennent ensuite sur ses états de services Iéna, Pultusk, Ostrolenka, Abensberg, Eckmuhl, Ratisbonne, Ebersberg, Essling et Wagram; partout il se distingue et il est décoré pendant la campagne de Prusse, n'étant encore que lieutenant. Le général Foucher, qui l'a remarqué, le prend alors comme aide de camp et l'emmène en Espagne, où il assiste au siège de Saragosse.

Il ne reste pas longtemps dans la péninsule et reprend place dans les rangs de la Grande Armée comme officier d'ordonnance de l'Empereur, sur la recommandation expresse du général de Lariboisière. On sait le rôle très actif que Napoléon imposait aux officiers attachés à sa personne; cela n'était pas pour déplaire au capitaine Gourgaud, qui est atteint d'une balle à l'épaule à la bataille de Smolensk, se distingue de nouveau à la Moskowa, à Valoutina, Krasnoé, Witebsk, Malo Iaroslawetz, à presque toutes les batailles livrées pendant cette terrible campagne. Au Kremlin de Moscou, il rend un service signalé en prévenant l'explosion d'un magasin à poudre qui s'y trouve, et reçoit à cette occasion le titre de baron de l'Empire. On crée même pour lui la fonction de premier officier d'ordonnance. Au passage de la Bérézina, il traverse la rivière à la nage, pour examiner la rive opposée et choisir l'emplacement précis des ponts. Il n'avait encore que le grade de capitaine, mais il est promu chef d'escadron l'année suivante; il se bat à Lutzen, Bautzen, Wurschen, Dresde, Löwenberg, Leipzig et Hanau. Colonel en 1814, il se signale à Montmirail, où il est frappé par un éclat d'obus, à Brienne, Champ-Aubert, Nangis, Montereau, Craonne, Reims, Arcis-sur-Aube. Napoléon et le groupe qui l'accompagne sont entourés à Brienne; un Cosaque veut percer l'Empereur de sa lance : c'est le colonel Gourgaud qui le renverse à bout portant d'un coup de pistolet.

L'Empire est tombé; l'Empereur, en abdiquant, désigne les officiers qu'il emmènera à l'île d'Elbe et prescrit aux autres de servir avec fidélité le nouveau gouvernement de la France. C'est ce que déclare vouloir faire le colonel Gourgaud, en demandant au Ministre de la guerre à commander un régiment d'Artillerie, tandis que sa mère s'adresse directement au duc de Berry. Rien n'autorise à douter de leur bonne foi. Tel était cependant le prestige exercé par Napoléon sur tous ceux qui avaient approché de sa personne, qu'au premier appel ils se précipitèrent vers lui. Gourgaud fut du nombre et les champs de bataille le revirent : Ligny, Fleurus, Waterloo enfin, où il tira les derniers coups de canon. A la seconde abdication de l'Empereur, il ne voulut pas se séparer de lui, décidé à le suivre dans la captivité.

Gourgaud avait été nommé général par un décret du 21 juin 1815. On sait que les nominations faites pendant les Cent jours ne furent pas reconnues par le Gouvernement royal. Le général Gourgaud s'en embarrassa peu, du reste. L'Empereur l'avait chargé de porter au Prince régent d'Angleterre une lettre qui ne put parvenir à sa destination; il le choisit ensuite comme l'un des trois officiers par qui il lui fut permis de se faire accompagner à Sainte-Hélène; les deux autres furent le général Bertrand et le comte de Montholon. Le comte de Las Cases obtint de se joindre à eux à titre civil. Le séjour du général Gourgaud à Sainte-Hélène a peut-être plus contribué à préserver son nom de l'oubli que tous ses services de guerre.

Très mécontent de sa captivité, de la surveillance toujours minutieuse, souvent outrageante, dont il était l'objet, l'Empereur ne faisait rien pour adoucir ses rapports avec les agents de l'Angleterre. Ses compagnons en souffrirent comme lui et, par malheur, les relations qu'ils avaient entre eux n'étaient pas meilleures. Le général Gourgaud, surtout, vivait mal avec les autres personnes qui avaient consenti à partager la captivité de l'illustre prisonnier. Les choses allèrent si loin qu'il dut quitter l'île de Sainte-Hélène au mois de novembre 1818. Il parcourut d'abord les États étrangers pour visiter les divers membres de la famille impériale et présenter aux Souverains alliés des Mémoires, par lesquels il cherchait à faire adoucir le sort de Napoléon.

Ses efforts furent sans succès et il ne rentra en France que le 1er août 1821. Cette longue absence a fait dire à ses biographes que la Restauration l'avait exilé. Il n'en est rien, et il fut, au contraire, traité avec égards. Les règlements déclarent démissionnaire ou déserteur l'officier qui s'éloigne sans autorisation : c'était le cas du général Gourgaud. On eut pour lui les formes les plus bienveillantes, et l'on se borna à déclarer que ses services étaient arrêtés à la date du 1er juillet 1815, jour présumé de son embarquement. Le gouvernement de Juillet, qui le rappela au service, accepta cette décision et lui fit ordonnancer la demi-solde du grade de colonel, à dater de son retour.

Le général Gourgaud a publié de nombreux écrits sur les guerres de l'Empire, sur l'Empereur lui-même et sur son séjour à Sainte-Hélène. La critique amère qu'il fit de l'ouvrage du comte de Ségur sur la campagne de Russie amena un duel entre les deux auteurs. De toutes ces publications, il en est une qui mérite une mention spéciale. Ce sont les célèbres dictées de l'Empereur lui-même, dans lesquelles il discute ses propres campagnes et celles de quelques grands généraux ; quelques-unes furent recueillies et publiées par Gourgaud.

A la révolution de juillet 1830, le général Gourgaud reprit du service comme colonel. Par une décision du général Girard, en date du 5 août, il fut chargé d'opérer le licenciement de l'Artillerie de la

Garde royale et nommé au commandement de l'Artillerie de Paris
et de Vincennes. Une ordonnance royale du 27 février 1831 le nomma
maréchal de camp, pour prendre rang du 1ᵉʳ janvier 1816. Par la
suite, le général Gourgaud devint lieutenant-général, président du
Comité de l'Artillerie, pair de France et aide de camp du Roi. En
1840, il reçut l'ordre d'accompagner le prince de Joinville à Sainte-
Hélène et d'assister à l'exhumation et à la translation des restes de
l'Empereur. Lors de la révolution de février 1848, il fut, comme
beaucoup d'autres généraux, mis d'office à la retraite. Ayant fixé sa
résidence à Paris, il entra alors dans les rangs de la Garde nationale
et prit une part active au maintien de l'ordre, en 1849, comme colonel de la première légion. Ce fait important a marqué la fin de sa
carrière militaire.

LE GÉNÉRAL PAIXHANS.

Henri-Joseph PAIXHANS, né à Metz, le 22 janvier 1783, fils de Jean-Joseph-Nicolas
Paixhans et de Anne-Marie Volmerange; marié, le 17 février 1817, à Virginie Louvet;
décédé à Jouy-aux-Arches (Moselle), le 19 août 1854.

Parmi les hommes éminents que l'École Polytechnique a donnés
à notre armée, il en est bien peu dont la carrière ait été aussi bien
remplie que celle du général Paixhans, et aussi digne d'éveiller à la
fois l'admiration et la sympathie. Il servit son pays avec une égale
distinction par sa bravoure sur les champs de bataille, par la haute
valeur de ses écrits, par son influence dans les grandes assemblées
politiques, et attacha son nom au plus important progrès qui eût été
réalisé, depuis Gribauval, dans la puissance de l'Artillerie.

Paixhans fut admis, en 1801, à l'École Polytechnique et sortit de
l'École d'Application, en 1805, avec le grade de lieutenant d'artillerie.
Il prit part aux campagnes d'Autriche, de Prusse, de Pologne, où il
fit brillamment son devoir, et reçut, après la bataille de Friedland, la
croix de chevalier de la Légion d'honneur. Nommé capitaine en
1809, il se signala en reprenant aux Anglais un brick en vue de
l'île de Ré. En 1812, il fut attaché à l'État-Major de l'Artillerie de
la Grande Armée et assista aux combats héroïques ainsi qu'à la retraite désastreuse de la campagne de Russie. Chef de bataillon en

1814, il commanda à Paris les batteries de grosse artillerie qui défendaient les hauteurs de Belleville et des buttes Chaumont.

Secrétaire du Comité central de l'Artillerie en 1814, Paixhans fut nommé, en 1815, officier de la Légion d'honneur et, en 1818, chevalier de Saint-Louis. La paix lui ouvrit une nouvelle carrière en lui permettant de se consacrer aux travaux qui l'ont rendu célèbre. Au combat naval auquel il avait assisté en 1809, il avait été frappé du faible degré de puissance que possédait l'Artillerie à cette époque. Les canons de la marine ne tiraient horizontalement que des boulets massifs, dont les effets étaient purement locaux et, par suite, peu redoutables; les mortiers lançaient des bombes plus grosses que les boulets, mais dans une direction à peu près verticale, ce qui rendait leur tir très incertain : il fallait une énorme consommation de projectiles pour atteindre un vaisseau qui, d'ailleurs, était rarement frappé de manière à éprouver des avaries sérieuses. Jugeant avec raison que ces bombes seraient bien plus redoutables si, au lieu de les tirer en l'air, d'où elles retombaient à peu près au hasard, on les envoyait droit au but comme des boulets de canon, Paixhans établit un système de bouches à feu tirant des projectiles creux aussi gros que les bombes, avec des charges donnant, sous de petits angles de tir, une grande portée et des effets réguliers. L'idée de lancer des projectiles creux avec les canons de la marine n'était pas absolument nouvelle; quelques essais avaient été faits dans ce sens une vingtaine d'années auparavant; mais les obus introduits dans l'armement de la flotte, sans qu'on eût pris les précautions nécessaires, avaient donné lieu à de graves incendies; ils étaient d'ailleurs beaucoup trop faibles et souvent éclataient dans l'âme; plus dangereux qu'utiles, leur emploi avait été abandonné. Paixhans eut le rare courage de reprendre une idée condamnée; il la perfectionna et en poursuivit la réalisation avec une persévérance et une fermeté qui ne se démentirent jamais.

Rebuté par le Gouvernement, il obtint néanmoins l'autorisation de faire connaître au public ses propositions jugées sans importance. En 1822, paraissait la *Nouvelle force maritime*, où il expose ses vues avec la clarté, la précision et l'élégance de style qui caractérisent tous ses écrits, et avec cette modestie qui fait le plus bel ornement des grands esprits et en est souvent la suprême habileté. Après

Echos Dujardin.   Imp. Eudes et Chassepot

Paixhans

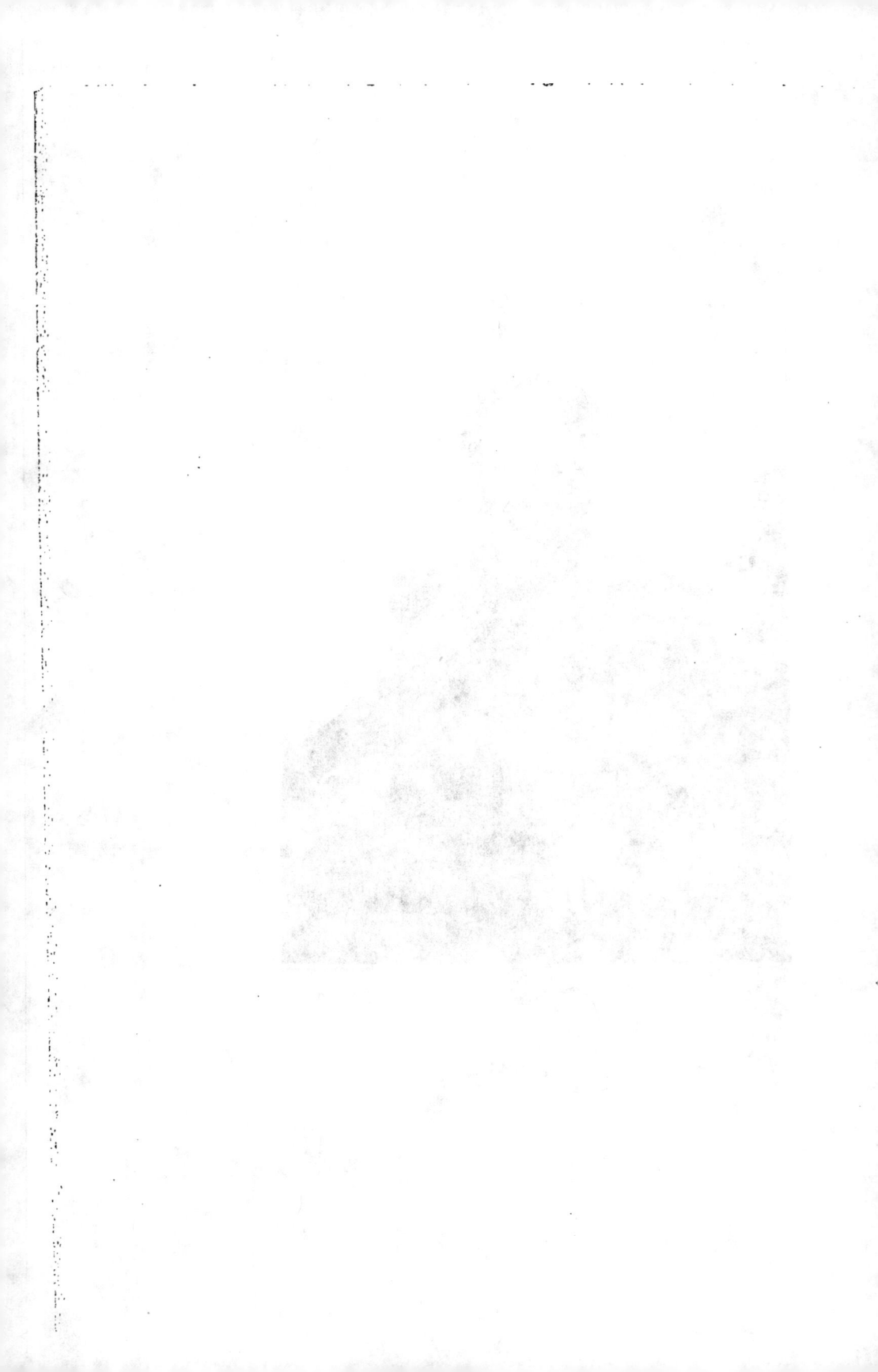

un examen détaillé de l'ancienne force maritime, il indique les améliorations dont elle est susceptible, propose un nouveau système
d'artillerie, donne la preuve de sa puissance, en discute les principes,
les détails d'exécution et l'installation à bord, répond à toutes les
objections; en même temps, il appelle l'attention sur les modifications qu'entraînera, dans les constructions navales, l'augmentation
de puissance réalisée pour les bouches à feu; il étudie enfin la transformation des matériels de siège et de campagne.

C'était plus qu'un progrès, c'était une révolution dans la tactique
maritime; désormais, les plus faibles navires, armés d'un petit nombre
de canons-obusiers, pouvaient s'attaquer aux places et aux vaisseaux
de haut bord. Aussi le livre de Paixhans produisit-il une sensation
profonde en France et en Europe: l'opinion publique obligea le
Gouvernement à procéder aux expériences réclamées par le hardi
novateur. Des projectiles furent tirés à Brest dans un canon à bombes
de 80 contre un navire hors de service; dès les premiers coups, tous
les doutes étaient dissipés : on était en présence d'une arme d'une
puissance inconnue jusqu'alors.

Paixhans proposait des canons-obusiers de 48, 80 et 150; les effets
produits par le second de ces canons furent tels, qu'on jugea inutile
d'employer le calibre supérieur. Après de nouvelles expériences,
aussi décisives que les premières, la question semblait définitivement
jugée; l'Angleterre, la Russie et, après elles, d'autres puissances,
s'empressèrent d'introduire les canons à bombes dans leur armement;
c'est en France que les objections contre l'admirable invention de
Paixhans, objections peu sérieuses et qu'il avait maintes fois réfu-
tées, trouvèrent crédit le plus longtemps. Le canon de 80, désigné
sous le nom d'*obusier de* 22^{cm}, ne fut adopté officiellement que bien
des années plus tard, quoiqu'il se fût introduit peu à peu dans la
plupart de nos vaisseaux.

En 1825, parut un nouvel ouvrage de Paixhans : *Expériences
faites par la Marine sur une arme nouvelle.* Il y rend compte des
résultats obtenus, indique l'emploi de ses canons dans les tirs en
brèche, de démolition et d'enfilade, et surtout insiste sur la nécessité
de protéger par des cuirasses les navires et les batteries flottantes
contre les ravages des nouveaux projectiles. Cette nécessité fut confirmée de la manière la plus frappante, trente ans plus tard, par la

guerre de Crimée : dans le port de Sinope, la flotte turque fut coulée, en moins d'une heure, par les canons à bombes de la marine russe, tandis que les batteries flottantes envoyées par la France devant la forteresse de Kinburn résistèrent parfaitement, grâce aux murailles de fer dont elles étaient revêtues, et purent rendre les plus grands services.

Paixhans, nommé lieutenant-colonel en 1825, fut classé au 4e régiment d'artillerie à pied et fut chargé, en 1828, de la Direction de l'École d'artillerie de Strasbourg. En 1830, il entrait à la Chambre des Députés dans laquelle il représenta Metz, sa ville natale, jusqu'en 1848. Aucun débat intéressant la grandeur militaire de la France ne fut agité à cette époque, sans que Paixhans vînt y apporter le tribut de son expérience et de ses lumières. Sans être un orateur de premier ordre, il possédait néanmoins, au sein de l'Assemblée, une influence que justifiaient pleinement la droiture de son jugement et l'indépendance de son caractère. D'ailleurs, son assiduité aux travaux parlementaires ne lui faisait négliger aucun des devoirs de sa carrière; en 1831 et 1832, il est chargé de l'armement des ouvrages destinés à la défense de Paris et devient Directeur de cette place en 1836.

Commandeur de la Légion d'honneur en 1839, promu en 1840 au grade de maréchal de camp, il fait partie, en 1841, de la Commission des travaux de la défense de Paris, et est attaché, cette même année, au Comité de l'Artillerie. Lieutenant-général en 1845, il est nommé membre du Comité en 1846, et élevé en 1848 à la dignité de grand-officier de la Légion d'honneur.

La manière dont il quitta le service actif fait honneur à sa délicatesse et à sa loyauté : il ne voulut pas bénéficier des dispositions d'une loi, qu'il avait toujours combattue et qui prolongeait jusqu'à 68 ans la durée de service des lieutenants-généraux, et fut, sur sa demande, placé dans le cadre de réserve le 23 janvier 1848. Il se retira à Jouy, près de Metz, où il mourut le 19 août 1854.

Paixhans a publié, sur des questions intéressant la défense du pays, trois ouvrages de la plus grande valeur, qui parurent en 1830, 1834 et 1849 sous les titres suivants : *Force et faiblesse militaires de la France; Fortifications de Paris; Constitution militaire de la France.*

Ses œuvres sont écrites avec un rare talent; les idées, qu'il y développe et dont la hardiesse et la nouveauté étonnèrent à cette époque, sont celles qui, pour la plupart, ont prévalu dans la suite; cet homme, vraiment supérieur, possédait une profonde intelligence des ressources militaires de la France, une intuition merveilleuse des conditions de la guerre dans l'avenir. Une juste réputation s'est attachée à son nom, et s'il n'a pas occupé, parmi ses contemporains, une place plus considérable encore et proportionnée à son mérite, il faut peut-être en chercher la cause dans la sourde hostilité, que lui opposaient, en toute circonstance, ceux-là mêmes dont le premier devoir aurait été de lui prodiguer leur appui.

A l'apathie, à l'indifférence d'autrefois, a succédé une activité fébrile, et, au milieu de cette paix armée où les peuples se mesurent du regard, dépensent sans compter pour préparer la guerre, gardent leurs secrets avec un soin jaloux, quelles ne seraient pas aujourd'hui notre admiration, notre reconnaissance pour un Paixhans?

LE GÉNÉRAL MARQUIS DE LAPLACE.

Charles-Émile-Pierre-Joseph DE LAPLACE, né à Paris, le 5 avril 1789; mort à Paris, le 27 décembre 1874; fils du célèbre savant Pierre-Simon de Laplace et de Marie-Anne-Charlotte Courty.

La famille de Laplace s'est toujours fait remarquer par une vive sollicitude pour l'École. On sait que madame de Laplace a fondé un prix pour que le premier élève sortant reçût les œuvres de son mari; et, suivant une légende courant encore à l'École, elle aurait fait don d'une somme suffisante pour donner aux élèves un déjeuner plus substantiel les jours de sortie.

De Laplace, entré à l'École le 1er octobre 1805, fut classé comme lieutenant en second au 6e régiment d'artillerie à cheval, le 9 juin 1809. Il fit la campagne de cette année contre l'Autriche, celle de 1812 en Russie comme capitaine en second et, le 5 décembre de cette même année, fut nommé officier d'ordonnance de l'Empereur, qu'il suivit pendant toute la durée des campagnes d'Allemagne et de France, en 1813, en 1814 et jusqu'à l'abdication de Fontainebleau. L'adieu qu'il reçut alors du souverain déchu, et dont une copie se trouve aux archives de la Guerre, est un titre d'honneur pour celui qui l'a mérité:

Monsieur le baron de Laplace, mon officier d'ordonnance, les derniers événements me font vous engager à vous rendre à Paris pour y prendre les ordres du Gouvernement. J'ai été satisfait de votre conduite et de vos services. Vous soutiendrez la bonne opinion que j'ai conçue de vous en servant le nouveau souverain de la France avec la même fidélité et le même dévouement que vous m'avez montrés. Cette lettre n'étant à d'autre fin, je prie Dieu qu'il vous ait en sa sainte garde.

Le commandant de Laplace prit au sérieux la recommandation qu'on lui avait faite. En 1815, il accompagna le duc d'Orléans à Lyon, puis à Lille, au mois de mars, ne le quittant que lorsqu'il eut franchi la frontière, reçut, à la fin d'avril, le commandement de l'artillerie à Doullens et, lors de la seconde Restauration, fut de nouveau attaché, comme secrétaire général des hussards, au duc d'Orléans, qui en était le colonel général. Cette situation ne dura que deux ans. M. de Laplace occupa ensuite divers emplois dans l'artillerie de la Garde ou de la ligne. La pairie héréditaire, dont il fut revêtu à la mort de son père, fut pour lui l'occasion d'acquérir des connaissances approfondies en administration et il en fit profiter son corps, tant pendant son séjour aux régiments qu'au Comité de l'Artillerie, dont il fit très longtemps partie comme membre adjoint d'abord, puis titulaire, de 1843 à 1864. Très instruit, d'un esprit sage, conciliant, pondéré, le général de Laplace apporta le concours de ses lumières à un grand nombre de Commissions où il était toujours très écouté. La Commission mixte des Travaux publics, celles des Remontes, de la Défense des côtes, celle chargée d'étudier, en 1851, les conditions du transport des troupes, des chevaux, du matériel par les chemins de fer; celle que la Marine institua, en 1843, pour étudier et apprécier le mérite des canons obusiers proposés par Paixhans; bien d'autres encore.

Il fut nommé sénateur le 31 décembre 1852. L'âge de la retraite devait sonner pour lui en 1854; mais sa haute raison, la sagesse de ses avis étaient tellement appréciées, qu'on usa d'une disposition favorable aux sénateurs pour le maintenir au service dix ans encore. Il eut le chagrin de vivre assez âgé pour voir la Patrie qu'il aimait tant, envahie une troisième fois par l'ennemi héréditaire, mais put assister aux premiers efforts d'un relèvement auquel il s'associa de tout cœur.

LE GÉNÉRAL BARON FABVIER.

Charles-Nicolas FABVIER, né à Pont-à-Mousson, le 10 décembre 1781 ; marié à la veuve
du général Duroc, duc de Frioul ; mort à Paris, le 15 septembre 1855.

Il est des hommes qui semblent avoir été expressément mis au
monde pour courir tous les dangers, se trouver partout où il y a

quelques coups à donner ou à recevoir. De ce nombre, et au premier
rang, il faut compter le général Fabvier. La position de son père,
écuyer et procureur du Roi à la maîtrise des Eaux et Forêts, semblait
le destiner à une carrière paisible, mais le vieux sang militaire des
Lorrains bouillonnait en lui. Entré à l'École Polytechnique le 7 octobre 1802, à celle de Metz le 21 février 1804, il était classé quatorze
mois plus tard comme lieutenant en second au 1er régiment d'artillerie
à pied. On était alors en paix sur le continent ; mais, dès 1805, il entre
en campagne et reçoit deux coups de feu au combat de Diernstein. En
1807, le général Fay est chargé d'une mission à Constantinople ; il l'y
accompagne, séduit par l'attraction qu'exerce le magique Orient.
C'est en vain qu'il essaye d'organiser un arsenal sérieux dans la capitale de l'Empire ottoman ; les difficultés qu'on lui oppose le rebu-
tent. Il apprend alors que le général Gardanne est envoyé en Perse
et il part avec lui. Son absence dure deux ans ; là aussi, l'insouciance
musulmane paralyse ses efforts. Il revient donc, non par la route

directe, mais en traversant la Russie et la Pologne; il rencontre le prince Poniatowski essayant d'organiser une armée, se joint à lui, est blessé d'un coup de lance à Cracovie et arrive enfin à Vienne, au moment où va se livrer la bataille de Wagram. Placé comme lieutenant en premier au régiment d'artillerie à pied de la Garde, il prend part à la poursuite de l'ennemi et à la bataille de Znaïm. Le général Foucher, qui l'a remarqué, le choisit alors pour aide de camp et l'emmène en Espagne. Là, le maréchal Marmont est frappé de son activité et veut l'attacher à sa fortune. Il faut, pour cela, quitter l'Artillerie; il s'y résigne après une courte hésitation et entre comme capitaine dans l'État-Major.

Fabvier figure avec honneur à la bataille des Arapiles, livrée en 1812; il y est blessé, ainsi que son chef. Tandis que celui-ci est contraint de quitter l'armée, Fabvier, moins gravement atteint, réunit deux cents chevaux, traverse l'armée anglaise et court rejoindre le roi Joseph, pour l'avertir des dangers qui le menacent. Le roi lui donne alors la mission d'aller rendre compte à l'Empereur de la situation. C'est en Russie et la veille même de la bataille de la Moskowa qu'il rejoint Napoléon. Il en reçoit une longue audience, dans laquelle il le met au courant des affaires d'Espagne. Après avoir tout exposé avec détail, Fabvier, qui trouve que parler est peu de chose lorsqu'on est au moment de se battre, se joint aux troupes, pénètre avec elles dans la grande redoute et y est encore atteint de deux coups de feu. L'Empereur récompense sa conduite en le nommant chef d'escadron. Dès lors, il ne quitte plus ce qui reste de la Grande Armée, fait avec elle la campagne de 1813 en Saxe, dirige une division d'infanterie à Leipzig, est nommé baron de l'Empire pour sa conduite à Hanau et reprend sa place auprès du maréchal Marmont pendant la campagne de France. A Brienne, il reçoit une forte contusion et soutient la lutte jusque sous les murs de Paris, où il est encore blessé de coups de feu le 30 mars 1814.

La paix faite, il entre comme sous-lieutenant aux Gardes du corps du Roi, compagnie de Raguse, jusqu'au retour de l'Empereur, qui le met en non-activité. Il reste d'abord dans ses foyers; mais le territoire est envahi, c'est un spectacle qu'il ne peut supporter. La frontière de l'Est, son pays d'origine, lui est bien connue, et il va servir en volontaire sous les ordres du général Belliard, gouverneur de

Metz. C'est lui qui livre le dernier combat de cette triste année 1815.

Le colonel Fabvier reprend ensuite sa place aux Gardes du corps, jusqu'au licenciement de sa compagnie et reste attaché au duc de Raguse, comme premier aide de camp. Il accompagne ce maréchal à Lyon, dans une mission pacificatrice dont celui-ci est chargé, pour modérer, par son influence, les passions des partis extrêmes. Modéré, Fabvier l'est aussi dans ses opinions; mais, à cause de son humeur batailleuse, il l'est sans mesure. Son maréchal est en butte à d'injustes attaques; il publie, pour le défendre, une brochure si vive, que le général Canuel lui intente un procès en calomnie. Gagné en première instance, le procès est perdu en appel, et cette lutte contre les ultras a pour effet de rapprocher le colonel Fabvier des libéraux, adversaires de la Restauration.

Lors de la nouvelle organisation donnée par Gouvion Saint-Cyr à l'État-Major, le colonel Fabvier n'y fut pas compris. On le classa dans l'infanterie, en non-activité, faute de place, mais en lui conservant la solde d'état-major, par faveur spéciale. Ce repos forcé eut une mauvaise influence; il fut alors compromis dans plusieurs affaires politiques, notamment dans une tentative d'évasion des condamnés du complot de la Rochelle et, finalement, s'éloigna de France. Ayant sollicité, à la fin de l'année 1822, un congé de quinze jours pour aller à Londres, il ne revint pas. L'année suivante, lors de l'entrée des troupes françaises en Espagne, un journal annonça que le colonel Fabvier était au nombre des transfuges qui cherchaient alors à détourner les soldats de leur devoir. Une enquête eut lieu; elle demeura sans résultat. Bientôt après, on apprit que, passé en Grèce, il avait reçu le commandement des insurgés qui voulaient soustraire ce pays à la domination turque.

Cette période de la vie du général Fabvier est celle qui lui a valu sa grande popularité. Pour un observateur plus calme que le public, il se montre sous un jour nouveau. Ce n'est plus seulement le soldat enthousiaste, toujours prêt à combattre, mais un chef réfléchi, bon organisateur, déployant toutes les ressources d'un esprit délié pour mettre de l'ordre dans une insurrection où se mêlent les éléments les plus disparates. Il a eu la gloire d'être l'un des principaux fondateurs de la Grèce moderne; mais cette gloire, il l'a achetée au prix de six années des plus pénibles travaux, de fatigues et de déboires sans nombre. Combattre les Turcs, protéger les populations sans défense, était la moindre partie de la tâche qu'il avait assumée, et elle devait paraître déjà bien lourde. Rien n'est plus antipathique à un militaire, accoutumé à servir dans une armée régulière et disciplinée, que la vie au milieu de bandes composées d'hommes de toutes sortes, souvent d'une moralité douteuse. Nombre de chefs des petits clans étaient plus occupés de pillage, de luttes intestines, de leurs rivalités avec les chefs voisins, que de délivrer la Grèce du joug ottoman. Il fallait une souplesse et une dextérité extrêmes pour concilier ces vanités féroces et mal justifiées. Les grands patriotes hellènes étaient les premiers à en souffrir; un étranger était plus mal placé encore pour y résister. On aurait pu douter qu'avec son caractère ardent et primesautier, le colonel Fabvier fût l'homme de la situation; mais sa loyauté, son désintéressement, les talents dont il ne cessa de donner des preuves lui valurent l'estime et le respect de tous les partis. Le général Maison, qui dirigea l'expédition française en 1828, fut frappé de l'autorité qu'il avait acquise et en rendit compte aux Ministres de la Guerre et des Affaires étrangères.

L'absence irrégulière du colonel Fabvier, les soupçons dont il avait été l'objet, avaient eu une conséquence obligée. On l'avait rayé des contrôles de l'armée. Bien disposé à son égard, le général de Caux, alors ministre, ne crut pas pouvoir modifier de lui-même cette situation. Il en rendit compte au Roi, qui prononça que Fabvier serait relevé de la réforme (ce sont les termes dont on se servit) et, par une décision en date du 4 juillet 1829, admis à la solde de non-activité, à partir du 1er novembre 1828, comme chargé d'une mission auprès du gouvernement grec.

Pourvu ainsi d'une position officielle, en rapport régulier avec le corps d'occupation, il semblait que le colonel Fabvier n'aurait plus à souffrir des obstacles qui l'avaient entravé jusqu'alors. Ils se dressèrent devant lui plus puissants que jamais. Le danger le plus pressant pour la Grèce étant éloigné, grâce à la présence des troupes françaises et à l'appui des gouvernements alliés, les prétentions naissaient de toutes parts. Impuissant à les réduire, le président Capo d'Istria était en désaccord avec le colonel Fabvier, commandant des troupes. Celui-ci, dans un rapport au Ministre de la Guerre, expose courageusement la situation; sur un effectif apparent de

12 000 irréguliers, un tiers n'a jamais existé, un autre tiers n'apparaît que les jours où l'on touche la solde et les vivres ; le reste, découragé par les revers, est sans énergie comme sans valeur, ne sert que la vanité et les petites passions de chefs avides. Il faudrait licencier tous les mauvais éléments, transformer le reste en corps réguliers ; on n'ose prendre un parti décisif, le désordre est partout. Le général Maison constate l'inutilité des efforts et conclut au retour du colonel Fabvier. Il part donc, regretté de tous, mais déclare qu'il continuera de servir de son influence, auprès des puissances protectrices, ce pays qui lui doit tant. Un accueil enthousiaste attendait en France le glorieux philhellène.

Fabvier resta sans emploi jusqu'à la révolution de juillet 1830. Le général Gérard, Ministre de la Guerre, le fit alors nommer maréchal de camp et lui confia le commandement difficile du département de la Seine. Il ne conserva ces fonctions que six mois et fut placé en disponibilité sur sa demande. C'est en 1838 seulement qu'il reprit du service actif, comme membre des Comités de l'Infanterie, de l'État-Major ou inspecteur général des troupes. On le nomma lieutenant-général en 1839, pair de France en 1845, mais sa véritable carrière était terminée, car les occupations qui incombent à un militaire en temps de paix étaient peu de son goût. Chaque fois, au contraire, qu'une guerre semblait imminente, il dressait l'oreille, demandait à partir. Ainsi, deux jours après la révolution de février 1848, il réclamait un emploi à la frontière. Le gouvernement provisoire mit d'office à la retraite tous les généraux qui faisaient partie des Chambres. La mesure l'atteignait et il écrivit aussitôt à M. Arago, Ministre provisoire de la Guerre, une lettre énergique, terminée par ces mots : « Vous ôtez mon épée à une main vigoureuse, quand la Patrie est en danger. Rentrez en vous-même, vous y trouverez un blâme sévère. »

En 1849, il remplit une mission militaire auprès du roi de Danemark, en guerre avec la Prusse, et reçut de lui un accueil très flatteur. Le département de la Meurthe le nomma député à l'Assemblée législative. Il fut aussi relevé de la retraite et placé dans le cadre de réserve en 1853.

LE GÉNÉRAL VICOMTE DE LA HITTE.

Jean-Ernest D u c o s d e l a H i t t e, fils de Jean-Benoît Ducos, vicomte de la Hitte, et de
Marie-Jacquette-Élisabeth-Alexandrine de Gineste; né le 5 septembre 1789, à Bessières
(Haute-Garonne); marié, en 1822, à Jenny-Cécilia Cotter; décédé le 23 septembre 1878, à
Gragnague.

Peu d'hommes ont rendu à leur pays autant de services que le
général de la Hitte. Après avoir donné des preuves de sa bravoure
et de son habileté dans les campagnes les plus pénibles comme dans
les expéditions les plus délicates, il a occupé avec distinction le
poste de Ministre des Affaires étrangères, et su faire respecter, dans
des circonstances difficiles, les droits de la France; représentant du
peuple et sénateur, il a apporté, dans nos Assemblées parlementaires, l'autorité de son expérience et de son savoir; président du
Comité de l'Artillerie, il a su encourager les recherches de ses savants
auxiliaires, diriger d'une façon éclairée les travaux des Commissions
d'expériences et les délibérations du Comité, faire accepter à l'Empereur les propositions les plus avantageuses et contribuer ainsi à
l'adoption de l'artillerie rayée.

Admis à l'École Polytechnique en 1807, de la Hitte était nommé
lieutenant en second le 1er octobre 1810 et envoyé à l'armée d'Espagne. A cette époque, c'était aux armées que les jeunes officiers
allaient apprendre leur métier et ils acquéraient ainsi bien vite
l'expérience et les qualités de commandement qui devaient justifier
leur rapide avancement.

Après avoir pris part pendant plus de trois ans aux campagnes
d'Espagne, assisté au siège de Cadix et à la bataille de Vittoria, de
la Hitte, nommé capitaine, est détaché à la Manufacture d'armes de
Mutzig, qu'il quitte bientôt pour aller rejoindre, en qualité d'aide
de camp, le général Berge à l'armée des Pyrénées.

En 1815, il suit de nouveau le général Berge à l'armée du Midi
commandée par le duc d'Angoulême et est promu chef d'escadron.

Nommé chevalier de la Légion d'honneur le 14 février 1815, le
commandant de la Hitte recevait, le 12 juillet de la même année, la
croix d'officier.

Admis dans l'artillerie de la Garde royale, il fut promu lieutenant-colonel en 1819, et attaché en 1823 à l'état-major de l'artillerie de l'armée des Pyrénées. Choisi par le duc d'Angoulême comme aide de camp, il est nommé colonel et commandeur de la Légion d'honneur, en récompense des brillants services qu'il a rendus en qualité de commandant l'artillerie devant le Trocadéro.

En 1828 et 1829, le commandement en chef de l'artillerie de l'expédition de Morée lui fut confié et lui valut le grade de maréchal de camp, le 22 février 1829. Appelé de nouveau comme aide de camp auprès du duc d'Angoulême, le général de la Hitte fut en même temps nommé membre du Comité de l'Artillerie.

Lors de la préparation de l'expédition d'Alger, au commencement de 1830, le général de la Hitte fut désigné pour commander l'artillerie de l'armée de débarquement et contribua, par la sage organisation qu'il sut donner à son artillerie, au succès des opérations. Au combat de Staouëli, l'artillerie de campagne, brillamment enlevée par son chef, se porte en avant de l'infanterie et, à très petite distance, ouvre le feu à découvert contre les pièces turques de gros calibre protégées par des épaulements; puis, tandis que l'infanterie s'empare des batteries turques et tue les canonniers sur leurs pièces, elle allonge son tir sur le camp de l'ennemi. Enfin, c'est au général de la Hitte qu'on est redevable des habiles dispositions prises pour le siège du fort l'Empereur et qui ont eu pour conséquence la chute d'Alger.

Classé au cadre de réserve le 25 mai 1832, le général de la Hitte ne fut rappelé que six ans plus tard à l'activité et envoyé à Besançon pour y commander l'Artillerie.

Le maréchal Valée, gouverneur général de l'Algérie, avait eu l'occasion de travailler avec le général de la Hitte, lorsqu'il préparait la transformation du matériel; aussi l'appela-t-il auprès de lui à Alger, en 1839, pour commander l'artillerie de l'armée d'Afrique. De la Hitte prit ainsi une part importante aux expéditions de cette époque et fut mis à l'ordre du jour de l'armée, comme s'étant fait remarquer par sa valeur, son zèle et son habileté. Le 21 juin 1840, il recevait le grade de lieutenant-général, était investi des fonctions d'inspecteur général des troupes d'artillerie en Afrique et redevenait membre du Comité de l'Artillerie qu'il était appelé à présider deux ans après.

Chargé du portefeuille des Affaires étrangères, le 17 novembre

1849, le général de la Hitte resta ministre jusqu'au 9 janvier 1851. Dans ce poste délicat, il eut à défendre les intérêts de la France et à faire valoir ses droits, spécialement à Buenos-Ayres, en Grèce, à Rome et en Syrie.

Il fit ensuite partie de l'Assemblée législative comme représentant du département du Nord et reprit, le 8 juillet 1851, les fonctions de président du Comité de l'Artillerie, dans lesquelles il fut maintenu jusqu'au 1er janvier 1864, bien qu'il eût été classé par la limite d'âge dans le cadre de réserve en 1854.

C'est dans cette longue période d'études qu'il s'adonna à la réforme de notre matériel et fit adopter l'artillerie rayée, qui parut, pour la première fois, sur les champs de bataille de l'Italie et contribua alors grandement à nos succès.

Le général de la Hitte a su discerner parmi les officiers d'artillerie qui s'occupaient des questions techniques ceux dont les propositions étaient les mieux étudiées, les plus rationnelles et les plus mûres; il les a aidés de ses conseils basés sur une longue expérience, leur a prêté l'appui de sa grande autorité auprès de l'Empereur et dans le Comité, et a su leur assurer les récompenses et la considération qui leur étaient dues pour leurs travaux.

Le plus célèbre de ces collaborateurs du général de la Hitte a été Treüille de Baulieu, qu'il a conservé longtemps auprès de lui au Dépôt central comme Directeur de l'atelier de précision. En 1855, le général de la Hitte avait chargé le commandant Treüille de Baulieu d'établir le projet des tracés des rayures et des projectiles pour les expériences à faire sur les pièces de 16. Ces expériences faites à Calais ayant donné des résultats remarquables, l'Empereur donna l'ordre de poursuivre de pareilles études sur le canon de 24.

Mais la campagne d'Orient venait de prendre fin; on songea alors à profiter des loisirs de la paix pour chercher à modifier les pièces de côte, de campagne et de montagne suivant les principes qui avaient donné pour les pièces de siège des résultats si satisfaisants.

Le général de la Hitte confia de nouveau cette importante étude au commandant Treüille de Baulieu. Désireux de conserver à l'artillerie de campagne son caractère de mobilité, tout en permettant de donner aux pièces une solidité suffisante pour résister au tir des projectiles oblongs, il proposa l'adoption du calibre 86^{mm},5, intermé-

diaire entre le 4 et le 6, et chargea le Directeur de l'atelier de précision
d'étudier, dans tous ses détails, non seulement une pièce de campagne,
mais aussi une pièce de montagne de ce calibre, pour ne pas déroger
au principe de l'unité des calibres destinés à l'artillerie de campagne
et de montagne.

D'après une note de l'Empereur, les canons de 24 devaient servir
pour les côtes et les places, le canon de 12 devait servir pour le
siège et le canon de 4 devait former la seule artillerie de campagne,
mais après avoir été toutefois allégé de manière à ne peser que 350^{kg}.

Le général de la Hitte fit alors établir, par le commandant
Treüille, le dessin de la nouvelle pièce de 4 qui devait satisfaire aux
conditions posées. Le nouveau modèle ayant été approuvé, le général
de la Hitte fut chargé de la direction des essais, qui eurent lieu à la
Fère. Pendant ce temps, une commission mixte exécutait à Douai,
sous la direction du président du Comité, les expériences relatives au
tir en brèche, et alors, suffisamment éclairé, le Comité se prononçait
à l'unanimité pour l'adoption du nouveau système d'artillerie de campagne, avec le projectile de 84^{mm} de diamètre, muni de douze ailettes.
L'Empereur approuva cet avis, le 6 mars 1858, et décida en même
temps que ce système porterait le nom du général de la Hitte. Cette
récompense était bien due au président du Comité, qui, avec une
habileté supérieure et une persévérance incessante, avait dirigé
toutes les longues expériences, accepté toutes les responsabilités et
assuré le succès.

Quelques études complémentaires suivirent ces immenses travaux,
et un obusier rayé de montagne, créé par les ordres du général de la
Hitte, dans le système d'unité des calibres, fut adopté par le Comité,
dont l'avis fut approuvé par le Ministre, le 27 mars 1859.

Ainsi se trouva complétée l'adoption du système proposé par le
général de la Hitte au Ministre, le 3 juillet 1856.

Pendant sa longue présidence du Comité, le général de la Hitte
avait su prendre un grand ascendant sur tout le personnel de l'artillerie; sa droiture, son extrême bienveillance, ses manières distin-
guées et affables lui avaient conquis l'estime et l'affection de tous.

LE GÉNÉRAL PIOBERT.

Guillaume PIOBERT, né à la Guillotière (près de Lyon), le 23 novembre 1793, fils de Jean
Piobert et de Constance Chonègue; décédé à Baujeu (Rhône), le 9 juin 1871.

Les parents de Piobert, ruinés par la Révolution, durent se borner
à faire donner à leur fils les premiers éléments de l'instruction, et à
l'âge de seize ans Piobert entrait comme simple ouvrier dans une
manufacture de sa ville natale. Dénué de toute protection, sans autre
ressource que son travail, il semblait destiné à vivre dans l'obscurité,
et rien à cette époque ne faisait prévoir la brillante carrière qui lui
était réservée; mais, à défaut des dons de la fortune, il avait reçu en
partage une intelligence vive, une volonté énergique, un jugement
droit, enfin une vocation innée pour les études scientifiques. Son zèle
et son habileté le classèrent bien vite au nombre des meilleurs ouvriers, et dès cette époque ses aptitudes remarquables se signalèrent
par une modification fort ingénieuse qu'il imagina pour l'un des métiers à tisser employés dans son atelier. Il eut le courage, vraiment
extraordinaire chez un homme aussi jeune, de prélever sur son modeste salaire l'argent nécessaire pour compléter son instruction pendant les heures de liberté que lui laissait son travail, et son professeur,
reconnaissant bientôt ses rares facultés, le prépara à l'École Polytechnique. Il en subit avec succès les examens en 1813 et fit partie de
ces vaillantes promotions, qui, en 1814, prirent une part si active à
la défense de Paris.

Entré à l'École d'Application en 1815, le premier de sa promotion,
il en sortit pour servir avec le grade de lieutenant, à Toulouse, dans
une compagnie d'ouvriers d'Artillerie. Dès ce moment, il s'adonne
sans relâche aux travaux militaires et scientifiques qui doivent illustrer son nom. En 1821, il fait partie d'une commission chargée de
l'étude d'un matériel de montagne, prépare à lui seul un projet d'affût,
de canon et de projectile, et l'expose dans un Mémoire adressé au
Ministre de la Guerre. Ses chefs, pleins de confiance dans son jugement et sa capacité, ne lui ménagent pas leur appui; et le lieutenant
Piobert obtient la faveur, bien rare à cette époque, de soumettre ses
idées à la sanction de l'expérience; puis, les essais ayant pleinement

réussi, il est chargé d'établir un nouveau matériel de montagne. Soixante bouches à feu furent construites avec leurs affûts; une partie d'entre elles a été employée avec succès dans la guerre d'Espagne en 1823, et ensuite, sauf quelques modifications de détails, au moment de la conquête de l'Algérie.

Après avoir entrepris une série d'expériences sur différentes questions intéressant son arme, et adressé en haut lieu plusieurs Mémoires traitant du tirage des voitures, de leur tournant, de la résistance et de la construction des affûts et des roues, Piobert fut, en 1822, attaché au Dépôt central, pour collaborer à l'établissement d'un nouveau système d'artillerie, et nommé aide de camp du général Valée. Dans ces nouvelles fonctions, il prit la plus large part à la création du matériel qui fut adopté sous le nom de système Valée.

En 1831, un cours d'Artillerie destiné à embrasser à la fois les détails pratiques et la théorie scientifique de ce service fut créé à l'École d'Application et Piobert, qui avait été chargé d'en fixer le programme, le professa jusqu'en 1836. Son arrivée à Metz marque le début d'une nouvelle phase dans sa vie de savant et d'inventeur; c'est dans cette ville qu'il put réaliser et compléter par de nombreuses expériences des recherches, qu'il avait entreprises antérieurement et aborder de nouvelles études au sein de la commission des *Principes du tir*.

Depuis longtemps l'attention des officiers d'Artillerie avait été fixée sur la prompte détérioration, qui menaçait les canons de gros calibre tirant à forte charge; Piobert, frappé de l'importance capitale qui s'attachait à une pareille question, s'appliqua avec l'ardeur et la ténacité, bases de son caractère, à l'étude de la déflagration et de l'explosion des gaz de la poudre : il soumit à l'analyse mathématique les principaux éléments d'un phénomène, dont les effets compliqués et la faible durée avaient découragé des savants illustres comme Euler, Lagrange et Poisson, et adressa au Ministre, en 1833, un mémoire sur les effets des différentes poudres et sur les moyens de les rendre inoffensives dans les bouches à feu. Il affirmait nettement que la détérioration des canons était due au mode de chargement jusqu'alors en usage, ce chargement déterminant une trop grande rapidité dans l'inflammation de la poudre, et, comme conséquence, un développement brusque de pressions énormes et dangereuses; il concluait en déclarant nécessaire l'emploi d'une gargousse allongée.

De nombreuses expériences, exécutées par les soins de la Commission des *Principes du tir,* vinrent confirmer ses prévisions et la supériorité du nouveau mode de chargement fut bientôt universellement reconnue. Sans rien laisser à désirer sous le rapport de la simplicité, de la justesse du tir et de la vitesse initiale, il prolongeait, bien au delà des limites ordinaires, la conservation de la bouche à feu. C'est vingt ans plus tard, à Sébastopol, qu'on put apprécier toute l'importance pratique de la proposition de Piobert. On constata en effet que les canons en fonte avaient tous été mis hors de service, après avoir tiré en moyenne 700 coups; les canons en bronze au contraire, munis de gargousses allongées, avaient supporté plus de 2000 coups sans avarie sérieuse. Que serait-il advenu si les canons en bronze n'avaient pu tirer que 300 coups, comme cela avait eu lieu au siège d'Anvers?

En 1832, Piobert proposa pour l'opération du tir en brèche une marche nouvelle, toute différente de celles qui s'étaient pratiquées jusqu'alors et permettant de réduire à six heures le temps nécessaire à la destruction des murs d'escarpe. Ce procédé fut étudié par la Commission de Metz, en 1834, et les prévisions de son auteur se trouvèrent pleinement confirmées par l'expérience. L'importance d'une pareille innovation ne pouvait échapper à personne; le siège de Constantine en fournit d'ailleurs, en 1832, la preuve la plus éclatante. Nous étions à court de projectiles; l'escarpe de la place, en maçonnerie formée de gros blocs et de roches dures, fut attaquée suivant la méthode indiquée par Piobert, qui assistait aux opérations du siège; elle s'écroula lorsqu'il ne restait plus que deux coups par pièce : avec l'ancien procédé du tir en brèche, les batteries étaient réduites au silence, et la France exposée à un humiliant insuccès.

Après avoir présenté, en 1835, à l'Académie des Sciences, son célèbre Mémoire sur la théorie des effets de la poudre, qui fut inséré dans le *Recueil des Savants étrangers,* Piobert s'appliqua sans relâche à compléter cette étude et à en généraliser les résultats. Il parvint, par une analyse savante, à donner une solution complète à la question si compliquée du mouvement de la bouche à feu, du projectile et des gaz de la poudre, en la faisant dépendre, pour chaque cas particulier, de quelques données déterminées par l'expérience. Les résultats de ces remarquables travaux furent réunis dans un Mémoire sur le mouvement des fluides élastiques dans les tubes à section constante et présentés à l'Académie des Sciences.

Aux recherches personnelles de Piobert vinrent s'ajouter les belles études dont il partage l'honneur avec Morin et Didion, et qui portèrent sur la vitesse initiale des projectiles, sur leur pénétration dans les milieux résistants, sur leurs charges d'éclatement, sur la résistance que l'air et les liquides opposent à leur mouvement. Plusieurs de ces travaux avaient été communiqués à l'Académie, et celle-ci, après avoir décerné un prix à Piobert en 1839, lui ouvrait ses portes l'année suivante.

Colonel en 1845, Piobert fut nommé Directeur du service des poudres et Président de la Commission chargée d'étudier les questions scientifiques au Dépôt central de l'Artillerie. En 1848, il était nommé général de brigade, entrait au Comité de l'Artillerie, et en 1852 obtenait le grade de général de division.

Les rares loisirs que lui laissèrent les importantes fonctions dont il fut successivement revêtu furent consacrés par ce travailleur infatigable à la revision de ses anciens travaux et à l'étude de questions nouvelles. Il écrivit en dernier lieu son *Traité d'Artillerie théorique et pratique,* dans lequel il présentait l'ensemble de ses travaux, constituant ainsi, comme le disait plus tard le général Morin, une nouvelle science de l'Artillerie, une nouvelle base de l'enseignement dans toutes les écoles militaires du monde.

Piobert quitta le service actif en 1858, après avoir été nommé grand officier de la Légion d'honneur; il parvint à un âge avancé, et mourut à Beaujeu, dans le département du Rhône, le 9 juin 1871. Sa vie est faite pour exciter l'admiration et peut être proposée pour modèle aux jeunes générations d'artilleurs. De simple ouvrier, il sut, par son seul mérite, s'élever aux plus hautes dignités dans la Science, aux plus hauts grades dans l'armée, et si les circonstances ne lui permirent pas, comme à ses aînés dans la carrière, d'assister à de nombreux combats pour y moissonner des lauriers, il servit le pays d'une manière non moins efficace en contribuant à perfectionner l'armement national, et en consacrant à ce but élevé les ressources d'une intelligence hors ligne et d'une infatigable activité.

LE GÉNÉRAL MAREY-MONGE.

Guillaume-Stanislas MAREY-MONGE, comte DE PÉLUSE, né le 19 février 1796, à Nuits (Côte-d'Or), fils de Nicolas-Joseph Marey et d'Émilie Monge, fille du grand Monge; obtint d'ajouter à son nom patronymique celui de son grand-père et de reprendre le titre accordé par l'Empereur à cet aïeul; décédé à Pommard (Côte-d'Or), le 15 juin 1863.

Entré à l'École Polytechnique en 1814, Marey subit à ses débuts diverses vicissitudes, car sa promotion fut licenciée en 1816. L'année suivante, cependant, il obtint d'être admis à Metz comme sous-lieutenant-élève d'artillerie et en sortit le 19 janvier 1820 seulement. Pendant dix ans, il continua de servir dans son arme et fit, comme capitaine en second à l'État-major de l'Artillerie, l'expédition d'Alger en 1830. L'aspect de ce pays, tout nouveau pour l'armée, cette population aux costumes bariolés, si différente de celle qui vivait sur la plage nord de la Méditerranée, tout lui rappelait que, dans son enfance, son grand-père avait pu lui dire des merveilles de l'Égypte. Son enthousiasme fut extrême et, dès lors, il résolut de consacrer son existence à la contrée qu'on venait de conquérir. Tout d'abord il se mêla aux Arabes, adopta leur costume, leur manière de vivre, apprit leur langue, et rendit bientôt assez de services pour qu'on lui confiât, dès l'automne, avec le grade de chef d'escadron provisoire, le soin d'organiser un corps de cavalerie indigène, sous le nom de chasseurs d'Afrique. Brillant cavalier, le commandant Marey sut inspirer de la confiance à ses hommes, les discipliner quelque peu et surtout les mener vaillamment au combat. Il fut légèrement blessé à leur tête, le 1er juillet 1831, en avant de Médéa. Les chasseurs furent réorganisés en mars 1832, sous le nom de spahis, et le chef d'escadron Marey en garda le commandement avec la confirmation de son grade. Ce fut le premier corps de cavalerie régulière indigène formé en Algérie, et il a justifié, par sa valeur et par ses services, toutes les espérances que l'on avait pu concevoir. Son chef reçut en même temps le titre d'agha des tribus du Sahel d'Alger soumises à notre domination. Soit comme chef de spahis, soit à la tête des contingents indigènes, il prit une part très active à tous les combats livrés dans la province d'Alger jusqu'en 1839. Il était partout et mérita huit fois d'être cité dans les rapports ou à l'ordre de l'armée. En 1839, il rentra en France comme colonel du 1ᵉʳ régiment de cuirassiers et reçut du maréchal Soult une mission au camp des troupes sardes, près de Turin. Sa conduite, en cette circonstance, lui valut des témoignages de satisfaction des deux ministres de la Guerre et des Affaires étrangères. Cependant l'Algérie l'attirait toujours; il y retourna en 1841, comme colonel du 2ᵉ régiment de chasseurs d'Afrique. Maréchal de camp en 1843, il reçut le commandement de diverses subdivisions et continua de prendre part à l'administration du pays, comme aux nombreux combats qui en amenèrent la soumission complète.

Toujours aussi intrépide, quels que fussent les dangers, il avait appris à régler la bouillante ardeur qui avait fait sa réputation. Ménager du sang des soldats, il cherchait à éviter maintenant les occasions de luttes armées, préférant lasser les résistances par un séjour prolongé sur le territoire des tribus révoltées. Cette tactique lui réussit souvent, à cause de l'influence qu'il avait acquise par ses relations de vieille date avec tous les chefs de tribus. Nommé général de division en 1848, il exerça pendant quelques mois les fonctions de gouverneur général par intérim, lorsque le général Cavaignac fut rappelé en France. Il y rentra lui-même à la fin de cette même année 1848, exerça le commandement de la division de Metz, demanda sans succès à faire partie de l'armée d'Orient, et fut admis au cadre de réserve le 20 février 1861. Nommé sénateur en 1863, il mourut à Pommard (Côte-d'Or) le 15 juin de la même année.

LE MARÉCHAL LE BŒUF.

Edmond Le Bœuf, fils de Jean-Claude Le Bœuf, chef de bureau à la Grande Trésorerie de la Légion d'honneur, et de Marie-Jeanne-Justine Normand; né le 5 décembre 1809 à Paris; marié le 15 mai 1848 à Marie Dauche décédé au Moncel, commune de Bailleul (Orne), le 7 juin 1888.

Le Bœuf se sentit de bonne heure poussé vers la carrière des armes, bien que cette vocation ne fût nullement encouragée par son père. Obéissant au désir paternel, il renonce à Saint-Cyr pour se présenter à l'École Polytechnique; reçu en 1828, il s'y maintient constamment dans les premiers rangs et allait opter pour les Ponts et Chaussées, quand éclate le mouvement de Juillet 1830. L'imminence d'une guerre détermine le jeune Le Bœuf à choisir l'Artillerie, où il est classé le premier de sa promotion. Sous-lieutenant du 6 août 1830 (^{1}), il est, après les deux années de Metz, promu lieutenant au 1er régiment et passe capitaine le 13 janvier 1837.

Une nouvelle expédition se préparait contre Constantine ; Le Bœuf obtient d'être classé à l'État-major de l'artillerie du corps expéditionnaire. La bravoure et la capacité dont il fait preuve pendant le siège le font remarquer et apprécier du général Valée, commandant en chef l'artillerie ; il va notamment, vers la fin du siège, reconnaître en plein jour, sous le feu de l'ennemi, l'emplacement d'une batterie de brèche à 150 mètres de l'enceinte. Aussi, lorsque Valée, promu maréchal, est appelé au commandement en chef du corps expéditionnaire, s'empresse-t-il de faire décorer le capitaine Le Bœuf et de le désigner pour servir auprès de lui en qualité d'officier d'ordonnance. En 1839, il le charge d'organiser l'artillerie d'une colonne destinée à occuper le port de Djidjelli. A plusieurs reprises, les Kabyles tentent de rejeter à la mer notre petite troupe, qui résiste avec vigueur aux attaques d'un ennemi très supérieur en nombre. Au cours d'un de ces engagements, le capitaine Le Bœuf, qui surveillait le tir d'un obusier, se voit tout à coup enveloppé par les Kabyles ; le pointeur s'étant enfui, le capitaine prend sa place ; par deux coups à mitraille, il jette la terreur parmi les assaillants et parvient à se dégager.

Rappelé auprès du maréchal, le capitaine Le Bœuf prend part aux expéditions des Portes de Fer, de Cherchel et du col de Mouzaïa ; il y donne de nouvelles preuves de son intrépidité et d'une activité infatigable. Le duc d'Orléans, qui en a été témoin, lui fait, à son retour en France, donner la croix d'officier de la Légion d'honneur, distinction rarement accordée à un capitaine en second.

Après avoir commandé à Strasbourg une batterie du 1er régiment, Le Bœuf est promu, en 1846, chef d'escadron au 6e d'artillerie qui,

---

(^{1}) En raison du rôle joué par l'École Polytechnique, une ordonnance du lieutenant-général du Royaume, en date du 6 août 1830, conférait aux élèves sortant de l'École le grade de lieutenant, en les faisant ainsi passer injustement devant les promotions précédentes. Le Bœuf se fit auprès d'Arago, directeur de l'École, l'interprète de ses camarades pour protester contre une telle faveur. L'ordonnance fut rapportée, mais on conserva la date du 6 août pour la nomination.

l'année suivante, quitte la garnison de La Fère pour celle de Vincennes. C'est là que viennent le trouver les événements de 1848. Le 24 février, il obtient de son colonel, malgré les instructions contraires laissées par le duc de Montpensier, de se porter avec deux batteries de 12 sur la route de Paris. Jusqu'au soir, il reste en position pour recueillir les troupes qui évacuent la capitale, leur proposant, mais inutilement, d'appuyer un retour offensif.

A la suite des journées de Février, le commandant Le Bœuf, péniblement impressionné par les événements auxquels il vient d'assister, demande à s'éloigner de Paris, à faire partie d'une armée qu'on devait former sur les Alpes. Mais Arago, alors ministre de la Guerre, qui se souvient de lui, l'appelle à un poste plus délicat dans les circonstances actuelles, en le nommant commandant en second de l'École Polytechnique, sous les ordres du général Poncelet. La part prise par les élèves aux derniers événements avait profondément troublé l'École; il s'agissait d'y rétablir l'ordre et la discipline. L'heureuse influence d'un chef à la fois bienveillant et énergique ne devait pas tarder à se manifester. Le 15 mai, apprenant que l'Assemblée nationale est envahie, Le Bœuf rassemble les élèves, leur adresse une courte allocution, puis, leur faisant prendre les armes, il les entraîne au Petit Luxembourg, où leur bataillon constitue pendant deux jours la garde de la Commission exécutive (¹).

Aux journées de Juin, alors que les insurgés cernent l'École pour tâcher de faire croire qu'elle fait cause commune avec eux, Le Bœuf, comprenant la nécessité d'arracher les élèves aux excitations malsaines, obtient un ordre écrit, signé de Garnier-Pagès, qui appelle les élèves au Palais-Bourbon. Il se met à leur tête et, franchissant les barricades, va se placer sous les ordres de Cavaignac.

Nommé lieutenant-colonel le 8 avril 1850, Le Bœuf ne rejoint qu'en novembre, à La Fère, le 8ᵉ d'artillerie, qu'il quitte pour prendre, comme colonel, le commandement du 14ᵉ d'artillerie à Douai

---

(¹) Dans la matinée du 15 mai, Le Bœuf obtient l'autorisation de quitter momentanément son poste; il court à la mairie de la rue Drouot, puis à l'église Saint-Vincent-de-Paul; trois heures à peine se sont écoulées, et déjà il est de retour. Dans l'intervalle, il s'est marié, au bruit de la générale que l'on bat dans Paris, avec Mˡˡᵉ Dauche, fille d'un chef d'escadron d'artillerie, et l'on peut dire que la cérémonie a été menée militairement.

(10 mai 1852). Ce régiment, dont le coup d'État n'avait pas été sans altérer la discipline, devient bientôt sous l'heureuse impulsion d'un chef dont les mérites étaient universellement reconnus, un des plus brillants et des mieux entraînés de l'Artillerie. Aussi, à la formation d'un corps expéditionnaire qui doit être dirigé sur la Turquie au commencement de 1854, le colonel Le Bœuf est-il désigné par le maréchal de Saint-Arnaud pour prendre le commandement de l'artillerie. Mais l'expédition prenant des proportions plus grandes, le général Thiry y est envoyé; le colonel Le Bœuf devient son chef d'État-major.

Le 20 septembre, avait lieu la bataille de l'Alma, qui devait rester dans la mémoire de Le Bœuf comme le plus beau souvenir de sa vie militaire. Lorsque le maréchal de Saint-Arnaud juge le moment venu de faire avancer la 4e division (Forey) placée en réserve, il ordonne au colonel Le Bœuf de prendre deux batteries à cheval de la réserve et de les porter rapidement sur le plateau qu'il s'agit de conquérir. Plaçant ses pièces en tête, Le Bœuf gravit la pente au galop par une assez bonne route, se déploie sur la hauteur en face du Télégraphe et nous assure définitivement la possession du plateau. Mais cette belle victoire n'est pas décisive et le siège de Sébastopol s'impose. Tout en conservant ses fonctions de chef d'État-major, le colonel Le Bœuf est appelé à commander l'artillerie de siège. A partir de ce moment, il ne cesse de présider à tous les travaux. D'une vigueur peu commune, aimant à tout voir par lui-même, il passe, pour ainsi dire, sa vie à la tranchée, où il ne manque que deux jours, par suite d'un violent accès de fièvre, sur les trois cent trente-cinq jours que le siège a duré. Par son entrain inaltérable, par son mépris du danger, il inspire une confiance absolue et un véritable attachement à ses canonniers; sa présence suffit pour relever leur moral que les lenteurs du siège, les souffrances et les privations ébranlent quelquefois. Le grade de général de brigade, qui lui est conféré le 24 novembre 1854, est la juste récompense de son courage et de son activité.

Désigné au commencement de 1855 pour commander l'artillerie du 1er corps, Le Bœuf reste néanmoins chargé de diriger l'artillerie des attaques de gauche et continue à déployer ses brillantes qualités en toutes circonstances, et notamment dans les combats de nuit des 22, 23 et 24 mai. Lorsque la prise de Malakoff détermina la chute de

Sébastopol, le général Le Bœuf n'avait pas fait construire moins de soixante batteries sous sa direction.

La réputation qu'il s'était acquise devait lui attirer bientôt de nombreuses marques d'estime de la part de l'Empereur. Désigné pour faire partie de l'ambassade extraordinaire du comte de Morny, en Russie, promu divisionnaire (30 décembre 1857), et membre du Comité de l'Artillerie, Le Bœuf est appelé à commander en chef l'artillerie de l'armée d'Italie.

L'Artillerie était alors en pleine transformation de matériel; aux multiples préoccupations du commandement allait donc s'ajouter la grande complication du mélange des pièces rayées avec les pièces lisses. L'ardeur infatigable de Le Bœuf supplée à tout. On le voit partout, aux avant-postes, où il préside lui-même à la construction des ponts de bateaux, comme à Turbigo et à Cassano; à l'arrière, où il surveille l'arrivée des parcs; sur le champ de bataille enfin, où il fait, avec un coup d'œil remarquable, intervenir l'artillerie au moment opportun. C'est ainsi qu'à Magenta, il conduit lui-même au général Regnaud de Saint-Jean-d'Angély trois batteries de la garde, qui appuient le mouvement des grenadiers et assurent la possession de Ponte Nuovo; à Solférino, il prend personnellement la direction supérieure de l'artillerie de la garde. Ces magnifiques batteries, rivalisant d'ardeur sous les yeux de leur ancien chef, prennent audacieusement position à 700 mètres du village de San Cassiano, qu'elles forcent l'ennemi à évacuer, et lorsque le Monte Fontana est enlevé, elles s'y déploient pour poursuivre de leurs projectiles l'ennemi, dont un orage terrible semble vouloir favoriser la retraite. Le lendemain, l'Empereur nomme Le Bœuf grand officier de la Légion d'honneur et, à son retour en France, le prend pour aide de camp.

La guerre terminée, le général Le Bœuf vient reprendre sa place au Comité de l'Artillerie, à la présidence duquel il est appelé le 30 décembre 1863. Honoré de la confiance de l'Empereur, il prend pendant dix ans la part la plus importante à toutes les questions qui intéressent l'arme. Il conduit avec son activité habituelle les expériences relatives à un fusil se chargeant par la culasse et dote l'infanterie du fusil modèle 1866, dit *fusil Chassepot*, qu'on pouvait alors considérer justement comme supérieur à tous les fusils des autres puissances. Il s'occupe aussi, dès 1867, de mettre à l'étude un canon se chargeant par la culasse ; malheureusement, aucune solution satisfaisante de la question n'est présentée avant 1870.

À la suite de la guerre de 1866, le général Le Bœuf est chargé par l'Empereur de procéder comme commissaire français à la remise de la Vénétie à l'Italie, mission difficile, où sa fermeté et son esprit de conciliation font échouer les efforts tentés par les Italiens pour écarter l'intervention de la France.

Le général Le Bœuf commandait le 6ᵉ corps à Toulouse, lorsque la mort du maréchal Niel, qui l'avait désigné à l'Empereur comme l'un des généraux les plus aptes à le remplacer, l'enleva à cette haute position qui lui convenait plus que toute autre : il se vit forcé d'accepter le portefeuille de la Guerre (20 août 1869).

Au 2 janvier, lors de la formation du ministère Ollivier, au 7 mars, lors de l'interpellation sur le gouvernement de l'Algérie, il donne sa démission, mais les instances de ses collègues, le désir formel de l'Empereur, la lui font retirer. Fatale condescendance ! Élevé le 24 mars à la dignité de Maréchal, il se trouve rivé à un poste dangereux que l'honneur et la reconnaissance lui font dorénavant un devoir de ne plus abandonner. La guerre est déclarée, et le ministre, devenu major général, est rendu responsable de nos premiers revers par l'opinion publique affolée.

Lorsque l'Empereur abandonne, avant de quitter Metz, le commandement de l'armée, Le Bœuf se démet, le 15 août, de ses fonctions de major général et prend le commandement du 3ᵉ corps. Aux batailles de Rezonville, de Saint-Privat, de Noisseville, il se montre ce qu'il a toujours été, en Afrique, en Crimée comme en Italie, le chef plein d'entrain et de bravoure, brillant au feu, énergique dans les conseils. Après avoir subi à Bonn les tristesses de la captivité, il séjourne quelque temps à La Haye ; au mois d'août 1871, l'Assemblée nationale ayant pris en considération une proposition d'enquête sur la guerre de 1870, il rentre en France pour se tenir à la disposition du gouvernement. A partir de cette époque, le maréchal Le Bœuf vécut retiré dans sa propriété du Moncel, près d'Argentan ; c'est là qu'il s'éteignit le 7 juin 1888, ayant accepté avec une noble résignation la responsabilité morale d'actes et de dispositions qui n'avaient pas été les siens et qu'il avait même combattus, ayant remporté sur lui-même cette difficile victoire de rester silencieux devant l'injustice.

Mais le simple exposé de cette vie, si dévouée et si chevaleresque dans la prospérité, si loyale et si digne dans le malheur, ne suffit-il pas pour assurer au maréchal Le Bœuf la place qui lui est due parmi ceux qui ont bien aimé et bien servi la Patrie?

LE GÉNÉRAL AUGER.

Charles A U G E R, né le 29 juillet 1809, à la Charité-sur-Loire (Nièvre), fils d'un commerçant de cette ville; blessé mortellement à Solférino, le 24 juin 1859.

Auger fut l'un des officiers les plus capables dont puisse s'honorer l'Artillerie. Entré à l'École Polytechnique le 1er novembre 1829, il obtint, après un assez court séjour au régiment, d'être envoyé en Algérie, où il fit campagne en 1833 et 1834. A sa rentrée en France, il occupa diverses situations, qui lui permirent de se familiariser avec les services si variés que comporte l'arme de l'artillerie. En 1841, retourné sur sa demande en Afrique, pour commander une batterie de montagne, il prit une part très active au combat du bois des Oliviers, le 25 novembre, ce qui lui valut une citation à l'ordre de l'armée. Le général Changarnier, qui l'avait remarqué, demanda à se l'attacher comme officier d'ordonnance; mais les armes spéciales n'aiment pas à perdre leurs bons serviteurs et l'Artillerie opposa un refus formel, alléguant que peu d'officiers avaient, comme le capitaine Auger, des connaissances étendues en construction, et qu'il ne pouvait être suppléé pour les travaux des bâtiments, dont la direction allait lui être confiée.

Ces occupations ne l'empêchaient pas de prendre part aux actions de guerre et il se distingua lors de la grande razzia de Zouilan, le 1er juillet 1842, ainsi qu'aux combats du 11 au 13 juin 1845, au Khramis des Beni-Snous. Un séjour prolongé en Algérie, de 1841 à 1848, le zèle assidu dont il faisait preuve en toutes circonstances, l'étendue et la variété de son savoir, l'avaient fait grandement apprécier par les généraux de l'armée d'Afrique et, lorsqu'en 1848 les événements les portèrent au pouvoir, ils lui confièrent la direction du service de son arme au Ministère, quoiqu'il ne fût encore que chef d'escadron. Il conserva cette position du 19 mai au 27 décembre et, en la quittant, il fut chargé de présider à Metz une commission d'expériences, sur la recommandation des généraux de Laplace et Thiry, bons appréciateurs de son mérite.

La guerre de Crimée, où l'Artillerie eut un rôle si considérable et si glorieux, lui valut le grade de colonel. C'est là qu'il se lia avec le général Le Bœuf qui, frappé de sa valeur et de la distinction de ses services, voulut s'assurer sa collaboration lorsqu'il eut à commander l'artillerie, à la guerre d'Italie, en 1859. Le général Auger justifia la bonne opinion qu'on avait de lui par sa brillante conduite à la bataille de Magenta. La suite de la campagne lui réservait de nouveaux succès, qu'il devait malheureusement payer de sa vie. A la bataille de Solférino, il fut atteint au milieu de ses batteries d'un boulet de petit calibre, qui lui fracassa l'épaule et le renversa de cheval. Détail singulier, qui prouve le trouble dont on est trop souvent atteint dans de pareils moments : les chirurgiens qui se précipitèrent pour donner leurs soins au général Auger ne remarquèrent pas que le projectile, arrivé au terme de sa course, était resté dans la plaie, et ils l'enfermèrent dans le pansement. On ne s'en aperçut que trop tard; la blessure d'ailleurs était mortelle. Frappé le 24 juin, le général Auger succomba le 30, sans avoir pu apprendre que la reconnaissance de l'Empereur lui avait conféré le grade de général de division.

LE MARÉCHAL BOSQUET.

Pierre-Joseph-François BOSQUET, fils de Joseph-François Bosquet, conservateur des hypothèques à Mont-de-Marsan, et de Marie-Anne Couat; né à Mont-de-Marsan (Landes), le 8 novembre 1810; décédé à Pau le 3 février 1861.

Une exubérance toute méridionale, servie par une constitution robuste et un tempérament de fer, une résolution prompte et nette, voilà ce que les camarades remarquent d'abord chez le jeune Bosquet, qui prend très vite sur eux une influence marquée. Entré à l'École le 1er novembre 1829, il s'y trouvait lors de la révolution de Juillet 1830 et fut au nombre des élèves qui se mêlèrent d'une manière active à l'insurrection. Sans repousser ce souvenir, il n'aimait pas qu'on le lui rappelât, lorsque, plus tard, formé à la vie militaire, il avait adopté des opinions assez différentes sur la nécessité

de maintenir l'ordre dans les sociétés et la discipline dans les armées.
Quatre mois après la révolution de Juillet, il allait à Metz avec sa
promotion, comme sous-lieutenant d'artillerie, et en sortait le
5 avril 1833. Doué d'une très grande aptitude pour l'étude et le travail, il possédait déjà un savoir considérable, qu'il a toujours eu le
soin d'accroître, un art d'observation très fin, le don de juger les
hommes à leur juste valeur et l'habileté de leur faire accepter sans
peine la supériorité de son esprit.

Envoyé en Afrique, après un court séjour au régiment, il était
donc, malgré sa jeunesse, préparé à jouer un rôle utile partout où il
serait employé. C'est dans la province d'Alger qu'il sert d'abord, et
il est signalé par ses chefs comme un officier hors ligne. On cite
sa conduite à Bougie, en 1834, à l'expédition de Médéa; en avril
1836, aux combats livrés sur la Chiffa; en août, septembre, octobre
de la même année, à la bataille de la Sickack et surtout à la défense de la redoute de Boudouaou, en mai 1837, qui lui vaut la décoration. Son avancement, toutefois, ne bénéficie point de toutes ces
citations élogieuses, car c'est le 27 août 1839 seulement qu'il est
nommé capitaine. Non content de servir comme artilleur, le capitaine Bosquet avait appris l'arabe, connaissait à fond les mœurs, les
habitudes et surtout le genre d'esprit des indigènes. Aussi le général
de La Moricière, chargé d'un commandement important, voulait-il
l'avoir près de lui et conserver surtout un auxiliaire qui lui rendait
d'importants services; mais l'Artillerie résiste et tient à faire rentrer
en France le capitaine Bosquet.

La Moricière réclame, et, dans une lettre au gouverneur de l'Algérie, conservée au Ministère de la Guerre, on lit cette phrase :
« Nous allons partir, et, par une fatalité que je déplore, on veut
m'enlever Bosquet, qui, comme vous avez pu en juger, m'est ici
de la plus indispensable nécessité ».

Nouveau refus et nouvelle insistance. Le général Bugeaud intervient
alors auprès du Ministre, qui nomme le capitaine Bosquet commandant de l'artillerie à Mostaganem. Il conserve ce poste pendant une
année, mais d'une façon nominale, étant toujours en course ou occupé d'affaires arabes; car il est aussi le chef de l'infanterie indigène
attaché au bey de Mascara. C'est cette troupe qui forma peu après le
fameux bataillon des tirailleurs indigènes de Mostaganem, vulgaire-

ment appelés turcos, et dont Bosquet eut le commandement officiel en 1842, quittant alors définitivement l'artillerie.

A partir de cette époque, sa carrière est tracée. Il cumule cette fonction avec celle de chef du bureau arabe et demeure pendant six ans le compagnon le plus dévoué, le plus utile du général de La Moricière dans toutes les expéditions qui rendirent définitive la conquête de la province d'Oran. Il payait sans cesse de sa personne; blessé d'un coup de feu à la tête au combat de Sidi-Lakhdar, le 14 janvier 1841, on le citait de nouveau au combat de l'oued Melah, au mois de juillet, et à ceux contre les Ouled Sabor et les Flittas, en janvier, en mai et en juillet 1843. Pendant toute cette période d'une guerre incessante, acharnée, chacun signale ses talents et sa grande capacité. Le général Fabvier, qui inspecte les tirailleurs en 1842, trouve que « le commandant Bosquet est un homme supérieur, ferme et zélé; il fera très bien aux tirailleurs, ou personne n'y réussira ». Le général Bugeaud, en 1846, déclare qu'il a sur lui la même opinion que les généraux La Moricière et Pélissier. A mesure que ses fonctions augmentent d'importance, il monte en grade. Il succède à Montagnac, comme lieutenant-colonel, après le massacre de Sidi-Brahim et à Saint-Arnaud, en novembre 1847, dans le commandement du 53e de ligne. Ce régiment doit rentrer en France, et, cette fois, on ménage une permutation, qui permette au colonel Bosquet de rester en Afrique, où il commande successivement les subdivisions d'Orléansville, de Mostaganem et de Sétif.

Dans le concert unanime des louanges dont on comble le colonel Bosquet, La Moricière, qui l'a vu de plus près, le distingue d'une manière spéciale. « C'est un officier qu'il faut faire avancer vite, dit-il dans un rapport de 1847, à cause des grands services que l'on doit en attendre. » Cette conviction était si fortement ancrée dans l'esprit du général de La Moricière, qu'un de ses premiers actes, en arrivant au pouvoir, fut de nommer le colonel Bosquet général. Il n'avait alors que neuf mois de grade et cette nomination n'était pas conforme aux règlements militaires. Elle fut vivement critiquée à l'Assemblée nationale, où le général de La Moricière en revendiqua hautement la responsabilité, déclarant qu'il l'avait faite moins pour récompenser les services rendus qu'en raison de ceux qu'un tel homme ne pouvait manquer de rendre à l'avenir. Le général Bosquet s'est chargé de jus-

tifier cette appréciation. Il prit part d'une manière brillante à divers
combats en Kabylie, fut blessé d'une balle à l'épaule à l'attaque du
col de Ménaïel et sauva par son énergie une colonne qu'il conduisait dans le Hodna, où elle fut surprise par un ouragan de neige.

Le coup d'État du 2 Décembre causa au général Bosquet un vif
ressentiment. Les généraux d'Afrique que l'on frappait étaient ses
chefs aimés, ses amis, ses protecteurs. Il crut devoir lier son sort au
leur et envoyer une vive protestation le soir même. Le traducteur du
télégraphe, alors chef de service à Sétif, trouva la chose grave et prit
sur lui de la retenir. Le lendemain matin, le général Bosquet demanda si sa dépêche était passée, on lui répondit que la brume avait
empêché de communiquer avec Alger et il la retira. Le général de
La Moricière fut surpris de son silence, que le colonel Charras, son
compagnon d'exil, lui fit remarquer. « Euh, mon cher, répondit-il, il
est du pays d'Henri IV ! » Malgré cet incident, les deux généraux
conservèrent les relations les plus amicales. Bosquet, se tenant à
l'écart de la politique, conserva à l'égard du gouvernement impérial
une attitude correcte, mais réservée, jusqu'à la guerre d'Orient.

Il était alors, depuis peu, général de division et fut désigné tout
d'abord pour prendre part à l'expédition, avec des troupes qui,
pour la plupart, avaient servi sous ses ordres en Algérie. Jusqu'alors il n'avait eu à commander que des colonnes peu nombreuses; on pouvait douter de la manière dont il se comporterait
dans une grande guerre. De suite le général Bosquet fit preuve de
talents supérieurs. A la bataille de l'Alma, sa division traversa la
première le ruisseau, escalada les hauteurs et tourna la gauche de
l'armée russe. En arrivant devant Sébastopol, il comprit avant tout
que la durée du siège serait longue et prescrivit à ses troupes d'élever
les retranchements formant circonvallation, qui furent si utiles plus
tard. A la bataille d'Inkermann, c'est lui qui, accourant au feu, sauva
l'armée anglaise d'une destruction totale. Pendant toute la campagne,
sa fermeté ne se démentit pas et lorsque l'armée, dont l'effectif
croissait toujours, fut partagée en plusieurs corps, le commandement de l'un d'eux lui fut donné, le 10 janvier 1855. Il fut cité
encore une fois à l'ordre de l'armée pour l'enlèvement du mamelon
Vert et des redoutes qui le couronnaient, le 7 juin 1855. Lorsque le
général Pélissier crut le moment propice pour donner l'assaut final,

le général Bosquet fut d'un avis opposé et prédit un échec. Pélissier était très autoritaire, il ôta le commandement à son subordonné. Mais il avait aussi le mérite de reconnaître ses erreurs et d'en accepter la responsabilité. Il le lui rendit le lendemain de l'échec prévu, et les relations des deux généraux restèrent cordiales.

Enfin lorsque, le 8 septembre 1855, l'artillerie eut suffisamment préparé par son feu violent la ruine des défenses de la place, c'est le corps du général Bosquet qui fut chargé d'assaillir les fronts de Malakof. Il se conduisit avec sa vaillance accoutumée et fut frappé d'un éclat d'obus à la poitrine, qui ne lui permit pas d'assister à la fin de la lutte. La gravité de cette blessure l'obligea même à rentrer en France. L'Empereur le nomma Sénateur et Maréchal de France à la conclusion de la paix. Lors de l'organisation des grands commandements on lui donna celui de Toulouse, où on le vit à peine. Une attaque d'apoplexie le frappa à Paris, au mois de juillet 1858, et détruisit cette puissante organisation. On espéra un moment qu'il pourrait se rétablir. Il n'en fut rien et, pendant deux ans et demi, il présenta le douloureux spectacle d'une intelligence qui s'affaisse peu à peu avant de disparaître. Que de fois, à l'époque de nos malheurs, n'avons-nous pas entendu dire : « Ah! si Bosquet eût été là! » Et l'on avait raison de le regretter, car c'était un chef vraiment supérieur.

LE GÉNÉRAL RIVET.

Marie-Constant-Alphonse RIVET, fils de Guillaume-François-Louis Rivet, receveur principal des Douanes, et de Marie-Madeleine-Scholastique Declèves; né à Coblentz, le 15 janvier 1810; tué à l'assaut de Sébastopol, le 8 septembre 1855.

Quoique moins populaire que son camarade de promotion Bosquet, le général Rivet n'en a pas moins été une des gloires de l'armée d'Afrique. Son grand sens, sa droiture, l'aménité de ses relations, joints à son mérite personnel, lui valurent l'estime et l'affection de tous ceux qui l'ont connu. Chef d'État-major de Pélissier, il avait pris un grand empire sur l'esprit de ce chef, si capable, mais souvent irascible, et il était traité par lui avec une considération particulière.

Entré à l'École le 1er novembre 1829, à celle de Metz le 6 août 1831, sous-lieutenant d'artillerie le 5 avril 1833 et lieutenant en second le 1er janvier 1834, le jeune Rivet s'embarquait pour l'Algérie le

16 juin de la même année. Il devait y rester, sans autre interruption que de rares congés, jusqu'en 1855, car chaque fois qu'un changement de grade l'appelait en France, il trouvait le moyen d'être maintenu en Afrique. Dès ses débuts, il s'y fit remarquer par sa bravoure, son sang-froid et surtout par son aptitude à servir dans les emplois les plus divers. Sa modestie égalait sa capacité, à tel point qu'ayant été cité quatorze fois à l'ordre de l'Armée, il ne prit pas le soin de le faire constater régulièrement; de sorte que le conseil d'administration du 8e régiment de hussards ayant à faire établir l'état de ses services, les bureaux du Ministère ne purent retrouver que trois citations.

Le maréchal Clauzel l'avait signalé à la première expédition de Constantine, si bien qu'en 1839, lorsqu'on hésite à décorer le lieutenant Rivet, jugé trop jeune, il fait une démarche personnelle et décisive auprès du Ministre de la Guerre, quoique n'ayant plus Rivet sous ses ordres.

Rivet fait une étude approfondie de la langue et des mœurs des Arabes, ce qui décide le général Bugeaud à demander qu'il lui soit attaché. L'Artillerie conteste au gouverneur de l'Algérie le droit d'avoir un officier d'ordonnance pris dans les armes spéciales, et cela amène un long échange de lettres, avant que la ténacité infatigable du général Bugeaud ait le dessus. Le général Bugeaud, après avoir eu trois ans le capitaine Rivet dans sa maison militaire, réclamait pour lui de l'avancement, par une lettre écrite en entier de sa main le 24 septembre 1843, au Ministre de la Guerre.

J'ai eu l'honneur de vous demander l'emploi de chef d'escadron resté vacant dans le corps des spahis, pour M. le capitaine d'artillerie Rivet, mon officier d'ordonnance. Je tiens tant à cette nomination que j'en renouvelle la demande au moment de monter à cheval. C'est que M. Rivet a toutes les qualités désirables dans un officier supérieur de cavalerie légère et surtout de spahis : il est brave, instruit, intelligent, dévoué; il monte parfaitement à cheval, parle et écrit l'arabe. C'est une de nos espérances pour le gouvernement de ce peuple. Je serais bien heureux de recevoir sa nomination en rentrant à Alger.

Malgré « les considérations d'un ordre élevé que M. le lieutenant-général Bugeaud fait valoir », la direction de l'Artillerie s'oppose à la promotion demandée, au nom des règlements : Rivet n'est que le 17ᵉ des capitaines en second. C'est le 23 juin 1844 seulement, que le gouverneur de l'Algérie obtient le passage de son officier d'ordonnance dans la cavalerie indigène, comme chef d'escadron.

Le maréchal Bugeaud ne cessait de le vanter; en 1846, il obtient pour lui le grade de lieutenant-colonel au 2ᵉ régiment de chasseurs d'Afrique, « à cause des grands services qu'il rend et de la part très active qu'il a prise à tous les faits de guerre... Ce n'est pas une petite besogne, ajoute-t-il, que de traiter avec tant de tribus, pour la politique et cent autres choses. » Et cette appréciation n'était que justice ; la loyauté qu'il observait dans toutes ses relations inspirait confiance aux indigènes, toujours soupçonneux et méfiants. Devenu colonel, Rivet était souvent détaché des corps auxquels il appartenait, pour remplir les fonctions de chef d'État-major ou de directeur des Affaires arabes. Il succéda dans ce dernier poste au général Daumas, qui y avait acquis une grande réputation. En 1848, le général Charon signale que la bonne et solide organisation de l'Aghalick des Flissa est due au colonel Rivet ; et cette tribu guerrière était l'un des centres de la résistance dans la Kabylie.

Enfin, en 1852, il est nommé général et chef d'État-major de l'armée d'Afrique. Lorsque éclate la guerre d'Orient, le général Rivet demande à y être envoyé. Il ne l'obtient pas de suite, mais, en janvier 1855, il est nommé chef d'État-major du 1ᵉʳ corps. Là, comme partout, il sut vite se faire hautement apprécier. Il fut particulièrement cité pour le combat livré dans la nuit du 1ᵉʳ au 2 mai devant Sébastopol. Sa mort, causée par un éclat d'obus qui lui coupa une artère, le jour de l'assaut final, fut un deuil pour l'armée, où il ne comptait que des amis.

LE GÉNÉRAL SUSANE.

Louis-Auguste-Victor-Vincent SUSANE, né le 23 décembre 1810 à Pérouse, département de Trasimène (États Romains), fils de Pierre-Joseph Susane et de Jeanne-Félicité Reyter; marié le 27 juin 1840 à Jenny-Alexandrine-Auguste Pithou; décédé le 30 septembre 1876, à Meudon.

Entré à l'École Polytechnique en 1829, Susane n'y reste que dix-huit mois et débute, en 1833, comme sous-lieutenant au 2ᵉ régi-

ment d'artillerie. Capitaine en 1839. il est choisi comme aide de camp
par le général baron Neigre, celui-là même qui avait commandé, en
1815, l'artillerie de la dernière armée de l'Empire. Le jeune officier
fut ainsi éloigné du service des régiments, où il avait eu l'occasion
de se faire apprécier, pour n'y plus rentrer que pendant quelques
mois, comme chef d'escadron. Il devait d'ailleurs briller dans la nouvelle voie où il était engagé. Le général Neigre exerçait les hautes
fonctions de directeur général des Poudres et Salpêtres; son aide de
camp se livra avec ardeur à toutes les études concernant la fabrication
des poudres. Nommé rapporteur de trois commissions importantes,
celle du lissage des poudres de guerre, celle des expériences du tir en
brèche de Bapaume et celle du pyroxyle, il se signala, surtout dans
ce dernier rapport, souvent cité comme un modèle du genre, par la
clarté, la précision et la connaissance approfondie des détails.

Le 24 août 1847, le capitaine Susane devenait aide de camp du
général Tugnot de Lanoye, le nouveau directeur général des Poudres
et Salpêtres; enfin, le 19 mai 1848. après un court passage comme
sous-directeur à la capsulerie de Paris, il était nommé chef du personnel du service de l'artillerie au Ministère de la guerre. C'est à
cette époque qu'il commença la publication de son *Histoire de l'ancienne Infanterie française.*

Promu au grade de chef d'escadron le 8 avril 1850, Susane quitta
trois mois plus tard son emploi au Ministère de la Guerre pour
rejoindre le 14e régiment; le 6 mars 1852, il était nommé directeur
de l'École centrale de Pyrotechnic militaire à Metz. Il occupa pendant près de douze ans ce poste, où l'appelaient ses études antérieures sur les poudres; il y fut promu lieutenant-colonel le
6 mars 1854, colonel le 13 mars 1857.

Il se signala, dès son début, dans ce commandement, par un grand
perfectionnement qu'il introduisit dans la fabrication des fusées de
guerre; il eut l'heureuse idée d'employer, pour le chargement de ces
fusées, de la poudre ronde de mine et il affranchit ainsi la fabrication
des dangers incessants que faisait courir le maniement de compositions non grenées. Ce résultat lui valut, par décret spécial, la croix
d'officier de la Légion d'honneur (14 octobre 1854).

Le colonel Susane transforma, pour ainsi dire, l'École de Pyrotechnic; il sut imprimer une puissante impulsion à ses travaux, tout

en l'améliorant sous le double rapport de l'instruction spéciale et de l'esprit militaire.

Cependant les fonctions de directeur ne l'absorbaient pas au point de l'éloigner complètement de ses études littéraires. Nommé en 1853 membre de l'Académie de Metz, il lut devant cette Société, dont il fut élu président en 1858, plusieurs Mémoires qui furent ensuite publiés dans les bulletins annuels : *Note sur le pyroxyle* (1855); *Note sur la gélatine* (1856); *Note sur la Champagne Pouilleuse* (1857); *Discours sur les Académies* (prononcé le 30 mai 1858, en prenant possession du fauteuil de la présidence); *Note sur l'invention de la poudre* (1860); *Louis XI et ses contemporains* (1862).

Le 23 décembre 1863, le colonel Susane fut appelé au Ministère de la Guerre comme directeur de l'Artillerie; c'est dans ce poste qu'il fut nommé général de brigade, le 4 mars 1864, et général de division le 23 mars 1870.

Le 8 juin 1871, par suite d'une organisation nouvelle, il était nommé directeur général du matériel au Ministère de la Guerre.

A ce titre, il fut chargé de fournir des documents et des renseignements sur l'état de notre artillerie, avant et pendant la guerre de 1870-71, à la Commission des marchés, instituée par l'Assemblée nationale. Importuné des demandes réitérées de la commission, il lui adressa une lettre un peu vive, à la suite de laquelle celle-ci exigea qu'il fût remplacé dans ses fonctions (8 février 1872).

Le général Susane fut alors nommé membre du Comité de l'Artillerie et inspecteur général en 1872, 1873, 1874. Membre du Comité de défense depuis le 11 juin 1873, membre d'une commission chargée d'étudier et de préparer l'institution d'une École supérieure de Guerre, le général Susane fut appelé à rendre un dernier service à l'Artillerie, comme président d'une commission, nommée le 31 juillet 1875 pour déterminer, d'une manière définitive et avant la fin des expériences exécutées dans les régiments, sur les batteries des systèmes de Bange et de Lahitolle, les dimensions extérieures des canons de 90^{mm} et de 80^{mm}.

Cette mesure, prise dans le but de mettre immédiatement en commande dans l'industrie les pièces de forge des canons, des tubes et des frettes, permit d'avancer de dix-huit mois l'époque à laquelle le nouvel armement put être terminé.

Pour occuper ses loisirs, après avoir quitté la direction de l'Artillerie au Ministère, il s'était remis avec ardeur à ses travaux littéraires. Sans parler d'une petite brochure, *l'Artillerie avant et depuis la guerre,* publiée déjà dans la *Revue des Deux-Mondes* du 15 janvier 1871, il fit paraître, en 1873, l'*Histoire de la Cavalerie française;* l'année suivante, il publia l'*Histoire de l'Artillerie.*

Le général Susane était à la fois un artilleur technique des plus compétents et un littérateur distingué. Aimant passionnément l'armée, il lui a consacré toute sa vie, et a laissé le souvenir d'un travailleur infatigable et d'un organisateur de premier ordre.

LE GÉNÉRAL TREÜILLE, BARON DE BEAULIEU.

Antoine-Victor-Thésée T R E Ü I L L E, baron D E B E A U L I E U, fils du colonel Jean-Pierre Treüille de Beaulieu et de Marie-Anne Schültz. Né à Lunéville, le 7 mai 1809; mort à Paris, le 24 juillet 1886.

Parmi les officiers qui ont contribué aux progrès des armes à feu, celui dont l'Artillerie française doit le plus s'enorgueillir est sans contredit Treüille de Beaulieu, l'auteur du premier canon rayé ayant paru sur un champ de bataille, l'homme qui, résumant en lui tous les travaux antérieurs, a, suivant l'expression du général Susane, possédé au plus haut degré la science de l'Artillerie et l'intuition pour la faire progresser.

Comme tous les novateurs, il eut de nombreuses déceptions; pour faire prévaloir ses idées, il soutint des luttes longues et difficiles; mais ses principes, longtemps méconnus et toujours confirmés par l'expérience, ont fini cependant par s'imposer. Plus d'une fois, il vit attribuer à d'autres les travaux qu'il avait accomplis; la justice, si lente qu'elle soit, finit par avoir son heure et on reconnaît aujourd'hui que Treüille de Beaulieu avait une richesse d'invention, qui lui a souvent permis de prêter à autrui, sans avoir rien à demander à personne.

Entré à l'École Polytechnique en 1829, il fut détaché comme capitaine, en 1840, à la manufacture d'armes de Châtellerault, où il se signala bientôt par une série de travaux, qui attirèrent sur lui l'attention de ses chefs.

Peu de temps après son arrivée, dans une des conférences hebdomadaires auxquelles assistaient tous les officiers de la manufacture, Treüille eut occasion de développer ses idées théoriques sur les armes à feu. Cet exposé ne lui valut, disait-il plus tard, qu'un succès d'estime et de curiosité ; il se décida alors à exécuter à ses frais quelques expériences, qui confirmèrent ses prévisions et prouvèrent la justesse de ses idées. Frappés des résultats obtenus, ses camarades l'engagèrent à rédiger sur ces nouveaux principes émis par lui un Mémoire et à l'adresser au Ministre. Ce Mémoire fut envoyé en 1842 ; Treüille y indiquait la possibilité, en employant judicieusement les gaz de la charge, d'améliorer la justesse du tir, d'atténuer le recul et, par suite, d'alléger l'arme et d'augmenter son efficacité. Il proposait d'étudier des armes se chargeant par la culasse, dont la fermeture serait obtenue au moyen d'un bouchon à vis avec filets sectionnés et dans lesquelles les rayures seraient assez larges et assez rapprochées, pour que leurs intervalles fissent des reliefs étroits.

Ce Mémoire valut à son auteur un témoignage de satisfaction, mais ce ne fut qu'en 1859 que Treüille put établir le projet d'un canon en acier à forcement complet, muni de ce système de fermeture.

En 1845, Treüille quitta Châtellerault pour prendre dans un régiment un commandement de batterie ; il avait abandonné ses études, quand, en 1851, les circonstances le forcèrent à les reprendre.

A cette époque, le président du Comité de l'Artillerie, ayant reçu du Ministre l'ordre de faire procéder à l'étude d'un mousqueton de cavalerie se chargeant par la culasse, songea à appeler Treüille auprès de lui, à l'atelier de précision du Dépôt central de l'Artillerie, et à lui confier ce travail.

Le programme avait été arrêté d'avance et les conditions imposées rendaient le problème difficile à résoudre ; on exigeait, en effet, que cette arme légère tirât la cartouche de la carabine à tige sans obliger à la saigner. Treüille accepta et réussit à exécuter un mousqueton, dont le recul était facilement supporté par l'épaule du tireur.

Le Prince Président qui avait demandé cette étude, apprenant qu'elle était réalisée, tint à examiner l'arme et se fit présenter son auteur. C'est ainsi que débutèrent, avec celui qui peu de temps après devint Napoléon III, des relations grâce auxquelles Treüille put exécuter ses plus importants travaux.

Dans cette entrevue, le Prince critiqua l'emploi de la capsule pour l'arme du cavalier et demanda à Treüille d'étudier un nouveau mousqueton du calibre de 18^{mm}, dont la cartouche porterait son amorce.

Treüille objecta qu'avec ce calibre la balle avait un poids qui forcerait de restreindre sa vitesse; il proposa de faire une arme de 9^{mm} tirant à grande vitesse une balle légère, douée d'une force de pénétration considérable, ajoutant que cette arme, si elle était réalisée, plus puissante que toutes celles qui existaient, deviendrait certainement le germe du fusil futur de l'infanterie. Sa proposition fut acceptée et l'arme de 9^{mm}, établie à Saint-Thomas d'Aquin, servit de type, deux ans plus tard, pour l'armement des Cent-Gardes.

C'est cependant le calibre de 11^{mm} qui fut adopté pour le fusil modèle 1866 de l'infanterie; l'arme de 9^{mm} était née trop tôt : les principes, sur lesquels elle était fondée, furent méconnus et on ne leur accorda quelque crédit en France, que lorsque les fusils Hebler et Rubin eurent fait leur apparition en Suisse et passé la frontière. Il fallut pour cela plus d'un tiers de siècle Il ne serait pas juste de refuser à Treüille de Beaulieu la part qui lui revient dans ce progrès considérable si tardivement réalisé.

Les études méthodiques sur l'application des rayures aux bouches à feu ne commencèrent en France qu'en 1850, à l'instigation de Tamisier. Ce dernier ayant quitté l'artillerie en 1851, une commission fut chargée de continuer les essais, mais, après quatre années d'expériences, pendant la guerre de Crimée, la question n'était pas résolue. Le siège de Sébastopol semblait devoir durer longtemps encore, et l'on regrettait de ne pas avoir à opposer aux bouches à feu russes des pièces plus puissantes que celles dont on disposait.

Le président du Comité de l'Artillerie fit alors appel à la science de Treüille et lui demanda de procéder à l'étude d'un canon de siège. Treüille choisit le canon de 16 de place, dont la grande longueur d'âme était favorable à la réalisation de ses principes théoriques, et, deux mois après, deux bouches à feu de ce calibre, rayées par lui, donnaient des résultats remarquables.

La chute de Sébastopol n'ayant pas amené la fin de la lutte, l'Empereur avait songé à transporter dans la Baltique le théâtre de la guerre et, dans un conseil tenu le 5 décembre, il demanda la création de soixante bouches à feu rayées. Trouvant le calibre de 16 insuffisant, il choisit celui de 24. Prévenu le 5 au soir, Treüille établit sans retard le projet de la nouvelle bouche à feu, le soumet le 6 au président du Comité et demande en même temps la mise en fabrication d'urgence de quatre machines à rayer, dont il se charge d'arrêter les dispositions. Six semaines après, les machines étaient prêtes et l'atelier de rayage organisé. Au mois de février, on tirait à Calais deux pièces déjà terminées et enfin, dans les premiers jours de mars, les soixante pièces demandées par l'Empereur étaient embarquées au Havre, ainsi que leurs munitions, quand le traité de paix, signé le 30 mars, vint rendre inutile cette formidable artillerie. Les canons de Treüille, disait le général de Laplace, avaient pesé dans la balance au traité de Paris.

En présence du succès dont il avait été témoin au tir de Calais, le président du Comité demanda à Treüille d'appliquer les mêmes principes aux bouches à feu de campagne et de montagne; ces nouveaux projets furent promptement établis.

Dès cette époque, Treüille aurait voulu recourir à l'acier et profiter de la résistance de ce métal pour augmenter les charges et allonger l'âme, tout en diminuant les épaisseurs. Dans un Mémoire adressé au Ministre le 1er juin 1856, il donnait le tracé d'un canon de 4 de campagne en acier, pesant 450kg. Il avait proposé à la même époque de rayer ceux des canons de 8, qui n'avaient pas été transformés en canons-obusiers de 12 léger, de façon à constituer à bref délai un matériel de campagne comprenant les deux calibres de 8 et de 4. Il eut le regret de voir ses idées ajournées et d'être obligé de conserver le bronze pour les canons qu'il avait à étudier.

Cette fabrication fut poussée activement, et six pièces de montagne, déjà prêtes au commencement de 1857, furent expédiées en Algérie et contribuèrent à la répression de l'insurrection kabyle. Six autres furent, quelque temps après, envoyées en Cochinchine.

Le canon de campagne en bronze, établi par Treüille, pesait 500kg; cette pièce était prête au mois de janvier 1857, quand l'Empereur imposa un nouveau programme et exigea qu'on réduisît à 350kg le poids de la bouche à feu de 4, afin de limiter à quatre chevaux l'attelage de chaque voiture. Treüille dut s'incliner; il refit un nouveau projet et, pour gagner du poids, il supprima les anses et remplaça le bourrelet en tulipe par une simple plate-bande. L'Empereur n'accepta pas cette modification et demanda que la forme primitive, qu'il trouvait plus gracieuse, fût conservée.

En 1858, à la suite de l'éclatement d'un canon de 30, à bord du *Suffren*, l'Empereur demanda à Treüille de rechercher le moyen de renforcer les bouches à feu en fonte. Des nombreuses tentatives déjà faites dans cette voie, aucune n'avait abouti. Treüille proposa d'appliquer sur le tonnerre des frettes en acier. Cette proposition, d'abord combattue, fut prise en considération, grâce à l'intervention directe du Souverain. L'expérience donna raison à Treüille, et un canon de 30, fretté dans les conditions qu'il avait fixées, après avoir résisté à Vincennes à un tir de plus de 1000 coups à la charge de guerre, fut remis à la Marine qui devait continuer les épreuves.

Ce tir n'était pas terminé, quand Treüille reçut une nouvelle demande aussi urgente que toutes celles qui l'avaient précédée. On était alors au mois de décembre 1858, l'expédition d'Italie était décidée en principe, et l'Empereur, en prévision du siège de Peschiera, avait songé à surprendre les Autrichiens en attaquant cette forteresse par le lac de Garde. Pour atteindre ce but, il désirait avoir, pour le printemps de l'année suivante, douze canonnières démontables, armées chacune d'un canon se chargeant par la culasse. Ce fut à Treüille qu'on s'adressa pour obtenir les bouches à feu.

Pour gagner du temps, il prit douze canons de 24 en fonte dans l'armement de Paris, les fretta et leur appliqua, sans expérience préalable, le système de fermeture à vis qu'il avait proposé en 1842. Les pièces étaient prêtes ainsi que leurs munitions, elles avaient été dirigées sur Gênes, quand la signature des préliminaires de paix les rendit inutiles. Elles furent ramenées à Toulon et, l'année suivante, quatre d'entre elles contribuaient, le 21 août, dans l'expédition de Chine, à la prise du fort du nord de l'embouchure du Peï-ho.

De retour à Toulon, plusieurs de ces canons furent soumis à des essais à outrance, à la suite desquels le Ministre de la Marine demanda que Treüille fût chargé d'appliquer son sytème de frettage et de fermeture de culasse à deux canons de 30 du modèle en service. Ces essais nouveaux furent décisifs; en 1862, le modèle établi par Treüille devint réglementaire et le mode de fermeture imaginé par lui s'appela *système de fermeture de la Marine*.

Au commencement de 1859, Treüille avait proposé à l'Empereur d'établir un canon de 30 en acier fretté capable de perforer à 1000 mètres les cuirasses de 0^m,10 d'épaisseur. Cette pièce fut mise en fabrication à Rive-de-Gier, dans l'établissement Petin et Gaudet. Les ouvriers de l'usine l'avaient surnommée la *Marie-Jeanne,* nom sous lequel elle est restée célèbre. Elle fut soumise à Gâvre à des essais à outrance et, lorsqu'elle fut sur le point d'éclater, Treüille sollicita et obtint l'autorisation de répéter sur ce canon une des expériences qu'il avait faites à Châtellerault en 1842 sur des fusils : la volée fut percée de 36 trous et, dans le tir, le recul se trouva réduit aux trois quarts de ce qu'il était avant l'opération.

Ces essais si intéressants ne furent pas continués. Treüille rédigea quelques projets nouveaux, mais, comprenant que son crédit auprès de l'Empereur avait diminué, il préféra rester dans l'ombre et garder pour lui ses études.

Cependant, en 1865, sur la demande du président du Comité, il établit le projet d'un canon de campagne en acier, se chargeant par la culasse. Cette bouche à feu était prête en mars 1867, quand Treüille, nommé général, dut quitter l'atelier de précision du Dépôt central, dont il était le chef depuis plus de douze ans, pour prendre le commandement de l'Artillerie à Douai. Après son départ, la nouvelle pièce fut d'abord mise de côté, puis tronçonnée et alésée au calibre de 8 sans avoir subi la moindre épreuve.

En 1870, pendant la guerre, Treüille retrouva son ancienne activité et cette puissance d'organisation qu'il avait montrée jadis. Le 17 octobre, le général Bourbaki estimait que, pour le corps d'armée qu'il était chargé de former, il faudrait 30 pièces de 8 ou de 12, le canon de 4 étant, disait-il, insuffisant devant les canons des Allemands. Treüille, voulant utiliser toutes les bouches à feu dont il disposait, chercha immédiatement à accroître la puissance des effets explosifs des projectiles de 4 et de 8. Il remplit de balles les obus ordinaires, les arma de fusées Demarets et augmenta la charge du canon. Essayée avec le canon de 4, cette transformation donna un résultat très satisfaisant; elle fut alors appliquée au canon de 8, et, dès le 1er décembre, Treüille était en mesure de fournir à l'armée du Nord 90 pièces, approvisionnées avec les munitions nouvelles, en état de lutter avec avantage contre l'artillerie de l'ennemi.

Le Gouvernement de la Défense nationale tint à reconnaître ces

importants services, et Treüille fut promu au grade de général de
division le 2 février 1871. Appelé au Comité de l'Artillerie le 4 juillet
suivant, il y siégea jusqu'au 8 mai 1874, époque à laquelle il passa
dans le cadre de réserve.

Dans la retraite et jusqu'à sa mort, Treüille ne cessa de suivre
avec intérêt toutes les études nouvelles et, plus d'une fois, ses conseils contribuèrent aux progrès réalisés. Il aimait à revenir dans cet
atelier de précision de Saint-Thomas d'Aquin, témoin de ses travaux; il en faisait le but de ses promenades quotidiennes, et là,
dans des conversations qu'écoutaient avec avidité ses jeunes auditeurs, il développait ses idées, parlait du passé et énonçait ses espérances pour l'avenir.

LE GÉNÉRAL VERCHÈRE DE REFFYE.

Jean-Baptiste-Auguste-Philippe-Dieudonné VERCHÈRE DE REFFYE, fils de Jean-Baptiste-
François Verchère de Reffye et de Marie-Louise-Joséphine Maudheux, né le 30 juillet
1821, à Strasbourg; marié le 1er décembre 1862 à Alix-Charlotte-Sophie-Virginie Ferréol;
décédé à Sceaux, le 3 décembre 1880.

Verchère de Reffye entra à l'École Polytechnique en 1841. A sa
sortie de l'École d'Application, il passa près de huit ans dans les corps
de troupe, qu'il quitta alors pour n'y plus reparaître que comme général de brigade.

En 1853, il était envoyé à la manufacture d'armes de Tulle. C'est
dans cet établissement qu'il commença à se signaler par l'invention
d'une machine à raboter les canons, et par ses premières études sur
le canon à balles, mieux connu sous le nom de mitrailleuse. Attaché
au Dépôt central de l'Artillerie, le 24 novembre 1857, il s'y fit remarquer par son intelligence hors ligne et son imagination féconde,
et l'Empereur, qui l'employait à des recherches personnelles dès
l'année 1859, l'attacha à sa personne, en qualité d'officier d'ordonnance, le 22 août 1862.

Pendant qu'il occupait ce poste, il créa l'atelier de construction
de Meudon, dont il fut nommé directeur. C'est là qu'il construisit
secrètement ses mitrailleuses, ses « filles de Meudon », comme il les
appelait, trop vantées avant la guerre, trop décriées depuis.

C'est encore à Meudon, en 1868, que le commandant de Reffye

commença l'étude de canons se chargeant par la culasse, auxquels l'armée reconnaissante a laissé le nom de l'inventeur. Son but était d'établir les bases d'une artillerie de campagne beaucoup plus puissante, en utilisant le bronze et la poudre en grains, dont la France possédait un stock considérable. Bien que l'engouement valu par la guerre d'Italie à nos canons rayés se chargeant par la bouche laissât peu d'espoir d'obtenir du Corps législatif les millions nécessaires au remplacement de notre vieux matériel, de Reffye ne se rebuta pas, et, avant le mois de juillet 1870, deux canons de 4 et deux canons de 7 étaient terminés et avaient subi les épreuves de tir à Versailles.

Ces bouches à feu constituaient un progrès considérable : caractérisées par la fermeture à vis, par l'emploi des gargousses obturatrices chargées avec des rondelles de poudre comprimée, et par la forme allongée du projectile, muni d'une chemise de plomb, elles avaient une grande portée et une grande justesse. Aussi, lorsqu'il fallut, en 1870, fabriquer de nouvelles bouches à feu destinées à remplacer celles qui nous avaient été enlevées dans nos premières défaites, le Gouvernement de la Défense nationale n'hésita pas à faire construire 2000 canons de 7, dont les premiers firent leur apparition sur le champ de bataille au plateau d'Avron, le 30 novembre 1870.

Le commandant de Reffye déploya pendant cette guerre néfaste une activité étonnante, jointe à beaucoup d'ingéniosité ; le 23 juillet, il est envoyé à l'armée du Rhin pour inspecter les batteries de canons à balles disséminées le long de la frontière, de Reichshoffen à Belfort ; de retour à Paris, il y transporte l'atelier de Meudon ; le 13 septembre, il part pour Nantes ; il est nommé, le 19, Directeur des travaux de construction de mitrailleuses à Nantes, Indret, et autres ateliers mis à la disposition du Ministre de la Guerre par le Ministre de la Marine et par l'industrie privée. En dehors de l'organisation des ateliers pour la fabrication des mitrailleuses et de leurs munitions, il monte des ateliers pour la confection de cartouches du fusil transformé et de capsules pour le fusil modèle 1866, et il dirige la fabrication des canons de 7 dans les départements.

A son arrivée à Nantes, les ouvriers manquaient ; ils avaient été enlevés par la mobilisation ; on en fit venir d'Alsace, du Havre, de Rouen, et on alla chercher des machines jusqu'à Liége. Malgré les retards résultant de cette situation, de Reffye arriva rapidement à une production importante : le 25 décembre, il dirigeait sur le Mans les premières batteries de 7.

L'un des plus grands écueils contre lesquels se brisèrent longtemps les efforts de la délégation de Tours fut la production des capsules pour le fusil modèle 1866. On eut encore recours à de Reffye qui eut l'idée de se servir des amorces dites « canouil » des pistolets d'enfants. Les préfets réquisitionnèrent chez les marchands de jouets les boîtes de ces amorces. Le préfet de Chambéry, ayant épuisé son département, en fit venir de Suisse, et les Suisses en demandèrent à leurs voisins de Nuremberg.

Au commencement de 1871, de Reffye, lieutenant-colonel depuis le 21 octobre précédent, fut invité à rechercher, dans une région plus à l'abri des invasions que Nantes, une installation pour un atelier mécanique; il fixa son choix sur Tarbes, et, en moins de deux ans, il créa de toutes pièces, dans une contrée qui n'est pas industrielle, un grand atelier de construction, dont il fut nommé Directeur, le 5 août 1872, et qu'il ne quitta qu'à sa promotion au grade de général. Les machines de l'ancien atelier de Meudon servirent de premier noyau à l'atelier de Tarbes. La création de cet atelier entraîna celle d'une École d'Artillerie pour deux régiments (3 octobre 1872) et celle du champ de tir de Ger, pour les opérations de la Commission d'expériences de Tarbes, instituée par décision ministérielle du 15 avril 1872.

Dans son nouvel atelier, le lieutenant-colonel de Reffye reprend tous les canons de 7 fabriqués pendant la guerre et qui ont subi l'épreuve du champ de bataille avant celle du champ de tir; il les ramène habilement à un type uniforme, dans lequel il introduit tous les perfectionnements qu'il a imaginés pour tenir compte des observations recueillies pendant la campagne.

Il est appelé à Trouville au mois d'août 1872, pour exécuter, devant M. Thiers, alors Président de la République, un tir avec son canon modifié; à cette occasion, bien qu'il ne soit que lieutenant-colonel, il reçoit la croix de Commandeur de la Légion d'honneur. « Marchez toujours, lui écrivait M. Thiers, et rappelez-vous que vous n'êtes responsable qu'envers le pays et moi. »

Il était nécessaire, en effet, en présence d'un adversaire resté menaçant, de reconstituer au plus vite, et sans attendre l'adoption de canons en acier alors à l'étude, notre matériel, réduit à des proportions inadmissibles. De Reffye, chargé de construire d'urgence 1200 canons de 7, reçut en outre, le 24 février 1873, l'ordre d'étudier, en remplacement du calibre de 4, reconnu trop faible, un canon de 5, qui fut adopté en principe sept mois plus tard. Il créait, en même temps, un affût de 7 et un affût de 5 en fer, destinés à remplacer les affûts en bois, qui n'étaient pas assez résistants avec les nouveaux canons. Ces affûts métalliques furent adoptés en 1873 et ils servirent de modèle, plus tard, pour les affûts de 80 et de 90 du matériel de Bange. Ce qui nous restait de mitrailleuses fut adjoint aux canons de 5 et de 7, et c'est ainsi que se trouva constitué, avec une prodigieuse rapidité, grâce au colonel de Reffye, un armement nouveau pour l'Artillerie des 19 corps d'armée récemment créés, armement qui nous permettait de lutter sans désavantage contre les meilleurs canons alors connus en Europe.

De Reffye est promu au grade de colonel, le 31 décembre 1873 ; il ne s'arrête pas ; les nombreux forts qui se dressent à la frontière n'ont pas encore de canons se chargeant par la culasse ; pour en créer un au plus vite, l'illustre artilleur a l'idée de transformer le canon de 16 lisse et il en fait un canon de 138^{mm} qu'il établit sur les mêmes bases que les canons de 5 et de 7. La même année, il crée des obus à balles de 5 et de 7. En 1876, il fait faire un grand pas à l'artillerie de terre par l'introduction du frein hydraulique dans les affûts.

Promu au grade de général de brigade le 8 janvier 1878, de Reffye reçoit le commandement de l'artillerie du 18e corps d'armée, à Tarbes. Infatigable, il poursuit ses recherches avec une nouvelle ardeur ; il commence des expériences pour mesurer, avec des appareils de son invention, les pressions et les vitesses dans l'âme des canons, ainsi que les pressions exercées dans le tir par les affûts sur les plates-formes ; il munit son canon à balles, destiné désormais au flanquement des fossés, d'un mouvement de dispersion automatique et substitue à la cartouche réglementaire de cette pièce une cartouche à balle multiple, adoptée en 1883 ; il présente à la Commission de Calais un canon de 155 en acier avec affût de place à frein hydraulique, châssis et plate-forme métalliques. Enfin, le premier encore, il a l'idée d'établir des obus en tôle d'acier de 5, de 7, de 90^{mm}, de 138^{mm} ; son obus de 90^{mm}, notamment, avec ses 280 balles en fer estampé et son tube central rempli de poudre comprimée, donne à Calais des résultats remarquables.

Malheureusement, le général de Reffye n'était plus en état de poursuivre ses recherches dans le but de rendre ce projectile indéformable : sa santé, ébranlée par la fatigue et l'excès de travail fut totalement compromise, en 1879, à la suite d'une chute de cheval fort grave. Il dut résigner son commandement, le 1er février 1880.

Quelques mois plus tard, le 28 juillet 1880, il fut rappelé à l'activité et mis à la disposition du Président du Comité de l'Artillerie, mais « son cerveau était las de penser », et il alla s'éteindre dans la maison de santé de Sceaux.

LE GÉNÉRAL DE MIRIBEL.

Marie-François-Joseph DE MIRIBEL, fils de Anne-César-Loup-Arthur de Miribel et de Marie-Thérèse-Joséphine-Adrienne-Alexandrine de Valory, né le 14 septembre 1831, à Montbonnot (Isère) ; marié, le 7 avril 1867, à mademoiselle de Grouchy ; décédé au château de Chastelard (Drôme), le 12 septembre 1893.

Simplicité, génie, vaillance, ces trois mots résument la carrière et la vie du Chef d'État-Major général de l'armée, dont la France a si cruellement ressenti la perte.

C'est au château de Montbonnot, antique demeure de sa famille, dans la vallée du Grésivaudan et à quelques heures seulement de la capitale du Dauphiné, que naissait en 1831 le général de Miribel. Il était donc du pays de Bayard et de Lesdiguières et il s'en honorait. Les traditions de courage et de vertu qui sont le patrimoine sacré de cette terre de soldats, étaient une préface naturelle à la vie toute d'honneur, de patriotisme et de dévouement de celui qui fut la gloire de nos champs de bataille et l'organisateur de nos forces militaires.

Admis à l'École Polytechnique en 1851, le sous-lieutenant de Miribel entrait, le 14 avril 1855, au 17e régiment d'artillerie à cheval. Mais déjà le canon de l'Alma et d'Inkermann avait fait battre bien des poitrines, et nul ne pouvait ressentir plus vivement que le nouveau sous-lieutenant l'entraînement du danger et de la gloire, le désir de donner à sa patrie toutes ses énergies, tout son sang. Il s'embarquait en effet le 9 juin de cette même année et courait faire ses premières armes dans le corps de l'Artillerie pour lequel, durant toute sa vie, il eut un véritable amour.

Dans cette lutte vraiment antique, où les armées de deux grands pays ont étonné le monde par leur bravoure et leur loyauté, où chacun des deux adversaires a su emporter l'estime et l'admiration de l'autre, où tant de sang répandu n'a fait que cimenter pour l'avenir une amitié à laquelle le jeune officier, devenu Chef d'État-Major général de l'Armée, devait contribuer pour une si grande part, les héros ne manquaient pas. Le sous-lieutenant de Miribel sut prendre, malgré sa jeunesse, une des premières places parmi ces vaillants.

Il servait, aux attaques de gauche, dans une batterie de siège violemment canonnée par les Russes. Ses hommes s'impressionnaient; les pertes étaient sensibles. Cet instant terrible que seuls reconnaissent les vrais guerriers, instant où il faut qu'à tout prix le chef relève les cœurs pour éviter une catastrophe, était arrivé. Le jeune officier a fait son sacrifice : sans hésitation, avec ce calme et cette bonne humeur qui furent toujours la caractéristique de ses qualités militaires et privées, il monte seul sur l'épaulement, les balles pleuvent autour de lui et les hourras de ses soldats lui montrent qu'il a su, d'un coup, conquérir leur admiration.

La place du brillant soldat, au retour de la guerre d'Orient, était marquée dans un corps d'élite : le lieutenant de Miribel entrait, en 1856, dans le régiment d'artillerie à cheval de la garde.

Mais la période des campagnes était ouverte, et allait permettre au jeune officier de déployer les trésors d'ardeur et d'énergie, qui sont l'apanage des âmes comme la sienne.

La croix récompensait, le 17 juin 1859, la belle conduite du lieutenant de Miribel à Magenta; il avait à peine 28 ans. Quelques jours après, sur le champ de bataille de Solférino, pointant lui-même une de ses pièces, il avait les deux mains traversées par une balle. Le 31 décembre suivant, il était promu capitaine.

Trois années se sont écoulées, et la campagne du Mexique entraînait sur cette terre lointaine toute une élite de jeunes officiers, dont les noms allaient devenir les premiers de notre armée. Le capitaine de Miribel allait briller au premier rang et accomplir un fait d'armes, que les galeries de Versailles conservent à la postérité.

C'était à Puebla, citadelle sur laquelle les Mexicains avaient accu-

mulé leurs meilleures défenses. L'Artillerie française avait accompli son œuvre et on se décidait à l'assaut. Il fallait s'assurer tout d'abord que la brèche était suffisante. Qui charger d'une mission aussi périlleuse et aussi délicate? Le capitaine de Miribel venait en revendiquer l'honneur et, le 28 mars 1863, à la faveur de la nuit, il se glissait seul à travers les hautes herbes, rampant pour ne pas être aperçu, et parvenait ainsi jusqu'aux murailles de la place. Mais l'ennemi veillait, et une grêle de balles venait s'abattre autour de lui : « A ce moment, racontait depuis le général de Miribel, j'ai revu toute ma vie comme dans un éclair, car je pensais bien que c'en était fait de moi ». Cette existence déjà glorieuse, le jeune capitaine la sacrifiait à sa patrie et, toujours calme et souriant, il se sentait prêt à comparaître devant le Dieu des armées. La mort ne voulut pas de lui; il rapporta dans nos cantonnements les précieux résultats de sa reconnaissance, et ne demanda, pour récompense, que le dangereux honneur de commander, à l'assaut, le détachement des encloueurs.

Le 29 mars 1863, nos troupes s'ébranlent pour l'attaque. En tête de la première colonne marche le capitaine de Miribel avec sa poignée de braves. Arrivé auprès des remparts, il est frappé d'une balle à la tête, mais la blessure est légère et ne ralentit pas son mouvement; il se jette au pas de course sur les canons des Mexicains. Cette brillante conduite lui valut une citation à l'ordre de l'armée et la croix d'Officier de la Légion d'honneur.

L'attention des chefs de l'armée avait été attirée sur ce jeune officier, dont les qualités d'initiative et de vigueur se prodiguaient sur tous les champs de bataille. Le maréchal Randon, Ministre de la Guerre, se l'attachait le 15 mai 1865, en qualité d'aide de camp.

Le maréchal Randon ne voulait autour de lui que des officiers d'élite et il ne manquait jamais de les mettre, dès l'abord, à l'épreuve. C'est ainsi qu'à son arrivée le capitaine de Miribel fut chargé d'un travail sur la mobilisation de nos forces, dans l'idée d'un conflit que la question du Luxembourg pouvait à tout instant faire naître. Pour un capitaine de 34 ans, qui, depuis le début de sa carrière, avait été constamment en campagne, l'œuvre pouvait paraître lourde. Mais déjà l'esprit était mûr, et les grandes qualités d'organisateur, qu'il devait faire briller plus tard dans les hautes fonctions de l'armée, allaient jeter un premier éclat. Le projet fut approuvé, et, le

19 janvier 1867, le grade de chef d'escadron assurait à de Miribel une carrière que, pour le bien de l'armée, il fallait pousser le plus rapidement possible. Il venait de donner la mesure de ce qu'il devait être, le jour où lui serait confiée la réorganisation de nos forces militaires.

Le 27 octobre 1868, le commandant de Miribel était nommé attaché militaire à l'Ambassade de Saint-Pétersbourg. Grâce à ses hautes facultés, grâce au charme de son esprit et à la distinction de ses manières, soutenu par l'admirable compagne qui fut son plus ferme appui dans les bons comme dans les mauvais jours, il sut conquérir auprès des princes et de la haute société russe cette situation toute personnelle, si utile quand il faut faire prévaloir l'influence de son pays.

L'année terrible approchait. Le commandant de Miribel suivait d'un œil inquiet et attentif la marche des événements, ne laissant rien échapper, renseignant son gouvernement et se servant de son influence considérable dans la capitale russe, pour nous procurer des amis, ou du moins des neutres bienveillants. La guerre éclatait enfin, et, si rien ne put être évité à ce moment, la Russie dut se souvenir, quelques années plus tard, des protestations fermes et respectueuses qu'avait fait entendre le représentant militaire de la France.

Mais les événements marchaient ; de Miribel avait rempli toute sa mission. Depuis de longs jours déjà son impatience était extrême : il ne pensait qu'à porter le secours de son bras à la France envahie.

Le 29 août 1870, il obtenait le commandement de l'artillerie de la 3e division du 14e corps, à Paris. Il se couvrait de gloire au combat de la Malmaison. Se porter crânement en avant jusqu'au milieu des tirailleurs, afin de mieux découvrir la position ennemie, briser l'élan des colonnes prussiennes, lutter jusqu'à la dernière minute à coups de mitraille, quand il faut céder devant le nombre, telle est la belle conduite de ceux que le général Ducrot appela « ces vaillants ». Leur chef fut cité à l'ordre de l'armée « pour son audace poussée jusqu'à la témérité ».

Le 3 novembre 1870, de Miribel était nommé lieutenant-colonel, et le général Ducrot, qui savait choisir ses auxiliaires, attacha à son État-major l'officier intrépide qu'il avait remarqué sur le champ de bataille. Dans les conseils où, depuis ce moment, il est constamment

appelé, ses vues sont simples et précises comme la lumière. Faut-il
agir ? Ses décisions sont d'une sûreté qui n'abandonne rien aux
fausses manœuvres, et d'une promptitude qui défie tout retard.

Le 23 novembre 1870, il reçoit le grade de colonel et le commandement d'une brigade de mobiles, dont il fait, en quelques jours, une
troupe solide et exemplaire, qui sut acquérir, dans la main de son
chef à Champigny, puis au Bourget et enfin à Buzenval, la plus glorieuse renommée. Rien n'égalait l'admiration de ces soldats improvisés pour leur jeune et déjà illustre chef. Sa vaillance les frappait
d'autant plus qu'elle était calme et simple comme toutes ses actions;
ses hommes étaient ses enfants, et son exemple, comme sa bonté,
avait su les électriser.

Aucun officier ne fut plus utile à la défense de Paris que le colonel
de Miribel; la France fut vaincue, mais il apparut, au milieu de cette
défaite, comme l'une des meilleures espérances de la Patrie.

Ce sentiment de la Patrie, nul ne le posséda à un plus haut degré
que le général de Miribel : c'était pour lui une passion, et, depuis le
jour où il vit la France abattue, il ne pensa qu'à consacrer ses forces,
ses talents, tout son être, au relèvement de son pays.

Le 29 février 1872, de Miribel prenait le commandement du
8e régiment d'artillerie, et, le 28 avril 1874, il amenait son régiment
à Châlons. C'est dans ce 6e corps qu'il étudia la frontière de l'Est, et
il n'y eut pas une montagne, pas une colline, pas un cours d'eau qu'il
ne connût bientôt aussi complètement que les Alpes, auprès desquelles il était né. Il était dès lors préparé aux plus hautes fonctions
militaires; il avait le coup d'œil du chef. Les grandes lignes d'une
œuvre lui apparaissaient soudain comme par intuition, et, en même
temps, il découvrait, il devinait avec une rapidité étonnante tous les
plus petits détails.

Nommé général par décret du 3 mai 1875, de Miribel reçut le
commandement de la 31e brigade d'infanterie, au camp d'Avor et à
Bourges. Il n'était pas d'usage alors de prendre un officier général
pour lui donner un commandement dans une arme autre que la
sienne; mais le général Ducrot savait bien en quelles mains il
remettait cette brigade, et là, comme plus tard dans ses voyages
d'état-major et dans ses inspections, le jeune général provoquait
l'admiration et l'enthousiasme de ses subordonnés.

En novembre 1877, de Miribel était nommé chef d'État-major du Ministre de la Guerre. Il entreprenait alors ces immenses travaux de la mobilisation et de la préparation à la guerre qui lui ont mérité la reconnaissance du pays. Depuis ce moment, l'État-major général a tenu toujours à suivre les directives qui avaient été tracées par le créateur de l'œuvre.

Il était, en 1879, relevé de ses fonctions et nommé au commandement de l'artillerie du 5e corps. Promu le 24 juillet 1880 général de division, il prenait, le 20 octobre suivant, le commandement de la 28e division d'infanterie. En 1881, le nouveau Président du Conseil, comprenant la supériorité de Miribel, le plaçait de nouveau et malgré tous les obstacles à la tête de l'État-major général. Le grand Ministère fut un ministère éphémère, et après deux mois de fonctions le chef d'État-major général rentrait au Comité de l'Artillerie.

Mais l'opinion publique de l'Armée s'était affirmée; elle avait reconnu son chef, elle ne pouvait plus s'en passer; et, tout en restant, en temps de paix, membre du Comité de l'Artillerie, de Miribel devait conserver jusqu'à la fin de sa vie le poste de Major-Général des Armées pour le jour de la guerre. Cette mission redoutable, il ne l'avait pas désirée, c'était un sacrifice qu'il s'imposait pour la patrie, car sa clairvoyance extrême lui montrait les immenses responsabilités qui lui étaient imposées; il les regardait bien en face, mais il en sentait tout le poids.

Le 21 octobre 1888, de Miribel prenait le commandement du 6e corps d'armée, à Châlons. Là, il se retrouvait sur son terrain, et ses nouvelles fonctions allaient lui permettre de travailler avec plus de fruit à l'œuvre qui absorbait toute son âme.

Enfin, le 6 mai 1890, un décret du Chef de l'État créait la situation de Chef d'État-major général de l'Armée, et confiait ce poste éminent à celui que toute l'armée réclamait depuis si longtemps.

Le général de Miribel a dit lui-même, avec une véritable éloquence, à l'Assemblée des anciens élèves de l'École, le 23 février 1890, comment il comprenait sa haute tâche.

Depuis ce moment, tous les officiers qui ont eu l'insigne honneur d'être ses collaborateurs et ses élèves ont pu admirer cet indomptable travailleur, presque invisible aux siens et à ses amis, ne vivant que pour son labeur, auscultant les forces de la France pour les relever, sondant toutes ses faiblesses pour y porter le remède. Une seule pensée absorbait toute son âme : ressusciter la gloire de sa patrie. C'est pour elle qu'il a répandu son cœur, donné tous ses instants, sacrifié sa santé, et enfin immolé sa vie.

Frappé à cheval, il est mort tout d'un coup, emporté par la dévorante intensité de son travail; mais ce soldat et ce chrétien ne pouvait pas être surpris, car son âme était celle d'un juste et il ne redoutait pas la mort.

LE LIEUTENANT-COLONEL PÉRIER DE LAHITOLLE.

Jules-Henry-Frédérich-Antoine PÉRIER DE LAHITOLLE, fils de Henri Périer de Lahitolle et de Joséphine Baille; né le 31 mai 1832, à Gaillon (Eure); marié le 14 janvier 1868 à Antoinette-Henriette-Anne Bain de la Coquerie; décédé le 19 août 1879, à Poitiers.

Périer de Lahitolle appartient à la promotion de 1852. Il fit d'abord campagne en Afrique comme lieutenant, puis au Mexique comme capitaine. Adjoint au parc d'artillerie du corps expéditionnaire, il a la rare fortune de charger l'ennemi à Veranos-Durango et il s'en acquitte avec la plus grande vigueur; le 6 août 1866, son nom est cité à l'ordre de la deuxième division pour sa conduite pendant les deux jours de passage du Rio del Arénal. Rentré en France en 1867, il est nommé inspecteur des études à l'École Polytechnique.

En 1870, au moment de la déclaration de la guerre, le capitaine de Lahitolle est mis à la disposition du général Forgeot, commandant l'artillerie du 1er corps d'armée. Le 6 août, il assiste à la bataille de Frœschwiller; mais, moins heureux qu'au Mexique, il est blessé de trois coups de feu pénétrants; l'un d'eux détermine une fracture du péroné de la jambe gauche, les autres traversent la région du tarse du pied droit. Recueilli le 7 août, dans une ambulance particulière de Haguenau, il tombe le même jour au pouvoir de l'ennemi, par suite de l'occupation de la ville; l'autorité allemande, l'assimilant à un amputé, le déclare libre en vertu de l'article 6 de la convention de Genève. De Lahitolle est nommé officier de la Légion d'honneur le 20 août, sur la proposition du maréchal de Mac-Mahon.

Dès qu'il est guéri de ses blessures, il reprend ses fonctions d'inspecteur des études à l'École Polytechnique. Le général commandant l'École le signale comme un des meilleurs inspecteurs des études; sa fermeté, jointe à un caractère facile, lui a conquis un grand ascendant sur les élèves.

Bien qu'il soit promu au grade de chef d'escadron à la date du 31 décembre 1872, le commandant de Lahitolle conserve ses fonctions à l'École jusqu'au 20 février 1873. C'est là qu'était venue le trouver la circulaire ministérielle du 5 août 1871, invitant les officiers à étudier un nouveau canon de campagne.

De Lahitolle présenta un projet de canon qui fut indiqué par le Comité comme pouvant être mis utilement à l'essai. L'idée fondamentale du projet était de prouver qu'il était possible de construire, avec des aciers français, une bouche à feu réalisant les grandes vitesses initiales reconnues nécessaires depuis la guerre. Pour être sûr de réussir, de Lahitolle alla étudier pendant un an, à la fonderie de la Marine à Nevers, la fabrication du nouveau métal à canon.

Les deux canons de 75^{mm}, établis par lui, furent tirés en 1873 par la Commission de Calais; ils se montrèrent supérieurs aux canons essayés comparativement. Mais, en présence de la difficulté d'organiser un bon obus à balles de 75^{mm}, le Comité émit l'avis qu'il fallait se rapprocher du calibre de 90^{mm} pour les pièces de réserve et du calibre de 80^{mm} pour les pièces divisionnaires, et de Lahitolle fut chargé, le 16 décembre 1873, de construire deux canons de réserve de 90^{mm}. Au lieu de les faire identiques, il établit, en collaboration avec le commandant Florentin, un canon lourd de 90^{mm} et un léger du même calibre. Celui-ci remplissait les conditions de poids fixées par le Comité pour la pièce divisionnaire, et il avait la supériorité du calibre; ce n'était pas un canon d'étude : c'était, dit le président de la Commission de Calais, le résumé, le reflet, ou la condensation très habile et fort intelligente de tous les travaux antérieurs. Son tir fut remarquable.

En conséquence, le Comité n'hésita pas à substituer le calibre de 90^{mm} au calibre de 80^{mm} pour les pièces divisionnaires; de plus, il chargea de Lahitolle d'étudier un projet de canon de 80^{mm} pour la cavalerie et un projet de canon de position de 95^{mm}. Cette modification introduite dans le choix des calibres est due aux travaux du commandant de Lahitolle; elle était d'autant plus importante, qu'au

même moment l'Allemagne augmentait la proportion de ses canons
lourds et affectait uniquement les canons légers aux batteries à
cheval.

Dans le but de renforcer au plus vite le matériel de 5 et de 7 système de Reffye, adopté provisoirement, de Lahitolle poussa très activement la fabrication du canon de 95^{mm} en même temps que celle de
l'affût, de l'avant-train et du caisson. Il présentait deux modèles de
95^{mm}, un lourd et un léger obtenu en forant au calibre de 95^{mm} un
des 90^{mm} précédemment étudiés. Le Ministre adopta, au mois de
juin 1875, sa pièce lourde de préférence à celle du commandant de
Bange qui tirait un obus plus léger. Ce canon de 95^{mm} est la première bouche à feu en acier adoptée en France ; il est fait d'acier
français, comme le voulait de Lahitolle ; il constituait un pas considérable dans la voie du progrès.

Cependant les expériences continuaient à Calais avec les pièces de
80^{mm} et de 90^{mm} des systèmes de Lahitolle et de Bange, et les résultats obtenus étaient excellents pour les deux systèmes. On fit construire 6 batteries de 90^{mm} de chaque système et 4 de 80^{mm} pour
procéder, en 1876, à des expériences en grand dans les régiments.
Les deux systèmes se recommandèrent également par des qualités
remarquables et une justesse de tir considérable ; mais les commissions se prononcèrent pour le système de Bange qui fut adopté. A la
suite de cette décision, le commandant de Lahitolle reçut une lettre
de félicitations du Ministre de la Guerre pour les travaux considérables auxquels il s'était livré en vue de la réorganisation du matériel
en campagne.

C'est à Bourges qu'il exécuta presque tous ses projets ; il avait été
appelé à la fonderie de canons le 8 septembre 1873. Il ne quitta plus
cet établissement, dont il fut nommé sous-directeur le 16 janvier 1874, puis directeur le 19 novembre 1875 : il y fut promu au
grade de lieutenant-colonel le 27 juillet 1876. Il transforma et compléta l'outillage de la fonderie, de manière à pouvoir y usiner les canons en acier de tous calibres, en même temps que s'exécutaient,
sous sa direction, les études les plus complètes sur la fabrication du
bronze-acier ou bronze Uchatius.

Indépendamment de ses travaux sur les canons de campagne, de
Lahitolle s'est livré à un grand nombre de recherches dans le but

d'améliorer notre matériel. Il a imaginé l'obus à double paroi adopté pour les calibres de 5, 7, 95 et l'obus à double paroi et à balles adopté pour l'obusier de 22^{cm}. En dehors de l'affût de 95, il a fait expérimenter deux modèles d'affûts de 14^{cm}, dont l'un, légèrement modifié, est devenu l'affût de 138 à soulèvement ; il a construit un affût de siège et un affût de place de 155 à frein hydraulique, sur grand châssis. Ces deux affûts, analogues à l'affût de 138, étaient destinés à recevoir deux canons d'étude de 155 qui furent tirés comparativement avec ceux du système de Bange adoptés depuis.

De Lahitolle a étudié encore un canon de montagne capable de tirer les projectiles de 5 ; il a modifié le canon de 19^{cm} de la marine pour améliorer ses qualités balistiques, et il en a constitué deux types : le canon modèle 1875-76 et le canon modèle 1878.

Il avait soumis à la Commission d'expériences de Calais un projectile de 155 à enveloppe d'acier, mais les essais sur cet obus furent arrêtés par la mort de l'inventeur.

1

2

PASSAGE DU G. S. BERNARD
LE XXV FLOREAL
AN VIII

3

4

LA FRANCE COMBAT POUR LA RELI...

LE CHASSEUR D'ANVERS
PRISE DE ROME
DECBRE 1832

5

SECVRITAS PVBLICA

INTELL. MINISTERIIS CINCTA
M. DCCC. XLI

6

7

BATAILLE DE L'ISLY

LE 14 AOUT 1844

8

PRISE DE BOUJARSON
26 AOUT 1844

9

BATAILLE DE
XX OCTOBRE

NAVARIN
M.DCCC.XXVII

10

11

EXPEDITION

1860 - 1862

12

13

14

17

15

16

18

19

20

Imp Eudes et Chassepot

TABLE DES MATIÈRES

DU TOME II.

— —

TABLE DES PLANCHES.

PARIS,

GAUTHIER-VILLARS ET FILS,

IMPRIMEURS-ÉDITEURS,

55, QUAI DES GRANDS-AUGUSTINS.

1890